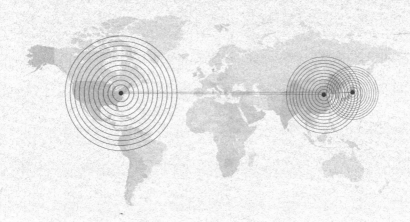

# 新世纪的
# 中美日三边关系

XinShiJi De
ZhongMeiRi SanBian GuanXi

刘卫东◎著

中国社会科学出版社

图书在版编目(CIP)数据

新世纪的中美日三边关系/刘卫东著.—北京:中国社会科学出版社,
2014.5
ISBN 978 - 7 - 5161 - 4542 - 5

Ⅰ.①新… Ⅱ.①刘… Ⅲ.①中美关系—研究②中日关系—研究
③日美关系—研究 Ⅳ.①D822.371.2②D822.331.3③D831.32④D871.22

中国版本图书馆 CIP 数据核字(2014)第 156742 号

| | | |
|---|---|---|
| 出 版 人 | 赵剑英 | |
| 责任编辑 | 张 林 | |
| 特约编辑 | 金 泓 | |
| 责任校对 | 周 昊 | |
| 责任印制 | 戴 宽 | |

| | | |
|---|---|---|
| 出 版 | 中国社会科学出版社 | |
| 社 址 | 北京鼓楼西大街甲 158 号(邮编 100720) | |
| 网 址 | http://www.csspw.cn | |
| | 中文域名:中国社科网 010 - 64070619 | |
| 发 行 部 | 010 - 84083685 | |
| 门 市 部 | 010 - 84029450 | |
| 经 销 | 新华书店及其他书店 | |

| | | |
|---|---|---|
| 印刷装订 | 三河市君旺印务有限公司 | |
| 版 次 | 2014 年 5 月第 1 版 | |
| 印 次 | 2014 年 5 月第 1 次印刷 | |

| | | |
|---|---|---|
| 开 本 | 710 × 1000 1/16 | |
| 印 张 | 30 | |
| 插 页 | 2 | |
| 字 数 | 489 千字 | |
| 定 价 | 78.00 元 | |

# 序　言

在今天的中国外交视野中，没有比中美关系和中日关系更为引人注目的题目了，而美日关系大概是影响中美关系和中日关系的最大外部因素。因此，刘卫东先生抓住近年来的"中美日三边关系"大做文章，写出一部近49万字的学术专著，可谓恰逢其时。

在我眼界范围内，就所引用的中英文资料之详尽而言，就理论和实证分析之全面而言，本书应列在中外学界现有出版物之首。与以往类似著作不同的是，作者除了论及三边关系基本理论、三国硬实力和软实力对比、三国互动历史与现实等常规性议题之外，还在一些平时不大为人关注的其他问题上作出了有价值的探讨，如以可持续发展能力和国家脆弱性为指标，进行了具有前瞻性的研究；对三国间在政治、经济、安全和社会等各个领域的互动都有所触及，弥补了一些著述里重政治安全、轻经济社会的缺憾；对一国与另外一对双边关系之间的互动也做出了颇具特色的分析和界定。这些都反映出作者在较为深厚的资料积累的基础上，努力进行了视野更宽、挖掘更深的探讨。

尤其值得一提的是，作者在对新世纪以来三对双边关系的互动轨迹进行了定性分析并加以图示的基础上，提出了自己对一对双边关系对另外两对双边关系所发挥实际作用的认识和判断。暂且不论其结论的科学性如何，是否具有预测未来的现实价值，单就这种半定性、半定量分析的研究方式，就很有启发性。

作者在书中提出的一些独特观点，给我留下了较深的印象。例如：美国需要解决全球性问题时就找中国，要解决与中国之间的问题时就找日本；美日关系的变化可能会导致中美和中日关系分别向相反的方向演进（即美日关系改善，中美关系、中日关系之一就可能走下坡路），而中美关系的变化对中日关系和美日关系的影响相对较小。作者认为,现实中存在一条从日本到中国再到美国的商品贸易链条,但三国从经贸互动中的获益情况与其贸易规模不成比例;三国经贸关系的格局表明,政治与经济的互动明显,"政冷经热"之类的模式无法长久维持;三边社会关系独具特色,表现出与政治、经贸和安全关系都不同的态势,即中美在迅速接近,中日维持基本稳定,而美日两大社会却在逐步疏远。书中还提到,日本一直习惯于从美国获取安全利益、从中国获取经济利益,同时也一直试图利用中美的冲突来追求自身更大的政治自主性。中日两国对美国经常"仰视",但中日双方都存在相互仰视与蔑视的矛盾心态,高估对方与低估对方并存。当中日矛盾激化时,这种心态很容易导致一种难以化解的对抗性。与中美关系相比,当代中日关系经历的磨炼还少,感性经历与理性认识储备不足,显得较不成熟,这也为中日相处增加了难度。所有这些观点,都可以促使读者从学术角度更多去思考,也可以在政策领域提供一些新的视角。

我想,当下从学术上探讨包括中美日三边关系在内的国际问题,最需要的不是媒体连篇累牍的关注,也不是理论框架的完整、论证技巧的高超甚至信息的完备,而是始终保持客观冷静的立场,在掌握历史背景和(在有条件的时候)参与实际政策研讨的基础上,追索表面言行和现象背后的政治逻辑。相信本书的多数读者不仅有学术兴趣,也像我一样,想从中读出中国对美国和日本应当采取何种政策的思考。借作序的机会,我想谈谈读本书时的几点感想。

第一个感想是战略谋划的主动性问题。我们在政策研究时往往使用"(我国的)对策"的提法,让我不禁联想到"上有政策,下有对策"的民间俗语。按照制定"对策"的思路,似乎我们应当先把对象国(尤其是美国)的对外战略特别是对华政策研究够、琢磨透,然后再提出我们的"对应方针和措施"。这样就不知不觉地把对方放在主动地位、把自己放在被动地位上。在一些国内研究者笔下,美国(一定程度上还有日本)简直是太有心机、太有盘算、太有谋略了,几乎时时处处在给中国挖经济、政治或安全上的陷阱。中国专家学者对美国外交战略的刻画分析,往往比美国人自己写的著述更全面、更有逻辑性、更富前瞻性。其实,我们的研究对象也在费心思地琢磨、揣摩中国的长远意图和战略谋划。他们写出的以中国为主体的分析文章，也往往比中国研究人员的"对策"报告更全面、更有逻辑性、更富前瞻性，让中国读者发出"但愿我们有如此完备的战略"的感慨。有意思的是，在中美日三国的媒体和著述中，经常可以读到一些评论，指出对方国家的政府在外交上如何老谋深算，而本国决策机构却如何短视、被动甚至无能。

依本人拙见，一个国家的国际战略，是确定本国的核心利益，判断自己的国内外整体环境，掂量自己的相对实力和手段，根据形势变化决定在什么情况下采取什么国际行动。一个政府的国内战略同国际战略不同的是，前者对自己的国情了如指掌，可以在相当程度上掌控国内资源，计划自己在规定时间内想做的事（比如中国的"十二五规划"）；后者则只能对外国情况有所了解，却无法掌控外国资源，也难以了解外国的决策过程和图谋，因此无法完整设计自己想做的事，更无法设定做这些事的时间表。即使是美国这个据称最精于战略谋划的大国，作为冷战后唯一超级强权，也无法事先谋划1991年的海湾战争、1999年的科索沃战争、2001年以后的"反恐"战争等等。它都是在发生国际重大事件后，根据当时条件做出重大战略反应和决策的。

因此，国家间关系（特别是中美日等大国之间的关系）是一个复杂的互动关系，它们针对对方的行为、声明和政策基本上是互为因果、"一报还一报"的循环往复过程。自己的"忍无可忍"、"防守反击"，在对方看起来却经常是基于某种长远战略图谋的"主动挑衅"。比如，中国同几个邻国的领土领海争端问题近来有所激化，于是中国一些观察家判断，是日本等邻国想在中国将强未强之际，拿美国当靠山，在领土问题上占中国便宜；美国则是不甘衰落，为维护"老大"地位，遏制中国崛起，挑动邻国同中国的矛盾，从中渔利。所以，中日争端也好，中菲矛盾也罢，无非都是美国在背后捣鬼。所以中国一定要痛打这些"坏国家"，有朝一日国力强大起来，更要反击美国。但是许多外国评论家却断定，是中国现在自恃强势，趁美国眼光向内、缩减军费、无暇顾及东亚之时，将日本和其他国家各个击破，达到震慑效果；中国这样做的长远目标，是把美国挤压出亚洲，在周边恢复帝国势力范围。这些外国评论家的建议是："老大"美国不能走，必须拉上小兄弟，一起

"抵御"日益强势的中国。这种互疑、互动过程中最典型的例子，是在中日钓鱼岛争端中，两国评论家各自用上述逻辑分析事件的前因后果。结论都是：对方的挑衅是基于某种战略图谋的，自己绝不能退让，否则一退再退，满盘皆输。

作为中国专家学者，政治立场当然不能丢——钓鱼岛是中国的。但要从学术上去分析因果关系，预料前景和结局，以至提出政策建议，就必须知道对方的视角、逻辑和论据，充分摆出事实，做出冷静全面的判断。一个重要的出发点，是预估本国所采取的行动将会造成的对方反应和事件后果，从而制定几种不同方案，争取主动地去塑造有利于自己的形势，而不是仅仅根据揣测，断定对方的意图，考虑采取什么"对策"或"应对措施"。要知道对方的视角和逻辑，就要同对方有所接触，即使是在发生严重危机的时刻，也不能只有"隔空喊话"，而是要保持敌对双方的外交接触和某种私下的人员沟通，以防止局势失控。中国对美国和日本的政策和行为，对它们的对华政策和行为及其相互关系，是可以施加影响的。

第二个感想涉及战略目标。加强对美、对日战略谋划的第一步，是想清楚中国希望有一个什么样的中美关系和一个什么样的中日关系，以及一个什么样的美日关系对中国最有利。邓小平在 1989 年中美关系处于困境时说，"中美关系终归要好起来才行"。习近平主席指出，要努力构建"不冲突不对抗、相互尊重、互利共赢"的中美新型大国关系。中国几代领导人都讲过"中日两国要世世代代友好下去"。如果我们不认为这些宣示是假话、空话，或只是说给外国人听的外交辞令，那么追求长期稳定、互利共赢的中美关系和中日关系，当然应是中国矢志不渝的长远战略目标。一旦美日两国和中国同它们的关系中出现了不利于实现这一长远目标的动向，中国就应当施加影响，努力使之走上正确轨道。即使一时遇到挫折，也不能怀疑动摇自己的长远目标。至于美日关系，其经贸合作促进了世界经济的发展，中国应当欢迎并参与进去；其安全同盟既有针对中国的一面，需要警惕防范，也有相互制约的一面，可以利用。如果不是这样理解，而是确定中国的长远目标是赶超美国、压服日本，在世界上和亚太地区当"老大"，美日对华战略则是"亡我之心不死"，那么中美、中日关系的本质就是"你死我活"，政策手段当然也相对简单，即只剩下"丢掉幻想，准备斗争"了。

　　第三个感想涉及文化和思想。从本质上说，国际关系反映的是强权政治和利益交换，但并不意味着文化、思想、意识形态、宗教意识等上层建筑的因素不重要或可有可无。在中美日三边关系中，无处不渗透着三个民族各自的处世哲学和文化基因。不研究这些非物质因素，对三边关系的研究就只能停留在表面。

　　值得高兴的是，刘卫东先生的专著没有忽略我上面提到的几点思考。在许多问题上，他的思考都比我细致深入得多。近年来，他连续在《现代国际关系》、《日本学刊》、《中国国际战略评论》等刊物上发表了有关这一课题的多篇论文，在各种媒体上也常常能够看到他对国际问题的分析。现在，他把多年来的研究心得凝聚在一本专著里，并加以扩充深化，是十分可喜的成绩。当然，任何著作都会有不足。例如，虽然书中也引用了尽可能多的日本方面观点，但毕竟没有引用以日文原文发表的著述，不能不说是一个缺憾。对于中日美三国的国内政治、决策机制及其对三边关系的影响，也还可以挖掘得更深一些。

　　我同作者曾在中国社会科学院美国研究所长期共事。我的工作调动后，同他一直保持比较密切的接触，发现他逐步对中美日三边关系有了浓厚的兴趣，并且参加了不少国内外学术活动，同三国国际政治学者专家有很多个人接触，增加了对这一问题的直观感性认识。刘卫东先生还很年轻，在他今后的几十年学术生涯中，恐怕中美日三边关系将会继续成为媒体报道、学术研究、政策研讨的热门话题。他如果继续关注这一领域，至少是不需要轻易转行了。预祝他取得更丰硕的成果！

王缉思
2014 年春节序于北京大学

# 目　录

# 前　言

　　进入新世纪以来，东北亚的格局发生了深刻的变化。虽然朝鲜半岛问题一直都是这一地区持续的热点，但真正能够对地区乃至全球格局产生根本性影响的，仍然只有美国、中国和日本这三个国家及其相互关系。国际关系学界关于三边关系的研究并不多见，相关的理论指导更少，但由于中美日三国是世界上最大的三个经济体以及在全球的政治、安全领域也有极其重要影响的国家，而三方力量的消长和国内政治的变化又使得三国之间的关系较之以往更为复杂，因此对其进行深入研究的重要性也进一步凸显。国内外学者曾就此进行过一些探讨，但其研究也存在理论分析不足、时常以三对双边代替三边整体研究、主题研究多系统研究少、缺少对最新动态的跟踪分析等诸多问题，这就为进一步地深化性研究提供了空间。

　　笔者试图在此书主要解决三个大问题，即三国之间的软硬实力对比，三国在新世纪里互动的主要表现与基本特征，以及三国关系的具体形态。为了解决这些问题，笔者将全文分为八章，分别从不同侧面进行探讨。

　　在绪论部分中，主要分析了研究三边关系的重要意义，现有的研究成果，以及三国学界就此进行的互动。笔者详细列举了从20世纪90年代中期中美日三国开始就三边关系进行合作研究以来，各国组织和参与的涵盖广泛的各种会议、项目及其相关出版物，涉及的主要机构和人物，并分析了政府与学界互动的情况。笔者认为，从对中国经济安全与军事安全的影响来看，中美日三边关系可以被认为是最重要的三边关系，三国的学界已经就此进行过大量的接触和探讨，积累了丰富的成果，但三国政府之间明显缺乏互动。

　　第一章主要关注三边关系研究的理论部分。学术界对三边关系的研究起步较晚，英国学者怀特最早在其论述中提及三边关系的概念，但对三边关系理论作出最大贡献的，则是美国学者迪特默。他的成就主要体现在提出了描述三边关系静态结构的三种模式：三人共处式、浪漫婚姻式与稳定婚姻式，此外他还就三边关系的形成条件、处于不同地位者的政策选择提出了自己富有创见的看法。但鉴于其存在的明显不足，两位台湾学者包宗和与吴玉山对其进行了卓有成效的补充和完善，他们还根据一些假定进一步对三边关系进行了量化分析。中国大陆学者对三边关系的关注不多，而且主要局限在探讨三边关系的存在条件这一领域，如任晓等持有两条件说，张蕴岭、贾庆国的三条件说，以及时殷弘的五条件说等。但陈志敏关注了三边关系的结构模式，而任晓等则对三边关系的动态演变提出了有价值的看法。笔者认为，中美日三国之间存在一种互动关系，使用三边而不是三角来形容中美日三国之间存在的互动更为贴切，但现有的各种成果更多体现为一种分析方法，似乎还不足以上升到理论的高度。

　　在第二章中，主要论述了中美日三边关系的历史沿革。从三国交往的历史看，可以分为几个有代表性的阶段，即中日建交以后到"六四"政治风波之前，主要表现是三边关系在基本平稳的基础上积极发展，因此这段时期也被称为三边关系的黄金期；中国"六四"风波之后到克林顿政府上台初期，中日关系一枝独秀并对美日和美中关系施加了影响；从1995年到1997年，中美关系趋于改善而中日则走向下坡路，同时美日关系停止漂流，三国的互动呈现出以美国为轴心的特点；从1998年到2001年，中美保持稳定而中日相对滞后，这一局面直到小布什上台以后才改变。三边互动的历史表明，三国的战略重点各不相同，在互动中的姿态也表现不一，美国最为主动而中国最为被动；三国在三边关系中所追求的目标也基本稳定，这些特征在新世纪以后有些在延续，有些则发生了明显改变。

　　第三章主要探讨了中美日三国的实力对比。进入新世纪以来，中美日三国的相对实力发生了深刻的变化，在日本经济仍处于半停滞状态，美国在全球的相对实力不断下降的背景下，中国经济一枝独秀，综合国力也在不断提升。在对三国传统的经济、军事、科技实力进行比较之后，笔者不仅增加了以往不曾有过的软实力的比较，还就两个较新颖的概念进行了探讨，即国家可持续性发展能力和国家发展的脆弱性，用于对国家实力进行更全面更有前瞻性的分析和把握。通过比较，笔者认为美国的综合国力仍遥遥领先，而中日则是各有所长，这一格局客观上为三边关系的基本形态提供了根本性支撑。

在第四章中，中美日三国的利益追求与相互认识是主要的议题。这里提及的利益追求是主观的，包含了三国各自对于其他两个国家，以及对于自身在三边关系中地位的设想和期待；而相互认识则主要通过各国进行的涉及三边和双边的民意测验来认定，从中可以看出三国各自在其他国家中的形象。美国始终期待保持其在亚洲的主导权，而对中日则试图在分别加以利用的同时，通过帮助维持两国之间低烈度的紧张来维护美国的核心地位；日本希望借助于美国的协助来遏制中国崛起带来的地缘和安全挑战，实现自己的正常化梦想并获取更大的外交独立性，但也在积极努力从对华交往中获取经济利益；中国的主要追求则是保持国家领土的完整独立、维护经济发展所需要的稳定外部环境，对美关系始终是中国外交的重中之重而对日则相对灵活。三国在维护三边关系稳定方面具有基本共识，但各自对自身地位和目标认识的差异仍存在导致相互冲突的风险。近年来三国在实际相处中合作与分歧交织，民意认识也经历了大起大落的过程，总的来说美日相互好感比较稳定，中美认识变化幅度不太显著，而中日相互印象最差。

第五章是篇幅最大的一章，从政治、经济、安全、社会等各个领域系统论述了中美日三国新世纪以来的互动情况。在政治领域，由于"9·11"恐怖袭击和朝鲜核问题凸显带来的机遇，中美关系基本保持稳定但近年冲突增多，美日关系则经历了一个从蜜月期到分歧频发期再到加强合作期的演变，而中日关系的变化幅度最大，经历了一个从部分恶化到部分改善再到进一步恶化的过程，而三国之间的复杂互动也依然维持着美国主导，中日被动的基本格局。在经济领域，三国关系经历了一个非常显著的转变，表现为中国从倚重日本转变为倚重美国，美国的经贸摩擦对象从日本转向中国，而日本的经贸利益从对美依赖转变为对华依赖；进一步的研究发现，存在一条从日本到中国再到美国的贸易链条，表明中国在三国之中的经贸地位得到了大大加强。在安全领域，美日同盟与中国对峙始终是一条主要线索，虽然其间还穿插着美日基地纠纷、日本试图走中间道路等波折，但这并没有改变美日联合对华的基本格局。在更宏观的层面上，中美日三国实际相互都在采取"对冲"战略，只是在力度上差别较大，表明三国之间都存在互不信任的情况。在社会领域，三国相互的交流越来越多，尤其是中美之间的民间交流较之过去得到大幅提升，中日之间基本稳定，而美日之间的交流有下降的趋势。美国依然保持着最为显著的社会影响力和吸引力，而中国文化也借助于自身国力的增强得到发扬，日本则在一些领域内继续保持着自身的传统优势。三国文化交流各行其是，没有太明显的互动痕迹。

第六章的主题是三边关系的互动与基本架构，笔者试图说明两个问题，一是三国分别在除其以外的另外两国之间的双边关系中的影响，二是三边关系的整体架构和三国各自在其中的实际定位。在第一个问题上，笔者分别论述了美日关系中的中国因素、中美关系中的日本因素、中日关系中的美国因素。研究中发现，由于同时受到美日两国的密切关注，中国因素在美日关系中的影响最明显；美国对中日关系也有很大影响力，但由于中日对美期待程度和敏感度不同，美国的影响力在日本身上的表现比在华身上更明显，因而中日关系只是在一定程度上受到美国的影响；由于日本缺乏政治影响力且外交受到美国制约，中美关系保持着自己基本独立的轨迹，日本因素对于中美关系的影响最弱。在第二个问题上，笔者将美国在三边关系中的实际定位定义为"域外平衡者"、"主导者"和"稳定器"，而中国的实际定位为"驱动者"、"黏合剂"与"方向舵"，日本则在钟摆似的轨迹中摇摆不定，成为三边关系中的"搅拌器"与"风向标"。有鉴于此，三边关系在现实中的整体形态就表现为以美国为主轴的扁平等腰三角形架构，同时结合经济因素的考虑，中美和中日之间的这两条边较粗，而美日之间的那条边则相对较细。

第七章是案例研究，在上述系统研究的基础上，笔者选取了三个典型案例来分别探讨第三国在其他两国的双边议题上发挥的作用。对日本来说，中美之间的 G2 概念给其带来明显冲击，日本国内媒体进行了连篇累牍的报告和评价，表现出日本在中美之间敏感和脆弱的心态；美国对于中日围绕着历史问题而展开的争端中保持着看似中立实则对中日分别采取明暗两手的政策，显示出美国试图通过平衡中日两国的力量来确保自身利益最大化的考虑；而对于近年来美日之间闹得沸沸扬扬的基地调整问题，虽然也明显涉及中方利益，但中国官方始终吝于评价，反映出中国仍然满足于秉承不干涉内政的传统外交思路，即使对于与自身利益相关的外国间合作也习惯于持谨慎观望态度，这种反应与美国截然不同。

第八章是一个承前启后的章节，在总结了影响三边关系的各种因素的基础上，对三边关系的未来发展方向进行了分析。总的来说影响三边关系的因素，主要包括国家力量对比、国际格局、利益判断、相互认知以及国内政治的演变。而在现实中可能对三边关系构成影响的具体因素则包括：中国的崛起、日本的国家正常化、美国国际地位的变化及其选择以及一些严重突发事件的出现等。随后，笔者引用了各国学术界在中美日三边关系前景问题上的讨论和建议，提出了自己在此问题上的看法，即三边关系的前景充满不确定性，主要取决于各国的外交理念和在细节问题上的处理技巧，但存在三边关系平稳发展的可能和空间。

最后，笔者对全书进行了总结。

不得不说，新世纪的三边关系是一个非常宏大的选题，即使以如此的篇幅来进行探讨，仍存在一些需要但未能涉及的问题，只能留待今后作出进一步的研究。可以确定的是，直到三国的相对力量发生根本变化之前，无论在学术界还是在政策层面上，中美日三边关系都会一直是一个热点问题，中国在绝对崛起但后劲不足而美国在相对衰落却优势依旧、日本能力在下降而抱负在提升，这种背景下的三边关系不仅会变得越发复杂，而且其内涵和表现也会更为丰富多彩。因此，这是一个值得长期关注的议题，不仅是因为其在中国发展过程中具有显著的现实意义，而且还因为三国的互动有助于为研究三边关系的理论基础提供丰富的素材。笔者希望自己的这一尝试能够为三边关系的研究提供一个值得参考的视角，而且也期盼能有更多的学者来关注这个越来越重要的议题。

在此书的写作过程中，笔者花费了很多精力来准备素材，为此翻阅了大量的文献资料，这从文中注释的数量即可见一斑；同时，笔者也力图在材料的时效性上多加努力，使之尽可能跟上三边关系实际发展的步伐。但是由于成书的匆促和功力的有限，书中显然还存在大量各种各样的不足和问题，期待能够得到读者朋友的批评指正以留待自己今后进一步的完善。在此感谢所有曾对此书提出宝贵意见的专家学者，以及不断给我鼓励的父母和因为我的缺席而代替我承担了大量家务的家人。当然，书中所有的错误和不足，都由作者本人负责。

# 绪　论

　　客观来说，三边关系属于国际政治研究中一个非常细小的分支，国内外学术界对此的关注均不多见。但随着全球化的发展和国家互动模式的复杂化，多边关系的研究已经逐步成为双边关系之外一个新的热点。尤其是随着中国的逐步崛起，其外交关系的模式变得越来越复杂，双边关系已经越来越难以清晰完整地描绘中国外交的现实，更多关注与中国有关的三边关系已经成为大势所趋。实际上三边互动的格局在 20 世纪的国际关系中已经并不鲜见，30 年代的中美日关系，40 年代中国抗战结束后的中美苏关系，50 年代后期到 60 年代的中苏（东）欧关系，70 年代初的中美苏关系和中美日关系，以及近来的中日韩关系、中日东盟关系等等，都或多或少体现出三边关系的一些基本特征。它们当中不仅有些成为当时非常重要的研究课题，还有一些也对历史上的国际格局带来了深刻影响。尼克松主要出于中美苏战略三角的考量，而做出的出人意料的访华之举，就曾经作为一段经典而被载入外交史册。"尼克松冲击"也成为国际关系中具有特定意义的专用词汇，至今还被用于类似的语境。虽然在苏联解体之后由于两极格局的崩塌，国际政治学界关于三边关系的研究不再那么引人关注，但它从来就没有被完全忽视过，在不同地区和不同时期，三边关系的格局仍会以不同形式和不同程度表现出来，尤其是随着中国的崛起，三边关系在中国外交中的地位有所上升，关于三边关系的研究也逐步受到了更多的关注。

# 第一节　为什么要研究中美日三边关系

作为世界上经济总量排名前三位的国家，世界上石油消耗最大的三个国家，以及亚太地区最有影响力的三个国家，美国、中国和日本在国际上的重要性显而易见，在国家力量的每一个领域它们都是真正的世界领袖。[①] 美国和中国是安理会常任理事国，截止到 2009 年，中美日三国的 GDP 已占全球经济总量的 41.79%，全球出口总额的 22.79%，全球进口总额的 24.9%，全球对外直接投资总量的 33.68%，全球引进外国直接投资总量的 21.26%。[②] 同时，美国是世界上唯一的军事超级大国，中国的军费开支排名已居世界第二且在不断接近美国的水平[③]，而日本自卫队的实际战斗力也被认为是亚洲最强的。三个国家的综合影响力在世界上举足轻重，其一举一动都已成为国际媒体和学界的关注焦点。

新世纪以来尽管围绕着朝鲜核问题的争端愈演愈烈且至今没有明显缓解的迹象，但朝鲜仅仅具有在战术层面上影响地区安全的能力，完全不具备对地区乃至全球的决定性影响力。2010 年韩国 GDP 在世界上的排名虽然已经达到了第 15 位，但综合国力和实际影响与中美日这三国仍不属于同一级别且缺乏跟进的机会和可能。因此，无论朝鲜、韩国还是整个半岛的问题在美国安全和外交评估中的地位都没有提升到日本和中国的水平[④]，就是很自然的事情了。俄罗斯的综合国力结构失衡且至关重要的经济规模有限，同时其战略重点从来都不是东北亚地区，也就

---

① BradGlosserman，"U. S. -Japan-China Relations Trilateral Cooperation in the 21$^{st}$ Century," *Issues & Insights*，Vol. 5 – No. 10，September 2005，p. 87.

② 竺彩华：《中美日三边经济关系：新世纪，新变化》，《和平与发展》2011 年第 2 期。

③ 根据瑞典斯德哥尔摩国际和平研究所发布的年度调查报告，中国的国防开支从 2009 年开始就已经占据世界第二的位置。而从中国官方公布的 2012 年数据来看也达到了世界第二的水平。

④ Paul Frandano，"TheJapan-China-United States Triangle：Interest，Uncertainty，and Choice," *Edmund A. Walsh School of Foreign Service Georgetown University*，November 2006，p. 3.

难以对此形成有效的影响力。人口仅275万的蒙古则基本上很少参与东北亚地区的国家博弈。而东南亚国家无论从政治还是经济影响力来说都无法与这三个国家相提并论，它们能够充当一些国际组织的领头羊只是大国政治的需要而非其自身实力的体现。至于更远的印度、澳大利亚、新西兰等国家无论从总体实力和地缘影响上，还是参与意识方面，与中美日三国都不具有可比性。因此，从亚洲当前的局面来说，中美日三国的实力相互接近而且远远超出地区内所有其他国家，妥善处理好中美日三边关系，则整个东亚的总体局势就会趋于稳定，一些棘手的地区性问题也会处于可控范围之内；如果三边关系失衡，则整个亚洲的和平、稳定与繁荣就会受到威胁，人类社会在20世纪的历史已经充分证明了这一点。美国前助理国务卿莫顿·阿布拉莫维茨（Morton Abramowitz）认为："中国、日本和美国的三边关系是当今最重要的三边关系"①，美国在台协会前负责人包道格（Douglas H. Paal）也表示，从安全角度上讲，在东亚最重要的就是美中日三角关系。② 虽然亚洲的发展不能由北京、东京或是华盛顿中的任何一方单独决定，但是，这三个国家及其相互关系对于亚洲前景的影响却是任何人都无法忽视的。

与此同时，中国、美国和日本虽然同处太平洋的两岸，但自然秉性和社会形态又是那么的特色分明。中国、日本与美国分属中华文明、日本文明和基督教文明，③ 三国都有独特的文化传统和强烈的民族自豪感；美国是仅有二百多年历史的移民国家，而中国和日本的文明则历史久远；中国和美国都属于地大物博的大陆国家，不同民族种族混居，日本则是个孤立于狭小岛群上的同质性民族；中国与日本一衣带水，美国则与之远隔重样；中国使用象形文字，日本使用汉字和假名，而美国则使用拉丁字母；美国在民选政府领导之下依靠自由市场和私人企业获得了巨大的成功，中国和日本则通过政府计划与独具特色的市场经济相结合而不断实现经济赶超；美国从建国时起就建立了成熟稳定的民主制

---

① Morton Abramowitz, "The Globe's Most Important Relationship," *Yale Global*, 8 January 2008, http://yaleglobal.yale.edu/content/globe%E2%80%99s-most-important-relationship.

② 陈舟：《美国的东亚战略与东亚》，世界知识出版社2002年版，第58—59页。

③ 亨廷顿在其著作《文明的冲突与世界秩序的重建》中对世界文明种类作出了划分，中国、美国和日本分别占据了总共八种之中的截然不同的三种。

度，日本则在战争的废墟上被从一个军国主义国家转变为亚洲现代意义上的民主国家，中国在改革开放之后接受了市场经济的基本规则但仍在坚持走中国特色的社会主义道路。三国之间如此巨大的反差使得中美日三边关系也呈现出复杂多变的形态，很难长期保持稳定。美国学者傅高义（EzraF. Vogel）认为，尽管这三国在努力扩展它们相互理解的基础，但它们没有任何欧盟国家所具有的那种罗马法律、字母表、基督教以及国家之间数百年分分合合交往的历史。①更确切地说，由于力量平衡的转换，国家内部和国家之间的政治与经济力量分配的不平衡，政治和文化的异质性，仍在发展但水平依然低下的经济整合，贫瘠的安全机制，以及遍布的领土争端，加上自然资源与后殖民时代的民族主义（这些现实的普遍存在），（因此）不管从现实主义还是自由主义的角度来看，东亚在21世纪都比西欧更加危险。②美国前副助理国防部长库尔特·坎贝尔（Kurt Campbell）也认为，除非中美日三国能够为一种战略性行动而进行谈判，否则很难想象亚洲的未来能有持久的和平稳定。③

从中国的角度来看，虽然中美关系始终是中国外交的重中之重，而中国对于中日关系也倾注了大量的精力，但现实已经多次提醒我们单纯关注双边关系的局限性。一方面越来越多的国际议题需要多国的共同介入和协调才能解决；另一方面，双边关系中第三方的影响也越来越明显，在进行双边讨论的场合时常会引出涉及第三方的议题。这一局面注定了三边关系在中国外交中地位的不断提升，除了双边关系以外，更多关注三边关系已经成为我们不可回避的现实需求。

当前，中美日这对三边关系已成为中国必须重视的最重要的三边关系之一，甚至可以说，较之于中美俄、中美欧、中日韩、中日东（盟）、美国与中国大陆和中国台湾、中俄日等这几个在中国外交领域

① 参见 EzraF. Vogel, "TheChina-Japan-U. S. Triangle," Harvard University the Sixty-Second Morrison L ecture, 7 July 2001, http: //chinainstitute. anu. edu. au/morrison/morrison62. pdf, pp. 2 - 3.

② Christensen, ThomasJ. , "China, the U. S. -JapanAlliance, and the Security Dilemmain East Asia. " *International Security*, March22, 1999, p. 49.

③ KurtM. Campbell, "Energizing the U. S. -Japan Security Partnership," *The Washington Quarterly*, Autumn 2000, p. 130.

稍具雏形的三边关系架构来说，中美日三边关系无疑是最重要的，对中国的影响也最大。GDP 排名位列世界前三的这三个国家，其经济地位在一定时期内将会稳定维持于现有水平，中国与美国和日本的经贸互动也越发深化，同时美国和日本在政治和安全领域对中国的影响也举足轻重，美国、日本及其与中国一起构成的三边关系不仅在很大程度上决定了中国继续发展所需要的外部环境的条件，而且它们还可以被视为影响中国国内政治走向最重要的外部因素之一。由于三国之间互动模式之多变和影响之复杂，迫使我们必须对这一三边关系倾注越来越多的关注。

因此，无论是从整个亚太地区的稳定繁荣，还是从中国自身的发展来看，中美日三边关系都发挥着一种至关重要且难以替代的作用。除了对其加强研究的这一现实意义以外，对三边关系相关理论或者研究方法的探讨也会为研究其他三边关系提供有价值的理论框架和分析方法，这即是开展中美日三边关系研究的意义所在。

## 第二节　相关研究现状

国际政治中关于三边关系的研究历史不长且缺乏系统性，并未成为一种独立的"主义"，这似乎是与现实需求不足有关。根据目前掌握的资料，英国学派代表人物马丁·怀特（MartinKing Whyte）于 1977 年出版的《国家体系》一书中，专门列出一章研究三边关系，这可能是对于三边关系理论的最早探讨。到目前为止，尚未发现有外国学者在此领域的专著，充其量只是在某些书籍的章节中就此展开了一定深度的探讨，具体将在下一章中予以详述。在国外学术界虽然可以找到不少论述中美日三边关系的论文、研究报告与会议综述，但它们主要集中于热点时事与对策分析，很少涉及理论探索。其中美国战略与国际问题研究中心（CSIS）下属的太平洋论坛（Pacific Forum）举办过多次关于三边关系的学术研讨，每次会后都会有一本出版物问世。此外，美国布鲁津斯学会、哈佛大学、日本国际问题研究所、日本国际交流中心等机构都有一些相关出版物。如日本国际交流中心 1998 年出版的《中日美：管理三边关系》（Morton I Abramowitz, "China-Japan-U. S.：Managing the Tri-

lateral Relationship," Japan Center for International Exchange, 1998);
1999 年问世的《另一种三合一：美国、中国和日本》（Ming Zhang and
Ronald N. Montaperto, "Triad of Another Kind: The United States, China,
and Japan," Palgrave Macmillan, Jan15, 1999）；2002 年出版的《中日
美关系：迎接新的挑战》（Morton I Abramowitz, Yoichi Funabashi, Wang
Jisi, "China-Japan-U. S. Relations: Meeting New Challenge," Japan Center
for International Exchange, 2002）。其他出版物包括刊登在 2003 年《亚
洲展望》上的《对美中日三边关系的新观察：面向建立一个稳定的工
作框架》（Yoshihide Soeya, Jianwei Wang, David A. Welch, "A New
Look at The U. S. -China-Japan Triangle: Toward Building A Stable Frame-
work," *Asian Perspective*, Vol. 27, No. 3, 2003）；2004 年《全球研究》
上刊登的《中日紧张和华盛顿的亚洲地缘政治》（F. William Engdahl:
"Japan and China Tensions and Washington's Asia Geopolitics," *Global Re-
search*, April 2, 2004）；2004 年保尔·米德福德所著的《中国看转变
的美日防卫指针：软木塞蹦出？》（Paul Midford, "China views the re-
vised US-Japan Defense Guidelines: popping the cork?" *International Rela-
tions of the Asia-Pacific*, Volume 4/2004）；哈佛大学出版社 2006 年出版
的《南京大屠杀的塑造：日本、中国和美国的历史和记忆》（Takashi
Yoshida, "The Making of the 'Rape of Nanking': History and Memory in
Japan, China, and the United States," Oxford University Press, Feb 24,
2006）；肯特·卡尔德 2006 年的《稳定美日中战略三角》（Kent E-
. Calder, "Stabilizing the US-Japan-China Strategic Triangle," *Asia-Pacific
Policy Paper Series*, The Edwin O. Reischauer Centerfor East Asian Studies,
Washington, D. C., 2006）；2006 年的《日中美三角：利益、不确定性
与选择》（Paul Frandan, "The Japan-China-United States Triangle: Inter-
est, Uncertainty, and Choice," Edmund A. Walsh School of Foreign Serv-
ice Georgetown University, November 2006）；布鲁津斯学会 2008 年发表
的由楚树龙撰写的《在亚洲使美中日三边关系保持稳定的一个机制》
（Chu Shulong, "A Mechanism to Stabilize U. S. -China-Japan Trilateral Re-
lations in Asia," The Brookings Institution Center For Northeast Asian Policy
Studies, January2008）；2008 年 CSIS 太平洋论坛发表的《美国、日本

和中国三边安全合作会议》（Carl W. Baker，"U. S.，Japan，and China Conference on Trilateral Security Cooperation," Issues & Insights Vol. 8 – No. 6，June 2008）；2008 年爱德华·埃尔加出版社出版的《中国、日本和东亚的地区领导》（Christopher M. Dent，"China，Japan And Regional Leadership In EastAsia," Edward Elgar Publishing，Aug，2008）；2009 年 4 月《华盛顿季刊》刊登的《忘记布雷顿森林体系：美中日三边体系的作用》（Yoichi Funabashi，"Forget Bretton Woods II：the Role for U. S. -China-Japan Trilateralism," *The Washington Quarterly*，April 2009）；2009 年的《中国、日本和美国：当前在远东的条件以及它们对华盛顿协议的忍耐》（John Dewey，"China，Japan and the U. S. A.：Present-Day Conditions in the Far East and Their Bearing on the Washington Conference," Evergreen Review，Inc. March 24，2009.）等等。

国内的三边关系研究初期主要集中于中美苏三边关系方面。冷战结束后随着苏东的解体，有关中美日三边关系的研讨在学术界也逐步出现，并在 90 年代后半期到新世纪初进入一个高潮。在此期间国内出现了很多相关的学术成果，专著类包括张蕴岭主编：《转变中的中美日关系》（中国社会科学出版社 1997 年版）；刘建飞的《敌人朋友还是伙伴——中美日战略关系演变》（中央文献出版社 2000 年版）；任晓、胡永浩所著的《中美日三边关系》（浙江人民出版社 2002 年版）；刘建飞、林晓光的《政治文化与 21 世纪中美日关系》（解放军出版社 2006 年版）等等。但从此以后，没有更多的相关专著出现。研究三边关系的论文则更为多见，且时间跨度较大，内容涉及广泛，其中不乏一些包含最新研究成果的作品，如竺彩华：《东亚经济合作何去何从——从中美日经济实力消长谈起》（《外交评论》2012 年第 1 期）；刘江永：《国际格局演变与未来的中美日关系》（《日本学刊》2010 年第 1 期）；肖刚：《中美日三角关系的不对称性与应对之策》（《现代国际关系》2008 年第 8 期）；王嵎生：《中美日三角关系的演变和前景》（《和平与发展》2008 年第 3 期）；李景治：《中美日关系与东亚安全》（《教学与研究》2006 年第 3 期）；牛军、王东：《中美日安全关系与东亚安全环境》（《国际经济评论》2005 年第 6 期）；吴金平：《中美日三角关系在亚太：理论检视与前景展望》（《东南亚研究》2005 年第 6 期）；周永生：

《中美日三边关系的互动与缺失》(《岭南学刊》2004 年第 4 期);夏立平:《论新世纪中美日三边关系》(《太平洋学报》2004 年第 1 期);杨伯江:《从总体趋势中把握中美日三边关系》(《现代国际关系》2002 年第 3 期);贾庆国:《中美日三国关系:对亚洲安全合作的影响》(《国际政治研究》2000 年第 2 期);李长久:《不平衡的中美日三角关系》(《世界经济与政治》1998 年第 10 期);时殷弘:《中美日三角关系》(《世界经济与政治》2000 年第 1 期);冯少奎:《走向平衡的三角关系》(《当代亚太》1998 年第 1 期);唐永胜:《中美日三角关系与中国战略姿态的选择》(《战略与管理》1997 年第 1 期);张也白:《对美中日相互关系的一些认识》(《美国研究》1996 年第 3 期)等等。

上述研究成果涵盖了国内外研究中美日三边关系的多个领域,以政治安全为主并兼顾经贸,为了解和理解三边关系提供了丰富的素材,也为进一步研究三边关系打下了基础。但是仔细研读这些材料就会发现,它们还存在很多这样那样的问题。如第一,会议记录或文集汇编偏多,相对深入的研究不够。例如从 20 世纪 90 年代以后,中美日三国召开了多次学者之间的三边关系研讨会,几乎每次会后都会出版一本相关论文集,这些论文汇编中的单篇均涉及内容具体、局限且篇幅较短,缺乏系统性、理论性,更无从谈起对三边关系有一个全面的把握。第二,立足于三边中的三对双边关系的研究构成了其中大部分内容,而着眼于三边关系整体的研究不够。这是此类研究中存在的一个明显问题,中外学者概莫能外,大部分的研究成果都是仅仅把涉及三个国家的三对双边关系简单罗列汇总,在真正的三边互动方面,如双边关系中的第三方因素、一对双边关系对另一对双边关系的影响、三边关系的整体架构等问题上着墨甚少,导致仅有名义上的三边研究却缺乏实际三边互动内容的现象普遍存在。第三,议题主导或领域主导的实例研究偏多,涉及三边关系理论的探讨不够。现有研究成果主要集中于一些重要领域和热点问题,对于相对冷僻但同样重要的领域缺乏关注。比如三国的社会文化关系,三国相互的民意认识等,尤其是很少触及理论探讨,更不要说用理论去指导研究实践了。这就导致相关研究往往紧跟时事热点,时常局限于信息汇总之后的就事论事,缺乏深入的系统性和前瞻性分析。第四,世纪之交的研究成果较多,而近年来的系统研究不够。进入 21 世纪以来，中美日三国的相对国力、国内政治和国际环境发生了深刻的变化，三边关系的表现和模式也出现了一些新的调整，变得更为复杂，但除了一些关注热点现象的短篇论文以外，系统性跟踪性综合性的宏观考察比较少见，尤其是相关专著多发表于新世纪前后，而对近十年来三边关系中的一些新动向缺乏进一步的跟踪和分析，这已明显滞后于现实的发展。这意味着就此展开更为深入的研究，尤其是对三边关系的总体形态和演变特征进行更为与时俱进的深刻把握，还存在相当大的探讨空间。

# 第三节　三国学界对此的关注

由于中国、美国和日本三国实力地位接近但相互关系错综复杂，官方的三边会谈一直比较敏感且受人关注。虽然几年前曾有传言三国外交机构准备举行一次三边会谈，但到目前为止这一设想由于各种原因而始终未能实现。与此形成鲜明对照的是，三国的学术机构在三边关系的合作研讨方面非常积极活跃，分别组织了多次关于三边问题的研究活动，多数情况下也是由三国学者共同组织参与，成效显著。

有关中美日三边关系的研究，在三国的起步时间相差不大，都始于20世纪90年代。由于冷战结束后东亚地区的国际关系格局变得更为复杂，在政治、经济事务中三国的相互关系出现不同步变化，随后在美日强化安全合作以应对台海危机的问题出现后，中国也开始更为积极地参与到三边关系的互动中，导致在东亚地区中美日三国的互动更为频繁也更受关注。

1996年5月由美国CSIS太平洋论坛、日本防卫研究所和中国国际战略基金会组织召开了首次三边关系研讨会。1996年11月在北京召开了由中国社科院亚太所主办的"转变中的中美日关系"国际研讨会。1998年7月在日本主办了一次三边会谈，日方有国际问题研究所理事长兼所长、前驻美大使松永信雄、庆应大学名誉教授石川家雄、庆应大学教授国分良成、前驻华大使国广道彦等参加；美方有哈佛大学肯尼迪学院院长、美国国防部前助理部长约瑟夫·奈、哈佛大学教授傅高义、乔治·华盛顿大学教授何汉理等与会；中方出席者包括国际问题研究所所长杨成绪、国务院国际问题研究中心总干事张毅君、上海市国际关系学会会长陈启懋等。① 从 1998 年开始，由北京大学、哈佛大学和东京大学共同组织的中美日三边关系研究和对话项目，分别于 1998 年 5 月在哈佛大学，2000 年 1 月在东京大学，2001 年 4 月在北京大学召开了三国学者的研讨会。2003 年 11 月，日本和平与安全研究所、美国 CSIS 太平洋论坛与中国现代国际关系研究所联合举办了由外交人员、学者和媒体参加的三边会议。

2005 年 7 月，中美日三国的研究机构在北京大学举行了中美日安全对话。这次会议由美国布鲁津斯学会首先倡议，CSIS、北大国际关系学院和日本社会经济事务研究所协办，美方派出了前国家安全副助理斯坦伯格，美国前国安会官员、布鲁津斯学会的杰弗里·贝德以及美国在台协会前主席卜睿哲等；日本方面的出席者包括曾担任日本驻俄罗斯大使的渡边幸治和曾任日本首相小泉高级顾问的冈本行夫；中方的主要代表是北大国际关系学院院长王缉思、现代国际关系研究所研究员杨伯江等。随后在 2006 年 5 月，这一对话在东京举行了第二次会议；2006 年 11 月又在美国弗吉尼亚举行了第三次会议。

2009 年 5 月，亚洲发展银行在日本东京举行了题为"中、日、美：更深的融合"的会议，主要分析三国之间的贸易和投资流动问题。2009 年 6 月，在上海交通大学国际与公共事务学院举办了"中美日战略合作论坛"国际学术研讨会，来自中美日三国的三十余位学者出席。2011 年 9 月由中国社会科学院（国际论坛）、社科院日本研究所和（日本）东京财团联合主办，日本国际交流基金会协办的"东亚新格局与中美日关系"研讨会在北京举行。日本前众议院议长河野洋平、日本驻华大使丹羽宇一郎、东京财团理事长加藤秀树、日本东京银行前会长行天丰雄、前内阁官房副长官助理柳泽协二、东京大学教授高原明生、东京财团高级研究员渡部恒雄等代表日方出席；美方代表有哈佛大学的傅高义、新美国安全中心的高级研究员克罗宁、史汀生中心高级主管兼

① 《美日中三国安保对话（第二轨道）》，《中国时报》1998 年 7 月 13 日，http：//fo-rums. chinatimes. com/report/trackII/87071301. htm。

研究员容安澜、约翰斯·霍普金斯大学赖肖尔东亚研究中心主任肯特·考尔德等；中方参会者包括社科院、北京大学、国防大学、现代国际关系研究院等单位的相关学者。2012 年 7 月，上海国际问题研究院举办了"未来 10 年亚太安全合作架构及中美日三边关系"学术研讨会。

除此之外，中美日三国还就一些共同关心的具体问题举办过范围较窄内容专一的研讨会，如 2002 年 9 月美国"日本侵华研究学会"、北京大学历史系联合主办了"抗日战争遗留问题与中美日关系暨在美兴建日军侵华浩劫纪念馆研讨会"；2004 年 5 月，青岛大学举办了"中美日金融风险与管理研讨会"；2012 年 11 月，北京国际关系学院举办了仅有中方学者参加的"中美日安全形势与对策研讨会"；2013 年 1 月，中华能源基金委员会在香港举办了"中美日如何建立政治互信的研讨会"。

此外，三国还开展了一些合作研究项目，如 1994 年由中国现代国际关系研究所、乔治·华盛顿大学和日本庆应大学联合实施的合作研究项目；1996 年美国国防大学国家战略研究所的太平洋论坛组织的研究项目"美日中三边关系：地区稳定的基础？"；1996 年开始，由美国 CSIS 太平洋论坛和中国国际战略学会、日本和平与安全研究所联合实施的为期两年的研究项目"美中日在东亚地区的安全合作"；1996 年开始，由中国改革开放论坛、中国社科院美国所、日本国际交流中心以及美国有关各方人士共同举办的为期 10 年的"加强中美日三边关系"长期研究和对话项目；1998 年美国对外关系委员会实施的"美中日三角关系圆桌论坛"的项目；① 等等。

从三边关系的研讨来看，三国学术界的相关活动呈现出如下特点：

第一，联合研究的积极性很高。不同于政府机构的慎重，三国的学术机构在组织三边会谈方面非常积极，而且三国学者同时出席的几率很

① 倪峰：《美国方面研究中美日三边关系的现状》，中国社会科学院国际合作局，2000 年 11 月 28 日。http：//bic. cass. cn/info/Arcitle_ Show_ Study_ Show. asp? ID = 2134&Title = % C3% C0% B9% FA% B7% BD% C3% E6% D1% D0% BE% BF% D6% D0% C3% C0% C8% D5% C8% FD% B1% DF% B9% B8% CF% B5% B5% C4% CF% D6% D7% B4&strNavigation = % CA% D7% D2% B3 – % 3E% BF% BC% B2% EC% D1% D0% BE% BF – % 3E% BE% AD% BC% C3% BA% CF% D7% F7.

高，这为综合各种观点、加深相互了解提供了难得的机会。随着研讨的深入，中国、美国和日本参与机构的组成变得越发广泛，除了一些相对稳定的参与者，涉及的范围在持续扩展，不断有一些新的学术机构主动参与到这一主题的研究中，这对于各种观点的碰撞、影响的深化都非常有利。目前，中国的改革开放论坛、现代国际关系研究院、中国社科院美国研究所、中国社科院日本研究所、中国社科院亚太研究所、中国国际问题研究所、北京大学、中国国际战略学会，日本的国际交流中心、国际问题研究所、东京财团、东京大学、庆应大学、防卫大学、防卫研究所，美国的战略与国际问题研究中心、布鲁津斯学会、和平研究所、卡内基基金会、亚洲基金会、哈佛大学、哥伦比亚大学、麻省理工学院、普林斯顿大学等机构的学者都在不同阶段以不同程度参与进来，而且其范围还在不断扩大。

第二，参会者与各自政府的关系密切。美方的参与者有很多是前政府官员以及随后又通过旋转门机制再度进入政府的学者，如斯坦伯格、贝德、傅高义、约瑟夫·奈、科萨、李侃如、卜睿哲等；日方的冈本行夫、高木诚一郎、国分良成、山口昇、高木诚司等，中方的王缉思、袁明、刘学成、杨波江等，这些学者都或多或少与各自政府存在着各种各样的联系，或者其所在机构本身就是政府部门的一部分，而且很多会议的现场也会出现相关国家的外交官员或发言或旁听，这表明会议报告最终都能够通过不同渠道送抵各国政府的不同层面，意味着相关的研究活动可以帮助三国政府判断三边关系的现状，了解其他国家的想法并为其提供重要的背景信息和决策参考。

第三，研究着眼于当前和未来。三国学者的聚会有些是机制性的，有些则是在危机发生或是问题凸显后临时组织的，虽然偶尔也会涉及对历史问题的关注，但重点都是着眼于当前的热点议题，并为如何化解三边关系中存在的紧张，以及创造三边关系发展的机遇寻求对策。从参与者的身份来看，虽然每次会议都有一些重量级人物出席，但同样也会邀请一些名不见经传的年轻人参会并发言。美国 CSIS 太平洋论坛还专门安排了一个"未来领袖"的项目，从中美日各国大学在校的博士、硕士生与青年学者中选拔有识之士共同参与研讨、相互交流，并在每次正式三边会议结束后组织这些年轻人进行主题发言或辩论，邀请资深专家对其进行点评，为其迅速成长成熟以及为三边关系研究的人才培养创造了条件。

第四，研究逐步系统化、机制化。三边关系研究在 20 世纪 90 年代后期逐步进入一个高峰。"9·11"事件以后，随着美国将战略重点转向反恐领域以及中日关系的恶化，学术界对于三边关系的关注有所下降。在 2005 年后有关中美日三边关系的研讨再度升温，尤其是中日钓鱼岛争端激化以后，三国对三边关系的关注更为频繁，交流也更加密切，目前基本形成了每年至少在其中一个国家召开一次大型研讨会的局面，而且主动组织相关研究的机构越来越多，参与人员和涉及主题的范围更广，各类学术成果也不断涌现。这表明三边关系的研究正在逐步走向系统化、机制化，由此也对政府间的三边对话施加了更多的促进作用。

# 第 一 章

# 国际政治中的三边关系

在人类社会中，三个行为体之间互动的现象并不罕见，政治上有三权分立之说，军事上有三足鼎立的布局，社会上也有所谓三角恋爱的关系等，这都是说三者或三种力量相互作用，形成一种稳定或不稳定的态势。在国际政治中，三个国家或行为体之间形成相互牵制、牵一发而动全身的作用和反作用的关系，一般称为三边关系或三角关系。三边关系之所以得以形成，关键在于三个国家间存在相互制约又相互需要，具备维持基本平衡状态的共同愿望和能力。显然，三边关系只是包罗万象的国际政治中一个非常细小的分支，而且到目前为止，还没有出现比较系统、成熟、得到公认且在现实中有大量实证支撑的三边关系理论，但国内外学者已经就此展开了大量的探讨，也确实总结出一些具有指导意义的认识和结论。

## 第一节 马丁·怀特的观点

一般认为，最早述及三边关系的，是英国学派的代表人物马丁·怀特。1977 年在他出版的著作《国家体系》（*System of States*）中有一章专门从历史的角度研究了三角关系。在英国学派创建历史上，马丁·怀特无疑是一位极其关键的人物，有研究者称之为英国学派的"教父"。①但在他的这本专著中，主要篇幅都被放在了对历史上各种不同国际体系

---

① 关于怀特及其专著的介绍，可参阅张小明《国际关系英国学派——历史、理论与中国观》，人民出版社 2010 年版。

的比较方面，就三角关系所进行的论述并非其重点，只是作了一些初步的涉足，没有展开更为详尽的分析。怀特认为，国际政治中判断是否存在一个三角关系的理想特征可以归纳为三点：第一，国际上存在一个国家体系（states system）或外交共同体；第二，三个大国在国家体系内的地位明显超出同类，它们所处的层次等级大致相仿，其中的每一国相对于体系内的其余国家都处于这样的优势地位，即假如另外两个大国不存在的话，它将居于无可挑战的支配地位；第三，三个大国的关系中存在不断的怀疑、紧张和敌意，使得任何两者哪怕暂时联合起来反对第三者都不可能。① 怀特的看法存在一些明显的缺陷，中国学者任晓认为，怀特对于三角关系作这样的限定，也许是过于严苛了。以上三条或许可以说是三角关系中的一种状况，而不能说是标准的状况。怀特自己也说这是"理想的"特征，但在历史上这种状况即使有的话，也是极少见的。② 实际上，三个行为体的博弈关系是相当复杂的，从能力上说三者可能均自主行动，可能是一国自主行动而另外两国被迫跟从，也可能是两国可以自主行动而第三国不得不左右逢源；从意图上看则可能是三个国家选择相互对抗或者相互合作，两个国家合作对付第三国，或者一个国家努力促成其他两国的相互对抗，或者是其他什么情形。简而言之，它可能呈现为多种不同的形态，并非如怀特所限定的那样三国都必须在综合实力上明显处于支配地位，而且三国内部注定充斥着相互对抗而又无法实现局部或者整体合作。现实世界中并不存在一个"理想的"三角关系模式，概念本身应该反映现实而不是相反，不具备上述特征的三国之间照样可以存在三角关系，如在三角关系中两者联合起来反对第三者的情形并不鲜见，最典型的中美苏三角关系就具有明显的此类特征，或许怀特只需要在"反对第三者"一词的程度上作出某种限定，而不是单纯否认"反对"的存在，那样就能更为客观地反映现实。

怀特还借用体育比赛的模式来分析了三角关系的演进趋势，他提到四种可能出现的情况：（1）决赛式。这种演进方式是以其中一个大国分别打败其他两个大国而告终，而且其胜利是相互跟进、一个接着一个

① Martin Wight, "System of State," *Leicester University Press*, 1977.
② 参见任晓等《中美日三边关系》，浙江人民出版社 2002 年版，第 5 页。

的，结果是这个大国成为无可争议的主人。（2）半决赛式。这种演进
方式是以两个大国联合起来击败第三者而告终，其结果通常是双雄并
立，这可能又有两种情况：要么是两个胜利者势均力敌，要么是较强的
胜利者面对一个刚刚进入这个体系的挑战者。（3）首轮式。在这种三
角演进中，三个大国均精疲力竭，因外来者的进入而黯然失色或被其所
征服。（4）预赛式。这种三角的情形是，一个大国与另一个大国结成
紧密的伙伴关系，但是两者合在一起并不能终结其与第三者的冲突，结
果三角关系逐渐消失，不复存在，以待将来。① 可以看出，怀特对此的
区分和归类几乎涵盖了所有可能的三边关系演进类型，但是他过于强调
动态却忽略了至少在一定阶段内可以维持的静态表现，也就是说，三角
关系的演进并非一定会迅速出现一个确定的结果，而是可能长期处于一
种分分合合、此起彼伏的复杂状态，胜负不一定表现得如此分明。另
外，怀特的区分和归类也不太完整。例如，他忽略了下述"浪漫婚姻"
之类的情形，即一方与另两方都建立了和睦的关系，而另两方之间却是
敌对关系；以及三方相互敌对与和睦相处这两种相对极端，却并非不可
能存在的现实。

## 第二节　洛厄尔·迪特默的观点

美国学者洛厄尔·迪特默（Lwoen Dittmer）1981 年在《世界政治》
（*World Politics*）杂志上发表了《战略三角：竞赛理论初析》一文，颇
有创意地提出了四种形式的三角关系模式，并对其进行了比较细致的分
析和界定。之后其他学者关于三边关系的所有探讨，几乎都是以此为蓝
本而展开的。因此可以说迪特默是"三边关系研究之父"。

迪特默认为，人们在论述美、苏、中三国关系时，广泛使用了
"战略三角"的概念。然而这种概念的使用通常是不严谨的、随意的，
仿佛其含义是不言而喻的。"战略三角"是参与者三方之间一种处理相

---

① Martin Wight, "Systems of States," Leicester University Press, 1977, p. 179, 转引自任
晓等《中美日三边关系》，第 14 页。

互关系的竞赛。任何国际竞赛都是极其复杂的，也是不拘形式的；参与者甚至可能并未意识到他们在进行竞赛，而是几乎可能随心所欲地遵守或不顾竞赛规则独立行事。然而，只要他们处于竞赛状态，他们的外交政策抉择就将在某种程度上受制于竞赛的约束和机遇，这一点是不受他们自身意志左右的。①

当一些国家无法或者不愿仅仅通过内部的生产活动来满足自身不断变化的需求时，它们就要与国际上的其他行为体进行利益交换或交易。对称的交换具有较大的稳定性，因为在这样的交换关系中付出和收获是基本均衡的，不会产生输赢分明的结果。相对而言，对称状态下的和睦交换理论应该是三方成员共同遵守的准则以便获得共赢，但难以核查的欺骗则可以为其中一方或者两方提供超过遵守规则所能获取的利益，因而也成为各方最喜欢采取的越轨形式。如果三方实力是相等的，则任何一方都会试图将维持与其他两方基本和谐的关系作为前提，而在其他两方出现争端时防止任何一方通过削弱对方来实现实力的超越；如果三方实力是不等的，那么处于有消极潜势关系中的双方（尤其是不对称关系中的弱方）都对获得第三方的支持，或起码对防止另外两方的勾结感兴趣。为此可以设想到的交换关系有四种不同内涵的形式：

第一种三边关系被称为"三人共处"式（ménage a trios），也有人将其称为三人姘居式，是指三方间由对称和睦的关系组成，也就是说，三方之间两两的距离基本是相等的，好像一个等边三角形的三条边。第二种三边关系被称为"浪漫婚姻"式（romantic triangle），即由处于"主轴"的一方与处于"两翼"的两方建立起了和睦关系，而后两者之间却是不紧密，甚至可能是敌对的关系，这种结构就好像一个等腰三角形，腰的两条边是基本等长的，而底边则比这两条之中的任何一条都更长，看起来就像一个压扁了的"胖胖的"等腰三角形。第三种关系被称为"稳定婚姻"式（stable marriage），即两方之间建立了和睦关系，而同第三方都处于不紧密，甚至可能是敌对的关系，其形状同样也像一个等腰三角形，所不同的是，等腰的两条边的

———————

①　有关迪特默的观点均来自：洛厄尔·迪特默《战略三角：竞争理论初析》，沈泽芬、刘毅译，载《实力、战略及安全》，美国普林斯顿大学出版社1984年版。

长度都超过底边，看起来就像一个"尖而瘦"的等腰三角形。第四种被称为单位否决型（unit veto），即三方之间的关系都是紧张甚至对立的，其结构与三人共处式类似，像一个等边三角形，但三国之间关系的性质则截然不同。

在这四种形式中，表面看来最可取的要算"三人共处"式了。它可以最低的成本来维持整个系统的稳定，并可保证每一方都能在与其他两方的和平共处中获取即使不是最大但也不是最小的收益。但从每个参与者的角度来看，这种模式并非最安全的选择。因为第一方只有等机会来确定自己与第二和第三方分别相处时对方的动机和目的，但它无法确定第二方与第三方交往时是否也能像它自己一样满足于通过维护三方关系的均衡来获取收益，除非另外两者之间存在不容置疑的明确关系，但这种情形只能去被动了解而无法主动掌控。因此第一方会有强烈的冲动来选择成为"浪漫婚姻"式中的主轴角色。在这种关系模式中，它通过与其他两方保持和睦关系，而它们之间却存在敌对关系的形式来强化自己的优势地位。但这种安排在另外两方看来，则是非常不足取的。它使位于"两翼"的各方都处于极不确定的状态中，因为相互对立，它们除了完全依赖与主轴一方保持和睦关系而别无选择，但谁也无法确保主轴一方出于某些目的的考虑而与对方合作来排斥自己，这样自己就会陷入完全被动的局面，即成为"稳定婚姻"模式中的第三方。由于这是三边格局中最为不利的一种处境，所以无论哪一方成为和睦关系之外的第三方，都会想方设法破坏另外两方之间的"稳定婚姻"，而最好的结局是使得它们相互反目并分别与自己建立和谐的关系，于是自己成为浪漫婚姻中的主轴角色；而可以接受的结局则是将它们之间的和谐关系推广到它们与自己之间，重新形成"三人共处"式的架构。而从已经形成"稳定婚姻"关系的两方来说，它们会满足于既有架构，阻止第三方的上述努力，除非可以从与第三方的合作中获取比当前更大的利益。由此可见，如果参与游戏的每一方都被假定为理性的玩家，那么每一方就都会根据自身条件来尽可能作出于己有利的选择，于是上述的三种三角关系的模式可以分别稳定存在，也可能由于各种条件的变化而不断出现调整。

迪特默认为，战略三角的形成必须具备两个客观条件。第一，所有的参加国必须认识到三个主角的战略特点。每个参加国可以同时从事各种各样的附带竞赛，但这些竞赛必须服从于它与其他参加国所进行的中心竞赛。这里的意思，可以理解为三个大国相互之间的关系对各自来说是极为重要的，它们必须把处理三角关系放在外交博弈的中心地位。第二，虽然参赛三方无须具有同等的战略重要性，但各方必须被另两方承认为合法的、自主的参加国。因此，三国的国际地位是平等的，具有完全相同的国际行事能力。这里"合法、自主"的参加国的要求似乎偏低，因为除了这三国以外的其他参加国，都可以是"合法、自主"的，但并不意味着它们都能与这三个国家之中的一个或两个组成一个标准的三角关系。由此可见，迪特默的两条件说与怀特的三条件说中的前两条的要求基本相似，但是迪特默对成为战略三角条件认定的宽松也同样存在问题，可以满足其要求的国家有很多但并非都能组合成战略三角，如果说迪特默是试图对怀特苛刻的条件要求进行矫正，那么他就有点矫枉过正了。

以此为基础和依据，迪特默对20世纪50—70年代的中国、美国、苏联三国关系进行了分析，指出在70年代早期，随着中苏交恶的升级以及中美缓和，战略三角正式建立起来。首先是因为最强大的美国认为，具有全球性战略重要性的国家只有三个：美国、苏联和中国，由于美国在亚洲的干涉已经力不从心，而苏联则趁机展开攻势，还试图在中苏交恶之后谋划对华动用核武器，这明显不符合美国的利益，因此美国明确了通过加强与中国的关系来应对苏联挑战的战略；但美国并不想与苏联直接为敌，而是希望利用中苏之间的相互牵制来助其分散来自于苏联的压力；中国则希望借助于美国的威慑来阻止苏联的入侵；而苏联则在中美接近之后选择了同时降低对美和对华压力的战略。于是，处于战略优势地位的美国主导建立起了一种浪漫的三角关系，美国处于主轴地位，中苏分列两个侧翼。

但是随后，情势发生了朝着有利于中国的方向演变。苏联在70年代初进入缓和的高潮期后，试图诱使中国再度回到以其为核心的社会主义大家庭中，但仍然以对华保持军事压力作为施压手段；而当美国从越南撤军之后，苏联在包括越南在内的第三世界的对美攻势更为猛烈，使得美国对其的警惕并未随着双方表面的战略缓和而放松，苏联进攻阿富汗后，美国充分意识到其威胁的增加，开始向反苏游击队提供武器以削弱苏联。同时由于苏联支持越南侵略柬埔寨并侵扰中国边境，中国也充分意识到来自于苏联的威胁没有减少，因此中美合作对苏就成为两国的必然选择。

因此从 1971 年以来，美国在三角关系中的地位发生了重大变化，它已从"浪漫婚姻"关系中的主轴地位变为"稳定婚姻"关系中的主要伙伴。由于主要伙伴这一地位不如主轴地位有利，理智的竞赛者都会避免出现这种变化，除非它同其中一翼的摩擦使它的主轴地位难以维持，而这正是美国当时真实的处境。由于苏联认为美国的霸权已经力不从心因而不断加强攻势，所以美国迟早都会改变自己在三角中的位置，阿富汗战争促成了这一转变。根据竞赛的逻辑，苏联和美国都在双边关系恶化中有所损失，苏联的地位从"浪漫婚姻"关系中的一翼沦为中美结成"稳定婚姻"关系后的被遗弃者，而美国也从"浪漫婚姻"关系中的主轴角色变为"稳定婚姻"关系中的一员。但苏联是出于对其他利益的预期而主动承担起这种风险的，而美国则是在苏联的攻势下不得不接受一个不是最好但是次好的地位选择。

中国开始参加竞赛时的地位相对软弱，而且同另外两方都很疏远。中国意识到了自己的这种不利地位，因此会在美国表现出接近的意愿后迅速接受了美国的暗示，成为以美国为主轴的三角中的第二条边，从而完成了"浪漫婚姻"关系的建立。随后苏美紧张加剧，中国虽在旁观但也在期待这种变化，因为这增强了其影响力并减少了其不安全感，同时也不用承担完整的盟国义务。对中国来说，由于与苏联的紧张关系看似难以调和，所以在以美国为主导的"稳定婚姻"关系中居次要伙伴地位比在"浪漫婚姻"关系中处于侧翼地位要更为安全也更为有利。自 1978 年以来，中美关系已逐步接近于"稳定婚姻"关系。中国获得了最惠国待遇，加入了国际货币基金组织与世界银行，还为美国对阿富汗的战略提供了帮助，并与美国开展了空前绝后的武器交易。在此轮互动中，最弱小的中国成为主要的受益者，苏联则由于自己选择了一条冒险之路而成为主要的输家，美国则收益稍有下降。

由此可见，迪特默这一构想的政策含义是，在"浪漫婚姻"关系中居主导地位，是一个国家所能得到的最有利的地位，它可以同其他两国都友好相处而不与任何一方为敌，从而获得最大程度的好处而只需付出相对很小的管理成本。只需要确保其他两国的关系存在明显的对抗性，处于主导地位上的国家就可以不断从中获利。但是，同时维持这种关系模式又需要高超的技巧，主轴国家不能让侧翼的任何一方感觉自己受到了主轴一方的欺骗甚至忽略，否则它就可能尝试改变自己的位置，想方设法化被动为主动，其中也包括与对立的一方达成妥协以便联合对付主轴国家。因此，主轴国需要具有处理微妙关系和维持平衡的能力，同两个"侧翼"保持积极关系，同时又要设法控制两个侧翼之间的紧张程度，因为适度的紧张会迫使它们双方都把接近主轴国家视为自己的唯一选择，从而不得不共同维持当前的格局，这对主轴国家无疑是有益的；但是如果侧翼国之间出现了过度的紧张，则双方都会对主轴国施加要求其站在自己一边的强大压力，迫使主轴国家选边站，否则就很难维持三国之间关系的平衡；而如果侧翼国之间发生战争，则有可能两败俱伤或者导致出现一个更为强大的国家，这都会显著改变当前的三边格局，这有可能对主轴国家更有利或者更不利，但由于主轴国家很难预测其确定的后果，所以维持现状是一个更可靠的选择。因此，主轴国家有必要使每个侧翼国都相信，主轴国与另一侧翼国的关系不是建立在共同对付它的基础之上的。同时，主轴国也要尽可能不留痕迹地施加影响，避免两个侧翼国走向关系过于疏远和过于紧密的方向。

　　虽然表面看来，任何理性国家的理想选择都是成为"浪漫婚姻"关系中的主轴国家，并会为此设计合理的行动措施，但由于三方博弈的复杂性，竞赛的发展趋向并不一定符合每个参加国的预先设想。如果我们假设，竞赛会自然而然朝着各方都能以最小代价获得最大好处的格局方向发展，那么，三国的关系模式就应该是从"稳定婚姻"关系发展为"浪漫婚姻"关系，再发展为"三人共处"的关系。然而，观察历史上曾出现的三角关系的演变状况，可以发现还是相反的倾向占据上风："稳定婚姻"明显比"三人共处"关系更为常见。其原因在于，我们都是分析基于在另外两方保持战略稳定的背景下一方的最佳选择，而实际上如果每一个参与者都试图寻求最佳选择，则整个三角架构就会变得异常复杂多变，再加上信息不对称等因素的存在，表面看似不够和谐的关系模式就会成为实际存在中的主流。

迪特默在三边关系问题上的探讨非常深入，但是依然存在一些未解决的问题。比如，他指出从理论上说"三人共处"模式是最理想的状态但没有详细解释为何"稳定婚姻"的模式在现实中仍最为常见；他只是对现有三边关系模式进行了总结但并未明示影响模式转换的主导因素；他提出的模式无法对未来的三边关系演变提供一个较有说服力的预测；他也没有关注一方可以从另外两方的合作中获益的情形。总的来说，迪特默的战略三角学说只是对现实中的一些现象作出了部分解释和归纳，属于一种不够完善的静态研究，但即使如此，其贡献也已经足够为后人提供充分的借鉴了。

# 第三节　台湾学者研究的深化

以包宗和与吴玉山为代表，中国台湾学者在三边关系的研究中进行了卓有成效的尝试。他们以迪特默的研究为基础，对其进行了补充完善，除了迪特默提及的四种三国相处模式以外，还对其进行了经假定后的量化分析，分别将那四种模式称为三边为正的"三边家族型"、二正一负的"罗曼蒂克型"、两负一正的"结婚型"，以及三边为负的"单极否决型"。

包宗和认为，在战略三角中，三方基本上是处于一种既合作又对抗的状态。换言之，彼此间既有合作的可能或诱因，又有冲突、对抗的因子。在补充了一种三边关系模式的基础上，这两位学者又对上述四种模式进行了细化，分别给四种模式中的行为者赋予了不同的角色地位和行为者实际获益的量化指标。为此他们设定了两条三方博弈的基本原则，即在三方互动中，每一方都得益于与他方的合作，而受损于与他方的对抗；一方得益于另外两方之间的对抗，而受损于另外两方之间的合作。如果将这种关系和收益进行量化，可以将具有合作或和睦关系的两方视为各得 +1 分，而具有对立关系的两方各得 -1 分来计算分析，每一方的收益得分总额等于该方与另外两方关系的得分值减去另两方相互关系的得分值（参见下图）。吴玉山以正负法区分战略三角的三边关系时，正号代表"亲善"（Amity），负号代表"敌对"（Enmity），并根据战略位置的不同将三边关系细分为枢纽（Pivot）、朋友（Friend）、伙伴（Partner）、侧翼（Wing）、敌人（Foe）和孤鸡（Outcast）（译为被遗弃者似更为贴切）等六种角色。这一分类就把三角关系研究从迪特默的静态分析转变为动态分析。[①]

　　他们基于这些假定认为，在三边家族模式中，A、B、C 三方都扮演了朋友的角色，每一方和另外两方的关系都处在合作关系状态，故 A、B、C 三方的收益均是 1 + 1 +（ - 1）= 1 分；在浪漫婚姻模式中，A（枢纽）的收益为 1 + 1 -（ - 1）= 3，作为侧翼的 B 和 C 的收益均为 1 +（ - 1）- 1 = - 1 分；在稳定婚姻模式中，两个伙伴 A 和 B 的收益均为 1 +（ - 1）-（ - 1）= 1 分，而作为孤鸡的 C 的收益是 - 1 +（ - 1）- 1 = - 3 分；在单位否决模式中，作为敌人的 A、B、C 的收益均为 - 1 +（ - 1）-（ - 1）= - 1 分。[②]

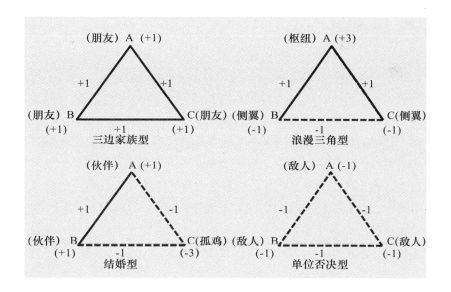

　　① 吴玉山：《抗衡或扈从：两岸关系新诠——从前苏联看台湾与大陆间的关系》，台北正中书局 1997 年版，第 175—185 页。

　　② 包宗和：《战略三角角色转变与类型变化分析——以美国和台海两岸三角互动为例》，载包宗和、吴玉山主编《争辩中的两岸关系理论》，台北：五南图书出版公司 1999 年版，第 342—343 页。

从每个模式各方分值的比较中可见，浪漫婚姻中的枢纽方收益值最大，稳定婚姻中的孤鸡方损失最大。在两者之间，三方共处模式中的朋友和稳定婚姻中的伙伴在收益方面要优于浪漫婚姻中的侧翼以及单位否决体系中的敌人。按照这种分析，成为三方共处模式中的朋友并不是行为体的最佳选择，每个行为体应该努力争取成为浪漫婚姻中的枢纽地位，这样才可以享受最佳的收益。之所以如此，是因为这种分析根植于一种竞争性零和博弈的假设，即两方的合作关系一定给第三方带来不利，而它们之间的对抗则必然有利于第三方。由此可见，包宗和与吴玉山的观点实际上秉持了迪特默的基本原则。

根据这两位台湾学者的研究，战略三角显然是一种不断尝试提升自我地位的互动关系，而最佳处境则依次是，枢纽→朋友→伙伴→侧翼→敌人→孤鸡。也就是说，越是接近前面的地位，处境就越有利也越有主动性，反之则否，孤鸡的处境甚至还不如敌人。以此为基础，台湾学者钟宝慧从中国大陆、中国台湾、美国三方的角度出发，研究了台湾切实的行动选项包括：（一）积极改善美台、两岸关系，以重回"三边家族型"中的朋友地位（此为第二佳的角色），避免被孤立。（二）集中加强对美或对中关系，唯此举虽可使台湾脱离"孤鸡"而成为"侧翼"，却将使美国或中国居于最具优势的枢纽。（三）在改善与其中一方的关系时，积极破坏对方之间的关系；或者让自己与其中一方的友好程度多过于另两方的友好，此考虑是基于美中之间存有根本性冲突，但此策略风险大，操作并不容易。（四）集中全力破坏中美关系，使三角陷入单极否决型，但此构想在目前的国际局势下已显得不切实际。综上言之，在美中现阶段关系呈现正面下，对台湾而言，最好的做法是让自己成为三边家族中的朋友，若只偏重对美或对大陆关系，将落入侧翼之角色，这是次佳选项，而最糟糕的是落入"孤鸡"地位。因此，未来在持续推动两岸关系的同时，亦宜极力强化对美关系，在修补因美牛事件（即台湾因担心疯牛病而对进口美国牛肉设限）而受影响的台美关系时，也要能开展台美新的合作领域。①

---

① 钟宝慧：《近期美中台三边关系之评估与展望》，内政（评）099—004号，2010年1月8日，http://www.npf.org.tw/post/1/6932。

显然，两位台湾学者的研究较之迪特默的成果而言，更有实用价值。他们通过量化研究确立了六种不同地位的可能身份，并依照利弊的程度进行了排序，这对于帮助指导现实颇有意义。但是，他们的一些假定也存在疑问，如两国的合作一定会对第三国不利，两国的对抗一定会使第三国受益。由于国家之间的博弈并非简单的零和，而是处于一种异常复杂的利益牵扯中，这些基于日常经验而来的简单假定尽管符合一般认识，但在现实中仍可以发现例外情况，这意味着整个推断体系仍存在漏洞；再如他们将计算得失时的指数单位都简化为1，虽然有利于数据分析，但是与复杂的现实仍有距离，如果量化的标准本身在量上就不够精确，则经过多重运算之后的结果就可能存在质上更大的不精确，甚至可能出现与现实的严重偏差。不过无论如何，他们的尝试较之其他人的研究都更加深入，而且给他人提供了很多启发。

## 第四节　大陆学者的争论

大陆学者在三边关系问题上的研究有不同的侧重，他们早期没有像国外和台湾学者那样重点关注三边关系的模式及处于不同地位者的处境，而是将目光集中于三边关系成立的条件方面。直到近来才出现对后者的新认识。

多数大陆学者将关注点放在了三边关系存在与否的限定条件方面，到目前为止可以看到的有两条件说、三条件说与五条件说三种。两条件说是由任晓、胡泳浩在其专著《中美日三边关系》中提出的，他们认为，国际政治中的三边关系，指的是在一个由三个国家构成的系统中，其中一个国家的行为会对另一个或两个国家的行为发生影响，或其中一对双边关系的变化导致另一对或两对双边关系发生变化的互动关系。显然，并非任何三个国家都能够形成三角关系。一般说来，三角关系的形成有两个必要条件：第一，构成三边关系的三者一般来说应该是力量中心，它们可能是全球性的力量中心，也可能是地区性的力量中心；第二，在三对双边关系中，每一对双边关系都对第三方产生或隐或现的影响，三方存在相互制约、平衡的互动关系。只有当三者之间的关系符合这样两个要件时，才能认为它们构成了三角关系。如果说我们这样界定三角关系是合适的话，那么，有的研究者将日美俄和俄日中关系也称作三角关系就显得较为牵强。有的认为美中日俄四者之间存在三个三角关系，根据亦不充分。原因就在于很难说日美俄和俄日中等之间存在着什么互动的行为和情形。①

三条件说的代表学者是张蕴岭和贾庆国。张蕴岭认为，确定三国之间存在三角关系与否，考虑因素在于：第一，三者所构成的双边关系之间存在的相互联系；第二，三者双边关系变动之间的互动关系；第三，三者关系的外延作用，即它们在地区甚至是国际范围内具有一定或者重要影响。② 贾庆国认为，三角关系至少应当具有三个主要特征：第一，有关国家决策的自主性，三角关系中的任何一国都应当具备足够的实力并且有意愿自主地制定和实施自己的对外政策，这种自主性是三角关系存在的重要前提；第二，有关国家利益的相关性，从自身利益出发，三角关系中的任何国家都在重要问题上有求于其他两国，在这些问题上谋求其他两国的合作是三角关系的动力；第三，三角关系中的三组双边关系的互动性，三角关系中任何一组双边关系出现重要变化都会导致其他两组双边关系相应的变化，这种双边关系的互动现象是三角关系的外部表现。③

时殷弘则是五条说的提出者，他认为三国间若要存在三角关系，就需要满足以下条件：第一，其中任何两国之间的基本关系在一段较长的历史时间里，既非纯粹合作，也非纯粹对立，而是处于合作与对立彼此交织状态；第二，上述基本关系同样在一段较长的历史时间内有重要的变动，而非基本不变或甚至没有足以令人广泛注意的波动；第三，其中任何一国有关的对外政策的重大变更，都会对其他一国或两国有关的对外政策和整个三方关系造成巨大影响。就后一层次即国家层次上有关三国各自行为的前提条件而言，"标准的"三角关系之存在取决于：第

①    任晓等：《中美日三边关系》，浙江人民出版社 2002 年版，第 2 页。

②    张蕴岭：《转变中的中美日关系》，《当代亚太》1996 年第 6 期。

③    贾庆国：《中美日三国关系：对亚洲安全合作的影响》，《国际政治研究》2000 年第 2 期。

一，有关三国是否都具有基本独立自主的对外政策；第二，三国是否都将纵横捭阖的典型多极均势（它并不需要各极权势完全甚至大体均等）及其权谋外交视为三国关系的一大特征。① 以此为依据，时殷弘认为在2000年以前中美日之间不存在严格的三角关系。

张睿壮则认为，如果三角关系意味着包括三个部分的相互关系，例如三边关系，那么中美日关系可以自动被列入到这一类别中。但如果三边的含义更多，如三个独立的极，就意味着三个大国相互平衡对方，就好像中国历史上的魏蜀吴三国，它们的个性就变得模糊了。注意这里的关键词是"相互平衡"，这对要成为三角之一的每一支力量来说都有一个基本要求：首先，所谓的大国应该足够强大，在与其他两国的双边关系以及那两国之间的双边关系中具有影响力，使得包括自身在内的任何三角关系都有意义；第二，相对于另外两国，大国应该拥有权力，以及支撑其权力的实力，以便有可能成为组成三角的独立一极；第三，大国应该拥有关于世界和地区事务的独立议程，否则它就无法在三角中发挥独立作用。②

从国内学者各自的论述可以看出，在核心条件的认定上他们是具有共识的，而且往往是结合了怀特与迪特默的基本观点。首先这三个国家都必须是本地区出类拔萃的力量核心，具有独自掌控外交的能力；其次三方之间相互重视且存在密切的联系，这种联系可能是合作也可能是对抗，其表现是任何一方都能对其他两方的双边关系产生或明或暗、或大或小的影响。除了这两个因素以外，学者们提及的其他因素往往属于一些不言而喻的基本条件或者在核心条件之外的延伸，只是具体表述的不同导致了各自认为构成条件数量的不同。

除了形成三角关系的条件以外，任晓还进一步分析了三角外交在具体操作中比较常见的策略。他认为有"打牌"（cam playing）和"倾斜"（tilting）两种。假设有 A、B、C 三个国家构成某种三角关系，假

① 时殷弘：《中美日三角关系——历史回顾、实例比较、概念辨析》，《世界经济与政治》2000年第1期。

② Zhang Ruizhuang, "China-US-Japan: Triangle? What Triangle?" Paper presented at the International Conference on Relations Between China, Japan and the U. S. at the Turn of the Century, Beijing, November 19–20, 1999.

设 B 认为（不管是正确地还是错误地）A 比 C 更危险、更有侵略性，这时它可以采取"打牌"和"倾斜"两种策略。首先，B 可针对 A 打 C 牌，玩牌的手段包括与 C 进行军事合作或在 B 和 C 之间作出重大的经济安排，而这些合作和安排是 A 和 B 之间所没有的，玩欺骗才好。其次，强化与共同对手间的紧张关系，给联盟以存在的理由，也可能增强伙伴的忠诚。因此，所谓与对手维持适度的敌对关系，就是一方面要维持足够的紧张，以保持"稳定婚姻"关系；另一方面，最好又不要使关系过于紧张，以避免为军备竞赛付出代价，迫使对手采取冒险做法；此外，同对手达成某种妥协，是符合"稳定婚姻"关系中主要伙伴的长远利益的——如果这样做不至于与伙伴发生不和的话——它可以借此把现有格局变为"浪漫婚姻"关系，并充当主导角色。然而，次要的伙伴则可能以加剧同对手的紧张关系来加以阻挠。其次，三角关系中的一国也可以采用"倾斜"的策略。B 可以在必要时向 C 倾斜以抵消 A 的作用力。这种"倾斜"常常是通过发出一个微妙的信号的过程实现的，包括偏向 C 的政策声明以及 B 和 C 之间某种经济协议等。这种微妙的游戏是一国在三角关系中可以运用的主要手段之一，它据此来为自己找到一个恰当的位置，作出必要的政策调整。一种小心翼翼地对一国或另一国的"倾斜"政策有助于 B 国接近或达成自己的目标，而又不过度扰动 A 国或 C 国。这里重要的一点是 B 国必须具有一定程度的行动和政策的自主性。若 B 国能保持自己的自主性，避免其对 A 国的政策由 C 国来制定或对 C 国的政策由 A 国来制定，就会使"倾斜"策略比较容易进行。A 国和 C 国都会试图这么做，而 B 国若想成功，就必须加以抵制。[①]

陈志敏是为数不多的关注三边关系模式的大陆学者。他从美、日、欧三方的互动中提出了对迪特默模式的思考：首先，美、日、欧合作性三边关系的出现表明，三方共处模式是可能的，而且冷战的经历也表明了其存续的持久性。尽管三方都存在对其他一方或两方背叛的忧虑以及一方试图利用另两方之间的矛盾从中谋利，但事实证明，三方共处总是

① Cerdd Segal, "The China Factor," New York: Holmes &Mier Publisher, 1982, p. 172. 转引自任晓等《中美日三边关系》，浙江人民出版社 2002 年版，第 10—11 页。

在忧虑中存续了下来。这表明，如果各方关注三方合作带来的绝对收益，那么一方不仅能从与另外两方的合作关系中获益，而且也能从另两方之间的合作中获益。因此对迪特默理论的第一个改造是，我们可以将三边关系看作是同时包含竞争性与合作性两种博弈的关系，前者遵循零和博弈的游戏规则，后者遵循共和博弈的游戏规则。在合作性博弈中，每一方的收益得分总额等于该方与另外两方关系的得分值加上另两方相互关系的得分值。在竞争性博弈中，我们仍然采用前面的方法，即每一方的收益得分总额等于该方与另两方关系的得分值减去另两方相互关系的得分值。如此，当我们计算出每一方的合作收益和竞争收益后，可以从新的视角来看待每一种模式的收益格局。在三方共处模式中，尽管竞争收益较小，但每一方都有很高的合作收益。在浪漫三角模式中，虽然合作收益不大，但枢纽方具有很高的竞争收益，而两个侧翼方有明显的竞争负收益。在稳定婚姻模式中，虽然稳定婚姻两方有一定的竞争收益，但各方都有明显的合作负收益，孤雏（陈对孤鸡的称谓）有很高的竞争负收益。在单位否决模式中，各方都有很高的合作负收益和明显的竞争负收益。因此，如果各方关注三边博弈中的合作收益，那么三方共处将是各方共同追求的最理想模式。在现实世界中，当各方加入经济相互依赖和全球化的进程后，合作博弈的现实性和重要性日益增强，一方不仅能从它与另两方的合作关系中获益，也能够从另两方之间的合作关系中获益。

　　其次，在任何一个三方共处型的关系中，我们都可以看到竞争性博弈的成分，这需要我们去认识和发现。显然，在迪特默看来，三方共处就是合作性博弈，在冷战时期已经不太可能出现，因而他也就没有进一步去考察在三方共处基本模式下的各种变形。通过将可能的竞争模式加入到三方共处的基本模式中，我们可以发展出各种基于三方共处基本模式的可能的衍生模式。在此基础上，对迪特默理论的第二个改造是，我们可以依据三边关系中每一对双边关系的合作或对立程度来确定当事双方的收益分值，而不是简单地以合作为 +1，对抗为 -1。如此，我们可以区分三方之间的亲密程度，从而在合作性博弈中发现竞争性博弈的部分。比如，在冷战时期美日欧合作性三边关系中，我们假定美欧从美欧合作中各得 +10 分，美日从美日合作中各得 +10 分，日欧从较不紧密

的日欧合作中各得 + 5 分。如此，美日欧从三方合作中各得合作收益 10 + 10 + 5 = 25；美国从中获得竞争收益 10 + 10 − 5 = 15；而日欧的竞争收益各为 10 + 5 − 10 = 5。如此，我们可以把冷战时期的美日欧三边关系视为一种浪漫三角共处模式。三方虽然都从合作中获得了很大的合作收益，但由于美国同时和日欧都分别保持了紧密的合作关系，而日欧关系相对薄弱，使美国成为三方共处关系中的枢纽角色。

为了更清楚地解释中美欧三边关系的复杂性，我们对迪特默的模型作了第三个改造：将每一对双边关系分成三个主要的次领域，即战略关系、经济关系和政治关系，赋予同等的权重，以此分别量化双边关系中当事方在这些领域的收益情况，然后将三个领域的收益分值加总得到某一双边关系当事方的收益分值。在此基础上，每一方的合作收益总值等于该方与另两方关系的得分值加上另两方相互关系的得分值；每一方的竞争收益总值等于该方与另两方关系的得分值减去另两方相互关系的得分值。在计算分值时，我们设定了战略关系、经济关系和政治关系的分值范围为 − 4 到 4 之间。[①]

陈志敏的探讨显然是对台湾学者研究的进一步深化，他不仅接纳了前者提出的新的"单位否决模式"和六种不同的可能处境，而且还对三角关系模式中不同角色的具体得失作出了更为细致也更有说服力的假定，使得分析系统中不同角色之间的相互关系和利弊得失的结论与现实情况更为接近，弥补了台湾学者所给假定的不足，为帮助我们进行更加深入的研究提供了新的视角和有价值的启发。不过，陈志敏的假定基本都出自于对美欧中三方互动现实的总结，带有明显的印证色彩，而不是像迪特默那样首先总结出抽象的一般性规律，再用其去说明现实，因此可以说陈的研究结论主要反映了一个特定的三边关系的特征，是否具有普适价值还需要具体问题具体分析。另外，陈的一些假定仍含有主观色彩，如其对于具体分值的设定，将次领域分为战略、经济与政治三类但并不包含明确的安全、军事与社会等要素，这种分法是否能够全面反映现实也值得商榷。不过，从怀特首先提出的三角关系发展到陈志敏在模

---

① 参见陈志敏《中国、美国和欧洲：新三边关系中的合作与竞争》，上海人民出版社 2011 年版，第 5—12 页。

型架构上的最新发展，我们可以看到理论与现实越来越接近，其对现实的指导性也越来越强。

综上所述，目前关于三边关系的研究主要试图解决其构成条件、三边关系架构的类型、各种位置在系统中的相对优劣、不同模式之间转化的条件等问题，已经取得的成果对于人们认识和理解三边关系具有重要价值和积极意义。但是这些研究尚显粗糙，其不足主要表现在：第一，需要预先设置假定条件才能进行量化比较，但条件本身不能涵盖所有可能的现实，而且设定的指数是否客观也很难简单判断，为精确量化所进行的假定本身就可能导致更大的不精确，这一悖论仍需不断用更多的实践和研究去予以消减。第二，现有研究在对一方行为作出推断时需要假定另外两方的选择是可知的稳定的，但在现实中的三方互动是一个连续的相互的过程，由于任何一方都具有独立思考和行动的主动能力与意识，因此三国互动的过程异常复杂且持续不断，导致基于单方利益所作出的判断往往难以正确反映三方互动时的真实情况，有时难以自圆其说。第三，现有成果主要集中于对静态现实的描述和分析，对不同模式之间转换的条件和规律的动态性把握仍显不足，无论是英国的马丁·怀特，美国的洛厄尔·迪特默，还是在研究战略三角关系领域颇有建树的吴玉山、包宗和，都只是从研究的方式方法或从制定政策的实用主义方面提出了独特的观点，并未对造成三国关系产生、发展的社会行为、政治制度、国际机制、文化认知和内外因素等进行深入探源，既不能完善地解释三边关系演变趋势，也无法对其演变前景作出哪怕是最基本的预测。总的来说，三边关系的理论研究目前仍处于摸索和构建阶段，在精确性、系统性、连贯性、前瞻性方面仍有很大不足，现有成果只是提供了一种认识和理论框架，还谈不上已经形成完善的理论体系。

# 第五节　中美日三国之间的关系模式

## 一　三边与三角的概念辨析

读者或许已经注意到了，上文在提到三国关系时，有的学者采用"三角关系"的说法，有的则采用"三边关系"。这两者是否相同，它们有什么关系呢？

在上海交通大学举行的"中美俄三边关系学术研讨会"的会议总结中提到：20世纪中叶以来的中美俄关系，越来越明显地开始由"以权力政治为基本内容的三角关系逐渐转向以合作共赢为基本内容的三边关系"。① 由此可以推断，参会者认同的三角关系倾向于指以权力谋取利益的相对自私的模式，而三边关系则倾向于以协商合作来争取共赢的模式。

学者黄秋菊也在其论文中指出，所谓三角关系是指三个行为者集团、国家或力量之间因维护各自的利益或追寻各自的强权，相互作用，相互影响，力求通过连横合纵，最大限度地谋求力量优势或均势，因而任意两方关系的变化都会对彼此间与第三方的关系造成冲击。现在的俄中美三边关系，绝不是过去中美苏三角关系的翻版，其性质和作用有着根本不同。冷战时期的三角关系，是美苏对抗的产物。现在逐渐成型的俄中美三边关系，则是在各自不对抗、不结盟的背景下，三个具有世界性影响的大国之间的相对"等距离"关系。俄中美之间彼此都存在既合作又竞争的状况，各方互有矛盾但并非敌人，相互注重合作但不求结盟，都谋求影响全球事务。② 由此可见，她认为三边关系强调的是平缓的边，而不是三角关系那样尖尖的角，关注的是兼顾和平合作与利益竞争的复杂关系而不单纯是对抗与抵触，这一认识内涵与上海交大会议的结论相似。

祖彦在其哈工大的硕士论文《冷战后中美日三边关系框架下的台湾问题研究》中，也对"三边关系"与"三角关系"进行了辨析。他认为两者存在根本性的区别并具有内在联系：首先，前者中三对双边关系构建是以联系性与利益相关性为基础，其关系具有"松散性"，而后者的构建是以相互联系性与共同利益性为基础，其关系更具"紧密性"；其次，前者对系统中任何一方的外交因素未作明确界定，后者却

---

① 《中美俄三边关系学术研讨会在上海交通大学召开》，2010年3月31日，http：//www.meeting.edu.cn/meeting/MeetingNews! detail.action? id=23605。

② 黄秋菊：《经济视角下俄中美战略三边关系的重构》，《西伯利亚研究》2010年第4期。

强调系统中任何一方外交政策制定与实施的自主性与独立性；第三，前者具有根本的对抗性，是零和关系。无论"三边关系"或"三角关系"都是一定历史时期的产物，三角关系的解体与破裂促进了三边关系的形成与发展。如果三边关系构建的各个要素进一步变化，也有可能发展成为三角关系，是一种量变到质变的过程。三边关系可视为初级的或不甚严格的三角关系，而三角关系则是高级形式的三边关系。那么中美日三边关系能否发展成为三角关系，相信将是一个相当复杂、漫长的过程。①

任晓等在《中美日三边关系》一书中，没有对三边和三角之说作出明确界定，而是直接选择了三边一说。他只是简单提到三边关系可视为初级的或不甚严格的三角关系；而三角关系则是高级形式的三边关系但未作解释。这一判断与祖彦的看法类似。

总的来看，三边关系强调的是三条边的相互关系，而每一条边都是将两个点联系在一起的一条平直的线，离开了联系就谈不上三边关系；而三角关系强调的是三个角，每个角都由两条边组成，但角本身对于构成角的两条边的粗细、长短和交叉的度数并无特定要求，而是强调一种拱立撑开的态势。因而三边和三角的区别主要表现在：第一，三角更侧重于各自的独立性，以及相对于边的联系而更多体现出一种分开的意味。从这个角度来说，笔者赞成三角是以权力政治为基础而三边更多追求合作共赢的说法。第二，三边关系强调一种不断变动中的相互牵扯，属于侧重动态的性质；而三角关系则强调三个角的稳定存在，属于侧重于静态的表现。第三，从相互关系程度上来看，三角更侧重于实体性的存在，也就是所谓"紧密性"，而三边则比较随意，或者说不如三角那么醒目，主要体现出一种"松散性"，但这两者都没有明确的必然的零和关系，三边和三角关系中的各组成者都可以非零和的方式来安排相互的关系，这种条件完全是存在的。第四，从语境上来说，三角关系非常具体明确，而且必然存在三条边在支撑着三个角，而三边关系则仅仅强调三个边，对于边的交汇点——角则并未强调，从这个意义上说，认为

①　祖彦：《冷战后中美日三边关系框架下的台湾问题研究》，硕士学位论文，哈尔滨工业大学，2007年，第14—15页。

三角是三边的高级形式也能解释得通。

三条边和三个角都是构成一个三角形必不可少的要素，只是形态、性质和侧重点不同而已。曾经在三国关系方面进行过大量研究的学者们，对于三边与三角的区分并未给予太多关注，实际上他们基本都没有提及过三边与三角的区别，而是直接就选择了一种表述，似乎这种区别是不言而喻的或者根本就不重要。考察三国关系真正需要关注的重点是三国之间各自的定位以及进行互动的模式，至于应该使用三边还是三角的称谓来界定这一关系模式并不重要，而三边与三角在实际应用中的区别也完全不如其字面差异那么明显。总的来看，如果试图描述一种松散的、变动中的、合作与对抗兼备的三国关系，不妨使用三边一词来界定比较合适，否则就可以使用三角。

## 二　中美日三国之间互动的理论与现实

笔者认为，三边关系研究中最基础性的问题，就是确定是否存在三边关系的现实，只有在确立了这一点以后，才可能对其现有模式、各自定位与关系演变等三国之间的互动进行更深层的研究。虽然中外学者对此给出了多种不同的说法，但他们都认可这样一个条件，即三国拥有的三对双边关系之间相互影响，一对双边关系的变动往往都能引起另一对双边关系的随动，这是存在三边关系的一个必要前提。除此之外，有人提出三个国家都具有独立决策和行动的能力和意愿，这一点应该是对独立的主权国家的最低要求，似乎不应该算作强调互动的三边关系的必备条件，试想如果一个国家完全受到其他国家的主宰，它根本就不能算作一个独立国家，所谓的三边就无从谈起了。还有人认为三个国家都应该具有明显超出三国之外行为体的实力，这实际上并不重要，三个实力不强的小国之间照样可以存在三边关系，在确立三边关系存在与否的条件时，三国之间相对实力对比这一因素的重要性其实要胜过它们与地区内其他国家之间的实力差距，三国相对实力差别不大实际上正是三对双边关系相互牵制的先决条件。除此以外，三个国家之间还要存在既有相同又有不同的利益诉求，相同能够使它们具备合作的潜力，不同则为三边互动提供了动力。

在明确了相关定义的基础上，我们再来考察中美日三国的现实处境。在东北亚地区，中美日三国的地位超群，不仅远远领先于其他国家，而且以世界眼光来看，三国也处于同一梯队内。美国是世界上唯一的超级大国，经常进行单边的干涉活动；中国历来坚持"独立自主"的外交方针，虽然在改革开放以后与世界的联系越发密切，但决策体系仍相对封闭，外界很难对其发挥影响；日本虽然被称为政治上的侏儒，但仅仅是在涉及与美国自身利益密切相关的议题上才可能（且只是可能而已）屈服于美国的压力，而在处理其他的对外关系时所受干扰不多，尤其是近年来日本的独立意识越发强烈，美国对日干涉也逐渐收敛，日本体现出"正常国家"一面的特征也越来越多，因此基本可以认为三国都具有独立决策的能力。在利益认定的问题上，中美日三国之间无疑存在大量共同利益，同时也有很多各种各样的分歧，三国之间的关系时好时坏，充满波折，主要就是利益因素在发挥作用。从这个角度来说，三国是满足构成三边关系的条件的。而最为重要的是，由于历史和现实的原因，中美日之间的三对双边关系都包含经济或安全利益驱使合作、安全和经济利益增加互疑的怪圈，虽然并非每对双边关系都能对其他的双边关系产生显著影响，但至少中美对中日、中美对美日、美日对中日、美日对中美、中日对日美这五种相互作用是比较明显的，尤其是进入新世纪以来，随着中美日三国实力对比和相互认识的变化，这些互动的表现越来越明显，如果说21世纪以前还不存在典型的三边关系，那么进入21世纪后，中美日三边关系的存在则是非常明显的。同时鉴于三边互动的松散和频繁、利益关系的复杂以及角色定位的相对模糊，本书选择使用"三边关系"而不是"三角关系"来界定中美日互动时的三国关系。

## 三　中美日三边关系的构建

在确立了中美日三边关系现实存在的基础上，就需要界定这一三边关系究竟处于一种什么样的状态中。进入新世纪以后，中国、美国和日本的国家实力、战略思考、利益需求、国内政治、民意认识以及他们所处国际环境不断发生变化，三边关系的模式也随之而动，不断从一种模式向另一种模式转换，有时过渡非常清晰，有时则很模糊，有时的表现非常典型，有时则并不那么容易用上述的几种模式之一进行界定。缘于对自身能力的判断和利益的追求，中美日三国在处理三边关系时都有意无意试图选择对自身最有利的一种角色定位和架构安排，并随时根据另外两方的反应而进行调整，但三边关系的总体架构是相对稳定的。在阐明三国能力与意愿的基础上考察三边关系的演变轨迹和特点，并结合三边关系的理论进行分析，正是以下各章节需要表述的主要内容。

# 第 二 章

# 中美日三边关系的历史沿革

　　中国、美国和日本三国之间互动的历史久远，最典型的一段是在太平洋战争前后，中美联合起来反击日本的侵略。但新中国建立后中国与美国和日本的官方联系均中断多年，其间只有断续的小规模民间往来，直到 20 世纪 70 年代早期，尼克松突然访华之后，日本受到刺激而赶在美国前面与中国建交，中美日三边互动才开始恢复。本章主要关注 20 世纪 70 年代初到新世纪初的情况，就中美日三边关系的历史概况进行一个大体的回顾。

　　从 20 世纪 70 年代初到新世纪之初，中美日三国的自我发展和对外交往复杂多变，三边关系的互动也展现出几个有代表性的阶段。从中日建交到 1989 年，三边关系总体处于一个相对稳定的阶段，表现为中美、中日与美日关系都在积极发展；从中国"六四"事件以后到 1994 年，是第二个较典型的阶段，中美、美日都出现问题而中日关系继续发展；第三个阶段从 1995 年到 1997 年，中日纠纷增加而中美冲突频发，但美日再度开始强化合作；第四个阶段从 1998 年到新世纪之初，主要表现是中美不断反复、中日和美日相对稳定。当然，这种划分只是对其总体形态的大致描绘，中美日三国相互交往往往呈现出复杂性和多面性，上述划分依据的只是大趋势而非个别细节，并不排除在某个特定的时间段有与上述典型特征相悖的事实存在。此外，由于一国外交政策的制定与调整决不是一蹴而就、精密连贯的机械运动，不免有一定的铺垫延伸、波动反复，所以上述时间段的划分不可能是很精确的，各个时间段之间也并非是相互割裂的关系，进行这种划分的唯一目的只是为使研究更为明晰便利。

# 第一节　1971—1989 年的三边关系

世界进入 20 世纪 70 年代以后，国际格局发生了明显的变化。苏联在 1970 年的国民收入达到美国的 65%，在对美形成核均势之后，苏联在全球发起了咄咄逼人的攻势。而在经济危机和越南战争的双重打击下，美国的世界霸主地位受到削弱，苏联的战略压力不断增大，昔日的小伙伴日本和西欧国家成为美国在国际市场上强有力的竞争对手，第三世界国家迅速崛起，美国一方面被迫放弃金本位制度，一方面准备从处处被动的越南战场上收缩，尼克松于 1969 年 1 月就任总统后，决定采取行动从越南脱身。此时尼克松和基辛格倾向于相信苏联已经实现了与美国大致平衡的战略均势，这迫使美国领导人开始考虑进行战略调整。而此时的中国领导人也同样对自身的国际处境相当忧虑。珍宝岛冲突之后，在中国看来苏联已经取代美国成为对华最大和最直接的威胁，美国陷入越南泥潭之后已经无力再对华进行军事挑衅，"深挖洞、广积粮、备战备荒"的应对目标实际上成为在中国边境陈兵百万的"修正主义"苏联，而不是相隔万里的"帝国主义"美国。鉴于面临的军事压力严峻，中国领导人也在寻找破解之道。而此时的日本，在经历了近 20 年的经济高速增长之后，国民生产总值已经连续超过英国、法国和联邦德国，于 1968 年成为资本主义世界的第二经济大国，经济上的成功也进一步催生了其政治上的更多诉求；另一方面，日美经济摩擦不断出现，1965 年日本对美贸易出现战后首次顺差，到 1971 年，双边贸易失衡已超过 30 亿美元；与此同时，苏联在世界范围内的逼人姿态也加深了日本对其的担心。这些因素相互交织，为中美日三边关系的调整提供了主要的外部条件。

此时美国占据着最主动的地位。首先在美国看来中苏和解的可能性不大，而中国对苏联的担心已经超过对美，这赋予了美国操控局势的机会。其次美国需要尽快从亚洲收缩力量，而越战能否结束"取决于北京"。越战结束后在亚洲保持均势更应有"北京的合作"，① 但中国的外交传统和当时面临的国内外环境使其不可能主动向美国发出"卑躬"一般的明显求和信息，而美国在尼克松发表关岛宣言以后继续采取主动已显得顺理成章。再次，长期以来都是美国在对华采取封锁包围的政策，所以也只有美国才能迈出改善关系的第一步。据美国国务院法律顾问菲利普·泽利科回忆，当时基辛格曾对尼克松说："总统先生，根据我的看法，对于我们与中国的关系，我们目前需要关心的是利用中国制衡俄国，而不是其国内政策。"尼克松表示同意。基辛格接着说："作为一种制衡力量，可暂时维持其在次大陆发挥的作用。至于中国尚不具有全球性政策，这对我们很有利，而且它们目前还没有形成全球性实力，还需要防备俄国的虎视眈眈。一旦俄国控制中国，后果非同小可。"尼克松后来在演讲中提到："我们实在不能与占人类四分之一的人口无限期地继续处于关系不友好的状态，特别是因为中华人民共和国的军事力量正在增长。"② 在这之后，则是那一段世人都耳熟能详的历史，基辛格从巴基斯坦秘密访华，随后尼克松突然宣布将于 1972 年 5 月以前访问中国。

美国的决定对日本的冲击是巨大的。20 世纪 50 年代出任日本驻美大使的朝海浩一郎，曾经常说起他多次做过的一个梦，即当他一觉醒来时，得到美国没有通知日本就突然承认中国的消息。③ 这一则外交界有名的"朝海噩梦"终于在 1971 年 7 月 15 日成为现实。在尼克松发表电视讲话宣布准备访华前几分钟，美国助理国务卿尤·约翰逊才向日本驻美大使牛场信彦通报了此事。美国在准备实行这一重大政策转变的过程中，对盟国日本秘而不宣的做法，使日本受到了强烈的震撼，这就是为人们熟知的"尼克松冲击"。这一在今后长期刺激日本对美外交的"越顶外交"对佐藤内阁形成了强烈冲击，自民党内部充满屈辱、失落的情绪。实际上在此之前，日美之间在归还冲绳问题、经贸摩擦问题以及

---

① 王绳祖主编：《国际关系史》第十卷，世界知识出版社 1996 年版，第 8 页。

② ［美］菲利普·泽利科：《国务院官员谈美国对华政策历史》，《美国参考》2006 年 9 月 25 日。

③ ［日］永野信利：《日本外务省研究》，上海复旦大学历史系日本史组、上海译文出版社译，上海译文出版社 1979 年版，第 11 页。

美国的家长式控制问题上已经矛盾重重。"越顶外交"事件发生后，日本迅速深刻反思并决定尽快调整自己的外交政策。由于此前日本在野党和民间对华交往深度远远超过美国与中国的联系，所以面对美国的"背叛"，日本最直接的反应就是要迅速与中国实现关系正常化，并尽快打入中国市场。尼克松担心如果日本行动过急，就不得不在包括台湾问题在内的很多议题上向中国作出不必要的让步。因此当日本首相佐藤与尼克松于 1972 年 1 月会晤时，尼克松警告日本不要有跟美国竞争的想法。1972 年 2 月，尼克松成功访华。1972 年 6 月，至少部分是由于工商界的压力，佐藤荣作正式从政界引退，对华友好的田中角荣当选为自民党总裁和日本首相。田中认为，日中邦交正常化的时机已经成熟，日本财界方面也积极支持田中尽快实现日中邦交的决断。因为中美在 1972 年 2 月发表的《上海公报》中已就台湾问题达成基本共识，日本已无须担心在这个问题上的对华妥协会引发美国的不满；1972 年 8 月由于美国为了迫使日元升值，又采取了一系列危害日本利益的经济政策，这也进一步坚定了日本调整外交布局的想法。与此同时，中国政府也充分意识到中美建交的难度超过中日建交，与其等待美方在许多问题上放弃对华敌视态度，不如首先从日本身上着手来拓宽中国与资本主义世界的联系。1972 年 7 月 27 日，日本公明党委员长竹入义胜访华，周恩来总理在与其会谈时表示，中日问题和中美问题是不一样的，中日两国之间有二十多年的交往历史，而中美之间却没有；美国和蒋介石之间缔结了军事条约，而日本只是签订了和平条约；因此日本应先于美国与中国建交，"如果首先要取得美国的理解，那么由中国来向美国打招呼"。[①] 此外，在日美安保条约、战争赔偿问题、钓鱼岛问题以及苏联可能的反应等问题上，周总理都对竹入作出了说明和宽慰，希望日方能尽快放下包袱，早日与中国建交。[②] 1972 年 9 月，上任不足百日的日本首相田中角荣访华，中日两国发表《联合声明》，日本先于美国而与中

---

① 林晓光：《中日邦交正常化：中国对日外交与日本公明党和〈竹入笔记〉》，载《北京大学中国与世界研究中心研究报告》2012 年 9 月，第 17 页。

② 详见田中明彦研究室《周恩来和竹入义胜三次会谈要点》，http://xiexie.baihui. com/public/0a6caf66377e55bc63131f71b3ed08d985a887a58d2088cab4dd3d0dea82776bf286cc4d94b d246d/script。

国实现了关系正常化。

美国对于日本的决定虽然理解但并不喜欢。尤其是基辛格一直认为日本缺乏战略思考能力，却利用美国创造的条件率先满足了私利。基辛格曾私下宣称，日本人是奸诈的狗崽子，因为他们在华盛顿准备与北京建立正常的外交关系之前，就谋求采取这一步骤。[①] 但是，日本此举并未明显冲击美国的利益，只是有点喧宾夺主，而美国原本也是准备尽快与中国建交的，只是由于随后的水门事件和国内政治斗争的激化，美国不得不看着日本走在前面；另一方面，美国此时还需要考虑在争取对苏缓和时如何更好利用中国这张牌，在美中和解以及美苏缓和的新国际环境下，美国政府试图避免给人以要么与中国要么与苏联联手来对付另一方的印象，而是鼓励中国和苏联视美国为一根杠杆，据以获得对付另一方的政治优势。[②] 所以，美国仍等待着对自己最为合适的时机，直到苏联的攻势迫使美国不得不最终放弃对苏缓和与对华友好并举的骑墙战略，转而将与中国建交提上议事日程。1979 年 1 月，中美正式建交，也就是在同一个月，中国政府宣布了改革开放的基本国策。这也是历史上美国第一次与日本和中国同时建立了友好关系。

1978 年 11 月苏联与越南签订了带有同盟性质的《友好合作条约》，越南反华排华变本加厉。在中国看来，苏越条约并非只针对中国，而是苏联全球战略在亚太地区的重要组成部分。1978 年 12 月，越南当局在苏联支持下出动十余万军队入侵柬埔寨，1979 年 1 月 7 日即占领金边，气焰嚣张：在苏联咄咄逼人的全球攻势和威胁下，共同的战略目标使中国、美国和日本进一步走到一起，相互关系迅速升温。中美建交十多天后邓小平即访美，呼吁建立广泛的抗苏统一战线，并透露出准备对越进行自卫反击战的消息，美国政府对此予以默认，此后还通过热线电话和写信的方式告诫苏联如进行干涉美国将会作出反应。[③] 随后中国速战速

① Robert Madsen, Richard J. Samuels, "Japan, LLP," *National Interest*, May-June 2010, http：//nationalinterest. org/article/japan – llp – 3444.

② Yoshihida Soeya, "US-Japan-China Relations and the Opening of China：The 1970s'," Working Paper No. 5, *Keio University*, http：//www. gwu. edu/~ nsarchiv/japan/soeya. htm.

③ 刘沛：《中美建交以来的两国安全关系》，载中国社科院美国研究所编《中美关系十年》，商务印书馆 1989 年版，第 54 页。

决，而苏联也慑于美国的态度，没有在中国北部进行旨在帮助越南减轻压力的军事挑衅。1979年底，苏联进攻阿富汗，中美日合作对苏的意愿进一步得到加强。1980年1月4日，美国总统卡特发表声明，要求国会中止第二阶段美苏限制战略武器条约的审议，对苏采取制裁措施，并要求有关各国予以合作。日本一方面呼吁苏联撤军，另一方面实行了同美国对苏制裁相协调的方针。中国则于1979年4月决定不再延长《中苏友好同盟互助条约》，同时也响应美国的号召，在新疆建立了一个由美国提供设备、中国人员进行操作的联合监听站，并与美日一起抵制了莫斯科奥运会。日本和美国确定协调发展对华关系，中国则对日方的"日本、美国和欧洲共同协助中国实现四个现代化"的态度表示赞赏。更有意义的是，三国之间的军事合作也逐步展开：到20世纪80年代初，由于面临共同威胁的升级，中国近乎不反对日本加强防卫力量的举措，美国也不断放宽对华武器出口，使中国成为除南斯拉夫以外第二个有资格享受美国政府对外军售的共产党国家。中国从美国采购了包括陶式反坦克导弹、霍克地对空导弹、歼8火控系统等在内的多种装备，当时购买的黑鹰直升机至今仍在中国发挥重要作用。

在这一阶段中国和日本的经济合作已经走在了中国与其他国家的前面。邓小平1978年访日时对天皇表示，过去的事就让它过去吧，我们要向前看，在两国之间构建和平关系。这被许多日本人视为友好的姿态，因此加强对华合作在日本国内变得更有市场。1979年12月7日，日本首相大平正芳在中国政协礼堂的讲演中发表了著名的对华经济援助三原则：第一，不提供军事领域的合作；第二，与亚洲各国尤其是东盟各国保持平衡；第三，与欧美各国维持协调关系，以消除西方各国对日本独占中国市场的忧虑。1979年底日本政府决定向中国提供第一批日元贷款，到2006年6月，累计向中国承诺提供贷款32 078.54亿日元（约合300余亿美元）[①]。另外一个统计数据是，从1979年开始到2008年结束，中国共获得日本约2 248亿元人民币的政府开发援助以及各种形式的技术合作和无偿援助。[②] 这些援助为中国的经济腾飞发挥了重大

---

① 朱良：《中日关系六十年的一些大事》，《炎黄春秋》2007年第2期。
② 曹海东、黄小伟：《日本对华援助三十年》，《南方周末》2008年2月21日。

作用。

　　在这一阶段，美日之间继续在合作与纷争中发展关系。进入 70 年代以后，美国对日贸易逆差不断扩大，美国以财政困难和日元升值为理由要求日本负担部分驻日美军经费，日本从 1981 年开始又承担了被称为"体贴预算"的一部分驻日美军的经费。但这无法平抑美国对日本的不满。只是由于两国安全方面的合作更为重要，所以经贸冲突仍然被控制在一定范围内。1981 年 5 月，日本首相铃木善幸访美，双方第一次将日美关系称为"同盟关系"。但围绕这种"同盟关系"是否带有军事含义的讨论在日本国内引起争议，随后伊东外相作为替罪羊辞职，这令美国对铃本善幸产生了不信任感，并对日本无力自保表示不满。里根政府于 1981 年 10 月发表声明称，如果昭和五十五年度的日本防卫预算下调到 GNP 的 0.9% 的话，美国国会就不可避免地要加强对日的批判"。[①] 为解决双方的争议，1983 年 1 月 19 日，中曾根首相在接受美国《华盛顿邮报》采访时，表示日本在防卫方面的目标是使日本列岛成为不沉的航空母舰，以便构筑防止苏联轰炸机入侵的巨大壁垒，阻止苏联潜艇通过周边四个海峡，以及维持海上航路的畅通等。1986 年 10 月 27日，日本陆海空三军自卫队与美军举行了两国之间的首次单独联合演习。美日之间的防卫合作进入高潮。

　　中国对美日之间的这种合作基本持观望立场，一方面三国当时的主要对手是苏联，另一方面美国对华出售武器的举动令中国没有把美视为安全威胁，同时中日之间的经济合作和文化交流也卓有成效，日本连续剧在中国电视台上映时万人空巷，以杜丘、小鹿纯子和大岛幸子为代表的日本影视人物在中国家喻户晓，中日之间的历史认识问题基本没有引起多少关注，两国国民间的好感达到了历史上的最高点。因此，对于美日加强安全合作的举动，中国基本是理解为主、防范为辅。而美国并不需要依靠日本发展军力来与苏联抗衡，只是在经贸摩擦的冲击下将怨气转移到安保领域，要求其提高自保能力，但又不希望日本此举在亚洲引

---

　　① ［日］高坂正尧、佐古承、安部文司编著：《战后日美关系年表》，PHP 研究所 1995年，第 161 页。转引自翟新：《战后日本的政经分离对华政策——以岸信介内阁为例》《史学集刊》，2008 年第 2 期，第 71 页。

发怀疑，否则美国也会承受压力。所以美日的军事合作有一定的自限性，也更容易得到中国的理解。但是随着日本经济的持续增长，其对美贸易顺差也不断拉大，以至于到了 80 年代末时美国的民意调查表明，民众认为日本对美国构成的威胁比苏联更大。[①]但美日之间的经济摩擦往往都是以日本向美国妥协而告终，意味着这种摩擦仍处于可控状态。

80 年代的中美关系也不断取得进展。中国在改革开放以后如饥似渴地观察学习着外面的世界，全国上下都在为实现四个现代化而不懈努力，美国先进的科学技术和与传统宣传反差巨大的人文诱惑使得广大民众迅速喜欢上了这个帝国主义国家，虽然接连发生了里根政府对台售武、网球运动员胡娜"叛逃"美国等事件，但中国对美感情总体上仍不断改善，从 1983 年开始，中美关系步入稳定发展阶段。在 80 年代中后期，支持联华抑苏的国务卿黑格离任，注重美日关系的沃尔福威茨成为负责亚太事务的助理国务卿，而中国和苏联也开始了改善双边关系的谈判，使得美中合作的迫切性有所下降。与此同时，由于中国国内改革开放的不断深化，美国感觉中国在逐步脱离共产主义的传统轨道，而变得越来越像他们自己，所以其对华亲近感也在不断上升，双方的文化与人员交流也更加密切，中国还成为那一阶段向美国派遣留学人员最多的国家。虽然这一阶段中美经贸交流不如中日密切，但双方的合作还是比较顺利且卓有成效的。

总的来说，由于面临共同的外部威胁，这一阶段的中美日三边关系呈现出三个国家之间的三对双边关系都比较友好的状态。鉴于当时外界对中国的了解还相当有限，美国对华的战略定位并不明确；再加上当时的国际秩序尚由两个超级大国主导，中国能够发挥的作用还比较有限，美国对中国的关注也有限，对华利益考量也并不复杂。日本主要是从商业角度来看待中国的价值，将中国视为潜力无穷的新兴市场，与中国的经贸关系发展非常顺利，但在安全领域对华没有什么交流。此时的中国在以一种谦虚学习的姿态来向美日敞开自己，不仅与它们没有竞争关

---

① ［日］元玉胜：《中日的傲慢与威望》，载《日本外交政策背后》，［日］《远东经济评论》2005 年 6 月。

系，而且接受了安全上与美国合作、经济上与日本合作的互益格局，因而这一阶段出现了历史上少有的三赢局面。不过正是由于三国之间的关系主要受到一个共同的外部因素的主导，导致三国合作成为主流而内部相互的利益诉求受到压制，因而基于各自不同利益而开展的内部互动并不明显；再加上三国之间的实力对比还比较悬殊，建立典型三边关系的条件还不很成熟，因而严格来说这一阶段的中美日三国之间尚不存在一个明确的三边互动模式，或许这就是有些学者不认同这一时期存在三边关系的一个原因。

## 第二节　中国"六四"风波到克林顿上台初期

1989 年后，全球社会主义阵营发生了急剧变化。一方面民主化浪潮在苏联东欧地区愈演愈烈，苏联对东欧国家和加盟共和国的控制力迅速降低，社会主义阵营一时间风雨飘摇；另一方面，中国国内发生"六四"风波。"六四"事件成为改变中国与西方国家关系的空前绝后的里程碑式事件。中美日三边关系也因此受到巨大影响，进入了错综复杂的第二个发展阶段。

"六四"事件之后，美国对华"逐步走向资本主义"的期待顷刻间落空，中国政府处理国内紧急事态的举措更超出了其预想，一时间失望与恼怒之情迅速弥漫于美国政府和民间，1989 年 6 月 5 日，美国总统布什宣布对华制裁，包括暂停对华武器出口和中美军事交流，优先考虑中国留学生在美延长居留的申请，通过国际红十字会对"六四"事件中的伤者给了人道与医疗救助等。6 月 20 日，布什又宣布了第二批对华制裁措施，包括停止高层官员互访、反对国际金融组织对华提供新的援助与贷款等。与此同时，美国公众对华好感也一落千丈，美国国内充斥着对华强硬的呼声，美国国会还在随后通过的 1990 年外交授权法中，进一步强化了对华制裁力度。中美关系虽然看似受到重创，但布什总统却在竭力控制着对华施压的分寸。在国内压力下他必须对"六四"事件作出强烈反应，但却在背后努力维护中美关系不致受损过重。他于 1989 年 6 月 21 日致函邓小平，要求派特使秘密访华。7 月 28 日，布什再次秘密致函邓小平，通报了美国和日本如何在西方七国集团首脑会议上把"指责中国"的激烈措辞从"公报中删去"，并称如果美中"友谊重新回到正轨"，那么就能"为世界和平"与"两国人民的幸福做更多的事"。在当时西方二十多个国家对华进行制裁、苏东剧变迫在眉睫的背景下，中国的外交处境极为困难，为了中美关系的未来，中国决定避免对抗，接受了布什总统的要求。在与国家安全事务助理斯考克·罗夫特的会谈中，邓小平提出了"解铃还须系铃人"的原则，表示中国并未侵犯美国的利益，而美国是在干涉中国内政，只有美国主动停止其对华行动，中美关系才可能改善。

在这一阶段，美国政府对华表面上的强硬并不表示已经改变了基本的对华政策。伊格尔伯格 1990 年 2 月 7 日在参议院外交委员会作证谈及他的两次中国之行时表示："美国代表两党的五届政府，在对华政策上追求一贯的目标，培养与中国一贯的战略联系，寻求鼓励中国发挥在东亚地区的影响，寻求吸引中国人广泛参与有助于政治与经济改革，以及提倡人权的交流活动，寻求增加与中国的经济与商业往来。"[1] 这意味着即使在中美关系最低潮之际，美国对华政策的主流仍是与中国保持接触。而中国对美国也作出了积极回应，于 1990 年 4 月部分恢复了富布莱特交流项目，5 月初解除了在西藏拉萨的戒严，同意美国之音在北京派驻记者，国家主席江泽民还给美国大学生写了一封长信讲述中国的国内情况，6 月又一次性释放了 97 名异议人士，并宣布购买 20 亿美元的波音客机，7 月则同意在美驻华使馆躲避一年多的方励之夫妇离境。[2] 布什总统则两次否决了国会要求停止对华最惠国待遇的要求，还以符合国家利益为名豁免了多颗对华出口的卫星，贝克国务卿于 1991 年 11 月访华，成为"六四"之后访华的级别最高的美国官员。这意味着中美交流在逐步恢复，也尝试相互表达善意。

虽然中美两国政府的互动看似默契，但由于民意认识和国内政治环

---

① 刘连第编：《中美关系重要文献资料选编》，时事出版社 1996 年版，第 302 页。

② 参见张亚中、孙国祥《美国的中国政策——围堵、交往、战略伙伴》，台北，生智出版社 1999 年版，第 99 页。

境的剧烈变化，相互能够作出妥协的空间不大，中美关系只是在两国政府尤其是行政部门的积极努力下，试图保持一种减少负面冲击而维持相对稳定的状态。尤其是从美国方面来说，行政部门每一个看似对华友好甚至不够严厉的举措都会受到国会议员和国内媒体的抨击，而邓小平也在会见加拿大总理特鲁多时表示"中国永远不会允许别国干涉内政"，所以中美关系的整体气氛和基调仍是负面的，迅速恢复并不现实。与此同时，苏东剧变则从另一个角度发挥着影响。1989 年夏，维持多年的两极体系开始崩溃。在明确来自苏联的外部威胁消失之后，美国产生了一种胜利后的狂喜与失去对手的迷惑相互交织的复杂心态，其东亚战略也陷入了由外部形势骤变而内部调整滞后所导致的无序与混沌之中。由于美国不再需要中国发挥平衡苏联威胁的作用，中国的对美价值降低，使得美国国会可以继续抓住人权问题不放，通过了"中国移民紧急救援法案"，导致期待改善中美关系的布什总统也无法实现更多作为。1992 年 9 月，布什出于竞选连任的需要宣布向台湾出售 150 架 F16 战斗机，中国对此提出强烈抗议，同时也失去了与布什政府继续改善关系的动力。

相对而言，这一阶段日本政府受到的约束要少得多，其在处理对华关系时也更为积极灵活。"六四"事件同样也对日中关系带来了冲击，但日本的想法与其他西方国家有所不同：第一，相对于政治议题，日本更关注对华的经济合作，这种思潮也普遍存在于日本民众和国会议员中，因为中国内政出现问题就对其采取强硬政策并非日本国内的主流主张；第二，战争的历史记忆也促使日本对中国政府的举动给予了更多的理解和同情，"六四"之后日本首相曾表态说："我清楚地表明 40 年前日本侵略了中国。日本不能再伤害曾遭受这样一场战争的国家，日中关系不应受害于中美关系。"① 第三，日本担心孤立中国可能导致其政治和社会不稳定，这对与其他西方国家处境不同的日本影响最大。虽然最终日本因为担心受到美国的指责而加入了西方的对华制裁阵营，暂停日

---

① Zhang Ruizhuang, "China-US-Japan: Triangle? What Triangle?" Paper presented at the International Conference on Relations Between China, Japan and the U. S. at the Turn of the Century, Beijing, November 19 – 20, 1999.

元贷款及停止两国官员交流，但制裁力度不大而且随时在寻找机会以改善对华关系。1990 年夏，日本政府恢复了第三批对华日元贷款，重启了对华高技术出口，并敦促美国改变其对华立场。日本首相海部俊树于1990 年底在接受中国媒体访问时，表达出他对世界局势关注的重点顺序，首先是伊拉克侵略科威特问题，其次是苏联国内局势的发展，第三则是与苏联有关的亚太地区前景，第四是乌拉圭回合贸易谈判的问题。① 其中只字未提中国国内的政治风波，却把苏联问题看得严重得多。也就是说，注重实利和周边安全的日本对中国内部事务的关注远远不及其他事项，他们并不期待像美国那样为了原则而损害对华关系。有日本学者分析认为，"六四"事件之后日本公众也不喜欢中国政府的行动，但是远不如美国公众的道义感那么强烈。因为自己在中国的暴行，日本人知道自己没有给中国人教授道义的强大资本。实际上日本人在30 年代见识过中国混乱的代价，所以他们同情中国对秩序的追求。他们还对经济利益给予了更高的重视。为了应付国际反应，日本也限制了对华贸易与技术转让，但比美国更好地准备着帮助中国。② 日本一直保持对华接触的政策，是工业化国家中第一个终止制裁恢复经济援助的国家。而中国也注意到了日本在巴黎峰会上与其他资本主义国家对华态度的差别，1989 年 9 月邓小平对访华的伊东正义表示，"不管世界发生什么样的变化，也不管日本和中国国内发生什么样的变化，中日友好不能变，不可能变"，加强了对有可能合作的唯一一个先进国家日本的接近。③ 1991 年 8 月，海部俊树首相成为西方七国领导人中访华的第一人，他还想说服美国和欧洲，日本与中国的合作也符合其利益。④ 中国则以宣布原则上加入《核不扩散条约》来回应对核问题异常敏感的日本。1992 年 10 月，在中日复交 20 周年之际，日本天皇和皇后访华。

---

① 朱荣根：《海部俊树接受本刊记者专访》，《瞭望》周刊 1991 年第 1 期。

② Ezra F. Vogel, "The China-Japan-U. S. Triangle," Harvard University The Sixty-Second Morrison Lecture, 7 July 2001, http：//chinainstitute. anu. edu. au/morrison/morrison62. pdf, p. 6.

③ ［日］毛里和子：《中日关系——从战后走向新时代》，徐显芬译，社会科学文献出版社 2006 年版，第 104 页。

④ Tanaka Akihiko, "Relations with Japan Handbook on China," Tokyo：*Kazankai*, 1992, p. 127.

这是中日两国两千多年交往史上，日本天皇首次，也是目前唯一的一次访华，将这一阶段的中日关系推向了高潮。次年，细川护熙首相对侵华战争表达出深深的悔恨并向那些战争的受害者道歉。日本学者高原明生认为，这些言辞并不是考虑到中美日三角关系而做出的战术举动，而是为了加强日本在对美关系中的地位（那段时间日美关系比较紧张），但是他们也是认真地想要为一个中日之间长期的合作关系打下基础。① 日本对华的态度为中日关系的持续改善奠定了基础，天皇访华之后，两国之间最为敏感的历史问题也变得不再那么敏感了，可以说中日关系达到了历史上最好的时期。

中国"六四"事件之后，美国对于日本的态度是矛盾的。为了保持与中国的工作关系，布什私下里悄悄支持日本改善对华关系的努力。但是由于美日经贸纠纷越发严重，美国国内在"六四"事件之前就已经出现"敲打日本"的声音，而日本也出版了《日本可以说不》一书，美日的对抗色彩不断升级。首先，美日的经贸摩擦愈演愈烈，1990 年，日本的国民生产总值已相当于美国的 60%，人均国民生产总值已比美国高出 10%。② 美国此时沦为世界上最大的债务国，而日本却成为世界上最大的债权国。在两国关系紧张的核心问题——贸易不平衡方面，双方的矛盾更是不断深化，美国对日贸易逆差从 1983 年的 200 亿美元上升到 1992 年的 500 亿美元，1993 年进一步增加至 593 亿美元，约占美国全球贸易逆差总额的一半。③ 美日之间每次贸易谈判总是痛苦而漫长，无非都是以美国全面施压，日本局部让步而告终。此外，日本在美直接投资和购买产业之势也咄咄逼人。这种严重的经济摩擦和"满怀敌意"的购买行为从根本上侵蚀了美日关系，并从经济领域自然"溢出"到了其他领域。正如日本学者星野昭吉所言："当初的贸易摩擦结构已扩展为今天的政治、经济、社会、文化的复合摩擦。这一结构不仅

① Akio Takahara, "Japan's Policy Toward China in the 1990s," from Ezra F. Vogel, Yuan Ming, Akihiko Tanaka, "The Age of Uncertainty The U. S. -China-Japan Triangle from Tiananmen (1989) to 9/11 (2001)," *Harvard University Asia Center*, 2004, p.258.

② 宋成有、李寒梅等：《战后日本外交史（1945—1994）》，世界知识出版社 1995 年版，第 580 页。

③ 杨伯江：《浅析贸易摩擦与日美关系》，《亚非纵横》1994 年第 4 期。

存在于实际领域，而且在思想观念上也形成了相应的双重摩擦结构"。①
从 20 世纪 80 年代末到 90 年代初，在美国至少出版了 35 种视日本为异
端民族的书籍，这无疑对美国人的反日情绪起到了火上浇油的作用。美
国学者沃尔·弗伦（Karelvan Wolferen）建议美国同日本打交道的唯一
途径，就是忘记自由贸易和市场经济理论，"发起连珠炮式的攻击"。②
美国国内的"日本威胁论"也颇为盛行，民调显示超过半数的美国人
认为日本的经济总量已经超过美国成为世界第一。在安全领域，日本在
海湾战争中的表现也让美国颇为不悦。在美国的一再动员下，日本仍因
国内分歧而拒绝派出自卫队参战，只是支付了 130 亿美元的战争费用。
时任自民党干事长的小泽一郎曾讲了一个故事："一名自卫队军官告诉
一名美国军官说，我们每人都为海湾危机捐献了 100 美元，美国军官
说，我会付你 100 美元，你愿意代表我去参战吗？"那时的美国驻日大
使迈克尔·阿莫科斯特（Michael Armacos），就经常被称为"外来压力
先生"。③他不断要求日本给予更为直接的军事支持但终未成功，这使
得美国对日本的不信任感进一步增强。一些美国政治家表示，在美国深
受经济衰退之苦的时候，为什么还要派兵保卫争夺美国市场的日本？事
实上，在 1990 年及 1992 年的美国东亚及太平洋地区安全战略报告中，
都提及应该在冷战后逐步撤减美国在该地区的驻军（其中自然包括驻
日美军）。④此外，美国还开始担心在失去共同敌人的背景下，日本重
新武装可能干扰美国的亚太战略，美国在对待日本增加防卫费和增强防
卫力方面的态度上产生了显著变化。1991 年美国出现了"驻日美军的
存在，是防止日本东山再起的'瓶塞'"的理论……正如美国前驻日大
使阿马科斯特在评价冷战后的日美同盟时所说，"双方都承认日美同盟

① 张小林：《盟友还是对手？——战后日美结构性贸易摩擦问题研究》，《世界经济与政治》1997 年第 2 期。

② 参见朱文莉《竞争性的相互依存——冷战终结前后的美日关系》，《美国研究》1994年第 2 期。

③ Ezra F. Vogel, Yuan Ming, Akihiko Tanaka, "The Age of Uncertainty the U. S. -China-Japan Triangle from Tiananmen (1989) to 9/11 (2001)," Cambridge, Mass. *Harvard University Asia Center*, 2004, p. 206.

④ "United States Security for the East Asia—Pacific Region", Department of Sate, Office of International Security Affairs, Feb. 1995.

仍具有维持价值，但哪一方都不愿再付出像当初那么大的牺牲来维持同盟关系"。① 连布什总统也认为一个强大的中国符合美国的利益，最终会帮助控制日本。这种想法看来更多来自于共和党一边，这可能是基辛格博士的想法。②

克林顿上台初期，美国与中国和日本的关系都比较紧张，而中日继续依靠经贸活动保持着良好关系。老布什离任时，美国国内认为他过于迁就中国的声调很高，所以克林顿政府决定保持对华强硬姿态。1993年1月，新任国务卿克里斯多弗提出，"我们的政策将致力于通过和平演变，使中国共产党由共产主义走向民主"。③ 克林顿在选举中曾宣称不会对中国的人权问题视而不见，他上台后一方面肯定中国在美国外交中的重要性，另一方面又表示对于中国领导人的很多做法甚为担忧，虽然最终决定延长一年中国的最惠国待遇，但表示下次是否延长将取决于中国的人权状况能否得到显著改善，并规定了"必须达到"和"不一定达到"两个类别各七个指标，作为次年是否批准延长的前提条件。这项行政命令是美国政府首次将人权问题作为延长最惠国待遇问题的政治条件开列出来，为之后中美在人权问题上的纷争创造了新的先例。随后又陆续发生了美国政府指控中国向巴基斯坦出口中程导弹并对相关公司进行制裁、银河号事件、美国对台售武，以及美国阻挠中国争取2000年奥运会申办权等一系列事件，导致中美关系降至新的低点。与此同时，由于美国把"经济安全战略"的目标对准了日本，美日关系的紧张状态仍在延续。克林顿在上台之初便试图实现战略重点的转移，曾一度把维护美国经济安全置于其对外政策三大支柱之首，这在美国外交史上还是第一次，充分表明了美国新政府对于海湾战争后美国经济状况的担忧。1993年日本首相宫泽喜一访美时，克林顿明确提出："冷战

---

① ［美］迈克尔·H. 阿马科斯特：《朋友还是对手——前美驻日大使说日本》，于铁军等译，新华出版社1998年版，第229页。

② Ron Redmond, "U. S. -Japan-China triangle leads us around in circles," *Hearst Seattle Media*, March 22, 1999.

③ U. S Department of State, Office of the spokesman, statement at Senate Confirmation Hearing, Secretary-Designate Christopher, *Senate Foreign Relations Committee*, Washington DC, January 13, 1993.

时期那种美日合作关系已落后于时代。……如今要特别注意经济领域中的美日关系。"他还要求日本承诺在三年内使其对美贸易顺差减少到相当于其国内生产总值的2%以下,这意味着日本要把1992年贸易顺差的总额减少一半以上。① 尽管如此,美国对日贸易逆差仍继续攀升,1994年达到660亿美元,创下历史最高纪录。同时日本买下美国国内大量企业实体和具有象征意义的建筑,进一步加深了美国对日本的反感和担忧。而日本对美国的持续施压也开始反弹,在1994年的首脑峰会上,细川护熙明确拒绝了克林顿要求日本增加美国产品进口的要求,这在日美关系史上还是第一次,并引来日本国内一片喝彩,而美国随即开始报复。根据《华尔街日报》和《日本经济新闻》1995年4月联合进行的民意测验,认为"一旦日本遭到进攻可以依靠美国帮助"的日本人第一次降到了50%以下,有38%的人认为"显然不能";当被问到20年后哪个国家将是日本"最重要的伙伴"时,只有14.5%的人认为是美国,有66.4%的人回答是中国。日本前驻美大使栗山尚一表示,日美关系在新形势下已陷入"漂流"状态;② 著名记者船桥洋一也写出了《同盟漂流》一书。前美国国防部长温伯格也认为:"克林顿政府已经使日本与美国的关系处于严重的危险之中,而这种关系又是从第二次世界大战结束以来我们在亚洲的外交政策取得成功的关键。"但美日的贸易争端并未因为对双边关系漂流的担心而停止,只是在90年代(后期),当每个人都意识到日本陷入了一个失败的十年,遭受了人口问题的折腾和要面对以中国崛起为形式的主要挑战之后,美国才放弃了这一岛国会成为经济和技术威胁的感觉。③

出现这种情况,首先是因为中美日三国需要面对的共同敌人已经消失,三国保持战略合作的动力不再那么强烈;其次是美国成为冷战最大的受益者之后,作为仅存的超级大国更为傲慢和意气用事,不愿轻易作出妥协;再次是三国间各种矛盾的积累到此时也达到了一个高峰,中美

---

① 任晓、刘星汉:《论20世纪90年代的美日同盟》,《美国研究》2000年第4期。

② [日]栗山尚一:《开始漂流的日美关系》,[日]《世界周报》1996年10月22日。

③ Robert Madsen and Richard J. Samuels, "Japan, LLP," *The National Interest*, may/June, 2010.

之间因为人权问题、美日之间因为经贸问题都闹得不可开交且情况一直没有得到明显改善。刚刚上台的克林顿希望有所作为，自然不能主动退缩。尤其是冷战结束以后，无论是对华还是对日关系上，美国都缺乏一个长远稳固的战略框架，突然失去多年的共同敌人使美国一时不清楚该如何给中国定位，同时也缺乏耐心去思考该如何看待日本，这导致美国处理美中和美日关系时都相对随意，带有较浓厚的权宜之计的色彩，实际上处于漂流状态的并非仅有美日关系，美中关系同样也在漂流，直到1995年后，情况才有所改观。

　　而同时受到美国"苛待"的中国和日本则继续发展其双边关系。作为对海部俊树访华的回访，江泽民于1992年访问了日本。迎接他的宫泽喜一首相表示，"中国是世界上一个很重要的国家，日本方面同年初接待布什总统一样，十分重视总书记阁下的这次访问"，要致力于实现"为世界作出贡献的日中关系"。[①] 1993年以后日本政局动荡，但日本政府基本上仍延续了这一政策。1994年2月细川护熙访美时，公开拒绝了美国提出进行"贸易管理"的要求，美国随即宣布对日本恢复动用"超级301条款"。而在一个月后细川护熙访华时，由于其是战后48年来第一位公开明确为战争行为道歉的日本首相，因而受到中国的热烈欢迎。与此同时，中日之间的人员交往也有了长足进步，截止到1995年1月，中日之间已经建立了195对友好省市，在华长期生活的日本人达到1.4万人，中国赴日留学生则达到了2.4万人，占日本国内外国留学生人数的一半。在经贸领域，1995年中日贸易总额达到了574.7亿美元，是1972年中日邦交正常化时的55倍，日本已经成为中国最大的贸易伙伴，而中国也是日本第二大贸易伙伴。[②] 总的来看，20世纪90年代前半期，中日之间的高层往来明显多于中美之间，日本曾先后有三位首相以及天皇正式访华，而克林顿总统在他的第一个任期内未能访华，这在中美建交以来还是前所未有的。

　　当时在对美问题上，中国和日本具有相似的处境。中国需要在人权

---

　　① 孙东民、于青：《江泽民与宫泽举行正式会谈就双边关系和广泛的国际问题交换意见》，《人民日报》1992年4月7日第1版。

　　② 张蕴岭：《转变中的中美日关系》，中国社会科学出版社1997年版，第168页。

问题上反对美国的干涉，而日本则需要对美国在贸易问题上的无休止的压制予以反击。虽然没有证据表明两国具有经过协调的行动，但正如船桥洋一所指出的那样："当正在进行日美框架谈判，日美关系处于最紧张的时期，日本和中国对美国在人权和贸易问题上盛气凌人的态度都抱以言辞激烈的批评性回应"。① 宫泽组阁后提出"日中关系与日美关系是日本外交的两大车轮"，从而将日中关系提高到了与日美关系同样重要的位置。② 这种肯定中国在日本外交中重要性的态度本身就含有刻意提升日中关系以抗衡美国对日打压政策的深层次考虑。应该说从"六四"事件以后，日本就逐渐产生了在美国和中国之间建立联系的想法，日本愿意充当其中的一个桥梁，以便为保留自己在中国的商贸地位争取美国的容忍和理解，同时也为美国获取中国对其强硬政策的理解提供一个渠道从而保持自己的对美价值。时任驻日大使的迈克尔·H. 阿马科斯特（Michael H Armacost）就曾坦言："我定期接到指示，请求日本就人权问题向中国领导层斡旋"。③ 而中国在当时困难的外交处境下也确实需要日本来担当一个对外联络的桥梁角色，并利用美日之间的分歧来提升自己在三边关系中的地位。美国学者罗伯特·罗斯（Robert Ross）认为在"六四"风波后，中国的学者和记者被要求不要写有关日本的负面报道，在1995年前，除了对国防预算的评论，对任何有关日本国防政策的报道有明显的限制。④ 他又进一步指出："北京在面临西方的经济制裁和几乎全球性孤立的情况下，不得不争取日本，重新获得日本的援助和贷款，并在西方孤立中国的局面中打开一个缺口。……日本为了报答中国停止对它的攻击，还在中国侵犯人权、增加国防预算等问题上采取低姿态，同时避免在台湾问题上进行挑衅。稳定的外交、日益增

---

① Funabashi Yoichi, "think Trilaterally', in Morton Abramowitz etal, "China-Japan-U. S.: Managing The Trilateral Relationship, Tokyo: *Japan Center for International Exchange*, 1998, p49.

② 宋成有、李寒梅等：《战后日本外交史（1945—1994）》，世界知识出版社1995年版，第623页。

③ ［美］迈克尔·H. 阿马科斯特：《朋友还是对手——前美驻日大使说日本》，于铁军等译，新华出版社1998年版，第137页。

④ ［美］罗伯特·罗斯：《中国90年代的对日政策》，载张蕴岭主编《合作还是对抗？——冷战后的中国、美国和日本》，中国社会科学出版社1997年版，第208页。

长的国际合作以及在 1993 年开始的安全对话，这一切表明，北京和东京想方设法控制了可能具有爆炸性的关系。"① 他的评论是否有言过其实之嫌姑且不谈，但在中国、日本都面对美国压力的情况下细心维护两国间的友好关系是可以想象也能够理解的，以至于即使在对中国来说非常敏感的日本对外派兵问题上，中国政府也作出了信任日本的表态。1993 年 6 月钱其琛外长表示，中国理解日本的维和行动已经成为一个积极的事情。作出这一表态的时机很有意义，日本正因一名参与维和的日本警察被杀害一事而展开是否要从柬埔寨撤出维和部队的国内辩论。只是这种在外部压力下被"自我控制了的关系"带有极强的目的性和不稳定性，一旦外界的压力消失，或者内部的分歧不再能够维持双方的共识，中日之间原本就存在的张力就会被释放出来。但无论如何，在这个阶段内中日关系在中美和美日关系的挤压下变得友好了，中美日三边的互动也因此而变得非常明显。

随着美国与中国和日本的关系同时出现倒退，美国国内开始了新的反思，主要是担心中日之间的紧密关系会削弱美国在东亚地区的影响力。戴维·兰普顿（David M. Lampton）认为："美国最重要的战略目标可能是避免与东京和北京之间的关系同时产生大的滑坡"。② 布热津斯基（Zbigniew Kazimierz Brzezinski）不无忧虑地指出，中日轴心可能会带来一种在地理上比较有限、但潜在后果却更为深远的挑战。这个轴心可能在美国失去在远东的地位和日本对世界的看法发生根本改变之后出现。联盟把两个有非常巨大生产能力的民族连接在一起，并可能利用某种形式的"亚洲主义"作为联合反美的学说。他希望"有远见的美国远东政策能够阻止这种同盟的出现"。③ 美国学者马斯坦都诺（Mas-tanduno）引进了"经济上的强硬政策"（economic hardball）与"安全

---

① ［美］安德鲁·内森、［美］罗伯特·罗斯：《长城与空城计——中国对安全的寻求》，新华出版社 1997 年版，第 96 页。

② ［美］戴维·兰普顿：《中国与战略四角》，转引自张勇进《中国、美国与东亚》，载张蕴岭主编《合作还是对抗？——冷战后的中国、美国与日本》，中国社会科学出版社 1997 年版，第 59 页。

③ ［美］兹比格纽·布热津斯基：《大棋局——美国的首要地位及其地缘战略》，上海人民出版社 1998 年版，第 73 页。

上的温和政策"（security softball）这两个概念来解释美国冷战后的大战略，并且指出美国寻求对日本、欧洲相对经济优势的最大化将在根本上侵蚀美国的安全环境。美国官方也几乎同时启动了对亚洲的新思维，其主要代表就是当时的助理国防部长约瑟夫·奈（Joseph Nye），他对美国的对日政策表示忧虑，在1994年秋提出著名的奈建议，要求美国政府重视日本的安全价值，并由此促成了1995年初美日之间建立了2＋2会谈机制。随后基于对中日接近的担忧，美国开始同时调整对华、对日政策，其标志是1994年5月克林顿宣布延长1994年度对华最惠国待遇并与人权问题脱钩；同年下半年设置了直属国防部长佩里、以重新综合评估美日安全体制为主要职能的咨询机构——"计划和分析委员会"。此后，三边互动进入了一个新时期。

总的来看，这个时期三边关系的表现是，中日突然结成了不太典型的"稳定婚姻"关系，而美国成为不受欢迎的第三者，中日关系的良好为日本敢于对美表达强硬提供了一个支撑，同时也帮助中国化解了部分来自于美国的压力。这一局面的形成是美国自身僵化的政策造成的，中日之间的矛盾都被暂时抑制住了但并未得到解决，而处于不利位置上的美国迟早会反思自己，只要其实力地位没有根本性变化，这种局面就难以长久维持。

## 第三节　1995—1997年的三边互动

随着三国的内部调整和外部环境的变化，三国中的每个国家对新形势下自己面临的两对双边关系的走向开始产生疑虑并进行了深刻反思，它们并非刻意要将三边关系维持在某个至少看似可以共赢的位置上，而是自发地从关注对自己至关重要的双边关系开始着手调整，导致三边关系的格局也自然而然随之发生改变，在一定条件下，这种不断调整几乎是必然的。

首先，邓小平南方讲话以后，中国经济持续以每年超过10%的高速增长，中美之间的人权问题纠纷也没有因为西方的制裁而分出高下，而中美的经贸联系则摆脱了政治因素的束缚得以迅速发展，从1990年到 1994 年仅四年时间就翻了一番半，美国还于 1995 年成为仅次于中国香港、中国台湾在华的第三大投资者，因此美国需要重新评估与中国的关系。由于与中国的关系变得越发重要，1995 年在美国国内掀起了一场中国问题辩论，专家学者、政府官员、媒体都参与进来，最终与中国进行接触的观点成为主流，这也被美国政府所接受。1994 年 5 月，克林顿总统宣布将最惠国待遇与人权问题脱钩，这表明美国悄然放弃了"六四"事件以来美国以人权作为对华关系重心的做法。1995 年 10 月 30 日，美国国防部长佩里在西雅图发表演讲表示，人口世界第一的中国的经济规模已居世界第四位，拥有核武器又是安理会常任理事国，新的地缘政治秩序正在亚太地区形成。选择对话和交往符合双方的利益，[①] 明确表达出美国准备与中国开展"全面交往"的姿态。1996 年 5 月 20 日，克林顿总统在一次讲话中将"接触"的实质表述得更为透彻："我们采取接触政策是为了利用我们掌握的最好手段，不管是刺激的还是抑制的，来推进美国的重要利益。……接触并不意味着我们对不赞同的中国政策视而不见。……在与中国的意见不同时，我们将继续捍卫我们的利益，坚持我们的价值观。"[②] 在此期间，美国开始从对华一味强硬转向软硬兼施，试图采用所有能够使用的手段，推进对华战略利益，这只是表明美国的对华政策变得更为灵活，并不意味着完全放弃了其对华冷战思维。这种推断随后就被中美之间发生的一系列冲突所证实：1995 年美国参议院和众议院分别以 97：1 和 396：0 的表决结果通过了允许李登辉访问母校康奈尔大学的议案，克林顿政府也改变了原本消极应对的态度，国务院发表声明宣称同意李登辉访美，但表示这纯属一次私人访问。美国政府的态度变化出乎中国意料，因为此前国务院曾表态宣称李登辉访美是不合适的，美国的出尔反尔令中国感到愤怒；而随后李登辉在母校的演讲中多次提到"中华民国"的国号，这一打破原有承诺的做法进一步伤害了中美关系。中国外交部发表强烈声明，指

---

①　Willian Perry, "Engagement is neither containment nor appeasement," speech at Washington State China Relations Council, Oct. 30, 1995, pp. 1—2. 转引自张亚中《美国的中国政策》，第 129 页。

②　Remarks by the President, to the Pacific Basin Economic Council, Constitution Hall Washington DC. The White House, Office of the Press Secretary, May 20, 1996.

责美国明目张胆地制造两个中国、一中一台，表示一切后果应完全由美国承担。随后中国召回了驻美大使李道豫，美国则在驻华大使芮效俭任期届满回国后没有再派新的大使，造成双方互无大使派驻对方的真空现象。在此期间，美国国会还通过决议要求任命一位西藏事务大使，通过支持台湾加入世贸组织和联合国的议案，一百多位议员还联名要求取消中国的最惠国待遇。到了 1996 年 3 月台海危机爆发，美国派遣两艘航空母舰抵达台海附近，中美冲突烈度达到顶点，一度出现了第二次世界大战后太平洋海域最大规模的军事对峙。

　　在此前后，日本也在反省并调整其对外关系。这一阶段在日本国内外发生了两件引人瞩目的大事：一是 1995 年 9 月，驻冲绳美军强奸了一名日本少女，在日本国内引发了非常强烈的抗议之声，人们对于驻日美军长期积累的不满迅速爆发出来，日本国内要求重新修订《日美地位协定》和撤减美在日军事基地的呼声四起。冲绳的美军总顾问专程去冲绳知事那里道歉，克林顿也在广播中对此表示深深的遗憾。但日本首相和外相没有作出任何道歉，导致冲绳知事对日本中央政府对待美日同盟和地方态度的差别感到非常失望[①]。1997 年 5 月美军在冲绳的租约到期后，3 000 名户主拒绝续租，冲绳知事也拒绝签署租赁合同；8 月日本最高法院判决中央政府有权强制签约，知事只好屈服。国会随后也修改了法律，赋予中央政府更多的强制性权力，由此也埋下了日本地方和中央在驻留美军问题上长期冲突的种子。第二件事是，由于中国台海局势不断紧张，为了阻遏台独势力，中国在台海试射导弹，引发中美之间的冲突，同时也使得日本对中国的担心和警惕大幅上升。这两件事情必然会促使日本做出截然不同的反应。前者带来的后果是促使日本努力减少驻日美军的数量，后者则需要留住他们，何去何从，这在日本国内出现了很多争论。[②] 由于在 1995 年 6 月 28 日日美汽车谈判终于达成了妥协，标志着旷日持久的日美经贸摩擦暂时落下帷幕，再加上从 1993 年起美国经济开始复苏而日本经济不断下滑，美国吹毛求疵地动用政治

---

① Ota Masahide, "Decisions on Okinawa," Tokyo: *Asahi shinbunsha*, 2000, pp. 174—175.

② ［日］毛里和子：《中日关系——从战后走向新时代》，徐显芬译，社会科学文献出版社，第 122—123 页。

力量迫使日本进行自制和让步的客观条件已经不复存在，因此日美之间主要的矛盾已经逐步淡化。而在安全领域，1994年的第一次朝核危机给日本带来巨大冲击，同时中国军力的迅速发展也开始让日本忧心忡忡，使得惯于单纯重视经贸忽视安全的日本不得不重新摆正安全在国家战略中的位置，并重新开始注重确保美国在危急时对日本提供军事援助的考量，在这种心态下，日本更对美国为了追求更为实用的对华政策而可能丢弃日本的前景感到担心。据约瑟夫·奈回忆，在他参与修订《日美安保条约》的谈判之际，日本领导人曾私下问道："美国会不会更加重视中国而抛弃日本？"[1] 表明日本对于克林顿政府与中国接触的政策已经出现很多忧虑。随后中国对台导弹试射以及进行的核试验使得日本对华民意支持度显著下降，对华持好感者降至历史最低的45%，而不持好感者则上升到历史最高点51.3%。[2] 日本还成为世界上唯一对中国核试验进行制裁的国家，甚至还曾考虑为在台海附近巡航的美国军舰提供燃料。可见日本对自身安全的担心导致其充当中西方交流平台的愿望逐步淡化，在姿态上也开始进一步接近美国，"六四"事件之后形成的三边格局开始松动。只是由于这一阶段中日经济相互依赖的状况还在不断深化，日本依然无法割舍中国市场的诱惑；另外当时日本对于台海问题的关注度还达不到美国的水平，它尚未准备对美国亦步亦趋，仍然是以观望为主，试图判明究竟应该如何给中国一个全面客观的定位，故中日关系虽受到冲击但受损情况还远远不如中美关系严重。

美国经济从1994年之后逐步恢复活力，总体竞争力再次处于世界前列，在高科技领域重新拉开了与世界的距离，美国又逐渐恢复了自己的信心；而日本从1992年经济泡沫破裂以后，连续四年出现零增长，原有的神话一个个被打破，大量购买美国资产的资本被紧急抽调回国内救急，美国国内的"日本威胁论"也逐步销声匿迹。更令人瞩目的是，

---

① ［美］约瑟夫·奈：《美国不会抛弃日本而与中国结盟》，［日］《东洋经济周刊》2009年8月8日。

② Past results can be seen at http://www8.cao.go.jp/survey/gaikou_01/images/zu28.gif andzu29.gif.

自 1995 年下半年以来，两国的贸易不平衡状况开始扭转，1995 年美对日贸易逆差总额比 1994 年减少了 9.7%，是四年来美对日逆差的首次减少。1996 年，逆差数额达到近 10 年来创纪录的低水平，约为 470 亿美元，有几个月份中国还取代了日本成为对美国贸易顺差最大的国家。① 因此，美国"敲打"日本的动力明显下降，同时这也为美国国内始终对美日关系的漂流而忧心忡忡的群体提供了发挥影响的新机会。美国国会研究部在 1994 年 9 月 20 日提出的一份调查报告认为，"美日关系目前处于最不稳定而又最紧迫的时期"。② 在 1995 年 2 月 27 日美国国防部正式发表的经过与日本密切磋商半年的《东亚及太平洋地区安全战略报告》中，也重新强调了美日同盟的价值："没有比我们同日本的双边关系更重要的了，这是我们的太平洋安全政策及全球战略目标的根本，我们同日本的安全联盟是美国在亚洲的安全政策的关键：我们同日本的全面关系是由三个支柱组成的：安全同盟、政治合作和经济及贸易……美国在亚太的安全保障政策成功与否取决于对日本基地的使用权和日本对美国军事行动的支持"。在至关重要的安全与经济的关系问题上，该报告作了耐人寻味的表述："我们不允许贸易摩擦破坏我们的安全联盟，不过，如果要使公众对这种关系的支持长期保持下去，双方就必须在解决基本的经济问题方面继续取得进展。"③ 奈对这一阐释似乎还觉得意犹未尽，他在此后的一篇文章中又对此作了形象的补充："我们同日本的关系就像是一张由安全、经济和政治组成的三条腿的凳子，为了使凳子保持平衡，我们必须对每条腿都给予关注：但同时凳子的构架使三条腿都紧密地结合在一起，我们无法将美日关系中的三个因素完全割裂开来，正如用凳子的一条腿来对付另一条腿会使凳子倾覆一样，将安全与贸易挂钩作为能获取短期收益的战术会导致我们的全面关系产

① 张蕴岭主编：《转变中的中美日关系》，中国社会科学出版社 1997 年版，第 222 页。

② Williams Daniel, "Rebuilding Military Ties to Tokyo; 'Nye Initiative' Launched to Address Post-Cold War Security Concerns," *The Washington Post*, Feb. 19, 1995, p. A48.

③ "United States Security for the East Asia—Pacific Region", Department of Defense, office of International Security Affairs, Feb. 1995.

生风险。"① 这表明美国在意识到与日本的经贸摩擦在短期内无法根本解决之后，转而期待改变因为单一问题影响全面合作的不利局面，试图通过兼顾经贸与安全的方针来实现利益均衡，以应对亚太地区出现的新挑战。

　　1996 年 4 月克林顿访日，再次将安全问题确定为核心问题而将贸易问题放在了一边。在这次访问中，双方发表了对美日关系乃至于对整个亚太局势都有重要影响的《美日安全保障联合宣言》，重申了美日安保体制的重要价值，指出"以《美日安全保障条约》为基础的两国之间的安全保障关系，将能保证实现共同安全保障的目标，也能继续成为 21 世纪亚太地区维护安定和繁荣的基础"。双方再次明确将安全关系放在两国三大支柱之首。由于这份重新定义美日同盟的联合宣言的发表，克林顿总统的此次访日被视为继 1972 年尼克松访华后美国总统最重要的东亚之行，是美国总统与日本首相所进行的"战后美日关系史上最重要的一次会谈"。宣言还专门提到涉及中国的问题："两国领导人强调，中国发挥一个积极和建设性的作用，对于维护这一地区的稳定繁荣极其重要，在这一背景下，强调了与中国展开更多合作是两国共同利益。"因为当中国在台湾海峡试射导弹而美国派出两艘航空母舰进入这一地区之后仅仅一个月，美日就签署了这一宣言，所以这一宣言对中国来说非常敏感。② 对于美日安保条约提及的"日本周边"的概念是否适用于台湾的问题，宣言作了模糊化处理。"周边不是一个地理概念，而是视情形的性质而定。在任何情况下，日本的意图都既不是鼓励台湾独立，也不是提倡统一，而是防止使用武力来解决问题。"其实日本国内对"周边"的概念也存在分歧，1997 年 6 月自民党干事长加藤弘一（Kato Koichi）访问华盛顿时表示，台湾海峡应该被排除于日本周边地区之外。但内阁官房长官梶山静六（Kajiyama Seiroku）同年 8 月则表示台湾海峡自然应该被认为是这些地区之一。1997 年 9 月，桥本首相

　　① Joseph S. Nye, "The Case for Deep Engagement", *Foreign affairs*, July/Aug. 1995, p. 99.

　　② Akio Takahara, "Japan's Policy Toward China in the 1990s," from Ezra F. Vogel, Yuan Ming, Akihiko Tanaka, "The Age of Uncertainty The U. S. -China-Japan Triangle from Tiananmen (1989) to 9/11 (2001)," *Harvard University Asia Center*, 2004, p. 261.

在访问北京时，觉得有必要使中国安心，所以在谈到涉及日本的"周边地区"时没有讨论什么具体地区。① 虽然如此，这仍然被中国视为对其内政的干涉，尤其是随着 1996 年 4 月《日美安全保障联合宣言》、1997 年 9 月《新日美防卫合作指针》及 1998 年 4 月《美日防卫合作指针相关法案》的相继出台，美日两国重新定位关系的调整完成之后，中国一方面认为美国在加快重新武装日本的步伐，另一方面则对日本开始染指中国台湾问题颇为不满。但这种不满并未表现为更多的冲突，中国只是保持着警惕，并在快速发展阶段耐心地应对与美日的关系，除非核心利益受到明确侵犯，一般情况下中国不愿看到因为局部利益的纠纷就对中美关系和中日关系造成严重冲击，但美日同盟再编仍被证明是90 年代中日关系中最大的事件。② 中国批评日本在跨出支持美国对台湾安全承诺的一步，美国和日本都没有对此作出回应。

在同一阶段里，中美关系在低调回暖中起伏不定甚至还曾面临史无前例的严重危机，中日关系较之前一阶段也出现明显波折，三边关系中最为显著的变化就是美日结束漂流状态走向以强调安全合作为主的稳定同盟，这对中美和中日关系都带来了影响。克林顿政府试图调整与中国和日本关系同时不佳的不利局面，但对美日关系的重视强于美中关系，而且对中国的认识仍然停留在"不知所措"的层面上，挑战中国的核心利益时仍显得有些"漫不经心"，表明其国内关于中国问题的辩论结果反映到政策层面上时仍有一定的滞后性，而重新认识对日价值的观点则在双方经贸冲突得以化解的背景下迅速得到落实，表明美国利用日本来牵制中国的战略考虑在逐步成型。这时的日本已经不具备继续充当中美之间桥梁的条件，而中国维护国家安全的行为也对日本造成严重刺激。由于中美经贸合作的深化和中美政治关系的逐步改善，日本出于自身安全的考虑和追随美国的目的而在涉及中国的问题上变得更为强硬，造成日中安全关系几乎随动于美中关系，只是幅度和范围没有那么大而

① Murata Koji, "Do the New Guidelines Make the Japan-U. S. Alliance More Effective?," in "The Japan-U. S. Alliance: New Challenges for the 21st Century," Tokyo: *JCIE*, 2000, p. 31.

② Akio Takahara, "Japan's Policy Toward China in the 1990s," from Ezra F. Vogel, Yuan Ming, Akihiko Tanaka, "The Age of Uncertainty The U. S. -China-Japan Triangle from Tiananmen (1989) to 9/11 (2001)," *Harvard University Asia Center*, 2004, p. 260.

已。在 90 年代的后半期，克林顿政府与中国建立了战略伙伴关系，这被日本视为美日同盟的倒退，认为这种不连贯的政策反映出美国规划国家利益和评估中国目的时存在困难。① 此后，日本开始加强为了自身利益而用调整日美关系来牵动日中关系的努力，直到小泉时期达到顶峰。在三国的互动中中国始终都表现得相对被动，中国的外交原则始终都是在维护周边和平稳定的基础上对别国的举措作出回应，除了台湾和日本历史问题，基本不作主动出击。邓小平在 1989 年 12 月 10 日会见思考克罗夫特时说过的一句"中美关系终归要好起来才行"，充分反映出中国政府对于中美关系的重视，也使得"中美关系是中国外交的重中之重"的定位变得有些"神圣化"；但同时中国又认为自己参与维护中美关系稳定的能力有限，美国对中国的挑衅是难以把握也不可避免的，中国只能从自身角度尽量维持。而在处理中日关系时，当时中国的一贯原则是放眼长远，世世代代友好下去，对中国来说中日之间没有严重的利益和意识形态冲突，可控性要大于中美关系，因此中国一方面利用日本开拓在华市场的需求鼓励其在中美之间发挥积极作用，另一方面也在中美时常出现波折的情况下更为积极努力地维护好中日关系，所以美日关系的强化也对中日关系的稳定发挥了促进作用。美国学者卜大年（Dan Blumenthal）认为，在 90 年代的上半期，日本曾将与中国的合作视为美国在贸易与其他问题上压制日本的一个替代选择，许多分析家认为，随着美日关系的缓解，中国错过了取代美国成为日本在该地区盟友的机会。② 但实际上对中国来说这一机会并未真正存在过，因为促使中日关系变得紧密的那些因素都难以长久维持，而且其作用空间有限，日本只是利用中国来抗衡美国的施压，从未想过要给中国一个取代美国成为其盟友的机会；而中国也仅仅关注日本可以发挥的桥梁作用，始终没有利用美日分歧为己牟利的明确意识，对中国来说让自己与日本的距离比美

---

①　Foreign Press Center of Japan, "Cabinet Approves New National Defense Program Outline and Midterm Defense Program," press release, available at www. fpcj. jp/e/shiryo/jb/ 0458. html, accessed February 11, 2005.

②　Dan Blumenthal, "The Revival of the U. S. -Japanese Alliance," *AEI*, February-March 2005. http：//www. aei. org/article/foreign-and-defense-policy/regional/asia/the-revival-of-the-us-japanese-alliance/.

国还短是难以想象的，即使真的存在这种机会，中国也不具备接受它的心理准备，这一特征在进入 21 世纪以后仍在延续。

# 第四节　1998—2001 年的三边关系

在经历了台海危机的严峻考验之后，美中都认识到"必须认真对待双方"，正如古巴导弹危机促使美苏开始"核对话"一样，台海危机为美中战略对话开辟了道路。① 所以台海危机既是危机，也是转机。此后中美出现了改善关系的默契。1996 年 5 月 16 日，克林顿在一场晚宴上直接表示："我要与中国改善关系。"② 次日，国务卿克里斯托弗首次专门就美中关系发表了题为《美国利益和美中关系》的讲话。他表示，中国的未来对亚太乃至全球的安全与繁荣都具有深远影响。如果中国发展成为一个安定的、开放的和成功的国家，这将符合美国的利益。7 月，美国总统安全事务助理雷克和主管亚太事务的助理国务卿洛德访华，开启了美中战略对话之旅。12 月在马尼拉亚太经合论坛峰会期间，克林顿曾向与会的江泽民委婉表达了"美国希望与中国加强战略对话"的愿望，江用一种典型的中式回答表示"可以研究"。1997 年 7 月，美国总统国家安全事务助理伯杰在致中国国务院外事办公室主任刘华秋的信中再次提议，美国希望"使两国关系从单纯的接触、对话，升级为战略伙伴关系"。伯杰的话与克林顿比较起来更为具体明确。但中方开始仅倾向于建立"建设性伙伴关系"，随后表示愿意向美方的目标迈进。同年 7 月 26 日，中国国务院副总理兼外交部长钱其琛在马来西亚会晤美国国务卿奥尔布赖特，双方就此达成协议，在秋天中美峰会时将两国"建设性战略伙伴关系"明确化。在江泽民访美时，中美两国在联合声明中最终明确了建立"建设性战略伙伴关系"的目标。在 1996

---

① 《朝日新闻》1998 年 6 月 25 日，转引自刘江永《克林顿访华和中美日关系新趋势》，《现代国际关系》1998 年第 7 期。

② "Remarks by the President at Asian Pacific Caucus Dinner," *The White House*, *Office of the Press Secretary*, May 16, 1996.

年国务卿克里斯托弗访华时，还不情愿地在其演讲地复旦大学挂起"美中为什么要建立伙伴关系"的演讲标题横幅，因为他认为"伙伴关系"只能用于美国和日本、英国、德国的关系，美中之间还远远达不到"伙伴关系"的程度。① 但随后事态的发展出人意料的顺利，可见在1997年前后，美国的对华观已经发生了明显变化。

　　经历过克林顿上台以来中美之间的多次波折，中国同样也希望中美关系的稳定和深化，并对美方的努力作出了积极回应。1997年10月25日，中国政府宣布签署《联合国经济、社会和文化权利国际公约》，表明了促进人权事业发展的决心，次日江泽民即启程前往美国进行国事访问，这是12年来中国国家元首首次访美，与其说是为了改善双方在各具体领域的关系，还不如说是首先为了展现中国重视中美关系，希望与美国合作共赢的美好愿望。日本有媒体报道，江泽民在首站访问檀香山时，谈到了日本空袭珍珠港和对中国的占领，他建议中美共同向前看，同时也不忘记过去的教训。② 中国新华社的报道中并未显示江泽民曾经提及日本的名字，但他在访问当天的午宴和晚宴中两次提及中美为了抗击法西斯而并肩作战的历史，表示中美对亚太地区和世界的和平与发展负有共同的责任。③ 这似乎也是目前为止中国首脑唯一一次在访美时主动提及涉及日本的两国共同历史，不经意的一段话语让人浮想联翩。有美国学者认为，江泽民是中国外交转向温和自由主义的主要建筑师，他对历史问题的敏感是众所周知的，这使他倾向于将日本排除在外，实际上，是通过与美国改善关系来压制日本。1997年10月江泽民访问美国表明对建立战略合作伙伴的兴趣时，他选择在珍珠港停留——发表不会被日本错过的一个尖锐评论。④ 但美国方面并未对此作出任何呼应。中国国内媒体对江泽民的访问给予高度评价，《人民日报》专门发表社论，热烈祝贺此访圆满成功。次年1月，美国国防部长科恩访华，中美

---

① Warren Christopher, "In the Stream of History," *Stanford University Press*, 1998, p. 514. 转引自张亚中《美国的中国政策》，第210页。

② "Clinton assures Jiang on US-Japan defense guidelines," *Kyodo*, 3 November 1997.

③ 《江主席抵檀香山受到热烈欢迎》，《人民日报》1997年10月28日第1版。

④ Yoshihide Soeya, Jianwei Wang, and David A. Welch, "A new look at the U. S. -China-Japan triangle: toward building a stable framework, "*Asian Perspective*, Vol. 27, No. 3, 2003, p. 209.

在军事领域的交流也得到加强。

随后从 1998 年 6 月 25 日开始，克林顿对中国展开了为期长达 9 天的访问，这是 1989 年后第一位美国总统访华，近千人的访问团人数创下了新的纪录，也显示出美国对美中关系的重视程度。克林顿此访有两个背景，一是亚洲金融危机影响不断扩散，二是印巴两国先后进行核试验。在这两个问题上中美具有明显的共同利益，访问取得的收获之丰使得事前对此并不看好的美国国内媒体也改变了一贯的消极基调，表达出一片赞誉之声。克林顿再度重申了美国政府在台湾问题上的三不政策，宣布与中国互不将核武器瞄准对方，两国还签署了 30 亿美元的商贸合同，使得中美关系达到了前所未有的高度。

1997 年初以来，由于中美关系的巨大改善，日本方面也不得不努力发展日中关系。在历史问题上桥本首相多次表示，将继承村山首相 1995 年 8 月讲话的基本精神，许诺在其任期内不再参拜靖国神社，他本人在访华期间还作为日本首相首次参观了"九·一八"事件纪念馆；在钓鱼岛问题上，日本政府提出了对右翼势力染指钓鱼岛的行为"不支持、不承认、不批准"的"三不方针"；在经济上，确定了 1996 年度的对华日元贷款规模，1997 年中国总理和日本首相实现了互访；1998 年初中国国防部长和日本防卫厅长官实现了互访；中国国家副主席胡锦涛访日，为中日新一代政治家建立起对话的新渠道。其间虽然中日在历史和台湾问题上出现一些纠纷，但对两国关系的影响有限。

在中美关系不断改善的背景下，江泽民于 1998 年 11 月访问日本，这是历史上中国国家元首第一次对日本进行国事访问，因此中日双方都很重视。江泽民本想赶在金大中之前访问日本，但长江洪水拖延了他的行程，而金大中对日本的访问是如此成功，他用了一段日语演讲，感谢日本在朝鲜间谍面前挽救了他的生命，还从日本政府那里得到了"由衷谢罪"的书面表态。中日双方原有的议题本应是经贸合作，但却有意无意因为金大中的成功访日而把焦点转移到对历史问题的认识方面。在 1972 年的中日联合声明中，日本曾表示"深深认识到自己的责任，对通过战争施加给中国人民的严重损失，感到深深的自责"，但是一直没有予以书面道歉。中国政府对于历史问题一贯重视，1998 年 7 月江泽民在会见日本共产党首脑的时候，在表达出对日美安保防卫指针将台湾包括在内的担心之后，也曾大声质问日本是否从过去的侵略战争中学到了教训。① 因此在中国政府看来，受伤害更深的中国要求像韩国一样得到日本的书面道歉就合情合理且顺理成章了，但是日方却不这样认为。江泽民在访问日本过程中的很多场合都提醒日本关注自己的战争行为，以及遏制军国主义的必要性，尤其是在与天皇的会面中也强调了对历史问题的认识，这被一些日本人认为是不必要的、不礼貌的、烦人的。② 因此在与江泽民的会谈中，日本政府仅仅承认对侵华战争的责任并表示深刻反省和口头道歉，却拒绝向中国做出书面道歉。美国学者傅高义认为，从日本人的角度来看，日本已经在许多场合表达过对中国的歉意，包括天皇访问北京的时候，但并没有这样对待韩国。即使没有说出"道歉"这个词，精神也是很清楚的，也被那时的中国领导人所接受，否则中日就不可能关系正常化并于1978年签署和平友好条约。据称金大中宣称韩国未来不会再提及日本过去的问题，而中国方面则没有此类意向。③ 显然，日本低估了中国对历史问题的关注程度。虽然中国国内舆论依然认为江泽民访日是成功的，但日本舆论的批评之声却大得多，中国在日本民意中的形象也进一步下降。不过这一阶段中日之间没有什么明确的冲突和尖锐的对立，感受上的不愉快在稳定的经贸互动需求的作用下并未演变成国家关系的紧张，此后双方高层的互访依然频繁，而中日关系也始终保持着基本的稳定。

但日本此时更关注的是自己在美国政府心目中的地位。传统上说，美国总统访问东亚，一般都会首先落脚日本，但克林顿1998年6—7月访华时，居然直接越过日本上空而未作停留，这给日本带来强烈冲击，被称为"越顶外交"。日本历来重视中日两国在美国心目中的地位排序，而克林顿如此热衷于发展同中国的关系而忽略日本，让日本紧张而

① "China uneasy over Taiwan status in U. S. -Japan defense pact'," *Asia Pulse*（*Nikkei*），22 July 1998.

② Ryosei Kokubun, "Japan-China Relations After the Cold War: The Transformation of the '1972 Regime,'" *International Affairs*, Jan. 2001. p. 17.

③ Akio Takahara, "Japan's Policy Toward China in the 1990s," from Ezra F. Vogel, Yuan Ming, Akihiko Tanaka, "The Age of Uncertainty The U. S. -China-Japan Triangle from Tiananmen (1989) to 9/11 (2001)," p. 264.

且担心。傅高义认为，当克林顿 1998 年访问中国而不在日本停留，而且在中国也没有提到与日本的关系，很多日本人担心美国与中国而不是与日本结盟。美国对朝鲜导弹试验的反应之弱也加剧了日本被抛弃的感受。① 同时克林顿访华时称赞中国在亚洲金融危机之后保持人民币币值稳定的负责行为，指责日本让日元升值，同样也让日本不安。美国学者柯蒂斯（Gerald Curtis）对此评价道："看起来像是在说在中美日三边中，日本已经变成了美国和中国的共同问题。……克林顿是第一位把美国对华政策牵扯进美日关系并引起严重怀疑的美国总统。"② 日本学者田中明彦则认为，日本已经成为"言力政治"的牺牲品，处于价值被剥夺的困境。在中国与美国的共同努力下，"朱镕基决不下调人民币汇率的做法真是漂亮，而日本真是不行"的言论传遍了全球。克林顿承诺对台湾的"三不政策"，并与江泽民一起异口同声地批评日本，这令中国方面十分高兴。③ 但是，由于日本对江泽民访日中强调历史问题的态度不满，以及相信对华至关重要的经贸问题不会因此受到太大冲击，所以日本没有急匆匆跟上美国的政策，相反它把重点放在了与中国之外的国家发展关系上面，他们对于克林顿幼稚的对华热情很不高兴。④ 说到底，这次"越过日本"并非中国主动所为，而是克林顿政府出于对日本的不满而故意做给日本看的，日本认为无须因此而中了美国的圈套，只要日本最为重视的对华经贸影响力仍首屈一指，就无须过多担心日中关系会被美中关系抛离；而且美中之间的蜜月不会长期存在，日本依然有后来居上的机会，日本与中国交往具有天然优势，如果紧跟美国的步伐则可能会同时被中国和美国所轻视。

果不其然，中美关系迅速升温之后又再度遭遇严重挑战。1999 年 5

---

① Ezra F. Vogel, "The China-Japan-U. S. Triangle, Harvard University The Sixty-Second Morrison Lecture", 7 July 2001, http：//chinainstitute. anu. edu. au/morrison/morrison62. pdf, p. 20.

② Gerald Curtis, "U. S. Policy Toward Japan in the 1990s," from EzraF. Vogel, Yuan Ming, Akihiko Tanaka, "The Age of Uncertainty The U. S. -China-Japan Triangle from Tiananmen （1989） to 9/11, p. 191.

③ ［日］五百旗头真：《战后日本外交史》，吴万虹译，世界知识出版社 2007 年版，第199 页。

④ Gerald Curtis, "U. S. Policy Toward Japan in the 1990s," p. 191.

月 8 日，北约飞机轰炸了中国驻南联盟使馆，中国政府立即发出了最强烈的抗议，全国范围内也爆发了声势浩大的游行示威活动，中美关系再度走在了钢丝上，中国国内还就中美是否会因此开战而展开了热烈的讨论，一时间似乎战争还是和平的时代主题也面临考验。不过，美国政府迅速对此作出回应，除了派出特使来华沟通，还道歉赔偿，所以两国的冲突并无升级的土壤。其后不久美国国会又出台了《考克斯报告》，宣称中国多年来一直在偷窃美国的高端技术，但由于美国行政部门对此没有予以支持，美国国内也存在不同声音，结果除了导致美国强化了对华高技术出口的管制以外，这一事件对中美关系的影响有限，总体来看也没有逆转 1997 年以后中美关系和解的大趋势。当年 11 月，中美之间迁延多年的就中国加入世贸组织所进行的艰苦谈判终告结束，美国同意中国加入世贸组织。2000 年 9 月，美国国会又通过了对华永久正常贸易关系议案，中美关系的这种态势一直维持到克林顿离任。

在这一阶段，中美日的互动呈现出如下特点。首先，这一时期中日关系的发展很大程度上是由中美关系的显著改善所带动的，日本方面表现出一定的被动性。因此这种双边关系的发展无论在时间顺序上还是在改善力度上都滞后于中美关系的调整。当小渊首相在访美期间大谈日美关系是日本外交主轴时，连克林顿都敦促小渊政府致力于"改善与中国的关系"。① 其次，美国在强化美日同盟的同时，也在努力加强与中国的关系，这是克林顿政府在经历过两届任期之后，逐步对东亚战略格局形成一个清晰认识的产物。日本的安全作用被中美之间的经贸纠纷凸显出来，而在中美之间的战略定位依然不甚清晰的背景下，美国接近日本的同时也重视中国就是其最好的选择。通过此举美国再次成为"浪漫婚姻"关系中的主轴，尽管中日并没有真正对立起来，但美国优势地位的确立已经明确无疑。再次，中国在明确对美关系属于重中之重定位的同时，对中日关系的重视程度有所下降。从江泽民访美和访日的举动来看，一些细节的不同就能清楚反映出当时中国政府的这种考虑。他在美国热情奔放，用英语演讲，接受美国媒体的自由采访等，美国前驻

① Hoagland, Jim, "Japan-Land of Subtle Change," *The Washington Post*, May 30, 1999, B. 07.

华大使尚慕杰认为，这表现出中国领导人从过去防御性、甚至对立性的口气转向对话态度，这一风度表现出一个领导人的成熟。① 但是在日本，即使在参加天皇举办的宴会时，江泽民也在批评日本认识历史的态度。这中间不乏中日曾有过惨痛战争的特殊原因，但同样不可否认这与中国对美日的不同定位也有关系。从这一时期开始，由于中美关系的改善尤其是中国处理对美关系方面自信的提升，导致在中国眼里日本的桥梁作用明显下降，中国对中日关系中政治性的重视也开始低于其经济性，相反日本开始更多关注政治因素在日中关系中的分量。因此，在中美关系得到加强的同时，中国认为中日关系经得起一定程度上的冲击，中国主动选择了成为三边关系中的一个侧翼的位置，这似乎是现实条件下其唯一较为理想的选择。

## 第五节　三边关系互动的历史特征

从中国、美国和日本在新世纪之前的互动轨迹来看，可以发现一些有趣的特征，而且即使以当前的眼光来看，它们基本仍未发生明显改变。

第一，三国在互动中的战略思考不同。日本始终把经济安全放在外交的第一位，美国外交中的政治因素则很明显，而中国的重点则是领土完整和国家声誉。日本特殊的国家特性和发展模式决定了其在国际社会上的基本诉求，第二次世界大战以后日本一直秉承经济立国的战略，而且也依靠这一战略取得了前所未有的成功。由于美国可以为日本提供全面的安全保障，导致确保经济安全逐步成为日本的惯性思维，无论是对美还是对华，经济利益至上成为其不可更改的选择，在这一阶段它依然满足于"政治侏儒经济巨人"的自我定位，因为在无须承担安全责任的前提下这是其最佳选择。相对而言，美国在考虑三边关系时总是着眼于国际大局和意识形态而愿意忽略小利，这缘于其雄厚实力和国际意

---

① 《江泽民用英语演讲获好评》，2000 年 9 月 10 日，中新网 http：//www. chinanews. com/2000 – 09 – 10/26/45753. html。

识，正是出于美中苏大三角的战略考虑，美国才启动了对华和解进程，中国人权问题曾经长期困扰美国在处理对华关系时的思路，"六四"事件以后美国对华制裁实际带来双输后果，但国会并不因为经济利益受损就愿意停止政治施压，这都与重点关注开拓中国市场的日本形成鲜明对照。而中国的国际行为主要受到历史与现实相互交织的主导，百年耻辱的印记和痛楚在中国逐步崛起之后反倒变得更为强烈，对于美国和日本在历史遗留问题上的态度极为敏感，在领土完整和历史定性等相关议题上决不妥协，为此不惜政治和经济关系受损，实际上还是体现出一种弱者心态。中国对外交往中最敏感的问题就是两点：对美是台湾问题，对日是历史认识问题。一旦美日两国在这两个问题上侵犯了中国的利益，中国国内无论是政府还是民众都会表达出强烈不满，即使为此而暂停政治和经济交往也在所不惜。由此可见，在新世纪之前的互动中中美日三个国家的关注重点和行为模式有明显差别，三边关系实际上主要是围绕着各个国家的核心关注来运转，认清了这一点，就更容易对其有一个清晰客观的把握。

第二，三国在互动中的相互地位不同。美国始终是三国中最为主动的一方，日本则在努力扩大自己的主导能力，中国在三边之中的外交最为被动，基本都是应对式的。无论是在国家实力还是国际意识方面，美国都远远走在中日前面。美国一旦放弃了孤立主义，在国际上就变得咄咄逼人，随时准备去管理（干涉）自己关注的他国议题。美国在三国中始终是最主动的，不管是试图改善与中日的关系还是希望更强烈地施压，美国都没有太多的顾忌，甚至还不太在意由于自己的强硬而一度导致中日的接近。日本一般来说都谨小慎微，这除了与其"不正常"的国家性质有关以外，也是其民族个性使然。但是从三个国家30年的交往历史来看，日本追求自主性的表现越发明显，只要是在不侵犯美国的直接利益、不违背美日同盟纲领的条件下，日本都试图更多地以自身利益为核心，更为独立地行事。而在一些核心问题上，日本甚至也积聚起了足够勇气，偶尔也能与美国正面冲突一次，细川护熙直接回绝克林顿的自限出口要求就在日本国内赢得一片掌声。中国在三边关系中一直比较被动，不仅从不主动干涉美日两国的内政，而且在别人侵犯自己的核心利益后也只惯于被动应对，反应往往就是抗议与暂停（而非取消）

交流，对对方的惩戒力度有限，因此其反应也逐步变得不受重视。对于美国惯于使用甚至日本也在使用的制裁武器，中国从未染指。曾有中国学者对此颇有微词，如张睿壮就认为：不像在毛泽东时代，中国至少还是第三世界的灯塔，90 年代的中国没有朋友，也没有影响力。……1993 年美国海军劫持中国银河号近 40 天，以莫须有的罪名对其进行搜查，中国抗议后美国拒绝道歉；……1997 年，克林顿告诉江泽民，中国站在了历史错误的一边；……美国国务院宣布任命西藏事务特别协调员时，江泽民刚离开华盛顿，还在纽约继续其国事访问。……随后美国轰炸了中国驻南联盟大使馆。设想一下如果此事发生在冷战期间的苏联会是什么反应？中国对日本也是一样的软弱。一直无法得到日本对待韩国那样的道歉，无力影响教科书问题，在钓鱼岛问题上的举动远远不如日方那么咄咄逼人，更谈不上影响美日同盟了。① 不过客观来说，对这时的中国无法过多奢求，一方面中国政府缺乏在全面开放条件下与国际社会互动的经验，另一方面曾走过太多弯路的中国非常珍惜难得的和平发展环境，为使现有环境条件得以维持有时宁愿自己作出妥协和忍让而不主动出击。由于三国不同的处境地位和外交风格，在处理三边关系时几乎总是由美国采取主动而中日被动跟进，日本是因为缺乏能力和意识，中国则是受制于外交传统和历史影响，这样的结果就导致三边关系的演变几乎总是随动于美国的姿态变化，一般来说只要美国的对华或者对日政策发生改变，中日就要被迫调整相关政策。

第三，三国在三边中追求的地位不同。美国越来越倾向于努力维持自己主轴的地位，日本则是首先追求"三人共处"式，没有条件就退而求此次，希望成为"稳定婚姻"中的一方，而中国与日本的目标相似。在 70—80 年代，共同的利益使得美国愿意接受三人共处模式，这对其来说不是最好的选择但已经足够有利。但是在冷战结束后新的国际背景下，美国从"稳定婚姻"模式第三者的角色中逐步醒悟过来，开始努力追求"浪漫婚姻"中的主轴地位，而且美国只要有此意识，它就有能力维持这一地位。日本和中国都没有能力充当主轴的角色，于是就都试图追求"三人共处"式，以求得在基本平衡和稳定的系统中得

---

① Zhang Ruizhuang, "China-US-Japan: Triangle? What Triangle?"

到自己可以接受的一个位置；但在条件不具备时，则希望成为美国的侧翼。但是美日毕竟具有特殊关系，即使日本被美国视为"稳定婚姻"中的第三者而故意冷落，中美关系的性质也使得中国不太可能长期保持与美国的"稳定婚姻"关系，同时美国冷落日本只是希望迫使其改善对美关系，并非真正将日本视为第三者。对中国来说，既然无法长期与美国保持"稳定婚姻"关系又无力维持"三人共处"的理想状态，最好的选择就是取得与日本平起平坐的位置，成为美国的一个侧翼；同时也努力避免成为美日"稳定婚姻"之外的第三者，为避免这一最不利的局面出现，中国一直奉行至少与美国或日本中的一方保持友好的政策。由此可见，三国之中美国的自由度最大，日本由于日美同盟的存在而处于相对自由的位置上，而中国的选择最小，这种状况在进入新世纪后随着中国的逐步崛起而发生了一些变化。

第四，三边关系最好的阶段出现在1972—1989年，这被称为三边关系的黄金期，三国之间的相互关系都相对融洽。为什么会出现这样一个时期？当然，主要的外在因素是三国存在一个共同的敌人，但在80年代中期美苏开始和解以后，这一理由已经减弱，而且在整个阶段中日本感受到的苏联的威胁程度也不如中美。不过，当时美国在苏联的压力下仍要花费大量精力进行应对，无力对中日进行更多干涉，这也有助于维护三边关系的稳定。另外一个因素是缘于中国的改革开放，整个中国开始了学习西方的热潮，尤其是赵紫阳时代开始实行党政分开原则，这让美国觉得中国越来越像它了，而日本也因为受益于中国开放带来的巨大市场而欢欣鼓舞，那时中日之间的历史问题并未解决，首相中曾根还在战后首次以公职身份参拜了靖国神社，但这些都没有引起中国的强烈反应，在1989年以前美日民众的对华好感都达到了顶峰，中国民间对美尤其是对日的好感也处于最高点。再者，那时的中国不够强大，无法对美日形成威胁，却由于改革开放而将其民众质朴、友好、勤奋的一面展现出来，让所有人都看到了其在走过艰辛之路后对未来充满希望的光明一面。但这些因素都是特定历史条件下的产物，从中国"六四"事件之后，这些条件就不再同时存在了，虽然也有三边关系相对稳定的阶段，但三边关系的黄金期没有也不会再现。

第五，三边关系经过这一阶段的塑造逐步成型。中外学者都有人认为，新世纪之前的三国互动还算不上真正的三边或者三角关系。美国学者柯蒂斯明确表示，70—90 年代没有三角关系，因为日本坚定地站在美国一边与苏联对抗。从里根和布什政府开始，美日追求相同的对华政策。即使"六四"事件之后日本迅速结束对华制裁，也得到了布什总统心照不宣的支持，如果不是因为国会反对，他自己也这么做了。克林顿时期在中国因素背景下的美日关系就不同了。克林顿上台时冷战已经结束，中日经济联系已经很强，日本不再担心错失中国这班车，就像他们 70 年代所做的那样。现在看起来他们更关心要努力避免自己的政策不再受到华盛顿飘忽不定的中国政策的干扰。当克林顿上台时，宫泽喜一首相敦促他避免以人权问题与中国对抗，并给予中国无条件最惠国待遇。随后日本小心应对着克林顿政府与中国建立战略伙伴关系，担心克林顿看起来忽略了美国在亚太地区真正有意义的战略伙伴的重要性，即与日本的关系，却支持与中国发展成一对新伙伴。中美日三边关系在 90 年代第一次摊开，显示出三角的性质。因为平衡苏联已经不再是一个因素，三国之间的关系进入了一个新动态中。① 总的来看，笔者赞同他的这种认识，苏联解体前的三边关系并非一个三国都可以根据另外两方的行为自主调整自己政策的阶段，共同的外在压力迫使它们主动抑制在三国关系中的部分不利于团结的利益诉求，因此在三国内部的互动并不具有代表性，或者也可以说这时的三边关系并不非常典型。进入 90 年代以后，三国不受外压主导的内部互动逐步增多，各国也开始在新的环境下探讨在三边互动中寻求真正于己有利的选择，随着三国之间外交实践的不断深化，中国和日本的作用都变得积极起来，典型的三国互动的模式也逐步成型。这为进入 21 世纪后三边关系的进一步发展演变打下了基础。

---

① Gerald Curtis, "U. S. Policy Toward Japan in the 1990s," from Ezra F. Vogel, Yuan Ming, Akihiko Tanaka, "The Age of Uncertainty The U. S. -China-Japan Triangle from Tiananmen (1989) to 9/11 (2001)," *Harvard University Asia Center*, 2004, p. 189.

# 第 三 章

# 中美日三国的实力对比

　　中美日三国的实力水平是决定三边关系性质的核心要素，进入新世纪以来它一直处于一个动态变化的过程中。中国不仅经济规模稳步增长，GDP连续赶超西方七国中的六国，而且政治影响力和军事实力也在不断增强；美国则由于受到对外战争的拖累以及遭受了金融危机的沉重打击，原有的领先地位和国际影响力相对下降，但在主要领域仍保持着超强实力；日本经济长期停滞不前，国内政权更替频繁，国际影响力也无明显改善，但经济规模仍然庞大，社会稳定，某些领域优势明显。不过，如果同时考察软实力，情况就会复杂得多。美国的软实力经历了一个先跌后涨的变化轨迹，中国改善软实力的努力收效似乎并不明显，而日本的软实力仍保持稳定。本章将把软硬实力结合起来分析三国各自的综合国力。

　　到目前为止，评价综合国力的方法有十几种，基本上都是采用指数衡量法。但各种衡量方法没有共同标准，分歧较多，仅在综合国力构成要素的选择方面就存在着极大的不同，因此各种方法得出的衡量结果差别很大。不过总的来说，国家实力的核心——经济实力、提供保障的军事实力、决定可持续发展能力的科技实力，以及作为软实力重要构成的文化实力，这几个指标是必不可少也没有什么争议的。在此基础上，笔者还试图引入近年来颇受关注的一些新的指标，将重要但不宜归类的一些国力影响因素纳入其中，以便对三国实力作出尽可能全面客观的评价与对比。

# 第一节　经济实力对比

在中美日三国总体保持对全球经济格局重大影响力的同时，它们自身的经济格局也在新世纪的头 10 年里发生了深刻变化。这种变化首先来自三国经济增长格局的变化：美国经历了 20 世纪 90 年代的"新经济"式的增长之后，到新世纪初的经济增长明显放慢；日本在从 20 世纪 90 年代陷入经济萧条之后，在新世纪的头 10 年仍未能明显改变这种颓势；而中国经济从 90 年代开始的快速增长势头一直在延续，进入新世纪以后的经济增长率又有进一步提高，显示出其在经济增长格局中的绝对优势。在 2000—2009 年，美国的 GDP 实际增长率平均只有 1.81%，日本只有 0.74%，而中国却高达 10.28%，分别比美国和日本高出 8.47 个百分点和 9.54 个百分点。在经济总量的变化方面，按名义汇率计算，2000 年中国的 GDP 总量为 11 984.8 亿美元，仅仅相当于美国（99 514.8 亿美元）的 12.04% 和日本（46 674.5 亿美元）的 25.68%，而到了 2009 年，中国的 GDP 增至 49 847.3 亿美元，增长了 3.16 倍；美国增至 141 190.5 亿美元，仅增长了 0.42 倍；日本增至 50 688.9 亿美元，仅增长了 0.09 倍。中国在 2010 年超过日本之后，又迅速拉大了和日本的距离。根据维基百科的数据，在 2012 年美国、中国和日本的 GDP 数值分别为 156 847 亿美元、82 270 亿美元、59 639 亿美元，[①] 美国中央情报局的信息显示，在计算了购买力评价以后，美国、中国和日本在 2012 年的 GDP 分别为 15.66 万亿美元、12.38 万亿美元和 4.5 万亿美元，[②] 其中对中国的评估明显偏大。世界银行最新的数据是 2011 年的，美国、中国和日本的 GDP 总额分别是 149 913 亿美元、73 185 亿美元、58 672 亿美元。[③] 虽然不同机构的统计数据存在较大差异，但在总体趋势方面

---

① http://en.wikipedia.org/wiki/List_ of_ countries_ by_ GDP_ (nominal).

② 见中情局（CIA）图书馆出版物的网页上对美国、中国和日本 GDP 数值的评估。

③ http://data.worldbank.org/indicator/NY.GDP.MKTP.CD.

没有差别。在贸易方面，2000 年时中国的外贸总额为 4 743 亿美元，仅相当于美国（20 412 亿美元）的 23.23% 和日本（8 587 亿美元）的 55.23%，而到 2009 年中国的外贸总额已猛增至 22 072 亿美元，增长了 3.65 倍，而同期美国和日本仅分别增长 30.34% 和 31.76%，中国占美国的 82.96%，更是日本的 1.95 倍。① 因此，中国继 2004 年在贸易总量、2006 年在外汇储备总量上超过日本之后，2010 年在 GDP 总量上也超过日本，名副其实地取代日本成为全球第二经济大国。

2008 年的金融危机对全球经济都带来沉重打击，美国在金融和经济领域受到直接冲击，2009 年中某些月份的 GDP 增幅最多下降了 8.9%。但进入 2010 年后美国经济恢复增长势头，其当年 GDP 约占世界总量的 22.5%，总量只比排在其后的日、中、德、英四国的总和略少，其经济结构和发展模式也没有受到多大影响；而且美国实体经济受到的打击要远远小于虚拟经济，大量未上市也不被媒体渲染的私营公司在经营上仍然比较健康。危机过后美国的金融市场曾大幅萎缩，但有两个重要指标并未发生质变：一是美国的融资能力仍然是世界第一，这意味着世界对美国的制造能力和消费市场仍抱有信心；二是一直在媒体上被视为风光不再的美元实际上仍然是各国主要的储备货币，以及国际贸易、投资和结算的主要工具，目前全球外汇储备中美元所占比例为 60%，不管是否情愿，这都显示出世界对美元霸权地位的认可。美元在相当长时间内仍将是国际主要货币，"衰退的美元在全球经济中无可替代"。② 美国国债也依然受到追捧，中国银监会主席罗平的话就很有代表性："除了美国国债，我们还能持有什么呢？美国国债是安全的避风港。"③ 2008 年底前的国际媒体纷纷表示，金融危机将会动摇美国的超

---

① 除专门标明者以外，这一部分的数据均来自 IMF 数据库，http://www.imf.org/external/pubs/ft/weo/2010/02/weodata/index.aspx；贸易额来自 WTO 数据库，http://stat.wto.org/Home/WSDBHome.aspx? Language = E. 转引自竺彩华《中美日三边经济关系：新世纪，新变化》，《和平与发展》2011 年第 2 期。

② Irwin Stelzer, "Global economy has no substitute for falling dollar," *The Sunday Times*, October 25, 2009.

③ Niall Ferguson, "The trillion dollar question: China or America?" *Telegraph*, 01 Jun. 2009.

级地位；但到了现在，更多的媒体开始关注美国的重生。①

　　国际上比较一致的看法是，在世界主要大国中，中国将是第一个走出经济危机的国家，美国会第二个走出危机，理由是美国虽然是这次危机的来源和"麻烦"制造者，但却利用其既有地位成功转嫁了危机。战后确立的美元霸权地位可以帮助美国大量分散风险和分摊损失，即美元大幅度贬值是美国为转嫁次贷危机对本国经济的冲击而提高流动性的结果，美国成功地把部分风险转移到了国际市场。② 这样美国不但可以分散本应是自己独立承担的风险，还可能会给体系内的其他国家带来严重的伤害。因此，与中国以外的经济体相比，美国的受损程度更小，其"一超"地位反得以巩固。③ 再次，美国能力的受损并非结构性的，原因在于政策上的失误而不是美国信仰和价值观的堕落，而政策可以相当快地予以改变和调整。如果美国利用自己灵活的经济和政治制度迅速摆脱危机，使自己的衰退程度比其他国家小，那反倒会出现"越衰退越强大"的现象。④ 而强大的反思、应变和自我调整能力一直就是美国的强项，这已在其所经历的历次危机中得到多次验证，从这个角度来看，美国具有比其他国家更快从危机中复苏的机遇和潜力。最后，即使是在与美国的对比中一枝独秀的中国，也只是借助于其独有的政治制度和经济模式而降低了在金融危机中的受损程度，并不具有普遍意义。而且一方面中国的综合国力无论在总量还是质量上都还无法与美国相提并论，另一方面中国现有增长模式的局限性使之难以做到可持续发展，所以中国比美国率先走出金融危机并不意味着美国原有的国际地位从根本上遭到颠覆。

　　相对而言，日本受到金融危机的打击甚至超过美国，银行、保险、

―――――――――

　　① 如 Paul Reynolds, "US Superpower Status Is Shaken," *BBC News website*, 1 October 2008；Jay Solomon and Siobhan Gorman, "Financial Crisis May Diminish American Sway," *The Wall Street Journal*, October 17, 2008, p. A10.

　　② 郭劲光：《危机转移视角下的金融危机解读》，《经济理论与经济管理》2009 年第 1 期。

　　③ 金灿荣：《国际金融危机的全球地缘政治影响》，《现代国际关系》2009 年第 4 期。

　　④ 陈凯：《金融海啸与美国国家实力评估》，《华中师范大学研究生学报》2009 年第 9 期。

股市、房地产甚至制造业都受到严重冲击，虽然 2009 年最严重时 GDP 增速跌幅只有 4% 左右，但此后增速一直不稳，又出现了多次的负增长；同时由于日本政府频繁更替，又遭受了地震与海啸的袭击，经济恢复缓慢，在 2011 年欧洲主权债务危机刚刚获得喘息之时，华尔街又开始越来越担心日本可能成为这场全球金融危机的下一个引爆点，日本经济前景普遍不被看好。虽然有学者通过对比中日两国的平均寿命、婴儿死亡率、第一产业占国内生产总值的比重、城市恩格尔系数和人均电力消费量等指数，得出"中日经济差距 40 年"的判断，[①] 但如果以增长势头来看，中国的经济增幅在近年内还会远远高于日本，已经超越日本的 GDP 总量还会继续拉开与日本的距离，意味着在三边经济关系的动态变化中，排在最前面的美国和排在最后的日本之间的距离在缓慢拉大，而排在中间的中国与美国拉近以及与日本拉远的速度都会更快。

从各国在世界 500 强企业中的份额来看，美国和日本在总量上依然领先但份额在下降，而中国增长的势头明显，这与中国经济发展水平同步发展。在 2009 年时中国在企业数量上已经接近日本。[②]

中国学者王缉思推断，在未来的十年里，三国的经济增长速度之比变化不会太明显。中国经济发展的余地仍然很大。一般估计，在 2016 年之前，中国 GDP 年均增长能维持在 8% 左右。日本经济自从 2002 年走出长达十年的低谷之后，进入复苏阶段。但是老龄化带来的养老金负担沉重，劳动力短缺的问题又不能通过引进移民来解决，制度改革进程阻力较大，技术创新能力受到局限，估计在未来十年里经济发展速度只能维持在 2% 左右。美国经济自 2007 年以来受到房地产泡沫破裂和次级债危机的困扰，出现了经济衰退的迹象。但从长远来看，美国经济的基本面是健康的，美国经济在未来十年里以稳定为主，经济增长率维持

　　① 　参见关志雄《做好中国自己的事："中国威胁论"引发的思考》，中国商务出版社 2005 年版，第 245—247 页。

　　② 　陈龙等：《中美日世界 500 强企业竞争力比较研究》，《武汉工程大学学报》2009 年第 6 期。

在过去十年的 3% 左右，应是比较靠得住的估计。① 但是在进入 2011 年以后，中国的经济增长出现下滑趋势，而且形势逐渐变得严峻，各界对中国 2013 年经济增速的预测介于 7%—9.3% 之间，② 明显低于以往。尽管也有观点认为中国经济增速下降是早应开始的经济结构调整的一种表现，因而对中国经济发展前景依然保持相对乐观，但无论其原因为何，增速下降都会对三国之间经济地位变化的态势造成影响。由于在国际形势错综复杂、瞬息万变的今天，很多突发因素或者长期积累弊端的兼具偶然性和必然性的发作都可能会对一国的经济增长带来难以预料的冲击，故预测中美日三国未来的经济增长率是很困难的事情，仅从目前的局势来看，短期内三国经济发展在整体趋势上应该不会有太大变化，那就是中国继续保持较高速增长，美国和日本则基本平稳或缓慢增长，而三国在经济总量上和变化趋势上都会继续维持当前格局。

## 第二节　军事实力对比

中美日军事力量对比是一个十分复杂、充满争议的问题。首先在判别标准上就众说纷纭，对究竟应该包括多少对比指标并无共识，尤其是一些软性、抽象的指标难以进行定量对比；其次在一些指标上也缺少权威数据，其中军费问题尤为引人注目。中国官方的统计结果表明，2000 年到 2005 年间，中国国防开支增加了一倍，达 2 447 亿元人民币。2006 年国防预算比上年增加 14.7%，2007 年又比上年增加 17.8%，2008 年的国防预算提高 17.6%，至 2012 年中国国防费预算达到 6 702.74 亿元人民币，比上年预算执行数增加 676.04 亿元人民币，增长 11.2%。2012 年 3 月 4 日在十一届全国人大五次会议上，发言人李肇星在答记者问时表示，2008 年国际金融危机以来的三年，中国的国内生产总值按当年价格计算，年均增长 14.5%，全国财政支出年均增

---

① 这些评估参见王缉思《从中日美力量对比看三边关系的发展趋势》，《国际政治研究》2008 年第 3 期。

② 《2013 中国经济走势预测：分化严重》，《大公财经》2012 年 11 月 26 日。

长 20.3%，而国防支出年均增长 13%，国防支出占国内生产总值和全国财政支出的比重分别从 2008 年的 1.33% 和 6.68% 下降到 2011 年的 1.28% 和 5.53%。2013 年中国军费增长 10.7%，达到 7 202 亿元人民币（约合 1 143 亿美元）。美国和日本多不认同中国官方公布的数据，而是认为还有大量隐性投入没有被计算在内，相信中国的实际军费可能达到官方数据的 2—3 倍。

在 2012 财政年度，美国国防预算和用于反恐的特别拨款分别为 5 310 亿美元和 1 150 亿美元。日本政府 2011 年军费为 47 752 亿日元，2011 年军费保持 9 年递减趋势，比去年减少了 0.3%。2012 年度预算概算要求总额达 48 033 亿日元，比 2011 年度增加了 0.6%。2013 年日本军费再度上涨，总额达到 47 500 亿日元，约为中国当年官方公布预算的 44%。显然，美国和日本的军费开支增速均不如中国，美国从小布什政府上台以来的军费年增速约为 5%，日本官方公布的军费开支则呈下降趋势，近几年基本持平。从军费占 GDP 的比例来看，世界银行的数据与中国自身的统计也不一样，但仍能清晰显示出中美日三国的大体态势，即美国所占比例最高，中国次之，日本最少。不过如果考虑人均军费，中国的劣势就很明显了。从军费占据全球总量的比例来看，美国依然排在第一位且远远高于后面的国家，但是所占比例在逐渐下降，而中国和日本基本维持稳定。军费开支是反映军力变化的一个重要因素，但由于其在各国分配和使用的效率不同，故和军力的升降并无必然联系，仅仅能作为一个参考指标。

更有说服力的指标是武器装备和军队素养。比较确定的看法，美国无论是现役军队的能力还是对未来的投资都大幅超过中日。军工企业的研发和制造能力出类拔萃，无论在现役武器还是概念性武器的研发方面，美国都远远走在中日前面；美国军队一直在参与各种类型的战争，实战经验和战备素养明显超过包括中日在内的所有大国。最近几年中国在武器发展方面取得明显进步，但一方面距离投入实用阶段还需要数年时间，另一方面核心技术上还无法做到完全国产化，中国唯一明确超过美国的一个指标是陆军数量，但部队已经三十多年没有经过实战锻炼，而且内部贪腐问题近年频现。中国在战略导弹和军队数量方面超过日本，拥有日本尚未具有的核武器，近几年来自主研发和自国外采购武器的速度也超过日本；但日本军队的现代化程度和技术装备数量都优于中国，工业基础雄厚技术储备丰富，拥有一些美国也不具备的技术优势，只是由于宪法的限制，在军备开发和海外用兵方面仍无法像中美一样放开手脚。

此外，从军事联盟、海外军事基地、对外军事合作、对外军事援助等等方面来说，美国的实际能力都远远超过中日，两者基本不具有可比性；而中日两国之间在这方面差距不大，都徘徊在较低水平。但是，由于美日军事同盟的存在，决定了一旦中国同日本或美国发生大规模双边军事冲突时，第三方几乎必定会卷入，支援同中国对立的一方；而中国除了朝鲜以外，没有任何军事盟友。从这一个角度来说，日本的安全处境要强于中国。因此总的来看，中美日军事力量对比的变化与三国在经济领域的地位变动趋势并不同步。

关于各国综合军力的排名，目前没有权威数据。2010 年中国社科院世界经济与政治研究所发布的《国际形势黄皮书》，认为中国军力世界排名第二，遭到了国内外的全面质疑。作者选取的指标只包括军费、军队人员和武器装备三项，甚至为了方便计算，只考虑了武器装备的数量而没有考虑质量，而且假定军队人数与军力成正比，其中的荒谬显而易见。[1] 英国简氏防务周刊 2009 年发布的 2008 年全球军力排名认为，中国的军力排名第四，次于美国、法国、俄罗斯，而日本在前五名之外。[2] 国防大学教授张召忠在接受腾讯网采访时表示：中国核武器排在第五位，坦克排七八位，没有航空母舰，战斗舰艇没有超过一万吨的，飞机也就排在七八位，综合排下来，我们比日本、意大利强一点，这样大约是排在五到八位之间，中国这样的排位比较合适。[3] 在一个专门关注世界军力对比的外国网站上，在对三十多个指标进行对比之后，将美

---

① 《社科院发布黄皮书称中国军力世界第二》，2009 年 12 月 25 日，http：//news. 163. com/09/1225/14/5RCTP73C0001124J. html。

② 在简氏防务周刊的网页上没有找到直接的相关信息，间接转述可见中国《环球时报》记者对周刊编辑的采访：http：//www. centurychina. com/plaboard/archive/3868503. shtml#3868 503。

③ 张召忠：《中国综合军力排在世界五至八位比较合适》，2009 年 12 月 30 日，http：// news. qq. com/a/20091230/001690. htm。

中日的军事实力在世界上的排名分别定位为第一、三、九位。①

显而易见，进行军力对比比经济力量对比还要困难，因为很多数据属于机密，而且在数量和质量方面都存在大量争议，比较简单的做法就是以各国政府公布的军费、军人数量、某些类别的武器装备的数量，充其量加上军工创新和制造能力来作为衡量的指标，但这种简化又会导致客观性明显不足的结果。所以这里的对比只是为了展现出一种基本格局而非精确排序，那就是美国远远领先于中日，而中日之间基本上比较接近，各有所长。

# 第三节　科技教育情况对比

科技与教育水平是一个国家全面发展的核心推动力和长远保障。科技实力是指从事科学技术相关的活动而有所发现、有所发明，并将它们转化成对经济、军事、政治、外交、生态等社会各方面的现有和潜在贡献与影响的能力。它包含三种因素：科技投入，即在科技活动中投入的资源，包括人力、财力、物力；科技产出，即科技活动所产生的直接成果，如论文、专利、科技成果和杰出科技人物等；科技影响，即科技活动对社会产生的贡献与影响，如高技术产品出口、生产率、产品质量、环境保护水平等。描述这些因素的指标构成了科技实力评级指标体系。② 教育则涉及劳动力受教育人数和比例、高校数量、高质量论文发表和被引用数量、学术环境、人才吸引机制等等指标。教育与科技密切相关，很多机构既培养学生又承担科研任务，所以在此把它们放在一起进行考察。

美国的科技与教育水平之高历来得到全球公认。无论在研究基础、资金投入、创新能力还是政策支持方面，美国在世界上都首屈一指。当前在包括生物技术、信息产业、航空航天、纳米技术、新能源等在内的

---

① http://www.globalfirepower.com/countries-comparison-detail.asp.

② 李庆山、韩春丽：《当代中国科技1000问》，北京工业大学出版社2008年版，第20页。

新兴产业方面，美国不仅技术领先，而且还主导着规则的制定。日本的科技水平不仅在亚洲排在首位，在全球范围内也出类拔萃，很多指标都是仅次于美国而位列世界第二，还有一些技术发展甚至走在了美国的前面。中国的科技水平也与经济规模发生了同步的变化，各项指标都比以前有了大幅提高，个别指标还达到了世界第一位。不过总体来说在科技教育的质量方面与发达国家相比还有很大差距。

下面从几个关键领域对三国的基本情况进行对比。

研发经费：2006 年，日本科技经费投入为 1 485 亿美元，仅次于美国的 3 437 亿美元，位列世界第二位，但其占 GDP 的比重为 3.39%，位列世界第一，而美国等其他国家均不到 3%。2009 年，尽管金融危机严重，但日本的科技投入预算并未减少，仍保持了基本稳定。日本企业承担了绝大部分的科研活动，支出经费占到了总科研经费的 77.2%，政府为 8.3%，高等教育部门为 12.7%，非营利部门所用经费占 1.9%。[①] 从研发投资总投入占 GDP 的比重来看，近 10 年来日本一直保持在 3% 以上，2005 年达到 3.13%，高于美国的 2.63%，英国的 1.88%，法国的 2.13% 和德国的 2.49%，成为世界上研发投资投入强度最高的国家之一。[②] 美国兰德公司于 2008 年为美国国防部提供了一份调查报告，详细阐述了美国科技和教育方面的竞争力水平。其中显示，美国的研发开支占世界研发总开支的 40%；[③] 经合组织 2006 年末公布的《科技产业白皮书》显示，2001 年中国的研究开发费用为 524 亿美元，仅相当于日本的一半，此后每年以 20% 的速度递增，2006 年已经增加到 1 326 亿美元，日本为 1 290 亿美元，美国为 3 379 亿美元。[④] 根据中国科技部 2011 年的统计，"十一五" 期间，中央财政科技

---

① 王永春、王秀东：《日本科技投入现状及其发展趋势》，《科技进步与对策》2010 年 7 月。

② 李文国：《基于经济发展方式转变的中国国家创新体系构建研究》，博士学位论文，辽宁大学，2010 年，第 78 页。

③ Titus Galama, James Hosek, "U. S. Competitiveness in Science and Technology," RAND Corperation, http：//www. rand. org/content/dam/rand/pubs/monographs/2008/RAND＿ MG674. sum. pdf, pp. Summary xv—xx.

④ 《日本的国力》，[日]《文艺春秋》2008 年 4 月号。

投入保持了 20% 以上的年均增速。2009 年中国中央财政科技投入为
221 亿美元，带动全社会研究与开发支出 849 亿美元。按当前汇率计
算，全社会研究与开发投入居世界第四位，占国内生产总值的比重达到
1.7%。① 2010 年中国研发投资总经费全球排名由 2005 年的第六位上升
至第三位，规模仅次于日本和美国。中国研发投资总投入占 GDP 总量
的 1.76%，而美国和日本的同类数据分别为 2.79% 和 3.44%。从 2009
年 OECD 提供的数据看，中国对基础研究的投入仅为科研投入总量的
4.7%，远低于美国（17.4%）和日本（12.2%）；应用研究投入的比
例为 12.6%，也明显低于美国（22.3%）和日本（22.6%）。

　　科技人才：2009 年，中国科技人力资源总量达到 5100 万人，居世
界第一位。研究与开发人员全时当量 229 万人年，居世界第二位。从研
发投资人员总量的国际排名看，中国在 2008 年已超过美国而成为世界
第一，但 2009 年中国研究人员占研发投资人员总量的比重为 50.3%，
而世界专利强国这一指标普遍高于 60% 以上。② 中国劳动科学研究院研
究员张丽宾认为，人才第一要看数量，第二还要看质量。我国人口基数
大，人才资源多，但并不代表人才素质很好。人才最重要的评价指标是
创新能力，我国大学培养出来的学生没有创新思维和创新精神。③ 美国
在科技人才方面受到的主要关注不是其数量，而是其对人才的吸引能
力。根据美国国家科学基金会的统计，1986 年到 1998 年间，大约有
21 600 名来自中国大陆的学生在美国获得博士学位，其中 85% 希望留在
美国从事博士后研究或者参加工作。④ 中国科学技术信息研究所最新完
成的《华人科技人才在海外的发展现状分析》表明，海外华人科技人
才的总数接近 100 万人，仅美国就吸纳了其中的 3/4。美国 13 所最著

　　① 《科技部公布中国科技实力清单称取得多项第一》，2011 年 2 月 18 日，新华网 ht-
tp：//news.163.com/11/0218/20/6T6UNGA900014JB5.html。

　　② 詹芊芊、童毕建：《中国发明专利发展状况比较研究》，《科技进步与对策》2012 年
第 15 期。

　　③ 王进雨、黎史翔：《温家宝：重视教育科研经费占 GDP 比例》，《法制晚报》2011 年
2 月 28 日。

　　④ "Human Resource Contributions to U.S. Science and Engineering from China," *SRS Issue
Brief*, January12, 2001. http：//www.nsf.gov/statistics/issuebrf/nsf01311/sib01311.pdf, p.2.

名大学中的系主任、IBM 公司的高级工程师、阿波罗登月工程等中的华人科技人才都占到 1/3 以上。美国机械工程学会的 12 个分会中有 1/2 以上是华人；美国权威的电脑研究中心 19 名部主任中，华人占了 12 名。在美国硅谷，每年涌现的 5 000 家初创企业中，约 1/4 是由海外华人科技人才创办。这些企业创造的财富中，40% 有华人参与。① 清华大学和北京大学中涉及高科技专业的毕业生分别有 82% 和 76% 去了美国。② 美接收的外国留学生数量占世界留学生总数的 30%。③ 显而易见，在这方面中国与美国的趋势正好相反，中国的人才大量流失，而去向则多数是美国。美国国家科学基金会公布的数据显示，在过去 30 年，外国人获得美国大学颁发的理工科博士学位最多的是中国人。一拿到博士学位，几乎所有学生都表示他们打算留在美国，而且 90% 以上都成功留下。2006 年，北京大学和清华大学加州大学伯克利分校，成为拿到美国理工科博士学位最多的两家学士生源机构。2008 年中国为了吸引国外高级人才而启动了千人计划，但被纳入该计划的许多学者很少在自己所在的中国机构承担全职工作，因此千人计划的完整名单从未公开过。④ 虽然近年来中国人才回流增多，但与流失规模相比仍有显著差距。比较而言，2006 年日本研究人员的总数是 82 万人，其规模仅次于美国，且单位人口中科技人员所占比例明显高于美、德、英、法等国。2007 年，日本从事基础研究人员的比例为 13.8%，应用研究人员的比例为 23.2%，试验研究人员的比例为 63%。⑤ 根据厚生劳动省汇总的数据显示，2010 年度从日本国内跳槽至海外企业的人才数达 474 人，比 2009 年增加了三倍之多，并刷新了历史最高纪录。⑥ 但较之于中国，日本的人才流失并不明显。

---

① 翁里、夏虹：《论美国新移民法的国际影响》，《浙江大学学报》（人文社会科学版）2001 年第 4 期。

② 中国人事科学研究院编：《2005 年中国人才报告》，人民出版社 2005 年版，第 179 页。

③ 楚树龙：《金融危机与世界走势》，《现代国际关系》2009 年第 4 期。

④ Cong Cao, "China can't stem brain drain without revamping its research culture," *South China Morning Post*, 18 July, 2013.

⑤ 薛春志：《日本技术创新研究》，博士学位论文，吉林大学，2011 年，第 78 页。

⑥ http://www.sepu.net/html/article/20126/70270.shtml.

　　发明专利：在专利方面有很多衡量指标，在发明专利申请和授权量方面，2008 年中国知识产权局发明专利申请受理量和授权量均列全球第三位，仅次于美国和日本。2010 年度国内授权 PCT 专利 12 339 件，跃居世界第四，总数位列美国（44 855 件）、日本（32 165 件）和德国（17 171 件）之后。尽管 2008 年中国发起的发明专利申请量和获得授权量分别达到全球第三位和第五位，但获得授权量与日、美仍差距较大，仅为日本的 1/5，不到美国的 1/5。在 PCT 专利申请领域，2010 年中国申请数仅为美国年度申请量的 27.5%，日本的 38.4%。2008 年在国外申请的中国发明专利为 8 902 件，获授权量仅 2 229 件，在全球国外申请和获授权数量上排名分别在第 10 和 15 名之外，与专利大国美、日、韩、德、英、法等国差距甚远。2010 年国内发明专利申请授权率为 27.2%，而在中国申请专利的国外发明授权率为 56.4%。2008 年中国在国外申请的国际发明专利授权率为 25.0%，低于美国（41.0%）、日本（51.0%）。① 表明中国专利质量较低。在专利申请规模方面，中国国家知识产权局继 2010 年超过日本特许厅之后，在 2011 年又超过美国专利商标局，成为世界最大的专利局。根据《2012 年世界知识产权指标》报告，2011 年全世界专利申请总数第一次突破 200 万大关，其中，中国受理了 526 412 件申请，美国为 503 582 件，日本为 342 610 件。② 在单位人口专利申请与拥有方面，目前中国每百万人获得发明专利的数量只有 1 项，而日本是 994 项，韩国为 779 项，美国为 289 项。对于"百万人口拥有的三方发明专利"，创新型国家基本高于 100 件，日本的"百万人口拥有的美国发明专利数"更是高达 457.2 件，而中国的这个指标仅为 0.31 件，差距悬殊。对于"百万人口新注册的区域性商标数"和"百万人口新注册的设计数"，中国的指标值都未能超过0.5，远远比不上欧洲平均值及美国、日本 10 件以上的水平。③ 在申请专利的构成方面，在中国申请发明专利的项目中，中药国内申请占

---

　　① 詹芊芊、童毕建：《中国发明专利发展状况比较研究》，《科技进步与对策》2012 年第 15 期。

　　② 卞晨光：《中国专利申请量跃居全球第一》，《科技日报》2012 年 12 月 13 日第 2 版。

　　③ 田志康、赵旭杰、童恒庆：《中国科技创新能力评价与比较》，《中国软科学》2008 年第 7 期。

98％，第二位软饮料占了 96％，第三位食品占 90％，第四是中文输入法；而来自国外的专利申请集中于高技术，第一位无线电传输占 93％，第二移动通信占 91％，电视系统占 90％，半导体占 85％，西药占 69％，计算机应用占 60％。这个对比极其鲜明。① 在中国庞大的专利申请量中，有接近三分之一是外观设计专利。外观设计在很多发达国家的专利制度里是不属于专利范畴的，400 万件的专利申请总量如果减除 122 多万件的外观设计专利，总量将不到 300 万件。在专利申请效率方面，从经合组织公布的数据来看，日本的专利申请效率（申请数量与研究开发经费之比）是最高的，达到美国的两倍。在国际专利申请量前 20 名中，日本企业占到了第六名。②

这些数据表明，中国专利申请量的大幅提高并未带来专利质量的大幅提高，同时即使提高的数量中也包含了很多合资与港澳台企业在华递交的申请。在国内有效专利中，权利稳定、技术含量较高的发明专利仅占总量的 15.3％，而国外有效专利中发明专利约占总量的八成，两者形成鲜明对比。中国在专利申请结构方面不合理，国内专利授权率低，转化率低，有效专利过少，以及国内向国外专利申请量小，表明中国的创新产出水平还很低。2006 年中国人事科学院院长王通讯指出，中国目前专利拥有量仅占世界的 1.8％，还比不上有的跨国公司的拥有量，其中 80％的专利无实际价值。③

科研成果：根据兰德公司 2008 年的数据，美国出版物的数量占全世界出版物总数的 35％；在被引用的出版物中，源自美国的占到 49％；引用频率很高的出版物中，有 63％源自美国；论文被引用频率最高的作者中有 66％在美国工作。SCI 数据库统计了 1997—2006 年全球论文作者的情况，每个学科挑出前 250 人共计 6 097 人，可以被认为是全球顶尖科学家。其中美国人 4 016 人，占 65.87％，第二位是英国人，中国仅有 19 人，其中香港 15 人，大陆 4 人，所占比例排名在 100 位以

---

① 吴长春：《科学发展观视阈下的人才强国战略》，博士学位论文，辽宁师范大学，2009 年，第 143 页。

② 王永春、王秀东：《日本科技投入现状及其发展趋势》，《科技进步与对策》2010 年第 7 期。

③ 吴长春：《科学发展观视阈下的人才强国战略》，第 144 页。

后，排在印度、巴西等国之后。① 从 ESI（基本科学指标数据库）论文来看，2007 年日本 ESI 论文数量为 777 992 篇，排世界第二位，仅次于美国的 2 864 275 篇，ESI 论文被引用 6 612 826 次，排世界第四位。据中国科学技术信息研究所 2011 年底发布的中国科技论文统计结果显示，2010 年我国发表 SCI 论文 12.75 万篇（含港澳地区），排世界第二位。据统计，截至 2011 年 11 月，中国热点论文数量为 196 篇，占世界热点论文总数的 9.9%，居世界第五位，热点论文排名第一的是美国，其数量达到 1 070 篇。2011 年中国国际科技论文平均被引用 6.21 次，而当年世界平均值为 10.71 次。在中国发表的所有论文中，有 35% 以上从来没有被引用过。北京大学生命科学学院教授饶毅认为，中国目前可能还不及 20 世纪 80 年代的日本……就生命科学而言，中国目前的科研地位大约相当于 1910 年左右美国在全球所处的地位。②

高等教育：从人才培养方面来看，在中国，受过高等教育的人数比例是 142 人/万人，而美国是 1 500 人/万人，日本是 637 人/万人，菲律宾是 330 人/万人。③ 2006 年中国每十万人口中在校生为 1 088.9 人，美国在 2005 年的同类数据为 5 900 人，增长速度明显要比中国缓慢，但高等教育的普及面要远远超过中国。2009 年在全美国的 420 多个机构中授予博士学位人数为 49 562 人，在过去的四十多年里，获得博士学位的人数以每年大约 3.5% 的比率增长。据统计，2008 年日本全国 765 所大学中有 74% 的学校设置了研究生院，在校博士生为 74 000 人。中国教育部发布的 2009 年全国教育事业发展统计公报显示，2009 年全国招收博士生 6.19 万人，毕业博士生 4.87 万人。在读博士生人数由 1999 年的 5.4 万人增加至 2009 年的 24.63 万人，10 年间增加了 4.56 倍。但正如华中科技大学周光礼教授在《中国博士质量调查》中指出的那样，中国博士培养质量 10 年来整体上没有进步，甚至还有下降趋势。④ 从教育经

---

① 吴长春：《科学发展观视阈下的人才强国战略》，第 144 页。

② 《中国论文数量世界第二质量堪忧 35% 以上从未被引用》，《北京晚报》2012 年 10 月 11 日。

③ 吴长春：《科学发展观视阈下的人才强国战略》，第 140 页。

④ 汪洋：《中美日博士生培养模式的国际比较》，《石油教育》（双月刊）2011 年第 6 期。

费方面来看，到 2005 年，中国高等教育经费的总额已经超过了 1 533 亿元，从 1990 年到 2005 年增长了 14 倍，占 GDP 的比例为 1.1%。但中国的人均公共教育支出为 42 美元，美国为 2 684 美元，是中国的 63.9 倍。如果考虑到人口的因素，以人均 GDP 来比较，中国人均公共教育支出仅为人均 GDP 收入的 0.82%，美国为 6.10%，是中国的 7.44 倍；日本为 4.28%；韩国为 3.01%；俄罗斯为 1.87%，是中国的 2.28 倍；巴西为 2.29%，是中国的 2.79 倍。所以中国不仅与发达国家有很大差距，即使在金砖四国中，中国的教育投入也排在末位。2005 年美国高等教育经费总额达到了 3 750 亿美元，占 GDP 的比例下降到 2.2%。与美国相比，虽然中国高等教育经费总额的投入增幅较大，但是不管在绝对数额还是增长趋势上都与美国有很大差距。生均预算内教育经费占人均 GDP 的比重更是远远低于美国。[①] 在高校师资方面，美国高校中，具有硕士以上学位的教师占教师总数的 95% 以上，具有博士学位的教师占教师总数的 50% 以上。到 2006 年，中国高校专任教师中具有博士学历的为 10.9 万人，具有硕士学位的为 31.8 万人，具有本科学历的人数最多，为 62 万人，占教师总人数比例分别为 10.1%、29.5% 和 57.6%。另外值得提出的是，还有 2.8% 的比例为专科及以下学历。[②] 在专业构成方面，中国学者在运用数学模型进行仔细分析之后得出结论认为，中国 20—29 岁人口中每千人只有 7.7 个科学与工程类毕业生，相比美国的 90.8 个和日本的 117.4 个差距巨大。[③] 在最引人注目的大学排名方面，兰德公司的统计显示，全球顶尖的 20 所和 40 所大学中，有 75% 在美国。从 1983 年起就对美国本土和世界大学进行排名的《美国新闻与世界报道》杂志 2010 年的排名中看，在全球排名前 10 位的大学中，美国占据了 6 个，前 20 位中美国占据了 13 个；亚洲排名最靠前的是日本东京大学（第 19 位），排名最靠前的中国大学是排名第 26 位的香港大学，中国大陆最靠前的学校是北京大学（第 50 位），

---

① 于洋：《我国距高等教育强国有多远——中美高等教育实力的比较研究》，硕士学位论文，华东师范大学，2009 年，第 43—44 页。

② 同上书，第 82 页。

③ 田志康、赵旭杰、童恒庆：《中国科技创新能力评价与比较》，第 159—160 页。

进入前100名的还有清华大学（第56位），而进入前100名的日本大学有四所。① 英国《泰晤士报高等教育特刊》（TIMES）公布的2012年世界大学声誉排名中，前10名中，美国大学占据了7名，而东京大学排在第八名，是亚洲排名第一的学校。前100名中，日本大学占据五席，中国则是两席，分别是排名第30位的清华大学和排名第38位的北京大学。② 在上海交大世界一流研究中心发布的"2010年世界大学学术排行榜"上，哈佛大学连续第八年居榜首，东京大学排在第20名，是亚太区排名最靠前的大学。在前100名中，美国高校占了54席。北京大学、清华大学首次同时进入200强，但均排在151—200位。中国高校排名上升缘于论文数量增长很快。③ 中国、日本与美国大学质量的差距由此可见一斑。

再看看获得诺贝尔奖的情况。从1901年诺贝尔奖首次颁出以来，获奖者中几乎没有哪一年少了美国人的身影，而且美国人不止一次包揽过三大科学奖，截止到2003年，仅哈佛大学就获得了30项诺贝尔奖，截止到2011年，美国获奖者323人，日本11人，印度3人，中国只有一人（李政道获得诺贝尔奖时还是中国国籍）。④ 如果不以获奖时的国籍来计算，则中国没有一人。虽然目前已有八名华裔科学家获得诺贝尔科学奖，但无一人有大陆身份。另有资料显示，日本学者目前已经获得13个自然科学奖和2个医学与生理学奖。⑤ 获奖数量并不与科技实力差距成正比，但获奖人数上不同数量级的差距还是很能说明问题的。

综上所述，中国在科技和教育领域与美国和日本存在明显差距。美国处于全面领先的位置，在科技和教育方面几乎所有的指标都占据第一；日本虽然总体水平不如美国，但早已完成从模仿转向自我创新的阶段，而且在某些领域具有能够和美国竞争的能力；中国的发展速度很快

---

① 根据笔者对美国杂志《美国新闻与世界报道》当年排名的统计。

② 《2012年世界大学声誉排行榜前100强名单公布》，e度论坛2012年3月20日。

③ 《上海交大编制世界大学500强内地22所高校跻入》，凤凰网2010年8月15日。

④ http：//www.jinfo.org/US_ Nobel_ Prizes.html.

⑤ 孙毅霖：《诺贝尔自然科学奖与中国的诺奖情结》，http：//wenku.baidu.com/view/f67132c089eb172ded63b766.html。

但更多体现在数量上而非质量上的变化，尖端人才奇缺，制度缺陷明显，创新动力不足，教育质量不稳。就科技和教育竞争力来讲，美国仍是远远走在前面，日本也属于紧随其后的第一梯队，而中国只能处于世界主要国家的中下游水平。

# 第四节　三国软实力对比

Soft power 一般被称为软实力，还有人称之为软权力或软力量。"软实力之父"约瑟夫·奈指出，可以被称为软实力的这种无形力量分为国家的凝聚力、文化被普遍认同的程度以及参与国际机构的程度等，概括地说就是导向力、吸引力和效仿力。尽管他专门为此而写了一本书来进行解释，但依然有新加坡学者认为，奈的论述存在很多不足：第一，奈的软力量概念存在自相矛盾之处。按照奈的理论，很多所谓的软力量同时又是硬力量，由于对两者关系缺乏理论上的说明，使得他的整个软力量学说的说服力成为问题。第二，奈的论述有诸多与事实不相符合之处。第三，奈对软力量范畴的描述并不符合现代社会科学所强调的科学性，并没有对国际政治中的软力量和其他方面的软力量作出科学的规定，有将软力量的范畴无限扩大化的趋势，把很多对国际政治和国家行为影响甚微的东西都给包括进去了。① 不得不说，奈的软实力理论确实存在不尽完美的地方，但一方面软实力概念在国际上得到的认可越来越普遍，意味着其重要性已得到公认；另一方面，目前学术界还没有出现一套可以取代其架构的类似的理论体系，所以这里还是借助于奈的理论来进行分析。

## 一　国家凝聚力

国家凝聚力是各民族、政党和公民为实现国家和自身的一致利益而形成的对国家的认同、归属与聚合的力量，主要由对国家实力的认识、

---

① 详见郑永年、张弛《国际政治中的软力量以及对中国软力量的观察》，《世界经济与政治》2007 年第 7 期。

主体价值观的渗透性、民族自豪感与内聚力、政府和执政党的公信力等组成。韩国进行的一项民意调查显示：在"作为一名国民感到的自豪感"方面，中国青少年给予的分数最高，达84.2分，其后依次是美国（70.6）、韩国（62.9）、日本（55.3）。对于"祖国在国际舞台上的地位"，美国青少年给予83.5分，日本、中国和韩国分别为74.7、72.9和62.4。对于"如果发生战争，是否有意为祖国参战"的提问，中国青少年给予最高分（74.8分），其后依次为韩国（56.3）、美国（49.7）、日本（29.3）。① 其他类似的一些调查在具体数据和排序上有些出入，但中美日的总体排序是稳定的，也就是说，从民众对国家的自豪感和参与感方面来看，中国始终是排名最高的，美国次之，日本最低，而且差距比较悬殊。相对中国人而言，日本人对自己的国力增长信心不足。在2007年8月进行的一项民意调查中，只有6%的日本人认为本国经济"朝好的方向发展"，38%的日本人认为本国经济"大体朝好的方向发展"，而中国公众认同本国经济上述两种趋势的比例，分别高达50%和47%。日本青少年研究所2006年年末的调查显示，日本高中生有43.9%认为只要收入能够维持生活就满足了，而回答希望成为了不起的人或强人的学生只占8%；相比之下，中国希望成为了不起者的比例达到34.4%，韩国为22.9%，美国为22.3%。日本学生拒绝成为强人的理由是因为责任会更重的占78.9%，认为成为强人就没有自己的时间了的占46.7%。②

　　由此看来，在传统的爱国议题上，中国人的表现最积极，美国次之，日本最差，但这只反映了一个方面。实际上影响凝聚力的因素非常复杂，与社会发展模式、文化传统、国民知识水准、心理成熟度、教育导向等都密切相关，民族自豪感的表现形式也多种多样。如果单纯看社会价值观，美国是最单一最稳定的，美国人对政府很不满意，平时也看似各行其是，但他们最为自豪的就是自己的政治制度和价值观，美国梦吸引着世界各地的人远涉重洋来到美国，自由民主人权的观念早已成为不言而喻的社会共识，日常慈善活动的规模和普及性也远远超过亚洲国

---

① http：//world.people.com.cn/GB/13314844.html.

② 《日本的国力》，［日］《文艺春秋》2008年4月号。

家，一旦出现社会危机或自然灾害，民众就会迅速凝聚在一起为国效力；但是在涉及具体议题时美国国内的分歧也最显著，国会效率的低下就是其最直接的证明。而日本的社会凝聚力传统上更强，更为强调集体组织性，个人对团体有归属感，这种凝聚力也更能经得起灾害和困难时刻的考验。普通民众相信日本是最好的地方，所以留学归国的比例非常高，日本对外移民的比例也非常低，他们还把最好的产品留给自己，差一些的才用于出口，同时相信日本的产品是世界上最好的，这些细节都体现出国民对国家的欣赏和发自内心的热爱，也愿意为维护国家而团结一致。而从中国的角度来看，中国的社会动员能力非常强大，政府一声令下全社会就能积极行动起来，竭尽全力进行配合，奥运会、世博会之类的活动在中国基本上没有遭遇什么阻力，在国家面临安全挑战的时候，国内民意一致对外的呼声也明显比美日强烈。但是中国社会也缺乏一种对现有价值观念和财富分配体系的内在共识与认同，尤其是近年来信仰在淡化泛化，各种思潮不断涌现，对于国家、政府与社会之间关系的分歧越发明显，人心思变导致移民潮不断高涨。由于中国社会是以国家强制力为基础的刚性稳定，与依靠价值和观念共识的西方社会的柔性稳定完全不同，一旦政府变得弱势，社会就很容易出现动荡，甚至变成一盘散沙。这些现象，都可以反映社会凝聚力真实的不同侧面。也就是说，对社会凝聚力的考察非常复杂，观其行比听其言更有说服力。

再换一个角度来看，根据国际货币基金组织的统计，2011 年美国人均 GDP 排名第 14 位为 48 387 美元，日本占第 18 位为 45 920 美元，中国第 88 位为 5 414 美元。① 根据世界银行的报告，最高收入20% 人口的平均收入和最低收入 20% 人口的平均收入的比率，日本在主要国家中是最低的，只有 3.4 倍。反映贫富差距的基尼系数，2007 年中国就达到 0.46，已经是亚洲贫富差距最大的国家。根据维基百科的数据，2011 年中国大陆的基尼系数已达 0.55，美国基尼系数是 0.45，而日本只有 0.28。中国的人均 GDP 原本就比美日相差九倍以上，而基尼系数又是最高，已经突破 0.5 的危险线，在人均产值

---

① http：//en. wikipedia. org/wiki/List_ of_ countries_ by_ GDP_ （nominal） _ per_ capita.

如此之低而贫富差距如此悬殊的国度里，单纯依靠民意调查中朴素的爱国情怀恐怕很难长期支撑起实实在在的国家凝聚力，所以对此必须要辩证来看。

## 二　文化影响力

这里的文化是一种广义的，文化影响力主要是指某种文化被外界接受、欣赏、模仿的能力。美国的政治制度、意识形态和价值观当前仍被认为是世界的主流和代表，并为世界多数国家所认同，这也可以列入文化影响范畴；美国的电视节目、电影、音乐、网络传播到世界各地，美国文化产业发展迅速，是目前全球文化产业的龙头，其产值已占 GDP 的 25%，其文化产品占据全球 40% 的市场份额；[①] 特别是英语已经成为全球性的语言，说英语的人数已经超过了说任何语言的人数，十多个国家以英语为母语，45 个国家的官方语言是英语，世界三分之一的人口（二十几亿）讲英语。世界 75% 的电视节目是英语，四分之三的邮件是用英语书写，电脑键盘是英语键盘，互联网也是建立在英语的基础上，任何一个会议如号称是国际会议，其会议工作语言一定要用英语，英语也是联合国的正式工作语言。[②] 在信息传播领域，美国有线电视新闻网（CNN）向全世界 137 个国家和地区传输电视节目。"美国之音"是世界上最大的国际广播电台之一，用 52 种语言对外广播，宣传美国政府的对外政策、美国的政治制度和价值观念，为美国的全球战略服务。美联社是世界第一通讯社，旗下有 1 300 家报纸和 3 890 家电台电视台，它不仅为美国 1 500 多家报纸、6 000 家电台、电视台服务，还为世界 115 个国家和地区的一万多家新闻媒介供稿。美国电影产量只占世界每年总产量的 6%—7%，却占据世界电影总放映时间的一半以上，许多发展中国家的电影市场几乎都被好莱坞所垄断，美国的票房收入占据了全球电影市场的 53%，并且至 2008 年连续五年都维持在这个份额

---

① 李百玲：《美国建构国家文化软实力的路径分析》，《当代世界与社会主义》2011 年第 6 期。

② http：//tongliaoyx. fxl2011. teacher. com. cn/GuoPeiAdmin/UserLog/UserLogView. aspx? UserlogID = 77136&cfName = 20111130tongliaoyx77136.

以上。在传统传媒行业，美国以 34 种语言印制发行了二百余种外文报纸，其报纸杂志发行量居全球首位。在 2008 年世界最具影响的 15 种期刊中，美国有 12 种，并包揽前 10 名。美国的网站占全球网站的 70% 以上，互联网访问量最大的 100 个站点中，有 94 个设在美国境内。① 美国人的娱乐、饮食文化和生活习惯也有广泛的世界影响，麦当劳、肯德基、可口可乐已经成为最大的世界品牌。美国还是世界最大的留学生接待国，在美国留学的海归回国后进入国家各个领域，帮助进一步促进了美国文化的传播。日本政坛的高级干部很多有美国留学经历，而中国近年来的归国学者中也有越来越多的人走上政府岗位，如全国人大副委员长成思危、韩启德、丁石孙均有美国留学背景，教育部部长周济、科技部副部长程津培、卫生部副部长蒋作君、水利部副部长索丽生、人事部副部长王晓初等多人均在美国获博士或硕士学位，② 中国连续两任外交部长也都由前驻美大使转任，哈佛大学肯尼迪政府学院还专门为中国培训了 300 名厅局级以上中高级官员。

　　日本文化软实力的对外扩散也比较成功。日本的文化随着日本商品尤其是文化产品，迅速向世界各地蔓延、渗透，如以樱花为代表的日本艺术、卡拉 OK、茶道、插花、柔道等。较早走出国门的是日本的特色饮食，随后日本艺术家在世界上也逐步确立了自己的影响，如导演大师黑泽明、指挥大师小泽征尔、动画大师宫崎骏都具有世界性影响，日本电影至少有六部获得了奥斯卡奖。日本的动漫产业已成为日本 21 世纪艺术文化的原动力之一，其动画片、漫画、电子游戏软件、动漫玩偶等在亚洲地区颇受欢迎，一些动画人物，如铁臂阿童木、聪明的一休、樱桃小丸子等在周边国家可谓家喻户晓，不仅吸引和影响了整整一代人，而且引领了世界动漫设计的潮流，与以美国好莱坞为代表的西方动画片分享了国际市场。同时，日本文化的魅力和优质的教育资源也吸引了大量的外国留学生和游客。

　　中国文化在世界上也有广泛影响力，尤其是随着中国的逐步崛起，

---

　　① 李百玲：《美国建构国家文化软实力的路径分析》，第 12 页。

　　② 这是笔者根据中国政府网站所公布的人大和各部委领导简历所作的不完全统计，实际可能更多。

国际社会对中国文化的兴趣越来越大，人们了解中国的愿望越来越强，学习中文在很多国家都掀起热潮，中餐在很多国家都很受欢迎，国际拍卖会上的中国古董和字画的报价不断刷新纪录，一些欧美青年还将用中文刺青视为时尚之举。但撒开这些表面现象，中国文化的吸引力还存在不少局限。一方面其影响主要限于艺术类，政治文化得到认可的程度有限，也就更谈不上被广泛接受；另一方面，更多是传统文化的魅力在发挥作用，现代文化的影响力不足，中国的影视剧和音乐作品在国外基本没有多大市场，严重缺乏大师级人物，文学作品的魅力也主要来自于古典文学，莫言获得诺贝尔文学奖算是实现了一个现代文学的突破但不具有普遍意义，中国的媒体缺乏在国境外的影响力，在国际舞台上也没有多少话语权。中国政府为了提高自己的软实力进行了不懈的努力，在国外开办数百所孔子学院，在纽约时代广场播放付费广告，央视开通更多外语频道，领导人充分展现个人魅力，继续推进熊猫外交，等等。但这种以政府主导为基本模式的提升软实力的努力看起来似乎效果有限。在华留学的外国学生中来自于发达国家的比例不多，专业也主要分布于中文、中医、艺术等传统文化领域，表明中国现代文化吸引力不足。

## 三　参与国际机构的程度

目前多数的国际机构都是在美国的主导下建立的，美国对国际机构的参与程度也最积极；在外交上，美国与西欧、日本、澳大利亚以及韩国等 37 个国家有同盟关系，世界 30 个主要国家（按 GDP 总量排）中，80% 以上为美国的盟国；世界多数国家也都愿意同美国发展关系，甚至一些美国的敌对国家，也会不时发出希望改善关系的信息；许多国际争端，都是在美国的介入和参与下解决的，特别是在亚太地区，很多东南亚国家把美国看成是保持地区稳定的积极力量。中国在改革开放以来，积极融入国际社会，目前已参加或积极参与了与国际经济、全球贸易、技术传播和国际政治有关的所有主要国际制度，其所加入的国际组织和国际条约的数量约为美国的 90%。① 中国积极参与联合国在维和、军控、反恐、发展、人权、司法、环境等问题上的合作以及联合国各专门机构的活动。自 2002 年以来，中国向联合国 11 个任务区和维和部派遣军事观察员、参谋军官以及工兵、运输、医疗等维和部队官兵 4 469人，已成为联合国安理会常任理事国中执行联合国维和任务派遣人数最多的国家。中国合作发起成立了上海合作组织，推动了朝鲜核问题六方会谈机制，参与了索马里打击海盗的国际联合行动，还积极推动东亚自贸区的建设。但中国目前没有参加一个国际军事同盟组织，而且就大多数全球性国际制度而言，中国不是首创者而只是加入者，主导议程的实际影响有限。日本也积极参加了很多国际组织，在亚洲的经贸、金融体系中发挥着重要作用，还试图建立以其为主导的亚洲货币储备系统。此外，日本还积极通过提供政府开发援助来扩大自己的软实力，尤其是在东南亚一带具有广泛影响，虽然日本的政府开发援助在 2007 年仅名列世界第五，落在美英德法之后，但在亚洲地区仍遥遥领先。不过日本属于相对内向型国家，参加联合国维和行动的日本人只有 38 人，排在世界第 79 位，在发达国家中倒数第一。而法国有 2 254 人，中国 2 159人，俄罗斯 276 人，美国 212 人。② 同时日本仅有美国一个联盟伙伴，外交受到的制约较大。

　　根据中国学者王玲的研究，从 2002—2003 年各国参与政府间国际组织的程度来看，法国和英国分别排在第一和第二位，日本排在第五位，美国排在第八位，中国并列排在第十二位。2002—2003 年，全球性协定性非政府组织共 1 555 个成员，美国参加了其中 90.16% 的组织，日本参加了 82.96%，中国参加了 58.14%，排在第 31 位。2005 年联合国会员国应缴纳会费中，美国第一（22%）、日本第二（19.45%）、中国第十（2.05%）。联合国成立后的半个世纪里，担任非常任理事国次数最多的国家是日本和巴西（各七次）。国际货币基金组织（IMF）、

①　Allen S. Whiting, "Chinese Foreign Policy: Retrospect and Prospect," in Samuel S. Kim (ed.), "China and the World: Chinese Foreign Policy Faces the New Millennium, Boulder," Colorado: *Westview Press*, 1998, p.297.

②　这是日本统计的数据，与上文中国统计数据的差距较大。见北冈伸一《日本在大国协调时代的责任》，[日]《中央公论月刊》2009 年 2 月。

世界银行（WB）和世界贸易组织（WTO）被誉为支撑当今世界经济的三大支柱。2006 年在国际货币基金组织中，美国获得所有投票权的17.08%，远远高于其他国家，日本是 6.13%、中国是 2.94%。2006 年美国获得世界银行所有投票权的 16.39%，日本 7.86%、中国是2.78%。① 2010 年 4 月和 11 月，世界银行和国际货币基金组织分别通过决议，将中国在这两个组织中的投票权均提升为第三位，仅次于美国和日本，意味着中国在国际组织中的影响力在不断上升。

四　三国软实力的对比

相对而言，美国的软实力占有明显的优势，也比较能经得起挫折的考验。布什政府发动伊拉克战争以后，美国的国际形象一落千丈，但奥巴马上台以后很快又得以恢复。这除了得益于美国强大的自我反思和修复能力以外，更主要的是因为美国软实力的积淀丰厚，在尊崇普世价值、社会自由度和学术环境等方面颇具吸引力，掌握着世界媒体的话语权，又与国际社会建立了如此密切的联系并在其中发挥着主导作用，这些因素都是他国难以比拟的。

日本的软实力在第二次世界大战后也获得了显著的提升，尤其是在东北亚以外的地区，日本依靠自己产品的质量、长期坚持的和平主义、传统和通俗文化的吸引力、国民的高素质以及对国际社会的积极贡献赢得了很多国际声誉，国际形象提升到很高水平。美国《时代》周刊在2007 年 3 月公布的一份民意调查显示，在接受调查的 27 个国家 28 389名民众被问及心目中全球最受敬重的国家时，日本得到高达 54% 的支持率，排名位居世界第一。这一结果在一定程度上说明第二次世界大战后日本苦心经营和精心塑造的国家软实力在全球范围内得到了提升和认可。② 英国 BBC 于 2013 年 5 月在世界范围内进行的民调也显示，日本的国家形象也好于中国和美国。但是日本软实力的表现范围还比较局限，在政治和安全领域差距较大。

---

① 王玲：《世界各国参与国际组织的比较研究》，《世界经济与政治》2006 年第 11 期。

② 赵刚、肖欢：《国家软实力超越经济和军事的第三种力量》，新世界出版社 2010 年版，第 175 页。

改革开放以来，中国的软实力得到了前所未有的增强，中国的传统文化吸引了很多人的关注，社会进步令人瞩目，独具特色的发展模式则是在西方模式之外为别国提供了一个新的选择，"北京共识"对"华盛顿共识"也形成一定程度的挑战。但是，目前中国的软实力建设还处于起步阶段，与世界大国特别是西方发达国家相比还有很大差距，明显处于弱势，传统文化中有许多不适应现代社会发展的内容，国家认同和国民凝聚力有所下降，国民素质存在缺憾，人才大量流失，对国际制度安排的影响力与经济地位不符等问题，短期都很难解决。

## 第五节　可持续发展能力对比

自从罗马俱乐部于 1972 年提出"增长的极限"的概念后，可持续发展的问题开始引起世人的关注。1987 年世界环境与发展委员会提出可持续发展概念，1992 年联合国召开了环境与发展大会，可持续发展战略逐步成为世界各国发展战略中的重要组成部分。国际权威刊物《科学》刊登了由 23 位世界著名可持续发展研究者联名发表的题为《可持续发展能力学》的论文，宣称"可持续发展能力的本质是如何维系地球生存支持系统去满足人类基本需求的能力"。[①] 也就是说，这主要是指人与自然的协调能力，其背后反映出一个国家对自身发展的规划设想和把握能力，因此，可持续发展能力同样也是国家实力的一个方面，所有国家无一不希望自己能够常盛久安。如果一个国家的发展是不可持续的，则意味着其政府和社会或者是没有足够的智慧去意识到自身政策的风险，或者是无力掌控自己不愿看到的局面出现，因而将会很快衰退，而不考虑或者无力考虑未来的国家很难被定义为一个强国甚至一个理性国家。中美日三国在可持续性发展能力上存在重大差别，美国现有国力虽然最强，但在可持续性发展方面的努力和成效明显不如日本，而中国尚处于经济腾飞的初期，更无暇对可持续性发展能力给予足够的

---

① 姜林林：《京津冀鲁辽五省市可持续发展能力比较研究》，硕士学位论文，山东师范大学，2009 年，第 14 页。

重视，三国相比日本占有明显优势，而且这一趋势在未来十年中可能继续朝着不利于中国的方向发展。

## 一　日本的可持续发展能力

日本在可持续性发展方面态度积极主动，与其自身的自然特征有直接关系。日本国土面积狭小，生态环境脆弱，矿产贫瘠，能源短缺，尤其是曾经遭受中东石油危机的沉重打击，所以从很早就开始关注可持续发展问题，并且积累下了丰富的经验。日本将建设"低碳社会"、"循环型社会"和"自然共生社会"作为可持续发展的三大支柱，并在多方面进行了卓有成效的努力。从 20 世纪 90 年代至今，日本相继制定了《环境基本法》、《容器包装再循环法》、《家用电器再循环法》、《节约能源法》、《食品再循环法》、《循环型社会基本法》、《环境信息公开促进法》、《21 世纪环境立国战略》、《构建低碳社会行动计划》、《绿色经济与社会变革》等政策和法律，将循环经济、低碳经济作为推动可持续发展社会建设的重要战略，也将环境经营的重要内容，如循环再利用、节能减排、环境会计、环境信息公开制度等明确规定为企业必须承担的法律责任，直接关系企业的生存和发展。这些都对日本企业的环境经营实践产生了深远的影响。① 从环境相关专利的登记数量来看，2006 年美国有 1 400 项，欧洲有 900 项，日本有 3 200 项，② 这充分展现出日本在环境科学方面的领先优势。在能源开发和利用领域，日本也一直走在世界的前面，日本的能源利用效率在世界上首屈一指，各大专院校和研究机构对此达到了痴迷的程度，总是试图用更少的能量来完成更多的功，多次举办节能大赛，日本汽车的能耗也是世界上最低的，在竞赛中日本选手组装的汽车还以 1 升汽油行驶 2 537.866 公里的成绩打破了全部级别的最高纪录；③ 在新能源开发领域，日本的技术也遥遥领先。日本政府的环保节能政策着眼于确保能源供应稳定和防止全球变暖，在具体制定、实施政策时，注重制度建设、技术研发以及评价体系的确立，

---

① 葛建华：《基于可持续发展视角的日本环境经营》，《日本学刊》2010 年第 5 期。

② 《日本的国力》，[日]《文艺春秋》2008 年 4 月号。

③ 钱铮：《日本节能竞技大赛：1 升汽油能跑 2 537 公里》，新华网 2006 年 10 月 2 日。

有很强的系统性和可操作性，主要是激发企业对节能设备、设施、产品的开发投资，使之产生经济效益，达到保护环境和经济增长双赢的效果。时至今日，日本的国内生产总值约占世界的 16%，其一次能源消费仅占世界的 5.3%，这说明了其能源转化为产值的效率。日本的森林覆盖率高达 67%，是世界上森林覆盖率最高的国家之一；日本也是世界上平均寿命最长的国家，日本男女平均寿命为 82 岁，已经连续多年名列世界第一，而女子平均寿命从 1985 年以来一直名列世界第一。[①]除此以外，日本还积极帮助其他国家提高能源利用效率和保护环境，2008 年 1 月 26 日，日本首相福田康夫在达沃斯世界经济论坛 2008 年年会闭幕式上提出建立一个"美丽星球伙伴计划"，其中包括将成立一个五年期、总额达 100 亿美元的基金，用来支持发展中国家应对全球变暖。其中 80 亿美元将用来帮助缓和气候变化，20 亿美元用于向实施清洁能源转换的国家进行补助、支援与技术指导。日本还打算和美国、英国共同成立一个新的多边基金，用来减少由全球变暖导致的气候变化。在 2008 年 7 月日本北海道举行的八国首脑会议上，日本也积极推动"经济大国能源安全和气候变化"的主要议题，展现出一个负责任大国的姿态。

## 二　美国的可持续发展能力

评估美国的可持续发展能力比较复杂，一方面美国在几乎所有的自然资源指标上的消耗都超过全球平均水平，人均消耗更是数一数二，而且出于维持现有生活模式的考虑，对于全球减排计划持消极态度；但另一方面美国又致力于维护国内的自然环境，大力开发新能源技术并努力确保国际资源供应链的稳定。所以美国的可持续发展能力从技术上来说还比较强，但在意识上显得比较"自私"，而且近期改观的机会不多，因而在国际上的声誉也不高。美国是世界上唯一经历着人口显著增长的工业化国家，其相对快速的人口增长、对自然资源的高消耗和环境污染情况相互叠加，构成了对全球生态环境的巨大冲击。美国年人均能源消耗量是世界年人均能源消耗量的四倍多，年人均耗水量约为世界年人均

---

①　黄忠、唐小松：《日本软实力外交探析》，《日本研究》2011 年第 1 期。

耗水量的三倍。同时，每年人均制造垃圾量比世界平均水平高两倍，人均二氧化碳排放量比世界平均水平高四倍，还向第三世界国家大量输出垃圾和夕阳产业。布什政府虽然接连出台了《国家能源政策法案》（2005 年）、《能源独立与安全法案》（2007 年），在 2007 年年初发布年度国情咨文时，首次将能源安全与气候变暖结合起来，但是其在任期内却始终没有在限制国内温室气体排放水平方面有任何动作。奥巴马上台之后，一改布什政府的能源政策，大力推动新能源法案，多次明确提出通过积极发展替代能源来减缓气候变化、实现能源独立的立场和主张。奥巴马表示，将在未来 10 年投入 1 500 亿美元资助替代能源研究，以减少 50 亿吨二氧化碳的排放；承诺要通过新的立法，使美国温室气体排放量到 2050 年之前比 2005 年减少 83%；以 7 000 万美元的抵税额鼓励消费者购买和使用节能型汽车；推出了"美国复兴与再投资计划"，要在三年内使美国可再生能源产量增加一倍，还主张在全国范围内针对温室气体排放实施"限额交易制度"，以总量减排方式为美国设定了温室气体减排的长期目标和时间表。同时，在国际舞台上，奥巴马政府表示要重新定位美国在全球应对气候变化中的地位和作用。① 2009 年 2 月 26 日，奥巴马签署并发表了《美国中期财政预测》和《2009 会计年度预算基本方针》，进一步明确了美国气候战略的三大支柱：一是到 2020 年实现减排 14% 的中期目标（美国众议院 2009 年通过《清洁能源与安全法案》将这一目标提高至 17%）以及到 2050 年减排 83% 的长期目标；二是强调"以 2005 年为基准年"，而非欧盟规定的"以 1990 年为基准年"；三是设定美国温室气体排放总量上限，规定减排时间表，决定 2012 年正式引进"总量管制与排放交易"机制，通过拍卖排放额度筹措财源，奖勤罚懒，促进低碳经济。但是，由于美国希望在国际上由发展中国家首先作出妥协，在国内则担心制约经济发展、得罪利益集团以及不愿放弃原有的生活方式，所以在实际行动上还比较消极，没有体现出世界唯一超级大国应有的风范。其最终目的是试图通过将气候与能源、贸易、投资、技术等领域联系起来，降低竞争对手、特别是发展中

---

① 崔成：《美国气候变化政策对未来中美能源合作的潜在影响》，《国际石油经济》2009 年 7 月。

国家产品的国际竞争力，最终达到维护美国全球利益的目的。不过由于积极应对气候变化已是大势所趋，预计美国下届政府还会逐步投入更多精力和资源来处理此事。在新能源开发问题上，美国依靠自身的技术优势再次走在世界的前面。其代表是页岩气的开发。

页岩气是一种新的能源来源，主要是通过水压压裂岩石获取蕴藏在其中的可燃性气体。美国能源局的报告显示，美国可以开采的页岩气的储量约为24万亿立方米，仅次于中国，位居世界第二位。美国咨询公司IHS的数据显示，2012年美国累计投资870亿美元用于开采页岩气和页岩油，而相关行业推测去年全美国因此而增加的税收高达620亿美元，并创造了170万个就业机会；在2020年前还会再增加130万个就业机会。[1] 2011年，美国自1949年以来首次成为精炼石油产品净出口国。2012年的几个研究报告已经显示，到2020年，美国将超过俄罗斯和沙特成为世界最大的石油和液化天然气出口国。……天然气作为一种能源资源正在取代煤炭，而天然气产生的二氧化碳只有煤炭的一半。[2] 对投资者来说，最重要的因素是美国与其他地方天然气成本差距不断扩大赋予美国的巨大竞争优势。预计美国的天然气将比欧洲和日本的天然气便宜50%到70%，这意味着发电成本降低，工厂使用的燃料变得便宜，从化学制品到化肥、钢铁、塑料的整个工业加工领域的原料价格下降。由此带来的直接影响是对美国工厂的投资激增。[3] 中国拥有很大的页岩气储量，但是相对于美国较难开采，中国目前缺乏必要的开采技术将其投入市场。地质因素也会阻碍中国的开采潜力，中国缺乏足够的水资源。[4] 目前看来，页岩气的开发在美国呈现出一种加速的趋势，它可能给美国带来的好处是全方位的，不仅有助于减少其对境外能源的依赖，还可以提高美国企业的竞争力，增加美国的就业机会，给美国带来明显的竞争优势。但是页岩气的开发也带来一些问题，如能源价格的下降会导致美国减少个人能源消费的努力变得更为困难，促使美国的温室

---

① 《轰轰烈烈的美国页岩气革命》，《读卖新闻》2013年3月21日。

② Fareed Zakaria, "The United States' New Oil and Gas Boom," *TIME*, Oct. 29, 2012.

③ Tom Stevenson, "America's salvation is an industrial renaissance," *The Telegraph*, Nov. 17, 2012.

④ James Parker, "A Global Energy Shift," *The Diplomat*, November 28, 2012.

气体排放总量进一步上升；同时其所使用的水压裂技术对环境造成的破坏也会逐步显现出来，综合长远后果难料。

### 三　中国的可持续发展能力

近年来中国在可持续发展方面作出了可贵的努力，2007 年 10 月中共十七大再次强调了加强能源资源节约和生态环境保护、增强可持续发展能力的目标，还把以人为本、全面可持续的科学发展观写入党章。但是，中国取得 GDP 增长的手段与西方明显不同，在全面开放和不限量引进外资的同时，采取在国内几乎将一切都转化为商品的完全市场化手段、结合以廉价劳动力参与国际分工的出口导向型战略，几乎不计环境成本和能效的发展方式使得 GDP 短期增效明显，同时在干部任用原则方面对可持续发展重视不足，导致 GDP 至上论始终没有得到有效遏制，其后果是中国能源效率明显低下，经济增长对环境和资源造成了几乎难以恢复的创伤。进入新世纪后，中国的环境污染损失从 2000 年的 3 330 亿元增长到 2008 年的 5 652 亿元（2008 年价格），八年间污染损失增长 69.7%，年均增长 6.84%，依据此测算数据，可以进一步判定中国环境污染的发展趋势总体呈快速递增之势。中国的能耗强度分别是美、日、英能耗的 3.7 倍、6 倍、7.5 倍。2008 年中国单位 GDP 排放的二氧化碳量分别是美国的 4.7 倍、日本的 10 倍和英国的 7.9 倍。[①] 2006 年 9 月，中国国家环保总局和国家统计局联合发布了《中国绿色国民经济核算研究报告 2004》，这是中国第一份经环境污染调整的 GDP 核算研究报告。研究结果表明，2004 年全国因环境污染造成的经济损失为 5 118 亿元，占当年 GDP 的 3.05%。如果在当时的治理技术水平下全部处理 2004 年点源排放到环境中的污染物，需要一次性直接投资约为 10 800 亿元，占当年 GDP 的 6.8% 左右。同时每年还需另外花费治理运行成本 2874 亿元（虚拟治理成本），占当年 GDP 的 1.8%。如此看来，中国高速经济增长中的很大一部分，实际上被环境污染所抵消。2007 年 2 月世界银行发表了一份题为《污染的负担在中国——实物损害的

---

① 肖士恩、雷家骕：《中国环境污染损失测算及成因探析》，《中国人口·资源与环境》2011 年第 12 期。

经济评估》的调查报告，对当时中国空气污染和水污染对人民生活和社会发展的不良影响进行了详细的分析。其中很多情况让人触目惊心。报告中称仅仅"十五"计划的五年间中国的二氧化硫排放量就提高了42%，成为世界第一大二氧化硫排放国；五年间中国七大主要水系中54%的河流含有对人体有害的物质，1.15亿中国人靠有污染的饮用水生活。2005年中国的森林覆盖率仅为18.21%（日本和美国的森林覆盖率分别为67%和33%），而土地荒漠化面积已占整个国土面积的27.4%。气候变化将对中国的农业生产产生重大影响，如果不采取有效措施，到21世纪后半期，中国主要农作物，如小麦、水稻和玉米的产量最多可能下降37%，粮食安全将受到严重影响。中国人均GDP刚过1 000美元，开始进入工业化中期阶段和能源需求的高增长时期，就面临如此严峻的环境压力，预示着以后的问题会更加严重。在能源利用效率方面，目前中国单位GDP的淡水、一次能源、钢材、水泥、常用有色金属等五类资源的平均消耗强度（GDP按购买力价格计算）高出世界平均约90%。中国综合能源效率约为33%，比发达国家低10个百分点；农业灌溉用水利用系数是国外先进水平的一半左右，工业万元产值用水量是国外先进水平的10倍；工业用水重复利用率比发达国家低15%—25%；矿产资源的总回收率为30%，比国外先进水平低20%；单位建筑面积采暖耗能高于气候条件相近的发达国家的2—3倍；单位GDP二氧化硫和氮氧化物排放强度是OECD国家的8—9倍（按当年价格计算）。[1] 中国工程院院长周济表示，《中国环境宏观战略研究》结果表明，"目前，中国环境面临的压力比世界上任何国家都大，环境资源问题比任何国家都要突出，解决起来也比任何国家都要困难。认真解决环境问题，加快转变经济发展方式刻不容缓。这次战略研究充分体现了中国环境保护工作的长期性、艰巨性和复杂性，需要我们不懈努力。"[2]

---

[1] 《中国环境与发展国际合作委员会特别研究报告（2007）：中国环境与发展战略转型》，中国环境保护部（2009）。

[2] 《中国环境保护部公布〈中国环境宏观战略研究〉报告》，国际在线2011年4月21日。

此外，经济结构的长期不合理也必然会冲击中国的可持续发展战略。从 2011 年日美中三国资本形成率（机械设备投资及公共投资在 GDP 中所占权重）可见，日本为 21%，美国为 16%，中国高达 49%，而且仍然保持增加的态势。日本的伊弉诺景气和韩国的汉江奇迹时代，当时两国的资本形成率高达 39% 和 38%，但投资要最终转化为居民消费才有意义，没有居民消费的支撑，居民消费势必放缓，日本和韩国都经历过这样的时期。而三国居民消费在 GDP 中所占权重来看，日本为 66%，美国为 71%，中国为 35%，这是由于民众对于收入分配不公和收入差距进一步拉大的预期。[1] 世界银行认为，要想从目前开始实现可持续的经济增长，消费所占比例需要提高至大约 66%，投资则以相应的幅度下降。每个发达经济体都完成了这种转变，然而，几乎没有哪个国家在做到这件事的同时，还能以每年 6% 到 7% 的速度提高生产率即人均产出。（如果保持这种增长速度，中国可能在 2030 年 GDP 总量超过美国）。因此有学者认为，纵观数百年来的历史经验，我们得到的结论是，中国很可能被夹在中间，既不贫穷也不富裕。[2]

因此在不远的未来，日本在可持续发展方面的优势巨大，美国的问题主要是意识不足，而中国在意识和能力上都存在巨大差距。由于三国增长方式和社会观念的差异，这种格局还会继续存在一段时间。

## 第六节　国家发展的脆弱性对比

评估一个国家的实力地位，还要考察其发展的内外环境和自然与社会条件，这里称其为国家发展的脆弱性，它体现出其继续发展的优势和风险，也是反映其国家安全的重要指标。中国学者王缉思首先在其著述

---

[1]　［日］渡边利夫：《投资反致经济萧条的局面逼近中国》，［日］《产经新闻》2012 年 11 月 7 日。

[2]　Stephanie Flanders, "China：Does it have to become more like us?" *BBC News*, 8 November 2012.

中提出这一概念，① 由于对其内涵并不存在公认的标准，这里试图从自然条件、发展环境、国际处境等方面对其进行分析，主要目的在于对中美日三国当前发展所面临的不同挑战作一横向对比。

在自然条件方面，美国的优势最为明显，中国次之，日本最差。美国拥有世界任何国家都不可比拟的自然条件：东、西有两洋作为天然屏障，南、北是两个相对实力较弱的国家，政治关系友好，经济在很大程度上都依靠于对美贸易，大陆以外的阿拉斯加和夏威夷也都远离冲突热点，遭遇战乱的风险较低。美国自然资源丰富且分布均衡，气候温和，可耕地面积比例较高，人口密度适中，这为其经济发展打下了极好的基础。

而中国位居亚洲心脏地区，地域辽阔，东临太平洋，西接中亚，南有喜马拉雅山系作为屏障，西高东低，战略纵深宽广，地形复杂，回旋余地较大；中国地大物博，物产丰富，自给自足能力较强；但可耕地面积较少，人口压力较大，人均资源较少且分布不均衡，矿产资源不足世界平均水平的1/2，水资源不足1/3，森林资源不足1/4，草地生产力不足1/10，主要资源的人均占有量在世界144个国家的排序都很靠后，土地、耕地、森林等均排在100位以后，石油、天然气、铜和铝等重要资源的人均储量仅分别相当于世界人均水平的8.3%、4.1%、2.5%和9.7%。在资源储备方面，中国战略性资源的自然储量严重不足。中国石油总量仅占世界的1.8%，铁矿石、铜矿、铝土矿分别占世界总量的9%、5%、2%。近年来中国经济的快速发展导致了国内能源和重要原材料供应的全面紧张，出现了除煤炭以外的主要原材料和能源都要依靠大量进口的局面，目前的石油进口量已经仅次于美国而成为世界第二位，未来对外界能源的需求会更强烈，同时在生态环境方面也比发达国家脆弱得多。由于中国边界漫长，有14个陆上邻国以及6—8个海上邻国，双方交往历史复杂，未定边界和海域纠纷与冲突不断，严重影响周边安全环境。

日本位居亚洲边缘，领土由北海道、本州、四国、九州四个大

---

① 王缉思：《从国家力量对比看中美日三边关系》《国际政治研究》2008 年第 3 期，第 1—14 页。这一部分中的某些数据和表述也引自此文。

岛和其他 6 800 多个小岛组成，山地和丘陵占总面积的 71%，全国有二百多座火山，其中五十多座是活火山，为世界上有名的地震区，1997 年至 2006 年期间，全球 6 级以上地震有 20.7% 发生在日本，每年平均有 10.8 个台风会靠近日本本土，平均有 2.6 个会登陆，其他海啸（往往伴随地震而发生）、暴雪、洪水、泥石流等灾害也常有发生，自然灾害导致的损失居世界前列。除有一些煤、锌储量外，日本几乎全部矿产都要依赖进口，按照依赖程度排名分别为铁矿石 100%，铝矾土 100%，铜 99.8%，石油 99.7%，天然气 96.4%，煤 95.2%，铅矿石 94.9%，锌矿石 85.2%。由于其国土狭小，缺乏战略纵深，资源贫乏，灾害高发，经济上对外依赖性较大，使其竞争能力受到削弱。但日本列岛自成一体，不与任何国家接壤，岛链狭长，扼守几个著名的出海口，从这个角度来说，其周边安全环境又有独特优势。

除了自然条件以外，社会条件更为重要。在这方而，依然是美国最有优势，中日各有千秋。美国的人口与国土比例比较适中，人口中位数较低，人口构成比较理想，劳动力供应充足，养老压力不大；更为重要的是，美国人口的质量较高，受教育比例高于一般发达国家，国民对政治制度具有共识，市民社会成熟，慈善机构众多，各类保障齐全，社会比较稳定。但美国失业率高，经济恢复缓慢，生产率提高能力有限，贫富差距不断拉大，以占领华尔街为代表的国内抗议活动此起彼伏，党派政治极化现象突出，联邦政府效率不高，严重财政赤字问题依旧，政府收支平衡压力很大，甚至反复出现"政府关门"现象，改变消费模式的努力短期难以见效。

中国人口众多，人力资源丰富，技术人才比例和教育普及率逐渐提高，社会管理不断改善，政府动员能力较高，外交问题上的民意相对统一。但中国人口中位数逐渐偏高，经济发展面临劳动力不足的隐忧，养老压力迅速增大；国民教育普及率仍相对较低，经济增长模式长期维持不合理状态，政府在增长中的角色依然过重，地方政府效率较低且信用不高，内需长期不足，税率高企，财富分配表现为"国富民穷"，社会贫富差距显著,[①] 而人口世界第一的负面效应也会更多体现出来;[②] 中国当前腐败问题突出,官民矛盾不断激化,维护社会稳定的费用持续攀升,能源逐步短缺且利用率低,污染浪费严重,发展的社会和环境压力远远超过美日。

日本人口数量不如中国和美国多但密度较大,人口素质较高,贫富差距较小,对社会规范有基本共识,社会稳定,凝聚力强,环境保护出色,生产效率高,经济增长速度虽然较慢但也不会造成严重的社会问题,对外经贸摩擦也较容易控制。但存在的问题是老龄化问题严重,社会比较封闭排外,政府债务创下发达国家纪录,经济增长长期维持在低位,政府换届频繁,政策缺乏连续性,国民对未来信心不足。

从国际环境来看,美国是世界上唯一的超级大国,国际影响力首屈一指,与主要的战略资源拥有国和身处战略要地的国家基本都建立了联盟或者相对友好的关系。海外基地众多,在 2009 年时,除了在伊拉克和阿富汗的驻军,美国在全球其他地区驻军 31.5 万人,遍及亚洲、非洲、欧洲,而从 2012 年开始又要在大洋洲的澳大利亚驻军;美国与其他国家没有领土争端,获取外部资源和政治支持的潜力最大,同时其政治和经济发展模式也被普遍接受,除非自我选择,否则没有被孤立的可能。此外,美元依然是主要的国际储备货币,占到全球货币储备总量的60% 以上,在主要国际金融组织中仍保持最有影响的地位,主导国际金融秩序的能力依然无人能敌。但美国也依然面临恐怖主义和大规模杀伤性武器的威胁,军费不足导致国外军事部署已捉襟见肘,单边行动能力明显下降,对手也在不断泛化。

中国在国际上的影响力在不断增大,与各国的交往日益密切,昔日定位明确的敌人已不存在,中国军队的境外巡航和危机应对能力也逐步

---

①　自改革开放以来中国基尼系数变化巨大,从 1978 年的 0.18 到 2000 年时超过国际公认的 0.4 的警戒线,此后一直居高不下,2008 年高达 0.46,2012 年下降到 0.474。详见《中国官方首次公布 2003 年至 2012 年基尼系数》,中国新闻网 2013 年 1 月 18 日。

②　即使到 2030 年中国也只有大约 10% 的人口将被视为相对富裕(定义为属于全球收入最高的 10%),而此类人口却占美国人口的 90%。见 Yukon Huang, "China, the Abnormal Great Power," Carnegie Endowment for International Peace, March 5, 2013. http://carnegieendow-ment.org/2013/03/05/china-abnormal-great-power/fo53。

提高，尤其是随着经济影响力的提升，中国已经成为很多国家最大的贸易伙伴，这对促进中国的国家安全具有积极作用；但中国政治模式的感召力不强，除了朝鲜以外没有军事盟友，与友好国家的关系主要依靠共同经济利益而非相似价值观来维系，军队远程投送能力和海外行动能力依然低下，在国外投资面临的国际压力不断增大，与外国的经济摩擦和渔业纠纷不断增加，海外利益受损和人员安全不保的现象渐增，国际形象没有根本好转；同时与周边国家存在多处领土争端，出现军事冲突的风险越来越大，周围新兴拥核国家林立，西部边境面临恐怖主义活动的威胁，境内分裂活动时有爆发，国家统一大业尚未完成，经济发展可能因此受到极其严重的挑战。

日本则国际形象良好（除在东北亚外），经援外交收效显著，对外交往日益扩大，与除近邻三国之外的几乎所有其他国家都关系融洽，文化影响在亚洲国家中占据明显优势，在很多国际组织内的影响力仅次于美国，基本无须担心恐怖袭击；但日本政治影响较低，外交重点单一，受美国主导严重，在周边邻国的形象较差，与三个邻国存在领土争端，申请成为安理会常任理事国的努力难得足够支持，经援效果不高，同时因为在历史认识问题上的顽固态度也受到了越来越多的国际批评。

从发展的历史条件来看，首先，美国从一建国就直接进入了资本主义时代，不像中国这样始终背负着沉重的历史负担，封建残余在社会各领域的强大势力深深阻碍着中国发展成为现代国家的步伐，而日本早已完成民主化改革并经多年发展而越发成熟，传统与现代化之间没有冲突还相得益彰。其次，美国在突飞猛进的阶段消耗了全世界的自然资源而无须顾虑资源短缺和环境污染问题，但现在中国已不拥有这种"为所欲为"的条件，资源与环境成本远远超出腾飞阶段的美国；日本则因为自身特殊的原因，始终重视环境保护和提高能源利用效率，但在资源问题上的压力也不小。再次，美国在经济增长阶段中的劳动力一直供过于求，世界各国的移民为其提供了源源不断的廉价劳动力；而中国在经济与社会发展的较早阶段便已开始面临老龄化的挑战，人口红利即将在达到高峰后趋于减少，而高技术人才的流失也远远超过发达国家；日本的老龄化问题则更为严重，但日本依靠自身的高科技和社会保障机制可以有效缓解老龄化带来的不利因素，承受的压力反倒不如中国大。第四，美日等发达国家的经济增长模式早已完成粗放型向集约型的转换，社会内部及人与自然间的扭曲基本理顺，没有多少动荡因素，经济增量不再需要为补偿社会内部的磨合而过多消耗，基本属于一种纯增长，也就是说增长主要都投入到扩大再生产和改善民生方面去了；而中国当前的增长还没有超脱"内阻式"，即一边发展一边制动，增长本身带来了更多的不和谐，导致社会问题越发严重，其根源涉及经济增长模式甚至政治模式，短期内难以根本改变。第五，美国已经基本解决了国内种族平等问题，在国际上也不存在领土争端；日本国内比较安定和谐，但与周边三国存在领土争端则是对其国家安全的一大隐患；而中国则不仅存在国内民族矛盾和越发激烈的社会矛盾，也与周边很多国家存在领土争端，从这个角度来说，中国面临的发展压力超过美日的总和。

由此可见，美国有优越的制度安排、超强的实力和丰富的资源帮助其应付各类挑战，当前存在的问题尚不致命且在自我矫正机制下不至于过分恶化，国家发展的轨迹比较稳定；日本目标有限而受到的冲击也有限，现有能力基本可以保证其达成预期目标，民众素质和科技后劲可以确保其内部在一定时期内的稳定与发展，只要能控制好国际争端，日本的发展也不会出现大的波动；中国目标远大发展迅速但后劲相对不足，面临的各种内外挑战也明显超过美国和日本，这种发展的脆弱性在某种程度上抵消了在经济发展速度方面中国对美日两国的优势，因此在未来的前进道路上中国会比美日面临更多的挑战。

## 第七节　国家综合实力对比

根据 2010 年的统计数据，中美日三国的国家基本指标是：中国：人口 13.3 亿，平均预期寿命 74 岁，识字率 91.6%，GDP 总量 5.58 兆美元，GDP 增速 10.3%，人均 GDP 4 410 美元，劳动力人口 8.195 亿，失业率 4.2%，通货膨胀率 5.1%，经常项目平衡 1 800 亿美元，出口 1.58 兆美元，进口 1.4 兆美元。美国：人口 3.1 亿，平均预期寿命 78 岁，识字率 99%，GDP 14.7 兆美元，GDP 增速 2.9%，人均 GDP 47 400美元，劳动力人口 1.539 亿，失业率 9.4%，通货膨胀率 1.1%，

经常项目平衡 - 5 610 亿美元，出口 1.27 兆美元，进口 1.9 兆美元。日本：人口 1.27 亿，平均预期寿命 82 岁，识字率 99%，GDP 5.47 兆美元，GDP 增速 3.9%，人均 GDP 43 070 美元，劳动力人口 6 560 万，失业率 4.9%，通货膨胀率 - 0.9%（2010 年估计值），经常项目平衡 2 040 亿美元，出口 7 666 亿美元，进口 5 626 亿美元。[1] 从这些宏观指标中可以看出，中国除了人均 GDP 以外，其他指标与美国和日本的差距不是非常显著，个别甚至还好过它们，但是在更微观的层面上观察，结合上文提及的各种细节指标，结果就会有很大不同。曾对此有研究的王缉思也有同感："我曾经就中国、日本和美国的力量对比变化作过一些研究，初步结论是：用传统的"硬实力"标准（经济数字等等）衡量，中国的经济实力将在 10 年之内超过日本，在 20 年之内接近美国，同时美国和日本之间的实力差距也会继续扩大。在这种力量对比趋势之下，按照传统的地缘政治思路，日本的自然选择是加强同美国的同盟关系，在同中国继续发展经济合作的同时，在战略上对中国保持警惕甚至牵制。但是，当我们把实力的衡量标准从传统的国内生产总值和军事力量转向可持续发展的各项指标时，就会发现上述判断的缺陷。美国在应对全球化的负面冲击时，困难超过日本。中国则是三国之中在可持续发展方面最为脆弱的国家，自然资源、生态环境、人口增长、社会矛盾的牵制，都使持续了 30 年的发展模式难以为继。"[2] 在 2011 年出版的美国蓝皮书中，王缉思再度指出，美国的唯一超级大国地位在未来 20—30 年内不会动摇。美国在这座平顶山上能走多长时间而不致无可挽回地滑到下坡路上，现在的任何预测都是缺乏牢固根据的。……中国的经济总量可能在未来的 10 年左右赶上美国，但其综合实力仍然远远落后于美国，而且作为后崛起的大国其发展会更加复杂艰辛。[3]

[1]　Jonathan Sibun，"China，Japan，and the U. S.：How the world's biggest three economies compare，"*The Telegraph*，14 Feb. 2011.

[2]　王缉思：《从国际大局看中日关系的过去、现在和未来》，《中国党政干部论坛》2008 年第 11 期。

[3]　王缉思、程春华：《西风瘦马，还是北天雄鹰——美国兴衰再评估》，选自黄平、倪锋主编《美国蓝皮书——美国问题研究报告（2011）》，社会科学文献出版社 2011 年版，第 54—55 页。

　　那么如果用一个更为直观的方式来衡量，中美日三国的实力是否可以有个排序呢？

　　中国社科院发布的 2010 年《国际形势黄皮书》认为，美国、日本和中国的综合国力分列全球第一、二、七位。另据 2008 年 8 月 24 日美国发布的《第十次全球综合国力排名》宣称，中国综合国力在美、日、德之后，位居世界第四，其中经济实力世界第三，军事实力世界第三，科技实力世界第八，教育实力世界第十。中国的综合国力相当于美国的 48%，其中政治实力相当于美国的 92%，外交实力相当于美国的 89%，资源实力相当于美国的 88%，军事实力相当于美国的 36%，经济实力相当于美国的 25%，科技实力相当于美国的 20%，教育实力相当于美国的 12%。[1] 从国际竞争力方面来看，复旦大学经济学院国际竞争力研究基地、复旦大学博弈论与数量经济研究中心课题组发布的《2010—2011 年世界主要国家（和地区）国际竞争力评价排名》的报告中，将美国、中国、日本分别排列在第一、二、四位，但他们强调评估指标只是发展潜力而非现实能力，而潜力的评估主要依据对现有发展速度而非发展高度的惯性假定，因此结果并不可靠。[2] 世界各国财政界领袖峰会达沃斯会议的主办方"世界经济论坛" 2011 年 9 月 7 日公布的《世界竞争力报告书》中，美国排名第五，得分 5.43 分，日本排名第九，得分为 5.40，中国排名第 26 位，得分 4.90 分。但竞争力与国力并非一个概念，甚至没有任何联系，瑞士、新加坡的竞争力都很强，但就国力来讲则无法相提并论了，所以不足为凭。2008 年中国现代国际关系研究院发表了《综合国力评估系统（第一期工程）研究报告》，在对美、日、中、俄、德、法、英七国的综合国力研究评估后得出结论认为，美国的综合国力居世界第一位，并且其综合国力值遥遥领先于其他六国；日本居第二位，其综合国力值约等于美国的 60%；法、英、德基本在一个水平上，其综合国力约等于美国的一半；俄罗斯的综合国力接近美国的 40%，居于中国之前；中国的综合国力值居七国之尾，约占美国

---

　　① 详见 http://wenku.baidu.com/view/eb1e573610661ed9ad51f334.html，但是笔者没有找到其原始出处，故相关数据在此仅供参考。
　　② 详见谢识予《世界竞争力报告（2009—2010）》，复旦大学出版社 2011 年版。

的1/4，法、英、德的 1/2，俄罗斯的 2/3。①

　　由于设立指标和评估模式的不同，各种综合国力的比较结果出现差异是很正常的，但是我们的目的并非通过比较得出各个国家的精确指数或具体排位，而是从对比中找出一些一般性的规律和趋势，从而为判定中美日三国的战略思想和发展条件提供依据。总的来说，美国的综合国力无论从哪个方面来讲都仍远远高于中日，而中国和日本在不同领域又各有所长，各国之间的相对位置在近年内发生突变的可能不大，也就是说，中国会继续以相对高速发展并拉近与美日的距离，但发展中遭遇的风险也会越来越大；美国会在经济小幅增长的同时，继续保持其超强的绝对实力而相对实力仍在缓慢下降；日本则会在被中国接近和被美国缓慢拉开的同时继续保持着稳定发展。国家实力以及对实力的认识会显著影响国家的外交战略，而中美日三国关系也会以此为核心基础而展开复杂的互动。

---

① 《我国的综合国力到底有多强》，《中国青年报》2008 年 9 月 11 日。

# 第 四 章

# 三国的利益追求与相互认识

　　中国、美国和日本是亚太地区实力最强的三个国家，它们都崇尚贸易立国，都执着于开拓海外市场，希望维持一个和平、稳定、繁荣的贸易环境。但除此以外，三国在自然条件、社会制度、意识形态、国家实力、国际处境、战略文化、历史传统等诸多领域都存在明显差别，因而各自对国家利益的界定也有很大不同。美国是目前世界上唯一的超级大国，利益遍及全球的各个领域；中国是个新兴的发展中国家，国家利益也在逐步拓展；日本属于发达资本主义国家但由于特殊的历史和发展历程导致其利益追求相对狭隘。总的来说，美国主要关注其在亚太地区的前沿军事存在、市场准入、自由航行、防止大规模杀伤性武器的扩散，以及防止在东亚出现一个霸权国；中国重点关注主权、领土完整和国家统一，以及自身的和平发展；日本则主要关注其本土安全、确保海上通道畅通以及海外市场准入等。尽管三国的利益并不完全一致，但在维护彼此关系和地区的稳定、和平、发展、繁荣方面，有很大程度的重合。[①] 国家实力为三国的互动提供了一个客观的依据，而国家对战略目标与利益追求的界定以及国家之间的相互认识则从主观上对三边关系的架构施加着影响。本章主要从利益认识角度对影响三边关系的因素进行分析。

---

[①] 于铁军：《中美日协调是当前构建亚太地区复合安全架构的重点》，《国际政治研究》2011年第1期。

# 第一节 美国的利益诉求

美国是世界上唯一的超级大国，自从放弃了孤立政策以后，其影响力渗透到全球的各个角落，利益追求也随着力量的变化而不断调整。亚太地区一直是美国的战略重点，但在布什时期由于美国政府的主要精力被牵扯在中东的反恐前线，其对亚太有所忽略。奥巴马政府推出了"重返亚太"或称之为"亚太再平衡"的新战略，亚太地区重新成为美国政治、经济、安全的关注重点，而在亚太地区最有影响力的中日两国势必也会成为美国在亚太布局中最重要的两个支点。

## 一 美国在亚太地区的战略目标

与中日不同，美国本身不是亚洲国家，却在亚洲地区拥有广泛利益。美国很早以前就开始接触亚洲，并逐步把亚洲纳入其势力范围。美国在亚洲拥有政治、安全、商贸、文化等诸多利益，在不同的历史阶段，美国在亚洲追求利益的侧重点也有调整，但总的来说，从越南战争以来其基本目标都集中于确保亚洲的和平、稳定与繁荣，在大量官方的表态中美国都重复了这一立场。1995 年克林顿政府出台了《东亚安全战略报告》，指出美国在亚洲的利益是和平与安全，获得该地区的商业准入，航行自由以及防止任何霸权力量或联盟的崛起。① 这一战略至今没有明显改变。其内涵实际上包括两点：首先，获得该地区的商业准入是美国与东亚交往的核心目的，正是因为要为其无与伦比的制造能力寻求市场，美国很早就来到东亚，并始终关注这一商业链条中运输与销售环节的畅通；其次，由于东亚地区对美国获取商业利益至关重要，所以美国不能允许反美或敌视美国的力量控制这一地区，为此美国准备采取包括政治、军事、文化等各种手段来维持美国的优势地位。为达此目

---

① "United States Security Strategy for the East Asia -Pacific Region," *U. S. Department of Defense*, February 1995. http：//oai. dtic. mil/oai/oai? verb = getRecord&metadataPrefix = html & identifier = ADA298441.

的，美国需要在东亚地区推进自由贸易的机制建设，组建联盟关系并维持必要的前沿军事存在，同时辅以民主输出和增大文化交流等手段来施加影响，这显然是美国一项长期国策。因而美国国防部长罗伯特·盖茨就明确声称，美国在亚洲不是一个来去匆匆的大国，而是一个长驻大国。① 美国兰德公司的学者进一步指出，美国在亚洲的中心目标是排除一个地区和大陆霸权的崛起。这有两个原因：一是防止美国被阻止进入经济、政治和军事上都很重要的一个地区；二是防止资源集中可能导致的像苏联那样对美国形成的全球性挑战。……美国要使这一地区的国家相信，如果美国在此持续发挥积极的军事作用，它们的安全就更容易获得保障。……美国最终应该寻求影响这一地区使之发展成为一个民主的、市场导向的社会，遵从现有的国际行为规则，像民主的欧洲国家那样相互合作。② 美国政府 2002 年发布了《美国国家安全战略报告》，其中将其在 21 世纪的主要威胁定位为两方面：一是来自于"无赖国家"或恐怖主义组织的"不对称性威胁"；二是潜在大国对美国霸权地位构成的挑战。由于亚洲已经成为世界上发展最快、最有活力的地区，而力量崛起最为迅速的就是与美国具有不同价值观和国际认识的中国，因此亚洲自然会成为对美最具挑战性的地区。

历史上美国在亚洲的利益界定始终围绕着三个相关的主题展开，即保护美国公民、拓展贸易和经济机遇，以及支持普世民主标准。自 19 世纪末英国在太平洋地区的海上力量衰退以来，美国在亚太地区的根本地缘战略目标一直是维持一种力量均衡，防止该地区出现通过寻求阻止美国进入或失去制海权来威胁美国利益的任何霸权国家。③ 美国立国后 30 年一以贯之的目标是防止欧洲列强对美国的利益和独立施加不可接

---

① Hillary Rodham Clinton, "Remarks on regional Architecture in Asia: Principles and Priorities," *U. S. Department of State*, January 12, 2010, http: //www. state. gov/secretary/rm/2010/01/135090. htm, 2010 - 08 - 18.

② Zalmay Khalilzad, "The United States and Asia-Toward a New U. S. Strategy and Force Posture," *Rand Corperation*, 2001, pp. 43 - 44.

③ David J. Berteau, Michael J. Green, Gregory Kiley, Nicholas Szechenyi, "U. S. Force Posture Strategy in the Asia Pacific Region: An Independent Assessment," *The Center for Strategic and International Studies*, Aug 15, 2012, p. 13.

受的影响；同样，美国在 20 世纪打了两场热战和冷战，防止任何其他势力和势力联盟在欧洲或亚洲行使霸权，目的就是要阻止世界上一半的资源落入潜在竞争对手的手中。在第二次世界大战和冷战时期，美国自如地更换敌手和盟友，先是与苏联结盟对付德国和日本，后又是与德国和日本结盟对付苏联。① 显然，与哪个国家结盟是次要的，对美国来说真正重要的是通过结盟来掌握对亚洲地区的主导权，并阻止任何其他国家争夺这种权力。

前助理国防部长坎贝尔认为美国人存在对亚洲的四类不同看法：第一类是相信美国在亚洲的核心利益是与中国发展一种工作关系。如果与中国相处好了，你就能够处理好所有的问题，如朝鲜问题、日本问题，但是这不能明说。持有这种观点的人包括基辛格，许多在老布什政府中任职的官员如斯考克罗克特，或许还包括前副国务卿佐利克和前总统安全事务助理桑迪·伯杰。第二类人相信如果你真想管理亚洲的麻烦事，如中国的崛起，基地组织的扩散，对付一个用核武器和导弹武装起来的朝鲜，你就应该保持与从属者的同盟，那就意味着主要应保持美日同盟，然后是与韩国、澳大利亚、新加坡的同盟。这种主张认为，通过牢固的双边关系网络，美国能够应对出现的所有问题。前副国务卿阿米蒂奇显然是持有这种观点的人之一。第三类人有很大不同，他们非常明确地认为中国不是美国的下一个大市场，而是将会成为美国的下一个敌人，前副总统切尼，前国防部长拉姆斯菲尔德以及其他人公开宣扬这种观点。最后一类人不是真正的亚洲主义者，只是一类外交政策组织。他们认为这些同盟和平衡太拘泥于 70 年代了，是面向过去而不是面向未来，美国需要彻底地重新定义应该如何认识亚洲，应该关注能源与安全，全球气候变化，应对艾滋病，思考更宏观的人道主义问题，以便在美国、日本、韩国、中国以及其他国家之间建立桥梁，相信我们可以跨越存在分歧的这些狭窄议题，建立一个更受欢迎的结构。布鲁津斯学会的主席斯特罗布·塔尔博特（Strobe Talbott）就是这个群体中的一员，

---

① Paul D. Miller, "Five Pillars of American Grand Strategy," *Survival*, 01 Oct. 2012.

有趣的是他们与美国政治没有联系。[①] 这些人的分歧是显而易见的，但主要表现在战术层面，即如何来实现美国的战略目标，除了第四类人（也可以被称为国际主义者）以外，他们对于上述美国战略目标本身的认识并无明显差异，而主要的不同，似乎越来越集中于如何认识在亚洲越发突出的中国的地位和角色。

当美国试图在亚洲的框架下观察中国时，会发现其在亚洲的外交政策受到三大问题困扰：首先，华盛顿政策的核心是这样一种矛盾关系：一方面使中国变得更强大，另一方面却想方设法使中国遵循弱国的做法（并将继续以这样的方式对待中国）。对华政策中的遏制性与接触性的内容相互抵消了。其次，这种让盟国完全放心的政策迫使美国在越来越沉重地遏制中国的任务中承担过大比例。最后，尽管华盛顿和一些悲观主义者都认为中国越发强大的军事实力是一个问题，但是没有人明确说明当中国在军事上发展到极其强大的程度时，这究竟会如何直接威胁到美国的国家安全。[②] 这些问题是长期存在的，而且随着中国在亚洲的不断壮大，美国感受到的困惑也越来越明显。其核心并非如何确立在亚洲框架下的美国对华政策，而是一个更为基础性的难题，即究竟应该如何认识中国自身。

## 二　美国对中国的认识

中国是亚太地区最大的国家，与美国的交往历史悠久，但美国却偏偏是在对华政策方面最摇摆不定。从历史上看，美国人对华一直就存在一种很奇怪很复杂的感情，他们关注中国、研究中国，一方面向往其博大精深的传统文化，另一方面又为其羸弱落后而不安，正是中国的这种矛盾特质构成了其对美国人的吸引力。美国对华战略始终是利益至上，但不可否认其中也夹杂着浓厚的理想主义情节。最早来华的美国人就是传教士而非商人，在对华交往中他们对中国的态度总是在幻想和幻灭中

① Brad Glosserman, "Japan-U. S. Security Relations: Maintaining the Momentum," *Issues & Insights*, Vol. 7 – No. 12, April 2007, pp. 46 – 47.

② Justin Logan, "China, America, and the Pivot to Asia," *Policy Analysis*, January 8, 2013, p. 6.

左右摇摆，可一直没有摆脱传教士的角色，① 这也成为贯穿于美国对华
关系中的一条基轴。但改革开放以来，中国发生了翻天覆地的变化，尤
其是进入 21 世纪以后，美国对华的认识也开始发生微妙的变化，并且
由于中国影响的增强而变得更为分裂，更加缺乏一种统一的认识，但毫
无疑问，中国对于美国的未来极其重要已经成为所有人的共识。2000
年美国的《国家情报局报告》称，2015 年前亚洲地区最大的挑战就是
中国的崛起和中国发展的不确定性。② 卡特政府的国家安全事务助理布
热津斯基也曾表示：在可预见的将来，影响美国亚太地缘政治战略的核
心问题之一就是如何界定中国的作用，特别是在其从地区性主导大国逐
渐发展为全球性大国的进程中，美国将如何确定对中国的定位。③

　　在对华政策方面，美国存在著名的"熊猫派"和"屠龙派"这两
个观点对立的阵营。而在具体的对华策略上的争议就更多了，如现实主
义思想家像米尔斯海默（John J. Mearscheimer）和罗伯特·卡根（Rob-
ert Kagan）就鼓吹遏制中国，阿隆·弗里德伯格（Aaron Friedberg）建
议采用硬平衡，埃文斯·米德罗斯（Evans S. Medeiros）和罗伯特·萨
特（Robert G. Sutter）提议两面下注或者软平衡，戴维·兰普敦（David
M. Lampton）和沈大伟（David Shambaugh）设计的想法是软接触。④ 自
由主义理论家如约翰·艾肯伯里（G. John Ikenberry）则提出看似更
"亲华"的主张：第一，华盛顿应该尝试将中国更深植入西方主导的国
际系统中，中国已经表现出压倒性的动力去融入其中而不是反对或者颠

---

　　① 王墓建：《对美国的中国研究的再研究——〈走进东方的梦—美国的中国观〉评介》，
《世界经济与政治》1994 年第 2 期。

　　② "Global Trends 2015：A Dialogue about the Future with Nongovernment Experts，" *The Na-
tional Intelligence Council*，December 2000. 美国近年来出现大量关于中国不确定性的研究，如
Jonathan Levine，"China's：Uncertain Path，" *The National Interest*，October 12，2012；Abraham
M. Denmark，"The Uncertain Rise of China's Military，" www. cnas. org，March 10，2011；Derek
Scissors，"People，Growth，And Reform：China's：Uncertain Future，" *The Heritage Foundation*，
August 21，2008；Thomas D. Higgins，"Rising Uncertainty for China，"Standish Mellon Asset Man-
agement Company，2012.

　　③ ［美］兹比格纽·布热津斯基：《大棋局：美国的首要地位及其地缘战略》，中国国际
问题研究所译，上海人民出版社 2007 年版，第 126 页。

　　④ See David Shambaugh，"China's Military Views the World，" *International Security*，Winter
1999，p. 64.

覆它；第二，美国应该给中国在东亚内部提供地位和位置，以换取北京接受和顺应华盛顿的核心战略利益。① 由于在这一问题上历来众说纷纭，而且围绕着美国对华政策的争议是如此显著，以至于美国不光是制定对华政策困难，就连找到恰当的形容词也不容易。② 之所以出现这种局面，是由于美国的对华战略面临深刻的战略悖论：美国希望中国稳定，一个不稳定的中国有可能会冒险，一个不确定的中国比一个强大的中国给美国及其盟国构成的威胁更大；③ 但一个稳定的中国的持续壮大恐怕也会令其担心，（因为）对华的宽容与圆滑将会使中国更加老练成熟，并谋取更大的活动空间。④ 可见找到一个既能从中获利又可避开其挑战的平衡点确实是个难题。

于是，美国就需要弄清楚三个典型的问题：评估中国目前和未来的实力，寻找反映其意向的前后一致和可靠的指标（例如，根据实力或行为推断意向是靠不住的），然后确定这种意向会不会随着中国实力的加强而改变。⑤ 有了这三个问题的答案，美国就具备了制定对华政策所需的基本依据。但这三个问题中的每一个都是如此扑朔迷离而又充满争议，以至于美国始终无法得出公认的结论，到头来还是不得不遵循长期坚持且已广为人知的"对冲"（Hedge）战略，通过接触加防范的两手来应对中国的崛起。

小布什刚上台时，对华采取了强硬路线。但"9·11"事件从根本上改变了美国与主要世界大国的关系背景，美国必须与其进行良好合作，⑥ 而中国也是其中重要的一环。随着与中国的接触，大部分国内外学者都认为，中国已完成了从国际体系的"反对者"到"改革者"再

---

① G. John Ikenberry, "The Rise of China and the Future of the West: Can the Liberal System Survive?" *Foreign Affairs*, January/February 2008, pp. 23 – 37.

② Jonathan Marcus, "Bush trip suggests Asia matters," *BBC*, 2005 – 11 – 16.

③ 王帆：《美国的东亚战略与对华战略》，《外交评论》2010 年第 6 期。

④ ［美］克里斯托弗·莱恩：《和平的幻想：1940 年以来的美国大战略》，孙建中译，上海人民出版社 2009 年版，第 102 页。转引自王帆《美国的东亚战略与对华战略》，《外交评论》2010 年第 6 期，第 28 页。

⑤ Evan S. Medeiros, "Strategic Hedging and the Future of Asia-Pacific Stability," *The Washington Quarterly*, 29. 1 2005, p. 145.

⑥ 熊志勇：《百年中美关系》，世界知识出版社 2006 年版，第 438 页。

到"维护者"的角色转换。① 美国对华政策的基调，也从小布什任内开始从遏制转向了合作。在 2010 年 5 月的《国家安全战略报告》中，奥巴马明确表示："我们不可能在所有问题上达成共识，但我们必须开诚布公。分歧不能阻挡中美两国在有共同利益的领域内开展合作，只有务实与高效的双边关系才有助于解决 21 世纪我们所面对的挑战和问题。"② 杰弗瑞·贝德对于奥巴马首次东亚之行在华停留时间较长的解释也是"最大限度寻找能够进行合作的领域"。③ 这意味着合作已经成为美国对华战略的主要目标。与此同时，大多数美国学者认为，尽管中国存在"威胁"，但是中国并不具备挑战美国的实力。江忆恩（Iain Johnston）曾指出，尽管中国的崛起不可避免地成为改变现状的动力，但中国目前正在加速其融入"世界共同体"的进程，并没有表现出"修正主义"国家的基本特征。④ 时任常务副国务卿的佐利克在其 2005年的那次著名演讲⑤中也提出了类似的观点。

虽然近年来美国对华的意识形态色彩在逐步减弱，尤其是在美国自身的相对实力下降，以及国际热点问题越来越多地需要依靠与中国的合作才能解决的背景下，美国不得不采取更为务实的策略，希拉里首次访华时甚至明确强调不能让人权问题干扰美中之间的合作，但是这并不意味着美国已经放弃了改变中国的意图。美国依然期待中国能够走上西方式的民主化道路，并成为协助美国管理世界的得力助手。虽然在当前现实下，美中关系不断改善，美国整体利益的需求也迫使其暂时放弃对华的围堵和敌视，但美国对华的隐忧一点也没有减少，甚至在强硬派的眼里，中国已经成为主要的威胁。2009 年 9 月在美国发布的国家情报战

---

① 江忆恩：《美国学者关于中国与国际组织研究概述》，《世界经济与政治》2001 年第 8 期。

② "The National Security Strategy of the United States of America", *The White House*, May 2010, http：//www. whitehouse. gov/sites/default/files/rss ＿ viewer/national ＿ security ＿ strate-gy. pdf, p. 43.

③ ［日］村山祐介：《奥巴马亚洲之行重点是中国但也作出了重视日本的姿态》，［日］《朝日新闻》2009 年 11 月 11 日。

④ 参见 Alastair Iain Johnston, "Is China A Status Quo Power?", *International Security*, Spring 2003, pp. 49 - 56.

⑤ 2005 年 9 月，佐利克在美中关系全国委员会上作了名为《中国向何处去》的著名演讲，首次提出希望中国成为"负责任的利益攸关者"的概念，其核心也是侧重于对华合作。

略报告中，中国就与俄罗斯、伊朗和朝鲜一起被定义为对美国利益最具挑战的四个国家。这是美国在对华定位问题上最直白也最负面的表述。其理论基础在于，中国已经在自己的力量结构中融入了多样性的武器系统，这些系统旨在并且能够破坏美国保卫受到威胁的亚洲盟国的能力，及其抵达亚洲大陆沿海地区并在那里自由行动以巩固这些地区安全的能力。这些转变表明了在亚洲维护美国霸权主义秩序最重要行动的先决条件的丧失，这种秩序迄今为止阻止了亚洲大陆上任何主要挑战者的崛起，减轻了本地区内部的竞争，保持了强有力的经济变革，这种变革起到了全球经济发动机的作用。……如果美国在本地区的帝国面前不能有把握地保卫盟国，那么美国在第二次世界大战结束时在自身霸权主义势力基础上辛辛苦苦建立起来的亚洲稳定的整个大厦就处于风险之中，这座大厦遭到侵蚀预示着新霸主的崛起。这些霸主不仅将会逐步在亚洲称霸，而且最终很可能会在全球范围挑战美国的地位。[①]

在美国的中国观始终漂移不定的背景下，美国并未在接触与遏制之间作出明确选择，而是继续推行兼顾二者，以防范为保障，以合作为目标的基本战略；同时美国政府也通过佐利克"负责任的利益攸关者"概念的提出和斯坦伯格对"战略再保证"的陈述，来试图对中国未来的发展施加更多的主动性影响。其中清楚表达出来的信息是，美国不反对中国的发展，但希望中国能够遵守美国制定的国际规则，在自己崛起的同时也要照顾美国的利益，成为在国际舞台上与美国具有共同利益的合作者。这是在美国无法确立对华定位的背景下对其最有利的一种选择，其核心就是在保持对华绝对军事优势的基础上，努力从中国崛起的进程中获取尽可能多的实际收益。

## 三　对日本的认识和期待

虽然在黑船叩关之后美国就开始了与日本的全面交往，但对美国来说，日本究竟意味着什么，这恐怕同样也无人能说得清。在美国眼里，

---

① Ashley J. Tellis, "Uphill Challenges: China's Military Modernization and Asian Security," *The National Bureau of Asian Research*, 2012, http://www.nbr.org/publications/strategic_asia/pdf/SA12_Overview.pdf, pp. 13-14.

日本曾经是太平洋上一个前途光明的新秀、一个邪恶的敌人、一个忠实的小伙伴、一个严重的经济和技术威胁，现在则是战略上令人失望的国家。……在1951年的参议院证词中，麦克阿瑟将军谈到了其著名的看法，即"若通过现代文明的标准来衡量，日本人就像一个12岁的男孩，而我们自己则已经成长了45年"。……有美国学者认为，美国具有误解日本的漫长历史，而一系列错误的说法仍在继续给美日关系带来压力和紧张。这些说法中较突出的，有日本是哈巴狗、竞争对手、在地缘政治方面大显身手的国家，最后也是最危险的是作为战略上令人失望的国家。第一个形象夸大了东京的弱点和顺从，第二个夸大了其力量和侵略性的意图，第三个夸大了其承担领导角色的愿望，最后一个夸大了其在为国际社会作出贡献方面的无能为力。① 显而易见，美国看待日本也像对中国一样模糊不清。

美国国家情报委员会2000年12月18日发表的报告《2015年的全球趋势》认为，到2015年东亚地区的不稳定因素之一，将是日本"要求发挥地区领导力意愿的增强"，日本可能"不直接依赖与美国的同盟关系，而在国内外寻求维护国家利益的政策"。② 基于此，美国担心美日同盟的承诺过于模糊而缺乏约束力，担心日本再度崛起成为美国霸主地位的挑战者，担心过于纵容与美国文化差异巨大的日本，可能会使其脱离美国期待的轨道。美国很多人认为，日本的发展前景和未来走向同样存在"不确定性"。基辛格经常说，就像人体有DNA一样，民族也有DNA。仅因为一次战争失败就永远不打仗，日本不是这样的国家。③ 尼克松和基辛格都曾向毛泽东和周恩来保证，美国不会让日本成为"脱缰的野马"。④ 这一认识并未随着美国领导人的更迭而大幅改变。冷战后美国东亚战略的一大目标即是长期控制日本，一方面阻止其摆脱美国的任何企图，另一方面努力限制其脱离美日同盟而独立行事的能力，

① Robert Madsen, Richard J. Samuels, "Japan, LLP," *National Interest*, May-June 2010.

② "Global Trends 2015: A Dialogue About the Future With Non Government Experts," NIC2000－02, December 2000. http://www.au.af.mil/au/awc/awcgate/cia/globaltrends2015/.

③ ［日］日高义树：《日美安全保障体制处于崩溃边缘》，［日］《呼声》2007年12月。

④ ［美］理查德·J. 塞缪尔斯：《日本大战略与东亚的未来》，刘铁娃译，上海人民出版社2010年版，第57页。

更不容许日本挑战美国在亚太地区的领导地位，打乱美国的总体布局。对这一策略最典型的反映就是美国在日本申请进入安理会常任理事国问题上的表现。美国表面上支持日本入常，但不接受日本倡导的四国计划，在日本入常受阻时也没有提供具体而有效的协助。一位了解布什政权外交的人士分析了美国的真实意图。他认为，虽然美国公开表示支持日本入常，但却没有对日本的宣传和造势活动提供任何支援。包括美国在内的现任常任理事国，都对安理会的改革不感兴趣，为了促使改革流产，美国其实是欢迎中国反对日本入常的。①

在满足了控制住日本这一基本条件之后，美国还希望积极促进日本力量的增长，并把日本完全纳入美国的东亚战略轨道，将日本的力量有效整合到自己的亚太战略中，使日本服务于美国在东亚的战略利益。这方面美国对日本的期待基本有两条，一是帮助美国处理亚太棘手的地区问题如中国的崛起和朝鲜核问题等，二是在全球范围内协助美国实现自身的利益，如参加反恐战争及联合向伊朗施压。前副国务卿阿米蒂奇（Richard Armitage）在任时就曾多次直截了当要求日本在反恐前线上"展示其旗帜"，② 美日军事再编计划也明确指出要把美日同盟从双边同盟打造成世界性同盟。前国防部副部长沃尔福威茨（Paul Wolfowitz）也表示，希望日本不要在美国和中国之间保持中立姿态，而是要和美国一道引导中国成为一个负责任的大国："日本与其为了帮助中国成为亚洲主要大国创造条件，不如发挥重要的引导作用。果真如此的话，说不定日本还能让美国追随在自己的身后。"③ 对美国对日政策有重大影响的前助理国防部长约瑟夫·奈（Joseph Nye）也表示：从东亚乃至整个世界的安全保障来看，最大的问题是中国的崛起，无论从哪个角度来考虑问题，美日同盟都是值得珍惜的财产。一方面，美日同盟经历了漫长的历程，长得有些让人厌烦，但这种关系却在逐渐接近理想的形态。集体自卫权可能将在下一个保守政府内得到解决，日本国内正在形成重视

① ［日］石川保典：《中国反日游行阻碍日本入常，美国欲借机阻止联合国改革》，［日］《东京新闻》2005 年 4 月 20 日。

② "Armitage wants bills on SDF role passed soon," the Japan Times, Oct. 7, 2001.

③ ［美］沃尔福威茨：《维持亚洲均衡要靠日美协作》，［日］《产经新闻》2009 年 11 月 10 日。

美日同盟的民意，现在美日军队和相关政府部门之间的信赖合作关系几乎处于历史最好时期。① 在美国的反恐战争开始以后，以及随着中国的逐步崛起，美国对于日本的这种"依赖"越来越明显，在安全领域，美国一直鼓励日本寻求更高的国际地位，但不能脱离美日安保条约的约束。② 只要能够控制住日本，美国就希望将日本"利美性"的国际作用发挥到极致。日本外务省国际情报局前局长孙崎享还曾进一步分析过美国为达此目的而采取的举措：为了实现控制日本政策进程的目的，华盛顿通过媒体报道进行干预，鼓励反对党扭曲舆论，甚至通过清除关键的内阁成员来搞垮政府。"这与平衡战略有关，利用日本的军事力量抗衡中国"。③

　　总的来说，日本的战略地位和现实处境决定了其在美国眼里的价值。从战略位置上讲，日本对美国处理朝鲜半岛、台湾海峡以及所谓"中国问题"都非常有利；日本内阁特邀顾问、小泉首相的对外关系特别工作小组主席冈本之雄认为，日美同盟代表着两国政府间基本的安全关系，但是这种关系和美国与其他太平洋国家如韩国和澳大利亚之间的联盟仅限于两国之间的范围相比，在本质上更具有影响整个东半球的意义：中国大陆与台湾问题、朝鲜半岛问题、亚太地区公海安全问题、俄国问题、阿拉伯与穆斯林问题、东南亚问题等等，都是日美同盟的关注点和合作点。④ 从战略目标而言，追求正常化、梦想成为政治军事大国的日本，也会因为离不开美国的支持而积极为美国效劳。冷战结束后，有美国学者指出："日本总是喜欢与领导者和胜利者走在一起。而与其他力量相比，美国现在仍然是更容易接受、更加亲密和更值得信赖的领

---

　　① ［日］冈崎久彦：《期待美国在强化日美关系问题上保持忍耐力》，［日］《产经新闻》2010 年 1 月 8 日。

　　② 李焰：《布什在中日之间端不平——东亚行中的贸易博弈》，《华盛顿观察》周刊，2005 年 11 月 16 日。

　　③ Julian Ryall, "Ex-diplomat says Sino-Japanese rift part of US agenda," the South China Morning Post, 16 October, 2012.

　　④ Yukio Okamoto, "Japan and the United States: The Essential Alliance," The Washington Quarterly, 2002 - 02 - 25, pp. 67 - 71.

导者"。① 这一局面至今仍未改变。美国"要比日本所有可能敌人的总和更能触发日本国内的外交政策、对外经济政策反应和国内的争论"。② 而在美国所有的海外驻地中,"作为东道国,日本的支持是美国所有盟友中最慷慨的,虽然这一慷慨也符合日本自己国家的利益"。③ 对于日本的这些心态,美国是非常清楚的,寺岛实郎认为,日本生怕因为美中关系亲近而导致自己被排斥在外,美国则在利用这一点与日本玩心理游戏,比如"奥巴马在峰会上只给了鸠山 10 分钟,可是他给了中国人……"一点一滴地让日本担心如果自己不与美国合作,就会遭到孤立。从以往的情况来看,日本非常幼稚,屡屡会让这样的伎俩得逞。④ 由此也可以看出,美国对控制日本是比较自信和自如的,这也使得日本因素成为美国对三边关系的期待中最容易把握的一个。

## 四  对三边关系的认识和期待

由于中日一直就是东亚最大的两个国家,美国在处理对其中之一的关系时,常常会自觉不自觉地将另一个国家考虑进来,从而自然形成一种双边关系涵盖三国的思维框架。美国对华战略是接触与防范,对日是利用与防范,而进入新世纪以来中日之间相互的防范也在迅速加强,这种格局为美国实现自己对三边关系的构想提供了极大的便利。

美国学者认为在三边关系中,中国的基本利益是(确保)其全面发展的战略空间,寻求不被遏制,领土不被分割,不被国际体系排斥;日本的基本利益是其持续的国际联系,寻求不被"跨越",不被孤立,不被禁言;而美国的基本利益则是美国领导下的稳定。稳定当然(需要)利益分享,但华盛顿希望保留领导地位,因为美国和其他国家还

①  Reinhard Drifte, "Japan's Foreign Policy the 21st Century: from Economic Superpower to What Power?" Great Britain: *Macmillan Press Ltd*, 1998, p. 68.

②  [美] 彼得·J. 卡赞斯坦:《文化规范与国家安全——战后日本警察与自卫队》,李小华译,新华出版社 2002 年版,第 172 页。

③  Michael J. Green and Patrick M. Cronin, "The U. S. -Japan Alliance: Past, Present, and Future," *Council on Foreign Relations Press*, 1999, p. 314.

④  Terashima Jitsuro, "The US-Japan Alliance Must Evolve: The Futenma Flip-Flop, the Hatoyama Failure, and the Future," *Foreign Policy In Focus*, August 20, 2010.

没有看到另外一个有愿望、有能力和值得信赖的稳定提供者。① 这意味着，三国的利益诉求之间存在一定的相容性，但也有一些交叉的利益冲突区域。因此，美国在东亚地区的最重要利益，就是维持大国间的深度和平，阻止地区霸权的兴起，控制东亚的变化并防止事态失控。② 具体到中美日三国关系中，有学者认为美国的核心利益在于：

第一，"负责任的利益攸关者"的醒目字体能否保留在其次，关键是一个国内稳定、与地区有建设性接触的中国。对美国和这一地区来说，最引人注目的问题就是应对中国的崛起；

第二，中日关系至少可以被定义为功能性的以及比较好的，不正常的中日关系被认为对美国的利益有害；

第三，一个更自信和独立的、接近于正常国家的日本，不再只是二战中被击败的敌人、美国现在的盟友以及附属物；

第四，保持和强化美日同盟，特别关注官员在应对目标上的方式；

第五，支持东北亚多边的制度性结构，无论美国是否出现在每一个桌面上。③

这种设想的实质，就是采用适当的制度安排将中国和日本都"改造"成对美国最有利的一种状态。但在现实中，最大的问题不是美国与中日各自的双边关系，而是如何控制中日之间的复杂关系以避免其为美国的战略设想增添变数。美国前任国防部副部长、战略与国际问题研究中心总裁何幕礼（John Hamre）在一份内部的备忘录中写道："同冷战相比，当今世界的构架是只有一个全球性超级大国——美国，以及一系列地区超级大国。只要这一超级大国不过分伸展兵力，其经济发动机保持正常运转，国际制度在一个超级大国同一个地区超级大国进行力量角逐时就可以保持稳定，这种情况也体现在美国同欧洲的欧盟、拉美的巴西、南亚的印度和西亚的伊朗关系上。但是在亚洲，美国面对的困局

① Brad Glosserman, "Strategic Goals in U. S., Japan, and China Relations," *Issues and Insights*, April 2007, p. 26.

② 参见罗伯特·阿特：《美国大战略》，郭树勇译，北京大学出版社 2005 年版，第 69 页。

③ Paul Frandano, "The Japan-China-United States Triangle: Interest, Uncertainty, and Choice," *Edmund A. Walsh School of Foreign Service Georgetown University*, November 2006.

是中日双雄鼎立。""我害怕如果我们不（对中日关系）进行伙伴管理
（stewardship），亚洲注定成为一个冲突地区。要进行管理非常困难，因
为我们的经济利益不尽相似。因此我们可能会因为短期的利益，在一个
长期的冲突的管理上，表现出缺乏远见"。①

那么应该如何对三边关系进行管理？对美国来说其基本策略应该至
少包括如下三点：

第一，在中日之间有所侧重。多年前冷战之父乔治·凯南就曾对此
有过深刻的见解，他在分析美国在 20 世纪 50 年代改变对日政策的原因
时表示，"面对一个真正友好的日本和一个有名无实的敌对的中国，我
们美国人会感到相当的安全……但一个有名无实的友好的中国和一个真
正敌对的日本，对我们的威胁已为太平洋战争所证实；一个敌对的中国
比一个敌对的日本更糟。"② 也就是说，美国必须首先保证一个真正友
好的日本，这是获取安全的一个基本前提；如果在此基础上还能保有一
个至少是有名无实甚至真正友好的中国，则会更为安全。在官方论调中
美国政府始终将美日关系视为最亲密最核心的双边关系，是亚洲安全的
基石（corner stone）；而美中关系只是最重要的关系之一，表述上的差
异一目了然。而在实际操作中，紧密的日美关系，再加上大致良好的日
中关系，这才符合美国的对华政策，即像赖斯所称"不声不响地牵制
和积极参与"的政策，才符合美国的国家利益。③

第二，促使中日之间维持一定的紧张度。中日联合对美国来说是不
可想象的，因为这几乎必然意味着它们会联合对外，即使其结果不是联
合对抗美国，美国也必须努力避免这一现实的出现，因为无论如何，中
日不和都要比中日联合带给美国的战略压力要小。20 世纪 90 年代，美
国某些人士就充满疑惧地认为："如果中国的自然资源和人力同日本的

---

① 陈雅莉：《日本政治脱缰　中国破解美国的"亚洲秩序"》，《华盛顿观察》周刊，
2006 年 1 月 4 日。

② Kennan, George, E, "Memoirs 1925—1950", Vol. 1, *Little Brown and Company*, 1967,
p. 375.

③ ［日］铃木美胜：《日美外交中的中国影子》，［日］《世界周报》2006 年 1 月 24 日。

技术和经济力量结合起来，这样所产生的力量将是无法阻挡的"。① 美
国驻日大使阿马科斯特（Michael H. Armacost）还曾直接发出警告，宣
称中日联盟"既会招致美国的敌意，又会使日本的邻国忧心忡忡"。②
兰德公司的研究报告就此指出："中日联手将是美国在亚洲面临的最大
地缘政治危机"。③ 尤其是目前，美国已成为中日纷争的最大受益者。
不夸张地讲，美国在东北亚的整个地位——以及就它在全球声称是唯一
的超级大国而言——取决于中日之间紧张关系的维持。④ 因此美国曾设
想以后可能要"充当背信弃义的英国的角色，加剧中日之间的紧张，
使得中日不可能联合对付美国"。⑤ 但与此同时，中日之间的紧张度被
控制在一定范围内才最为符合美国的利益，中日关系过度紧张所带来的
危害远远超过美国可从中日纷争中得到的收益，因为这将会打破地区经
济增长势头，极大地损害美国与亚洲的经贸往来，严重限制其原有的灵
活性，削弱其"外来平衡者"的作用，最终把其拖入与中国的对抗甚
至冲突中。美国前助理国务卿希尔曾明确表示，中日关系不好，对美国
是一个麻烦，也不符合美国在亚洲的利益。⑥ 同时，作为对亚太地区最
有影响力的全球唯一超级大国，美国如对中日紧张的局面过于超脱，也
可能对其软实力造成损害。

　　第三，在中日之间保持适当的均势。在现实中，中国正迅速崛起为
地区大国，成为东亚格局中的最大变数；日本积极要求成为联合国常任
理事国并公开追求更大的独立性，试图成为在经济大国之后的政治和军

---

① ［美］小 R. 霍夫亨兹、［美］K. E. 柯德尔：《东亚之锋》，黎鸣译，江苏人民出版社
1995 年版，第 13 页。

② ［美］迈克尔·H. 阿马科斯特：《朋友还是对手——前美驻日大使说日本》，于铁军、
孙博红译，新华出版社 1998 年版，第 221 页。

③ See "The United States and Asia: Toward a New U. S. Strategy and Force Posture",
RAND, 2001.

④ ［英］巴瑞·布赞：《中国崛起过程中的中日关系与中美关系》，《世界经济与政治》
2006 年第 7 期。

⑤ James E Auer, Robyn Lim, "Japan: America's: New South Korea?" *Current History*, Sep
2004. Vol. 103, Iss. 674, p. 4.

⑥ 杜平：《美国在中日之间如何劝和?》，http://www.zaobao.com/special/china/sino_
us/pages5/sino_ us051125a. html。

事大国。面对中国的迅速崛起和日本的大国诉求，美国需构建一个稳定的东亚均势体系，以便把这两个充满活力的国家引入其中，一方面使每个大国的最低要求都能在其中得到合理的考虑，另一方面也利用这一体系促使两国力量处于基本稳定的动态平衡中，通过精心管理使其相互制约又难分高下，以此来服务于美国的利益。中日之间原本就存在深刻的敌视与矛盾，如果能够在中日之间维持基本均势，就可迫使其把部分资源从发展经济转入增进国家安全的军备竞赛，美国的相对实力就可因其内耗而得到增强；同时中日互相遏制会迫使两国都与美国接近，美国便可降低控制东亚秩序的成本，并保有足够的弹性力量来抵制任何一国的霸权野心。中国学者王帆也认为，美国必须设法保持亚洲间的低水平均势，一是反对军备升级，二是尽量削弱这些国家的总体实力，让这些国家对抗而不至于引发危机，也就是适度紧张的政策。制造适度紧张是美国东亚制衡战略所需。在亚洲保持"次冷战"状态对美国是最为有利的，这是美国传统霸权之道，也是西方霸权之道的要诀所在。① 因此，"美国对一个有凝聚力的亚洲贸易集团没有兴趣，分而治之才是真正重要的"。②

在具体操作方面，原布鲁津斯学会的研究员黄靖认为："因为珍珠港事件，美国觉得日本不可信，但可以控制；而中国可信（说话算数），但不可控制。美国在亚太地区要维持一个问题的现状，就找日本；要解决问题，就找中国。"③ 而在进入新世纪以后，由于中国作用的提升和日本地位的下降，美国政府在处理三边关系时又显露出一种新的原则，即需要解决全球性难题时就找中国，而需要解决与中国之间的难题时就找日本，这样就能在始终保持美国超然地位的前提下，充分利用好中日各自的可利用价值，在确保它们之间相互制衡的基础上，共同服务于美国的利益。

但与此同时，美国的策略又存在着大量内部矛盾。美国一方面保持着传统体系下霸权国家的性格，一方面又孕育出全球化体系下"新型

---

① 王帆：《美国的东亚战略与对华战略》，《外交评论》2010 年第 6 期。
② ［美］莱斯特·瑟罗：《资本主义的未来》，周晓钟译，中国社会科学出版社 1998 年版，第 121 页。
③ 粟德金：《为"后小泉时代"作准备，中国应该铭记自己的失误》，《华盛顿观察》周刊 2006 年 2 月 15 日。

帝国"的政治情怀。这使其既要出于冷战思维而不断强化美日同盟，又渴望借助中国的开放和崛起携手共筑新国际体系；既要在亚洲维持自身影响又希望他国更多分担责任；既期待实现地区安全又抵制地区非美多边合作；主观上要维护本地区稳定又在客观上加剧了紧张状态。虽然确保私利是美国亚洲政策的最高标准，但由于大量矛盾没有解决，所以每当面对一个新问题时美国都有些不知所措，需要"摸着石头过河"，尤其在如何面对亚洲大国间争端方面显然还没有充足的心理准备。对美国来说亚洲的内部关系是非常复杂的，同时美国也没有阻止亚洲战争的重要经历。20世纪初华盛顿加速了日本的崛起，随后在日本蚕食中国时袖手旁观，美国无视日本几十年的恶劣行径，直到珍珠港遭袭。如今，华盛顿面临一个同样棘手的挑战，只是这次角色颠倒过来了。中国在崛起，日本相对脆弱。美国必须找到一种在不疏远北京的情况下支持盟友的方式，这是艰巨的平衡战略，尤其是在中国假定美国的黑手受益于中日交恶之时。① 美国国安会前亚洲事务主任迈克尔·格林（Micheal Green）也认为，"现在美方必须决定自己在东京和北京之间日益激烈的竞争中如何摆正与日本的联盟关系，出现这种局面，还是第一次"。② 但是处理好三边关系对美国来说是至关重要的，傅高义曾指出，优先看待这一关系的重点在于：防止朝鲜使用大规模杀伤性武器进行勒索；招募中日一起支持反恐战争以防止恐怖主义温床的出现；找到一种平衡的办法来最大限度地降低台海冲突的风险，并与美国以往的保险政策相一致；为有助于中国和平繁荣的崛起开拓道路；将俄罗斯整合进地区框架，使得区域真空不会吸引会导致不稳的移民行动和跨国界犯罪行动；鼓励支持全球化的地区开放制度。而错算与东京和北京的三角关系可能损害一个或更多这些目标。③

① John Pomfret, "The U.S. interest in an Asian island dispute," *Washington Post*, February 05, 2013, p. n/a.

② Michael J. Green, "U.S.-Japanese Relations after Koizumi: Convergence or Cooling?" *The Washington Quarterly*, Autumn 2006, p. 105.

③ Ezra F. Vogel, "The U.S.-Japan-China Triangle: Who's the Odd Man Out?" *The Woodrow Wilson Center Asia Program*, Asia Program Special Report, p. 8.

# 第二节　日本的利益追求

日本在第二次世界大战后放弃了积极的政治与安全诉求，而是专心发展经济，相继成为资本主义集团和整个世界上的第二大经济体。在经济发展逐步陷入停顿和周边环境发生深刻变化之后，日本开始在政治和安全领域实施更为积极主动的政策，在进入 21 世纪后这一趋势更为明显。与以往相比，日本的利益追求也逐步复杂化，并在与美国和中国的互动中展现出新的姿态。

## 一　日本总体的战略目标

1992 年，当美国记者问日本著名的战略家冈崎久彦，日本外交政策有什么固定的原则时，他回答道："我们两国的历史大不相同。贵国是建立在原则之上的，日本是建立在一个群岛之上"。[①] 这一回答可谓一针见血。日本坐落于环太平洋火山地震带上，境内山川阻隔，交通不便，资源匮乏，灾害频繁，这与其近邻"地大物博"的自然条件形成鲜明反差。危机意识驱使日本要么闭关锁国，要么与他国加盟，要么在国力上升时就走上扩张之路，以图改变生存环境，于是就出现了日本在 20 世纪中"百年结盟"的现象。日本心理学家土居健郎认为："日本人对西方文化和以前对中国文化总是抱有一种憧憬的心情……一旦发现别人比自己强，便马上去巴结，去拉抱。"[②] 从国内环境来看，长期的集团经历使人们感到离开集团会有危险，而更加离不开集团；从国际环境来看，长期的结盟经历使日本认为一旦离开同盟就会更危险、更孤立。[③] 日本

---

　　① ［美］罗伯特·A. 帕斯特编：《世纪之旅：七大国外交风云》，胡利平、杨韵琴译，上海人民出版社 2001 年版，第 266 页。

　　② ［日］土居健郎：《依赖心理的结构》，王炜等译，济南出版社 1991 年版，第 43 页。

　　③ ［美］本尼迪克特：《菊花与刀——日本文化的诸模式》，孙志民、马小鹤、朱理胜等译，浙江人民出版社 1987 年版，第 117 页。

有一句古老的格言：跟着强者。① 美国学者肯尼思（Kenneth B. Pyle）也认为："日本只有务实的民族主义，没有固定的原则"。"它的外交政策和国内的政治经济体制都很容易受到国际体系变化的巨大影响"，"一次次地随外部环境的重大变化而见风使舵"。"国际舞台上谁独占鳌头，日本就会出于自我利益而跟谁结盟：1902 年到 1922 年追随英国，1936 年到 1945 年追随德国，1952 年起则紧跟美国"。② 在整个 20 世纪，日本与英国和美国这两个霸权国家结盟的时间占全部结盟时间的 90％ 以上，这使日本获得了尾随霸权的名声。日本结盟策略的精髓，即是"与全球主导国结盟，打压其他竞争对手"，这已成为日本外交的核心价值观。

与此同时，日本特殊的地理条件还衍生出另外一个无法回避的问题。日本西邻欧亚大陆，东望太平洋和北美大陆，处于亚洲和北美这两块大陆的边缘。日本学者内田树专门提出"日本边境论"，对身处边远地区的日本人的国际思维进行了细致的刻画和描述。③ 还有日本学者指出："历史上，日本的精英与作为学习对象的'中心'文明（具体地说，即中国文明和西洋文明）相比，把自己定位在'周边位置'……这是一种可称为'本民族周边主义'的思维方法。"④ 因此，处于这一周边位置上的日本究竟应该恪守中立，还是应该偏向于哪一边才能最大获利？日本对此始终没有统一和稳定的认识。"日本是应该回归亚洲，还是应该作为被发达的西方世界接受的一员而离开亚洲，关于这个问题，日本已经争论了百余年。"⑤ 可以说至今仍无结果。

日本曾经试图依靠军力来获取在邻国的利益，但第二次世界大战的

———————————

① John Welfield, "An Empire in Eclipse: Japan in The Postwar American Alliance System," London: *Athlone Press*, 1988, p. 2.

② ［美］罗伯特·A. 帕斯特：《世纪之旅：七大国外交风云》，第 266、267、269 页。

③ ［日］内田树：《日本边境论》，郭勇译，上海文化出版社 2012 年版。

④ ［日］吉野耕作：《文化民族主义的社会学——现代日本自我认同意识的走向》，刘克申译，商务印书馆 2004 年版，第 89 页。

⑤ Gerald L. Curtis, "The United States, Japan, and Asia." New York: *W. W. Norton&Company*, 1994, p. 228.

失败使其希望化为泡影，从那以后日本彻底改变了自己获利的方式。日本综合研究所理事长寺岛实郎认为，日本把战败归结为"在物力上被美国打败了"。虽然历史的事实是，"美国与中国合作导致了日本的失败"，但是日本人不愿意说败给了中国。并且认为"在精神方面没有失败，只是因物力不足才失败了"。这一点可从战后日本的做法上反映出来。因为日本是在物力上被打败了，所以日本必须恢复物力。于是日本把经济看得高于一切，全力以赴地恢复和发展经济。①

日本前驻美大使牛场信彦曾表示，日本是一个小国，不比加州大，它的一亿人口集中在沿海地区，是远程陆基导弹和潜射导弹的高度脆弱的攻击目标。日本的自然资源缺乏，工业的生存依靠世界资源的供应，贸易生命线要穿过存在潜在冲突风险的台湾海峡、南海、马六甲海峡等三角地区，这种战略环境使得日本看待国家安全明显不同于本地区的核大国。日本采用了三个假定：第一个假定是日本没有潜力去从军事上影响亚太地区现有的核均衡；第二个假定是只要美国在西太平洋地区保持一个军事存在和可靠的核威慑，亚太地区现存的核力量平衡就能保持稳定；第三个假定是对亚太地区最可能的安全威胁是非核的、颠覆、非直接入侵，民族解放战争的秘密煽动。② 日本虽然在自然条件上与核威胁面前异常脆弱，但相信只要能保持海上贸易生命线的畅通，并且获取美国可以提供的安全保障，日本就能够维持自身的生存和发展所需的可靠外部环境。

因此对日本来说，最重要的国家利益就反映在两个方面，一是商业利益，二是安全利益。而安全利益则主要服务于经济利益，经济利益至上的特征非常明显。"除了与之相关的那些必需品，日本对改变全球政策几乎没有兴趣。日本集中精力在一个非常狭小的范围内操纵国际环境，以便满足其自身需求。日本人需要和平、出口、在国外投资以及获

---

① 《战争、靖国、反日——日本在发挥新国际主义方面的责任》，[日]《东洋经济》周刊 2005 年 8 月 6—13。http：//express. cetin. net. cn：8080/cetin2/servlet/cetin/action/HtmlDocumentAction? baseid = 1&docno = 245182。

② Nobuhiko Ushiba, "Relationship Between Japan and the United States Impact on the Asian-Pacific Region," *Air University Review*, September-October 1971. http：//www. airpower. au. af. mil/airchronicles/aureview/1971/sep-oct/ushiba. html.

取石油和其他生产原料。除了这些最迫切的需求，日本政府和多数公众将人权、中东循环的暴力政治视为与其无关的议题。"① 所以，多年来日本基本的国家安全优先顺序并未改变，那就是地区和平稳定、开放的市场和运输通道、通畅的资源供应渠道，以及为保障所有这些所需要的国家联盟。只是近年来，随着亚太地区力量对比和战略环境的变化，颇感不适应的日本开始关注政治上的独立性，他们依然需要同盟来帮助自我防卫，但更期待同盟能够提供国家"正常化"所需要的助力。也可以说，日本的总体战略目标并未改变，只是逐步出现了从单纯关注经贸转向兼顾经贸与政治安全的趋势。

## 二　对美国的认识和期待

日本真正认识美国是通过第二次世界大战。美国通过征服日本所展现出的强大的物质力量再次证明了日本的弱小。时任昭和天皇侍从的入江相政在1945年8月28日的日记中这样记载："从早上起，美国飞机就在极低的空中盘旋，嘈杂，但没有办法，一个手艺人样的男子感叹：'啊，烦死了，你们厉害，我们知道了'。这实在是我们的心情的写照。"入江还说了如下的话："但B29实在是美丽的飞机，不太有恨的感觉，到底是优秀的科学力让人心旷神怡。所以，负于美国让人痛惜，但在那样的物质力量和科学力量面前，是无可奈何的，这成了共同的感觉。"② 在这之后，日本试图通过发展经济来战胜美国，在几乎快要成功的时候，日本陷入经济衰退，而与美国的差距再次拉开。接连在军事上和经济上的双重对美挑战失败导致在面对美国时日本的自信消耗殆尽，这在日本的政府中和民间都塑造出了美国"不可战胜"的意象。因此，美国也就成为日本处理外交甚至内政时首要考虑的一个因素，维护日美同盟更是日本不言而喻、不可更改的一个战略选择。

美国能够向日本提供的东西很多，包括安全保障、国内市场和政治

---

① Edward J. Lincoln, "Japan: Using Power Narrowly," *The Washington Quarterly*, winter 2003 – 04, p. 124.

② ［日］津田道夫：《南京大屠杀和日本人的精神构造》，程光奇、刘燕译，新星出版社2005年版，第120—121页。

支持。所以日本对于美国的期待也就表现在维护日美同盟，争取美国市场的准入，以及利用美国实现自己的政治抱负方面。对日本来说，与华盛顿结成强大同盟是一种实用主义考虑，美国仍是最强大的国家，能够确保日本的安全和地区稳定，为贸易和财政系统提供公共财产，保持能源通道的畅通。如果美国被认为没有成功尽到这些义务，没有充分考虑日本的利益，日本将会准备其他的计划，实际上它现在的计划中已经有了相当程度的对冲。过去 50 年建立的双边友谊和价值观并不足以抵御基本利益的碰撞。① 但是不管日本如何对冲，在现实世界中的遭遇都会时常提醒它日美同盟的重要价值，尤其是在尝试重新选择在美国和亚洲之间的位置时遭受到的严重挫折是令人印象如此深刻，以至于日本国内呼吁向西看的人士不得不再度噤声了。②

　　既然美国对日本是如此不可或缺，那么日美同盟必然会成为日本外交最重要的考虑因素。在日本看来其价值表现在两个方面，一是成为帮助维护日本国家安全的保障，二是成为帮助日本获取其期待的国际支持的依托。就前者来说，日本没有核武器，甚至也没有战争权，而周边强国林立，境况复杂，尤其是近年来中国持续的发展让日本深感担忧，日本学者船桥洋一甚至称之为 "日本自明治维新以来所面临的外部环境的最大一次变化"。③ 所以必须借助于外部力量来帮助日本自卫，这一外部力量无疑就是美国。曾为小泉和桥本担任特别顾问的冈本行夫表示："对日本而言，美国参与亚洲事务是至关重要的，因为维持与美国的联盟是日本确保它在东亚地区安全的唯一选择。"④ 日本内阁安全辅佐官长岛昭久表示："我们非常认真地看待日美同盟，这是我们对外政策的核心，尽管鸠山由纪夫过去说要一个没有永久性驻军基地的同盟关

---

① "Japan-U. S. Security Relations: A New Era for the Alliance?" *Issues & Insights*, 5 March 2005, p. 60.

② 当鸠山试图在中美之间采取平衡外交之后，中国没有接受日本的示好，还与日本在钓鱼岛问题上发生严重冲突，而美国则在日本的海啸和与中国的冲突中提供了唯一的协助，导致菅直人之后的日本政府越发坚定了强化日美同盟的信念，日本国内已经丧失了向西看（即与中国交好）的土壤。

③ http://www.jfir.or.jp/j/pr/pdf/28.pdf, 转引自日本战略走向课题组：《当前日本对外战略：成因、手段及前景》,《现代国际关系》2006 年第 12 期。

④ Takashi Kitazume, "Regional tensions cast long shadow," *The Japan Times*, Jun 5, 2006.

系，这也许让我们的美国朋友感到一些困惑。现在我认为鸠山由纪夫的看法是，我们不可将驻日美军逐出去，绝不能这样做，绝不能。"① 至于后者，由于在政治、外交和安全上受到美国制约，日本还算不上是一个"正常国家"，而接受这种控制则既可以减少自己的防卫支出，也可以借此获取与美国进行利益交换的能力。能够与世界上最强大的国家建立联盟符合日本的利益，借助于日美同盟的支撑，日本可以期待美国在联合国、多边地区合作组织、以及涉及到日本利益的其他国际议题上获得美国的支持。

日本对于美国的第二个期待表现在经贸层面，这与日本"贸易立国"的大政方针是一致的。不仅因为美国的国内市场对日本非常重要，更因为美元主导下的国际金融体系对于维持日元汇率的稳定意义重大。日本学者在总结日本结盟历史的时候也认为："日本不仅试图从盟国获取安全保障，而且试图利用同盟进入非军事国际机制，诸如国际金融、贸易及技术等"。② 虽然在中国逐步崛起后，日本在经贸领域与亚洲联系的重要性逐步超过了与美国的经贸往来，但由于美元作为国际储备货币地位的稳定，美国国内市场的广阔及其指征作用，以及与美国保持商业往来的重要政治意义，日本依然需要非常重视与美国的经贸关系，并在与美国出现纠纷时作出更多的单方妥协来求得热点问题的暂时冷却。

日本对于美国的第三个期待，就是在美国的帮助下恢复自己的政治独立和大国地位。这一方面是由于其政治与经济实力过于脱节所导致的日本在国际上缺乏政治影响力的现实让其如鲠在喉，如果"以更为理想的方式生存、实现独立，维护安全和追求基于国际责任意识的自我实现"，③ 就要实现政治大国化的追求；另一方面也是因为美国为了自身利益而忽视日本利益的事件时有发生，导致日本不得不在保障自身利益的问题上努力追求更多的独立性和主动性。尽管美国独一无二的军事力量还将存在很久，但东京看到美国的外交活力、道德权威和经济吸引力

① Roger Cohen, "Obama's: Japan Headache", *The New York Times*, December 10, 2009.

② G. John Ikenberry and Takashi Inoguchi, "Reinventing the Alliance: U. S. -Japan Security Partnership in An Era of Change", *Palgrave Macmillan*, December 2003, pp. 54 – 55.

③ [日] 中曾根康弘：《日本 21 世纪的国家战略》，联慧译，海南出版社、三环出版社 2004 年版，第 16 页。

已经在衰落了。① 中曾根康弘也认为，即使存在安保条约，日本也依然
具有主体性、自主性，虽然受到美国核保护伞的庇护，日本也需要作为
独立国家的权威。距离美国遥远、位于亚洲边缘的日本，在想法、立场
上都有所不同。② 本来日美安保条约中就没有明确说明，美国到底是无
条件保护日本还是只有日本与美国处于命运共同体的情况下才帮助防卫
日本。③ 一些日本人带有疑问，是否美国能够对没有直接威胁其自身的
情形作出坚定反应。例如，朝鲜对日本的有限攻击，或者中日之间的海
上碰撞。2007 年的一个民调显示，一半以上的人并不真正相信美国。
甚至一些日本的外交家也表达出这种担心，即日本不再能依靠美国的日
子将会来到，鼓吹日本必须准备自我防卫。④ 即使最热衷于联盟的人也
坚持在至关重要的国家利益的议题上，如中东石油通道，日本应为独立
行动留下空间。⑤

　　但是，日本清楚自己追求独立性的所有努力，都必须依赖于美国的
协助，因为在"在如何摆正本国国家利益与美国国家利益的关系方面，
存在着战略上的缺陷"。⑥ 而这不能不说是美国"体制施压"的结果。
日本外务省北美局局长佐藤行雄在冷战结束初期就提出，由于长期以来
依赖美国，日本舆论自然倾向于根据同美国政策的差异和同美国立场的
距离来衡量日本的自主程度。但是，过分拘泥于突出与美国的分歧则不
是建设性的，如何使追求日本的主体性和日美协调并存正在成为日本外

---

① For a prominent example, see Kenichi Ito, "Japan's Identity: Neither East nor West," To-
kyo: *Japan Forum on International Relations*, 2000, p. 1.

② ［日］中曾根康弘：《现在需要强化自主防卫和自主外交》，［日］《正论》2007 年 2
月。

③ ［日］大前研一：《日本应摆脱去势国家的形象》，［日］《追求》2009 年 5 月 13 日。

④ Kurt M. Campbell and Tsuyoshi Sunohara, "Japan: Thinking the Unthinkable," in The Nu-
clear Tipping Point: Why States Reconsider Their Nuclear Choices, ed. Kurt M. Campbell, Robert
J. Einhorn, and Mitchell B. Reiss Washington, D. C.: Brookings Institution Press, 2004, pp. 237 –
238.

⑤ For a particularly clear example, see Fumio Ota, "Joho" to Kokka Senryaku ["Intelli-
gence" and national strategy] Tokyo: *Fuyoshobo*, 2005, p. 174. From Richard J. Samuels, "Japan's
Goldilocks Strategy", *The Washington Quarterly*, autumn 2006.

⑥ 冯昭奎：《日本：战略的贫困》，中国城市出版社 2002 年版，第 3 页。

交政策中的一大课题。① 大前研一曾形象地表示，日美关系好比是一对无性生活的成熟夫妻，应当保持一起生活的平稳关系，妻子（日本）在提出离婚和红杏出墙上要谨慎。就是说，日本不应考虑重新定义日美同盟。一旦嘴上说了或做出这种姿态，丈夫（美国）就会暴跳如雷，并敲打日本。② 因此，即使追求更大的独立是必然选择，那么走向独立的第一步也应该是首先确保与美国同盟关系的稳定，然后才有机会取得美国的认可和帮助。由此可以看出，借日美同盟提高日本在国际安全事务上的影响力，也就是学术界常用的所谓"借船出海"一词，是日本政界的主流思路。

鉴于资源稀缺、地理隔绝等因素，更由于在出口市场和安全保障等方面过于依赖美国，日美两国早已形成了一种严重的非对称性相互依存关系。同时，日本国内存在着较为普遍的亲美舆论。与其他国家相比，美国施加的外压在日本国内相对不容易招致极端的排外思潮和民族激愤，从而具有了某种"正统性"。尽管日本社会中也始终存在着程度不一的"反美"、"厌美"情绪，但是整体而言，日本国内从官到民都对美国抱有一种近乎自然的"亲近感"。上述非对称性相互依存关系一方面决定了美国易于利用这一失衡关系对日施压，另一方面也提高了美国关于向日施压的成功率和有效性的期望值。③ 因此，维护日美同盟逐步被神圣化，成为日本国内不可触碰的一条底线。日本民主党之所以能够在 2009 年赢得选举，打破自民党几十年来一统天下的局面，只是因为民众对现任政府失败的经济政策感到愤怒，而不是因为他们想改变日本依赖美国的现状，到目前为止，日本公众仍普遍接受依赖美国的事实。④ 有学者指出，日本"公众接受这一条约（日美安保条约）是因为它能进一步为日本带来长期利益。在 1969 年和 1984 年间，这一条约得

---

① ［日］佐藤行雄：《日本需要转换观念——同美国新政权的伙伴关系》，［日］《外交论坛》1993 年 1 月。

② ［日］大前研一：《鸠山首相的外交力试金石首当其冲是俄罗斯》，［日］《追求》2009 年 10 月 14 日。

③ 贺平：《日美贸易摩擦中的外压与政策协调》，《日本学刊》2011 年第 3 期。

④ Mark Landler and Martin Fackler, "U. S. Is Seeing Policy Thorns in Japan Shift," *The New York Times*, September 1, 2009.

到的支持率从41%上升到69%"。"很大一部分日本公众认为这种关系是一种有益的安排,是为日本利益服务的"。① 实际上这同样也反映出日本政府的主流观点,在几乎所有日本官方的外交文件中,都把日美同盟视为日本外交的核心,"对于日本的精英而言,尤其是外务省官员,抛开与美国的同盟去考虑问题是困难的"。② 所以日本学者建议,要向国民解释,没有基地和相应的费用负担,就没有日美同盟,没有日美同盟,日本的防卫费用要比现在多得多,并且日本的安全程度也会下降。即便是不好说,也必须说明这一点。③ 显然,美国在日本外交战略中的地位已经被稳固化了,无论什么政府上台,都必须把对美关系放在最重要的位置上,除非日本能够使得自己对同盟的依赖无论在事实上还是观念上都低于美国,否则维护对美同盟就始终是日本最重要的外交选项。

日本对美国历来存在"被抛弃"和"被卷入"两种盟友所特有的担心。虽然多数时候都是对被抛弃充满担心,但是中间也夹杂着对被卷入的警惕,最典型的表现就是日本对第一次海湾战争的反应。日本与美国的国际定位和战略完全不同,因此没有兴趣参与和自身直接利益无关的美国主导的行动。但是在因为消极应对美国的召唤并付出代价之后,更主要是因为日本的政治诉求成为经济诉求之外越发独立而显著的国家目标之后,日本对于卷入的兴趣逐步增大,美国也被越来越多地赋予一个"弹射器"的作用,使得日本可以利用积极参与美国主导的国际行动来变相达成自己的目标,或者通过响应美国的召唤来换取美国对日本寻求自身利益的支持。因此在日本的战略视野中,美国除了是一名保护者,一位合作伙伴,一个追求独立的障碍,还被视为一个可以助力的跳板。

---

① [美]彼得·J.卡赞斯坦:《文化规范与国家安全——战后日本警察与自卫队》,李小华译,新华出版社2002年版,第170、171页。

② 同上书,第132页。

③ [日]中西宽:《小泽胜利将使日本政治面临重大局面》,《产经新闻》2010年8月31日。

### 三　日本对中国的认识

日本对中国的认识在不断发生变化。在几千年来的日中交往历史中，日本一直把中国视为先进发达的巨大邻国和自己学习的对象。明治维新以后，日本在国力上逐步赶超中国，又把中国视为征服对象和资源供应地，并试图通过战争来固化这种地位。在日本的"大东亚共荣圈"幻想彻底崩溃以后，日中交往停顿，直到两国建交，日本才开始重新关注中国，并主要为了经济利益而与中国展开了积极的交往。进入新世纪以来，中国的发展已经逐步改变了亚洲的政治版图，中日之间因为历史和领土问题的冲突，以及中国超过日本成为世界第二经济大国，都给日本带来了强烈的冲击，从明治维新以来，东亚第一次出现了"双雄并起"的格局，而且后起之秀的赶超势头依然强劲，这让日本很不适应。如何面对一个真正走向现代化且日益强盛的中国，这是日本百余年来第一次遭遇的重大历史课题。"是靠近还是远离中国，这是个问题。"[①] 小泉屡屡挑衅中国，一个重要的前提就是他认为"在经济上中国需要日本更甚于日本需要中国"。[②] 但随着中国发展对日本经济的带动作用越来越明显，日本不得不再度在经贸合作与安全对抗中寻求一种合理的平衡，由此也导致日本国内掀起一轮又一轮对中国地位的争议和辩论，在日本的书店里，关于中国的书籍种类繁多，明显超过了描述其他国家的作品。在日本国内媒体上中国问题也同样受到热议。

中国经济在迅速发展是日本对华最明确的一个认识，于是精于搭便车的日本早就抓住时机，要把这一可以带动自身发展的机会最大限度利用起来为己所用。新世纪以来的各届日本政府，都公开宣称中国的发展对日本不是威胁而是机遇，即使任期内对华关系最紧张的小泉纯一郎，也曾表示"不能因为中国拥有核武器就大谈中国威胁论"。[③] 他还在会见中国青年代表团时反复强调说他一直不赞成所谓"中国威胁论"：

①　Jun Kurihara and James L. Schoff, For Whom Japan's Last Dance Is Saved—China, the U-nited States, or Chimerica? *Cambridge Gazette*：Politico-Economic Commentaries No. 4, March 29, 2010, p. 11.

②　[日] 船桥洋一：《日本世界》，[日]《朝日新闻》2004 年 5 月 13 日。

③　《麻生外相称中国扩军正成为相当的威胁》，[日]《产经新闻》2005 年 12 月 23 日。

"我多次说过中国的发展对日本不是威胁，而是机遇，这一观念正为越来越多的日本人所接受。"[1] 2007 年 2 月 27 日，安倍晋三首相驳斥了日本自民党政调会长中川昭一前一天有关"中国威胁论"的发言，指出中川的发言"断章取义，毫无意义"。[2] 日本首相福田康夫 2007 年 11 月 18 日在接受美国 CNN 记者专访时表示："我们是否对拥有强大军事力量的美国感到威胁呢？事实并非如此。中国也是一样。我个人对此感到乐观。"[3] 日本对华决策的目标是建立在利润上的，而不是价值观。尽管意识到知识产权保护、合同强制执行、土地拥有和劳动力问题，日本还是单纯将中国视为一个太好的商业机会而无法忽略。从短期到中期，中日经济是互补的，而不是竞争性的。这鼓励了经济合作。[4] 日本政要频频作出这种看似友好的表态，都是因为看到中国崛起提供的难得机会，中国已经成为一个充满机会的经济大国，这是他们对华的最主要印象。

与此同时，日本对中国的军力发展也深感不安。2004 年日本的安全防卫指针首次在国家安全文件中提到了中国和朝鲜是日本关键的安全关注；2005 年 12 月 22 日日本外相麻生太郎在记者会上，表示中国加强军力"正在成为相当程度的威胁"，而此前日本政府从未提出过"威胁"之说；2008 年日本防卫白皮书强调中国在军事领域的发展"将对地区以及日本的安保产生何种影响，令人担忧"；2009 年的防卫白皮书则表达了对中国军事力量对地区形势和日本安全冲击的担心，表示中国还没有达到作为一个主要的地区大国的透明度；2010 年 10 月 24 日菅直人出席自卫队阅兵式时警告称，在中国军力不断增强的情况下，日本"有必要时刻作好准备"。这是菅直人第一次在公开场合表示日本要为

①《小泉在会见中国青年代表团时表示中国发展是日本的机遇》，2004 年 11 月 10 日，http：//news. sina. com. cn/w/2004 - 11 - 10/07484193327s. shtml。

②《安倍批日高官中国威胁论言论指其无意义》，2007 年 2 月 27 日，http：//news. 163. com/07/0227/17/38BTSEAG000120GU. html。

③《福田接受美电视台专访称中国军力并不形成威胁》，2007 年 11 月 19 日，中国新闻网 http：//www. chinanews. com. cn/gj/ywdd/news/2007/11 - 19/1081208. shtm。

④ "Sino-Japan Rivalry: A CNA, IDA, NDU/INSS, and Pacific Forum CSIS Project Report," *Issues and Insights*, March 2007, pp. 4 - 5.

应对中国的军事实力作好准备；日本防卫省智库防卫研究所在 2011 年
4 月 6 日公布了中国军事动向报告，这是日本首次以特定国家为对象发
布此类报告，报告显示日本政府担忧中国军力增强，并要求中国为消除
周边国家忧虑作出努力；日本首相野田佳彦在就职后首次接受媒体采访
时宣称："我认为中国提高其军事力量的透明性是第一重要的事，国际
社会都在期待中国能够进一步说清楚自己的情况。"日本外相岸田文雄
在 2012 年 3 月也宣称"中国的军力发展值得关注"。由于一方面中国
的国防预算连续多年以两位数增长，另一方面中日因为领土争端而展开
军事对抗的风险不断加大，所以日本对于中国的军力发展心存疑虑，担
心中国可能会在崛起之后找日本算"旧账"，并在领土和能源争端问题
上采取更为咄咄逼人的姿态。

　　再者，日本对中国的厌恶情绪也在不断强化，这是在美国很少看到
的现象。从历史上看，日本对中国常会表现出不屑，认为"支那"毫
无力量还要摆臭架子，是大量日本人的共同感觉①。随着日中交流的增
加，日本对于中国一些人表现出的不良习惯与行为方式也比较反感，并
直接影响到其对华印象，尤其是中国近年来民族主义情绪在对日外交中
的影响日益提升，导致日本变得更为敏感。日本有人认为"为了获取
公众的支持、以及从共产主义意识形态上调整，中国领导人集中精力在
社会内部提升民族主义。江泽民任内发动了爱国教育，集中宣传中国的
抗日行动，导致日本在中国民众中的负面形象广为传播"；②"与中国的
民族主义相比，并不存在有意义的专门反华的日本民族主义核心"。③
中国总理温家宝在与鸠山首相的会面中，温暗示中国的公众情绪是一个
需要考虑的因素，鸠山首相随即敦促尽快开始一个条约谈判④（以解决

---

　　①　[日] 津田道夫：《南京大屠杀和日本人的精神构造》，新星出版社 2005 年版，第 120
页。

　　②　Pei and Swaine, "Simmering fire in Asia: Averting Sino-Japanese Strategic Conflict," *Carnegie Endowment for International Peace*, Policy Brief No. 44, November.

　　③　Tamamoto, "How Japan imagines China and sees itself," *World Policy Journal*, 2005 - 04 - 22, p. 55.

　　④　"Japan, China agree on food safety talks", *The Asahi Shimbun*, October 12. Available at http://www.asahi.com/english/Heraldasahi/TKY200910120073.html.

此事）。在 2012 年日本政府宣布购买钓鱼岛之后，中国国内的民族主义情绪迅速高涨，一些日本在华企业受到暴力冲击，这对日本民众的心理打击非常严重，日本的厌华情绪也达到了顶点，并对怀疑日中增进交往的必要性产生了直接的影响。

此外，日本对华情感中还隐藏着一丝轻视。虽然日本在世界上第一个提出了"中国威胁论"的说法，[1] 而且往往乐于四处渲染中国发展军力给亚洲带来的不安定性，但在很多日本人的内心，其实并不看好中国。日本公众和许多学者仍保持着日本是"世界第二"（日本虽然不敌美国，但比中国还是要强得多）这种意识，认为中国高估了自己的崛起，日本仍然占据上风。[2] 即使在中国经济规模已经超越日本以后，日本仍然有很多人认为无论从创新能力还是劳动者素质方面中国仍然比日本差得很远，因而仍满怀自信。还有人担心中国会在经济发展无法满足社会分配的需要时发生崩溃，相信中国崩溃带给日本的损失要超过对美国，认为中国社会不稳定和崩溃的威胁要大于中国对日本的武装进攻。前日本防务大臣石破茂说，我们必须防止中国陷入某种程度的混乱，我们将竭尽全力避免这种情况的发生。[3] 因此，日本对于"外强中干"的中国没有必要过于迁就。

总的来说，日本对华没有一个清晰明确的认识，在过去 100 年中，日本对华态度基本是俯视，中国的逐步崛起迫使日本不断思考它应该俯视、平视还是仰视，但至今没有结果。在对华观上日本存在理性和感性的强烈冲突。从理性上说，中国国力的提升是不容置疑的，日本也因此而感受到实实在在的压力；但是很多日本人更喜欢从感性的角度出发来看待问题，不管是否已被中国超越，日本都要通过在各个领域和中国的竞争来展现其"刚毅"和"不屈"的姿态，求得一种心理安慰。日本极其敏感于究竟谁是亚洲第一的问题，更担心中国取代日本成为亚洲对

① "中国威胁论"的始作俑者是日本防卫大学副教授村井龙秀，他在 1990 年日本《诸君》杂志上发表题为《论中国这个潜在的"威胁"》一文，从国力角度把中国视为一个潜在的敌人。
② ［日］玉元胜：《中日的傲慢与威望》，摘自《日本外交政策背后》，［港］《远东经济评论》2005 年 6 月号。
③ Jim Hoagland, "New Allies In Asia?" *The Washington Post*, May 11, 2008, p. B7.

外交往和与世界大国联系的代表，所以日本会一方面想方设法从中国崛起中寻求自我可以借助的能量，另一方面又千方百计遏制中国影响力的扩展。因为中国不是 G8 成员，所以不能成为联合国安理会常任理事国的日本就希望维持 G8 体制（阻止中国进入）。如果 G8 中的成员只有日本（一个亚洲国家），那么日本的地位也会相应提高。① 长岛邵久还提出一个设想，认为日本战略外交的最大课题，就是能培养出多少这样的国家：如果日中交恶，中国就难以与之发展双边关系。只有培育出这样的关系国，并使之作为日本的外交杠杆加以运用，中国才能重视对日关系，日中关系才能成为真正的战略互惠关系。希望这能成为今后 5 至 10 年日本外交的努力目标。② 对华认识的矛盾性体现在日本对华政策的方方面面，虽然在安倍再度上台之后日本将中国视为对手的趋势更为明显，但在是机遇还是威胁的问题上，日本近期仍不会出现较为统一的认识。

### 四　对三边关系的认识

关于日本对中美日三边关系的看法，就像其看待中日关系一样，在其国内是存在很大分歧的，究其原因，还是日本不确定应该如何给中国定位，因此也就难以给自己定位。美国的位置相对稳定，因为美日之间的现实差距以及美国控制日本多年在日本各界造成的思维惯性，都导致日本不得不重视美国的作用，即使日本试图追求一定程度上的独立性，也无力且无意识完全摆脱美国的控制。虽然偶尔会有希望日本保持在中美之间甚至与这两国保持对等距离的主张，但这并非主流思潮且转瞬即逝，即使在这种主张当道的鸠山执政时期，我们也可以看到日本政府所谓的"等距离"并非真正地将中美视为同等的关系。所以，真正的分歧其实并不在于如何看待日美同盟的地位，而是日本究竟应该让日中距离比日美距离远多少才合适的问题，如此就会有不同选择。

美国尤其是日本学者和官员提出了多种关于日本外交的设想。美国

---

① ［日］大前研一：《应该如何抓住中国巨大的内需》，［日］《呼声》2009 年 10 月。

② 《用多国框架应对中国——2010 年读卖国际论坛纪要》，［日］《读卖新闻》2010 年 12 月 4 日。

前助理国务卿鲁斯·戴明（Rust Deming）总结了三种关于日本未来战略作用方向的视角：新民族主义者将安全政策限制的解除视为一个更加独立、与美国联系更少的日本打开了大门；传统民族主义者鼓吹日本聚焦于同盟并继续发挥更积极的作用；国际主义者则希望看到日本在与联合国和其他国际组织的合作中发挥更积极作用，以便限制日本的独立，向日本的亚洲盟友作出再保证，防止日本受到美国的压制参与非联合国主导的制裁行动。① 日本学者谷添芳秀则提出了中等国家的战略，希望日本与地区和全球其他中等国家一致行动，如澳大利亚、韩国与东盟国家，以建立一个中等国家的紧密集团，以便在不断发展的中美对抗中分割出日本自己更为独立的一个空间。② 他相信从长期来讲中美两国都不可靠，日本应该像其他发达的中等国家一样，不在中美之间作选择，而是与其他中等国家联合起来组成一股新的力量，以便在中美两强中保持自己的独立地位。日本学者大前研一则主张在保持与美国友好的前提下，日本应该成为一个更加独立的不卑不亢的中等国家，这意味着日本可以更加自如地处理对华关系："在外交上一边倒也会让美国瞧不起，不过，日本还必须与美国保持较近的距离，日本与美国抗争也捞不到什么好处，日本应该与美国建立一种更成熟的关系，在保持目前距离和信赖关系的同时，不再无条件地唯唯诺诺。……日本应该成为加拿大式的国家，加拿大在美国面前并不感到自卑。"③ 日本学者神谷万丈则认为，如果单纯从理念上考虑，实现军事上的自立，成为"普通大国"是日本提高自立能力的一种极为简单的方法，但这样就会打破日、美、中、俄在东北亚地区的力量均势，容易导致国际关系紧张和战争。因此目前日本的最佳选择是走坚持日美同盟这个中心和取得与中、美、俄对等的政治地位兼顾的"亲美自主"路线。④ 日本东京都知事石原慎太郎则于

① Jane Skanderup, "Japan-U. S. Security Relations: A Forward Looking Ten Year Retrospective," *Issues & Insights*, Vol. 4 – No. 2, Mar. 1, 2004, p. 30.

② Yoshihide Soeya, "Diplomacy for Japan as a Middle Power," Ronza, February 2008. As for the English version, see Japan Echo, Vol. 35, No. 2 April 2008.

③ ［日］大前研一：《通过向世界派遣投资部队和发展部队确立外交大国地位》，［日］《追求》2008 年 4 月 23 日。

④ ［日］小岛朋之：《远东形势与日本》，《日本经济新闻》2000 年 3 月 17 日。

2002 年 3 月发表题为《战胜中国重建日本的道路》的文章，称只有同"前门虎"美国对峙，遏制住"后门狼"中国，日本经济才可能复苏，日本才有可能作为战略国家而得到重建。① 日本外交评论家冈崎久彦则分析说："日本近百年外交的真谛是：日本的最佳政策是和美英结盟并与之合作，而非与别国结盟或保持中立。"② 他还曾提出："对付中国的战略性设想只有一个，那就是加强日美同盟。"③

在这些认识中，日本国内对于中美日三边关系主要存在这样几种设想：

第一是首先确保与美国同盟关系的稳定，在此基础上也积极重视与中国发展关系。这是主流观点，赞同者最多，而且与多年以来日本政府的官方表态基本一致。显然，对日本比较理想的状态，是作为完全独立的一边与中美发生等距离的关系（当然还有更理想的状态就是日本作为主轴而美中各为侧翼组成一个浪漫婚姻式的三边关系，但日本国内似乎还无人产生过这种奢望）；如果做不到这一点，日本会寻求以日美同盟为外交核心，同时通过尽量追求在中国和美国之间的一种平衡来满足自身的最大利益。日本财务省高官行天丰雄表示，日本必须承认，如今中国是亚洲最强大的国家，而且还必须清醒认识到中国今后还将更加强大，与日本的差距将越拉越大。也就是说，日本必须与这样的邻国保持友好关系。但是，如果问"日本欢迎中国做亚洲乃至世界的领导者吗？"那么日本只能回答说："不知道，因为你中国让人难以理解，因此我还不能承认你的领导地位。"相反，日本与美国的关系就不一样了。因为作为领导者，美国的民主精神、人权保护、思想和和言论自由等意识形态与日本完全吻合。从这个意义上说，日本要以日美关系为中心是理所当然的。如果要让日本对美中两国作出选择，日本必然要选择

---

① ［日］石原慎太郎：《战胜中国重建日本的道路》，日本《文艺春秋》2002 年 3 月。

② 《战后日本外交》，第 12 页，转引自冈崎久彦《日本防卫大战略》（A Grand Stratege for Japanese Defense），美利坚大学出版社 1986 年版，第 91—92 页。

③ ［日］冈崎久彦：《从悔恨的世纪迈向充满希望的世纪》，［日］《读卖新闻》1994 (1)，转引自李建民《冷战后日本的普通国家化与中日关系的发展》，中国社会科学出版社 2005 年版，第 167 页。

美国。① 尽管日本对美国的压制也很不满，但"日本对中国的恐惧比对美国的愤怒更为确定"。② 现在日本不再寻求在亚洲的控制，它喜欢的局面是亚洲不被任何其他力量控制，尤其是中国，它宁愿美国治下的和平而不是中国治下的和平。③ 所以，以日美同盟为外交核心是不可动摇的前提。

与此相对应，日本会采取各种措施来阻止中美的接近。一方面由于相信美国比中国更可靠，另一方面缘于中日之间存在致命冲突的潜在危机，因此日本特别担心被美国抛弃，甚至于对中美之间加强联系的任何活动都极为敏感，相信如果中国今后更为强大而且与美国更为接近，那将是日本的梦魇，无论如何，日本都必须确保中美联合对日的格局未来再也不会出现。日本必须首先确保日美之间的距离小于美中，而不能让中国比日本更为接近美国。所以日本越来越担心华盛顿将在一个 G2 集团中讨好中国，而把日本冷落在一旁。麻省理工学院日本安全问题专家理查德·塞缪尔斯（Richard Samuels）表示："这一想法让日本感觉脊梁骨发凉"。④ 对日本官员进行的关于日本外交关注的民意调查表明：日本首先担心美国和中国撇开日本就朝鲜或台湾问题达成秘密协议；第二，担心在美国政府中没有日本问题专家，从而使美国更加集中于对华政策而忽视美日关系；第三，担心不让日本参加美中核对话，从而使人担心对日本的长期威慑。……主要担心美国和中国把日本当作无关方并从零和博弈的角度看美日和美中关系。⑤ 日本甚至为此而自然衍生出一种自我审查机制，任何可能导致日美关系受损的主动行为都会在日本国内受到批评，如很多官僚会对小泽一郎对中国的亲密姿态感到担心，"我们不要忘记，中国历来都在策划离间日美关系。……毫无疑问，一

① ［日］行天丰雄：《如何面对强盛的中国?》，［日］《世界月刊》2010 年 9 月。

② Christian Caryl, "Naval Gazing in Asia One reason why it's: probably too early to declare the end of the U. S. -Japan alliance: China," *Foreign Policy*, May 18, 2010.

③ Japan's Emerging Security Role and East Asia, Fifth annual CNAPS Spring Conference, June 14, 2005, *The Brookings Institution*, http: //www. brookings. edu/fp/cnaps/center_ hp. htm.

④ 路透社东京 2009 年 10 月 29 日英文电。

⑤ Carl W. Baker, "U. S. , Japan, and China Conference on Trilateral Security Cooperation," *Issues & Insights*, Vol. 8 – No. 6, pp. 5 –6.

边是日美关系在动摇，一边是美中关系在接近。在这样一个时机之下，小泽率团访华与其说有利于中日关系，倒不如说，这种举动势必会影响日美关系和美中关系，使我们在日美中三边关系上的努力陷入困境。日本身处美中两大国之间，将越来越难以把握自己的前进方向"。[①]

第二是与中美保持等距离关系。这种声音虽然不是主流，但也会时不时地在日本政坛和舆论界泛起，并引发国内的争论。日本期待的等距离外交，是在无法确认自身归属的背景下最自然也最无害的一种选择。由于长期受困于身份问题的纠葛，难以为自身在亚洲和美国之间找到一个准确的稳定的定位，所以一些日本人会期待在中美之间保持一种平衡状态，这也意味着日本至少在三边关系中期待追求更独立的决断能力。野田首相的安全事务特别顾问北神圭朗说："冷战时期日本所要做的一切就是追随美国，事关中国，情况则有所不同，日本必须独自表明立场。"[②] 但首先这种状态只是一种相对而非绝对的平衡，其次在进行此类尝试时日本也总是因为担心美国的反对而放不开手脚，再次在必然随之而来的美国的压力下日本常显犹豫状态，因此这种三边关系模式在少有的现实尝试中很不稳定，而且往往也难以长久。

第三是倚重中等国家集团在中美夹缝中求发展。这是在深受定位困境折磨和地位下降困扰之后，日本国内出现的一种新思维。其前提是承认中美影响均已显著超出日本且中美联系深化已不可阻挡，故无力与之竞争的日本必须寻求新的依靠，以便在中美两大"霸权"国家的夹缝中占据一个不容忽视的位置，寻求独立自保和发展的能力。持有这种思维的日本人更有发展眼光和长远意识，虽然其设想中尚存在大量不确定因素，而且时刻在面临现实压力的挑战，但代表了一种独特而深刻的战略眼光，影响也可能逐步扩大。

第四是对中美分别加以防范。极端民族主义者石原慎太郎是其代表人物，石原一贯是既反华又讨厌美国，他在 2011 年 12 月 2 日的记者会上谈到日美关系时还曾指出："迄今为止，日本一直是美国的小老婆。

① ［日］茅原郁生：《小泽访华团留下的波纹》，［日］《世界日报》2009 年 12 月 29 日。

② Martin Fackler, "Japan Is Flexing Its Military Muscle to Counter a Rising China," *The New York Times*, November 27, 2012, p. A6.

日本的精神性、国家和民族的自主性都被掠夺，率直地说，是美国的情妇"。石原还认为："我们被美国已经欺负得过多，现在还在遭到欺负。最大的祸首是外务省，没有腰似的。"只是相对于美国，他的反华调门更响罢了。① 这种观点非常激进而且完全无视国际现实，属于一种情绪化的煽动，基本无望演变为政府政策。

理查德·塞缪尔斯则认为，影响日本安全观念的主要有四个因素，一是崛起的中国，二是朝鲜的异端政权，三是被美国抛弃的可能，四是日本经济的相对衰落。日本使用灵活战略来应对这些问题：应对中国时它采取先从经济上拥抱，然后再呼吁对中国威胁的关注；为了应对美国可能的抛弃它采用了抱得更紧的对策。② 因此，保持与美国的紧密联盟是日本的核心利益，即使只是为了减轻其深深的脆弱感。同时，日本也想成为一个正常国家，但对于其内涵并不确定。一个独立自信的日本将会走出美国的控制，但东京还没有设计出相关政策，而这同样也需要美国的支持。日本领导者认为与竞争者中国保持友好关系也是重要利益，尤其这是日本发展经贸必不可少的条件，但不能因此丧失民族自豪感。在亚洲，日本显然只想充当美国的唯一代言人，并且要在中国真正崛起之前成为一个正常国家。只有通过战略上保持美日同盟的核心，日本的民族自信心才不会因为中国的崛起而继续受挫；也只有不时地做出一些挑衅中国的举动，才会显示出日本在中国面前的持续强大。③ 而在亚洲外部，日本又总是试图成为亚洲的代言人，建立"大东亚共荣圈"的意识从来就没有消亡过，而是不断改头换面以周边国家更容易接受的隐晦形式体现出来，直到中国在经济总量和国际影响力上超过日本以后，日本仍然不由自主地为维持自己在亚洲的主导地位而努力挣扎，尽管其自身并不确定是否真的会有收获。这些错综复杂甚至相互排斥的战略目标导致日本常常在自身的定位方面犹豫不决、左右徘徊。寺岛实郎表示：今天的日本脑袋和身体是分开的，不在一块。日本经济越来越依靠

---

① 见《石原慎太郎称日本自主性被掠夺是美国情妇》，中新网，2011 年 2 月 5 日。

② Richard J. Samuels，"Japan's Goldilocks Strategy," *The Washington Quarterly*，autumn 2006，p. 114.

③ 郑永年：《中国面对美日台联盟》，《信报》2005 年 2 月 22 日。

亚洲,身体知道这是现实,而头脑却想着"脱亚入欧"。就是说脑袋里一直想的是"对美同盟","与美国合作"。……日本对亚洲没有本质上的联系,没有做过认真思考,一直是得过且过地应付,这是造成今天其亚洲政策混乱的原因。①

2001 年 5 月,小泉在施政方针演说中表示,以日美同盟为基础,维持和发展与中国、韩国、俄罗斯等近邻各国的友好关系是至关重要的,日本将努力使日美安全体制更加有效地发挥作用,加强两国在政治和安全问题上的对话与合作。② 这一表述比较确切地反映了日本自民党政府在三边关系中的思路。2011 年 1 月 20 日菅直人在民主党上台以后的首次"外交大方针"演讲中强调,"(日本政府)将更加深化(美日同盟)。无论有无政权更迭,日本政府应该将美日同盟维持不变并继续加强"。在谈到中国时,他先是对中国的军事表示了忧虑,随后宣称,中国与日本总是一衣带水的邻国,不限于政治领域、经济领域,中日双方在多层次进行交流,并表示希望更加深化中日战略互惠关系。③ 从他们的表态来看,不管是自民党还是民主党,在三边关系中的基本思路都是接近的,就是以维持日美同盟为核心,在此基础上深化与中国的关系,即有区别地对待中国和美国,同时为日本争取更独立的地位。虽然近年来自民党比民主党表现出更为明显的亲美遏华倾向,而随着安倍晋三的再度执政,这一倾向达到了顶峰,但日本对三边关系的认识并未发生实质性变化。

# 第三节 中国的利益追求

中国是四大文明古国之一,但从 19 世纪开始遭到列强轮番入侵,逐步沦落为半封建半殖民地国家,被视为身形巨大但落后羸弱的"东

---

① 《战争、靖国、反日——日本在发挥新国际主义方面的责任》,[日]《东洋经济》2005 年 8 月 6、13 日。

② [日]秋山昌广:《小泉—布什时代的日美关系》,[日]《时事解说》2001 年 6 月。

③ 《日本外交方针:继续以美日同盟为重点》,2011 年 1 月 20 日,http://money.163.com/11/0120/19/6QS7TFA300253B0H.html。

亚病夫"。新中国建立之后又历经磨难，直到改革开放才进入快速发展的阶段。进入21世纪以后，中国的综合国力和国际地位得到显著提升，与国际社会的接触和交流更加广泛，自身的利益追求也更为务实更有层次感，在大国外交和周边外交方面的外交实践也更为丰富。

## 一　中国的总体战略与外交目标

中国各类政党文件、白皮书和国家领导人在不同时期对中国的总体战略和外交目标作出了明确的阐述。2002年在中国共产党的十六大会议上，中国明确提出了自身的战略目标即"推进现代化建设、完成祖国统一、维护世界和平与促进共同发展"。[①] 在中共十七大上对于这一目标的陈述未变。中国学者刘建飞认为，根据十六大报告关于中国战略目标的精神，可以认为中国对外战略的目标有五项，分别是维护国家领土和主权完整；维护社会政治稳定；为发展经济营造良好的外部环境；为实现国家完全统一创造条件并推进统一大业；在维护世界及地区的和平与稳定上发挥作用。[②] 2002年国务院新闻办公室发表的《中国的国防白皮书》指出，中国的国家利益和目标主要包括：维护国家主权、统一、领土完整和安全；坚持以经济建设为中心，不断提高综合国力；坚持和完善社会主义制度；保持和促进社会的安定团结；争取一个长期和平的国际环境和良好的周边环境。2011年9月国务院发布了《中国的和平发展白皮书》，其中谈到中国和平发展的目标是，对内求发展、求和谐，对外求合作、求和平。具体而言，就是通过中国人民的艰苦奋斗和改革创新，通过同世界各国长期友好相处、平等互利合作，让中国人民过上更好的日子，并为全人类发展进步作出应有贡献。白皮书强调指出，"三步走"目标的核心任务是，提高人民物质文化生活水平，实现富民与强国的统一。同时，要随着综合国力的不断增强，履行相应的国际责任和义务。[③] 2012年10月中共十八大报告的中国外交部分提出，

---

① 江泽民：《全面建设小康社会，开创中国特色社会主义事业新局面——在中国共产党第十六次全国代表大会上的报告》，人民出版社2002年版，第1页。

② 刘建飞：《中国对美战略的现实与理论依据》，《现代国际关系》2006年第6期。

③ http://news.sina.com.cn/c/sd/2011-09-06/101223112859_2.shtml.

一是"改善和发展同发达国家的关系,推动建立长期稳定健康发展的新型大国关系"。二是在对待周边国家方面,"坚持与邻为善、以邻为伴,努力使自身发展更好惠及周边国家"。2013 年 1 月 28 日,中共中央政治局举办第三次集体学习,习近平提出,"中国要坚定不移走和平发展道路,但决不能放弃我们的正当权益,决不能牺牲国家核心利益。任何外国不要指望我们会拿自己的核心利益做交易,不要指望我们会吞下损害我国主权、安全、发展利益的苦果。"同时要"引导国际社会正确认识和对待我国的发展,中国发展绝不以牺牲别国利益为代价,我们绝不做损人利己、以邻为壑的事情。"习近平在博鳌亚洲论坛2013 年会上的主旨演讲指出,"我们也认识到,中国依然是世界上最大的发展中国家","中国将继续妥善处理同有关国家的分歧和摩擦,在坚定捍卫国家主权、安全、领土完整的基础上,努力维护同周边国家关系和地区和平稳定大局。"

可以看出,中国的总体目标和外交战略基本是维持不变的,但随着中国的逐步发展,其侧重点有所调整,在坚持传统的基本目标的基础上,结合自身国力和外交处境的变化,中国在阐述自身目标时变得更为积极主动。国务委员戴秉国在评价中美战略与经济对话的收获时,曾对中国的核心利益给出了更为具体清晰的解释:"我个人理解,一是中国的国体、政体和政治稳定,即共产党的领导、社会主义制度、中国特色社会主义道路;二是中国的主权安全、领土完整、国家统一;三是中国经济社会可持续发展的基本保障。这些利益是不容侵犯和破坏的。"①这是目前为止中国官员最具体的表述,而且其中隐含着的目标排序也让很多外国媒体有所遐想。

除了官方的表态以外,中外学者也对中国外交的目标进行过人量探讨。

美国国家安全委员会负责中国、中国台湾和蒙古部主任麦艾文(Evans S. Medeiros)认为,中国拥有五个特殊的外交政策目标:第一,促进经济增长和发展,为了完成持续的改革开放,中国需要一个稳定的国际环境;第二,提供再保险,中国应寻求对外保证,一个崛起的中国

① http://www.21ccom.net/articles/sxpl/pl/article_2010083117272.html.

不会损害其他国家的安全和经济利益；第三，反强制，中国试图降低任何国家遏制、限制或者阻止中国复兴的能力和意愿；第四，能源多样化，中国尝试实现能源和其他自然资源的多样化，这是经济持续发展的需要；第五，减少台湾的国际空间。中国已经成功实现了五个目标中的两个，经济增长和能源多样化，这增强了中国的自信。[①] 中国学者时殷弘则对此进行了简化，他认为有两个概念已经成为中国外交的新特征，一是经济外交，即旨在维护中国经济安全、促进中国经济发展的对外经济政策本身，成了对外政策的一大愈益重要的组成部分，甚至是日常一般场合的首要部分（或至少是首要部分之一）；二是愈益"并入世界体系"，即愈发重视与发达国家的外交关系（后者是世界体系的创设者、维护者和主要参与者）。[②] 他的这种观点可以被解释为中国外交的追求目标，也可以被理解为实现外交目标的基本手段。据称美国国防部也持有类似想法，即确保适当的物资与资源供应，已经成为中国外交政策的主要驱动力。[③] 这在一定程度上也与美国学者奥克森伯格（Michael Oksenberg）的观点不谋而合，他认为毛泽东时代的中国是"造反者"与"主宰者"的结合；年轻时接触过西方世界的邓小平是务实主义者，他的目光限于眼下几十年，要的是实际成果；江泽民有在海外工作的经历，他比两位领袖更了解世界，在全球化的潮流下，以不危及中国稳定或统一的方式让中国进入全球经济。[④] 中国学者楚树龙等对此的描述更为直白，他认为中国和平发展战略的目标在于成为经济超级大国而非综合性超级大国，所以中国不和任何国家进行军备竞赛。[⑤]

　　无论是从中国官方的表态，还是从中外学者对中国外交行为的理解来看，近年来尤其是进入 21 世纪以后的中国的战略目标和外交风格都

---

① Evans S. Medeiros, *China's International Behavior: Activism, Opportunism, and Diversification*, Santa Monica, CA: *RAND Corporation*, 2009, p. xviii.

② 时殷弘：《中国的变迁与中国外交战略分析》，《国际政治研究》2006 年第 1 期。

③ Annual Report to Congress: Military Power of the People's Republic of China 2006, Office of the Secretary of Defense, *U. S. Department of Defense*, 2006, Available at http://www. defenselink. mil/pubs/pdfs/China%20Report%202006. pdf.

④ ［美］奥克森伯格：《中国，走向世界舞台的曲折道路》，载［美］罗伯特·A. 帕斯特编《世纪之旅：世界七大国百年外交风云》，上海人民出版社 2001 年版，第 337 页。

⑤ 楚树龙、郭宇立：《中国和平发展战略及模式》，《现代国际关系》2008 年第 2 期。

发生了一定程度的变化。尽管维护主权和领土完整作为特殊历史经历的心理产物始终都是国家领导人最常提及的一个外交要素，但其价值更多像是一种原则宣示而非具体目标。实际上随着中国国力的增强和与国际社会交往的加深，中国官方在外交原则方面的表态中也出现了一些新的不同于以往的变化，如更为强调与大国建立相互包容、互利共赢的关系；首次提出了善待邻国，使自身的发展更好惠及周边的思路；在核心利益问题上的态度也更为强硬，不妥协的姿态也更鲜明。这些变化并不是一蹴而就的，而是随着中国国力的不断发展而逐步显现出来，经过江泽民和胡锦涛时代的尝试和积累，在习近平时代正式完成其转变过程，并通过如下几个方面完整地表现出来。

在外交目标上，从振兴中华转变为民族复兴。新一届领导人上台后，在参观复兴之路大型展览之际，习近平明确指出，"中国是世界上最大的发展中国家"，再次对中国的国际地位给予了明确的定性；他还提出了以实现民族伟大复兴为核心的"中国梦"的概念，意味着新一届中国政府将国家发展目标定在了强调荣誉感和自豪感、力图恢复曾经国际地位的"复兴"而非以往的"振兴"上面，展示出其更有历史感也更有雄心和抱负的战略规划。

在外交姿态上，从侧重"韬光养晦"转向"有所作为"的特征非常明显。无论从渐趋强硬的主权宣示，还是对世界秩序看法的变化，中国在外交上的表现都变得更为积极主动，从依照现有规则来解释自身的行为，转向参与或者影响国际规则的制定。尤其是在应对美国挑战的问题上，以及在与邻国的领土争端问题激化以后，中国表现得越来越有自信，从被动应对转向积极出击，其代表是"核心利益"概念的提出，反映出中国在逐步崛起后对国家利益和实现手段都有了与以往有所不同的思考，以至于有时会被外界冠以"咄咄逼人"、"更为自信"的标签。[①]

在外交排序上，明确了大国关系—周边关系—与发展中国家的关系这三个有轻重缓急的层次。其中大国关系主要是针对美国提出的，重点

---

① Thomas J. Christensen, "The World Needs an Assertive China," *Foreign Affairs*, February 21, 2011.

是新型大国关系的概念；周边关系则提出了发展惠及周边、不会损人利己的口号；这意味着中国的外交重点逐步从以往以与第三世界国家的关系为核心正式转向更为务实的大国与周边外交，而其没有明示但隐含其中的排序也为适当处理三边关系提供了潜移默化的指导原则。

在外交重点上，从主要关注领土完整与和平发展逐步扩展到同时强调经济外交和自身形象之类的软实力。随着中国在海外经济利益的愈发重要和复杂，经济外交已经成为与政治和安全不相上下的基本外交议题；同时在硬实力不断提升的同时，中国也开始关注软实力的同步提升，关注自身在国际上的形象，并推出以建立孔子学院为核心内容的拓展软实力的努力，在确保核心利益的同时，也更为注重在加入国际组织、遵守国际规则方面的实践。在中国外交方面颇有影响的郑必坚提出了中国三个发展的方向，即"和平大国、文明大国、可亲的大国"，[①]其重点也是放在了软实力而非硬实力的改善上。

## 二　中国对美国的认识

中国人对美国的总体看法同样充满了矛盾的爱恨情节，其内在冲突一点也不亚于美国对中国的认识。当初面对蜂拥而至的西洋列国，清廷官员即认为唯美国最和善，[②] 1871 年曾国藩、李鸿章上奏拟选聪颖幼童留学泰西各国时，由于朝野上下对美国的同声称颂，其首选之地即是美国。[③] 那时寻求国富民强的中国知识分子大都把美国视为可依靠和效仿的对象，虽然康梁等先驱的维新思想仍以保皇为基础，但美式的新型政治体制仍在其政治设想中留下烙印，康有为就曾希望光绪皇帝能成为中国的华盛顿。[④] 美国在中国民间的影响同样广泛，当时全国主要报刊几乎都以传记、小说、演义或翻译等形式登载过有关美国和华盛顿的文

---

① 郑必坚：《中国将树立和平文明可亲的大国形象》，中国新闻网，2006 年 4 月 9 日。

② 志刚：《初使泰西记》，湖南人民出版社 1981 年版，第 138 页。

③ 贺昌盛、黄云霞：《近代中国的美国形象》，《厦门大学学报》（哲学社科版）2008 年第 2 期。

④ 中国史学会主编：《戊戌变法》（二），上海人民出版社、上海书店出版社 2000 年版，第 195 页。

章。① 虽然随后美国的排华浪潮打破了国人对其的幻想，但在学生游行号召抵制美货的同时，知识分子仍将美国视为"德先生"和"赛先生"的来源地。巴黎和会后连一向激进的陈独秀都称威尔逊为"世界上第一大好人"。② 之后随着国际背景的演变和中国国内政权的更替，美国在中国的形象又经历了多次大起大落，但其作为效仿对象的朦胧定位在数十年的时间里虽几经批判，仍顽强地保留下来，并在中国改革开放后焕发出惊人的生命力。中美建交以来尽管波折不断，但美国始终是中国人首选的留学和移民对象国，即使在1998年发生美军轰炸中国驻南联盟使馆的悲剧后，在那些前往美国驻华使馆前抗议的学生的心中，这一追求也未曾改变③。《环球时报》公布的2008年"中国人如何看世界"年度调查显示，在被问及最喜欢的国家时（限一个），将中国排在第一的有34.35%，将美国排第一的有20.22%，剩下的就都是个位数了；如果中国人有出国机会，最想去的还是美国（33.04%），其他国家也都只有个位数。④ 如果你问中国的学者中国是否有行为榜样，会有相当多的人说是美国。⑤ 在中国的精英中，虽然很多人认为美国对自己不友好，但94%的商界领袖、86%的舆论领袖、74%的中共党员都表达出对美国的正面观点。⑥ 从社会心理距离上看，同德日俄三国相比，中国人对美国人的情感距离最为接近。⑦ 用美国学者沈大伟的话说，美国在中国人心中就是"美丽的帝国主义者"。⑧

从国际秩序的角度来看，美国也在潜移默化中发挥着有益于中国的

---

① 贺昌盛、黄云霞：《近代中国的美国形象》，第39页。

② 陈独秀：《独秀文存》，安徽人民出版社1987年版，第388页。

③ 陶美心、赵梅主编：《中美长期对话1986—2001》，中国社会科学出版社2001年版，第18页。

④ 《中国人如何看世界？2008年初显大国心态》，《环球时报》2009年1月2日。

⑤ David Pilling, "How China Can Be More Than 350 Albanians," *Financial Times*, 19 - Nov - 2008.

⑥ "Hope Fear: A Summary of Key Findings of C - 100's Survey on American and Chinese Attitudes Toward Each Other", http://survey. committee100. org/2007/files/C100SurveyKey Findings Report. pdf.

⑦ 陶美心、赵梅主编：《中美长期对话1986—2001》，第12页。

⑧ David Shambaugh, "Beautiful imperialist, China perceives America, 1972 - 1990," *Princeton University Press*, 1991.

作用。美国在积极维护国际经济秩序，促进全球多边自由贸易，并依靠美元霸权建立了国际金融秩序，对于国际金融体系的稳定发挥着基础性作用；美国向世界提供了很多公共产品，包括创设的多种国际机构（美国自身也要受其约束）、确保国际航道的畅通、打击海盗走私、人道救援等等。这些国际机制是美国制度霸权的重要组成部分，也是维护美国国家利益的内在要求，但同时也给其他国家提供了免费搭车的机会。在中国改革开放的进程中，应该说从各种国际制度和机构中受益的成分远远多于受到的限制，中国也因此而成为其参与者和重要成员。目前中国已参加或积极参与了与国际经济、全球贸易、技术传播和国际政治有关的所有主要国际制度，其所加入的国际组织和国际条约的数量约为美国的90%。① 这显然主要是依据对中国自身国家利益的判断所采取的行动。普林斯顿大学教授约翰·艾肯伯里在《外交》双月刊中提到，现在的世界秩序有益于中国的和平崛起。他认为，这个秩序是相互协调的、以规则为基础的，因此中国在这个体制内予以合作具有广泛的经济利益。与此同时，核武器决定了冒大国战争的风险必然是自杀性的。艾肯伯里写道："简言之，今天的西方秩序难以推翻，易于加入。"② 也可以说，美国无意中为中国崛起提供了有利条件，虽然在中国的官方表态和媒体报道中仍对美国的霸权主义多有批评，但美国治下的和平给中国带来的收益正为越来越多的中国人所认可，中国之所以选择融入而不是打破现有国际秩序，从革命者变成了维护者，正是因为它以一种难以察觉的方式认同了美国的世界作用，所以，中国对于美国的恶感明显是有限的。有美国学者认为，中国避免打破与美国联系的理由有几个：第一，美国依然是贸易、投资、技术的压倒性来源国，这些都是中国的经济发展所需要的，中国已经努力尝试从欧洲和其他地区使其来源多样化，但即使有这些努力，如果没有与美国的广泛接触，中国也不能继续其发展；第二，美国是亚洲最有影响的公共产品供应者，中国已经从中

---

① Allen S. Whiting, "Chinese Foreign Policy: Retrospect and Prospect," in Samuel S. Kim (ed.), "China and the World: Chinese Foreign Policy Faces the New Millennium," Boulder, Colorado: *Westview Press*, 1998, p. 297.

② Fareed Zakaria, "The Rise of a Fierce Yet Fragile Superpower", *News Week*, Dec. 22, 2007.

受益，美国的军事存在已经长期作为防止日本军国主义重现的瓶塞而存在，美军确保的太平洋和印度洋海上航道的安全，使得中国的海上贸易运输受益，美国带领的国际组织包括联合国和世贸组织为中国提供了一个机制框架，中国可以学习全球规则是如何被创造出来的，这些机制帮助促进发展和减少危机；第三，中国现在全身心投入到自我经济发展以实现全面建设小康社会的目标，在社会和谐的旗帜下确保中国社会凝聚力。为了这个原因，中国也要尽全力避免与美国的严重冲突。① 这一解释比较具有说服力。

但与此同时，美国又是对中国国家安全最主要的直接和潜在威胁。这不仅是缘于其巨大的对华实力优势，而且还因为主观上美国对中国的怀疑和防范日益在加深。从对中国社会主义制度的和平演变，到对中国维护国家统一和收复领土行动的干涉；从对中国经贸和投资活动的压制，到增加中国海外购买国债的风险；从阻止西方国家对华出售武器的解禁，到在周边构筑防范中国的军事网络；美国一直在从各个层面对中国施加着压力。改革开放以来中美之间多次发生过安全摩擦，有的还险些升级为军事冲突，可以说美国和中国的冲突是最频繁而且烈度也是最大的。奥巴马上台以来，提出了被中国认为是明显针对自己的"重返亚太"战略，不仅通过在经济上建立 TPP 的方式来制约中国在亚太经济中的领导地位，更在安全领域大力增强了在东亚地区的投入，强化了与亚太盟友的军事合作，在中国国内激起了广泛的质疑和反对之声。所以说美国是中国的朋友，似乎也不贴切。

中国对美国的身份认知是复杂和多面的，对美国作用的认知也是如此。但是经过多年的交往和观察，关于美国的一些基本事实在中国判断美国对华态度的辩论中愈发明确：首先是在经历过"9·11"恐怖袭击、伊拉克战争、次贷危机三个对美国的国际地位带来冲击的事件之后，美国的相对国力出现缓慢下降的迹象，但绝对实力仍出类拔萃，而且美国在今后相当长时期内仍将是世界唯一的超级大国，这进一步坚定

---

① Jun Kurihara and James L. Schoff, "For Whom Japan's Last Dance Is Saved—China, the United States, or Chimerica?" *Cambridge Gazette*：Politico-Economic Commentaries No. 4 March 29, 2010, p. 5.

了中国要与美国互为"建设性的合作者"的目标。其次，美国对华官方表态从基调上来看仍是相对友好的，从行动上来说对华仍是基本接纳的，同时中国还意识到，尽管中美之间存在复杂矛盾，以及在很多具体问题上观点也不相同，但中美具有一致的国际战略理念：两国对国际体系现状有基本一致的看法，对大规模杀伤性武器的性质有大体一致的认识，对亚太地区和世界安全有基本一致的看法。① 而更为重要的是，中国确立的几大战略目标的实现，都与美国有重大关系。更进一步说，美国看似当前唯一有能力阻碍中国和平发展的国家，中国要实现上述目标，都需要同美国合作，而不是对抗。② 再次，美国虽然长期以来对华实行被外界形容为"接触加遏制"的"对冲"战略，而且在从伊拉克和阿富汗撤军以后必然会将更多精力转向中国，但目前国内比较一致的看法，是美国强化在亚太地区存在的主要目的，仍是缘于对华发展前途不确定而自然采取的一种防范措施，目前还谈不上是遏制，按照某些美国官员的说法，美国对华关系的现状是"合作与竞争"而不是"接触与遏制"，而美国在中国与周边领土争端中的立场仍基本是保持中立的，因此，中国也可以对美采取同样的对冲战略，确保在一定程度上具备抵制美国压力能力的同时，把重点放在争取对美合作方面，努力实现与美国的双赢，为中国的发展创造尽可能有利的外部条件。

因此一直以来，中国都相当重视中美关系，把它视为中国外交的重中之重，谈中国外交，几乎必谈中美关系，中美关系也几乎成为中国外交的代名词。1997 年江泽民提出了"增进了解、扩大共识、发展合作、共创未来"的对美新十六字方针。③ 意味着中国开始把合作共赢视为对美外交的核心原则，至今未变。虽然近年来国内对美强硬之声不绝于耳，中国军队的高层开始谈论建造一艘航空母舰，把中国的影响力扩展到夏威夷以西；④ 还有一些人甚至鼓吹放弃邓小平的二十字方针，冲刺

---

① 邱美荣：《危机管理与中美关系》，《现代国际关系》2005 年第 3 期。

② 刘建飞：《中国对美战略的现实与理论依据》，《现代国际关系》2006 年第 6 期。

③ 《江泽民向党外人士通报访美情况》，《人民日报》1997 年 11 月 15 日。

④ "China Requires Close Eye as It Expands Influence, Capability," Department of Defense Documents, March 12, 2008. http：//www.defense.gov/News/NewsArticle.aspx？ID = 49260.

成为世界第一，即使这存在与美国发生战争的风险。① 但这决不意味着中国政府的对美政策发生了改变。中国非常清楚，由于在可以预见的将来中美之间实力差距不会迅速缩小，即使不考虑经济相互依存和国际合作的因素，中国人也不会将主动挑战美国视为一种可供选择的明智战略，而是把寻求一种更为平等、相互协商解决问题的双边关系，作为一个现实的政策目标。② 一个典型的例子是，对于 2003 年的伊拉克战争，中国官方所持的正式立场是既不支持、也不反对。③ 相对于中国的传统立场，这确实体现出一个重大的转变。同时，中国对美认识的逐步调整，也在中国对美外交的具体政策变化中体现出来。在中共十六大报告中，中国第一次将反对霸权主义排除出三大历史任务之外，没有明确提及要"反对霸权主义和强权政治"，也没有提"反对超级大国干涉"，而是把它们更新为"维护世界和平，促进共同发展"。报告还特别指出，"要扩大同发达国家（当然首先是美国）的共同利益汇合点，妥善解决分歧"。在十七大报告中，胡锦涛只是指出，"霸权主义和强权政治依然存在"，但同时更强调"中国的前途命运日益紧密地同世界的前途命运联系在一起……中国和其他国家应该共同分享发展机遇，共同应对各种挑战"。这不仅仅表明中国坚持了"和平与发展"是当今世界时代主题的判断，更可能还反映了中国领导人对应有的世界政治态势和对美政策的连贯性真正下了某种较长期的战略决心。④ 在十八大报告中，胡锦涛提出"霸权主义、强权政治和新干涉主义有所上升"，"在国际关系中弘扬平等互信、包容互鉴、合作共赢的精神"，"（中国）在追求本国利益时兼顾他国合理关切"，一方面保持了对国际上干涉势力的低调关注，另一方面则更为强调合作共赢、以及中国自身愿意承担更多责任的主张，向国际社会释放善意，期待以此来化解美国的疑虑，获取美国对华的理解和包容。

---

① Chris Buckley, "China PLA officer Urges Challenging U. S. Dominance," Reuter, March 1, 2010, http：//www. reuters. com/article/idUSTRE6200P620100301.

② 王缉思：《从中日美力量对比看三边关系的发展趋势》，第 5 页。

③ 楚树龙、郭宇立：《中国/和平发展战略及模式》，第 4 页。

④ 时殷弘：《中国对美外交和战略 15 年：演化过程、基本经验和尚存问题》，《国际观察》2004 年第 2 期。

近年来，中国对美外交中的一个关键词就是建立"新型大国关系"，这集中反映出中国政府对于中美关系新的期待。2012 年 2 月，习近平访问美国时特别表示："拓展两国利益汇合点和互利合作面，推动中美合作伙伴关系不断取得新进展，努力把两国合作伙伴关系塑造成21 世纪的新型大国关系。"2012 年 5 月 3 日，胡锦涛在出席第四轮中美战略与经济对话开幕式时指出："无论国际风云如何变幻，无论中美两国国内情况如何发展，双方都应该坚定推进合作伙伴关系建设，努力发展让两国人民放心、让各国人民安心的新型大国关系。"奥巴马成功连任美国总统后，胡锦涛在贺电中又提到："我和你就建设相互尊重、互利共赢的中美合作伙伴关系，探索构建新型大国关系达成共识。"2013年 6 月在美国加州庄园举行的习奥会上，习近平再度提及对中美建立新型大国关系的期待，国务委员杨洁篪对此的总结是：不冲突不对抗，相互尊重，合作共赢。简单来说，新型大国关系就是追求一种相互包容、协作共赢的关系模式，从中国的角度提出，既体现出对美国放弃霸权与干涉主义，包容、平等对待中国的期待，也表达了中国愿意尊重美国并在一定程度上配合其要求的愿望。

## 三　对日本的认识

美国学者苏珊·舍克（Susan L. Shirk）指出，中国政府认为对其国内政治最为敏感的三对外交关系是日本、中国台湾和美国，其中日本是最难对付的。[①] 这恐怕会引起很多人的共鸣。导致这一结果的原因很多：中日交往历史悠久但两国民性迥异，中日之间地理距离很近而心理距离很远，中日之间历史包袱沉重但在现实中的合作又极其重要，日本国内反华和亲华派都是如此个性鲜明。所以，如何看待和处理对日关系，一直是中国外交中的一个难题。

由于地域特征对思想观念的影响，历史上中国对于日本的态度基本徘徊在既有兴趣又漠不关心的矛盾状态中，以至于形成了对日本形形色色的固定偏见以及多重的印象。在进入近代以后，除极个别知识分子以

---

① Susan L. Shirk, China: Fragile Superpower, New York, NY: *Oxford University Press*, 2007, pp. 144 and 146.

外，从上至下的一般中国人仍普遍不关心日本之事，不愿正视日本，甚至在内心深处对于日本依然抱以轻蔑的态度，认为日本只不过是一个没有文化底蕴的暴发户，不值得花费力气去了解和研究。与此同时，面对日本日益强大的现实，在对日观上遂呈现出一种既尊崇又蔑视，同时还感到有些恐惧的多元特点。其流风余韵甚至影响到今天。① 戴季陶将此称为"思想上的闭关锁国"。②（施恩者心态与被害者意识）这几种因素交织在一起，构成一种类似"集体无意识"的东西影响着我们对日本的看法。有时候它表现为过度的自我关注和自我膨胀，对日本的忽视和傲慢，而有时候则表现为某种自卑、敏感和强烈的防备意识，使我们较容易将本属于日本个人和政府的某些孤立行为与我们受压迫、受欺凌的历史联系起来。如遇到与日本人发生矛盾和冲突的时候，较容易从种族歧视、"有辱国格"的高度加以诠释。③ 随后中国的对日观基本随着中日关系的变化而起伏不定，既有20世纪80年代的友好甚至亲近，也有近年来你死我活般的不共戴天，但从历史上延续下来的矛盾性思维一直深藏其中，成为中国看待日本时自然而然要戴上的一副眼镜。时殷弘认为，多数中国公众正在形成或已经形成的日本意象比较复杂：一个正在崛起、同时又正在衰落的日本，一个历来可恨、今后又很可能敌对的日本，一个中国未来一定要、也很可能能够克服或压倒的日本。复杂性就在于关于日本既崛起又衰落的意象：崛起是指政治上的张扬和军事上的躁动，衰落是指经济上的相对减弱，连同与中国迅速崛起比较而言的相对颓势。④

　　还有学者将中国最富有活力的群体——大学生的对美观和对日观进行了有趣的比较：在厌恶方面，首先从内容上看，大学生不喜欢美国，所谓的反美主要是反对美国的对外政策，尤其是对华政策，反日情绪的主要内容则指向历史问题以及战后日本政府在历史问题上的暧昧态度。

　　① 石晓军：《中日相互认识差异及芥蒂形成的若干历史性原因——从相互认识变迁史角度的一个观察》，第5页，http://wenku.baidu.com/view/339d1e20af45b307e87197f3.html。

　　② 戴季陶：《轮日本》，光明日报出版社2011年版，第3页。

　　③ 尚会鹏：《儒家的战略文化与中国人日本观的深层》，《国际政治研究》2004年第2期。

　　④ 时殷弘：《解析中日关系及中国对日战略》，《现代国际关系》2006年第4期。

其次在程度上，反美情绪远没有反日情绪那么持久和浓厚，反美情绪比较理性，属利益之争；反日情绪则更激烈，是善恶之争。再次两者指向的主体不同，反美主要是不喜欢美国政府，反日则可能上升到整个日本民族。在喜欢的方面，中国的大学生非常喜欢美国国内的社会环境，肯定其价值观和政治制度，喜欢日本的则是其物件，主要是电器产品，以及生产者的敬业精神；他们童年时代爱看日本动画片，青年以后则看好莱坞大片，只是动画片没有帮助改变现实中的日本形象，但他们却相信好莱坞大片反映的就是真实的美国。总的来说，学生们对日本的某些方面的喜欢基本上停留在认可和肯定的层面，而对美国的某些方面的喜欢，则上升到了欣赏和向往的高度，无意识间把美国摆在了一个比日本更高的位置上，当有人批评美国的时候，总有人为美国辩护；当有人批评日本的时候，很少有人为日本辩护。那些为美国辩护的人，常被一些不喜欢他们的人叫作"亲美派"，而那些为日本辩解的人则被许多人骂为"汉奸"。① 因此，日本逐步成为在中国的一个敏感词，很容易在中国民间引发分歧和辩论，有时甚至成为诱发肢体冲突和朋友决裂的导火索。②

　　迄今为止，中日政府之间已发表了四个政治文件，其产生的历史背景不同，承担的历史使命也有区别。1972 年的《中日联合声明》，使中日关系从长期战争和冷战状态中摆脱出来。1978 年的《中日和平友好条约》，从法律上完成了两国关系正常化进程。1998 年的《中日联合宣言》，对冷战后新环境下的中日关系作了重新定位。而 2008 年的新《中日联合声明》，则在继承前三个文件、融进 2006—2007 年两个联合新闻公报内容的基础上，为今后的中日关系作了定位与定向。③ 总的来说，中国希望中日之间发展一种"战略互惠关系"，与日本成为"战略互惠伙伴"。

---

　　① 陈生洛：《中国大学生的美国观与日本观比较》，《中国青年政治学院学报》2006 年第 6 期。

　　② 在日本政府购买钓鱼岛后的敏感时刻，中国国内不仅发生了一些针对日本企业及使用日本产品的国人的暴力事件，还有朋友因此反目为仇而造成伤亡的案例发生，见《村民为争执中日开战输赢问题杀死朋友》，人民网，2012 年 10 月 16 日。

　　③ 金熙德：《缔约 30 年来中日关系的演变轨迹》，《日本学刊》2008 年第 6 期。

这主要是因为日本对于中国的经济发展至关重要,无论从日本的对华政府开发援助,还是在华设立企业促进国内就业和学习管理技术,日本的作用几乎都无可替代。中日经济结构互补,贸易成本较低,而且日本在提供经济援助时设置的附加条件也少得多,基本不会干涉中国内政,其在新能源和环境保护等中国正遭遇发展瓶颈领域的绝对优势地位也使之可以成为中国借鉴和学习的主要对象。所以,中国真诚希望维护中日关系的稳定,在保证国家利益的前提下,尽量淡化两国的分歧与争端,努力促进经济合作共赢。中国领导人多次试图为此而打消日本的对华担忧,时任人大委员长的李鹏就曾尝试说服担心的日本商人:"中国的经济发展对日本是个机遇而不是威胁。中国尽管以两位数的速度增长,中国的人均 GDP 仍然只有日本的五分之一。"[1] 胡锦涛在 2008 年 5 月访日时希望与日方共建的"战略互惠"关系,着重点也是经贸合作。

但是,由于日本在中国极为敏感的历史和领土问题上不断发起挑战,并配合美国共同对华施压,激起国内民众的反日情绪不断高涨,导致日本的形象在中国政府和民众中也不断恶化。中日官方文件中在 1998 年建立友好合作伙伴关系以后,就没有继续提及伙伴关系。江泽民曾表示,我们对于美日安全同盟非常非常警觉,我们依然能够听到日本军国主义否认历史的声音,所以我们必须对其保持警惕。[2] 美国前副助理国务卿柯庆生(Thomas J. Christensen)认为,"中国认为日本的军事装备在东亚最为先进,而且军费开支在绝对数量上也仅次于美国。所以认为他们可以很容易在军事上做得更多。他们一般不认为日本会成为苏联式的超级大国,但可能成为像英法一样的军事大国。他们不认为显著增加军事开支会损害日本经济,认为日本没有多少困难来制造核武器。……中国的安全分析人员,尤其是军方人员,担心日本在 21 世纪上半叶再度成为一个强大的军事国家,将会寻求独立于美国的控制,并在国际事务中更有信心。北京或许担心美日同盟的解体,或许也担心日本在同盟中发挥更大的作用。尽管中国的分析家担心美国的力量要远

---

[1] Kwan Weng Kin, "China-Japan ties lack spontaneity," *Straits Times*, April 5, 2002.
[2] "China warns Japan over strengthened military ties with US," *AFP*, June 20, 1997.

远超过担心日本的力量，但考虑到国家利益，中国分析家对日本更缺乏信任，并且在很多情况下，在他们对美国的态度中很少能发现厌恶的成分。"① 中日发生钓鱼岛冲突后，中国国内还出现一种说法，即日本要在中日甲午战争、侵华战争之后，第三次使用武力来阻挠中国的现代化进程。② 由于在进入新世纪以来中日之间已经不再具备改革开放初期的那种惺惺相惜甚至相互补台，而代之以历史问题与现实争端持续不断且愈演愈烈，导致中国人对日本的反感、警惕和憎恨逐步变得根深蒂固，也将日本视为中国崛起过程中最明显、最直接、最可憎、最不自量力的障碍。

此外，中国国内还有大量轻视日本的观点，这可以归咎于多种原因。第一，中国并不把日本视为像美国和苏联那样具有全球影响力以及对中国的发展特别重要和难以或缺的国家，一定程度上导致了中国对日本的轻视，日本在中国外交中的地位与其实际作用存在距离；第二，将日本视为美国的属国，认为只要处理好与美国的关系，就可以在对日关系中保持强硬，或者至少不必为维护对日关系的稳定而付出太多代价；第三，在考虑对日关系时习惯性掺杂进历史认识等因素，认为只要日本没有在历史问题上满足中国的要求，就没有必要更加重视对日关系；③第四，历史原因导致民众形成主观的对日认识，很多百姓提到日本时仍习惯于称其为"小日本"，脑子里充斥着影视剧和教科书中描述的战争期间的日本人的形象，完全不了解战后的日本史和改革开放以来中日的全面交往历程，对日本的社会文明程度和中日差距没有概念，提及日本就会产生条件反射般的情绪化反应，惯用轻蔑的口气谈论日本。

由于上述种种复杂的历史和现实原因，中国将日本视为经济发达但

---

① Christensen, Thomas J, "China, the U. S. -Japan Alliance, and the Security Dilemma in East Asia," *International Security*, March 22, 1999.

② 刘涛：《日在钓鱼岛赌上国运妄图第三次打破中国现代化》，2012年9月12日，环球网，http://news.21cn.com/junshi/gundong/2012/09/12/12964182.shtml.

③ 持有这种观点的并非仅有普通百姓，笔者2011年5月在参加华盛顿美利坚大学亚细亚研究所举办的一次研讨会时，曾提出中国在将对美关系视为重中之重的同时，也应该对中日关系给予更多重视的观点，当即遭到与会的中国驻美使馆官员的反对，而其唯一的理由，就是日本在历史认识问题上缺少反思。

缺乏政治影响力、比美国对华更加不怀好意、在中国崛起的冲击下无可奈何而又心怀不满、惯于不负责任否认历史的美国的仆从国。虽然在中国国内尤其是在政府内部和知识精英群体中也蕴藏着一种更为理性客观的对日观，但这在全民族的对日情绪化认识中显得有些势单力孤，曾在小泉时代提出"对日新思维"的中国学者不仅要面临网络上的谩骂和现实中的威胁，其提议最终也没有在政府决策中得到体现。在中国国内对日观上的分歧远远不如对美观那么明显，表明对日本的认识已经被高度明显政治化了，这对中国制定对日政策形成了明显的冲击，有时政府决策会在一定程度上受到情绪化民意的绑架。从中国政府角度来看，其对日本的地位和作用的认识要更为理性，日本不是中国的军事威胁和经济威胁，而是可以成为中国可持续发展的有利外部因素；日本在历史和领土问题上的挑衅行为有其国内因素的推动，但导致中日双输的军事冲突和经贸摩擦的可能性不大；日本对华政策相对被动，中国具有通过适当调整对美关系来帮助改善中日关系的潜力。今后中国的对日观将继续随着中日关系的变化而变化，只是以负面为基调的基本现实近期内不会出现明显改变。

## 四 对三边关系的认识

在关系解冻以前，中国认为美国和日本在共同遏制社会主义中国，但美国一直被中国视为主要的敌人，而日本则是服务于主子的豺狼。[1]进入20世纪80年代以后，美国和日本都是中国的友好国家。从"六四"风波到20世纪90年代中期，中国逐步感觉到美国和日本在对华政策方面存在一定的差异，才开始关注用三边关系的视角来考察中国对美和对日的关系。但由于在美日同盟再定义之后，中国始终怀疑美日联合对华并以遏制中国为目的，导致中国的思想界很少把美国和日本分别进行思考，对于三边关系更缺乏现实而深刻的认识。进入新世纪以来，中国基本上仍在分别处理对美和对日关系，但在布什政府开始反恐战争以后，中美关系逐步改善，而中日关系因为小泉多次执意参拜靖国神社而

① Tatsumiokabe, "Japan's: relations with china in the 1980s", From Caston J Sigur, "Japanese and U. S. policy in Asia", *Praeger Publishers*, 1982, p. 97.

严重受挫，同时日本与美国的关系达到战后少有的亲密程度，中美日的三国互动逐步成为一种难以回避的事实，由此也诱发了中国对三边关系的关注，除了学术圈不断举行以此为题的研讨会以外，政府部门也开始对此倾注精力，甚至曾经筹划了一次三边官方会谈。但从总基调来说，中国在意识中对三边关系只存在一些潜在的、朴素的、不成形的设想，有时会自觉不自觉地流露在其对外交往的行为中。

从政府层面上看，江泽民 1998 年访问夏威夷时，曾经主动谈起了中美在第二次世界大战中联合抗日的那段经历，[①] 这背后是否有联美对日的考虑不得而知，但至少是牵动了很多日本人的神经，只是美国没有作出任何回应。在小泉任内中日因为历史问题而导致关系僵化时，中国有声音希望美国能够出面，对日本否定历史的行为至少进行道义上的谴责，因为毕竟美国也曾是日本军国主义的受害者之一，还有人提议中美合拍一些第二次世界大战片，从民间层面对日本施压。在美日之间就慰安妇提案发生摩擦时，中国政府基本没有明确表态，其积极性远远不如韩国。究其原因，恐怕是因为时任日本首相的安倍晋三上任后第一个访问了中国，他也心照不宣地放弃了对靖国神社的参拜，所以中国为了中日关系的稳定而不愿与美联合对日，毕竟从中国的角度上看，慰安妇问题不是中日历史争端中的主要议题。至于美国常务副国务卿佐利克、前助理国务卿薛瑞福、国务卿希拉里等纷纷倡议中美日三国举行三边对话的问题，鉴于日本的态度比较积极，这恐怕进一步加深了中国对日本利用同盟夹击中国的担心，所以反应冷淡。在三边对话方面中国历来慎重，除了对美日同盟的担心以外，还很关注东亚其他国家的反应，以及日本内政不稳的影响。在多重因素的作用下，中国在考虑问题时将三国联系在一起，从三边互动的角度着手的意识仍不强烈。

从理论上说，中国在三边关系中可能面临的选择有四种情况，即中日对美、中美对日、中对美日、中美日三人共处。除了第三种即在冷战时期的状态是对中国非常不利的一种选择，其他三种中国应该都能接

---

① 见 Yoshihide Soeya, Jianwei Wang, and David A. Welch, "A new look at the U. S. -China-Japan triangle: toward building a stable framework," *Asian Perspective*, Vol. 27, No. 3, 2003, p. 209.

受，因为在这三种模式中中国都不是被两个国家联合夹击的。但在现实中的选择会更为复杂。由于对美关系是中国外交唯一的重中之重，而对日关系只是属于重要外交关系中的一对，因此中国不会为了对日关系而牺牲对美关系。实际上因为美日关系几乎总是好于美中关系和日中关系，所以上述选项也基本不存在，但是却有另外一个相反的选项，就是中国为了中美关系而牺牲中日关系，更准确地说是强调美国而忽视或者排斥日本，应该说中国是能够接受并且进行过类似的尝试的。因为中国对美国重要性的认识要远远超过对日，而对日的警惕性和负面情感则明显超过对美，再加上模糊地认定美国对日本的控制是可靠的，所以领导人倾向于通过维护中美关系的稳定来促进中日关系的稳定，或者说是通过维持中美关系的稳定来迫使日本更为重视其对华关系。如果中日关系由于其自身原因而难以稳定下来，那么单纯中美关系的稳定已能为中国外交的成功赢得基本的保障。由此也导致中国无意识地选择了将美国奉为主轴而自己甘于做一个侧翼的模式，从战略上来讲这也是中国能够接受的。如果是相反的模式即中日友好而中美紧张，中国自身也会紧张，而且总会想方设法改善对美的紧张关系，不管这对中日关系来说意味着什么。中国对于对美关系是如此重视，以至于即使是由于日本主动接近中国而导致日美关系疏远，中国也会由于担心美国可能对华产生的误解而谨慎对待日本的主动姿态，鸠山在任期间的积极对华态度就没有得到中国同样积极的回应。进入新世纪以来由于对日难以消除的怀疑和相对的轻视，中国并不奢求而且似乎也不情愿建立一种三人共处式的对等三边关系；中国的主要目标，似乎只是不要成为美日稳定婚姻关系中对立的第三方，它并没有考虑过利用美日的争端而促成自己成为主轴的可能性，这意味着中国相信美日同盟的稳定性明显超过中美和中日关系的稳定性，因此中国似乎缺乏对于如何在中美日三边中获取更加有利地位的深层思考。

美国学者裴敏欣认为，中国90年代以来的对日政策是非常不明智的。中国过去在中日美的三角平衡中过分强调了中美关系，而忽视了与日本发展关系，未能全面正确地考虑日本国内发生的根本性变化，在国内宣传中也过分侧重于对日本军国主义的渲染，忽略了大多数日本人还是热爱和平的这个事实。……美国靠的是亚洲区域强权之间的结构性利益冲突来加强它的战略影响，中国只有跟近邻搞好关系，控制并解决双方的基本利害冲突，才可能中和美国的力量，从根本上使美国的平衡战略失效。美国十多年来企图将台湾问题纳入美日安保之中，日本迟迟没有答应，2005 年 2 月份却突然同意把美日安保的共同目标指向台湾，而且这条消息首先是从日本政府传出的，可见日本积极程度之高。[1] 日本庆应大学教授国分良成认为，在对日关系问题上，中国国内有两种主张。一种认为"如果中日关系陷入僵局必将对中美关系产生负面影响"，另一种认为"只要完善对美政策，日本将唯美国马首是瞻"。如今持后一种观点的势力开始崛起。随着 GDP 升至世界第二和美国影响力的下降，此前一直处于压抑状态的民族派、军队和既得利益集团开始发声了。[2] 他也认为中国倾向于把对日关系放在对美关系的框架下来考虑，从侧面呼应了裴敏新的看法。

或许这是因为在小泉任内，北京认为日本的民族主义被整合进美日加强同盟的行动并得到华盛顿的鼓励，因此倾向于把东京视为美国平衡中国崛起和维持在亚洲主导地位战略的一个主要工具，[3] 而对日本追求独立性的意图认识不足。但如果忽视日本的政策继续下去，中国可能会失去更多的主动性。因为不管中国崛起怎样和平，世界都不会温和地看待中国的崛起。[4] 日本与中国的共同利益并非不能保障两国的和平相处。30 年来中日关系尽管一再波折，但是直到最近以前从来没有出现可能兵戎相见的程度，即使出现经贸摩擦也比中美之间少得多。所以，中国追求建立一种更为平衡的对日和对美关系，并非没有机会。

中国在处理对美关系时有一个特征，即"中国一些有影响的人士一直相当保守和被动，他们询问的不是如何主动对局势施加影响，而是

---

① 《省思中国反日风暴——裴敏欣专访谈中、日、美关系走向》，《卡内基中国透视》月刊 2005 年 4 月。

② 《用多国框架应对中国——2010 年读卖国际论坛纪要》，[日]《读卖新闻》2010 年 12 月 4 日。

③ Wu Xinbo, "The end of the silver lining: A Chinese view of the U. S. -Japan alliance," *The Washington Quarterly*, Winter 2005 – 06，p. 126.

④ Jun Kurihara and James L. Schoff, "For Whom Japan's Last Dance Is Saved—China, the United States, or Chimerica?" *Cambridge Gazette*: Politico-Economic Commentaries No. 4 (March 29, 2010), pp. 3 – 4.

迫切想知道华盛顿的人事任命，以及他们会宣布何种政策"。① 但在处理对日关系时则没有类似的关注，这也表明美日在现实地位上的差距主导了中国对其各自的重视程度。由于历史原因，中国对日本军国主义复活的担心，超过对美国干涉中国内政的担心，虽然在强调外来威胁时总是把美国放在首位，但这更多是基于对能力的判断；如果转向意图，则日本对中国的威胁似乎要明显得多，尤其是历史和领土问题作为常态化的刺激因素始终在发挥作用，导致中国国内很多人在评估三边关系时总是倾向于认为，美日亡我之心不死，中国不可能也不应该和日本建立相对友好的关系，而美日总是铁板一块，在这几种认识的影响和干扰下，中国在看待三边关系时很容易陷入自我设置的一个框架，主动回避或者放弃一些理论上具有可行性的机会，而且几乎总是将被动应对、后发制人视为最有利的外交举措，缺乏抓住机会主动营造有利环境的意识，在外交实践经验上的发展与国力的提高仍未同步。正是由于中国在三边关系的认识上率先为自己设定了一个位置，导致其对三边关系缺乏一种成熟的战略思考，也会在一些新形势出现以后表现得较为被动。对中国来说，在可行的范围内最理想的三边关系模式是三人共处式，次要的选择是以美国为主轴的浪漫婚姻式，但中国往往会因为对最佳选择没有信心或由于对美日存在天然的偏重，导致将次佳选择视为更容易接受的一种模式。无论如何，如果中国能够更加重视对日关系，更加细察美日同盟内部的不和谐，都能够使自己在三边关系中的位置更有利。

## 第四节　中美日的相互认识

　　民间感情因素能在多大程度上影响政府外交决策，恐怕很难有什么定论；但是，如果两个国家的官方关系很好，几乎可以肯定其相互的民间感情也不会太差；如果两国民间情绪对立，也很难期待两国官方关系会比较融洽。中国学者王立新曾指出："一个国家的人民普遍具有的对他国的情感肯定会影响两国关系……通过研究一个国家在另一个国家的

---

① Orville Schell, "China Reluctant to Lead", *Yale Global*, 11 March 2009.

形象就可以在相当程度上预测两国之间的关系"①。关于对国家认识和国民形象进行的民意调查基本上可以反映一国民众对于其他国家的看法和情感，尤其是一个长期的跟踪性的民调结果基本上能够反映出双边关系的大概趋势。中国、日本和美国近年来的交往愈发频繁，相互了解也逐步深入，从各国进行的各类涉及国际认识的民意测验中，可以大致反映出三国之间民众的相互看法，其结果也会通过影响政府决策而对三边关系带来潜在影响。

## 一　国别之间的横向对比

### （一）中美之间

　　缘于对中美关系重要性的共识，两国不同机构和组织曾进行过大量有关中美关系的民意测验。据粗略统计，北京零点调查公司在世纪之交曾经两次推出关于"中国人看世界"的民意调查报告。2000 年，中国社会科学院美国研究所曾与美国凯特林基金会合作在国内进行了"中国人看美国"的民意调查。2005—2007 年，《环球时报》连续三年进行了"中美关系民意调查"活动，其中第一次是和美国的研究机构合作完成的；随后还进行过"中国人看世界"等民调。2008 年和2010 年，中国社科院美国所又和地方学术机构联合，分别在中国 16 个城市和 8 个城市问卷调查了中国民众对美国和中美关系的看法。在美国进行过此类民意调查的机构更多，如盖勒普、左格比、皮尤、美中贸易全国委员会、美中关系全国委员会、美国百人会、芝加哥全球事务研究所以及一些大媒体如《纽约时报》、NBC 等等。由于相关数据数量很大，在此不可能把所有的民调结果都统计出来，只能选择一些相对权威也比较容易得到的数据，即使如此也足以从中看出中美相互认识的大体脉络了。

　　中美之间的好感在"六四"风波之前达到高峰，此后迅速跌落，而且再也没有回到曾经的高度上。进入新世纪以来，中国崛起已经成为大势所趋，美国对华看法也经历了从迷惑到逐步确定的转变。在皮尤调

---

① 王立新：《美国在华传教运动与美中关系：一个初步的阐释框架》，载徐以骅主编《宗教与美国关系——多元一体的美国宗教》（第二辑），时事出版社 2004 年版，第 319 页。

查报告"美国在世界的地位2005"中显示，中国、朝鲜和伊朗是美国舆论领袖们最频繁提到的三个国家，但他们并没有就哪个国家是美国的最大威胁取得一致；而在2001年初的调查结论是多数人都把中国当成对美国威胁最大的国家。在大多数美国舆论领袖看来，与其说中国是一个"对手"，还不如说是一个"难题"。但他们普遍认为中国对美国的重要性已经超过了英国和日本。中国零点公司在同一时期进行的一次中国人看美国的民调，结果显示"中美关系重要性曲线"与"对美国好感度曲线"没有任何的交集。分别有85%、83%和65.7%的人认为美国是在"干涉别国内政"、"试图从经济上主宰别的国家"和"向其他国家强加自己的文化"；有68.8%的人表示一提到美国就会有"霸权主义"的印象；超过一半的人（55.6%）认为美国并不尊重中国。①

2007年年中，美国左格比民调公司与中国零点公司合作，在中美两国国内进行了有关中美民众相互印象的调查，结果显示52%的大众、56%的意见领袖、54%的商界领袖对中国持有正面看法，但只有35%的国会工作人员对中国有好印象，穷人比中产阶级和富人对华更有好印象；中国对美的好感要更强烈，60%的公众，86%的意见领袖、94%的商界领袖对美国持有正面看法，城市人口（79%）比农村人口（53%）对美国的印象更好，18—29岁的年轻人对美国的印象最好，74%的中共党员对美持有正面印象，而非党员中只有60%。大部分美国人愿意接受他们的孩子与一位中国人结婚，中国人则不那么确定。两国的多数人都认为对方国家的文化对自己的冲击是正面的。多数美国人相信中国变得更有影响力，只有1/3的中国人认为美国人变得更有影响力。多数美国人认为20年后美国仍是超级大国，多数中国人认为中国将成为超级大国。美国人最迫切的关心是工作机会流向中国，对华贸易赤字，以及中国的人权纪录；中国人最迫切的关注是台湾问题、对美贸易问题以及中国的环境恶化问题。至于最可能发生冲突的领域，美国人认为依次是贸易问题、能源问题以及人权问题，中国人则认为是台湾问题、人权

---

① http：//www.chinareviewnews.com/crn-webapp/doc/docDetailCNML.jsp？docid＝100066170.

问题和贸易问题。①

《环球时报》2009年进行的大型调查显示，和以往调查结果一样，中美关系的重要性在中国的对外关系中依然位居榜首，高达81.3%，远远超过其他双边关系。不仅如此，持有这种观点的受访者比例随着学历的升高越来越高。此外，与2008年相比，台海问题在中美关系中的重要性持续下降；在中国与周边国家关系中，中国公众认为中俄（48.5%）以及中日关系（42.1%）最为重要。超过半数（53.3%）的受访者认为经贸问题是影响中美关系的最大问题，而只有约1/3的公众选择了台海问题，此外，还有27.7%和26.9%的公众认为影响中美关系的最大问题是"美在战略上防范中国"和"环保问题"。②

清华大学学者吕晓波就1989—2005年间美国公众对华和对中美关系的看法制作了一个线性图表，这么看起来更为直观。从图表中可见，美国公众对华看法基本稳定，而中间的起伏基本上与中美之间的突发事件相同步。③

中国社科院美国所在2011年进行的中国国内民众的民调显示，65.9%的受访者认为美国对国际事务的影响很大，59.9%的受访者认为中美关系对中国非常重要，48.8%受访者对美国的总体印象一般，而最能代表美国的符号分别是白宫、自由女神、华尔街、五角大楼和美元。56.3%的人认为美国的国际影响力今后将会持平，73.5%的人认为当前的中美关系一般，68.2%的人认为中美关系未来会曲折发展。④

2011年底《中国日报》与美国盖洛普公司、中国零点研究咨询集团联合实施的"美国民众对中美关系的看法——2011中国人眼中的美国"的调查结果显示：中美关系重要的是普遍共识，六成中国受访者认为未来两国关系会保持稳定；美国受访者认为"缺乏信任"是中美

---

① Survey of American and Chinese opinion: Hope and Fear, 12/13/2007, http://china. usc. edu/ShowArticle. aspx? articleID = 888.

② http://www. sinovision. net/index. php? module = news&act = details&news_ id = 118177.

③ 《中国崛起的挑战》，百度文库 http://wenku. baidu. com/view/914a644c2e3f5727a5e96279. html。

④ 参见李慎明主编《中国民众的国际观》，中国社会科学出版社2012年版，第14—20页。

两国关系发展的最大障碍。两国民众普遍认可中美两国关系的重要性。
美国 71% 的受访者认为"非常重要"或者"比较重要";精英人士更
倾向于鼓励中美之间的良好关系,他们中的 85% 认可重要性。同样,
美国民众希望中美之间有更多的合作,尤其是在经济和能源问题上。在
"中美关系重要性"的调查中,有九成以上的中国受访者认为中美关系
"重要",其中表示中美关系"非常重要"的比例约为 50%,比 2010 年
的调查结果(30%)大幅攀升。此外,有接近六成受访者认为未来两
国关系总体上会保持稳定,22.9% 的受访者认为两国关系会越来越好。
调查发现,两国民众对于对方国家的整体印象呈现两极分化态势。美国
普通民众对中国的总体看法是"赞许"或"否定"的几乎各占一半。
中国人对美国印象的关键词依次为"霸权主义强权政治"、"经济发
达"、"中美关系"、"自由民主"。受一系列国际政治经济事件的影响,
负面印象"霸权主义强权政治"的提及率出现小幅上升,"经济发达"
等正面印象的入选率出现下降。①

　　美国百人会于 2012 年进行了一次民调,结果显示 59% 的中国受访
者对美国持有正面看法,美国有 55% 的受访者对中国持有正面看法;
美国人提到中国时,最先想到的是文化、历史、饮食和长城,而中国人
一提到美国时就想到的是战争和其军事力量;69% 的美国人认为美国比
中国的国际形象好,48% 的中国人认为中国比美国的国际形象好;中美
多数的意见领袖和精英人士都认为对方对自己国家的印象是正面的;
32% 的意见领袖和 38% 的商业领袖五年内都访问过中国,中国有 40%
的精英人士访问过美国;美国受访者相信美国依然是未来领导世界的超
级大国的比例下降到 50% 左右,而中国在这个问题上的分裂比较严重,
普通民众相信中国会成为领袖的比例上升了,但这么认为的精英的比例
却下降了。②

　　中美两国的民意调查显示,两国各自在对方眼里的形象起伏不定,
基本上随动于两国的官方关系,尤其是容易受到一些突发事件的影响。

　　① 《调查显示:中美两国民众普遍认可中美关系的重要性》,中国日报网,2012 年 2 月
9 日。

　　② http://survey.committeeloo.org/2012/2012survey.php?/ang=en&p=1&q=1.

一旦发生了一些具有冲击性效果的事件，民意对于对方的感觉可能会出现比较明显的变化。总的来看，中美之间的民意认识存在一些基本特点：一是相互好感变化幅度不大，冲击来得快，随后也能够较快恢复到正常水平，尤其是中国对美民意认识受到冲击时表现明显但回归也很迅速，这与中美之间没有历史宿怨，比较容易通过就事论事的方式解决纠纷，感情基础相对稳定有关；二是双方的负面感受都来自于对方的政府及其政策，而对对方国家和民众的看法则比较中性甚至正面，对对方的标志性文化都比较欣赏，但中美对相互价值观的好感是单向的，中国欣赏美国而美国不欣赏中国，表明两国民众都比较理性，能够将民众与政府区别对待，在非政治化的领域相互保持着天然的好感；三是普遍认为对方很重要，但重要性却与对对方的亲密感不成比例甚至有负相关，就是说对方越重要就越让自己觉得敏感，越重要就越容易被怀疑会对自己不利，尤其对于对方发展军事力量感到担心，这意味着两国政府之间缺乏互信的问题也影响到民间感情，感性与理性出现脱节现象；四是缘于中国对自己过于乐观以及美国对自己过于悲观，两国都对对方存在一些不切实际的想象，半数美国人相信中国已经取代美国成为世界头号经济大国，而中国多数百姓也相信中国可以迅速赶超美国，这种反差会通过影响两国的心理来影响政府决策，有时甚至可能导致误判；五是数据表明交流越多、知识层次越高、信息渠道越广泛，对对方的认识就会越客观，而两国年轻人之间的相互好感最高，这也为中美关系的未来发展提供了有利的条件。

### （二）中日之间

随着小泉任内中日关系的紧张，关于两国民众对于中日关系看法的民调也迅速增多，中日关系成为仅次于中美关系的一个民调热点。中日民间的亲近度在"六四"风波以前达到高峰，"六四"之后虽然有所下降，但日本对华好感始终超过美国对华好感，直到中国进行核试验和台海危机之后，日本对华好感开始稳步下降，而中国对日好感也随着小泉不断参拜靖国神社而迅速跌落，虽然在安倍尤其是福田接任后中日相互正面认识有所回升，但在中日撞船事件发生后，两国相互好感降至谷底并长期在低谷徘徊。

中日一些机构曾经分别或者联合跟踪两国民意的动态，其中日本内阁府、《中国日报》与日本民调机构"言论 NPO"、中国《瞭望东方周刊》与日本《读卖新闻》等联合进行的调查较为系统。日本从 1975 年开始，内阁府每年进行一次为外交战略提供参考的民意调查，2005 年的调查结果显示日本民众感到最亲近的是美国，为 73.2%；感到中国亲近的则降至 32.4%，创下当时的历史新低。① 亚洲杯上中国观众对日本队的态度，导致日本对华亲近感大幅下降，在 20—29 岁的年轻人中，感觉对华亲近的在 2004 年只有 31.3%，低于平均数 6.3%，而前一年他们的对华亲近感是 49.5%，是对华亲近感最高的年龄段，高于平均值 1.6%。突发事件的影响由此可见一斑。② 2006 年后，中国对日积极看法有明显上升，但在日本，对中国的看法没有这种变化，甚至还有恶化。③ 从对日本内阁府民调的历史考察中可见，自从"六四"事件以后，日本对华持积极印象者的人数在稳步下降，"六四"以前是 75%，1995 年中国核试验以后，积极派首次跌到 50% 以下，1997 年宣称不喜欢中国的人数超过喜欢者，为 51% 对 45%。从 2000 年开始分化变得显著，在 2001 年喜欢中国的是 48%，2004 年为 38%，2005 年 10 月是 32%，④ 2006 年降到最低。小泉离任之后，比率基本稳定下来，2008 年感觉不亲近者的比例达到最高点的 66.6%。而日本对美好感一直维持在 73% 左右，从 1973 年到现在，很少掉落过 70% 的阈值。⑤

中国《瞭望东方周刊》与日本《读卖新闻》联合在 2007 年 3 月进行的针对两国大学生的民调显示，让日本青年印象最深的中国历史人物

① 《日本民众对中韩亲近感急速下降七成称中日关系不好》，人民网，2005 年 12 月 25 日。

② Brad Glosserman, "U. S. -Japan-China Relations Trilateral Cooperation in the 21st Century," *Issues & Insights* Vol. 5 – No. 10, September 2005, p. 44.

③ Elena Atanassova-Cornelis, "Political and Security Dynamics of Japan-China Relations: Strategic Mistrust, Fragile Stability and the US Factor," 1 April 2010, http://www.psa.ac.uk/journals/pdf/5/2010/30_ 467. pdf, p. 9.

④ Kent E. Calder, "China and Japan's: Simmering Rivalry," *Foreign Affairs*, Mar/Apr 2006. Vol. 85, p. 129.

⑤ Giulio Pugliese, "The U. S. -Japan-China Strategic Triangle: Ripe For Cooperation?" From "The United States and Japan in Global Context: 2009," *The Paul H. Nitze School of Advanced International Studies The Johns Hopkins University*, p. 30.

依次是毛泽东、秦始皇、孔子、孙文和杨贵妃；中国大学生印象最深的日本历史人物是东条英机、小泉纯一郎和明治天皇。而在当前，文化及演艺界人士成为两国青年最喜欢的名人。中国大学生最喜欢川端康成、小平邦彦和高仓健；日本大学生最喜欢章子怡、成龙和孔子。中日大学生都认为中国是今后在国际社会最具影响力的国家。被调查的日本大学生中只有一成多的人来过中国，而中方被调查的大学生里不到4%的人去过日本，可见双方实际接触对方的机会并不多。① 在这两家中日媒体2008年进行的联合民调中，关于目前的中日关系，日本有36%的受访者认为关系良好，57%认为关系恶劣；中国认为良好的有67%，认为恶劣的只有29%。对于你是否信任对方国家的提问，日本数次问过这一问题，这次肯定的答案是最低的，只有19%，而不信任的比例则是最高的，达到78%；中国有56%的受访者认为可以信赖日本，42%回答不信任。75%的中国受访者认为今后的中日关系将比现在更好，而在日本只有38%持有相同观点。对于问题"中国是一个什么样的国家"的多选题，日本最多选的是"加强军备的国家"，有57%，其后是"致力于振兴传统和文化的国家"（22%），中国有73%选择了"致力于振兴文化和传统的国家"，45%选择了"加强军备"，有90%的日本受访者和69%的中国受访者选择了"日本战后69年坚持走和平的国家发展道路"。②

从2005年开始，《中国日报》与日本舆论调查机构"言论NPO"开始共同实施年度"中日关系舆论调查"。在2010年中日撞船事件发生以后，2011年的民调显示，中日民众对对方的好感都降至"历史最低"。受访中国民众中对日本表示"印象不佳"的占65.9%；受访日本民众中对中国表示"印象不佳"的占78.3%。这是该调查自2005年开始以来，双方民众对对方国家的负面印象最高的一次。③ 2012年的调查

---

① 《中日大学生民调：当前中日关系不太理想期待改善》，中国新闻网，2007年4月8日。

② 《日中联合舆论调查显示中国人对日观感趋向良好》，［日］《读卖新闻》2008年8月4日。

③ 《最新中日关系舆论调查显示：中日双方好感度下降钓鱼岛和福岛核危机影响深远》，中国日报网，2011年8月12日。

结果显示：中日关系重要性仍被高度认可，但发展现状不被看好；中日双方相互好感度总体上略有回升；两国国民基本看好中日关系发展，领土问题是最大障碍；文化元素受到关注，"历史问题"等影响增强；认同中日两国的经济发展对彼此均有益处；民间交流对改善中日关系非常重要；媒体仍是中日双方了解彼此的首选。①

中国社科院日本研究所 2008 年 10—12 月进行的民调显示，中国民众对日本感到亲近、一般、不亲近者分别为 6%、31.9% 和 58.6%，感到亲近的理由是日本经济技术发达和中日友好交流历史悠久，感到不亲近的理由是日本至今没有很好地反省侵华历史和日本近代侵略了中国。关于中国民众心目中的日本形象，名列前五位的依次是侵华日军、樱花、富士山、靖国神社、名牌汽车家电。关于中日关系，认为当前不好不坏、对中日关系前景比较乐观的均占第一位，这一调查结果与 2002 年开始的前三次调查结果相比，基本未变。②

中日钓鱼岛冲突愈演愈烈之后，双方民意中的好感度也不断创下新低。日本《读卖新闻》2012 年连续进行了围绕于此的民调。结果认为日中关系发展顺利的和不顺利的，日本各占 5% 和 90%，中国则是 14% 对 38%。对于今后两国关系的前景，49% 的日本人认为有必要加深，40% 认为应保持距离，而且越是年轻人越感到有必要加深；中国的比例是 42% 对 53%。日本喜欢和讨厌中国的比例分别为 3% 和 38%，而 2002 年时此比例为 19% 和 17%；中国喜欢和讨厌日本的分别为 10% 和 60%，而在 2002 年时此比例为 10% 和 53%。在对对方的印象中，日本对中国的认识是有"历史和文化的国家"第一，"专制国家"第二；中国对日本的认识是"科技发达的国家"占 63%，"经济大国"44%。关于日中关系的最大障碍，日本 38% 选择领土问题，30% 回答历史认识问题；中国 41% 选择历史认识问题，35% 回答领土问题；57% 的日本人和 59% 的中国人不认为两国可以解决历史问题。③ 在读卖新闻社于

---

① 《舆论调查显示：中日关系重要性仍被高度认可》，中国日报网，2012 年 6 月 20 日。

② 蒋立峰：《未来十年的中日关系与中国对日政策》，《日本学刊》2009 年第 5 期。

③ 《90% 日本人和 80% 中国人认为日中关系交恶》，[日]《朝日新闻》2012 年 9 月 24 日。

2012 年 12 月底进行的全国舆论调查中，仅有不到 30% 的日本人认为安倍内阁上台对两国关系会有所改善。认为中日两国关系会得到改善的比例仅为 29%，但"不可能改善"的比例高达 59%。①

朝日新闻社 2012 年 8—9 月进行的民调显示，认为两国关系不佳的日本人达到 90%，在中国达到 83%；而回答讨厌对方的人在日本为 38%，在中国为 63%。② 在 2012 年 10 月 10 日的民调中，对于野田政府的国有化政策，57% 认为有价值，23% 认为没有。50% 认为日本应该对中国采取强硬姿态，39% 认为应该采取灵活姿态；对于日中关系的恶化，32% 认为是一件大事，49% 认为在某种程度上是个问题，12% 认为没有什么大问题。③ 日本共同社 2012 年 11—12 月对日中民众进行了网络问卷调查。结果显示 71% 的中国人重视"与日本的关系"。回答"喜欢日本"和"信赖日本"的比例分别为 37% 和 31%。由此可见，并非所有受访者都持有强烈的反日情绪。同时，60% 的日本人认为有必要发展"与中国的关系"，但回答"喜欢中国"和"信赖中国"的分别仅占 6% 和 5%。可见抱有反感情绪的日本人比中国人更多。日本政府所谓的'购岛'理由是为了帮助已表明购岛的东京都，认为有必要由国家来进行稳定的管理。33% 中国人对此表示"不太理解"，46% 认为"完全不理解"。而在日本人中，10% 表示"非常理解"，52% 称"能在一定程度上理解"。④

从历史轨迹来看，中日相互好感的变化并无明显对应关系。2006 年时中国对日恶感高于日本对华恶感，这与小泉连续参拜靖国神社明显相关；但是到了 2007 年，由于安倍访华并且未参拜靖国神社，中国对日恶感迅速下降，但日本对华恶感却迅速上升，并持续维持在高水平上；从 2007 年以后，日本对华感受明显比中国对日感受表现得更为极端化，一旦开始厌恶中国之后这就成为多数人的共识，而中国对日认识

① 《民调显示：六成日本人认为中日关系"不可能改善"》，中国新闻网，2012 年 12 月 28 日。

② 《不要关闭对话窗口》，［日］《朝日新闻》2012 年 9 月 25 日。

③ http：//mansfieldfdn. org/program/research-education-and-communication/asian-opinion-poll-database/listofpolls/2012 – polls/asahi-shimbun-regular-public-opinion-poll – 10102012/.

④ 《民调显示中日民间对立情绪严重六成华人拒购日货》，环球网，2013 年 1 月 8 日。

的分歧则较为明显，在表现上比较和缓，这似乎与现实中人们的主观认识存在差距。

熟悉中日关系的美国学者评价道：从中国的观点来看，他们的关注包括历史问题和参拜靖国神社的争议，以及日本政府容忍很少提及日本负面历史的教科书；日本对台湾的政策，尤其是那些在中国眼里是日本愿意防卫台湾并支持其独立的行为；日本要在世界上发挥更大的军事作用，以及要成为军事大国的那些雄心；80 年代担心经济入侵（原文如此），现在则是日本可能成为安理会常任理事国；在东海追求能源的竞争；以及日本民族主义的崛起和媒体对中国的负面报道。从日本的角度看，其对中国的担心包括：中国民族主义和反日情绪的提升和暴力倾向，包括登陆钓鱼岛的军事行动，看起来这受到了中国爱国主义教育的培养；在批评日本对历史理解时自认为正确的中国政府官员和媒体，以及他们使用的强硬语言；军事建设的快速步伐以及增加的海军活动，包括核潜艇进入日本领海水域，以及海洋调查船频繁违反同另一方的协议；尽管呼吁联合开发但中国不情愿分享东海资源数据；以及中国的经济崩溃可能导致的社会秩序混乱对邻国的长远影响。[①] 这些总结也可以大致反映出中日各自对对方比较关注的一些议题以及相互存在的一些偏见。

这些民调虽然实施时间与侧重点不同，但一些规律性的特点却始终都存在。第一，中日民意之间的好感度韧性不大，很容易受到突发事件的干扰，受损很快但恢复较慢，这一点与中美之间的特点差别较大，恐怕与这对双边关系特殊的背景有关；第二，无论双方的好感度如何，两国民众都普遍认可中日关系的重要性，这一共识连续多年都没有改变；第三，两国民众都认可中日两国地位相互交替并逐步拉开差距的现实，即中国在国际上的作用会越来越重要，这也导致中国对双边关系的未来比较乐观，而日本则相对悲观；第四，日本对华负面认识主要表现为不信任和不理解，中国对日负面认识主要是感觉对方不负责和不坦诚，两国民众之间存在大量误解甚至比较偏执的错误认识；第五，中国对日认识在经过多年的趋同特征之后开始出现分化，即使领土争端不断激化，

① 　Brad Glosserman，"U. S. -Japan-China Relations Trilateral Cooperation in the 21st Century," *Issues & Insights*，Vol. 5 － No. 10，September 2005，pp. 41 －42.

中国国内也出现了更多理性的声音，意味着中国社会在逐步成熟，而日本对华认识则持续恶化且存在趋同趋势，表明日本看待中国时的情绪化在上升；第六，虽然中日之间交往在逐步加深，但似乎并未对理性认识双边关系带来多少益处，一方面因为偏激的媒体仍是中日双方了解彼此的最主要渠道，另一方面出国经历带来的正面认识似不明显，这使得通过交流来消除误解的设想变得不太乐观。

特别值得关注的是中日之间的误解。2007 年 4 月就有一名中国学者注意到，中日之间相互的印象都是过时的，中国认为日本是军国主义的，日本认为中国是落后的。① 这种现象在双方的民众中都普遍存在。由此导致两个结果，第一是争端的蔓延，由于中日始终纠缠于历史问题走不出来，并经两国之间不断主动反复强化，形成了一颗异常敏感的一碰就炸的地雷，任何时候只要一触及历史问题分歧，双方的政治关系就可能迅速恶化，并对其他领域的双边议题带来严重冲击；第二是争端的放大，由于历史认识和领土争端问题长期悬而未决，导致中日关系的主旋律中一直隐含着一种紧张状态，这种心理背景导致中日之间很小的冲突都容易被放大，使得两国民众逐步失去接纳对方看法的耐心，而宁愿放任误解进一步深化而变为敌对。这显示出中日之间正面观念的构建明显比中美之间更为困难。

### （三）美日之间

美日是军事同盟国，政治制度和价值观相同，交流历史长远且机制化程度高，所以相互的偏见较少，民意的起伏更多随动于利益的变化。除了 20 世纪 80 年代后期到 90 年代初的那段时间，日本的经济构成对美威胁之势，导致美国认为日本的威胁超过苏联以外，美日相互认识还是比较稳定的。进入新世纪以来，小泉与布什的"蜜月"关系也帮助促进了美日民意之间的相互认可。虽然小泉离任以后由于美国在对朝鲜政策上的"自私"表现和日本在基地问题上的迟疑与反复，导致美日关系出现明显波折，也给美日相互民意留下了阴影，但因为那种冲击毕竟不是原则性的，双方相互也能理解（不一定接受）对方的难处，尤

---

① Brad Glosserman, "Strategic Goals in U. S., Japan, and China Relations," *Issues and Insights*, Vol. 7 – No. 6, April 2007, p. 4.

其是在需要面对的共同挑战还一直存在的背景下，民意对于双边关系冲突表现出一定的包容度。

日本外务省 2002 年的民调显示，49% 的美国受访者认为日本是亲切的，62% 认为是可信赖的盟友，还认为日本是美国在亚洲最值得信赖的盟友，尤其是当朝鲜的紧张局势升级后日本的表现及其对伊拉克战争的支持；有 72% 的日本人喜欢美国，这在亚洲是第二高的比例；但也有59% 的日本人认为美国的外交政策不考虑其他人，69% 的人认为美国是贫富差距拉大的罪魁祸手。但是在其他国家反对美国化的观点和习俗的时候，日本的感情是相反的，74% 的人依然喜欢美国的通俗文化。[①]

日本外务省北美局局长西宫伸一，综合近年来日本舆论的调查结果后认为，有 70% 的日本人认为日美关系总体上是良好的，在日本一直有 3/4 左右的人对美国抱有亲近感。美国的调查也表明，普通民众中的70%，专家学者中约 90%，认为日本是可以信赖的友好国家。在美国有一半的人认为，日本是美国在亚洲地区的最重要伙伴。[②]

在此需要特别说明的是，美日之间进行的民调往往都会涉及中国，尤其是日本举行的民调，将自己或美国与中国相比是很自然的，也就是说更多的民调都是涉及三边，这些内容会在下一部分来叙述。可以看出，日美之间也存在因为对对方处理个别事件的不满就改变对对方总体观念的现象，这是民意本身的一个固有特征，只是再次说明了民意的易变性，倒也不足为奇；但总的趋势没有什么变化，一方面因为美日的冲突并不致命，不涉及多少核心利益；另一方面，两国政府也都会在关键时刻为避免关系的进一步受损而各让一步，显示出对美日同盟的共同重视，以及长期交往所致的处理对对方外交手段的相对成熟。

## 二　涉及三边关系的认识

统计三国之间的相互认识并不容易，因为三国的相关民调在侧重点上并不一致。在美国的民调很少会同时涉及中国和日本，中国基本也是

---

① Ryozo Kato, "The United States and Japan in 2003: Navigating Uncharted Waters," *SAIS Johns Hopkins University*, 2003.

② ［日］西宫伸一：《美国新政权下的美日关系》，［日］《外交论坛》2009 年 2 月。

这样，而日本的民调则经常会涉及中美两个国家。因此中美对三边关系认识的民调信息就比较少见，但从现有有限的统计中仍可发现一些基本趋势。

日本《读卖新闻》和美国盖勒普公司连续多次进行了针对三边关系的民调。2005 年的数据显示，73% 的日本人认为本国与中国的关系糟糕，72% 的日本人不信任中国，美国有 53% 的人不信任中国，51% 的人认为中美关系不好不坏，23% 的人觉得中美关系糟糕，76% 的日本人和 74% 的美国人对中国军力增强感到了威胁。……从政治上看，与 2003 年的调查相比，日本人重视美国的比例下降了 5 个百分点，重视中国的比例上升了 10 个百分点，在认为中日关系糟糕的受访者中，也有 44% 的人认为今后中国更加重要，只有 33% 的人认为美国更加重要。在美国，从 2000 年开始，重视中国的比例就超过日本，这次有 53% 的美国受访者更重视中国，38% 的受访者更重视日本。而在经济上，重视中国的日本受访者比例高达 62%，美国则达到 58%，美国重视美日经济关系的只有 34%，比去年下降 8 个百分点。①

2007 年由《读卖新闻》和盖勒普进行的民调显示，认为日美关系良好的受访者，日本为 39%，美国为 46%，分别比前一年下降 14 和 15 个百分点，认为日美关系不好的日本受访者为 32%，去年为 23%，美国为 10%，去年为 7%，其中日本的比例是 2000 年以来首次超过三成。认为日美关系不好不坏的，日本有 23%（去年是 20%），美国有 31%（去年是 24%）。日本有 54% 的受访者表示不信赖美国，34% 表示信赖，不信赖的比例连续五年超过信赖。美国虽然信赖日本（61%）比不信赖日本（30%）的比例高，但信赖者比前一年下降了 15 个百分点，不信赖者增加了 9 个百分点。谈到现在的对华关系，31%（去年 23%）的日本人认为良好，37%（去年 50%）认为不好，27% 认为不好不坏。从 2000 年以来，认为不好的超过好的情况从未改变。在对华信任感的调查中，表示信任的只有 16%（去年 21%），不信任的达到 74%（去年 68%）。美国认为对华关系良好的 30%（去年 38%），不好的有 17%（去年 12%），不好不坏的 45%，信任中国的 36%（去年

---

① 《日美舆论调查反映日美对华态度现状》，[日]《读卖新闻》2005 年 12 月 15 日。

52%），不信任中国的有60%（去年36%），达到历史最高。质疑中国产品安全性的日本人有93%，美国人有80%。在日本被问及政治上哪个国家对日本更重要时，45%认为是美国，34%回答是中国，10%认为都重要。在美国被问到同样问题时，39%认为日本更重要，40%认为中国更重要，7%认为都重要。在经济上谁更重要的问题，在日本有62%的人认为是中国，23%的人认为是美国，与去年相同；在美国有49%的人认为中国更重要，32%的人认为日本更重要，都重要的占7%。认为北京奥运会能成功举办的人，日本有46%，美国有85%；认为无法成功举办的分别是41%和9%。[①]

2008年《读卖新闻》与盖勒普联合进行的民调显示，对于"对今后的日本来说在政治上美国和中国哪个更重要"的提问，日本46%的受访者说是美国，回答是中国的有30%。对于"对今后的美国来说，日本和中国在政治上哪一个国家更重要？"的提问，美国51%的受访者回答是中国，43%回答是日本。对于"经济上哪一个国家更重要"的提问，日本回答是中国的受访者从去年的62%下降到49%，回答是美国的从去年的23%提高到33%。美国回答是日本的受访者与去年一样是32%，回答是中国的从去年的49%提高到63%。在政治和经济方面，日本重视美国的倾向增强，而美国重视中国的倾向增强。美国回答不信赖中国的受访者高达62%，创历史新高。可见美国受访者中肯定美中关系及信赖中国的情况与重视中国的倾向不一致。[②]

2009年《读卖新闻》与盖勒普联合进行的民意调查显示，48%的日本人认为日美关系很好，比去年上升14个百分点，认为不好的占26%，而美国的这一组数据分别是51%和8%。认为日本值得信赖的美国人从去年的32%上升到49%，不值得信赖的从60%下降到41%。认为美国人值得信赖的日本人比例为66%，不值得信赖的为31%。31%的日本人认为影响美日关系最大的问题是驻日美军重组，而持相同意见的美国受访者比例仅为5%。对于日本停止印度洋供油行动，日本赞成

① 《日美关系呈现不透明状态》，［日］《读卖新闻》2007年12月14日。
② 《日美两国民众在对日美两国关系现状的认识上存在分歧》，［日］《读卖新闻》2008年12月28日。

和反对的比例分别为 56% 和 32%，美国则分别为 20% 和 71%。认为日美安保条约有助于维护亚洲稳定的日本人有 75%，美国人有 70%。对于与中国的关系，43% 的日本人认为好，高于去年的 26%，美国则为 34%，与去年持平。认为与中国关系不好的日本人和美国人分别为 31% 和 13%。但有 73% 的日本人和 56% 的美国人不信任中国。在美国与中国在经济层面上谁更重要的问题，73% 的日本人回答中国，回答美国的只有 13%；美国人回答是中国的占到 69%，选择日本的只有 25%。政治层面上，52% 的日本人认为美国最重要，57% 的美国人认为中国最重要。①

《环球时报》自 2006 年起连续七年进行以 "中国人如何看世界" 为题的民意调查，问卷设计并不集中于美国和日本，所以直接相关的数据不多，但仍可反映出一些概况。从 2007 年的调查结果来看，美国和日本分别排在中国关注对象的前两名，但在民众印象中的差距较大。不过，62% 的民众认为中日关系是对中国来说最重要的周边关系，中俄关系排在第二（54%）。如果有机会出国，中国人最想去的国家（限一个）是，美国 30.58%，日本 9.54%，分列前两位，而俄罗斯的排位就很靠后了。中美关系一直是民众心目中对中国影响最大的双边关系，而且波动幅度不大，一直维持在 74% 以上的高位。中日关系在受访者心中的地位波动较大，从 2006 年至 2009 年逐年下降，在 2012 年有一定幅度提升，2012 年与上一年相比又有大幅提升，提升 17.3 个百分点。2012 年的民调显示，仍有 52.8% 的受访者表示 "看好" 中美关系未来的发展趋势。另有 36.9% 的受访者 "不看好" 中美关系的未来发展。中俄、中日关系被认为是最重要的双边关系，在中日因为领土争端发生冲突后，民众将中俄关系提到了中日关系的前面，认为这两对周边关系最重要的分别有 53.9% 和 40.7% 的人。在受访者被问及 "2012 年哪些国际事件给你的印象最深刻" 时，关注度居首的是 "日本政府'国有化'钓鱼岛引发中日紧张"，七成（69.5%）的受访者选择此项；"奥巴马成功连任美国总统" 的关注度位居第二，受访者选择率为 39.1%。与 2011 年的调查结果相比，2012 年受访者对中日关系未来一年的走势

---

① 《日美民众存在意识差距》，[日]《读卖新闻》2009 年 12 月 11 日。

的悲观预期明显上升，认为中日关系"可能会恶化"的受访者比例从
11.7% 上升到 33.1%，上升了 21.4 个百分点；认为中日关系将"基本
维持现状"的受访者比例则从 57.3% 下降到 38.1%。调查显示，对于
中国是否已经是世界性强国的问题，17.4% 的受访者认为中国是世界性
强国，比去年上升了 3.3 个百分点，这表明中国民众对中国国际地位的
认知信心略有提升，并且这是自 2010 年以来民众信心的连续第二次提
升。28.3% 的受访者认为中国不是世界性强国。这一比例比去年下降了
5.1 个百分点。此外认为中国"还不完全是"世界性强国的受访者超过
一半（54.0%）。①

　　2007 年皮尤进行了一次民调，从国际形象来看，在美国喜欢和不
喜欢中国的分别是 42% 和 39%，日本的这一数字分别是 29% 和 69%，
中国自身则是 93% 对 6%。非洲和拉美多数国家认为，美国对自身的影
响力大于中国，但是他们更认可中国的积极作用；对于中国不断增长的
经济力量，美日的认识相对稳定；不过对于中国军事力量增长的担忧则
主要来自其邻国和欧洲国家，尤其是韩国和日本，而美国的担忧有
限。② 2011 年 2 月 15 日的盖勒普民调显示，52% 的美国人认为中国已
经是世界上最大的经济体，只有 32% 选择了美国。中国的人均 GDP 是
4 000 美元，相对而言，日本是 42 000 美元，美国是 47 000 美元。在此
之前的一月份皮尤进行的民调同样显示，认为中国已经超过美国成为世
界第一的美国人多于认为美国仍然保持第一的人。近半数认为中国是
20 年后世界最大的经济体，只有 1/3 认为这会是美国。而在 2009 年时
认为是美国和中国的比例分别是 45% 和 34%。③ 同样的错误认识也发
生在世界其他地区。根据皮尤 2012 年的一次 21 国的民调，41% 认为中
国是世界头号经济大国，超过认为这应该是美国的 40%。而在四年前
的 2008 年，认为是美国和中国的分别是 45% 和 22%。这一现象尤其在
欧洲国家中表现明显。而中国在美国、日本和部分欧洲国家的形象在

---

① 《民意调查显示中国人"大国心态"渐成熟》，《环球时报》2012 年 12 月 31 日。

② Andrew Kohut, "the World Sees China," December 11, 2007, http：//www. pewglobal.
org/2007/12/11/how-the-world-sees-china/.

③ Kathy Chu, "Most Americans think China is No.1 economy; it isn't," *USA TODAY*, 2/
15/2011.

2012 年也变得更差了。<sup>①</sup> 也就是说,中国的实力明显被高估,而其形象却在下降。

　　日本《读卖新闻》2010 年进行的民调显示,对于与哪个国家的关系更重要的问题,日本人中有 68% 选择美国,15% 选择中国;而 50% 的美国人选择中国,33% 的美国人选择日本;在日本人被问到应采取何种举措来加强中日关系的问题,31% 的日本人表示应该是针对中国的日美同盟,64% 表示应该是三边深化共同的经济利益;在美国人被问到为了维护东亚的和平稳定,什么举措应该被加强时,18% 认为是针对中国的美日同盟;70% 认为应该是三国深化经济合作。对于美日同盟是否对自己有利的问题,日本人赞成与反对的分别有 70% 和 16%;美国人则分别为 49% 和 23%。对于如何看待驻日美军的问题,42% 的日本人认为是为了保护日本,36% 认为是为了美国的世界战略,14% 认为是为了防止日本成为军事强国;而美国人的看法分别是 9%、59% 和 42%,两国认识上的差别很显著。至于关键时刻美国是否会真心保护日本,41% 的日本人认为是的,46% 认为不会;如果其他国家攻击日本,66% 的美国人表示美国应全力相助,26% 认为没有必要;至于对自己最大的威胁,49% 的日本人认为是朝鲜,32% 说是中国,6% 认为是美国,3% 认为是俄罗斯;关于为驻日美军提供的同情预算,1% 的日本人认为应该增加,32% 认为应该维持现有水平,54% 认为应该削减,10% 认为应该取消;而美国人的看法分别是 16%,44%,21% 和 9%。对于日美安保条约,22% 的日本人认为军事方面的内容重要,64% 认为非军事方面的内容重要。72% 的日本人认为日本应该加深与美国的关系,15% 的人认为应该疏远美国;61% 的美国人认为应该加强与日本的联系,18% 的人认为应该疏远。51% 的日本人认为应该加深与中国的关系,38% 的人认为应该疏远中国;55% 的美国人认为应该加深与中国的关系,34% 的人认为应该疏远中国。<sup>②</sup>

---

　　① Joe McDonald, "Pew survey finds China seen as top economic power," *Associated Press*, June13, 2012.

　　② December 2010 Asahi Shimbun Interview Survey, http://mansfieldfdn.org/program/research-education-and-communication/asian-opinion-poll-database/listofpolls/2010 - polls/december - 2010 - asahi-shimbun-interview-survey/.

2011 年的 2—3 月，日本外务省委托美国盖勒普公司进行了日本在美形象的调查。结果显示，84% 的公众和 90% 的意见领袖认为日本是可以依赖的盟友，77% 的公众和 87% 的意见领袖认为美日之间的合作很好。但与此同时，39% 的美国人认为中国是美国在亚洲最重要的伙伴，选择日本的只有 31%。在意见领袖中选择中国和日本的比例分别为 46% 和 28%。92% 的美国人认为美日安保条约应该被保留。[1] 2012年 9 月底到 10 月初日本内阁进行的民调显示，80.6% 的受访者表示不喜欢中国，达到了 1978 年开始这项民调以来的历史最高水平，喜欢的只有 18%；认为中日关系不好的达到 92.8%，只有 4.8% 认为还可以。认为美国是朋友的达到 84.5%，不这样认为的只有 13.7%。[2] 与此同时，根据中国零点公司的年度调查，中国人对日本没有好印象的比例也从 2011 年的 65.9% 上升到 87%。[3]

2011 年《读卖新闻》和盖勒普公司进行的联合民调显示，日本认为日美关系良好的受访者占 35%，回答不好的占 41%，前者连续两年低于后者。自从 2000 年实施电话调查以来，认为日美关系良好的受访者比例创下最低纪录，是 2010 年的 33%，原因在于普天间基地搬迁等问题的影响。第二低纪录出现在美国把朝鲜从支持恐怖主义名单中删除以及美国爆发金融危机的 2008 年为 34%。2011 年的调查结果处于第三低的水平。美国认为日美关系良好的受访者占 52%。自 2000 年以来，美国舆论对日本的好感度一直高于日本舆论对美国的好感度。在对中关系中，61% 的日本受访者认为不好，远高于回答良好的 16%，不过相比 2010 年撞船事件之后的民调结果（回答良好和不好的分别占 11% 和 72%），在此前的 2009 年，43% 的受访者回答两国关系良好，高于回答不好的受访者 31%。回答不信任中国的为 85%（去年为 87%），在美国持相同态度的受访者为 64%（65%）。在被问及今后在经济领域日益

---

① "Opinion Poll: 2011 U.S. Image of Japan," http://www.mofa.go.jp/announce/announce/2011/6/0609_02.html.

② "Record 81% of Japanese feel no friendship toward China, government survey shows," *Japan Times*, http://www.japantimes.co.jp/news/2012/11/25/national/record-81-of-japanese-feel-no-friendship-toward-china-government-survey-shows/.

③ "Poll reveals worsening public opinion of Japan," *ChinaDaily*, 2012-12-27.

重要的国家，回答中国和美国的日本受访者分别为 67% 和 21%（去年为 63% 和 24%）。在美国，回答中国和日本的分别占到 69% 和 24%（去年是 68% 和 28%），回答日本重要的美国受访者创下了 2000 年以来的新低。关于今后在亚太地区影响力会增强的问题，回答中国和美国的分别为 68% 和 21%（去年 66% 和 22%），回答是中国的美国受访者比例由去年的 67% 上升到 74%，远高于回答美国的比例。在日本，关于对本国造成军事威胁的国家和地区，分别是朝鲜 84%，中国 80% 和俄罗斯 52%；在美国回答最多的是中东 76%，朝鲜 74% 和中国 66%。①

2011 年皮尤中心对世界二十多个国家展开国际观调查。2011 年时，认为中国将要或者已经代替美国成为全球超级大国的美国人达到 46%，比两年前提升了 13%；持有如此看法的日本人达到 37%，比两年前提升了 2%。对于谁是世界第一经济大国的看法，美国人有 38% 认为是自己，其中的 34% 认为这是好事，2% 认为这不是好事；而有 43% 的美国人认为这应该是中国，但是其中只有 4% 认为这是好事，37% 认为这不是好事。在中国，50% 的人认为美国经济世界第一，其中 15% 认为这是好事，21% 认为这不是好事；而有 26% 的中国人认为自己是世界第一，其中 23% 认为这是好事，1% 认为这不是好事；在日本，55% 认为美国仍是世界头号经济大国，其中 38% 认为这是好事，10% 认为这不是好事；33% 认为中国经济世界第一，其中 9% 认为这是好事，19% 认为这不是好事。对于问题"如果中国的军事力量与美国同样强大"，东西欧洲、以色列、部分亚洲国家和美国的邻国、南美洲国家都认为这不是好事，其中美国认为这样不好和好的分别是 85% 和 8%，而日本的表态是 87% 和 7%。在对美国的好感方面，美国人自己一直保持在 80% 以上，而日本则在 50%—85%，从来没有低于半数。中国的数据则徘徊于 40%—60%。对中国的好感方面，2011 年美国达到 50% 左右，中国自己是 95%，而日本是 34%。对于中国力量增长的影响力问题，美国认为军事力量增长是好事和不是好事的分别占到 11% 和 79%，认为经济力量增长是好事和不是好事的分别占到 37% 和 53%；而日本的看

①　《日本人对美意识没有好转，日美多数民众对中国不信任》，[日]《读卖新闻》2011年 12 月 18 日。

法则分别是 7% 和 87%，75% 和 35%。日本是对中国军力增长看法最为负面的国家，但对中国经济增长的正面看法则大于美国。对于美国民众的看法，喜欢和不喜欢的中国人分别有 42% 和 47%，而日本人则有 87% 和 10%。① 由此可见，多数美国人认为中国经济已经超过自己但不认为这是好事，而日本人比较理性但同样对此不认同；而在军事领域美日都不希望中国强大。

上述涉及三国的各次民调时间跨度大，议题广泛分散，单纯罗列出来不容易看到其中的特征。如果对不同议题的认识以国别进行区分，得到的结论就会更清晰明确。

从美国的主流民意来看，民众对中国崛起的现实已有充分认识，甚至过半数的人误认为中国的经济实力已经超越美国，同时也早已承认美中关系的重要性超过美日关系，今后中国比日本对美国更重要；多数美国人并不乐意看到中国的经济实力超过美国，对中国经济增长的正面评价不高，但他们对中国军事实力的提升并不特别担心；不喜欢中国的美国人属于少数，但其比例在逐步增加。美国民众认为日本是值得信赖的盟友，日本是美国在亚洲地区最重要的伙伴，美国对日本的好感度也一直高于日本对美的好感度，美日安保条约也应该被保留，关键时刻美国应该保护日本，但认为安保条约的主要目的是维护美国而非日本的利益；除此以外，美国对日的负面认识不多。

从日本的主流民意来看，日本认为中国崛起已经是不争的事实，相信中国今后在亚太地区的作用会更显著，中国对日的经济带动作用也超过美国的带动作用，因而认为中国的经济增长是好事；即使与中国存在争端，也认为日中关系非常重要值得关注；但多数日本人不喜欢中国，对中国的不信任超过美国对中国的不信任，尤其担心中国军力的增长，认为中国是仅次于朝鲜的威胁，对日中关系的改善没有信心，越来越多的人认为应该对华采取强硬对策，但仍认为应加强与中国的联系。日本民意认为与美国的关系最重要，而且认为今后对日本最重要的国家还是美国，对美国的好感从来没有低于过半数，对美国的不满主要表现在涉及日本重大利益的基地和朝核问题上，但对美好感往往可以较快得到恢

---

① http：//www.pewglobal.org/2011/07/13/chapter-5-economic-issues/.

复；虽然在美国损害日本利益时日本对美信赖会有所减少，但其对美国的信赖感仍远远超过对中国，对日美安保条约极其重视，认为其主要价值在于维护日本而非美国的安全，相信美国的经济规模仍是世界第一且认为这是好事。认为中美关系越来越重要，因而对日美关系的地位比较担心。

从中国的主流民意来看，普遍认为中美关系是最重要的双边关系，对于中美关系的发展前景比较乐观，中国各个阶层对美国的正面评价均远远高于对日本的正面评价，美国是中国人最想去的国家，中国人对于与美国相关的事务都比较关心，对美国的好感度也维持在半数左右，并基本认可美国的价值观；但是中国人不喜欢美国的霸权主义和不尊重中国的行为，只是这种认识并不影响其对美国的总体评价。中国对日认识更注重政治性，对日本作为国家的整体印象不佳，但是对日好感和信赖感即使在冲突时期仍能维持在一个较低而稳定的水平上；中日关系在中国周边外交中的排名存在波动，中日关系好则认为中日关系重要，否则就认为中俄关系更重要，对中日关系的定位并不确定；对于日本的行为不太理解也不接受。对日美关系则不太关心。

三　对民调结果的解读

第一，感性与理性分裂的现象普遍存在，对一个国家重要性程度的认识，与对其的好感和信赖感均无必然联系，这突出表现在美日对华方面，美国认为在经济和政治领域中国的重要性都超过日本，但这并未帮助增加美国对华的好感；日本相信在经济领域中国的作用比美国更重要，但日本对华却越来越缺乏信赖。有意思的是，中国对美、日本对美的认识分裂现象都不明显，这体现出美国作为唯一超级大国、中国作为快速崛起大国在外界引起的不同反应。

第二，民意不稳易受冲击的现象也普遍存在，即使是在互为盟友的美日之间也同样存在这一现象。大众观念很容易受到突发事件的冲击，如果双边关系一直比较友好，可能受到的冲击幅度相对较小，但有时也不尽然，比如日本民众对美国在朝鲜问题上的单边妥协就反应强烈，或许可以解释为正是因为平时关系密切，才更不能容忍对方背叛自己的行为。不过，民意的稳定性也与日常双边关系的基调相互影响，平时关系友好就更容易耐受突发事件的冲击，受到冲击后恢复得也比较容易，这在三国之间表现得非常明显。

第三，三国之间存在大量误解，必将会对国家决策层制定相关政策带来影响。如美国有过半数民众认为中国已经取代美国成为世界上最大的经济体，中日之间惯于戴着"有色眼镜"看待对方时必然导致的不实印象。中美日三国虽然发展阶段不同，但民众接触信息的方式差别不大，基本都是大众传媒。三国之间的媒体或为私有或为国有，但均存在大量片面以及没有进行价值祛除的信息和评论，长期反复的渲染必然导致特定认识逐步固化，在失实的道路上越走越远，形成以偏概全或者基于想象基础上的错误印象。

第四，民意变化基本上与双边官方关系的性质同步。从民意变化的曲线上看，只要三边关系中出现大的波折，一般都会在民意上有所反应，由此表明在外交问题上三个国家内部社会与政府的认识比较协调，很少出现在面对国内问题时常常可以看到的相互对立的现象。这意味着各国政府在外交问题上都发挥着主导作用，民意没有多少独立运作的空间。

第五，总结上述各类民调的具体结果，对于三国之间相互认识可以得出的基本结论是：中国重视美国超过日本，对美国的好感超过日本，对美国认识的稳定性超过日本；日本认为中国在经贸领域以及美国在安全领域都很重要，但美国比中国更值得信赖，对维护日美关系比日中关系更有信心；美国认为日本更友好更可靠但中国更重要，中国未来可能比日本带来的挑战大得多。总的来看，理性上日本重视美国的倾向增强，而美国重视中国的倾向增强；而感性上日本与美国更为亲近，美国比日本对华的接纳度更大。这些观念必然会对三个国家处理三边关系带来影响。

# 第 五 章

# 各领域的三边关系

中美日三边关系错综复杂，在涉及政治、经济、安全和社会文化等在内的各个领域都存在复杂互动，但是在不同领域的三边关系又有不同的特征。本章将据此分别进行梳理，通过对各个领域进行的考察来揭示出当前三边关系的全貌。

## 第一节　政治领域的三边关系

新世纪以来，中美日三国的政治关系复杂多变。克林顿政府后期中美日三国之间相对稳定的状态在布什政府上台后即被短暂打破，以布什准备协防台湾的强硬表态和中美撞机事件为标志，中美关系变得紧张；但"9·11"事件以后美国将战略重点转向南亚和中东地区，与中国的关系逐步改善，尤其是随后中国在六方会谈中的积极作为使中美关系更为稳定；反恐战争也在很大程度上促进了美日关系的越发紧密，小泉积极向印度洋水域和伊拉克派兵的举动将美日关系提升到历史最好水平；但与此同时，中日关系却主要因为历史问题而陷入了建交以来的低谷，中美日三边呈现出中美和美日接近而中日远离的扁平三角形政治格局。小泉离任之后，美日之间的距离主要因为基地问题而不断疏远；而中日之间则在逐步接近，以鸠山由纪夫带领的民主党掌控日本政权后达到高峰。但其后不久，中日撞船事件严重伤害了双边关系，中日距离迅速拉开并持续紧张，而中美关系也由奥巴马上台初期难得的相互友好转变成一种时而平静时而冲突的波动状态，美日关系则在逐步恢复，三边关系大体上又恢复到以往最常出现的浪漫婚姻类型，只是中日这两个侧翼的间距更大。在从进入新世纪到目前为止的十多年间，三边互动出现了几个明显不同的阶段，分别详述如下。

## 一　新世纪之初的三边关系

这一阶段的三边关系，主要体现为中美关系比较紧张、中日轻度紧张、美日关系相对稳定的状态。

小布什在竞选时，曾严厉批评克林顿政府的对华政策，强调中国是美国的"竞争对手"而非"战略伙伴"，并宣称要"对中国采取更强硬的路线"。[①] 布什的得力助手赖斯在竞选期间也撰文指出："即使我们主张与中国进行经济往来，中国仍是亚太地区稳定的一个潜在威胁。中国是一个有着尚未解决关键利益——特别是涉及台湾和南中国海——的大国，这就意味着中国不是一个'维持现状'的国家，而是一个希望改变亚洲力量对比以对自身有利的国家。仅此一点就使中国成为一个战略竞争者"，"对美国来说，在遏制中国权力与安全野心的同时，通过经济往来带动中国国内的政治、经济转型具有重要意义。合作是要进行的，但当两国的利益发生冲突时，美国决不应害怕与中国的对抗。"[②] 布什政府就职后，继续对中国保持强硬，4 月 1 日中美发生了南海撞机事件，4 月 25 日布什政府即宣布向台湾出售价值 60 亿美元的先进武器，布什本人更是在接受美国广播公司的采访时明确宣称，如果中国大陆攻击台湾，美国将会"尽其所能来帮助台湾自卫"。[③] 美国国防部综合评估办公室主任安德鲁·马歇尔公开表示，中国已经成为 21 世纪世界新的敌人，而且这个敌人与美国面临的只需要小规模兵力就可以对付的其他威胁明显不同。[④] 美国对华保持强硬与布什本人的政治理念有关，主要是从现实利益和意识形态考虑，希望尽早着手阻止中国进一步

①　Dan Balz, "Bush Favors Internationalism; Candidate Calls China a 'Competitor,' Opposes Test Ban Treaty," *The Washington Post*, Nov 20, 1999, p. A01.

②　[美] 孔多丽萨·赖斯：《促进美国国家利益》，《战略与管理》2001 年第 3 期。

③　"Bush Vows Taiwan Support," *ABC News*, April 25 200, http://abcnews.go.com/US/story? id=93471&page=1.

④　Andrew Marshall, "The US Is Thinking Itself Into A New Global Conflict," *Independent*, August 30, 2000.

成长为可对美国构成真正挑战的战略竞争对手。但与此同时，美国政府也没有任由美中关系恶化下去。布什在宣布将帮助台湾自卫的次日，又在接受 CNN 的采访时表示"本届政府强烈支持一个中国的政策"。在 7 月 5 日与江泽民通电话时他表示，美中双边关系至关重要，他尊重中国，尊重中国的历史和未来，他一直强烈支持中国加入世贸组织，相信美中两国可以在许多问题上进行合作。随后，国务卿鲍威尔和总统安全事务助理赖斯都对华发出了相对温和的表态，美国政府还决定在北京申奥问题上保持中立。

此时的中日关系也有起伏。2000 年 9 月，日本首相森喜朗曾对到访的美国国防部长科恩表示，亚洲国家担心日本再次成为一个军事大国，因此，美国在日本的军事存在已经成为对邻国的再保险因素。这意味着日本政府依然重视邻国的感受，但在小泉上台以后情况迅速发生了变化。2001 年 4 月 3 日，日本文部科学省正式宣布，由右翼学者团体"新历史教科书编撰会"主导编写的日本初中历史教科书经审定合格；4 月 11 日，日本驻华使馆致函中国政府，通告将于 4 月 23 日起对从中国进口的大葱、鲜香菇、蔺草席这三种农产品实施临时保障措施（即限制进口），这是日本首次动用保障措施限制来自中国的商品进口，中国随后对日本进行了报复。8 月 13 日，小泉又不顾国内外舆论的强烈反对，参拜了靖国神社，遭到了中国的强烈抗议。不过这一时期中日纠纷主要集中于历史问题，由于双方长期关系的基础尚好，中国还愿意给小泉更多时间去观察其行为；而日方对中国的定位还没有确定，因此也不急于明确调整其对华路线。

与此形成鲜明对照的是顺利发展的美日关系。2000 年 1 月小渊首相的咨询机构"21 世纪的日本构想恳谈会"提出，21 世纪的日本首先应该是重视日美同盟的太平洋国家，其次应该是基于亚洲立场的亚洲太平洋国家，然后才是以民政为重心的文官统治的国家。① 这样一种外交思路为森喜朗和小泉内阁所继承。2001 年 3 月，日本驻联合国大使佐藤行雄提出，在实现安理会改革之际，日本成为常任理事国是理所当然的事情，日本首次表明了自己的这种愿望，但这无疑需要美国的协助。

---

① 新华社东京 2000 年 1 月 18 日，日文电。

2001 年 5 月，小泉在施政方针演说中表示，日本的繁荣建立在有效发挥作用的日美关系的基础上，以日美同盟为基础，维持和发展与中国、韩国、俄罗斯等近邻各国的友好关系是至关重要的。① 从美国方面看，在竞选期间，布什与他的竞选班子就一直强调要把重视日本、提升美日关系放在其亚洲政策中的优先位置。2000 年 10 月，以阿米蒂奇和约瑟夫·奈为首的"知日派"专家小组发表了《美国和日本——迈向成熟的伙伴关系》（即阿米蒂奇报告），强烈呼吁美国政府更加重视日本的作用，提升美日同盟的地位。这份报告对布什政府的对日政策产生了明显影响，报告起草人阿米蒂奇成为布什政府首任常务副国务卿，沃尔福威茨成为国防部常务副部长，凯利成为负责亚太事务的助理国务卿，帕特森则任国家安全委员会亚太事务高级主任。由于布什政府负责亚太政策的班子主要由这些新保守派或日本问题专家把持，所以美日关系也受到了格外的重视。

在这一阶段，三边关系的基本架构属于"稳定婚姻"型。美日之间关系密切，而中美和中日之间的关系都出现波折，只是问题还不算严重，都处于各方政府的有效控制下。由于美日都是刚刚更换政府，三国之间还在相互试探，尚未确立长远的相互政策。也正是因为这个原因，三个双边关系之间的互动还不甚明显，虽然曾有学者发现了中日关系中的"黑四月"现象（日本教科书事件、李登辉访日、小泉承诺参拜靖国神社、限制对日出口农产品都发生在四月）与美日之间六月后进入的蜜月期之间存在强烈反差，② 但尚无充分证据认定，日本国内对华挑衅事件的增多与小泉强化对美关系有内在联系，而美国对华强硬与中日之间纷争的关系也不明显。这一阶段各国主要是依据狭隘的国家利益以及国内政治的需要来处理对外关系的，领导人鲜明的个性也发挥着作用，在三边关系上主要是在试探。由于布什刚刚接手的美国正处于其巅峰时期，因而中国和日本都在试图与其建立尽可能友好的关系，只是由于突发事件对中美关系造成冲击，而日中之间的历史和其他对华敏感问

---

① ［日］秋山昌广：《小泉—布什时代的日美关系》，［日］《时事解说》2001 年 6 月 1 日。

② Ezra F. Vogel, "The U. S.-Japan-China Triangle: Who's the Odd Man Out?" p. 12.

题也恰在这一时期暴露出来，导致三边关系展现出不对等的状态。但这更像一个过渡时期，一旦三方相互熟悉并明确了自己的外交政策之后，三边关系就会进入一个新阶段。

二 从"9·11"事件以后到小泉离任

这一阶段的三边关系，主要体现为中日关系紧张、中美关系改善、美日关系深化。

2001年9月11日发生了举世瞩目的"9·11"恐怖袭击事件，这对美国的内政外交带来了巨大冲击，迫使美国迅速将恐怖主义视为对其安全的主要威胁，把推进反恐战争视为当前的首要任务，而依靠盟国的支持和建立尽可能广泛的反恐国际联盟就成为美国取得反恐战争彻底胜利的必要条件。而东亚在其《四年防务评估报告》中被列为"拥有关键和重要利益"的首要地区，要防止这个关键地区落入与美国为敌的国家的控制中。在美国公布的2001年《国防计划修正报告》中提出了从日本海直到中东的"动荡的弧形地带"这一新的安全概念，主张美国在维持冲绳战略地位的同时进一步利用同盟关系，强化其在东亚地区的军事能力。在这一大背景下，美国开始调整对中日的关系。

在"9·11"事件后不到一个月，美国政府发动了阿富汗战争，在随后的10月21日，小布什来到上海参加在中国举行的APIC会议。他明确表示愿同中方发展一种"坦诚的、建设性的合作关系"。2002年1月，小布什在国情咨文中将伊拉克、伊朗和朝鲜三国称为"无赖国家"，并表示它们是美国的主要威胁。2002年2月，小布什作为总统首次正式访华，他把时间选在了30年前尼克松访华的那一天，并在游览长城时在当年尼克松止步处象征性地再向前迈了一步，暗示其对华政策的转变和对中美关系的重视。从此中美之间改善关系的默契逐步显现出来。小布什于6月在西点军校的讲话中指出："大国之间的竞争是不可避免的，但在我们的时代战争并非不可避免"。[1] 这意味着出于反恐的考虑，美国暂时不再把大国视为自己的主要安全威胁，这与其在一年前的对华态度已大为不同。《美国国家安全战略报告》也一改《四年防务

---

① "Text of Bush's: Speech at West Point," *The New York Times*, June 1, 2002.

评估报告》将中国视作主要潜在对手的定位，而称中国是"美国在亚太地区促进稳定和平与繁荣战略的重要组成部分"，并表示美国欢迎出现"一个强大的、和平的和繁荣的中国"。2002 年 5 月，美国国防部副部长沃尔福威茨两次公开表示美国反对台湾独立。2002 年 8 月，美国政府同意将意图谋划新疆独立的"东突伊斯兰运动"列为恐怖组织并进行制裁。国务卿鲍威尔则多次公开宣称布什政府不以中国为敌，在 2003 年时即宣称"中美关系正处于历史上最好的时期"，后来这一措辞一直被布什政府的官员沿用。2004 年 10 月 27 日，鲍威尔在回答记者提问时明确表示："台湾不是一个主权国家"以及希望未来两岸关系走向"和平统一"。后来就连一贯对华强硬的国防部长拉姆斯菲尔德也访问了中国。在陈水扁政府竭力推进台湾公投的问题上，美国也和中国站在一边对其施压。2005 年 9 月 21 日，美国主管亚洲事务的副国务卿佐利克在纽约美中关系全国委员会的晚餐会上，就美中关系和对华政策发表题为《从成员到责任：中国向何处去？》的演讲，首次提出了"负责任的利益攸关者"的概念，被普遍解读为对中国的正面认识和积极期待。美国对华民意也发生了显著变化，根据 2003 年 9 月的一项民意调查，9% 的美国人认为中国是盟国，44% 认为中国是友好国家，而认为中国是最大威胁的人数与 2001 年相比减少了 70%。[1]

中国也对美国的政策转变作出了积极回应。在"9·11"事发当天，江泽民就致电小布什对美国深表同情和坚决支持，中国不仅向亲美的阿富汗临时政府提供 1.5 亿美元紧急援助，而且对于美军进驻中亚和日本海军首次在海外开展军事支援的举动保持沉默。2003 年 3 月美国入侵伊拉克以后，中国的反应相对缓和，远不如美国的盟友法国、德国以及俄罗斯的反应强烈。2002 年底第二次朝核危机爆发后，中国政府主动表示，愿意在北京主持关于朝核问题的国际对话，随后连续在北京组织了六轮六方会谈，其间还打破常规，对朝鲜试射导弹和进行核试验的行为提出了史无前例的严厉谴责，并配合国际社会对朝进行制裁，帮助化解了东北亚地区的紧张局势，得到了美国政界和主流媒体的一致好

---

① 陶文钊：《布什当政以来的中美关系》，《同济大学学报》（社会科学版）2004 年 4 月。

评。中国还同意美国 FBI 在北京设立办公室，提前释放了热比娅，作为对美国不在联合国人权大会上提出谴责中国提案的回应。中美在经贸领域的冲突虽然频发，但双方都很节制，中国还从 2005 年开始，首次放开对人民币的管理，允许其对美元逐步升值。据粗略统计，从 2001 年 10 月至 2006 年上半年，中美元首级互访共五次，参加国际高层会议的会晤四次，保持了每年一至两次的高层谈判与会见，大大改善了两国间的政治气氛。①

虽然小布什任内的中美关系被双方共同认定为历史上最好的阶段，甚至有人说布什的外交除了中美关系是亮点以外，别的都一无是处，但我们同时应该看到，表面的平静稳定并不意味着美国已经彻底改变了对中国的看法。中国学者潘锐对此作出过很有见地的分析，他谈到布什任内中美关系的几个特点。首先，布什政府虽然由于"9·11"事件和反恐战争的需要而调整了其对华政策，但是这种调整只能被视为策略性的而非战略性的，中国在美国的长远安全战略中的地位并无实质性的变化，日本是美国在亚洲安全合作基石的观念仍然稳固。其次，布什政府对华政策是分裂的、矛盾的，表现为美国行政当局内部有两种相互对立的对华认识，而且在执行政策过程中呈现了南辕北辙的特征，国务院处理中美日常事务，而国防部则防患于未然。这种政府部门各行其是而总统不予干预的现象在三十多年来的中美关系中还是仅见的。再次，布什政府对华政策是务虚为主，务实为辅，言辞缓和，行为强硬。往届美国政府在对华政策上通常是言辞强硬而行为缓和，但小布什政府则恰恰相反，是言辞缓和，行为强硬，换言之，布什政府在务虚层面上愿意对中国让步，满足中国的一些务虚要求，但在务实层面上则是口惠而实不至，少做或尽量不做实事，使中美关系空有一个良好的气氛，但缺乏实质性的进展。②

中美关系在这一阶段的总体稳定，是由多种因素决定的。首先是美国将主要精力放在反恐战争上，不得不努力稳定对华关系以服务于其核

① 顾关福、戴静：《小布什执政以来的中美关系》，《和平与发展》2006 年第 4 期。
② 潘锐：《小布什政府第一任期对华政策和中美关系》，《美国问题研究》2005 年 12 月。

心目标；其次，中国在朝核问题以及反恐问题上的密切配合也改善了美国对华的看法；再次，陈水扁在台独的道路上越走越远也碰触到美国的底线，客观上拉近了中美之间的距离。但中国的不断崛起，终归还是让美国国内心神不宁。2005 年美国国内开展了一场有关中国问题的大辩论，政界、工商界、学术界、媒体都参与进来，最终得出两个结论，即中国崛起是无法否认的事实，但中国发展前景不确定。因此，布什使用了"良好而复杂的关系"一词来描述美中关系现状，之后一再明确重复这种表述①，使之成为美国政府对华认识和左右辩论方向的基调。正是由于这种认识，美国才相信需要在利用中国崛起动能的同时，防范中国前景不明可能带来的各种潜在挑战。只是由于布什政府面临更为急迫的反恐和防扩散压力，才不得不暂时把主要精力放在对华合作方面，并以积极姿态劝导诱使中国配合美国的战略期待，因此这只是一种权宜之计。

相对而言，这一阶段美国与日本的关系则无论在表面还是实质上都要紧密得多。

"9·11"事件发生后，日本以异常鲜明的态度支持美国反恐，连一向不过问政治的天皇也破例致电布什总统，吊唁在事件中无辜的牺牲者；日本政府还采取出乎意料的迅速行动落实援美反恐的承诺；自卫队从中看到了摆脱自我限制的有利时机，积极鼓吹外向化，以至于有海上自卫队的军官要求他们的美国同行向日本政府施压，以便在印度洋部署宙斯盾驱逐舰。② 2001 年 9 月 19 日，小泉宣布实施援美反恐的七项措施。10 月 18 日和 29 日，日本众参两院迅速通过政府提出的《恐怖对策特别措施法》、《自卫队法修正案》、《海上保安厅法修正案》等三个法案，为日本立即派兵向在阿富汗作战的美军提供后勤支援扫清了法律障碍，由此使日本自卫队获得了第二次世界大战以来最大的活动空间。2002 年 11 月，小泉的政策咨询机构"对外关系工作组"提交了一份政

---

① 《布什：中国崛起令人惊叹中美关系非常复杂》，2005/6/1 http：//news. xinhua-net. com/world/2005 – 06/01/content_ 3029501. htm。

② J. Patrick Boyd and Richard J. Samuels, "Nine Lives? The Politics of Constitutional Reform in Japan," *East-West Center*, www. eastwestcenterwashington. org/publications, p. 12.

策报告——《21 世纪日本外交基本战略》，提出日本急需改变缺乏长远战略的状况，应以国家利益为基础制定外交政策，而在可预见的未来，维护日本安全的手段非日美安保体制莫属。报告极力吹捧美国，称美国是亚洲及世界安全的最终承担者，没有美国就不能对付当代世界的大型威胁，日本受到他国攻击时不惜自己流血也要保卫日本的只有美国。随后从 2002 年 4 月到 2003 年 3 月不到一年时间内，小泉内阁连续通过近 10 个与美国反恐战争相关的国内法案，一方面将对美军的支持具体化，另一方面则继续扩大自卫队的权限。日本国会的共产党议员福岛瑞穗（Mizuho Fukushima）对此愤然表示："日本是合众国的第五十一州，小泉的态度就是服从于美国，为了显示他的友谊，他派军队去伊拉克，尽管这违反我们的和平宪法。"[1] 有美国学者评价道，华盛顿和东京在"9·11"以后合作的深度和广度史无前例，甚至超过了美国的期待。日本可能还不像前副国务卿阿米蒂奇期待的那样成为亚洲的英国，但称呼日本首相小泉纯一郎是亚洲的唐尼·布莱尔并不离谱。[2]

美国对日本的一系列举动也大为赞赏，小布什称赞日本是美国"最亲近的友好国家"，在反对恐怖主义的斗争中同美国进行了卓越的合作，作出了"巨大而有益"的贡献。美国媒体也盛赞日本采取了果断行动，认为这是日本重大的政策转变，将为提高其在国际政治中的地位开辟道路。因为小泉政府曾坚决支持美对伊动武的立场，因此在 2003 年 5 月小泉访美时，布什在自己的私人牧场接待了他，还亲自驾车在牧场内为小泉导游 40 分钟，并在只有翻译在场的情况下，与其密谈两个小时。小泉在会谈后满意地说，此次访问标志着日美关系进入了自美国人贝利 150 多年前踏上日本国土以来的"最好时期"，他甚至受宠若惊地表示："劳驾总统开车，没有比这更荣耀的了！"针对此次访问，他满意地表示："日美两国完全站到了一起。"[3] 在小泉因拒绝承诺不再参拜靖国神社而被美国国会剥夺了在国会演讲的机会后，布什又陪

① Louisa Lim, "U. S. -Japan Relationship Questioned as Koizumi Exits," Morning Edition, NPR, June 29, 2006, http: //www. npr. org/templates/story/story. php? storyId = 5520395.

② Ralph A. Cossa and Brad Glosserman, "U. S. -Japan Defense Cooperation: Has Japan Become the Great Britain of Asia?" Issues & Insights Vol. 5 – No. 3, March 2005, p. V.

③ http: //new. sohu. com/10/43/news2095243lo. shtml.

同他参观了小泉的偶像——猫王的故乡。

　　美日的亲密合作，主要是因为互有所需，也与布什与小泉性情相投有关。美国发动伊拉克战争后，国际社会一片谴责，布什政府希望能继续得到盟国的坚定支持；同时，美国也期待利用这个机会推动一直对承担更多责任比较抵触的日本变得更为外向，在更广的范围和区域内与美国展开更有成效的合作。为达此目的，包括切尼、鲍威尔、阿米蒂奇等在内的美国高官一再动员日本更为积极主动。切尼 2004 年表示，我们的盟友关系不仅是双边安全合作，而是全球伙伴关系，提升共同的关注，解决问题并共同面对来自任何地区的挑战。① 对于日本的积极合作，一直对此寄予厚望的阿米蒂奇也相当满意："我认为我们已经完成了阿米蒂奇报告的目标，对于过去四年取得的进展我非常兴奋。"② 他在任期结束评价美日同盟时表示："如果你看看 2000 年和现在的情况，许多事情都变了，许多事情。"③ 一些美国观察家注意到，华盛顿对日本的态度已经从"鞭打日本"和"越顶外交"转变为"日本超越"，表明东京在安全领域与美国的合作已经超越了华盛顿的预期。④ 因此"在布什与小泉时期，比美日之间合作水平提升更快的唯一东西，就是美国的期待值"。⑤ 日本政府同样希望借助于美国的帮助来实现自己的政治诉求，他们对于伊拉克的和平并没有多少直接利益和兴趣，之所以还要为之流血，就是因为可以借助于美国的需要而名正言顺地获得自卫队走出国门的法律权利，并在国内为修改宪法培养社会氛围；另外一个

---

　　① "Remarks by the Vice President at the Washington Post-Yomiuri Shimbun Symposium," The White House, Tokyo, April 13, 2004, http：//www. whitehouse. gov/news/releases/2004/04/20040413 - 3. html.

　　② "U. S. -Japan Relationship Continues to Grow in Importance," Nov, 30 2004, http：//news. findlaw. com/wash/s/20041202/20041202140703. html.

　　③ "U. S. -Japan Relationship Continues to Grow in Importance," *Washington File*, December 2, 2004, http：//usinfo. state. gov/xarchives/display. html? p = washfileenglish&y = 2004&m = December&x = 20041202140703ajesrom0. 9503595&t = livefeeds/wf-latest. html.

　　④ Ralph A. Cossa and Brad Glosserman, "U. S. -Japan Defense Cooperation：Has Japan Become the Great Britain of Asia?" *Issues & Insights* 5, no. 3 March 2005, p. V.

　　⑤ Ralph Cossa, "paper presented at the IIPS International Conference," Tokyo, November 30 - December 1, 2004. From Michael Finnegan, "managing unmet expectations in the US-Japan Alliance," NBR Special Report #17, November 2009, p. 10.

原因则是小泉希望利用美日同盟作为后盾来与中国进行对抗，因为单靠日本自身之力显然是不够的。

美日合作在2005年的"2+2"会议上取得进一步的发展，他们达成了关于驻日美军再编的协议，为今后美日的继续合作画出了具体的蓝图，而其主要目的已经从反恐转向了应对亚洲的新局势。由于自身力量集中于中东，美国急需日本承担起在亚洲的"基石"作用，日本也顺理成章地对此作出了呼应，通过这种合作美日获得了"双赢"。不过应该看到美国对日本的期待是一贯的，而正是由于此前一直对此抵触的日本主动改变了政策，才使得美日合作异乎寻常地密切起来，日本态度的转变成为其中的主要原因。由于"此前没有一位首相像他那样慷慨地向美国人送人情，也没有一位首相像他那样不对美国提任何要求"①，这使得小泉时代的美日关系达到了史无前例的高度。斯坦福大学的冲本教授（Dan Okimoto）在《基督教科学箴言报》上曾警告说，小泉下台后，我们将会看到（日本政策的）一个调整，回到不再那么一边倒和那么亲美的地方。② 这一预期很快就成为现实。

在这一背景下，中日之间的关系紧张就显得不足为奇了。

小泉首次参拜靖国神社以后，在其后不久的北京之行中，他也去参观了卢沟桥及其附近的中国人民抗日战争纪念馆，并发表谈话说："我对因那场侵略战争而牺牲的中国人民表示衷心的道歉和哀悼。"这曾经让中国对其任内中日关系的发展仍保持期待。但事实证明，小泉根本没有打算放弃其对保守派的承诺。在其执政的五年多时间里，他完全不顾中国的反对，分别于2001年8月13日、2002年4月21日、2003年1月14日、2004年1月1日、2005年10月17日和2006年8月15日连续六次参拜靖国神社。小泉表示，别国政府不能干预这种属于日本"内政"的事务，"我认为（这种行动）会渐渐得到邻国的理解"，所

---

①　［日］早川俊行：《川上谈如何看美国修改国防计划报告》，［日］《世界周报》2006年2月20日。

②　Howard LaFranchi, "Is Japan's Support for U. S. on the Wane?" *Christian Science Monitor*, June 29, 2006, p. 2.

以"今后，每年都要参拜"①。中日关系也因为小泉毫无顾忌地参拜行为而坠入谷底，首脑互访停顿，民间仇视剧增，还出现了"政冷经热"的现象。除此之外，小泉在很多领域都对中国表现出强硬的一面：他上任后大幅削减了日本对华的政府开发援助，并将剩余援助从帮助基础建设转向内陆经济发展和环保，宣称"对华 OAD 已经到了该毕业的时候"；2004 年给访日的李登辉发放了签证；2005 年 2 月宣布将右翼团体在钓鱼岛修建的灯塔收归"国有"，并由防卫厅制定了一套所谓应付假想敌中国进攻西南诸岛的方案；断然拒绝了中国"搁置争端，联合开发东海石油天然气"的建议；阻止欧盟对华停止武器禁运的讨论；凭空插足中国和俄罗斯正在谈判的安大线管线建设计划，干扰中国能源进口的努力；在 2005 年 2 月日美两国外长与防长举行的"2 + 2"会谈中，明确提出应对台海局势是日美"共同战略目标"，表明要强力介入台海争端，从而彻底打破了历史上日本对这一问题的模糊态度。在这种背景下，中国已经无法也无力维护中日关系，除了暂停与日本最高官员的交往以外，国内还出现了强烈的反日活动，中国政府则旗帜鲜明地反对日本申请成为安理会常任理事国。

小泉亲美抗中的举动可以实现国内国际的双重目的。从国内来说，就是要利用邻国敏感的历史问题故意发起挑衅，借助于民意对中国强烈反应的反感而获得国内的支持，以强势领导人的形象来推进自己的国内改革计划；从国际上说，新世纪以来中国在亚洲的迅猛崛起也使日本对华产生了深深的忧虑，担心长期以来其亚洲经济领头羊的地位很快会被中国夺走，因而自然倾向于采取对华强硬政策来压制中国的发展，并通过向美国展示忠诚来获取其认可，以强化自己在亚洲的地位。而这时的中国与十多年前已大为不同，中国逐步从日本的投资和销售市场转变为亚洲主要的政治与经济大国，中国军费开支也连年增长，这些都成为新的刺激因素。一方面由于认为在日中关系最重要的经贸关系中，中国对日本的依赖更甚，② 因而小泉放手实施对华强硬政策以获取国内右翼的

---

① 《小泉称每年都要参拜靖国神社胡诌邻国会理解》，2004 年 1 月 1 日，新华网 http：//news. xinhuanet. com/world/2004 - 01/01/content_ 1256976. htm。

② ［日］船桥洋一：《日本的世界》，［日］《朝日新闻》2004 年 5 月 13 日。

支持；另一方面也希望继续搭上中国这辆经济快车，帮助日本尽快走出经济萧条。因此他虽然在政治上不断利用历史问题进行挑衅，却又多次强调说："这些年来我一直不赞成中国威胁论的论调，多次说过中国的发展对日本不是威胁，而是机遇，这一预言正在变成现实。"① 小泉的规划在国内是成功的，由于对外树立起了一个不妥协的强硬形象，自民党的民意支持始终维持在高位，并在 2004 年的选举中获得了超出预想的国会席位数目，以至于个别席位由于一时找不到合适的候选人而转让给了其他党派；另外他强力推进的邮政改革也获得了成功。从国际方面看，由于小泉的挑衅主要集中于对中国现有国家利益没有直接威胁的领域，故日中冲突的发展尚未超出两国可以容忍的界限，也没有完全转向核心的国家安全领域；而且，政治关系恶化对双方经济合作的影响也不显著。② 相对而言，"中国与其他主要大国的关系更加易变，所以中日之间的政治紧张虽然在升温，关系并未陷入危机，而是属于易争执但可控的"。③

在这一阶段内，三边互动的表现已经比较清晰了。在三边关系中，处于稳定婚姻模式中的第三者的位置是最不利的，每一个国家都会努力回避这个角色。而日本具有成为这个角色的可能，毕竟在与美国的同盟中自己属于实力很不对等的弱小一方，如果与中国反目的同时也遭到美国抛弃，日本就会成为第三者。为了避免这种前景的出现，日本就只有抓紧中国或者美国，但因为小泉需要利用与中国的对抗来实现自己的政治目的，所以他就只剩下靠近美国这一种选择了。为此小泉想方设法满足美国的需求并拉近与布什的私人关系，以避免在得罪中国的同时也被美国抛弃。

---

① 如 Boao Forum for Asia Meeting Between Prime Minister Junichiro Koizumi and Premier of the State Council of the People's: Republic of China Zhu Rongji（Overview），April 12, 2002. http://www. mofa. go. jp/region/asia-paci/china/boao0204/china. html；再如，China's: remarkable growth not threat for Japan: Koizumi, October 08, 2003, http://english. peopledaily. com. cn/200310/08/eng20031008_ 125567. shtml。

② 参见李文《中日政治关系失和对双边经贸关系的影响》，《日本学刊》2006 年第 4 期。

③ Ezra F. Vogel, "The U. S. -Japan-China Triangle: Who's the Odd Man Out?" pp. 14 – 15.

　　从中国的角度来看，原本是希望与美日都保持友好关系的，而且从建交以来的历史看，无论是对华干涉意图还是包容度来考察，日本政府都要比美国政府更容易相处，中日之间曾有冲突的烈度也远远不及中美，所以中国并不愿意因为小泉上台初期的不当言行就放过改善关系的机会。但是在小泉一再的强硬挑衅之下，中国逐步丧失了与日本政府和解的信心与耐心，转而期待通过发展对美关系来避免自身被孤立，而且这一阶段中美正好具备改善关系的客观条件，通过在反恐和朝核问题上发挥的积极作用，中国稳定了与美国的关系。由于美国特殊的实力和地位，它既无须担心自己会同时被中日联合夹击，又可以"相当舒适"地利用中日纷争来获取无须付出多少成本的收益。所以美国选择了对中日同时保持友好的战略，以便尽最大可能从两国分别获取反恐战争和防扩散所需要的各种国际支持。

　　对美国来说，只要能保持超强的国力（这似乎自然到无须作为一个前提）和不那么太糟糕的决策（美国的国力也经受得起一定程度上的错误决策如入侵伊拉克），美国就至少可以保证取得一个三人共处类型中的位置，更好一点就是成为浪漫婚姻类型的主轴角色，最差也是稳定婚姻类型中的夫妻一方。所以，由于日本选择了对华强硬而中国除了应对也别无选择，中日两国都成为美国的两个侧翼，并通过保持与对美关系的稳定来相互对抗，而美国则相对超脱并自然而然担当起主轴的角色，从中国、日本以及中日关系中获益。

　　在这一阶段中，美国是表面上的主导者，但这是一种常态，而影响三边关系走向的主要变量则是日本，美国主要是受到系统外因素的影响（恐怖袭击）而调整战略，日本则是基于内在因素的考虑而转变政策，小泉需要一个对日强硬的中国来获取其在日本国内的支持度，他一再挑衅中国的目的就是希望维持中国对日的压力，以便利用国内自然会产生的民意支持来完成自己的政治诉求，所以小泉的举动具有明确而坚定的目的性，当然前提是他认为中日的冲突仅限于面子之争而且当时中国对日依赖超过日本对华依赖。中国则一贯是消极被动的一方，主要根据外界条件和周边环境的变化来调整对策，中国对美战略是明确而且基本稳定的，但在对日方面则缺少进行相应的战略判断的环境和心态，尤其是对日本的定位一直不甚明了，对中日关系重要性的认识也缺乏国内共识。在这种背景下，美国就成为三边关系中的最大受益者，而中日也会在不断反思自身之后，寻机改善处境。

在实际相处中，三国之间存在着几种特征明显的微观互动。

第一，日本利用美国的作用来提升自己对中国的自信。小泉表示，美国与日本保持着最不可或缺的联盟，我们的双边关系越好，我们越是容易与中国、其他邻国和世界上的国家建立更好的关系。① 在中日出现争端之后，小泉一再强调："正是因为日美关系密切，因此日本才能同中国、韩国以及东盟国家维持良好关系"，② 从而明确将日美同盟定位为日本首要的外交重点和应对外界争端的核心依靠。小泉尤其擅长在美国感兴趣的问题上跟着美国一起向中国施压，既取悦于美国，又可以压制中国。他多次附和美国在敦促中国"走上正确道路"上的表态，和美国一起对中国的军费提升表示担心，在欧盟解除对华武器禁售的问题上，日本也是除了美国以外唯一反对解禁的主要国家。

第二，美国通过加强与中国的合作来制止日本的离心倾向。美国很清楚中日都希望与自己保持密切关系，美国可以同时从与中日两国的交往中获利，而基本任由它们的冲突延续，只要这种冲突是可控的。但美国也明白日本的意图之一是通过与美国的合作来获取更大的独立性。美国需要尽量延缓（而不是阻止）这一过程并控制其独立的程度。所以一旦日本表现出任何美国不愿看到的"独立"倾向，美国就会提出警告。最典型的表现就是在日本入常的问题上，布什政府表面支持日本的主张，但在背后则任由中国反对而不提供实质性帮助，被称为"口惠而实不至"。

第三，中国由于与日本关系紧张，也希望加强与美国的合作来抵消对日关系恶化带来的不利。在与日本关系紧张的阶段里，中国努力维护好中美关系，对于美国国会在优尼科案上的无理否决、因为人民币汇率和知识产权问题而一再发出的制裁中国的威胁、布什会见达赖、高规格

---

① 刘星：《属于美国的日本天空——驻日美军基地面面观》，《世界知识》2007 年第 6 期。

② 《小泉亚洲外交一意孤行，严重损害日本国家利益》，［日］《东京新闻》2005 年 12 月 6 日。

接待热比娅等问题上作出的反应都比较冷静，没有像以往一样进行明显的报复；在 2005 年首次放弃人民币与美元挂钩的原则，允许人民币持续升值；还在朝核问题的处理上积极与国际社会和美国配合。这些对美缓和以及配合美国的措施都体现出中国的深刻思考。

第四，美国通过推动中日关系的恶化来获取实利。布什政府上台以后，多次催促日本变得外向一些，突破宪法的约束，向伊拉克和印度洋派兵。表面看来这似乎是单纯出于维护美国利益的需要，但美国也很清楚，作为第二次世界大战最大的受害者，中国是反对日本出兵海外的，如果日本出兵，中日矛盾就会尖锐起来，就更有利于美国从中渔利。美国学者李侃如（Kenneth Lieberthal）曾指出：布什政府的意图很清楚，削弱中国在美国对亚洲政策中的中心地位，将更多的注意力投向日本。① 通过诱导日本出兵中东，布什政府帮助小泉在国内培养出了一种舆论环境，即在美国的压力下日本打破宪法的限制，为国际社会作出了更多贡献，而且总的来看还很成功，于是日本国内社会对日本进一步迈向军事大国的容忍度不断升高。等到 2005 年美日签署新的安全合作指针时，日本国内已经没有太多反对之声，而日中矛盾则在此过程中进一步加剧。美国通过在中国最为敏感的历史问题上保持不偏不倚的态度来换取中国的理解，却在日本海外派兵这个实质性问题上迅速推进了自己的战略设想，还把由此带来的纠纷留在了中日之间，可谓一举多得。

### 三　从安倍上台到日本自民党失去政权

在小泉任内，由于中日高层已经完全停止交流，所以中日关系也不存在多少改善的空间，必须等到下一任上台之后才有机会，而中日双方都在为此做着准备，并在安倍上台后迅速开始改善关系；而布什在任的后期希望继续保持与中国的建设性关系，奥巴马上台后也采取了对华友好的实用政策，使得中美关系也能保持稳定；日本国内对于小泉与布什过分亲密的关系对日本利益的影响早已议论纷纷，美日之间在历史问题上的纠纷也影响了双边关系，日本的国内政治也制约了日美关系的继续发展。所以从小泉卸任到日本自民党丢掉政权这一阶段来看，三边关系

---

① 胡鞍钢、门洪华：《解读美国大战略》，浙江人民出版社 2003 年版。

的特征是中美继续保持友好，中日改善关系，美日蜜月结束。

　　小泉卸任之后，美国期待继续保持与日本的密切关系。从布什政府的角度来说，他们不希望在朝鲜核问题愈演愈烈、反恐战争一筹莫展、中东乱局尚无定论的情况下就不再期待日本的积极作用，但是在小泉任内美日之间原本存在的一些不和谐在其离任之后，不可避免地爆发出来，日本政府不可能始终将对美关系视为其外交关系的全部，而且利用亲美抗华来实现国内目标的策略也需要非常精确的平衡能力，尤其是安倍政府本身就具有与小泉不同的诉求，当他们认同的国家利益与美国的期待出现偏差时，安倍不会像小泉一样甘愿作出无条件妥协。因此，日美之间的蜜月不可能始终维持下去，小泉时期具有政治正确性的对美顺从的"潜规则"到了安倍时期，就不再具有同等的效力，日美之间的不和也集中爆发出来。第一，因防卫大臣久间章生此前批评"布什总统错误地发动了伊拉克战争"和指责美军在基地调整问题上态度傲慢等发言触怒了白宫，美国副总统切尼于2007年2月访日时，拒绝与其举行会晤。第二，2007年3月20日，日本的《读卖新闻》突然对美核保护伞提出质疑，日本防卫省官员也表示，日本有必要知道："在受到朝鲜核武器袭击时，美国将在何时使用核武器？美方要如何通知日本？日本必须事先了解美国到底会不会真的使用核武器？"第三，2007年3月，美国北美防空司令部突然公开了日本最新发射的两颗间谍卫星的绝密资料，令日本政府和军方大为不快。第四，2007年3月，美朝在围绕朝核问题的六方会谈中表现出明显的和解趋势，日本媒体认为美国作出了令人难以置信的让步，日本政府内部开始有人怀疑美朝背着日本做交易。第五，安倍在访问北约期间对日本与北约关系给予过度强调，在日本举办的首届中东四方会谈上麻生外相表示，"美国人干不了的我们日本人来干，日本人有威信，我们从没在中东进行过剥削和使用武力"① 这对美国形成了刺激。第六，日本外相麻生太郎称美国的伊拉克政策是"非常幼稚的"。这是继日本防卫大臣久间章生多次批评美国的政策之后，日本又一位重量级阁员再次对美国政策提出批评。美国随即以"忙于应对伊拉克问题以及与日本之间并无紧急事务需要商讨"为

----

　　① 《日本正热忧地展开独立的中东外交》，[日]《世界日报》2007年3月22日。

由，拒绝了日本政府提议的"2＋2"会议的会期。第七，安倍上任后随即访问中国和韩国，后又访问了非洲和东南亚国家，而对美国的访问则被安排在其上任七个月之后，且在此期间日本的外务大臣、防卫大臣均未访美，这在第二次世界大战后历届首相上任后大多首先访问美国的惯例中实属罕见。这些举动也让美国心有不安。① 此外，日美之间还因为"慰安妇"问题而发生严重冲突，安倍数次反复无常的轻视态度激怒了美国国会，导致后者专门通过了谴责日本政府并要求其立即纠正错误做法的口头议案。布什政府努力避免牵扯其中，想尽办法淡化这件事情对美日关系的冲击，在美国国会和日本政府就慰安妇问题进行交涉的过程中，布什政府一直保持低调。但即使如此，也无法掩盖小泉离任之后日美冲突激增的现实。

美日摩擦增多有三个原因：一是安倍的核心目标是日本的"国家正常化"，这就需要调整日本对美过于依赖的关系模式，这种追求更为独立地位的变化意味着日美之间的摩擦难以避免。安倍认为日本不能再继续对自卫保持被动，不能再完全依赖美国，持有这样观点的决不只是安倍，这在日本已经成为普遍的看法。……从外交上讲，安倍可能采取更多独立于（决不会损害）美日联盟框架外的行动。② 二是在小泉时期被压抑的对美不满在小泉后时代被逐步释放出来，尤其是美国在朝鲜核问题上不顾日本利益而对朝作出单方妥协之后，日本对美的不满迅速增加，并引发了累积不满的集中爆发。同时，自民党内的鹰派人物奴性十足地效忠美国联盟的做法也引起了公众的反感，因为这与他们言论中的民族主义论调格格不入③，这也促使更多人对日美关系进行反思。三是在小泉离任后，日本国内政治斗争趋于白热化，民主党的挑战不断使自民党政府陷入到危机当中，而日美关系往往成为检视较量的一个方面。安倍与其继任者福田上任未满一年就辞职，主要原因除了阁员的腐败曝光以外，都因在是否继续维持自卫队在印度洋加油的行动而与反对党陷

---

① 关于安倍任内美日之间的摩擦，参见刘星《试论美日同盟的生命力》，《世界经济与政治》2007 年第 6 期。

② Richard Katz and Peter Ennis, "How Able Is Abe?" *Foreign Affairs*, March/April 2007.

③ Gwynne Dyer, "Decline of the Liberal Democratic Party?" *The Japan Times*, Sept. 20, 2007.

入僵局。强势的小泉离任之后，自民党政府只能看着强势的对手小泽指手画脚而无能为力，美日关系在一定程度上成为日本国内斗争的牺牲品。虽然从安倍访美期间的演讲中可以看出其试图提升日本对美地位的心思,[①] 但东京的算计是与美国的全球合作会帮助发展其自身的地区利益,[②] 安倍内阁并没有挑战美国的意图，而且对中国潜在威胁的担忧也促使日本政府不得不极力维护对美关系。美国政府对此也很清楚，他们只对日本政府保持着低调的友好，希望日本内部传统上的亲美压力能够逐步发挥作用，确保日本可以继续在美国关注的问题上提供支持，奥巴马政府上台伊始就将在亚洲的外交重点转向中国，但仍努力维持与日本的稳定关系，即使担心日本首相仍会频繁更迭，也继续与其举行高端峰会。美国国务院官员说：“奥巴马总统邀请的是日本首相，而不是个人。”[③] 其目的就是出于长远考虑要确保日本新上台的政府能够继续与美国合作。

相对于日美关系，可以说中日关系的改善是水到渠成。由于小泉始终坚持参拜靖国神社，中国已经明确拒绝在其任内与日本改善关系，由此也带来两个问题，一是中日之间“政冷经热”的现象有转变为“政冷经冷”的趋势，长此下去中国国家利益受到的损失要远远大于民族情感；第二是在与日本政府较量的过程中，中国国内的民族主义情绪出现失控的迹象，其全方位的潜在影响已部分显现出来，中央政府必须要从源头上进行管理。因此中国一直在等待小泉下台以便改善对日关系。实际上从小泉准备下台开始，中国已经在摸索筹划新的对日方针了。从2006年之后中国就在寻找时机，为避开靖国神社问题对中日关系的干扰而创造机会，在没有预设任何条件的背景下提出了对日综合战略对话的设想；2006年6月10日，胡锦涛还发出了愿意以国家主席的身份访

---

① 安倍宣称从空中看太平洋之所以太平，不是偶然的而是因为美日提供的安全，美国从右侧日本从左侧共同维护着和平。所以美日是卫士，保护着秩序、自由、和平与繁荣。见 Shinzo Abe, "Continuity and Change in Japan-U. S. Relations," May 2009, *Issues and Insights*, Vol. 9 - No. 7, p. 2. 这明显透露出日本希望与美国平起平坐的心思。

② Milton Park, "Routledge for the IISS," From Strategic Survey 2004—2005, *International Institute for Strategic Studies*, May 2005, p. 360.

③ ［日］草野和彦：《奥巴马外交的新战略》，［日］《每日新闻》2009年2月27日。

问日本的声音。有美国学者认为，在 2006 年 4 月访美失败后，胡锦涛逐渐需要与日本的和解，后者能够提供资金、技术和出口市场，这能够帮助缓解中国加深的社会经济矛盾。胡锦涛还需要将日本国内迅速增长的中国威胁论思潮压下去，这可能导致日本再度的军国主义化。[①] 中国对日政策的变化集中体现在温家宝总理 2007 年在日本国会的讲话中，他表示已经意识到日本对于第二次世界大战侵略行为的悔意和道歉，从日本的角度看更有意义的是，他还对于日本对华政府开发援助表达出明确的感谢。[②] 中国政府随后的政策，包括限制媒体批评日本的报道，看起来也制约了民众的反日情绪。[③]

　　日本方面同样存在改善对华关系的动力。2006 年 7 月 3 日，日本民主党党首小泽一郎开始了为期五天的中国之行。与小泉首相刚刚结束对美国的"谢幕之旅"形成鲜明对照，小泽借访华之机鲜明提出了民主党外交与小泉的不同，对一味追随美国的自民党政府进行了抨击，并强调支持靖国神社对第二次世界大战甲级战犯进行分祭。这一举措给当政的自民党带来很大压力。由于对邻国的政治与经济关系受到全面冲击，日本的国际形象也逐步下滑，继任的安倍非常清楚，即使仅从推进国家正常化的角度考虑，解决与中韩之间的历史争端也成为其上任后的头等大事，这一点甚至也得到了美国的肯定；另外为了应对追求独立而导致的与美国的潜在冲突，日本也有必要首先确保与东亚邻国的关系回归正轨。在上任后两周，安倍就出访了中国和韩国，打开了被称为"融冰之旅"的中日和解的大门。其后继任的福田不仅参加了北京奥运会开幕式，还在中日之间签署的第四个公报上正式宣布与中国建立"战略互惠关系"。但日本政府对中日关系的战略定位并未发生根本改变。实际上，安倍之后的自民党政府既不反美也不亲华，它们只是更为务实，不愿意看到与中国保持紧张状态对日本经贸和安全的负面影响继

① Masahiro Matsumura, "The Regional Dynamics of Japan's History Debate: Epiphenomena, Substance, and Prospects," *The Brookings Institution*, October 13, 2006, p. 6.

② Daily Yomiuri, "Wen's speech heralds change in China's stance," April 13. 2007, Available at http: //www. yomiuri. co. jp/dy.

③ Elena Atanassova-Cornelis, "Political and Security Dynamics of Japan-China Relations: Strategic Mistrust, Fragile Stability and the US Factor," *Pacific Focus*, 1 August 2011, p. 173.

续存在下去，它们对中国的担心和警惕一点也没有减少，实际上除了福田内阁，安倍与麻生政权对"中国威胁论"的提及还要多于小泉政府，尤其麻生是公开谈论"中国威胁论"最多的西方国家的外长。[①] 尽管提及这一说法对中国造成的心理冲击远远赶不上参拜靖国神社，但其政策影响却更明显。安倍内阁的核心诉求是国家正常化，但很难区分国家正常化与防范中国的不同举措，实际上在很多方面两者是共通的，因为在日本看来制约日本国家正常化的首要障碍正是中国的反对，因此从安倍上台开始，日本政府就为此进行了多方努力。2006 年 12 月 15 日，日本国会通过法案，将防卫厅升格为防卫省，并修改教育法，这是 1947 年设立教育法以来的第一次修改，新法号召学校培育一种尊重传统和文化、热爱国家的态度；[②] 日本还加强了与中国的竞争，中国 2006 年 4 月 5 日召开"中国—太平洋岛国经济发展合作论坛"首届部长级会议，日本也召集了斐济、汤加等太平洋岛国的首脑，举办"太平洋岛国峰会"，以此进行对抗；2008 年 5 月，日本召开第四届非洲开发会议，出席会议的有非洲 53 个国家中的 51 个国家的首脑和代表，其中首脑级官员达到 40 人。日本政府人士对此感到欣慰，称与 2006 年中国举行的中非合作论坛相比，"此次横滨会议毫不逊色"；[③] 中国宣布要做第一个从金融危机中恢复的国家后，日本也不甘示弱，麻生确认了日本的承诺，要使金融海啸的冲击最小化，以便使日本成为第一个从衰退中走出的国家，即使只是在工业化国家中；[④] 安倍积极发展与印度、澳大利亚等所谓民主国家的合作，麻生提出要在中国周边建立"自由与繁荣之弧"，其压制挑衅中国的意味都非常明显。归根结底，这是由于日本相信中国崛起是日本外交需要面对的最重要的因素，短期内为防止国际和地区秩

---

① 朱锋：《权力变更、认同对立与战略选择——中日关系的战略未来》，《世界经济与政治》2007 年第 3 期。

② Japan brings back patriotic education, Kane County Chronicle, http://www. kcchronicle. com/articles/2006/12/22/news/nation _ and _ world/doc4583e2a9ee604144322563. txt？ _ _ xsl = /print. xsl.

③ ［日］川上修：《日本接连推出援非政策对抗中国》，［日］《读卖新闻》2008 年 5 月 30 日。

④ Yoichi Funabashi, "Forget Bretton Woods II: the Role for U. S. -China-Japan Trilateralism," *The Washington Quarterly*, April 2009, p. 11.

序的崩溃，要通过与美国的联盟来平衡中国；从长期来说，安倍政府除
了努力延续这一政策以外，还要用与相对强大、民主的资本主义国家的
合作作为增补。① 因此在这一阶段，中日关系虽然得到明显改善但日本
对华深层疑虑并未减少，故而也在追求独立的同时强化与美国的合作，
共同面对中国崛起带来的可能挑战。

　　在这一阶段里，中美之间的关系维持了平稳发展的势头。布什在自
己任期的最后阶段顶住国内的压力，参加了北京奥运会开幕式，中美在
最为敏感的台湾问题上态度也比较一致，在朝鲜核问题上的观点接近，
经贸关系的发展也基本顺利。而奥巴马在竞选中谈及台湾问题时，表示
对一个中国政策的赞赏与支持："我会继续奉行一个中国政策，与大陆
和台湾都保持良好关系……保证台湾海峡永远不会发生军事冲突。"②
他上台后，由于需要面对的首要问题是金融危机对美国经济的冲击，所
以延续了布什政府对华友好的姿态，没有像往届政府一样在任职初始阶
段对华采取强硬政策，国务卿希拉里首次出访就打破常规前往东亚，而
且在访华期间甚为罕见地避谈人权议题；2009 年 4 月，中美两国元首
首度在伦敦 G20 峰会上会面，双方一致同意建立面向 21 世纪积极、全
面、合作的中美关系；随后奥巴马改变了传统表述，提出美中关系是世
界上最重要的双边关系，并在上任后的第一年里就访问了中国。美国对
华采取积极姿态，皆因面临海外力量收缩和应付国内危机两大挑战，不
得不采取更为务实的方式来看待中美关系，准备改变传统做法，以首先
对华表达善意来换取中国在应对金融危机、伊朗核问题以及气候变化等
问题上更多与美国合作。从中国的角度来看，中国始终将对美关系视为
外交的重中之重，当然乐于对美国友好的对华政策予以积极配合，努力
维护中美关系的稳定，因而双方共同努力为中美关系的稳定发展奠定了
基础。

　　这一阶段的三边关系中出现了一个空间绝后的事情，那就是曾有传
言说中美日准备召开首次官方三边会议。2009 年 6 月 5 日，中日经济

---

　　① James L. Schoff, "Transformation of the U. S. -Japan Alliance", *The Fletcher forum of world affairs*, winter 2007, p. 98.

　　② 《奥巴马对台政策走向》，中国网，2009 年 1 月 18 日。

高层对话的前一天，日本共同社率先披露，宣称中美日三国外交部将于华盛顿举行首次三边对话。中国现代国际关系研究院日本研究所所长杨伯江认为："这次对话应当是中方率先向美方主动提出的。美方又将这个建议转达给日方，日方迟疑了几个月之后，点头说可以。"据《日本经济新闻》报道，2007年曾有过召开中美日三边对话的提议，但由于当时的韩国总统卢武铉强烈反对，加上美国担心会对六方会谈造成负面影响而未能实现。据称，拟参加首次中美日三边对话的，分别为中国外交部政策规划司司长乐玉成、美国国务院政策计划处主任斯劳特、日本外务省综合外交政策局局长别所浩郎。这三个人都是负责外交政策规划的，意味着对话初期的定位是相互摸底，规划后续对话。① 但随后日媒报道称，中方已告知日美其认为不适合在这段时间举行对话。一些相关人士猜测，由于中美战略与经济对话的成功举行，奥巴马政府重视中国的姿态已经明确，因此中国认为举行包括日本在内的三国对话的必要性或许已经减弱；另外，目前日本政局恐怕也是原因之一。日本首相麻生太郎7月21日突然解散众议院宣布大选。而根据目前日本国内状况，现执政党自民党很有可能下台，最大在野党民主党上台执政。现在与自民党执政政府谈，不能保证政策的连续性。② 不过这件事始终是媒体在关注，三国政府都没有给出明确信息，在回应媒体时中国驻美使馆人士只是透露，三边对话不会在近期举行；中国外交部也表示，中国官方并未公开发布过这一信息，③ 对首次三边官方对话的传言给出了既不肯定也不否定的答案。显而易见，三边官方会谈对中美日三国来说都比较敏感，由于三国之间错综复杂的关系，再考虑到对其他国家和地区事务的影响，确定举办三边会谈确实需要一定勇气。但三边官方会谈只是一种形式，实际上在这一阶段三国的互动一直没有停歇。

从三国之间的态势来看，美国继续保持着优势地位，但三国关系模式有从浪漫婚姻式转向一种松散的三人共处式的趋势，其主要原因是中

---

① 刘新宇、任中元：《中美日首次三边对话启动内幕》，《环球》2009年7月30日。

② 《中美日首次三边对话搁浅延期已成定局》，搜狐新闻，2009年7月31日。

③ http://www.21cbh.com/HTML/2009-8-5/HTML_C5UU3O4ND3JU_2.html.

日之间明显改善了关系，而美日之间也处于摩擦增多但仍可控的范围内，中美则基本维持着稳定，三国关系从整体上说都回归到接近常态的位置。日本追求独立地位，意味着从美国获得的支持可能减少，为了避免成为"无依无靠"的"第三者"，出于平衡的考虑它就必须强化与中国的这一条边，改善与中国的关系，至少不能继续维持小泉时期那样的过度紧张状态；而中国出于自身利益的考虑也一直希望尽快改变与日本的对立，并努力维护中日之间来之不易的关系改善，中国甚至愿意为此而忽视一些小节，在国际社会谴责安倍关于"慰安妇"言论的大规模舆论战中，在美国国会都作出强硬表态的背景下，中国的表现则非常低调，显然是不愿因此而伤害刚刚改善的中日关系；但中美关系始终是最重要的双边关系，对中国来说恢复与日本的关系之后如果可以继续维持与美国的友好，中国就至少可以成为三人共处式中的一方，较之于小泉时代中国处于侧翼的地位来看，这一位置无疑是更有利的，由于中国从不高估自己在美日之间打下楔子的能力，而且也缺乏对此积极明显的意图，对于通过复杂的外交博弈而获取浪漫婚姻模式中的主轴这一更为有利的地位也并无过多奢望，因此同时维持对美和对日相对友好的关系就成为最好的选择。美国在这一阶段有些"身不由己"，它希望自己一直保持在中轴的位置上，但安倍政权在努力脱离美国的控制，而这种诉求在某些方面和某种程度上是有利于美国的整体利益的，美国也相信这会为日本未来与美国在全球展开更好地合作创造条件，因此美国对于日本的政策调整半推半就，一方面鼓励日本变得外向，布什政府不惜为此在历史问题上保持沉默；另一方面也在严密关注着日本，对于其试图排斥美国影响的任何企图都保持警惕，尤其不能容忍日本在亚洲发挥领导作用。当 2006 年 11 月 16 日，在河内亚太经合组织会议上，麻生外相对国务卿赖斯提起在亚太地区深化日美印澳四国对话的意义时，赖斯只是搪塞地说，我认为这是一个有趣的提案，应该继续考虑①，并没有明确的表态。因此在 2007 年 8 月 9 日，安倍又派防卫大臣小池百合子访问美国再次试探美国的态度，当时赖斯的表态是：应该慎重考虑，因为这

---

① 《日美外相会谈概要》，日本外务省网站 http：//www.mofa.go.jp/mofaJ/kaidan/g_aso/apec_06/kaidan_jus.html。

有可能给中国发出错误的信号。① 美国利用中国来牵制日本，就使得安倍企图以牵制中国崛起为目标并带有对美国越俎代庖意味的外交战略走进了死胡同。美国继续维持对华友好关系，除了因为利益需要以外，也有希望这一举动能够对日本的离心倾向产生潜在压力、防止其走得过远的考虑。美国国内沸沸扬扬的 G2 概念以及"中美国"（ChinAmerica）一词，既是为了更好地利用中国，也有借其警告日本之意。为此，美国需要维护与中国的关系，对于日本提出的明显会让中国生疑的一些概念，都没有作出明确支持的表态。

这一阶段三个国家的外交都具有探索的性质。中国试图修复与日本的关系并维持与美国的关系；美国希望维持与中国的关系以及维持与日本关系的基本稳定，还希望保持对整个东亚格局的控制力，正因为此，希拉里会引人瞩目地提倡说，美国很愿意与日中两国建立合作关系，我想询问日中两国是否存在举行令人期待的三国对话的机会。日美中三国峰会，需要研究能否采取三国都能接受的方式。② 而日本则在探寻一条不同于小泉时期的新道路，毕竟那已难以为继，但这又会触及让日本头痛的那个老问题，就是如何在美国和亚洲之间摆放自己的位置。安倍基本上选择了一条"脱美制华"的现实路线，但走得很有分寸，没有明确提出什么让美国反感的口号，也没有明确提出直接针对中国的挑衅言论，而在行为上则是稳扎稳打，一步步朝着自己"正常国家"的目标努力；被称为"新福田主义"的福田外交，主要侧重于强调日本在亚洲政策与对美政策上的共鸣与和平合作外交，其政策调整既不主张脱美也不主张防华，而是突出强调了日本对美、对华政策开始向理性变化和谋求日本在中美两国之间保持平衡的态度，其核心则是中美日的合作而不是摩擦与防范。③ 而麻生时期则有一种对福田外交"再回归"的态势。东京模糊认为共和党控制的白宫比民主党更同情日本的利益，奥巴马的上台加剧了日本的忧虑；他们还担心日美在解决朝鲜问题上的优先

---

① 《日美印澳战略对话美国务卿表示否定》，世界战略研究所，http：//strategy.co.jp/modules/bulletin/article.php？storyid＝485。

② 《希拉里表示将敦促中俄对朝鲜施加压力》，[日]《朝日新闻》2009 年 2 月 18 日。

③ 廉德瑰：《日本外交的钟摆现象》，《日本问题研究》2011 年第 1 期。

秩序不同，担心国内的政治斗争会降低日本满足美国的能力并引发美国的不悦，担心中国会利用美日不合来促进更强大的美中联系。因此，麻生政权表现出明显的修正主义倾向，一方面要进一步追求主动外交，提高独立行动的能力；另一方面也要拉住美国，同时追求更可靠地防范中国的能力。日本战略家们认为中国正在改变亚洲的力量平衡，经济危机对美国的伤害超过中国，台湾海峡的力量平衡也在变化，中国的军事现代化计划，尤其是海军，正在腐蚀（如果不是消除）美国的优势。如果反核的奥巴马的新条约削减核弹头到各方保持 1 000 枚，那么美国将要面对中国的 300 枚核弹头，这会产生一种不平衡，削弱美国对日本的核保护。① 为了对付这种不安，麻生需要更频繁地提醒警惕中国，需要再一次拉近与美国的距离，但日本国内已经不愿给他更多时间来实施自己的目标，他的设想都随着自民党政权的垮台而消失了。

　　显然，这一阶段三个双边关系中最显著的变量是中日关系，但中日关系的变化似乎对中美关系没有带来明显影响，却与美日关系存在潜在的关联。很难说安倍改善中日关系的目的之一是否包含了为其实行脱美外交提供后盾和保障的考虑，但日中恢复关系显然是具有这个作用的，日中关系改善，一方面减轻了美国对日本周边外交过于紧张的担心，另一方面也为日本反思对美外交提供了一个支点。而美日关系虽然变得有些松散，但对中美关系和中日关系的影响却很难察觉，因为中国作为第三方并没有表现出利用美日关系的变化来服务于其对美和对日关系的明确迹象，传统上中国对所有双边外交的期待都是维持稳定与友好，虽然中美和中日关系是对中国来说最为利益攸关的，而且这两对双边关系之间存在互动的空间和机会，但由于习惯于分别孤立看待中日和中美关系，中国并无利用美日纷争满足自身利益的意识，这在鸠山任内表现得更为明显。至于中美关系的演变对日本的影响则是显而易见的，日本始终是三国当中政治力量最弱、独立性最差又最为敏感的一个，中美关系维持在高位一方面会诱使日本改善对华关系，另一方面则会促使日本不敢远离美国，还会努力给中美关系增添变量，麻生任内的很多举动，都

①　Brad Glosserman, "Japan-U. S. Security Relations: A Testing Time for the Alliance," *Issues & Insights* Vol. 9 – No. 14, March 2009, p. 31.

是试图拉拢美国共同对华，其中也包含分化中美的潜在意图。由于美国始终实力超群，中国外交相对稳定，日本依然是三边互动中最主要的变量。

### 四 鸠山时代的三边关系

2009 年 9 月，从战后以来一直控制日本政坛的日本自民党被赶下台，民主党首鸠山由纪夫成为日本新的首相，这对日本的内政与外交都带来巨大冲击。这一时代的三边关系，主要体现为美日关系紧张、中美关系波折而中日关系改善。

日本民主党外交与自民党最大的不同，就是反对小泉政府的一边倒政策，希望日本把注意力更多放在亚洲。尚未上台以前，民主党就与中国保持着良好关系，尤其是"教父级人物"小泽一郎，虽然早年积极鼓吹日本正常化，但对华态度一直比较友好。民主党上台以后，在中日关系的重大原则问题上表态积极。他们在历史认识问题上的态度比自民党历届领导人都鲜明得多，明确表示不会参拜靖国神社，使得长期困扰中日关系的历史问题得到明显缓和。鸠山的对华政策理念是友爱思想，因此他还对价值观外交表示了反感①。鸠山表示"西藏是中国的内政问题"，日本不会干涉。他还提出尊重朝鲜、中国等与日本政治制度和价值观不同的国家，特别是关于对华关系，提出"今后的中日关系应该以友爱精神为基础，克服双方的分歧，推进两国在经济发展和地区安全领域的合作"②。鸠山在解释自己的友爱思想时表示，友爱思维与 1972 年 5 日中联合声明的精神是一脉相承的。他希望日中两国超越彼此间的差异，不仅在两国关系上，而且在地区和全球性课题上共同努力，继续构筑相互信赖关系③ 2009 年 12 月小泽率领民主党大型代表团访华，其中 140 多名民主党国会议员自愿申请参团，对推动中日关系产生重要

---

① 《鸠山首相友爱精神日中关系发展》，available at http：//www. nikkansports. com/general/news/f-gn-tp1 – 20091009 – 553735. html。

② ［日］鸠山由纪夫：《日中要继续构筑互信》，中国评论新闻网，available at http：//gb. chinareviewnews. com/doc/1011/0/0/1/101100117. html？coluid ＝ 7&kindid ＝ 0&docid ＝ 101100117。

③ 廉德瑰：《日本外交的钟摆现象》，《日本问题研究》2011 年第 1 期。

影响。为了增加军事透明和互信，中日还进行了一些努力，包括定期的高层军事会晤，同意在两军之间建立热线，以及实现 1945 年以来首次的双边军舰互访。这一时期的民调显示：认为日中关系良好的日本受访者为 45%，比 2008 年的 36% 上升了近 10 个百分点；认为鸠山内阁对未来中日关系"正面影响较大"的日本受访者为 29%，中国受访者占 31%；认为"负面影响较大"的日本受访者为 17%，中国受访者占 12%，前者都大大超过后者。①

2009 年 9 月鸠山在美国与胡锦涛会晤时，提出"东亚共同体"的概念，希望亚洲也建立一个像欧盟一样的共同体，用一个声音对外说话。胡锦涛当时提出了五点建议，包括在领导人之间、民间，以及经贸往来等方面两国应进一步加深合作，日本媒体特别对第四点——"在亚洲及全球性问题上进行合作"进行了解读，认为这是胡锦涛对鸠山提议的一种回应，但眼光更为深远。但是中国外交部在回答记者提问时，只是提到中国支持在东亚地区的区域合作进一步深化，而没有对鸠山提出的"东亚共同体"这个概念本身作出具体回应，这意味着中国在这个问题上是有顾虑的，这可能包括，首先欧洲各国经济水平差别不大，而东亚显然不具备这个条件；其次，东亚的政治制度和对亚洲秩序的看法存在明显差异；再次，东亚各国之间存在复杂的领土争端；最后，鸠山提出这一概念后，并未明示细节设想，而且日本国内也没有就此达成共识。因此，中国还是准备以更为稳健的方式来应对区域一体化。

与中日关系的大幅改善形成鲜明对照的，是美日关系进一步陷入低谷。在众议院选举之前，鸠山于 2009 年 8 月 10 日在日本杂志《呼声》上发表了一篇英文文章，批评美国主导的全球主义，被一些观察家认为是在尽量降低美日同盟的重要性："作为伊拉克战争的失败和金融危机发生的结果，美国领导的全球主义时代已经走向终结。我们正从美国领导的单极时代走向一个多极化时代。② 美国《纽约时报》也刊登了鸠山

---

① 刘江永：《日本政局动荡无碍中日关系》，《中国经济周刊》2010 年第 1 期。

② Mure Dickie, "Japan Poll Leader Hits at 'US-Led Globalism," 2009 - 08 - 11, available at www.ftchinese.com.

的一篇文章，他在文中批判美国主导的全球化、市场原教旨主义，同时主张建立以亚洲为中心的经济体制。这些举动都被美国视为不祥之兆。日本选举结束后不久，美国驻日大使托马斯·希弗首次拜访了民主党总部，试图说服小泽不要反对反恐法案中自卫队在印度洋加油的使命，小泽对此予以拒绝。鸠山上台后提出建立"紧密而对等的日美同盟"，他解释说"这里所说的对等，是指日本积极为日美同盟关系能为世界和平与安全发挥作用提出建议，并提出具体的行动指针，两国可以进行合作的关系"。① 同时他也开始把自己的一些设想付诸实施：一是要求修改《日美地位协定》，希望减少美国在日驻军的特权；二是开始着手调查发生在 20 世纪 60 年代的所谓"日美核密约"问题；三是声称要撤回在印度洋加油的自卫队舰艇；四是重新审议美军冲绳基地调整方案，这等于否决了小泉 2006 年与布什政府已经达成的协议；五是在鸠山提出东亚共同体的概念后，冈田克也外相解释说"美国没有被包括其中"。这些具有明显离美倾向的言行引发了美国的严重不满。与此同时，双方言辞上的冲突也多了起来。盖茨访日时表示如果日本调整美军整编路线图，那将是"非建设性的和极为复杂的"，鸠山反驳说"盖茨来访并不意味着我们要对所有事情作出决定。"民主党政治家批评美国没有重视他们，一名参议员表示："他们应该意识到我们现在是执政党。"② 9 月 9 日，美国国防部发言人表示，日本应该继续在印度洋的加油活动；第二天，日本驻美大使反驳说这一决定要由日本来做，并表示日美之间不应该通过发言人这种形式来交流。10 月 14 日，民主党的一名参议员谷冈郁子（Kuniko Tanioka）在华盛顿的一个研讨会上，直接与美国国务院负责日本事务的负责人当面谈起基地问题。她说原有协议缺乏透明度，美方回应说民主党高官已经同意这一协议，她马上反驳说："我要比同意这个协议的那个日本官员更聪明。"约翰斯·霍普金斯大学日本研究中心主任卡尔德表示："30 年来我从没有看到日本与美

① 《鸠山由纪夫在众议院全体会议上发表的首次施政演说》，[日]《读卖新闻》2009 年 10 月 27 日。

② John Pomfret and Blaine Harden, "Japan: No base decision soon," *Washington Post*, October 22, 2009.

国外交官的对话如此频繁，尤其是不公开的，以往都是美方说我们达成了协议，日方回应说我们达成了协议，然后就结束了，但现在都是新情况。"①

　　民主党改变对美政策有多种原因：首先，民主党是打着"改变"的旗号上台的，自然希望在最具标志性的外交领域作出一番新的部署。其次，由于民主党以前是在野党，党内几乎没有多少人熟悉日美关系中处于核心地位的安保领域内情。有几位外交智囊指出，民主党单纯站在经济的视角看待外交，是从局外的角度看待安保问题。……首相周边有很多人主张通过在环境、经济和裁军等容易达成共识的领域进行协商来强化日美关系。这是一种回避容易产生意见冲突的安保领域，选择从周边领域入手的策略。② 再次，民主党内部对于美日同盟的未来很难形成统一意见。坦普大学亚洲研究所的杰夫·金斯顿教授说："我相信，他们越是试图在美日双边关系中独树一帜，党内的分歧就越大。"布鲁津斯学会访问学者，日本问题专家伊藤庄一（shoichiitoh）认为，日本民主党内部对于处理对华和对美关系意见的分歧比自民党更严重。③ 甚至于，鸠山和冈田外相各自描绘的蓝图也不尽相同：关于是否应让美国加入"东亚共同体"设想的问题，鸠山表示"并不打算排除在外"，而冈田则表示："目前的构想尚未把美国包括其中。"鸠山认为可以在货币问题上展开合作，冈田则认为，"货币统一将在很大程度上限制国家主权，东亚既有社会主义国家，也有民主国家，货币统一是不太现实的。"④ 2009 年 2 月，小泽也说出了自相矛盾的话来，他告诉记者日本应该通过减少美国驻军来寻求更为对等的关系，这被广泛理解为鼓吹美国撤出在冲绳的数千军人。小泽随后修正了他的话，表示只有当自卫队自己能够承担更多的自我防卫责任时美军才应撤军。⑤ 民主党缺乏明确

　　① John Pomfret and Blaine Harden, "U. S. pressures Japan on military package," *Washington Post*, October22, 2009, p. A1.

　　② 《君子豹变的第一步》，［日］《产经新闻》2009 年 9 月 21 日。

　　③ 《民主党治下的日本，对华关系仍有雷区》，《华盛顿观察》2009 年 9 月 3 日。

　　④ 《同床异梦的东亚共同体构想》，［日］《朝日新闻》2009 年 10 月 8 日。

　　⑤ Weston S. Konishi, "Japan's Historic 2009 Elections: Implications for U. S. Interests," *Congressiona Research Service*, R40758, September8, 2009, p. 6.

的纲领、理念和基本政策。之所以会出现这种情况，是因为该党始终把避免党的分裂作为首选，这就导致了其政策运作无法适应危机中的日本状况。①

美国对于日本的做法不仅失望，而且还很愤怒。卡特政府时期的一名高官指出："我不知道日本民主党主张的对等的日美同盟具体是什么含义。日美同盟的现状是，从在第一线的官兵职责来看，驻日美军 24 小时肩负着防卫日本和美国的职责，而日本自卫队只负责日本本土防卫。如果说要实现这方面的对等，一般会让人联想到日本应增加防卫活动。但民主党的主张正好相反。修改驻日美军的地位协定、美军基地环境实行限制、都是要求进一步增加美军负担的措施。"② 战略与国际问题研究中心的专家尼古拉斯·赛切尼（Nicholas Szechenyi）表示："到目前为止，所谓平等的同盟关系只是意味着对议事日程上的双边问题发牢骚，但我们并未听到（日本方面）认真讨论如何让日本发挥更大作用，承担更多责任来塑造这种更平等的关系。"③ 一名国务院的高级官员表示："美国已经习惯于将日本视为美国在亚洲关系中的常数，但它不再是了，现在最大的问题不是中国，而是日本。"这位匿名官员表示，新的执政党缺乏政府执政经验，希望政治家来掌握权力，而不是像往常一样由躲在幕后的官僚来操作。另外这个国家在政治和经济上已经漂流二十多年了，他们有些不太适应。④ 与奥巴马政府关系紧密的民主党外交人士说："鸠山政权在迄今已表明的外交姿态中，表示将从印度洋撤回海上自卫队，修改驻日美军地位协定，调查核密约问题，并提出了有可能否定日美同盟的东亚共同体构想。关于这些问题，奥巴马政府也许可以设法通过替代方案和外交辞令来掩饰双方的对立。但对于将普天间基地迁出冲绳的要求，美国没有任何妥协的余地。"⑤ 前美国国家

---

① 《小泽一郎豪赌政治生命最后一战》，[日]《产经新闻》2010 年 9 月 2 日。
② [日] 古森久义：《美国对鸠山外交发出警告》，[日]《文艺春秋》2009 年 11 月。
③ Howard Lafranchi, "Newly assertive Japan to test Obama," *The Christian Science Monitor*, November 13, 2009.
④ John Pomfret and Blaine Harden, "Japan: No base decision soon," *Washington Post*, October 22, 2009.
⑤ [日] 古森久义：《美国对鸠山外交发出警告》。

安全委员会负责亚太事务的主任迈克尔·格林表示，令人担忧的是小泽一郎等鸠山党内具有广泛影响力的人物希望推动日本与中国加强关系，并减少对美国的依赖。这不但会使美国在日本的地位更加复杂，而且也会波及到美国在韩国和其他国家的地位。小泽一郎已经十年没有访问过美国，至今仍未会见美国驻日大使约翰鲁斯。① 美日均有学者指出，美国在全球有一百多个驻军地位协议，对日本来说改变协议是一个双边问题，但对美国则有多边的冲击。如果东京寻求改变协议，例如将环境条款包括在内，就应该采取一个逐步的和多边的方式，可能要包括韩国和德国之类的国家。②

　　于是美国对日本的"背叛"作出了报复。2009年9月13日，奥巴马利用出席联合国大会期间的时间，与中国国家主席胡锦涛进行了一个半小时的会谈；但他与鸠山首相首次的会谈时间只有25分钟，这在日美首脑会谈历史上是最短的。奥巴马总统就阿富汗新战略的问题事先与其盟国、中国和印度领导人直接通话进行了解释，唯独没有与鸠山首相通话。③ 在这之后，美国一直坚持普天间基地问题没有任何商量的余地，完全回绝了日本重新谈判的请求。美国国务院和国家安全委员会采取了不惜与鸠山政权发生冲突的态度。华盛顿邮报援引一位不愿透露姓名的国务院高官的话说："对于美国来说，现在日本比中国更难对付。"据说国家安全委员会负责东亚事务的高级官员杰夫·贝德对此报以冷笑。④ 据称在2010年2月17日美国驻日大使秘密召开的一次会议上，太平洋舰队陆战队司令斯塔尔德表示，冲绳的海军陆战队实际上针对的是朝鲜，金正日现政权瓦解的可能性要大于南北冲突，届时，海军陆战队最重要的任务是摧毁朝鲜的核武器。美军过去一直解释说，之所以驻

　　① Pomfret John, "New Japanese leader stirring U. S. concerns," *The Washington Post*, Dec 29, 2009, p. A. 8.

　　② Leif-Eric Easley, Tetsuo Kotani, and Aki Mori, "Japan's Foreign Policy and the Alliance: Transcending Change with Trust," *PacNet* number 64, Sep 22, 2009, p. 2.

　　③ ［日］森本敏：《动摇国家根本的日美同盟的危机》，［日］《产经新闻》2009年12月4日。

　　④ ［美］彼得·恩尼斯：《日美同盟关系紧张但不会破裂》，［日］《东洋经济》周刊2009年11月28日。

扎冲绳是为了遏制朝鲜的威胁，以及中国的军备扩张，并从事救灾工作。对此，与会者沉默了很长时间。① 美国军方明确表示冲绳驻军的职能范围不包括应对中国，必然会给一直认为中国才是日本安全长远威胁的日本军方人士带来严重打击。

　　虽然对日本鸠山政府保持压力是奥巴马政府必然的选择，但美国也在反思自己的对日政策。从某种意义上说，多年以来美国对日政策都围绕着一个原则来运转，那就是要求更多。作为一个面临的负担和挑战越来越超出其承受能力的超级大国，美国需要像日本这样的盟友来分担其负担，今天比昨天要得更多，明天比今天要得更多。但问题是，一直以来日本既无力也无愿望顺应美国的呼吁。日本与美国的战略眼光和政治经济诉求存在根本差别，期待通过外力来迫使日本承担更多责任几乎不可能成功，日本只有在内在动力的推动下，才有可能变得更为外向，外压在日本身上几乎从来没有成功过，如此还不如转换思路，降低对日本的期待，将外在压力保持在一个合适的水平上，既不会过分刺激日本民众，又可以唤起希望维护美日同盟人士的紧迫感，通过他们从内部对民主党政府施压，才是最好的选择。2009 年秋天，美国智库起草了《期待落空的日美同盟管理》报告，提到不要求日本作出支援美军在阿富汗作战等国际贡献，而是希望日本能更多承担本国的防卫，可以说是提出了一种缩小同盟的主张。一位了解背景的美国安保专家解释说，这是指不再期待小学生能够发挥中学生的作用。此外，由于长期执政的自民党下台，美国的对日外交班子与日本政府、官僚和民间的沟通渠道减少，可以说正在重新建立新的渠道，② 导致双方沟通不畅。因此美国也需要给日本新政府更多时间去体验现实、自我反思。助理国务卿坎贝尔表示，日本是一个平等的伙伴，美国有耐心，承诺倾听，与东京的新政府密切合作。③ 这意味着美国从长远考虑，对日本仍保持着足够的理解和耐心。虽然美国始终对日本保持压力，但美国的施压也比较谨慎，主

---

① 《为何坚持驻扎冲绳?》，[日]《每日新闻》2010 年 4 月 1 日。

② [日]古森久义:《美国对鸠山外交发出警告》。

③ Leif-Eric Easley, Tetsuo Kotani, and Aki Mori, "Japan's Foreign Policy and the Alliance: Transcending Change with Trust," *PacNet* number 64, Sep 22, 2009, p. 2.

要针对日本民主党政府表态强硬，并未扩展到日本的其他阶层，在有些领域甚至还给日本减压；将重点集中于基地再编问题上，对于次要或者发展前景不明的问题则只是旁观或者旁敲侧击，努力避免四面出击；同时美国也鼓励动员日本国内的亲美力量发挥作用。而就在这一阶段，在日本的政策圈和学术圈内，确实已经出现了对民主党"脱美入亚"政策的不满，有些人不愿意看到营造多年的日美关系受到重创，担心美军撤走会导致日本安全变得脆弱，尤其日本中层官僚的主体是自民党人，他们对于民主党高层的决定也阳奉阴违，使得其政策的推行很不顺利。所以，美日关系虽然在恶化，但抵制这种恶化的力量也在迅速聚集。

与此同时，中美关系同样不太顺利。奥巴马政府上任第一年内希望首先对中国示好，但是他们认为自己的好意没有得到回报，中国在哥本哈根气候变化会议上的举动，在伊朗核问题上的态度，在人民币升值问题上的作为，在韩国天安舰事件上的表现都让美国非常不满；另一方面，美国政界和学术界曾寄予厚望的所谓"经济发展促进政治改革"的理论似乎在中国身上失效，失望之余他们开始反思自己"过度放任"的对华政策，并得出接触与防范两手都要硬的结论。而中国则认为美国的行为明显侵犯了中国一再声明的核心利益，对于这种有意的挑衅也要适当还以颜色。显然，国家利益与意识形态的差异构成了中美冲突的基本根源。

从2010年初开始，美国的对华政策发生了明显的变化，原来不是问题的都被当成问题提了出来；而原来可以缓和的争议，现在也被强硬地提出。奥巴马政府于年初再次宣布对台军售，随后奥巴马又在白宫会见达赖，希拉里在南海问题上首次对中国作出强硬表态，而谷歌事件、人民币升值问题等纷至沓来，使中美关系骤然变冷。但就在人们为再次步入低谷的中美关系担心时，美国又开始作出关系修复的努力。3月初，美国常务副国务卿斯坦伯格和国家安全委员会亚洲事务主任贝德访华，半个月后，中国外交部副部长崔天凯到访华盛顿，中美为改善关系开始互动。4月12日，中美两国首脑于核安全峰会前举行会晤，标志着双边关系中的紧张状态得到初步化解。5月在中国举行新一轮中美经济与战略对话，中美关系再次回复到一种不好不坏的常态下，但其中隐藏着的张力已经比前一年明显得多。2010年7月在东盟地区论坛上，希拉里首次对中国有人称南海是中国核心利益一说作出表态，宣称南海自由航行属于美国的国家利益，美国支持建立一种开放的国际机制来解决南海争端，这明显是针对中国希望与南海主权声索国通过双边谈判解决问题的倡议，表明美国在解决南海问题的形式上正式站在越南、菲律宾等国一边，同时也不接受中国九段线的领土主张。

美中冲突的上述表现，实际上反映出的是双方在互不信任背景下的一种战略性对抗，并围绕着美国的"再平衡"战略而逐步展开。2009年7月21日美国国务卿希拉里·克林顿在泰国曼谷首次提出"重返亚太"的构想时，不少人还只是把这种提法当作概念性的宣示。2010年，希拉里在夏威夷的两次演讲再次清楚表明了美国重返亚太的意图，2011年她又在《外交政策》杂志上发表了"美国的太平洋世纪"一文，随后奥巴马在澳大利亚议会发表了关于"太平洋轴心"的演说，美国战略重心向亚太地区转移的决心和路线图都变得清晰起来。尽管为了减少被误解的可能，美国政府很快将"重返亚太"的提法改为"再平衡"，但是认为其重点针对中国还是成为中国国内的主流看法。从美国的角度来看，反恐战争消耗了大量的人力物力，而对于经济发展在全球首屈一指的亚太地区已经忽略太久，奥巴马政府上台后重新检视了美国面临的国际环境，认为必须尽快从这种不利的局面下摆脱出来，将美国关注的重点转向生机勃勃而又危机四伏的亚太地区。

尽管美国政府对中国在一些国际问题上的作为不满，但还远远没有达到要全面调整对华战略的地步，美国既没有能力也没有足够的理由对华进行遏制，充其量是认为中国发展前景不明朗，因此需要从多方面给予更多关注，而再平衡就是要对这种关注进行落实的具体举措，其核心在于接触与防范相结合，既要扩大与中国的合作，也要加强对中国的防范。与此同时，中国学术界也对美国的再平衡战略进行了广泛研讨，颇具代表性的认识包括三点，即再平衡不完全针对中国但重点是中国；再平衡战略并不意味着美国要对华开战遏制，而更多是出于防范的考虑而重新展开部署；再平衡的内容涵盖广泛，军事安全是其表面而经济安全才是核心，美国的重点在于要从中国手里夺回在亚太地区的经济主导权。基于这种认识，中国不应该对美国试图排挤中国影响力、压缩中国自主作为空间的行为视而不见，而是应该作出适当的应对，尤其是在涉及国家核心利益的问题上不能让步。此后尽管美国派出多名高级官员前往中国对此进行解释说明，但"60％军力将集中于亚太"的政府宣示不可能让中国平静接受美国的解释。在这种背景下，中美在战略层面上的对抗已经成为一个难以回避的现实。

但在两国的互动中，相对于冲突的原因，我们可以看到冲突双方展现出的一些心照不宣的原则和底线更为引人注目，一是两国对于双边关系的重要程度具有共识，尽管冲突不断，但在官方场合两国还是一再强调维护双边关系的重要性；二是双方的行为都很有分寸，点到为止，见好就收，不过分刺激对方，争端加剧后会主动避免过度升级，有媒体宣称，美中两国政府之间形成了一种微妙格局，为平息国内不满情绪，两国政府"默契十足"地表现出强硬态度[①]；三是冲突本身并未影响双方原本已在进行的重要合作，除了军事交流依然滞后以外，两国在反恐和防扩散、经贸、非传统安全等领域的合作仍在继续。两国政府都很务实，明白在国家利益面前，不能让情绪过多干扰理智。

从三个国家对三边关系的思考来看，客观地说，鸠山政权对美和对华外交是同时起步的，开始阶段并没有展现出相互借重的考虑。只是随着其新外交的推进，在美国一边遭遇了很大的阻力，而在中国一方则基本得到了正面评价，这自然会驱使日本借助于与中国的合作来抗衡美国方面的压力。民主党国会对策委员长山冈贤次（Kenji Yamaoka）表示，因为与美国在基地重组问题上的紧张，日本要加强与中国的关系。他在上海表示："日美关系很紧张，首先加强日中的联系，然后解决与美国的问题，这是一个现实的做法。"他还表示，民主党首小泽与胡锦涛同意，三边关系应该变成一个平等的三角，"美国政府应该确立一个新的全球战略，如果冷战后建立的现有框架继续下去，从长远来讲将会出现一个困难的阶段。"[②] 鸠山由纪夫本人也在2010年3月19日接受埃及媒体采访时强调"如果日中关系得以改善，那么日美关系和美中关系

---

① ［日］黑濑悦成：《美对台军售体现出美国对中国的危机感》，［日］《读卖新闻》2010年1月31日。

② "Boost China ties: DPJ's: Yamaoka," *The Japan Times*, Dec. 15, 2009.

也会改善。"① 这种表态与小泉时期的那句著名表态非常相似，只是改变了主体关系，可见鸠山时期虽然仍然强调日美同盟的基础性作用，但在现实中他是把对华关系放在不次于美国的重要地位上的，也许这么做有点迫不得已，因为他只是想取得一个对美更为平等的地位，并无真正脱离美国的意思，但美国态度强硬，他只好转向中国，通过加强与中国的传统友谊来取得平衡。

从美国的角度来看，虽然实力赋予了其具备更多选择的先天优势，但如果同时与中日交恶，则会极大削弱美国在亚洲的影响力，人为加剧自己所处的困境。在美国看来，中日两个国家对其挑战的性质不同，中国是对美国的让步太小，而日本则是对美国的挑战太强烈；从利用价值来看，中国的政治和经济价值都超过了日本；从承受能力上看，日本能够接受美国强烈的批评和冷遇而不作出过分反应，而中国对美的容忍限度显然不如日本。所以美国选择了用强力对付日本，用软力对付中国的做法，期待从这两个国家身上分别取得收益，同时区别对待还有助于其分化。

现在看来，在当时的局面下，中国处在最有利的位置上，美日两个国家都希望维持与中国的关系，而美日之间却出现很大的摩擦，这是从中国与美日关系正常化以来尚未出现过的一种局面，利用得好，中国至少短期内可以成为浪漫婚姻关系中的中轴位置，而美日则成为侧翼，这会赋予中国极大的战略主动性。但是中国似乎没有把握住这个机会，而是比较冷淡地回绝了日本的积极表态。中国这样做当然是有自己的合理考虑的：不想接受定会得罪美国的机会、对日本远离美国接近自己没有信心、担心日本的真实目的是和自己争夺亚洲领导权、担心会影响中韩关系和中国与东盟关系等等。但是，中国完全可以利用这一机会，在不挑战美国的前提下进一步改善和日本的关系，这样不管以后日本是否还会重新与美国接近（这几乎是不可避免的），中国都已经实现了改善中日双边关系的目的，这样至少也能成为三人共处模式中的一方，外交上就会有更大的主动性。可是，这一机会一旦错过，就不会再有了。

这一阶段的三边互动主要围绕着两条线索来展开。一条是日本内政

---

① 《日美同盟 50 年——同盟的寿命》，［日］《日本经济新闻》2010 年 3 月 28 日。

与外交的变化，民主党政府的上台打破了日本传统外交的模式，不仅连美国和中国觉得一时无所适从，就是鸠山自己也有很多事没想清楚。但他是一位富于理想主义的领导，期待自己能够带领日本走出一条不同的道路，其对美国和中国分别展开的外交行动都非常富有特色，使得日本再度成为这个阶段的焦点。二是美国再平衡构想的逐步清晰化。美国的再平衡需要重点关注中国，而日本原本可以成为美国的有力助手，但是由于鸠山的思路与美国不同，导致美国不仅无法依靠日本的配合，而且连美日关系本身都出现严重问题，这不利于美国放开手脚展开对华的全面部署，所以美国的再平衡战略只是理论先行，具体部署还在评估，也不得不暂时减轻对中国的施压力度，以便从其亚太战略全局考虑，综合处理对中日的关系。美国的再平衡造势与从明暗两个方面向日本施压是同步进行的，都是为了争取尽快扭转美日关系纠结的不利局面，为下一阶段的亚太战略调整创造条件。

## 五　中日撞船事件后的三边关系

这一阶段的三边关系，主要体现为中日关系紧张、中美关系稳定而美日关系恢复。

鸠山执政只有八个多月，不仅其外交革命没有成功，而且最终还主要因为得罪美国而丢了公职。由于在承诺的时间里无法完成普天间基地的转移计划，以及出现政治捐款的问题，鸠山含泪辞职，其个人政治生命的结局也对后任的日本行政领导敲响了警钟。有美国学者总结了鸠山上台对美日同盟的影响：第一，鸠山误读了美日同盟的国内政治问题，民调显示对同盟的支持几乎超过了过去的任何时期。鸠山得罪了美国和日本国内亲美的民众，保持强大美日联盟的政治逻辑战胜了与美国对着干的想法。第二，朝鲜和中国的咄咄逼人显示出日本与美国同盟减弱的潜在风险，迅速修复它是必需的。第三，从巩固同盟的角度来看，小泽的辞职比鸠山辞职还要重要，他认为与北京而不是华盛顿的关系，对日本的未来更重要。他的离开对日本政治和美日关系都有好处。第四，鸠山下台以后，继任者将会明白利用与美国作对来搞国内政治是个错误，政府应该把精力放在其他领域的改革，那才符合美国的利益。[①]

鸠山的继任者菅直人上台以后，充分吸取了前任的教训，再也不提"东亚共同体"、"紧密的对等外交"、"中日美三国应该是等三角的外交关系"等说法。在就任首相后回答记者提问时，菅直人也表示"日本外交的基础轴心是日美关系。要在维持与美国信赖关系的基础上，重视同中国的关系。这才是日本将来正确的方向"。言外之意，日美关系是排在首位的，而且要建立的是信赖关系，对中国的关系只是应该得到重视，这是对鸠山政策的重大转变。他还就韩国"天安舰事件"表示："亚洲局势处于高度紧张状态，美军正在发挥威慑作用。"[②] 但他也并未因此而主动损害对华关系。菅直人上任后与温家宝总理实现了中日首次领导人电话热线沟通，表示要"同中国加深战略互惠关系"，希望早日访华。他在日本参议院明确表示不会参拜靖国神社，还任命民间人士丹羽宇一郎出任新驻华大使。2010 年 6 月 27 日，胡锦涛在加拿大出席 20 国集团峰会期间与菅直人会面，称他是"中国人民的老朋友"。两人相约在 11 月的横滨 APIC 会议上再见。在其任内，日中关系开局还是顺利的。

但是谁也没有想到，在当年 9 月，中日在钓鱼岛海域发生了撞船事件。中日在钓鱼岛海域的摩擦由来已久但双方都比较低调收敛，以往的惯例是日本的巡逻船把进入钓鱼岛海域的中国渔船逐出 12 海里之外，中国政府抗议并继续强调钓鱼岛是中国固有领土，但不主动追索。可是这一次，突发事件演变成了谁都无法控制的外交危机。开始是双方对于谁是主动撞击一方各执一词，随后争议焦点转向谁有权利处理中国船长的问题。日本海警抓扣中国渔船之后宣称要对船长判刑，中国提出强烈抗议。日本在拘留中国船长十天后又宣布要延续拘留，导致中国总理温家宝亲自发出强硬表态，中国随即采取了多项报复措施。虽然最终日方迫于压力放回了船长，中国也释放了四名在华日本商人，但冲突造成的

---

① Dan Twining, "The implications of Hatoyama's downfall for the U. S. -Japan alliance", *Foreign Policy*, June 2, 2010, available at: http://shadow.foreignpolicy.com/posts/2010/06/02/the_implications_of_hatoyama_s_downfall_for_the_us_japan_alliance.

② 《菅直人的外交抉择》，《二十一世纪经济报道》2010 年 6 月，available at http://business.sohu.com/20100612/n272756737.shtml。

伤害已难以抹除，而且两国的对峙仍在持续，两国国内的民族主义情绪也迅速高涨，相互对立程度明显超过小泉时期，两国暂停了几乎所有的官方访问并取消了大量的民间交往。日本驻华使馆官员因为无法与中国外交人员接触，只好转而与中国学者会面交流情况。中日钓鱼岛冲突在日本国内引起强烈反响，日本对华疑虑和担心上升为主流民意，因为相信菅直人政府在对抗中被迫羞耻后退，有近四分之一的民主党国会议员约100人在批评政府对策的声明和建议书上签字，建议书中甚至使用了"痛恨之情堪比三国干涉"这样的表述："这次的结局是堪比日清战争后三国干涉的国难，我们怀着卧薪尝胆的心情，希望对今后有所启发。"①

　　但在表面继续对抗的同时，中日也开始寻求悄悄修复关系。2010年9月29日，曾担任民主党副干事长的细野豪志秘密访问中国，随后中国国务委员戴秉国与日本内阁官房长官仙谷由人通了电话；10月4日，中国总理温家宝出席亚欧会议期间，与日本首相菅直人短暂会面；10月11日，中日两国国防部长会晤；接着，民主党元老江田五月访华，转达了菅直人发展中日关系的口信。某些暂停的双边交流开始恢复，两国关系开始回暖。但由于日方高层一直没有停止对中国的指责，中国也不愿在钓鱼岛问题上作出让步，中日两国政府首脑没有在当年的东亚峰会上实现正式会晤。日本政府虽然不愿看到日中始终处于对抗状态，但也绝不愿在钓鱼岛问题上后退半步，因而拒不接受中国提出的日本承认钓鱼岛主权存在争端的最低要求，更不愿无视中国陆续派出海监渔政船只巡航钓鱼岛海域以显示主权的行为，所以将在钓鱼岛问题上与中国的对抗视为处理日中关系的核心问题之一。在此前后，日本政府连续出台了多项防范中国的政策措施，如宣布25个离岛"国有化"并称将在离岛驻军。2010年版《防卫白皮书》强调要加强在西南方面的防卫力量，向冲绳派驻F15战斗机以取代老旧的F4，拟进一步扩军并将日本在冲绳驻军扩充十倍以上，还宣称为了应对当年3、4月份中国在东海附近举行的军事演习，会在日本大分县与美军首次举行大规模的夺

---

　　① ［日］齐藤太郎：《民主党百名议员上书表达不满》，［日］《产经新闻》2010年9月28日。

岛演习，公开把中国视为假想敌。菅直人的继任者野田佳彦上台以后，基本继承了其前任的外交模式，进一步对美强化合作，对华加强防范，不仅继续在钓鱼岛问题和东海油气田问题上保持对华强硬，而且还首次涉足南海争端，发出和美国相同的表态，大力加强与印度和澳大利亚的安全合作，允许新疆分裂组织"世界维吾尔大会"在日本召开年会，并逐渐将日美联合夺岛演习常态化。而更为严重的是，野田政府宣称为了阻止东京都知事石原慎太郎募捐购买钓鱼岛的行为，不顾中国的严厉警告和坚决反对，于2012年9月10日由中央政府出资正式购买了钓鱼岛，完成了将钓鱼岛国有化的法律手续。中国对此作出了强有力的反制措施，派出多艘渔政海监船定期赴钓鱼岛地区巡航，随后海监飞机、军用飞机、海军舰艇等也陆续开往钓鱼岛地区，中日军机与舰艇对峙已成常态。与此同时，中国国内也出现了抵制日货、取消赴日旅游和抗议示威的活动，一批日系在华企业和门店受到冲击，一些日系车主受到暴力攻击，中国的国际形象受到损害，这也进一步加剧了日本民众对华的反感和敌视。以安倍为首的自民党在众议院选举中夺回政权后，出于内政外交的考虑继续对中国保持高压，提升国防预算，在钓鱼岛海域与中国的对抗更趋激烈，甚至一度传出日中将会开战的消息，导致日中两国关系几乎完全被钓鱼岛问题主导，即使双方经贸合作大受影响①，任何一方都拒绝作出退让。目前为止虽然两国政府仍保持理性，在宣示主权的同时竭力避免极端事件的发生，防止偶发事件导致事态迅速升级，但在领土争端问题上两国的态度都非常坚决，看似没有多少退路，尤其是两国民意中的相互好感已跌至谷底且短期恢复无望，不仅中日关系迅速改善的希望渺茫，而且从长远来看，领土争端的长期存在将不太可能使双边关系恢复到新世纪以前的水平。正如时任自民党副总裁的高村正彦所言，如今的日中关系已经属于"战术互损关系"了。②

---

①　全日空发言人表示，从2012年9月到11月共有43 000个预订航班坐位被取消，其中28 000个是从中国飞往日本，15 000个是从日本飞往中国。莫分公司的首席经济学家菅野雅明表示，赴日中国游客可能减少70%，赴华日本游客可能减少30%。见美联社东京2012年10月10日英文电。

②　《变日中互损为日中互益》，[日]《读卖新闻》2012年11月4日。

中日关系恶化以后，日本政府首先开始接近美国，敦促美国在岛屿争端中站在日本一边。菅直人政府修正了鸠山的很多政策，如在日本宣布把在印度洋为多国海军加油的自卫队舰艇撤回后，重新承诺在今后五年对阿富汗提供最高将达 50 亿美元的经济援助，支持阿富汗人民的生活和经济的安定，以取代印度洋的海上加油支持行动。① 而美国也明显捕捉到了中日钓鱼岛冲突给美国带来的机会并迅速加以利用，大力推进其对日和对华外交目标。在对日方面，美国一再强调中国军事威胁的严峻性，又坚定发出支持日本的表态，通过一压一拉的两手，迅速改善了与日本的关系，将日本更为牢固地控制在自己身边；在对华方面，则一手通过支持日本来变相施压并离间中日关系，另一手则直接挑战中国在与邻国领土争端中的立场，使得中国周边的安全环境更为复杂，借此来压制中国所谓"咄咄逼人"的主动行为。这一阶段美日之间的标志性事件有三个：一是 2012 年 5 月野田访美，美日达成了将基地调整与军队整编分开处理的协议，美军将驻扎冲绳的 9 000 名陆战队官兵迁至关岛、夏威夷与美国本土，由美日共同承担相关费用，一方面有助于配合美国再平衡战略中对军队重新展开部署的需求，另一方面也可以借助于将更多军事用地转交给冲绳地方政府而收买日本民心。通过这种拆分的方式，将美日关系中最棘手的普天间基地转移问题与其他合作议题分割开，避免其干扰美国重返亚太的战略大局和美日共同应对东亚冲突的任务。二是奥巴马连任就职以后，安倍在访美过程中就 TPP 问题与美国达成重要谅解②，意味着日本有望加入 TPP，从而成为美国亚太再平衡战略中在经贸层面上的得力助手。三是华盛顿对安倍本人存在疑虑，由于安倍在历史问题上一再挑战既有认识，逐步引起了美国的不满，并通过在慰安妇问题上作出强硬回应来警告日本，安倍访美期间也没有得到奥巴马的厚待，美国通过冷落安倍的举动来警告日本政府的意图非常明

---

① 《日本撤军舰结束印度洋海上加油支援》，2010 年 1 月 15 日，available at http：// www. chinareviewnews. com。

② 日本和美国都认识到双方某些产业处于需要保护的状态，虽然这并不意味着美国一定会接受日本在农产品等领域保留关税的条件，但这是两国首次在各自存在敏感产业领域方面达成谅解，为今后的相互妥协打下了基础，也为日本最终加入 TPP 提供了新的机遇。据 2013 年 3 月笔者与日本驻华使馆官员的交流。

显。从鸠山政权下台以后，美国开始逐步修复与日本的关系，但由于基地问题始终没有解决的迹象，日本在加入 TPP 问题上的态度也不积极，而安倍政府否认历史认识的修正主义态度也让美国产生隐忧，所以美国虽然在积极恢复与日本的关系，① 而且在钓鱼岛问题上，美国支持日本的姿态也越来越明显，但这一时期的美日关系也只能算是处于一种相对稳定的状态，或者仅仅是比较"职业化"，② 还谈不上非常密切。美日维持一种既合作又互有警惕的关系模式，将会成为相对稳定的状态。

　　而这一时期的美中关系，也基本延续了奥巴马第一任期后期的状态。美国在亚太地区的重点是推进其再平衡战略，如果说前一个阶段属于理论探索，在这一阶段内则开始具体实施。其主要表现包括：军事上重新确立日本在美国亚太安全体系中的核心地位并就此展开新的部署，包括驻日美军调整、向冲绳派驻鱼鹰战机、在日本部署新的远程雷达、与日本三军举行有针对性的联合军演、促成日本购买美制 F35 战机，利用六年时间在澳大利亚部署 2 500 名美国陆战队官兵，在新加坡部署新型濒海战斗舰，研讨反击中国"拒止"战术的海空一体战计划；政治上加强与印度的合作、改善与缅甸、越南、印尼等国的关系、继续插足南海问题等；经贸领域则是在 2011 年的 APIC 会议上极力推出自己主导的跨太平洋战略经济伙伴关系协定（TPP），力争夺回在亚太地区的经贸主导权。美国的这一系列举动，很容易被看成在构筑对华的包围圈。由于中国的军费开支连续多年保持 10% 以上的增幅，而中国近期的举动尤其是在领土争端中的态势也让美国担心中国是否会在国力强大以后因为推崇"有所作为"而成为改变现状的国家，所以美国认为需要提前作好应对中国挑战的准备，而中国与周边国家领土争端激化则正好为美国插手提供了一个难得的机会。但美国对华姿态的咄咄逼人，并没有改变其试图与中国保持建设性关系的原有立场。美国依然与中国保持着正常交往，胡锦涛 2011 年 1 月对奥巴马的访华进行回访，美国副总统拜登于 2011 年夏季访问了中国，习近平副主席于 2012 年 2 月进行了回

----

　　① 　由于美日的合作明显加强，日本官房长官枝野幸男在评价菅直人政权的成果时称："美日关系得到极大改善是一年来的最大功绩。"

　　② 　这一表述来自于 2013 年 6 月 24 日笔者对美国进步中心一位学者的访谈。

访，美国还多次派员就再平衡战略主动向中国释疑。中美战略与经济对话也如期进行，奥巴马政府还多次拒绝了美国国会将中国列为汇率操纵国的要求。2013 年 6 月习近平顺访美国，与奥巴马举行了富有成效的庄园会晤，中美两国围绕"新型大国关系"的概念和网络安全、人权问题以及两国经贸问题举行了坦率的交流，两国关系仍维持着大体的稳定。

在这一阶段，三国相互之间的关系都出现了一些问题。中美关系主要受到美国再平衡战略的影响，美日关系中的核心则是美国驻日基地调整问题，中日之间则是钓鱼岛问题。这三个问题是相互关联的。基地调整问题出现最早，是美国为了应对干涉能力的不足而主动采取的资源优化配置行为，其中部分目标指向中国，但由于日本的消极应对而进展缓慢；随后美国推出了再平衡战略，与此同时中日钓鱼岛争端也因为偶发事故（2010 年 9 月的撞船事件）而迅速激化。没有证据显示中日钓鱼岛争端的激化与美国的新战略存在内在联系，但是中日冲突的加剧显然对美国的重返亚太战略构成了影响，强化了美国达成目标的信心，同时美日之间的基地调整问题也变得不再那么敏感。总的来看，钓鱼岛问题成为导致三边频繁互动的一个核心议题。

因为美国是中日钓鱼岛问题的始作俑者，现实中又是日本的盟友，所以美国的地位和表态就成为左右三边关系的重要依据。在钓鱼岛问题上，美国政府的立场可以分为三个不同阶段。从移交冲绳给日本到1996 年，美国政府严格遵守不介入主权争端的立场，国务院甚至为此而劝诫美国石油公司不要去钓鱼岛附近开采原油以免自找麻烦；从1996 年开始，美国的政策逐步稳定下来，表态说美日安保条约并不必然适用于钓鱼岛的驻日大使蒙代尔迅速辞职，助理国防部长帮办坎贝尔则纠正了他的表态，表态称尖阁群岛（钓鱼岛）是美日安保条约的适应对象，有事时美国负有防卫义务，这是美国政府高官首次表明这一见解。此后美国政府的表态基本是坚持一套内容固定的三段论，即在主权争端中不持立场，美日安保条约适用于钓鱼岛，美国鼓励有关各方采用和平方式解决争端。虽然其间美国根据情势需要而选择在不同时期有所侧重，但基本没有脱离这三条原则。直到 2012 年末，美国众议院在通过的 2013 年国防授权法中首次强调，日本对钓鱼岛有行政管辖权，任何单边行动都不会影响美国的这一判断；2013 年 1 月希拉里进一步指出，美国反对危害日本管辖权的任何单边行动；此后新任国务卿克里与美军参联会主席都重复了希拉里的主张，这意味着美国从被动的承认现状转向了主动的反对改变现状，等于是对日本的支持更深化了一步。

美国之所以在中日均视之为核心利益的钓鱼岛问题上采取逐步偏向于日本的对策，主要是基于如下原因：一是认为中国出现了越来越多的试图改变现状的迹象所以必须压制；二是相信在钓鱼岛争端中中国比日本的举动更为积极主动，为了维持美国希望看到的平衡状态，美国必须加大对中国的压力；三是日本政府对美国的配合与顺从导致美国必须给日本一点回报。但是，美国在钓鱼岛问题上的干涉也是有限度的，首先美国一直明确坚持对主权争端不持立场的方针，在所有的官方表态中都没有放弃这一宣示；其次，美国一直没有将安保条约适用于钓鱼岛的原则具体化，避免因为开出空头支票而导致日本作出冒险行为；再次，美国一直在想方设法控制中日争端的烈度，避免给任何一方美国会为其提供无条件支持的印象。日本一直期待奥巴马政府可以明确站在他们一边，但在评价安倍访美价值的重要时刻，负责亚太事务的助理国务卿坎贝尔只是表示，美日之间的核心问题是经济合作而非安全合作，① 这一表态令安倍失望却也无可奈何；而当中国派出更多行政船只并更为靠近钓鱼岛时，曾经低调的克里也采用重述希拉里强硬表态的方式来向中国施压；美国还一再表示希望帮助中日化解争端，希拉里就数次表示："美国愿意举办一个三方会谈，如果那能促进中日之间的对话的话，我提出的建议依然有效，不仅为解决一个问题。"② 美国显然不希望中日争端过分激化而干扰美国整体的亚太战略，因此要把这一争端控制在一个对美国比较理想的范围内。

总的来说，美国在钓鱼岛问题上秉承一种模糊战略，既使用安保条

---

① 坎贝尔表示："要使美日关系焕发活力，得到加强，最重要的不是加强对话，也不是将重心转向安保问题，而是使两国的经济关系变得更加开放，使之在竞争与合作中得到发展。我想这是今后几年美日关系中的核心问题。如果两国不能开展如此具有重大意义的经济合作，那么两国关系将会走向衰退。"载《坎贝尔谈美国重返亚洲外交》，［日］《朝日新闻》2013年 2 月 9 日。

② Anonymous. BBC Monitoring News file. London, Oct. 14, 2010.

约的适用性来威慑中国，也利用在主权争端中不持立场的表态来阻止日本进行过分的冒险，使得中日都能够从美国的表态中找到似乎对自己有利的成分，从而对美国心存期待并始终尊重美国的地位。美国非常熟练地通过调整对日和对华的表态，将日本和中国都聚拢在美国身边，在与两国都维持着大体友好关系的同时，也将中日两国关系控制在美国期待的一个范围内，从而将自己牢牢定位于三边关系中的核心位置上，最大限度地获取收益。

从中国的角度来看，现有处境不是最差但也非常不利。客观来说，中日钓鱼岛冲突是偶发事件，双方一线人员都不够冷静，作出了违反惯例和默契的事情，而冲突一旦升级，两国政府就不再有退缩的余地，可以说都被冲突个体和各自民意绑架了。中日关系不够成熟稳定，尤其是在危机管理方面，特殊的历史情感的干扰，加上各自对双边关系的重视都不如对中美和日美关系的重视，导致中国在处理中美和中日关系时在主观认识上形成明显反差。鉴于中美之间不存在直接的领土争端，中国对美国国际地位的接受和重视程度要远远超过对日本的重视，同时中国在与美国交往中的经验也更为丰富，所以对美国有一个相对准确理性的定位，而且由于美日同盟的存在，中国对于美国有限的偏向也能够接受，并未因为美国存在偏重日本的倾向就忽视对美关系或者对美展开同等程度的报复。而在对日方面，一旦确认日本政府在钓鱼岛问题上存在故意挑衅的迹象，甚至在对此的判断还不甚明了之时，①中国就必须作出强硬反应，中日关系因此而受损也是可以接受的。一个有意思的现象是，小泉时代中日关系的冷淡主要是因为历史问题的干扰，没有触及多少现实利益；而在对华一贯比较友好的民主党时期的中日关系虽然没有历史问题的困扰，却被大量现实问题打乱了阵脚，中日关系受到的实际创伤更严重，可以说遭遇了建交以来从未有过的严峻挑战。这样一来，中日又分别回到以美国为中轴、中日为侧翼的位置上，虽然美国全面倒

---

① 笔者曾就此请教了多位研究中日关系的中国学者，是否已经发现石原与野田政府相互勾结共同完成钓鱼岛国有化的证据，对方的回复是，目前没有发现相关证据。但是无论野田政府的初衷为何，只要日本中央政府从事了购岛举动，中国除了进行反击就别无选择，因为这是涉及主权问题的争端，表明立场并作出反应是不容商量的，对中日关系造成冲击也是必须接受的代价。

向日本一边的可能并不存在，但美日合作共同应对中国的局面已经基本形成，而中国的处境也在一个侧翼和美日稳定婚姻中的第三者之间徘徊，其实际位置则主要取决于美国自身的定位。从历史上看，这并非最差的一种情形，但显然是不乐观的。

再看看日本，站在它的角度上看，外交转变似乎有些被迫的意味。因为基地问题争端短期内基本没有可以接受的解决办法，来自于美国的压力不会消失，所以日本是希望与中国保持友好关系的；但通过在钓鱼岛事件中的博弈，日本政府似乎确认了"不可能与中国和平友好相处"这一认识；同时，在日本国内还产生一种认为中国对日依赖大于日本对华依赖的乐观想法，野田首相在接受《华尔街日报》采访时指出："中国应该是在凭借所得到的各种外国投资所发展。我希望中国能够清醒而且理智地认识到，阻碍外国投资的任何行为都是对其自身的伤害。"[①]这些认识就为日本随后采取对华强硬路线提供了思想依据。而且，鉴于认为美国的再平衡战略明显提高了日本在美国亚太战略中的重要性，日本更有底气对华保持强硬。但是，由于近年来美国国内不断出现忽视日本而重视中国的新概念，虽然日本仍然相信美国不会抛弃日本，但是对中美合作的乐观预期也在时刻使其陷入惊恐中，毕竟从罗斯福时代开始，美国倾向于偏向这个或那个国家，但它现在试图建立两个关系。[②]在这种现实下采取对华强硬路线，其实是一种冒险，虽然不至于使日本成为中美稳定婚姻中典型的第三者，但也存在在短期内或者在某些议题上成为中美共同对手的可能。所以从现实政治的角度出发，日本对华强硬也必须是有分寸的，同时它也在努力寻求缺少美国支持背景下的更大的独立行动能力，这突出表现在安倍政府竭力追求国家正常化的努力中，而日本民意在对三边关系的思考和国内舆论的引导下，也对安倍政府的动员作出了积极地回应。安倍决定增加军费投入以后，2013年2月的一次民调显示，54%支持这种变化，33%不支持；50%支持日本在

---

① Toko Sekiguchi and George Nishiyama, "Japan PM Warns China on Dispute," *Wall Street Journal*, Sep. 25, 2012.

② Jane Skanderup, "Japan-U. S. Security Relations: A Forward Looking Ten Year Retrospective," *Issues & Insights* Vol. 4 – No. 2, March 2004, p. 9.

钓鱼岛问题上对中国保持强硬，42%认为应该更为灵活。①《每日新闻》社在 2012 年 12 月 26 日到 27 日进行的民调显示，对于修改宪法解释从而使行使集体自卫权成为可能的主张，反对者为 37%，超过赞成者 28%。② 同时，支持日本修改宪法的比例也在不断提升。日本通过自己的外交努力，一方面要借助于顺应美国而至少在名义上将美国拉在自己一边与中国对抗，另一方面也在努力寻求更多的独立性，以便逐步成为三边关系中具备更多自主能力的一极。

从三国的互动中可以看出，当中日两国关系出现问题时，三边互动的表现非常明显；而美日或者中美关系出现剧烈变动时，三边互动似乎并不明显，这可以表明几个问题：第一，美国在三国中仍占据非同一般的主导地位，中国和日本都还没有足够能力通过调整对美关系来影响其双边关系，同时却都希望在与对方发生冲突时美国可以站在自己一边，并愿意以对美妥协来换取对美国的这种期待；第二，在美日关系出现变动时中国没有意识去参与互动，或许是因为长期以来中国坚持不干涉内政的准则，同时对于美日同盟的稳定性估计过高，因而不相信自己可以通过推动美日分歧的加剧而获益；第三，在中美关系出现变动时，日本则越来越缺少能力参与互动。随着中国的发展，美国对华重视明显超过对日，虽然中美之间的矛盾也不断出现，但一方面日本能够对美提供的帮助有限，另一方面美国也不希望日本过多涉足自身与中国的纠纷从而激化与中国的矛盾，因此，日本的危机意识与参与意识虽然都在提升，但由于参与能力没有同步提升，因而对于中美关系的影响力则在下降。

## 第二节　三边经贸关系

经贸关系是中美日三国最主要的合作纽带。美国以自由贸易立

---

① http://mansfieldfdn. org/program/research-education-and-communication/asian-opinion-poll-database/listofpolls/2013 - polls/asahi-shimbun-regular-public-opinion-poll - 2192013 - 2/.

② 《52% 的人反对修改宪法第九条》，［日］《每日新闻》2012 年 12 月 28 日。

国，日本专注于开拓海外市场，而中国的出口是经济增长的核心推动因素之一。三个国家都是世界上主要的经贸大国，除了自身的经济实力强大以外，它们相互之间的贸易和投资关系也异常密切，而且受到三国之间政治关系的干扰较小，经贸关系往往会成为政治关系的"压仓石"。进入新世纪以来，三国之间的经贸关系出现了一些明显变化，其中以中国的变化最为引人瞩目，并因此而对三边关系造成了复杂的影响。

## 一　三边经贸地位变化[①]

### （一）中国视角下的三边经济关系：从倚重日本到倚重美国

中美日三边经济关系在新世纪的头 10 年发生了深刻变化，这种变化的主要表现之一就是中国从倚重日本转向越来越倚重美国。首先，从贸易总量来看，2000 年日本在中国对外贸易中的占比为 17.5%，仅比美国的 15.7% 高出不到 2 个百分点；到 2009 年，日本在中国对外贸易中的占比降至 10.4%，而美国达到了 13.5%。2004 年，中美贸易额达到 1 696 亿美元，首次超过中日贸易额（1 678 亿美元），美国成为仅次于欧盟（1 773 亿美元）的中国第二大贸易伙伴，如以单个国家统计，美国从 2004 年起就一直是中国最大的贸易伙伴国。中国对日贸易依存度也由 1990 年的 1.0% 下降到了 2004 年的 0.3%，[②] 近年来又有了进一步的下降。

其次，从出口来看，从 1999 年开始，美国成为中国最大的出口市场，直到 2007 年次贷危机爆发，美国这一地位才被欧盟替代。但是，就单个国家而言，美国仍是中国最大的出口对象国。从 2000 年开始，中国对美出口在中国全部出口中的比例基本维持在 20% 左右，2007 年以后有所下降，但至今仍维持在 18% 上下。2006 年之前中国对美出口贸易依存度一直处于上升阶段，尤其是在 2001—2006 年期间，中国的经济发展在很大程度上都依赖于对美国的出口。据国家统计局公布的贸

---

① 这一部分的数据除了单独标明的以外，均来自竺彩华《中美日三边经济关系：新世纪，新变化》，《和平与发展》2011 年第 2 期。

② 苏国辉、李彬：《中日贸易关系 20 年回顾与展望》，《日本研究》2010 年第 3 期。

易数据计算得出，2001 年中国对美出口依存度为 4.1% ，<sup>①</sup> 此后几年发生了飞速的增长，到 2006 年中国对美出口依存度高达 7.5% 。虽然从 2007 年开始的经济危机导致中国对美出口大幅下降，但从 2010 年之后，中国对美出口依存度又回升到约 4.8% 并保持相对稳定。而中国对日的贸易依存度逐步从 2001 年的 3.24% 下降到 2010 年的 2.1% ，<sup>②</sup> 两者变动趋势的反差十分明显。中国对日本的贸易依存度不断下降的主要原因，在于中日双边贸易的发展速度远远低于中国对外贸易总体的发展速度。

再次，中美在贸易结合度方面的指标也反映出类似趋势。贸易结合度是一个用来衡量两国在贸易方面的相互依存度的指标。<sup>③</sup> 中国与美国贸易结合度较高，2001 年到 2010 年之间的中美贸易结合度维持在 1.9—2.3，而美国对华贸易结合度基本稳定在 0.9 附近，这说明中国对美国的依赖性远远大于美国对中国的依赖性。<sup>④</sup> 而中国与日本之间在同样阶段内的贸易结合度数值相互接近，这种反差说明，中国对美贸易的相对依赖要超过对日的依赖。

最后，从美日在中国外贸盈余变化格局中的地位来看，2000 年中国对美贸易顺差 297.4 亿美元，对日顺差 1.4 亿美元；到了 2009 年，中国对美国贸易顺差扩大到 1 433.7 亿美元（2007 年最高时曾达 1 708.6亿美元），而对日则出现了 330 亿美元的逆差。目前，如果剔除香港作为自由贸易港在中国对外贸易中的独特地位，美国就是中国最大的贸易顺差来源国或地区，而日本则是中国第三大逆差来源国或地区，

---

① 贸易依存度是指一个国家的进出口贸易总量占其当年 GDP 总量的比例，其中可以分为进口依存度和出口依存度，依存度越高，表明对外贸易对这一国家的经济发展越重要。

② 蔡利妮：《中日贸易依存度比较分析》，《中国外资》2012 年 12 月下。

③ 贸易结合度是指一国对某一贸易伙伴国的出口占该国出口总额的比重，与该贸易伙伴国进口总额占世界进口总额的比重之比。其数值越大，表明两国在贸易方面的联系越紧密。贸易结合度的计算公式如下：TIab = （Xab/Xa）/（Mb/Mw）。式中，TIab 表示 a 国对 b 国的贸易结合度，Xab 表示 a 国对 b 国的出口额，Xa 表示 a 国出口总额；Mb 表示 b 国进口总额；MW 表示世界进口总额。如果 TIab > 1，表明 a，b 两国在贸易方面的联系紧密，如果 TIab < 1，表明 a，b 两国在贸易方面的联系松散。

④ 数据引自杨丹、张宝仁《中美货物贸易互补性的实证研究》，《东北亚论坛》2012 年第 2 期。

仅排在中国台湾和韩国之后。在投资领域，美日对华投资差别不大，而中国对外投资从 2004 年以来迅猛增长，2009 年达到了 555 亿美元。[①]2010 年中国在美投资超过 50 亿美元，创造的就业机会超过 1 万个。[②]而截止到 2011 年 7 月底中国对日投资总额达到 5.755 亿美元，为前一年全年的四倍以上。[③] 由此可见，中国的对美投资额超过对日投资多倍。根据 2013 年初的统计，美国是中国的第二大贸易伙伴、第一大出口目的地和第三大进口来源地，而日本只是中国的第五大贸易伙伴，从这一格局中可见，美国在中国对外经贸关系中的地位明显超过日本，中国对美国出口依赖逐步提高。从出口贸易拉动国内经济的角度来看，在中国对外经贸关系中美国的作用显然要远大于日本，美国市场的风吹草动将对中国出口产生重大影响并进而影响到中国经济的发展；同时在投资领域，中国对美国市场的关注程度也明显高于对日关注。因此，从三边经济的视角下观察，美国对中国的重要性已经明显超过日本，中国已从以往的倚重日本转变成倚重美国。无论是解决贸易平衡、汇率问题还是外汇储备与投资多元化的问题，美国的影响都无处不在。

### （二）　美国视角下的三边经济关系：从美日摩擦到美中摩擦

美日经贸摩擦曾经是 20 世纪 90 年代上半叶双边关系的主旋律，但是在进入新世纪以来，中美日三边经济关系发生了深刻的变化，最引人瞩目的就是美中经贸摩擦逐步取代美日摩擦，中国也成为美国对外经贸诉讼的主要对象。美国从 1971 年开始，保持近一个世纪的贸易顺差格局变成逆差，随后呈现不断扩大之势，到 2006 年时达到历史最高水平的 8 395 亿美元。美国对日贸易逆差在 1991 年时曾占据美国对外逆差总额的 58%，贸易失衡成为美日经济摩擦的导火索。自 1992 年开始，日本在美国贸易逆差中的比重逐年下降，到 2009 年时已不足 9%，而中国在美国进口中的比重则不断上升。

---

① 隆国强：《中国对外投资的背景、现状及建议》，载《第一届全球智库峰会演讲集》，2009 年 7 月 2 日，第 106 页。

② ［美］丹尼尔·H. 罗森、［美］提洛汉尼曼、吕宝云：《中国对美直接投资的美国反应》，《决策》2011 年第 12 期。

③ 陈言：《日本对华向钱看：中国半年对日投资额达去年四倍》，《中国经营报》2011年 8 月 6 日。

2000 年美国对华贸易逆差首度超过对日逆差，从这一年开始，中国成为美国最大的逆差来源国。2001 年时，中国对美贸易顺差达到 280.8 亿美元，占中国 GDP 的比重上升为 2.12%；在 2001—2011 年这一期间，中国对美贸易顺差的年均增长率达到 29%。2011 年中国对美贸易顺差达到最高值，为 2 023.4 亿美元，比 2001 年增长了约 8 倍。根据美方的统计，美国对华贸易自 1983 年开始出现逆差，为 3.2 亿美元，占当年美国 GDP 的比重仅为 0.01%。此后，美国对华贸易逆差迅速扩大，占美国 GDP 的比重也不断上升。在 2001—2011 年这一期间，美国对华贸易逆差从 831 亿美元上升到 2 954.6 亿美元，年平均增长率为 18%，占美国 GDP 的比重也从 0.81% 上升到 1.86%。[①] 2012 年时美国对日逆差为 763 亿美元，对华逆差则达到 3 151 亿美元，美国将其归因于中国对美进口设障、知识产权保护不力、人为低估人民币汇率，以及在美倾销商品等。美国学者库珀认为，美日经贸冲突减少的原因，除了中国代替日本成为美国最大的贸易逆差国以外，外交政策和国际安全关注，如朝鲜发展核计划引起的半岛增长的不稳定性和日本与中国的领土争端，使得美日同盟的关注不再集中于商业领域；1995 年建立的世贸组织以及一个重新建立的争端解决机制降低了美国对日单边施压促其开放市场的规模；美国和日本与其他国家和地区建立了自由贸易协定，这也降低了他们对于双边问题的关注。[②] 当然，日本持续近 20 年的经济萧条也使其不再被认为是一个竞争性威胁。另外，美国公布的 2009 年贸易统计显示，美中两国贸易额达到 3 659 亿美元，约为美日贸易总额的 2.5 倍。[③] 更多的贸易额一般都会带来更多的摩擦。

实际上，美国对华出口增速同样显著，从 2000 年到 2005 年对华出口增长了 157%，对日出口则下降了 15%，此后对华出口的增速更高。但是，由于美国对华出口明显受到政治因素的限制，出口提升远远赶不上进口增加，所以逆差规模仍显巨大，这也导致美国对华反倾销举措占

---

[①] 范海君：《美国对华直接投资对中美贸易失衡的影响》，博士学位论文，吉林大学，2012 年，第 53 页。

[②] William H. Cooper, "U. S. -Japan Economic Relations: Significance, Prospects, and Policy Options," *Congressional Research Service* RL32649, February 20, 2013, p. 8.

[③] ［日］寺岛实郎：《日美同盟必须进化》，［日］《世界》月刊，2010 年 8 月。

美国此类行动的比例不断提高，20 世纪 80 年代该比例平均为 3.9%，90 年代上升到 12.53%；2000 年以来平均高达 22.1%；2006 年该比例更是高达 80%，美国每五起反倾销调查中就有四起是针对中国商品的。① 因此从美国的视角来看，三边经贸关系的焦点已经从美日摩擦明显转向美中摩擦。

### （三）日本视角下的三边经济关系：从对美依赖到对华依赖

在日本的对外经贸视野中，对美经贸摩擦曾经是让其非常头疼的问题，其根源在于日本对美国市场的依赖。但是在新世纪的头 10 年中，这一势头却发生了明显变化，曾经高度依赖美国市场的日本已经变得越来越依赖对华的经贸关系了。2000 年时，日本的对华贸易比重仅为日外贸总额的 9.9%，远远低于对美贸易所占的 25.0%，对华出口更仅占日本出口总额的 6.3%，仅为对美出口的五分之一强，自华进口占日本进口总额的比重也只有 14.5%，比自美进口低了 4.5 个百分点。但随后日本对华贸易出现快速增长之势，使得中国自 2002 年首次超过美国成为日本第一大进口来源国，2007 年首次超过美国成为日本第一大贸易伙伴国，到 2009 年又首次超过美国成为日本第一大海外出口市场。对华贸易对日本的重要性不断提升。

首先从贸易总量上看，2009 年对华贸易占日本外贸总额的比重高达 20.5%，超过第二位的对美贸易（13.5%）7 个百分点，其中自华进口占日本进口总额的比重更高达 22.2%，超过第二位的美国（10.7%）11.5 个百分点，对华出口占日本出口总额的比重上升至 18.9%，超过降至第二位的美国（16.1%）2.8 个百分点。② 金融危机后正处在回升中的日本经济，仍未能改变高度依赖外需支撑的局面，因而伴随对华贸易尤其是对华出口的地位提升和快速增长，"中国特需"已成为日本经济回升的决定性因素。虽然在 2012 年由于各种因素的影响，美国重新成为日本最大的贸易伙伴，但这尚未从根本上改变日本对

---

① 赵森：《中美贸易摩擦：现状、趋势与对策》，《安徽工业大学学报》（社会科学版），2011 年第 1 期。

② 《日本贸易振兴机构：2009 年上半年日中贸易进出口额大幅下滑》，《中国青年报》2009 年 8 月 27 日。

中国市场的依赖。

其次从对华出口增长来看，进入新世纪以来，日本对华出口不断增长，中国迅速成为日本第一大出口国。金融危机之后的 2009 年第二季度，日本经济开始回升，实际 GDP 增长了 2.5%，其中出口贸易贡献了 1.3 个百分点，出口贡献率高达 52.0%。这一时段日本出口总量增长了 8.6%，而对华出口却增长了 25.9%，对华出口对日本出口增长的贡献率高达 51.3%。这意味着，对华出口对 2009 年第二季度日本经济增长的贡献率高达 26.7%，由此不难看出日本经济运行和外贸增长对中国的依赖已经达到何种程度。① 在中日因为日本政府购买钓鱼岛而冲突加剧之后，2012 年的中日贸易总额比前一年减少了 3.3%。虽然根据日本贸易振兴机构 2013 年 8 月 14 日发表的最新统计报告，1—6 月中日贸易总额与去年同期相比大幅减少了 10.8%，但同样是这一机构也在 2 月预测，2013 年的日中贸易额会创下历史新高。

从对华投资增速来看，日本对华直接投资在中国接受外资中的比例不断下降，但其在日本对外直接投资中的地位却有了显著提高。根据日方统计，2001 年日本对华直接投资 21.58 亿美元，占日本对外直接投资的 5.6%，中国是日本的第四大投资对象国，此后对华直接投资比重不断上升，到 2010 年，日本对华直接投资 72.52 亿美元，占日本对外直接投资的 12.7%，中国是日本的第二大投资对象国。② 2011 年，日本累积对华投资额达 640 亿美元，在中国利用外资国别中列第一位。虽然日本对美投资总额远远超过对华，但增速更多反映出对未来市场的期待。

从对华贸易依存度来看，从 2001—2010 年，中日之间的贸易依存度均值分别为中对日 2.42、日对中 2.37。③ 单纯从这一数据来看，中日

---

① 江瑞平：《当前日本经济回升与中日经济关系的良性互动》，《和平与发展》2010 年第 5 期。

② 王岩、高鹤：《日本对华直接投资的发展变化及原因分析》，《长春理工大学学报》（社会科学版）2013 年第 1 期。

③ 数据见王澎涛等《中日贸易互补性及贸易潜力分析》，《现代商贸工业》2011 年第 4 期。

贸易相互依存度差别不大。但是结合中日双边贸易额占日本对外贸易总额的比重，日本对中国出口额占日本出口总额的比重，日本自中国进口额占日本进口总额的比重，中日双边贸易额占日本 GDP 的比重这四个指标来看，日本对华贸易对日本经济重要性的变化，就呈现出明显上升的趋势。其主要原因在于日本对华贸易的增长速度远远高于日本对外贸易总体的增长速度，而日本对华贸易的高增长主要源于中国经济的高速增长和日本对华投资的不断增加。[①]

同时，由于日本产品的国际竞争力强大，不需要进行反倾销的保护；而且日本进口以资源型产品和与国内互补的劳动密集型产品为主，这些进口对日本国内产业几乎没有什么冲击，与中国产生摩擦的主要商品如动植物和食品类的数量不大，因此，日本在对华经贸交往中的消极因素不多。中国作为日本的第一大贸易伙伴、第一大出口市场和第一大进口来源国，对日本经济的重要性已经超过美国。

## 二　三边经贸流动模式

改革开放以来，中国被称为"世界工厂"，因为它生产了美日超市中主要的日用消费品，现在又向电脑和汽车等更高端的领域发展。但是越来越多的研究证明，中国并非"世界工厂"而只是"世界加工厂"，现有中国经济的一个重要产业链条，就是大量外企利用中国廉价的劳动力和几乎为零的环境成本，将半成品输入中国经过并不涉及知识产权的加工生产，然后再将成品出口到发达国家。其中主要的收益都被外企获得，但这些商品仍被计入中国的出口总额，成为引发中国与西方国家贸易纠纷的一个重要因素。这种模式同时还将中国固定在低端产业链上，为发达国家继续利用技术引领潮流提供了条件。麻省理工学院的史坦菲（Edward S. Steinfeld）认为，中国在世界舞台上扮演的是最佳配角，作为一个低成本的大规模商品供应商，中国为"主角"发达国家们创造了大量机会专注于知识的创新和再造，而这比一般商品更难以复制。从经济角度来讲，中国是美国等国经济增长的助力器。[②] 而表面看来美日

---

① 高鹤：《中国对日本直接投资研究》，博士学位论文，吉林大学，2012 年，第 72 页。

② 石亭：《西方为什么不必惧怕中国》，《南华早报》2010 年 8 月 11 日。

似乎均衡受益于中国"低端配角"带来的发展便利。

但在 2008 年有美国学者发现围绕着中国的贸易存在这样一条全球供应链。2002 年时，中国总体出口中的外国内容在 25% 到 46%，中国进口中的 77% 是转口和正常的中间进口，这些中转产品中的一半以上来自于日本和四小龙国家，只有 18% 来自于美国和欧盟。在 2002 年中国的进口中，日本提供了 19% 的中间产品和 22% 的转口中间产品，而美国的相应数值只有 7.6% 和 6.3%。日本的这些数据在 1997 年到 2002 年之间保持稳定，而美国的数据分别都有下降。2002 年中国从日本进口总量中的 74% 是中间产品，从美国进口的总量 60% 是中间产品；从日本进口的中间产品中的几乎一半属于加工的性质，意味着它们在中国得到加工之后被重新出口，而从美国进口的中间产品中只有四分之一在加工后又被出口。也就是说，中国用于加工转口贸易的初级产品进口中，来自于日本的远远超过来自于美国的。日本和东盟国家是中国大的中间产品供应商，而美国和欧盟则是中国最终转口产品的大买家。另外一组数据是：中国对美出口的 68% 是属于加工转口的性质，对日出口中只占 58%。2002 年中国对美日出口中的外国成分下限分别是 28% 和 25%，上限分别是 55% 和 46%，这意味着中国对美出口中的外国成分比对日出口中的多，结合中国从日本进口比从美国进口多得多并呈现快速增长、中国对美出口比对日出口多得多而且也在快速增长这一现实，有理由假定中美日之间存在一条贸易链条，其流向是中国从日本进口初级产品，经过加工后再将成品输送到美国。这显示出中国是全球产业链的中间环节，日本是中间产品的主要输出源，美国是体现中间产品最终价值的出口产品的主要目的地。[①] 这对于解释中美贸易纠纷增加而美日纠纷减少有重要意义。尽管日本的贸易顺差持续不断，但在 1991 年达到占据美国贸易赤字总额 66% 的最高值后，就突然下降了，而中国出口占据美国贸易赤字的总额却在不断上升；2008 年美日贸易逆差只占到美国所有制造业贸易逆差的 8%，这部分反映出美国产品市场的再分

---

① Judith M. Dean, Mary E. Lovely, Jesse Mora, "Decomposing China-Japan-U. S. Trade: Vertical Specialization, Ownership, and Organizational Form," May 28, 2009. Available at http://faculty. maxwell. syr. edu/lovely/papers/decomposing. pdf, pp. 9 - 10.

布从日本转向中国。日本的中间产品部分出口给其在华的子公司，并在中国的对美出口中占据了很大的份额。这些商品的整体出口价格都反映在中美贸易数据中，即使中国产生的附加值只占这一价格中的一部分。①

日本学者西尾干二也作过这方面的研究。他引用早稻田大学小武敏夫教授的数据，称在 2004 年的中国 2000 强企业中，外资公司占了 1 254 家，在当年中国出口贸易额中，日本企业贡献了 110.1 亿美元，美国企业贡献了 206.6 亿美元。由于中国商品最大的出口目的地是美国，进口到中国商品最多的国家是日本，日美中三国正在形成中国大量进口日本产品，又大量向美国出口中国产品的三角贸易关系。由于形成了日本产品经由中国再出口到美国的局面，日美经济摩擦由于美中贸易不均衡的扩大而被转移了。从日本的角度来看，尽管对美出口有所减少，但是对华出口的增加却弥补了这一损失，形成了一个从日本到中国再到美国的三角贸易模式。而从中国的角度看，要生产对美出口的产品，就要从日本引进必要的零部件和资金，只要中国对美出口总保持增加，贸易顺差不断增大，就不能缺少对日引进这一前提。西尾干二认为，中国对待外资的态度是开放的，其进口和出口规模都很大，美国对于中国贸易的构成模式是相对满意和宽容的，对于中国并不与美国在汽车、机械设备和高科技产品等美国具有竞争优势的领域展开竞争的现状，美国的心态是较为放松的。这两个国家之间并不存在造成日美摩擦那样的高技术威胁论，两国一直恪守着发达国家与发展中国家的身份，在现阶段始终保持着互补的关系。所以美国反对从中国进口的主要不是当地企业，而是政界人士和人权组织。对美国来说，日美经济摩擦恐怕是其第一次经历一个亚洲国家的崛起，对于欧美为什么会输给日本这个疑问直接导致了 20 世纪 80 年代前半期有关文明论的大讨论。而中国的崛起是第二个示例，此时的欧美在心理上已经有了准备，不再那么惊讶了。②

---

① Chad P. Bowna, Rachel McCulloch, "U. S. -Japan and U. S. -China trade conflict: Export growth, reciprocity, and the international trading system," *Journal of Asian Economics*, 2009 - 20.

② ［日］西尾干二：《被中国夺取的自由——能否突破新鸦片战争三角贸易体制》，［日］《呼声》2007 年 12 月。

　　此外，中国学者张季风也表示："众所周知，中日经济合作已经远远超出了中日两国的范围。中国从日本进口技术含量高的零部件在国内进行组装，然后销往美国、欧洲等最终消费地区，形成了'日本—中国（东南亚等新兴市场经济体）—欧美'的三角形贸易结构。"①

　　2013年1月，经济合作与发展组织和世界贸易组织联合发布了"附加值贸易数据库"。这是一种以"附加值"为基础的新的贸易统计方法。举例来说，如果日本向中国出口100美元的商品，中国向美国出口150美元的商品，那么从附加值的角度来考虑，该商品则变成100美元由日本创造转给了美国，50美元由中国创造转给了美国。该思路认为，这些以附加值为基础的统计数据能够更准确地反映经济实情。根据附加值重新计算2009年的实际贸易数据，结果显示，日本的最大出口国是美国，占出口总额的19%。按照传统统计，中国所占的比重最高为24%。但按照附加值进行统计，则降至第二位，所占比重为15%。第三位韩国的份额也从9%下降到了4%。对于中韩，日本几乎没有贸易顺差，而对于美国，却增加了六成，达到360亿美元。也就是说，日本通过中国和韩国，将商品卖给了美国。② 这种利用追踪半成品来计算实际贸易流量的方式，证明日本在创造产品附加值过程中的作用被低估，同时也可以显示出，日本—中国—美国这一商品贸易链条在现实中是存在的，这对于认识三国经贸之间相互联系和依赖的密切程度具有重要意义。

### 三　三边经贸结构组成

　　经贸结构主要是指三国之间商品贸易的主要种类，其中可以反映出三国各自的比较优势、市场需求以及政府对经贸战略的全面考量。

　　（一）美日之间。根据2010年的一项调查，美国从日本的货物进口集中于三类物资：轿车和零部件、电脑和零部件以及办公设备部件、电子产品（主要是数码相机）；而美国对日出口的种类分散，主要包括

　　① 张季风：《后危机时代日本对华投资的机遇与前景》，《经济参考报》2009年12月1日。
　　② 《日本最大的出口国究竟是中国还是美国？》人民网—财经频道，2013年6月26日。

计算机和部件、空气涡轮机、办公设备零件、医疗设备以及小麦和肉之类的农产品。[1] 2008 年美国对日本服务出口的主要项目依次为其他私人服务（146.9 亿美元）、旅游（107.7 亿美元）、许可使用费（74.7 亿美元）、运输（45.3 亿美元）、乘客服务（37.8 亿美元），而美国从日本服务进口的主要项目依次为运输（71.5 亿美元）、许可使用费（61.5 亿美元）、其他私人服务（59.8 亿美元）、旅游（37.5 亿美元）、乘客服务（14.6 亿美元）。[2] 从经贸结构来看，美日之间存在一定的竞争性，但由于美国贸易伙伴众多而日本已经淡出美国的前三名，且美国在服务贸易领域一直对日保持顺差，日本在高技术领域保有一些美国也要依赖的专利产品，再加上政治因素往往导致日本对美妥协，所以新世纪以来美日贸易虽仍有一定冲突，但均处于可控范围内，再也没有出现20 世纪 90 年代美国强制日本自限汽车及其部件出口的局面。

（二）中美之间。自 1979 年中美正式建立经贸关系以来，两国一直按照自身的比较优势进行贸易往来。2002 年中国一半多的特殊工业装备进口，超过三分之一的肥料进口，四分之一的农产品进口，以及60% 的计算机进口都来自于美国；中国对美出口主要包括纺织鞋帽制品、家具玩具和机电产品等，2006 年这三类商品的出口额占中国对美出口总额的 94%。随着双边贸易的不断发展，中国在机器设备等技术含量较高产品方面对美国的出口比重逐年增大，2011 年中国对美出口金额最大的五类商品是电子设备（987 亿美元）、机械（949 亿美元）、玩具和运动装备（226 亿美元）、家具（205 亿美元）、鞋类（167 亿美元）；而美国同年对华商品出口主要是机械（122 亿美元）、农产品（107 亿美元）、电子设备（101 亿美元）、汽车（68 亿美元）、飞机（64 亿美元）。[3] 另据美国国际贸易委员会的数据，美国对华出口的废

① William H. Cooper, "U. S. -Japan Economic Relations: Significance, Prospects, and Policy Options," *Congressional Research Service*, March 11, 2010, p. 7.

② Jennifer Koncz and Anne Flatness, "U. S. International Services, Cross-Border Trade in 2008 and Services Supplied Through Affiliates in 2007," *U. S Department of Commerce*, October 2009, p. 27.

③ Available at http: //www. ustr. gov/countries-regions/china-mongolia-taiwan/peoples-republic-china.

旧物资不断增多，2011年美国对华出口中的废旧材料，如废旧金属和再生纸等达到115亿美元，同比增长35%，是当年对华出口最大的商品，而半导体材料的出口则下降明显。在服务贸易领域，1999年中国对美服务出口占总出口的0.06%，而到了2011年，中国对美服务出口占总出口的比重不到0.03%；而美国对华服务贸易额在2006年就已达到中国当年对美服务贸易额的11倍，之后顺差还在扩大，2011年的顺差达到130亿美元。虽然中国对美货物出口有向中高级产品转化的趋势，但当前中美之间的贸易结构基本仍处于互补状态，中国因为对美出口而导致美国相关产业萎缩的比例很小，美中贸易逆差更多是由于政治因素使然，况且美国服务贸易的对华顺差还在不断扩大，因而可以认为美中贸易摩擦的强度仍不及当年的美日。

（三）中日之间。从1994年到2005年间，中国对日有七种出口商品一直占有比较优势，分别是动物产品、植物产品、食品饮料、矿产品、木制品、纺织制品、精密仪器；2005年中国从日本进口的商品主要有机器设备、金属制品、精密仪器、化学产品、塑料制品等。其中，进口额最大的商品为机器设备。随后，中日贸易的商品组成逐步发生了变化，中国对日出口中的电子设备不断增加，对日本的部分产业如家电产业造成了一定的冲击，但中国商品仍基本处于低端，知识产权含量不多。根据日本财务省公布的统计数据，2005—2011年间，中国对日出口量最大的前五类商品一直是服装及附属品、电子计算机、通信设备、音响与电视机、金属产品；近年来中国从日本进口的商品高居首位的始终是半导体元器件、钢材、塑料、汽车配件、光学仪器。总的来看，日本向中国出口的商品中几乎全部是工业制成品，而且绝大多数是附加值较高的商品；而中国对日出口主体仍属于附加值不高的消费品，尽管中国开始在某些出口领域对日本产业形成冲击，但中国对日贸易仍属于从垂直分工到水平分工的过渡阶段，中日之间的互补性仍大于竞争性。

（四）其中两国对第三国出口的竞争性。从中国的角度来看，美日作为进口来源其组成有部分重叠，中国从这两个国家进口的同类产品分别占其对华出口量的33.5%和50.2%，主要涉及电脑及部件、手机和电视部件。2007年美国对华出口和日本对华出口的商品相似度达到42%，相对来说，美国对华出口与欧盟对华出口的相似度为48%，而日本与亚洲四小龙的对华出口相似度达到 52%。① 可见双方对华贸易关系中的主导商品仍比较局限。美日的出口产品在中国市场上有一定重叠，但不重叠的更多，故冲突尚不严重。从美国的角度来看，据日本野村证券综合研究所在一份报告中说，日、中两国出口到美国市场的产品中，只有 10% 是相互冲突的，而且冲突的部分还不在一个档次上，因为日本出口的是高档产品，中国出口的多为低档产品，日、中两国产业发展到相互竞争的程度还需 10 年至 20 年。而在日本的市场上，中美出口商品的重叠度也较低，中国的出口仍主要集中于劳动密集型产品及转口贸易产品，而美国的出口则包含大量具备自主知识产权的商品和农产品，产品品种和档次差别较大。

（五）三国的显示性比较优势分析。显示性比较优势指数 RCA（Revealed Comparative Advantage）是由美国经济学家巴拉萨（Balassa）于 1965 年首次提出的，它是衡量一国产品或产业在国际市场竞争力最具说服力的指标，旨在定量描述一个国家内各个产业相对出口的表现。② 《联合国国际贸易标准分类》第三次修订标准将所有贸易商品分为十大类，其中 0—4 类大多为初级产品，6 和 8 类大多为劳动密集型的制成品，5、7 和 9 类大多为资本或技术密集型的制成品。中国出口的比较优势产业主要集中在劳动密集型产业，同时，某些资本、技术密集型产业的竞争力也在逐步增强，但中国出口的第 7 类产品主要是通过加工贸易的方式完成的，资本技术增值有限，仍不能算作资源密集型产品；而美国的比较优势产业以资本、技术密集型产业和一些资源密集型产业为主。因此中美两国出口产品结构存在较明显的层级差别，两国相互出口的产品正是对方想要进口的产品，从而使两国双边贸易存在较强的互补性。

在中日之间，中国初步实现了比较优势的动态转移，一方面在劳动密集型制成品上仍保持了明显的比较优势，同时在初级产品上的比较优

---

① Judith M. Dean, Mary E. Lovely, Jesse Mora, " Decomposing China-Japan-U. S. Trade: Vertical Specialization, Ownership, and Organizational Form," May 28; 2009, p. 6.

② 其计算稍显复杂且非本书重点，在此不多赘述，有兴趣者可参阅 B. Balassa, " Trade Liberation and Revealed Competitive Advantage," *The Manchester School of Economic and Social Studies*, 1965, pp. 99－123。

势逐步下降；另一方面在部分资本技术密集型制成品上的比较优势逐渐显现，竞争力逐渐增强。而日本的比较优势则主要集中在资本和技术密集型的制成品上。总体来说，中日两国在比较优势上具有较明显差异，从而为双边贸易关系的加强奠定了基础。①

美日之间的显示性比较优势有相同也有不同，美国在高科技领域和高附加值产业方面与日本有竞争关系，但美国的优势领域更为宽广分散，在劳动密集型产业方面和初级产品方面尤其是农产品和能源等领域对日具有明显优势，而日本仅是在某些特定领域的资本技术密集型产品对美国形成冲击，如电子产品、材料、工业设备与汽车配件等，所以当前美日的产业竞争涉及范围尚不广泛，强度也比过去有所下降。

四　金融领域的三边关系

（一）日本对中美投资情况。日本对华投资曾经持续保持高位，但近年来呈下降趋势且持续低迷，截至 2006 年末日本累计对华直接投资总额 514 亿美元，占日本对外投资总额的 10.9%。2007 年日本对华投资项目数为 1974 个，同比下降 23.8%；实际到位金额 35.9 亿美元，同比下降 22.0%。2008 年为 1.7% 的微弱正增长，2009 年 1—10 月日本对华投资总额达到 36.1 亿美元，同比增长 15%，出现了恢复的好势头。但随后又因受到政治关系的影响而变得不稳定。2010 年日本对美投资总额达到 2573 亿美元，比 2009 年增长了 7.5%，集中于零售业与制造业。总的来看，日本的对外直接投资中有 31.9% 投在美国，9.1% 投在了中国，且对美投资的稳定性远远超过对华，差别十分明显。

（二）美国对中日投资情况。美国对华投资也经历过大起大落的过程。邓小平南巡之后，美国对华投资大幅提升，但从 2003 年以来，美国对华实际投资额持续下降，2006 年只有 28.7 亿美元，比 2002 年的54.2 亿美元下降了 47%，占中国利用外商直接投资的比重也由 2002 年

①　庞德良、洪宇：《中日、印日商品进出口结构比较分析》，《现代日本经济》2007 年第 1 期。

的 10.5% 下降到 2006 年的 4.5%，低于中国香港、日本、欧盟、韩国，居第五位。2010 年美国对华直接投资存量为 605 亿美元，主要涉及制造业和银行业。2010 年美国在日直接投资存量达到 1133 亿美元，集中于金融保险、制造业、非银行类公司以及零售业。① 美国对日投资总额接近对华投资的两倍，涉及领域也更为广泛，表明在投资领域美国更看重日本市场。

（三）中国对美日投资情况。2010 年中国在美直接投资存量为 320 亿美元，比 2009 年增长 171.6%，主要分布于批发零售业，2012 年当年中国企业的对美投资达到 65 亿美元，② 显示出快速增长的趋势。尽管近年来有大幅增长，但中国在美直接投资仍然很少。2010 年欧洲国家在美投资占据了投资总额的 2/3，亚洲国家只占据 16%，其中日本是主要的投资者，在美投资存量总额达到 2600 亿美元左右，中国的直接投资存量仅有 59 亿美元，只占美国吸收投资总额的 0.25%。这一投资比其他一些金砖国家如巴西（160 亿美元）和印度（70 亿美元）还要少。③ 根据日本贸易振兴机构和日本银行的统计数据显示，2000—2010 年间，中国对日本的直接投资流量总额为 605.98 亿日元（约合 6.2 亿美元），以投资流量最高的 2010 年为例，中国对日本直接投资流量达 275.54 亿日元（2.8 亿美元），是中国对亚洲国家（地区）投资的第九位，仅占对亚洲国家（地区）直接投资流量总额的 0.75%。④ 根据日本经济产业省调查，截至 2009 年在日本投资的外资企业中，来自美国和亚洲（新加坡、中国香港、韩国、中国）的投资所占比重分别为 30.2%、43.2%，其中中国仅占 7.6%。⑤ 虽然中国对日直接投资所占

① 参见美国贸易代表办公室介绍，http：//www.ustr.gov/countries-regions/japan-korea-apec/japan。

② "Should We Be Concerned About Chinese Investment in the United States?" Available at https：//www.uschina.org/info/trade-agenda/2013/chinese-investment.html.

③ hilo Hanemann，"It's Official：Chinese FDI in the U.S. Is Soaring," August 25，2011，available at http：//rhg.com/notes/its-official-chinese-fdi-in-the-u-s-is-soaring.

④ 高鹤：《中国对日本直接投资研究》，第 38—39 页。

⑤ 日本经济产业省 2010 年外资系企业动向调查（2009 年实绩）的概况。Available at http：//www.meti.Go.jp/statistics/tyo/gaisikei/result - 1/result_ 44.html. 转引自金仁淑："大地震后外资对日本直接投资新特点与积极效应"，《现代日本经济》2013 年 1 月。

日本接收的全部外国投资的绝对比重较少，但中国企业对日投资增长速度却较快。根据日本财务省的统计，2010 年中国内地对日净直接投资为 276 亿日元（3.41 亿美元），为五年前的 20 倍还多，创下了历史新高。从 2003 年 4 月到 2011 年 3 月汶川地震前，由日本贸易振兴会协调的 901 笔外来投资交易中，中国公司占 89 笔，仅次于占首位的美国（272 笔），位居第二位。① 截至 2010 年底，中国对日本直接投资设立的企业共有 233 家，制造业有 23 家，占比 9.9%；非制造业有 210 家，占比 90.1%，批发零售业是中国在日本直接投资比重最大的非制造业，共有企业 117 家，占全部非制造业的比重近 55.7%。根据中华人民共和国商务部的统计数据显示，按中国对外直接投资的流量排名，日本一直处于二十多名的位置，2007 年甚至排在第 42 位。从这里可以看出，在投资领域中国远远落后于美日等发达国家但增速较快，而且对美投资远远多于对日，意味着中国企业的国际化程度不高但在迅速改善，中国对美国市场预期的乐观度超过对日。

（四）三国互持国债情况。根据美国财政部的统计，2008 年底中国首度超过日本，成为持有美国国债最多的国家，此后中日依然保持相同名次，但差距不断扩大。截至 2013 年 5 月底，中国大陆持有美国国债为 13159 亿美元，这是自美国财政部公布该数据以来外国最大的持有量，美国第二大债权国日本当月持有美国国债 11 110 万亿美元。由于中国持有的美国国债远远领先于其他国家，一些市场战略家形象地说："中国现在是美国的甜爸爸"。② 这反映出中日均看好美元保值的能力。近年来出于对美元贬值的担忧，中日除了部分购进欧元保值以外，也开始相互购买各自的国债。日本财务省数据显示，中国 2010 年头四个月净买入 5410 亿日元（合 62 亿美元）日本国债，是 2005 年的两倍，成为仅次于英国的海外第二大投资日本国债的国家。2011 年底日本财务大臣安住淳宣布，中国已经同意让日本购买 103 亿美元的中国国债，这

---

① Yuka Hayashi, "In a Shift, Chinese Capital Flows to Japanese Firms," *Wall Street Journal*, April 15, 2012.

② William Pesek, "China, U.S. 'Sugar Daddy,' Eludes Clinton, Obama," *Bloomberg*, April 4, 2008.

是首次有发达国家从中国购买国债，但日本购买中国国债的规模还不到日本 1.3 万亿美元外汇储备的 1% 。

（五）三国货币结算情况。由于美元具有世界储备货币的霸主地位，所以三国之间的交易主要采用美元来进行结算。但从 2012 年 6 月 1 日起，中日两国在东京和上海开展日元和人民币的直接交易业务。在世界主要货币中，日元是继美元之后第二个被中国政府批准与人民币直接兑换的币种。在 2011 年日中双边贸易中使用美元结算的占到 50%—60%，日元结算的为 30%—40%，用人民币结算的不足整体的 1% 。① 但这一举措仍意义重大。

（六）三国投资的基本特点。从以上论述可见，第一，中国对美投资热情明显超过对日，但在总量上仍无法与美日相互投资及其对华投资相比；不过在投资增速上中国优势明显，表明中国经贸发展的国际化程度不断提高，这对进一步密切三国之间的经贸合作具有积极意义。第二，美国和中国学者发现，美国和日本在华直接投资的侧重点都是制造业，而他们相互之间的投资则侧重于服务业。② 从其选择的比较优势可以看出，投资重点流向与贸易流向基本一致，一方面说明中国仍处于与美日不同的生产分工层次上，另一方面也说明三方相互投资的竞争尚不强。第三，随着中国的快速发展，美日对华投资都有逐步递减的趋势，但其相互投资仍维持稳定，表明其对在华获利的预期已不如原来乐观，而开始将投资转向其他新兴市场和稳定的市场经济国家，这对于中国与美日的经贸联系可能产生一些消极影响。第四，中日都试图在继续增持美国国债的前提下，扩大相互之间的金融合作，表明这两国都有意图打破美元霸权的垄断地位，但相互的不信任又使其不得不谨慎行事。这是政治纠纷影响经贸合作的又一例证。第五，虽然日本对华投资大大多于美国对华投资，但中国对日投资却显著少于中国对美投资，这一方面反映出中国对在美市场获利的预期大于在日市场，另一方面民族心理是否对商业活动产生了影响也值得关注。

---

① 《日中期待扩大双边贸易》，［日］《朝日新闻》2012 年 5 月 30 日。

② "China, Japan and the United States: Deeper economic integration," *Journal of Asian Economics*, 2009 – 20, p. 594.

## 五　三边经贸关系的总体格局

（一）三国经贸地位处于稳定变化的大趋势中。最典型的表现，就是美国仍然维持传统的贸易大国的地位，以贸易立国的日本的地位在下降，而中国在国际舞台上的地位得到明显提升。在 2006 年，美国还是 127 个国家的主要贸易伙伴，中国只是 70 个国家的主要贸易伙伴；但是 2012 年两国明显交换了位置：中国已经成为 124 个国家的主要贸易伙伴，美国则下降到 76 个。在短短五年内，中国已经超过美国，成为世界多数国家的主要贸易伙伴，包括澳大利亚和韩国这类美国盟友。2011 年中国在 77 个国家的市场份额超过美国，而在 2000 年时是 20 个国家。2002 年各国对华贸易平均占一国 GDP 的 3%，对美贸易占 8.7%；中国迎头赶上并在 2008 年冲到了前面。2011 年对华贸易平均占其他国家 GDP 的 12.4%，高于过去 30 年任何时候对美贸易在 GDP 中所占的比例。[①] 从全球层面来看，美国在全球贸易和在世界 GDP 中所占份额已经从 1999 年的 16% 和 30% 下降到 2008 年的 11% 和 23%，美国有学者认为，造成这种下降的主要因素是中国所占份额的相对增加。[②] 中国继 2009 年成为世界第一大出口国和第二大进口国之后，2012 年，中国在货物进出口总值上超越美国，成为全球最大货物贸易国。在三国之间，2000 年美国对华和对日贸易占三边贸易总额的比重高达 41.74%，2009 年已降至 36.21%；同期中国对美和对日贸易占三边贸易总额的比重由 20.02% 上升至 36.87%；日本对华和对美贸易占三边贸易总额的比重则由 38.27% 下降至 26.92%。[③] 仅从三边贸易关系的国别结构看，中国的地位也已经超过美国，更显著超过了日本。这表明，中国在三边经贸关系中的地位明显提升，美国和日本都在下降而日本比美国下降得更为明显。美国商业杂志《财富》2013 年 7

---

① 见申哲秀《再也看不到自己在美国的未来了》，美联社首尔，2012 年 12 月 3 日电，a-vailable at http://www.cetin.net.cn/cetin2/servlet/cetin/action/HtmlDocumentAction；jsessionid = 2DFCFA2BC73372A371D2D1789EFC54D1？baseid = 1&docno = 516460。

② Rosemary Foot, "China and the United States: Between Cold and Warm Peace," *Survival*, Volume 51, Issue 6, 2009.

③ 相关数据分别来自中国海关统计，美国商务部经济分析局和日本财务省官方网站。

月 9 日公布最新的世界 500 强企业排名，登上财富世界 500 强的中国企业数量，首次超越日本，仅排在美国之后。三国经贸地位的变化已经对其国际地位带来了影响，并使得三国在三边关系中的态势也发生了潜在的变化。

（二）三国经贸互动的获益情况与其贸易规模不成比例。在实物贸易领域，根据传统的计算方法，中国的地位不断提升而美日则相对下降；但在计算了附加值的流动以后，具有技术优势的日本的地位得到了提升；如果再结合从贸易中获取利润的情况统计，则美日明显超过中国。联合国贸发会议于 2013 年 3 月发布了一份报告，根据其新开发的全球价值链（GVC）数据库和相应的统计方法，中国从本国的出口总值中仅获得七成收益，这一获益水平在全球 25 个主要出口经济体中仅处中游，显著低于俄罗斯（91%）、印度（90%）、美国（89%）、巴西（87%）、澳大利亚（87%）、沙特阿拉伯（86%）和日本（82%）。这一指标原本是为了消除全球贸易中的重复统计，如中国出口一台计算机后将出厂价全部计入中国出口总值，而提供初中级产品和软件服务的美国、日本、韩国、中国台湾地区等也都将自己出口给中国大陆的部分计入自己的出口总值中，结果导致全球贸易总值虚高。与上文提到的经合组织与世贸组织提出的新型统计方法类似，联合国贸发会议的计算方式是将每个国家（地区）出口货物中的本国附加值和外国附加值分别计算并进行比较。其比例就反映出该国（地区）的贸易获益率，其结果取决于经济总量（依赖外国附加值的程度）、价值链地位（上游还是下游）和经济结构及出口模式。① 不同于依赖本国供应链的美国和日本，中国虽然贸易总量居于世界首位，但出口产品的获益率不高。在服务贸易领域，仅占全球出口总额 20% 的服务贸易提供了全球出口增值部分的接近一半，同时也是各国相互投资的重点领域，代表了未来的发展方向。而中国的服务贸易水平仍与美国不在一个数量级，同时也大大低于日本。由此可见，中国已成贸易大国但不是贸易强国，中国在与美日贸易互动中的地位并不如想象中那么高。

---

① 参见郭丽琴《中国贸易出口统计隐藏大量重复计算获益仅七成》，《第一财经日报》2013 年 3 月 1 日。

　　（三）美国在三边贸易中发挥了基础性作用。这主要表现在两个方面，首先是美国推动的自由贸易机制促进了中国和日本的经济发展并提升了三边贸易的规模。在美国霸权的控制下日本接受了市场经济并实现了经贸立国，日本的成功随后也影响了中国的改革开放。而美国在与中国经多年谈判最终同意中国加入 WTO 之后，中国对外贸易的水平大幅度提高，日本对华出口也在同时开始激增；同时，美国持续的努力也为三国之间贸易壁垒的逐步减少发挥了积极作用。其次，美国是东亚经济直接和主导性的参与者，中日的经贸活动已经无法离开美国。在日本和中国经济崛起的过程中，先是成为日本，后又成为中国最大的贸易合作伙伴，美国对中国和日本来说都是不可或缺的国际市场和技术来源地，虽然当前东亚内部的经济整合已经达到一定水平，但离开了美国，包括中日在内的东亚经贸链条就会断裂，不像贸易流动更为集中的中日，美国的外贸更具全球贸易的特征，从一定意义上说，美国可以失去东亚而东亚无法离开美国。

　　由于中国经济增长对海外市场的依赖接近 50%，而美国又是中国最大的出口对象国，所以中国对美国的市场依赖很大，但美国却并不依赖中国的市场。中国持有的美国国债数量尽管是最多的，但仍只占到美国发行国债总量的 8% 左右，对其金融秩序影响有限。芝加哥比安科研究所所长吉姆·比安科（Jim Bianco）表示，美国有 50 万—60 万个岗位依靠向中国销售产品和服务，中国有 5 000 万个到 6 000 万个岗位依靠向美国销售产品和服务，这些数据说明了核心事实：如果中国不买美元国债或者其他美元资产，中国就得停止向我们卖产品。① 日本对美国的贸易结合度虽然与美国对日本的结合度差不多，但一方面美国的海外市场和进口来源国更为分散，另一方面美国还可以通过影响中国来影响日本。从各国在日本出口市场中所占的份额来看，资本、零部件和加工产品方面，中国的份额比美国大，但利用这些资本将零部件和加工产品进行组装后所形成的产品，最后被出口到了美国。如果作为最终需求地

---

　　① Caroline Baum，"China's Exports, Not Altruism, Fund U. S. Deficit," *Broomberg*，September 1，2009. 21.

的美国不景气，势必会波及到日本对中国的出口。① 美国是全球需求的主要一极，其强劲消费获得了中国和日本这样国家购买其国债的支持，当这一模式垮台后，美国模式经济受损，中日也无法逃避。② 福田领导的自民党中的一位重要人物与谢野馨说："我们现在联系非常密切，美国经济疲软当然会直接打击到我们，但也会打击中国，然后反弹回来再打击我们。"他的观点是日本经济过去五年来的小幅增长几乎全部依靠其对中国的出口，③ 如果因为美国对华关闭市场，日本也会遭受相当的间接损失。在储备货币的问题上日本与中国一样也不得不主要持有美元，导致对美元的依赖。从 1980 年到 2009 年，中国对美贸易盈余总额接近 2.1 万亿美元，这在中国 2.4 万亿美元的外汇储备中占有很大份额。中国不能在国内花这些钱，必须为其找到其他出口。世界上没有足够的钢铁、石油和黄金可买，其中一些钱必须流回到美国债券和股市中，因为这是世界上唯一能吸纳中国贸易盈余的地方。中国银监会主任罗平在接受采访时曾轻描淡写地说："除了美国国债，我们还能持有什么呢？美国国债是安全的避风港。对包括中国在内的每个国家而言，这是唯一的选择。你们这些人太可恨了。当你们开始 1 万亿、2 万亿美元地发行债券时，我们就知道美元要贬值，所以你们太可恨了，但是我们无能为力。"④ 也就是说，美国在东亚的经贸活动中发挥着难以替代的重要作用，而且，美国在一定程度上主导了东亚国家包括中日的经贸活动模式。

（四）三国贸易为中美日的三赢创造了条件。表面看来，美国对华对日贸易都是长期处于逆差状态，似乎美国利益受到了很大的损害，但实际上这不是事实。因为美国为了进口而付出的只是美钞，得到的却是

---

① ［日］原田泰：《日本经济夹在美国与中国之间该如何定位?》，［日］《外交论坛》月刊 2010 年 1 月。

② Akashikitatzume, "Can Japan, U. S., China work together? Global economic interdependency a double-edged sword: Everyone prospers, everyone suffers," *The Japan Times*, April 11, 2009.

③ Jim Hoagland, "New Allies In Asia?" *The Washington Post*, May 11, 2008, p. B. 7.

④ Niall Ferguson, "The trillion dollar question: China or America?" *Telegraph*, 01 Jun 2009.

实实在在的实物商品；而由于美元的霸主地位，美国经常可以利用货币贬值的方式来应对贸易逆差的压力。同时，中日对美出口顺差获取的美元没有更多的投资机会，于是被大量拿来购买美国国债以求保值，这进一步帮助美国稳定了国内汇率以及国内商品的价格，对美国是利好的事情。而从中日的角度来看，这两个国家在起步阶段都依靠贸易立国，需要通过出口来完成原始的资本积累，而美国的市场为其提供了难得的机遇，同时美国创立的贸易规则和提供的先进技术也为两国实现迅速赶超提供了外部支撑。而在中日之间，双边贸易也为两国的发展提供了不可替代的协助。一位曾长期关注中美日之间贸易强度的美国学者认为，中日贸易从上世纪80年代出现了相互间高度的积极倾向（3到5），在第二个十年里积极倾向有所下降，从90年代早期又开始上升，现在的指数是2.5到3.5。他表示，从1972年以来，我们可以看到在中日贸易之间的积极倾向比日美之间、或者中美之间更大，这实际上非常有秩序。作者用观念性因素来界定经济关系，很有新意，只是可惜没有给出依据和算法。他的计算还显示，如果中国出口占世界出口总量的比重从5%上升到10%，在其他条件不变的情况下，日本的对华出口也会从目前的5%上升到10%。这意味着中日从对外贸易中的获益是同步的。[①]

## 六　三边经贸关系的政治映像

（一）三国经贸关系的格局类似于三国的政治格局。三国经贸关系中美国始终处于强势地位，这不仅表现为其具有吸纳中日进口的巨大市场、广阔得多的贸易渠道、出口商品的技术优势、迅速增长的服务出口以及对金融和投资市场的强大掌控力，更体现在其制定规则和施加影响的能力方面，美元的国际储备货币地位至今仍然稳定，帮助美国继续维持其全方位的霸主地位。中国经过三十多年的持续发展，经贸能力已经发生深刻变化，主要指标已经名列世界前茅，在国际经贸组织中的影响力也逐步提高；但是中国的成就主要体现在数量而非质量上，对外贸依赖严重，出口产品缺乏自主知识产权和高附加值，在国际分工中仍处于

---

① Ezra F. Vogel, Gilbert Rozman, Ming Wan, "The U. S. -Japan-China Triangle: Who's the Odd Man Out?" p. 17.

中下游水平。日本经济经过多年停滞，在世界上的影响力和竞争力已经大为下滑，多项指标都被中国赶超；但日本在经贸领域仍是一个有影响的大国，出口产品具有技术优势和很高的信誉度，同时也是东亚经贸链条中的一个重要组成部分，其职能尚无法为其他新兴国家替代。因此，三国之间的经贸格局基本类似于政治格局，美国依然强大，中国在缩小与美国的距离但仍问题多多，日本在逐步衰落但在很多领域仍保持强大竞争力。更有意思的是，像在政治领域一样，日本在经贸领域同样也试图成为中美之间的桥梁。由于中美日三边经贸关系的主要初级商品供应源国家是日本，所以日本特别希望维持目前的三边经贸框架，利用自己特殊的地位来调和中美经贸关系，以便自己能够持续获利。在东京的亚洲发展银行研究院的负责人、前日本大藏省副大臣河合正弘（Masahiro Kawai）表示，日本应该站在美国和中国之间，告诉美国不要采用贸易保护主义措施，告诉中国为了自身利益重新评估人民币的汇率，尤其是中国经济出现过热痕迹的时候。当日本财政大臣在北京会见温家宝时，没有像美国一样要求人民币升值，但表达了对中国志愿改革现有货币系统的希望："我们没有告诉中国应该做什么，而是期待中国能够作出可以被感知的调整。"一名日本大藏省官员说："不像美国和欧洲，因为中日贸易基本平衡，日本没有看到重新调整人民币汇率的迫切性。"但作为西方七国集团的成员，日本加入了美国与欧洲要求中国让人民币汇率更为灵活的呼吁，这位官员说："日本实际已经成为中美之间的调和者，但它需要一个精致的平衡的行动来满足三国的利益。"①

（二）三国的经贸互动中透射出对政治因素的深刻考量。美国的对华经贸政策一直受到其国内政治的影响，表现为各种利益集团的博弈，而非两国市场的自然需求。美国对华经贸目标并未超出维持其在自由贸易框架内利用自身产业优势获利的传统意图，政治对经济干涉的焦点也集中在所谓"公平"贸易方面，像日本那样利用经贸活动维持产业级差以制约中国发展的企图并不明显，相反却很注重在华的长远收益。相对而言，美国投资者比日本同行更愿意将输出限制以外的技术研发系统放在中国，显示出更多的自信和对中国经济前景的正面期待。2004 年

---

① "Japan needs balancing act in U. S. -China currency dispute," *Kyodo News*, Apr. 5, 2010.

有37%的美国企业以某种方式在中国增加了研发投资，2005年这一数字增大到47%。在华美系企业的49%都对中国今后五年内的商业走势持乐观态度，另43%"虽有所警惕但仍乐观"，这与对中国市场充满着根深蒂固的警惕的日系企业形成鲜明对照。① 但是，美国政府一直因为对中国的政治担心而拒绝对华出口其具有比较优势的产品，并宁愿为此而违背市场规律，长期忍受对华贸易逆产状态，美国甚至还一再阻止其他国家与中国之间的敏感商贸技术合作，其目的都是为了防止中国在对外经贸交往中获得过多的技术和能力提升，从而逐步具备打破美国霸权地位的实力。

　　而日本在对华经贸往来上有几个认识：一是中国的经济崛起有助于日本的经济复苏，双边贸易基本平衡，对华迂回贸易还可缓解日本和欧美的贸易摩擦，将麻烦转嫁给中国，所以中国主要是一个机遇而非威胁。日本外务省主管中日经贸业务的官员表示，日本人的思维已经改变，中国不是一个威胁而是日本商业的机会。这可以帮助解释日本没有要求北京让人民币升值。② 二是日本不认为中国经济的发展已达到和其平起平坐的位置，进军北京的日企研发人员自信地表示："如果只限于技术层面，中国还谈不上是威胁，甚至还不是对手。"③ 日本东海大学教授唐津一认为，中国的制造业采取的是一种人海战术，中国制造的是普及型产品，价格便宜是竞争力的关键，日本对于中国制造业的投资与输出，始终保持着技术和质量的优势地位，"构成了中国的制造业越是向前发展，日本就越有钱赚的一种机制"。④ 三是相信在经贸领域中国对日本的依赖超过日本对华依赖，所以注重经贸的日本可以接受日中之间"政冷经热"的现象长期存在。四是中国经济的发展确实正为其自身崛起不断注入活力，也要对此进行防范。故此日本对华经贸政策也遵

---

　　① ［日］河崎真澄：《美国在华企业因WTO效果利润增加》，［日］《富士产经商报》2006年3月20日。

　　② Don Lee, "China-Japan Economic Ties Glow Amid Political Chill," *The LosAngeles Times*, April 17, 2006.

　　③ ［日］福岛和男：《日本人所不了解的中国》，［日］《经济学人》2005年7月8日。

　　④ 唐津一：《中国能否赶超日本》，徐朝龙译，中国社会科学出版社2006年版，第47页。

循两个原则：一是确保政治关系不致影响经济合作，努力维护眼前利益；二是尽力减少中国的崛起可从日本获益的机会。前者典型的表现是包括小泉、麻生在内的政府官员一再对中国经济增长的友好表态；《21世纪日本外交基本战略》提倡，在经济领域不宜过分引入政治因素；外务省还增设日中经济室，并考虑升格为课，以便把政治对经济的影响减到最小程度。而后者主要表现为，在技术转移方面，日本政府更推崇"雁行"模式，希望将其成熟甚至夕阳产业持续转移以保持梯度差，中国国内技术开发到什么水平，他们就转移到何种程度，甚至与欧美对华投资水平保持较大差距；[1] 小泉时期为防中国"盗版"，日本还成立了小泉亲任部长的"知识产权战略本部"；在华日企关注市场份额的力度远大于技术开发，投资见效快但科技含量明显逊色，关键技术部门人员的本地化程度也较低[2]。这种明显的功利心理，使日中经贸关系相对美中来说，在面临经济以外因素的影响时显得更为脆弱。日本在面对美国时，政治因素同样会在经贸活动中发挥重要作用。在日美经济与贸易战中，尽管日本对美出口的依存度远小于美国的其他几个主要贸易伙伴，但美国通过"超级301"条款进行的单边经济胁迫，在日本取得了最为显著的效果。[3] 这主要是因为日本在政治和安全上对美国的依赖导致其不得不在经贸领域尽可能向美国的要求妥协。

（三）经贸关系的存在为三边关系的总体稳定提供了有力支撑。经济合作与政治合作之间是否具有必然的对应关系，这是一个存在很多争议的问题，支持与不支持的证据兼有。但在三国之间，更显著的表现是经贸合作确实发挥了积极作用。在小泉执政的2001—2006年，中日双边贸易增长了2.6倍，从2001年到2005年日本对华直接投资增长了150%，只是2006年出现下降。这意味着政治关系与经贸关系的运行至少可以暂时相互独立，中日政治关系虽然因为历史问题恶化，但在基本保持正常的中日经贸关系的作用下，中日关系仍保持总体稳定。新世纪

---

[1]　孙迎辰：《美日对华高技术出口政策与中美日关系的互动》，《当代亚太》2000年第2期。

[2]　高爱武、储海燕：《美日对华直接投资的比较研究》，《经济与金融》2003年第8期。

[3]　Ka Zeng, "Trade Threats, Trade Wars: Bargaining, Retaliation, and American Coercive Diplomacy," Ann Arbor: *University of Michigan Press*, 2004, pp. 161 – 162.

以来美国多次指责中国低估人民币汇率，而在日本除了前财务大臣盐川正十郎公开指责中国的汇率体系以外，日本政府和商界基本上都对人民币问题保持沉默，日本利用中国作为一个出口平台，被低估的人民币对日本有益。即使在上世纪 90 年代中国对日贸易顺差从 60 亿美元上升到 185 亿美元时，日本政府和国内的商业机构也没有对限制中国的进口采取真正的保护措施，没有发生一起反倾销案例。只是在 2001 年 4 月 23 日日本对华出口的三种农产品采取了临时防护措施，在中国威胁要对日本汽车和主要出口采取报复之后这些措施就取消了。① 可见对经济利益的顾虑明显制约了日本追随美国的对华强硬姿态。

在美中贸易方面，虽然美中贸易逆差长期存在且持续升高，但一方面中国物美价廉的消费品为稳定美国国内物价和降低通胀发挥了重要作用，另一方面美国对华出口增速非常显著，从 2001 年到 2011 年，美国对华出口增长了 543%，而对世界其他国家的出口增长只有 80%。② 奥巴马 2010 年 1 月宣布的国家出口规划，希望在 2014 年使美国的出口翻一番，这就要求今后五年内每年出口要有 15% 的增长。实际上从 2000 年以来中国是美国出口年度增长持续超过 15% 的唯一的主要出口市场。③ 因此，美国商界一直是帮助稳定美中关系的主要推动力；而美中经贸的密切联系也同样影响到华盛顿的决策者，尽管国会不断施压，美国政府出于大局考虑始终没有将中国划入汇率操纵国的行列。展望未来，经贸关系依然可以被视为三国关系保持稳定的核心推动力。

（四）政治因素对经贸关系的冲击，这突出表现在中日经贸关系领域。2005 年小泉执政时期，中国的反日游行和抵制日货行动造成日本对华出口减少 5.1%。④ 这一数值虽然并不显著，但已经反映出政治因素对经贸关系的影响。随后日本政府也迅速减少并停止了对华政府开发

---

① Xing Yuqing, "Japan's Unique Economic Relations with China: Economic integration under political uncertainty," *EAI Background Brief* No. 410, 23 October 2008, p. 8.

② https://www.uschina.org/public/exports/2000_2011/2000 - 11 - us - exports - to - china.pdf.

③ https://www.uschina.org/public/exports/2000_2011/2011 - state-export-report-executive-summary.pdf.

④ 《对华摩擦恐对日本经济造成下行影响》，[日]《日本经济新闻》2012 年 9 月 19 日

援助。在中日钓鱼岛冲突激化以后，2012 年日本对华出口在 2009 年以后首次出现下降，日本对华进口虽有上升但很缓慢，日本三大汽车公司丰田、本田和尼桑在华市场上的销售分别上升 0.73%，下降 1.25% 以及下降 0.22%，日本对华汽车出口总量下降 14%。2012 年中国依然是日本最大的出口市场，但在出口总量中的比例下降了 1.6%，而对美出口则上升了 2.2%。① 日本外务省负责经济议题的官员还提出一个新的概念"中国风险"，意即在华投资不仅要考虑市场因素，同时也要考虑政治因素的影响，这在世界主要贸易大国中是很少见的。一些日本在华企业已经开始研究或者加快将生产基地迁往东南亚国家的计划，而政治关系的恶化对中日两国在旅游等方面的冲击也已经显现出来。中美经贸领域同样也受到政治因素的冲击，从 2005 年中国企业收购优尼科石油公司失败，到近两年来华为、中兴等中国企业不断在美国遭受安全背景调查，都反映出美国在安全领域对华的深深担忧。

（五）三国在经济与安全关系模式上的选择反映出其不同的总体实力和战略规划。日本依靠的是国家经济战略和国际安全战略，中国的发展模式则是国际经济战略和国家安全战略，而美国依靠的是国际经济和国际安全战略，三国的差别非常明显。日本的经济虽然在很大程度上依靠海外市场，但国内市场非常封闭，对于外国进口和外国投资都处处设限，希望少受外界影响；相反在安全领域则主要靠美国提供保障。所以日本经济上依靠对华出口，安全上则完全依靠美国的保障，导致其时常难以自我定位。中国无论是国内市场的开放程度，还是对海外市场的依存度都超过日本，中国经济对出口市场的依赖为 40%，日本是 16%，差别十分明显；而在国家安全方面中国则是完全独立，没有与任何国家建立同盟关系（除了名义上存在的中朝同盟以外）。中国的这种处境导致其对国外市场和投资十分依赖，但是对外经贸行为也比较敏感脆弱，时常会因为缺少外部的良性接纳而受挫。美国则是在经济和安全领域都实现了全方位的国际化，或许正是因为这个原因，促成了美国经济上与中国合作，安全上与日本合作的战略构想，并从两国充分获益。将三国

---

① Mitsuruobe, "Japan's: Exports Set to Recover, Forecast Says," *Wall Street Journal*, February19, 2013.

统合考察，就会发现仍然是美国的处境最有利，可以利用自己在经贸和安全上同时具备的国际影响力，使中日为己所用。

# 第三节　三边安全关系

进入新世纪以来，东北亚地区的安全局势发生了明显的变化。第二次朝核危机的爆发、美日军事同盟的加强、朝韩之间的武装冲突、日本追求国家正常化的努力、中国军事实力的持续增长、东亚国家之间围绕着领土纠纷所出现的冲突，以及美国大张旗鼓推进的亚太再平衡战略，都成为重新塑造这一地区安全局势新的重要因素。作为这一地区拥有最强军力的三个国家，中国、日本和美国之间的安全关系也随着国际环境和各自国内政治的走势而不断调整，但三边安全关系的基本线索一直都是美日同盟与中国的对峙，虽然中间也穿插着中美、中日安全关系的改善和美日关系的恶化，但总体基调并未发生明显变化。

由于国力和处境的不同，中美日三国各有不同的考虑和对策，分述如下。

## 一　日本安全观的演变及对中美的安全定位

日本在战后一直由美国提供安全保障，但近年来一方面出于对中国军力发展的担忧，另一方面出于对美国保护伞可靠性的怀疑，日本开始重新思考本国的安全策略。

进入新世纪以来，面对各种安全威胁，有日本学者认为日本有三个选择，一是增加国防预算提升威慑能力，二是寄希望于邻居的良好意愿，三是继续与美国的安全联盟。① 但是按照国防开支在 GDP 中的比例来看，日本占到世界第 134 位（从 2003 年开始日本的防卫费用逐年减少，仅占国内生产总值的 0.8%，据美国中情局的统计，这一比率大约

---

① Ichiro Fujisaki, "A changing Japan in a changing world," *The Brookings Institution*, 2010/07/08, available at http：//www. brookings. edu/ ~ /media/events/2010/7/08% 20japan/20100708_japan. pdf, p. 4.

排在世界第 150 名左右①）；同时在经济停滞、金融危机和福岛大地震后重建计划的制约下，日本也不太可能显著提升其防卫预算。从第二个因素来看，在过去 20 年里中国的国防预算平均每年增长 15.7%，日本的年均增幅只有 0.9%，而中日之间因为历史问题和领土争端等所引发的冲突也越发频繁，甚至还出现过战争一触即发的严重局面，咄咄逼人且据信已拥有核武器的朝鲜更是对日本安全的一个严重威胁，韩国和日本之间也因为岛屿争端问题而剑拔弩张，在北方四岛问题上俄罗斯的强硬态度也是一个挑战。照此看来，日本似乎只有强化日美同盟这一条路可走了。这也确实是日本历届政府不得不作出的选择。

2002 年 11 月 28 日出台的《21 世纪日本外交的基本战略》认为："日本作为一个国家的最重要的目的是确保独立与国土、国民的安全。在可预见的未来，其现实的手段只有日美安保体制。"小泉上台初期的安全政策主要是积极配合美国反恐战争的需求，以便为自己的海外派兵合法化提供依据，这是二战结束以来日本首次派兵到海外参与未经联合国授权的国家重建和人道救援；小泉政府一方面利用历史问题和中国对抗，一方面积极推进自卫队的外向化，借助于强化美日同盟来达到自己的双重目的。布鲁津斯学会访问学者、日经 BP 社主编谷口智彦（To-mohiko Taniguchi）对《华盛顿观察》周刊说道，"小泉的直觉告诉他，加强美日同盟，准不会错！"② 由于美国发动的伊拉克战争引发大量国际谴责，而且也有日本人质在伊拉克遇难，导致日本国内开始对这场战争的性质以及日本无条件追随美国的行为进行反思；同时出于对中国发展军力和国内民族主义情绪的担心，日本于 2004 年底首次将中国定义为对其国家安全的潜在威胁，又主动配合美国对中国台湾问题的关注，于 2005 年首度确认台湾也属于日美安保条约关注的所谓"日本周边海域"。曾在 1997—2001 年担任五角大楼国际安全事务办公室亚太事务特别助理的米德伟对此表示，日本此公开声明的确是一"不平常"的举动。当他在为美国政府工作时，美国曾在此问题上多次试图推日本表态

---

① ［日］秋田浩之：《日本安保何去何从》，［日］《日本经济新闻》2010 年 11 月 30 日。
② 徐琳：《美日关系与亚洲整合：日本将"重回亚洲"》，《华盛顿观察》周刊 2005 年第 21 期。

而未能如愿。"正因为美国在亚洲其他的盟国都不愿意公开表态，日本的声明才会如此不寻常！"①

　　2005 年 8 月 2 日，日本政府通过了 2005 年度《防卫白皮书》，认为"中国的惊人活力"和"美国走向极超大国"、"欧盟走向单一国家"一道，成为改变世界的三大潮流。其中提到不应把中国的发展视为"威胁"，而应当作"良机"，吸收中国的"元气"，与中国取长补短、寻求共荣；在经济领域不宜过分引入政治因素，至于因对华投资而引发的日本经济"空洞化"，只能通过日本自身提高竞争力来加以解决。"白皮书"认为，在可预见的未来，维护日本安全的手段非日美安全体制莫属。但如今已到了"应对日美关系进行综合的重新探讨的时期"。在其看来，日美间存在如下差异：第一，对日本来说美国是唯一盟国，对美国来说日本却只是其近 40 个盟国之一。因此，日美在亚洲、中东等问题上的政策，当然具有不同的优先顺序；第二，美国正从"超级大国"走向"极超大国"，其对不同价值体系的宽容精神正在弱化，其外交道义性可能要减少，其介入国际争端的门槛将大大降低。美国因不愿让亚洲国家掌握主导权而对日本提出的"亚洲货币基金"、"新宫泽设想"等采取了消极态度，而且拒绝了《京都议定书》，脱离了一系列国际框架。因双边关系和地缘政治环境不同，日美关系不可能成为美英型的密切关系。"白皮书"建议：日本应在与美国拥有同一目标的前提下，立足于自己的坐标而寻求与美国开展互补性外交；日美导弹防御合作应从"研究阶段"向"开发阶段"发展，同时又主张在搜集对东亚各国的情报方面不应仅仅依赖美国，而应有独立的情报来源；它还建议就行使"集体自卫权"问题展开探讨。在这一阶段，日本政界和学界首度开始反思在安全政策上一味追随美国做法的弊端，并开始关注追求独立防卫能力的问题。由于当时中日冲突主要集中于政治领域，在安全领域如何给中国定位还没有一个清晰的认识，所以对于中国军力发展只是存在一种潜在的模糊的担心，还没有升级到将中国视为直接对手的程度。

---

　　①　徐琳：《美日关系与亚洲整合：日本将"重回亚洲"》，《华盛顿观察》周刊 2005 年第 21 期。

  日本国内民意也不支持政府在海外的军事冒险。根据日本内阁 2008 年 12 月的一个调查，提到朝鲜日本有 88% 的被调查民众关注绑架问题，70% 关注核武器问题，52% 关注导弹问题。日本媒体也对日本各行各业的人士进行过调查，揭示出日本人高度情绪化反应的个性。说服日本人支持加强自卫队的能力，以便参加与日本利益和民众安全没有明显可见关系的远方的使命，是非常困难的。内阁的调查显示，日本公众将自然灾害的救援，而不是国防，视为自卫队的主要职责。[①] 所以，日本对外军事开放的"步调"很慢，而且也出现很多反复，如安倍任内积极试图建立类似于美国国家安全委员会之类机构的努力，到了福田任内就被忽略了；关于集体自卫权以及修改和平宪法的争论，也主要是高层的当政者在筹划渲染，而在实际操作中争论不休因而进展不大。

  民主党上台以后，对于日本安全观的认识有了一些调整。在对当政者的访谈中，其政策评估和言论揭示出民主党五个主要的外交和安全观点：第一，追求一个更成熟的同盟关系，日本应不再如此依赖和遵从美国；第二，通过经贸促进，历史和解，以及多边组织的建设，将日本重新建设成一个亚洲成员；第三，日本通过为联合国提供资金、参与维和以及为改革提供动力，为国际安全作出贡献；第四，通过国际与地区战略（如 NPT 和六方会谈）和日本的外交努力，包括与美国的合作，致力于进行核裁军；第五，要及时面对后冷战时期的威胁，实现日本国家安全机构的现代化，优先保证公民权利和纳税人的储蓄。[②] 由此可见，民主党对于安全问题的理解与自民党有所不同，他们更重视多边合作，重视综合安全，重视国际贡献，相对于自民党的纲领，有了更多的理想主义成分。鸠山提出的友爱外交，更进一步表明了民主党政府、更确切地说是他本人希望在国家安全问题上创出一条新路。

  ① "Dynamics of the U. S. -Japan Alliance: Next Generation Perspectives," *Issues and Insights*, Vol. 9 - No. 21, available at http: //csis. org/files/publication/issuesinsights_ v09n21. pdf, p. 6.

  ② Leif-Eric Easley, Tetsuo Kotani, & Aki Mori, "Electing a New Japanese Security Policy? Examining Foreign Policy Visions within the Democratic Party of Japan," *The National Bureau of Asian Research*, January 2010, available at http: //www. nbr. org/publications/asia_ policy/AP9/AsiaPolicy9_ DPJ_ AdvanceDraft. pdf, pp. 18 - 19.

　　但是，随后发生的几件事情对日本的冲击改变了民主党政府的思路：一是在钓鱼岛问题上和中国发生的冲突，二是奥巴马因为鼓吹核裁军而获得诺贝尔和平奖，三是中美 G2 概念的渲染，四是朝鲜炮击延坪岛事件。第一，钓鱼岛撞船事件对日本国民情绪的刺激很大，尤其是事件发生后中日两国政府的强硬对峙导致冲突不断升级，最终又以日本认为自己首先妥协的方式收场，这对很多人来讲是难以容忍的。钓鱼岛冲突过后，民主党原本大力推崇的那些新概念都迅速失去了踪影，日本政府相信在中国的崛起面前，唯有美日同盟才是可以信赖的。于是它们迅速放弃了在"脱美入亚"和"脱亚入美"之间的犹豫，决定继续强化日美同盟，并在面对中国时表现得更为主动强硬。第二，奥巴马总统追求消除核武器的言论加强了日本的担心。作为核武器唯一的受害者，日本欢迎美国消除核武器的严肃承诺，但他们也怀疑战略武器的减少将会削弱美国威慑中国的力量。日本担心美国把核弹头削减至 1 000 枚的计划将会鼓励中国去追求一种对其更有利的平衡，[①] 那时美国就可能在中国的威胁下无力顾及日本。第三，从 2008 年前后就在国际上闹得沸沸扬扬的中美 G2 论，让日本坐卧不安，因为那意味着日本会成为中美共治世界的牺牲品。尽管中美两国政府都没有公开接受这种说法，但日本还是试图想方设法去打破中美合作，而唯一的选择就是主动强化日美同盟，迫使美国更多意识到日本的价值并照顾日本的想法。第四，朝鲜炮击韩国延坪岛的事件，让民主党政府再次体验到国际政治的现实性和残酷性，意识到东北亚地区并非如他们期待的那样可以通过谈判协商解决一切问题，对于朝鲜这样的国家只有以实力进行对抗，从外部进行施压才可能约束其无法预料的行为。实际上日本对于朝鲜的态度始终比韩国强硬，是六方会谈中除了朝鲜以外另外五方中唯一拒绝按照协议对朝提供粮食援助的国家，迫使美国不得不请求澳大利亚代替日本来行使协议规定的义务；延坪岛事件发生后，菅直人政府对朝鲜的批评和制裁也比韩国更强烈。日本战略家冈崎久彦认为，如今日本很少有人否认与

---

　　① Brad Glosserman, "Japan-U. S. Security Relations: A Testing Time for the Alliance," *Issues & Insights* Vol. 9 - No. 14, available at http://csis. org/files/publication/issuesinsights_ v09n14. pdf, p. 2.

美英结盟的重要性，不过仍有人质疑美国是否像日本一样需要这个同盟。日本的选择只有两个：一是阻止美国和中国发展友好关系，不过此举有损尊严；二是努力加强美日同盟，这是显而易见无可替代的政策选择。①

日本同一时期的官方文件中也透露出同样的思路。日本 2010 年防卫白皮书中宣称，中国作为一个有重要影响的主要政治与经济力量，正在国际社会上获得自信，并表现出一个更加积极的姿态。中国正在与日本邻近的水域加强活动，其国防政策的不透明，及其军事行动需要引起包括日本在内的国际社会的关注并进行仔细分析。2011 年的防卫白皮书中更近了一步，提到前一年 9 月中日在中国钓鱼岛海域撞船事件后中方的应对方式，称中方采取"高压对抗"姿态，日本今后在与中国外交的方向性上抱有"不安"。白皮书强调："日本尤其担忧中国海军，有必要对中国海军舰艇的动向以及活动据点的设施状况继续保持关注。""日美同盟在实现日本和亚太地区的和平与稳定上不可缺少，日美两国今后将进一步推进在更广泛领域的安保合作，深化日美同盟关系。"同时强调应着重加强自卫队的快速反应能力、机动性、灵活性和多功能性，将着力建设"有效威慑和应对"机制，确保周边海域和空域的安全，加强西南岛屿防卫，积极应对网络攻击、海盗等新兴挑战。从这些官方文件的表述中可见，对中国的焦虑不安，导致日本从伊拉克战争后期出现的对美疑虑，逐步转向了对美的完全依赖，尤其是在和美国具有传统友好关系的自民党重新夺回政权以后，强化日美同盟已经成为日本新安全观不可动摇的核心要素。

但与此同时，另外一种截然不同的思潮也在悄然出现并逐步强化，那就是日本必须依靠自身之力来获取终极安全保障，这是因为涉及到联盟可靠性的问题有变得更严峻的趋势。日美同盟条约给日本的承诺主要是遏制所有主动进攻日本的企图，但近年来在国内变化和国际事件的驱使下，日本对同盟的期待也有了新的变化。在国内方面，日本追求正常化诉求的提升驱使它将强化同盟视为自我发展的必要工具；而在国际

---

① Hisahiko Okazaki, "Toward a Stronger U. S. -Japan Relationship," *The Wall Street Journal*, February 24, 2009.

上，中国的崛起，朝鲜核扩散的威胁，美国反应的矛盾性引发了日本重新评估自身现实地位与微妙处境的深刻思考，也使其对唯一的国际同盟赋予了新的期待。这些期待包括希望美国优先考虑遏制朝鲜的力量，适当强化导弹防御系统的部署，能够支持日本在领土争端问题上的态度，协调在基地整编问题上的立场，支持自卫队的现代化努力。[①] 但是，在中美互动增多和美国前沿部署收缩的现实下，日本很清楚美国不可能满足其所有期待，尤其是在日美之间还存在基地问题没有解决的背景下，日本甚至担心美国会为了自身利益而再度抛弃日本。因此，一方面为了进一步接近美国以换取其更明确的支持，日本就在美国关注的议题上变得明显主动甚至比美国自身还要积极，以便在同盟内取悦美国，在同盟外威慑他人；另一方面，日本也开始着手进行独立应对致命且敏感问题的准备，至少是要具备部分这种能力，既是为了向美国展示出自我防卫的决心以便最终获取其支持，也是为了在对美期待无法得到满足时可以依靠自身之力来获得最基本的安全保障。

实际上在冷战后期和后冷战时期，日本即开始追求一种明白的对冲战略，把美日同盟放在日本军事安全政策的核心，同时与广泛得多的国家建立了经济合作关系。这种模式限制了日本的传统安全作用，但增加了日本独立于美国的经济安全。日本经常提到的是综合安全，这种双向对冲战略成为日本安全模式一个显著持续的特征。[②] 有日本学者认为，战后日本的安全一直有日美同盟来确保，以下几个前提条件的存在使得美国能够有效发挥遏制对日攻击的机能：第一，美国压倒性的军事优势；第二，足以支撑美国军事优势的强大财力；第三，美国防卫日本的坚定意志。但在奥巴马政权治下，上述三个前提发生了动摇。[③] 从野田政府开始，由于担心美国不会无条件站在日本一边与中国对抗，日本逐步开始追求在日美同盟框架下的独立防卫能力。安倍上台以后大力推进的修宪议程，实质是为了追求国家正常化，而鼓吹获取集体自卫权主要

① Michael Finnegan, "managing unmet expectations in the U. S. -Japan Alliance," *The National Bureau of Asian Research*, 2009, p. 12.

② Eric Heginbotham and Richard J. Samuels, "Japan's Dual Hedge," *Foreign Affairs*, September/October 2002, pp. 110 – 111.

③ ［日］白户圭一：《对抗中国不能仰仗美国》，《每日新闻》2012 年 12 月 5 日。

是为了换取美国对修改宪法第九条的支持，使得日本获得拥有国防军而非自卫队，获得可以主动宣战的战争权和拥有可用于进攻的国防军，对日本的防卫战略来说相当于一次革命。这意味着日本正追求一条在依赖日美同盟的同时也更加强调独立攻守能力的安全路线。

日本政府在安全领域的思路调整，在一定程度上反映了国内民意的变化。在经历过的各种事件的刺激和媒体的大力渲染下，日本民意对于周边威胁的认识更加明确清晰和稳定，因而对于修改宪法、获取集体自卫权以及改变转守防卫原则的接纳度也越来越大。尽管不同民调的结果仍有一定差异，但肯定政府在安全政策上的规划已经逐步成为大势所趋，以往那种抵制政府追求重新武装的社会思潮已逐渐式微，成为一个正常国家、拥有正常军队已经成为主流意识。据日本内阁办公室 2012 年 3 月发布的一个民调结果显示，认为日本自卫队的防卫能力应该得到加强的，从 2009 年的 14.1% 提升到 2012 年的 24.8%，认为现有力量已经足够的从 65.1% 下降到 60.0%，认为应该减少的从 10.7% 下降到 6.2%；对于自卫队存在价值的回答，认为应该是灾害救援的从 78.4% 提升到 82.9%，认为是保卫国家安全、防止外国入侵的比例从 70% 上升到 78.6%，认为应支持国际维和行动的从 43.6% 上升到 48.8%，认为是维护国内秩序的从 41.8% 上升到 47.9%；对于自卫队的海外行动，87.4% 的人高度或者部分支持，不支持的只有 7.7%；遭到外国入侵时愿意加入自卫队参战的从 6.2% 上升到 6.6%，表示会用各种方式支持自卫队的从 49.6% 上升到 56.6%，表示会参加游击队的从 1.9% 提升到 2.2%，表示会进行非暴力抵抗的从 23% 下降到 18.9%，而根本不抵抗的从 8.1% 下降到 4.8%；认为应该强化国防教育的从三年前的 67% 上升到 70%，没有必要这样做的从 22.5% 下降到 19.3%；认为日美安保条约有帮助的从 76.4% 上升到 81.2%，认为没有帮助的从 16.2% 下降到 10.8%；关于保卫日本的方式，认为应该依靠日美安保体制和自卫队的从 77.3% 上升到 82.3%，认为应该废除日美安保体制单纯依靠自卫队的从 9.9% 下降到 7.8%，认为应废除安保体制并削减自卫队的从 4.2% 下降到 2.2%；认为日本可能被卷入一场战争风险的从 69.2% 上升到 72.3%，认为没有风险的从 25.8% 下降到 22.0%；对于关系到日本的和平与安全的利益点，认为是朝鲜半岛问题的从 56.8% 上升到

64.9%，认为是中国军力现代化和海军活动的从 30.4% 上升到 46.0%，认为是中美关系的从 30.9% 上升到 45.5%；对于与美国以外的国家进行的防务交流，80.5% 认为有用，认为没用的只有 9.5%，其中认为与中国交流有用的占到 61.7%，认为与韩国交流有用的 61.5%，东盟是 45.9%，俄罗斯和欧盟分别是 28% 和 27%。① 这些数据可以反映出，日本国内安全观已经发生显著变化，在进一步强化日美安保体系的前提下，强化国防意识，提升日本独立应对危机的能力，并尽可能建立广泛的对外联系，已经成为新形势下日本主导性的民意倾向。

## 二　中国安全政策的调整与美日观

中国的安全观在几代领导人之间发生了深刻的变化。毛泽东时代着眼于应对世界大战的爆发；邓小平时代则作出了世界大战时可以避免的战略预测；江泽民时期，中国认为和平与发展仍然是时代主题，世界正走向多极化，世界大战可以避免，但有爆发局部战争的威胁，威胁国家安全的主要因素是霸权主义，但非传统安全问题凸显；到了胡锦涛时期，中国认为"要和平、促发展、谋合作是时代的主旋律"，但霸权主义和强权政治依然存在。这一时期中国认为威胁国家安全的来源多维度、多层次、非传统安全问题进一步凸显。② 习近平就任国家最高领导人之后，从其目前的讲话和表态来看，新一届领导集体仍然相信和平发展是世界的主流，继续坚持走和平发展道路，但是对于一些国家强占中国领土、干涉中国内政的企图更为警惕，并表达出更为坚定和明确的保家卫国的姿态。从这一点来看，中国的安全观有重新将重点转向传统安全并适当兼顾非传统安全的趋势。

进入新世纪以来，中国政府在国家安全问题上的表态出现了一个比较明显的变动轨迹。2000 年 6 月 9 日，江泽民在全国党校工作会议上的讲话中指出："西方敌对势力不愿意看到社会主义中国发展壮大，加

---

① Outline of "Public Opinion Survey on the Self-Defense Forces and Defense Issues", Public Relations Office, Cabinet Office, March 2012, available at http：//www. mod. go. jp/e/d_ act/others/pdf/public_ opinion. pdf, p. 25.

② 朱永彪：《中国国家安全观研究（1949—2011）》，博士学位论文，兰州大学，2012 年，第 113 页。

紧对我国实施'西化'、'分化'的战略图谋不会改变，我们与西方敌对势力在渗透与反渗透、颠覆与反颠覆方面的斗争将是长期的、复杂的，有时甚至会是十分尖锐的。"这一表态，应该与小布什政府上台初期坚持对华强硬的态度有关，表明当时的中国政府，依然将国外的干涉视为中国面临的严重安全威胁，对此予以高度重视。2000年9月6日，江泽民在联合国千年首脑会议上强调："营造共同安全是防止冲突和战争的可靠前提。应彻底抛弃冷战思维，建立以互信、互利、平等、合作为核心的新安全观。"这是中国领导人首次在多国场合提及新安全观的概念，向国际社会表达出争取合作共赢的良好愿望。"9·11"事件之后，恐怖主义的威胁导致世界格局发生重大变化，中国也开始反思在新形势下的国家安全，认为与西方大国合作应对恐怖主义已成为时代主旋律，这可能减少双方冲突的概率和烈度，增进在诸多领域的合作，中国国家安全面临的主要任务也从应对西方大国的干涉逐步转向反对干涉与加强合作并举。由于认定来自于大国的威胁降低，中国于2003年再度决定裁军20万。随后在中共十六大会议上，中央提出了将推动建设和谐世界、坚持走和平发展道路、坚持互利共赢的开放战略确定为新时期中国对外战略的三大支柱。江泽民指出："当前，各国的相互依存在加深，大国的互动在加强。和平与发展的时代主题没有改变，用辩证的观点看，总体和平、缓和、稳定，局部战乱、紧张、动荡，是当前和今后一个时期国际格局的基本态势。"① 这种表态显示出，随着中国自身的发展，以及中美关系的不断改善，中国对世界主流格局的看法逐渐变得较为积极乐观。

随后胡锦涛在中共十七大报告中表示："当今世界正处于大变革大调整当中，和平与发展仍然是时代主题，求和平、谋发展、促合作已经成为不可阻挡的时代潮流"，但同时强调"霸权主义和强权政治依然是威胁世界和平的一个重要根源"。② 这种表态的内涵是，霸权主义虽然

---

① 《当今世界的三大问题》，载《江泽民文选》第三卷，人民出版社2006年版，第519—520页。

② 胡锦涛：《高举中国特色社会主义伟大旗帜，为夺取全面建设小康社会新胜利而奋斗》，载《中国共产党第十七次全国代表大会文件汇编》，人民出版社2007年版，第44页。

仍在威胁世界和平，但已无法阻挡和平发展合作的世界潮流，意味着随着恐怖主义威胁的逐步式微，对中国安全威胁的来源又回归到传统的霸权主义方面，但与过去不同的是，中国相信时代潮流不可阻挡，霸权国家已经无法为所欲为，表明中国在安全方面的自信在逐步增强。这种认识在五年以后的十八大报告中又出现新的变化。在十八大报告中胡锦涛指出："我们坚决维护国家主权、安全、发展利益，决不会屈服于任何外来压力。我们根据事情本身的是非曲直决定自己的立场和政策，秉持公道，伸张正义。中国主张和平解决国际争端和热点问题，反对动辄诉诸武力或以武力相威胁，反对颠覆别国合法政权，反对一切形式的恐怖主义。中国反对各种形式的霸权主义和强权政治，永远不称霸，永远不搞扩张。"在整个十八大报告全文中仅此一处提到"霸权主义"，而且是以反对对象而非威胁来源提出的，这种表述是首次出现，表明中国已经不将霸权主义视为主要威胁，但需要面对各种各样不断增多的外来压力。其背景是在与周边国家的领土争端问题不断爆发以后，中国面临着不断加重的外界压力；但中国国内在坚持"韬光养晦"的同时，越来越多地倾向于"有所作为"，这既与中国对和平发展的国际环境走势的判断密切相关，也反映出中国对自身国际地位变化的认识越来越明确清晰，越来越有自信，希望利用自身逐步壮大的力量，为争取国家利益和维护世界和平作出更为积极主动的贡献，不因西方的干涉加剧就放弃自己的核心利益，不因有人反对就低调处理自己合理的军力建设。但中国并不愿意为此就漠视周边关系的发展，鉴于中国周边的安全环境有恶化的趋势，中国领导人也开始尝试确保大国关系的稳定，努力获取国际社会的理解，尽量改善与周边的关系，避免陷入过于被动的处境。

2012 年 1 月习近平作为国家副主席访美时，首度与奥巴马提及新型大国关系的概念；2012 年 5 月 3 日，胡锦涛主席在第四轮中美战略与经济对话开幕式上，就如何发展中美新型大国关系提出"创新思维、相互信任、平等互谅、积极行动、厚植友谊"的五点构想；2013 年 6 月习近平在加州庄园会晤奥巴马时，再度提出新型大国关系的话题，试图以此来打消主要西方大国对中国发展的疑虑，争取中国的国家利益能够得到更多的理解和支持。但在习近平就任国家最高领导人之后，在国家安全问题上的表态更侧重于决不妥协的坚定立场。在 1 月 28 日政治局第三次集体学习上，习近平强调，"我们要坚持走和平发展道路，但决不能放弃我们的正当权益，决不能牺牲国家核心利益"。"任何外国不要指望我们会拿自己的核心利益做交易，不要指望我们会吞下损害我国主权、安全、发展利益的苦果。"在 7 月 30 日第八次政治局集体学习上，习近平明确提出维护海洋权益的 12 字方针——"主权属我、搁置争议、共同开发"。坚持用和平方式、谈判方式解决争端，"但决不能放弃正当权益，更不能牺牲国家核心利益"。这是在中国与相关国家在南海问题上出现冲突，而"核心利益"一说不再被经常使用之后，再一次被国家最高领导人明确提出，意味着在内忧外患的双重压力下，中国在努力确保大国关系稳定发展的同时，在维护国家主权和领土完整方面的态度更为坚定，绝不会因为担心外界渲染"中国威胁论"就轻易在自己的核心利益上作出妥协，绝不会因为珍惜和平的发展环境就放弃争取本属自己的合法权益。

在涉及到安全观的具体表述上，在 2011 年 9 月 6 日发布的《中国的和平发展》白皮书中，中国首次正式对外宣布了自己的核心利益：国家主权，国家安全，领土完整，国家统一，中国宪法确立的国家政治制度和社会大局稳定，经济社会可持续发展的基本保障。这既反映出中国对涉及自身核心安全议题的认识，也划出了干涉者不可逾越的红线；2012 年 2 月 5 日在慕尼黑安全政策会议上，中共中央对外联络部副部长张志军发表了题为《中国的和平发展与世界》的主旨演讲，他认为中国的安全政策有三个目标，一是保持中国自身的稳定与发展，二是维护周边地区的和平与稳定，三是促进国际安全对话与合作。① 2012 年 11 月 16 日，在第四届"香山论坛"上，解放军副总参谋长戚建国提出了中国在亚太的四点安全观，包括增进互信，彼此尊重；摒弃冷战思维和零和思维；强调互利共赢，提倡包容，平等相待；加强协作，务求实效。他认为中国在和亚太相处的过程中，唯有同舟共济，勇于担当，才能创造亚太美好的未来。不过总的来看，这些表态都非常笼统抽象，仅仅涉及一些基本原则，没有触及操作性内涵；而且具体用词延续多年变化不大，宣示的意味很重，无法体现出中国在主要安全议题上的具体考

① http://news.xinhuanet.com/world/2006 – 02/05/content_ 4139985.htm.

虑和基本政策。

　　同样的问题也反映在中国在安全领域对美日的认识上。就像中国政府已经多次发布的《国防白皮书》和《外交白皮书》一样，由于没有像美日官方文件那样涉及到具体的国别政策，所以很难通过这些文件来推断中国在国家安全领域对美国和日本的具体期待和考虑。但是，从中国的官方言论和外交实践来看，中国在相关问题上的思路其实很清楚：从积极方面来看，中国希望与美国和日本合作，共同维护亚太地区的和平与稳定；共同促进亚太地区防止大规模杀伤性武器的扩散；在传统安全领域加强交流与协商，在非传统安全领域开展更多务实的合作。在这些议题上，中国认为和美日具有共同利益。但是，中国与它们在安全领域的分歧也有很多：第一，为了维护领土完整，中国反对美日干涉中国内政，尤其是台湾、西藏和新疆问题的解决，反对美国对台出售武器，反对高官会见达赖；第二，中国反对美日构筑对华军事包围圈，尽管美国多次表态否定这种判断，但其在亚太地区军事调整的态势，很难让中国相信美国表态的真实性；第三，中国反对美日建立导弹防御系统，一方面因为台湾可能被纳入到其防护范围内，另一方面是因为由此导致的战略威慑失衡将会激发起新一轮军备竞赛，增大中国的安全压力；第四，中国反对美国插手中日领土争端，以及中国和任何其他国家之间的双边领土争端；第五，中国不赞成日本在法律和能力上强化军队的行为，认为这是日本重返军事大国行列的前期准备。1992 年中国外交部就曾表态说，因为历史原因，日本派出任何军队都是一个高度敏感的事情。江泽民曾警告说"我们不能同意日本向外国派出军队"。① 伊拉克战争以后中国对此的看法稍显松动，但近年来随着日本右倾化的加快，中国对于日本修宪和争取集体自卫权行为的警惕也在上升。

　　在涉及到国家安全领域的议题上，中国对美国和日本的认识是不同的。这是由两国的国际地位、军事实力、对华意图、对华利益攸关的程度、以及对华关系史等等诸多因素所决定的。从能力上说，美国是世界上唯一的超级大国，具有远远超过其他国家的军事实力，是当前唯一有

---

　　① Don Kirk, "Japan's troop bill raises fears," *Newsday* (*Nassau and Suffolk editions*), 10 June 1992, p. 15.

能力阻碍中国按照既定目标进行自我发展的外部力量。从意图上看，美国对华看法相当复杂，一方面对中国军力增长、防卫姿态的变化、能源需求的扩展及国内发展前景保持着高度警惕；另一方面，由于美国的经济增长、对外贸易以及面临的大量国际难题的解决都需要甚至离不开中国的配合，所以美国对于中国的和平发展基本是包容的，美国各届政府都对华保持接触战略，努力避免和中国直接的正面对抗，期待通过交流对话等软性渠道，进一步促使中国成为国际各领域的合作伙伴；同时为了应对可能出现的各种不确定性，美国主要从确保对华军事优势和一定的战略压力着手，防止中国成为其潜在挑战者。

　　因此从中国的角度来看，首先中国没有能力也没有必要与美国展开正面对抗。中共十六大提出了三大历史任务，即"实现推进现代化建设、完成祖国统一、维护世界和平与促进共同发展"。实现三大任务还有必不可少的两项前提条件，一是维护国家领土和主权完整；二是维护社会政治稳定。这些对外战略目标的实现，都与美国有重大关系。这是因为：第一，美国是当今世界最大的发达国家，同美国保持良好的关系，有利于中国改善外部环境，特别是经济发展环境。第二，美国虽然是阻碍中国实现统一的最主要障碍，但目前危害中国统一大业的最大因素是台独。在扼止台独上，美国是可借重的力量。第三，美国是当今世界综合实力最强大的国家，在国际事务中影响巨大，要维护世界及地区的和平与稳定，不可漠视美国因素。第四，在当今世界，美国是最有能力威胁中国安全的国家，特别是在存在着台独危险的情况下，美国成了威胁中国安全最主要的潜在外部因素。第五，美国的一些政策，如推进民主、支持"颜色革命"等，在一定程度上不利于中国的政治稳定。在这方面，美国是一个主要的外部消极因素。中国要实现上述五项目标，都需要同美国合作，而不是对抗。即使是后两项任务，也只有通过合作，保持同美国的良好关系，才更有利于问题的解决。①

　　其次，由于相对于美国将长期处于弱势地位，中国更需要防范美国的对华干涉企图，以免沦为美国改造中国的牺牲品。中国从不试图干涉美国的内部事务，但对于美国在中国领土完整、国内社会稳定等议题上

_____

① 刘建飞：《中国对美战略的现实与理论依据》，《现代国际关系》2006 年第 6 期。

的干涉企图，以及试图在国际战略环境和周边安全领域对华进行围堵的做法，也要旗帜鲜明地进行反对，以便维护中国现有的政治制度和价值体系，坚持走自己独特的发展道路，避免陷入一些发展中国家因为轻易向西方妥协而导致社会动荡发展停滞的泥潭。

最后，中国在努力寻求与美国合作的同时抵制美国的对华干涉，对美实行"对冲战略"具有可行性。中国历来将中美关系视为中国外交的重中之重，美国同样也极端重视美中关系，经过多年的磨合，中美关系已经较为成熟，对于各种冲击的耐受能力明显超过中国与其他大国的关系；而且美国在一定程度上是可以接受中国在涉及到自身关键利益问题上的独立行为的，因为中国的和平稳定是符合美国的基本利益的，中国的核心利益并非都与美国的利益相冲突，而且中国也越来越有能力在众多议题上与美国进行利益交换，所以争取双赢对中美两国来说都是可以实现的一种选择。

不过在中国的安全观中，对日本的认识就与看待美国明显不同了。日本一贯强调经贸立国，但其自卫队的战术素养与装备水平早已达到亚洲一流，在某些领域甚至排在美军的前面，是中国的近邻当中除了俄罗斯以外对华威胁能力最大的国家，尤其日本是中国的近邻，所以中国对于日本制约自己发展的能力不得不保持警惕。而在认知领域中国对日本的看法就更复杂了。

首先因为历史印象根深蒂固，中国始终很难不把日本当成主要的防范对象来看待，尽管西方和曾经遭受日本侵略的东南亚国家已经不再把日本视为一个安全威胁，但是在中国人的眼里，日本军国主义的复活始终是最让人担心的，这一认识随着日本追求国家正常化的努力和中日因领土争端而加剧的冲突而不断得到强化。

其次，进入新世纪以来日本处理对华关系的重点已经从单纯关注经贸利益逐步转向经贸与安全利益并重，而日本在安全利益上的考虑明显不同于美国。日本是一个地区大国，在全球层面内没有多少安全关注，因而对中国在全球安全议题上的合作并没有多少需求；一百多年以来日本一直自视为亚洲的领袖，当被中国在经济总量等指标上超越后，日本在潜意识中一直希望遏制中国的进一步发展以保住其现有地位；与日本存在领土争端的邻国中中国是最强大的，反日情绪也很强烈，所以日本防范中国的意图十分明显，这甚至体现在其在华的经贸活动中，日本仅仅把中国视为一个接收其过时技术的加工基地，努力通过保持对华技术差来延缓中国的追赶步伐；日本认为在对中国利益攸关的领土诉求上，同样也对日本利益攸关，如在台湾问题和南海问题上，日本相信中国大陆的强硬对策可能阻断日本的海上运输线，从而对其带来致命影响。源于这些因素，日本在处理对华关系时的警惕性和敏感性都要明显超过美国。

再次，日本是美国在东亚安全合作的基石，而日本为了获取美国在其他问题上的支持，常常在对华政策上表现得比美国自身还要积极主动，咄咄逼人，这一点也很让中国反感。因而在中国眼里的日本，就成为能力不强但声调更高的一个对手而不是合作伙伴，尤其是近年来中日政治关系麻烦不断，导致在安全领域的冲突风险也不断加剧。日本学者高木诚一郎认为，主要源于历史问题、日美同盟、导弹防御系统以及民族主义和右倾化，中国对日本充满了战略不信任。① 这种不信任与中美之间的缺乏战略互信不同，后者存在一个稳定根基即使缺乏互信也要极力维持关系，而前者就没有这种强制性的内涵了，在一定条件下中国可以承受与日本发生战争的风险和损失；同时，中国也更趋向于相信，相对于日本，美国更愿意接受中国的和平崛起，因为中美共治是美国人主动提出的一种选择，而日本即使在亚洲也不情愿看到中国与其平起平坐。

在这一背景下，中国对美国更强调协调，在美国作出损害中国利益事情的时候，中国作出的反应往往比较有分寸，既能警告美国，也不会伤害实质性关系，努力避免双方出现真正严重的冲突。比如在美国对台售武问题上，中国的官方反应都比较强烈，但一般只是限于暂停交流，过一段时间再逐步恢复；在中美撞机事件的处理中，两国政府也比较理性，尤其是中国，有礼有利有节，充分表态，适可而止，而这些举措往往也能得到美国的理解，表明中美之间的安全关系已经相对成熟。但对于日本，中国的态度就会更强硬一些，这恐怕一方面是因为历史问题造

① 朱峰等主编：《中日安全与防务交流：历史、现状与展望》，世界知识出版社 2012 年版，第 148—153 页。

成的心理阴影会在一定程度上通过影响民意来干扰决策；另一方面，日美军力的差别也使中国更容易对日表现出强硬，在中国，"小日本"的概念仍深入人心，维系对日关系的积极性明显不如对美关系。而中日之间在军事安全领域的交流和接触经历远远不如中美，造成一旦遇到突发事件就无所适从，并在民族主义情绪的促动下不可避免地升级，导致很小的偶发事件也能引起难以收拾的大冲突的局面。在中日之间，经贸合作对于政治和安全关系的改善能够发挥的作用在逐步减弱，两国可以妥协的空间也越来越小。

### 三　美国的安全政策和对中日的认识

美国在亚太地区的安全利益广泛，总的来说，就是利用轴辐结构来确保美国在亚太安全体系中的核心地位，防止地区大国挑战美国的权威。但进入新世纪以来其安全关注的重点也经历了一个明显的调整过程。布什政府时期由于要把主要精力放在应对两场反恐战争上面，就相对忽略了在亚太地区的安全关注，那时美国主要的目标有两个，一是在中日韩的配合下共同努力遏制朝鲜制造核武器，二是将日本从本土盟友改造成地区乃至全球盟友；而相对次要的目标，则是防范中国军事力量崛起成为对美国的主要威胁。其主要的手段，一方面是拉拢中国使其承担起对朝施压机制组织者的责任，另一方面则是极力鼓动日本在地区安全问题上发挥更为积极主动的作用，这既能满足日本自身的战略需求，也有助于增加美日对华和对朝施压时的效果。美国政要曾多次表态宣称欢迎中国的崛起，但美国战略与国际研究中心高级研究员米德伟（Derek Mitchell）曾直言道，"美国'关注'（focus on）中国的崛起，但是'鼓励'（encourage）日本的崛起"。只是相对而言，小布什时期的美中关系比较平稳，两国合作比较密切，虽然美国认为中国的发展前景飘忽不定，但在能力和意图上还没有足够证据表明中国已经成为美国的对手，所以美国在防范中国的同时，对中国还有期待，希望其成为美国的利益攸关者，但对日本，美国的态度就直接明确得多了。副国务卿阿米蒂奇曾多次要求日本发挥更为广泛的作用，在海外"展示日本的旗帜"；国务卿赖斯在接受日本放送协会电视台（NHK）采访时说，日本与美国的伙伴关系已经从区域性的合作扩大为"全球性联盟"。① 美国国务院负责东亚与太平洋事务的助理国务卿希尔（Christopher Hill）2005 年 9 月 29 日在参议院听证会上表示，美日同盟已从冷战时期的初始阶段发展成一个能够应对各种挑战的力量——从抗击恐怖主义到提供海啸救灾援助及防治艾滋病。② 一位匿名的美国官员告诉《国家调查》的记者，"（美国）没有对日本的害怕，老的瓶塞理论已经死了。"③ 颇具讽刺性的是，制定了日本非战宪法的美国，现在又成为推动日本修改宪法的唯一外部力量。

但是在奥巴马政府宣布从伊拉克和阿富汗车撤军的计划以后，美国在亚太地区的安全战略开始进行大的调整，主要原则就是将反恐和防扩散的排位推后，将防范中国长远的挑战和应对非传统安全视为新时期的两大优先目标，同时从原先单纯关注军事安全转向军事与经济安全并重。其中，增强防范中国的能力并不意味着已将中国视为美国未来主要的安全对手，而是在中国发展军力导致其挑战美国的潜力提高的背景下，美国也要提高其防范中国挑战的潜力，实际上都是着眼于未来的一种预期，其目的就是要保持与中国军力的绝对差距，保证美国在能够设想的各种条件下都具有对中国的军事能力和意图作出从容应对的能力。

在非传统安全领域，美国在亚太地区面临的威胁复杂多样而且与过去相比有很大变化，包括核扩散问题、领土争端问题、国际航道的安全问题、反恐问题、民主化转型，以及气候变化、走私贩毒、水资源争端、人道救援等非传统安全问题。美国处理这些问题除了需要政治努力以外，军事力量将是最终的保障。总的来说，就是美国要调整自己的战略重点，将更多的注意力放在亚太这块充满了生机和风险的地区，这一

---

① 《赖斯赞扬美国与日本在全球问题上的伙伴关系》，《美国参考要闻》2005 年 3 月 21 日，available at http：//iipdigital. usembassy. gov/st/chinese/article/2005/03/20050322082451 lia-meruoy. 5531885. html#axzz2bAD4kLr7。

② 《美日同盟为迎接新挑战不断发展》，《美国参考要闻》2005 年 9 月 29 日，available at http：//iipdigital. usembassy. gov/st/chinese/texttrans/2005/10/20051003144141ajesrom0. 5594446. html#axzz2bAD4kLr7。

③ Richard Lowry, "Time for the Sun to Rise," *National Review*, July 4, 2005, p. 29.

转变集中体现在 2011 年 11 月奥巴马访问澳大利亚时所发表的演讲中："亚太地区必须明白，随着我们结束目前的战争，我已指示我的国家安全团队，将我们在亚太地区的存在和使命列为重中之重。美国是一个太平洋大国，我们将留在这里。"①

　　具体来说，美国在安全领域对中国的认识是：首先，中国是唯一一个有能力成为美国现有地位的挑战者的国家，因此也有必要将其作为美国主要的防范对象来对待。美国认为，中国已经在自己的力量结构中融入了多样性的武器系统，这些系统旨在并且能够破坏美国包围受到威胁的亚洲盟国的能力，及其抵达亚洲大陆沿海地区并在那里自由行动，以巩固这些地区安全的能力。这些转变表明了在亚洲维护美国霸权主义秩序最重要行动的先决条件的丧失，这种秩序迄今为止阻止了亚洲大陆上任何主要挑战者的崛起，减轻了本地区内部的竞争，保持了强有力的经济变革，这种变革起到了全球经济发动机的作用。……如果美国在本地区的帝国面前不能有把握地保卫盟国，那么美国在二战结束时在自身霸权主义势力基础上辛辛苦苦建立起来的亚洲稳定的整个大厦就处于风险之中，这座大厦遭到侵蚀预示着新霸主的崛起。这些霸主不仅将会逐步在亚洲称霸，而且最终很可能会在全球范围挑战美国的地位。② 中国在军事技术方面的进步很大，连美国的情报界也承认，虽然在对中国新装备发展计划方面的评估一直没有什么意外，但是美国经常对这些计划的实施及成熟的速度感到吃惊。为了维护自身在亚洲的霸权，美国必须首先从技术上具备压制或摧毁对手挑战的能力，这种挑战的代表就是所谓"反介入"和"区域拒止"战术，为此美国准备以所谓"海空一体战"来进行应对。五角大楼专门设立了"海空一体战"办公室，并于今年（2013）5 月发表了一篇题为《海空一体战：应对反介入/区域拒止挑战的军种协同》的报告，虽然通篇没有提到中国的名字，但明确说明这主要是为了应对反介入/区域拒止战术给美军和盟军带来的威胁，也是

---

　　① http：//www. whitehouse. gov/the-press-office/2011/11/17/remarks-president-obama-aus-tralian-parliament.

　　② Ashley J. Tellis and Travis Tanner, "China's: Military Challenge," *The National Bureau of Asian Research*, available at http：//nbr. org/publications/strategic_ asia/pdf/SA12_ Overview. pdf, p. 23.

支持美国 21 世纪国家安全战略的一项关键内容。① 此外，美军施瓦茨
上将和格林纳特上将也在《国家利益》杂志上联名发表一篇文章，建
议美国空军与海军应该加强整合力度，减少重复采购，确保两大军种能
够通过有效的合作应对反介入和区域拒止方面的挑战。② 中国的军事理
论家曾提出过"超限战"的概念，海空一体战则是美国的超限战。③ 此
外，由于中国在亚太地区的经贸活动中已经成为实质上的领袖，为了提
升美国的经济安全，美国推出了跨太平洋战略经济伙伴关系协定计划，
跨太平洋战略经济伙伴关系协定在美国看来也对中国具有"软性封锁"
的意义。④ 这主要是美国从能力上应对中国的一种考虑，而且在美国看
来，不管对方意图如何，只要具备相关能力就必须予以防范，美国历来
都是首先视能力而非意图来决定自己的应对方式的。

　其次，从意图上说就更复杂了。中国是否有意挑战美国在亚洲的霸
主地位，美国认为出现了各种矛盾的迹象。从消极方面来说，第一，中
国的军事活动缺乏透明度，美国不得不防范其中可能包含的挑战美国的
意图；第二，中国在近年来的领土争端中表现出了越来越明显的强硬与
自信，这意味着亚洲的安全秩序有可能被打破，或者局势的演变可能超
出美国的控制能力；第三，中国连续多年以超过 10% 的速度在提升军
费开支，此外还存在大量隐形的军费开支，美国一直希望中国能够澄清
这样做的意图；⑤ 第四，中国一直不愿放弃对台湾动武的选项，美国必

---

① See：http：//www.defense.gov/pubs/ASB-ConceptImplementation-Summary-May - 2013. pdf.

② Norton A. Schwartz and Jonathan W. Greenert，"Air-Sea Battle-Promoting Stability in an Era
of Uncertainty," *the American Interest*，February 20，2012，available at http：//www.the-american-
interest.com/article.cfm？piece = 1212.

③ Sydney J. Freedberg Jr.，"DoD Sheds First Clear Light On AirSea Battle：Warfare Unfet-
tered," June 03，2013，http：//breakingdefense.com/2013/06/03/dod-document-sheds-first-new-
light-on-airsea-battle-warfare-unfettered/.

④ ［日］冷泉彰彦：《美国对日本在价值观方面的不安》，［日］《东洋周刊》2013 年 2
月 2 日。

⑤ 此类案例很多，如希拉里 2009 年在美国《外交》杂志上撰文宣称：美国与国际社会
看到了中国进行军事现代化及扩充军备的努力，我们希望中国澄清这样做的意图。我们期待
北京克服有时表现出的勉强态度，与我们一起努力建立一个可持久的军队与军队间的对话机
制。见 Hillary Clinton："America's：Pacific Century," *the U. S. State Department*，Nov. 2011，ht-
tp：//www.state.gov/secretary/rm/2011/11/176999.htm。

须对此提前作好准备；第五，中国海军开始大规模发展远洋打击能力，加上军方有人宣称太平洋西部可以交给中国管理，令美国怀疑中国想方设法要把美国的影响逐出西太平洋。但从积极的方面来看，与前苏联不同，中国受益于现有国际体系并从中崛起，因此没有明确理由会打破这一体系；中国政府对自身军事实力与美国差距巨大仍有清醒认识，因而其主动发起对美军事挑战的风险不大；中国各届领导人在国家安全问题上仍然将国内政治安全放在首位，对外用兵会比较慎重；中国与多个周边国家关系紧张，这也使其不得不珍视与美国关系的稳定性，不会轻易挑战美国的地位。

因此对美国来说，在安全领域面临中国可能带来的挑战时，从两方面进行应对是符合美国利益的举措：第一，通过与中国开展更广泛的接触和交流，鼓励和诱导中国在现有规则和制度内行事，并逐步成为美国的合作伙伴，或者至少能在美国关注的全球热点安全问题上发挥更为积极的作用。美国在七年来首次有内容更新的《2012 年国家军事战略》中宣称，希望与中国发展积极的、合作的、全方位的关系，欢迎其扮演一个负责任的领导者的角色。为此，联合部队将致力于深化与中国的军事关系，扩大双边有共同兴趣和共同利益的领域、增进相互了解、减少误解、避免误判。我们将通过与中国在反海盗和反大规模杀伤性武器的扩散方面的合作来促进共同利益，并借助其对朝鲜的影响力来维护朝鲜半岛的稳定。第二，鉴于中国可能带来的安全挑战，美国必须提前做好必要的防范工作，这主要是指在能力上要保持对华的绝对优势，不论中国未来的意图如何，美国都要有足够的能力来掌控事态的演变。这主要表现在军队素养、装备水平、海外基地、国际盟友等领域都要时刻保持远远超出中国的能力，在地缘上也要保持对中国军队的适当压力，以阻止中国军队可能进行的任何旨在挑战美国霸主地位的"军事冒险"。2012 年 5 月，奥巴马在会晤来访的日本首相野田佳彦后联合举行的新闻发布会上强调，美国希望中国能遵守国际规则。他称："我们所有的举动并非设计来围堵中国，但这种设计都是为了确保，他们（中国）是尊重国际规则和规范的国际社会的一部分。"① 他重申，美国欢迎一个和平崛起的中国。

至于美国在安全领域对日本的认识，也经历了一个变化的过程。在小布什阶段，日本主要是作为美国反恐和防扩散的重要伙伴发挥作用，那时美国政府强调美日同盟的价值，主要是从动员日本变得更为外向、能够在更广泛的领域和议题上协助美国着手，如坚持在印度洋的加油行动，继续履行在伊拉克的维和使命，积极参与打击索马里海盗的联合军事行动，以及在朝鲜核问题上与美国步调一致，通过协调行动来共同向朝鲜施压。但是从 2005 年以后，随着美国反恐战争陷入僵持状态，东亚局势因为历史认识和资源争端而变得紧张，以及台独势力引发台海局势恶化之后，美国开始调整对日本的期待，更加重视日本在东亚的安全作用，希望将其纳入到美国应对东亚地区强国挑战的轨道上来，把日本培养为美国在东亚的安全代理人。但与此同时，随着日本自我意识的不断强化，在其实现国家正常化、否认历史共识、追求对等外交、尤其是军事独立性等举动的刺激下，美国也逐步增加了对日本右倾化的警惕，防止日本过快过多摆脱美国的控制。因此，美国的对日安全设想同样是两面下注，而最终目的则是在维护美国对日控制权的基础上，推动或影响日本按照美国期待的方式行事。

具体来说，在提升日本的安全地位方面，美国几乎做了所有能做的事情，第一是鼓励督促日本在安全领域变得更为外向，成为美国的"全球伙伴"，阿米蒂奇等不仅要求日本展示旗帜，而且鼓动日本通过修宪来获得更大的海外行动能力，各级官员在谈到日本时，几乎都会例行公事般地提及美日同盟是美国在亚洲安全的基石，并对日本撤回印度洋的加油舰队公开表示不悦。美国希望日本不再是一个内向的、只关注海外商业利益的"经济动物"，而应成为与其经济实力相匹配的、具有更强国际责任感和参与意识的国家，成为出现国际危机时可以和美国一道进行干涉的一个坚定盟友。第二，美国一直要求日本要提高与美军协同作战的能力，这样在需要处理东亚地区出现的危机时，日本自卫队就

---

① "Remarks by President Obama and Prime Minister Noda of Japan at Joint Press Conference", *The White House Office*, April 30, 2012, available at http：//www. whitehouse. gov/the-press-office/2012/04/30/remarks-president-obama-and-prime-minister-noda-japan-joint-press-confer.

可以充当美军的先锋和辅助力量，提供美军需要的前沿资讯，帮助美军分担压力，并将日本和美国更紧密地联系在一起。实际上日本自卫队获得集体自卫权对美国来说无关紧要，因为强大的美军几乎不需要任何人的保护，但拥有集体自卫权是一个标志，意味着日本自卫队已经成为国防军，将不会再受任何不正常规范的约束，并具备了配合美军展开各种行动的所有法律权利，日本也会由此失去继续以宪法不允为由而拒绝与美联合行动的借口。第三，美国也希望日本在安保领域变得更为自立，逐步形成独立自我防卫的能力，这样在国内条件不具备时美国就不必依据条约而被迫为保护日本的利益动用武力，同时在发生美国不愿意卷入的日本与第三国之间的冲突时也可以更为超脱从容地面对。

但是，近年来更为引人关注的，是美国对于日本在安全领域表现出的警惕。小泉之后的日本政府表现出了两种倾向，一是远离美国，二是追求独立性的速度和程度超出美国的预期，这都可能会干扰美国在东亚安全问题上的整体部署。前者主要是指鸠山时期日本政府的政策，虽然鸠山追求对等外交的举措主要表现在政治领域，但和他接触过的多名人士指出，几乎感觉不到首相认为中国军队是一种威胁。首相 2010 年 3 月 19 日接受媒体采访时也曾强调："如果日中关系得以改善，那么日美关系和美中关系也会改善。"① 这一局面让美国非常担心，据称助理国务卿坎贝尔曾专门为此而询问日本官方的真实态度。鸠山还试图将日美核密约的问题公开化，并在基地调整问题上展现出不配合的强硬态度。后者则主要是安倍与麻生政府的一些做法不断在刺激美国。如在应对朝核问题时的特立独行、关于核武装的讨论、在战机采购问题上的摇摆、以及在与中国和韩国的领土争端中有时表现出的过于咄咄逼人的态度。美国要求日本更加外向，是希望其能够在美国主导的框架下，按照美国的期待行事并兼顾自身的利益，但不会允许日本完全摆脱美国的控制，也不能容忍日本为了自身目的而打乱美国的整体规划。因此，美国会通过强化美日同盟的手段，在敦促日本更为外向的同时，也通过整合美军与自卫队的协同来提高对日本的控制能力。新美国安全中心的专家

---

① 《日美同盟 50 年——同盟的寿命》，〔日〕《日本经济新闻》2010 年 3 月 28 日。

亚伯拉罕·丹马克（Abe Denmark）说出了美国的真实想法："没有人担心中国会入侵日本。中日之间长期的不和偶尔会爆发出来，这多多少少有点像例行公事，不会很快引发战争。……但未来的某个时刻，我们在东亚的影响将会衰落，奥巴马政府对东亚政治的指导方针是，最大限度地满足美国长远的利益。美国与外国军队合作的时间越久，比如日本，那些军队以及他们代表的国家，就会越来越依赖美国。①

四　三边安全关系的现状及互动

（一）三边安全关系的主次旋律。中美日三国之间有涉及到政治、安全、经贸、社会等多领域的三边关系，从政治领域来说，三个国家都是在争取三边关系基本稳定的基础上，尽可能增大自身在亚太和三边关系中的影响力；从经贸领域来看，三国都希望不断扩大相互的贸易规模，积极促进三国之间的经贸融合，三国都明白"一荣俱荣，一损俱损"的道理，因而在经贸领域的对抗也相对收敛；在社会文化领域，三国基本是在顺其自然的基础上发展关系，政府也会在一定程度上推动交流与合作，以便在他国改善自身形象，提高自身的软实力。由此可见，以上三个领域的三边关系主流都是合作，或者至少是在寻求一种关系的基本稳定而没有非常明确的对抗。但是如果从安全领域来看，其主旋律则是明确的防范与对抗，而相互合作的程度则明显低于其他几个领域。对抗主要体现在美国与中国，日本与中国之间，同时美日之间的张力也在增大，进入新世纪以来，这种对抗的性质越来越明显，强度也越来越大，较量、竞争与围堵的色彩越来越浓厚，虽然出现热战的可能较之于 20 世纪 90 年代有所降低，但陷入新冷战的机会更大，即相互之间维持不开战的紧张状态，但谁也无法保证战争可以避免，一场小摩擦可能引发大规模冲突的风险也在增加。这并不是说三国之间没有合作，而是说合作与对抗相比明显不是主流，虽然日本与美国之间的安全合作仍在继续，但三对安全关系中的两对都存在明显的对抗，表明对抗才是三

---

① Max Fisher, "Why Is the U. S. Rehearsing for a Chinese Invasion of Japan?" *The Atlantic Monthly*, Sep. 23 2010. http: //www. theatlantic. com/international/archive/2010/09/why-is-the-us-rehearsing-for-a-chinese-invasion-of-japan/63424/.

边安全关系中的主基调。

（二）三边安全结构。三边安全结构同样非常清晰，就是一方是美国和日本组成的美日同盟，另一方是不结盟的中国，它们相互对峙，这种二对一的模式多年以来始终未变。冷战结束以后美日同盟一时迷失了目标而处于漂流状态，但从1996年台海危机开始，它们重新找到了新的威胁，并将此视为强化同盟的理想外部条件而大加利用。进入新世纪以来，美日同盟曾有过侧重点转向反恐的阶段，但是从2005年以后，通过同盟的再定义，美日两国实际上再度把中国视为核心的应对目标，并不断通过强化同盟的方式来防范中国可能带来的挑战。尤其是近几年来，美中、日中之间都出现了安全问题，这促使美日都对同盟寄予了更大的期待，两国在合作原则、权利义务、各自职能、军力部署、基地配置、装备研发、武器采购、训练演习等各个领域都加强了合作，力图在实力上压倒中国。而中国也同样在积极应对，一方面连续多年大幅提升军费，采购研发了大量的先进装备，同时也不断提高海空军在周边和海外的实际存在；另一方面，中国还大力加强与战略伙伴的军事合作，利用积极发展上合组织来与美日同盟及两国在中国周边建立的其他安全同盟对抗。目前，这种结构在三边安全关系中非常稳定，而且，相关国家都在努力强化这种结构，可以预料它会长期存在。

（三）三边安全形态。这里的三边安全形态是指三国在三边中的实际地位、自我定位与关系演变的态势。其中，美国始终占据绝对主导地位，其姿态也相对超脱；中日则是力量逐步接近但关系不断恶化。由于美国拥有世界上独一无二的军事超级大国地位，在军事力量和安全意识上都没有相同档次的对手，它在几乎所有的国际安全组织中都居于绝对的主导地位，在中美日三边关系中也是一样。或许正是因为拥有远远超过任何追随者的军力水平，美国才在三边安全关系中显得较为超脱，虽然和日本具有军事同盟关系，但拒绝采取和日本完全相同的对华安全政策；虽然将中国军队视为主要的防范目标，但同时也一再强调中国不是敌人，不断试图改善对华军事关系。相对而言，中日之间的军事安全关系就完全不同了。从军事力量上说，两国各有所长，中方总体占优，日方以质取胜。从意图上看，由于历史原因，中日军方之间怀有巨大的不信任感甚至敌意，但长期以来，安全关系都被政治关系和经贸关系所掩盖，所以中日军队之间并无明显冲突，直到领土争端爆发以后，两军关系骤然紧张，中日国内都开始酝酿两国开战的问题，两国领导人也不断强调要军队作好打仗的准备，只要领土争端没有缓解的迹象，这种紧张态势短期内就不会有明显改变，也就是说，中日双方的军队都把对方视为主要的作战对象，虽然对中国来说，还需要面对美国的干涉，以及一些东南亚国家在南海问题上的挑战，但当前最现实也最严峻的战争威胁，应该是来自日本，尤其是随着日本追求国家正常化的步伐加快，自卫队改成国防军几乎不可避免，这不是单纯的名称变化，还意味着权利与职能的全面调整，意味着可以大量配置进攻性武器，意味着可以发起主动进攻，意味着可以在海外自由行动。这种变化当然会明显加深中国军方的疑虑，并使其作出比应对美军调整更为积极主动和强硬的反应。所以，美国有所偏颇但总体超脱，中日对抗加剧的态势就成为当前三边安全形态的基本特征。

（四）三边安全关系走势。美日联合对华是三边安全关系的主要表现，但是从更微观的角度进行观察，就会发现三国之间在安全领域同时处于一种疏离状态，即三国之间的防范意识较之于以往都在加强。中美互疑是因为中国军力发展，中日对抗是因为领土争端，美日不和是因为日本的独立倾向。由此也导致三国之间其实都在使用"对冲"的两手战略。美国对华采用的两手是接触加遏制；对日也是两手：利用与防范。日本对美则是强化合作与力争摆脱两手并重，利用接近来获得远离的资本；对华则是利用与防范相结合，一方面通过积极参与中国的改革开放来确保经济安全和收益，另一方面则大力发展军备以保持与中国对抗的优势。中国对美的两手是合作与抵制，即积极开展与美国在全方位的合作，同时抵制美国对中国的干涉和打压；对日则是合作与对抗，经贸领域积极争取合作但在政治和安全领域则拒绝妥协。这里述及的安全是一种广义的概念，经济安全与军事安全都被涵盖在内。如果将上述类似的修辞归为一类，就可以简单地将其总结为中国、日本和美国三国之间都存在着合作（接触、利用、依赖）与对抗（遏制、防范、脱离）相结合的关系，只是在方向和程度上有所不同而已。也就是说，一直以来被美国奉为圭臬的对冲战略，实际上三国都在使用，这也是现实条件下主权国家的必然选择，这意味着每个国家都存在调整政策的空间，而互信不足的问题也普遍存在于三对双边关系之间，三国在安全领域相互牵制，可以在一定程度上帮助维护三边安全关系的基本稳定，在此基础上还可以从非传统安全领域着手，通过促进三边在低级安全议题上的合作来逐步改善三边在高级议题上的合作条件；但与此同时，这种相互牵制的作用又非常不均衡，一是三国之间的"二对一格局"不会根本上改变，二是中日之间的紧张随时可能引发平衡体系的倾斜甚至崩溃，所以美国的作用就变得至关重要。

（五）三边安全关系中的重要议题及三国互动

影响三边安全关系的因素很多，包括历史因素、认识因素、军力对比因素、国内因素等等，而在三国的互动中，一些单方行动常常会对三边关系带来长期深远的影响，这在中美日三个国家身上都有体现。总的来看，三国都有一些举措引发了三边安全关系的变动和调整。

1. 美国亚太再平衡战略

美国奥巴马政府于 2010 底提出再平衡战略，其核心是对饱受争议的"重返亚太"战略的修正，但实际上是对后者改名换姓之后的延续。再平衡战略的目标是以一种积极方式将美国插入并由此主导亚太地区的"游戏"，让美国在亚洲发挥不可或缺的领导作用。再平衡战略是美国自冷战结束以来国家安全战略最重要的一次重新定向。[①] 它以经贸和安全为核心，其中在安全领域的动向更为引人注目，美国通过多种举措强化了与亚太地区盟友的军事合作关系，在澳大利亚驻军，在新加坡派驻频海战斗舰，加强与菲律宾和越南的军事合作，积极干涉南海地区的争端，主要目的就是要积极运用"巧实力"，提高自身在亚太军力部署中的"科学性"，把合适的军队部署在合适的地方，以便加强美国在亚太地区的控制力和灵活反应能力，在出现危机时可以作出最有效的应对。而在经贸领域，由于亚太国家与中国的经贸联系已经超过美国，为了全面恢复在亚太地区的影响力，美国希望通过提高自身在经贸领域的竞争力，来削弱相关国家对中国经贸的依赖，以便重新确立美国在亚太地区的综合优势，其所采用的基本手段就是极力推进《跨太平洋战略经济

---

① 这一判断来自于美国《华盛顿观察》周刊主编、SAIS 博士生陈雅丽。见陈雅丽《美国的"再平衡"战略：现实评估和中国的应对》，《世界经济与政治》2012 年第 11 期。

伙伴关系协定》（TPP）的建立，以便架空 APIC 等以非美国为核心的经贸机制，重新获得主导权。TPP 虽小，但该协定几乎包含了美国期待的所有条款，除具备对知识产权、服务贸易等美国"强项"的有利规定以外，还包括投资、竞争政策、政府采购透明度和贸易便利化这四项"新加坡议题"。"新加坡议题"是 WTO 谈判中的高标准条款，由于多数发展中国家不愿接受，此前一般不被纳入双边自由贸易区（FTA）的谈判范围。此外，跨太平洋战略经济伙伴关系协定还包括了具有约束力的环境与劳工标准两个附件，这同样符合美国的利益标准，却不容易为发展中国家所接受。[①] 也就是说，跨太平洋战略经济伙伴关系协定是美国利用自己的比较优势来打压已经在双边贸易合作中取得优势的亚太国家的新武器。该贸易协定的谈判成员目前不包括中国，美国官员也表示不会主动邀请中国加入，[②] 但同时表示大门对所有国家市场开放。实际上，由于加入跨太平洋战略经济伙伴关系协定对于中国来说门槛颇高，如果不进行大规模的经济结构调整并作出很多牺牲，中国几乎不太可能具备加入跨太平洋战略经济伙伴关系协定的资格。

由此可以看出美国再平衡战略对中日两国带来的不同影响。对于日本来说，无论是强化日美同盟，还是加入跨太平洋战略经济伙伴关系协定，都是其加强与美国的关系并利用美国的支持来与中国对抗的良机。日美同盟的主要目标原本就针对中国，但由于美国在中日领土争端中持模糊战略，日本一直试图向美国施压促其展现出更为明确的挺日立场。现在美国主动要求强化同盟，军事防范甚至包围中国的意图都比过去更为清晰，日本自然求之不得，立即予以配合；同时在加入跨太平洋战略经济伙伴关系协定的问题上日本政府认为这是一个战略问题和政治问题，必须努力克服国内的阻力，尽早加入跨太平洋战略经济伙伴关系协定谈判进程，安倍政府上台后在首次访美行程中就与奥巴马在敏感领域保护的相互理解方面达成了共识，日本随后于 2013 年 3 月宣布加入跨太平洋战略经济伙伴关系协定谈判，向前迈出了一大步。而从中国的角

---

① 参见陆建人《美国加入 TPP 的动因分析》，《国际贸易问题》2011 年第 1 期。
② 于海荣：《美贸易代表：中国无需邀请只需自主决定是否参与 TPP》，《新世纪周刊》2011 年 11 月 28 日。

度来看，虽然国内对美国再平衡战略是否针对中国存在争议，但目前的主流看法是不管其意图是否遏制中国，其主要的针对目标都是中国，否则无法解释美国在捉襟见肘背景下采取如此大规模行为的动机。美国派出大量高级官员来华进行解释，也说明中国对美此举存在的深深的疑虑。而中国作出的反应则是在极短的时间内迅速推出多款新型战机，第一艘航母入役，增加各类军事演习，在钓鱼岛争端中始终坚持强硬姿态，新任国家领导人多次谈到军队要能打胜仗的基本原则，[①] 显示出绝不会向外界压力屈服的坚定姿态。

美国提出的再平衡的战略由此就对三边安全关系带来了明显影响。中美与中日关系都变得更为紧张，而美日关系则得到了迅速加强，其典型线索是，美国由于担心中国的外交更为积极外向而加强了对华防范姿态，导致对此早有同感的日本迅速增强了与美国的安全合作，并在与中国的对抗中保持强硬立场；同时这也促使中国大力提高与外敌作战的能力和意识，并在面对美国尤其是日本时也表现得更为强硬，于是三边安全关系进一步呈现出美日联合对华的态势。由于美国的再平衡战略尚在实施中，同时因为在亚太进一步引发了紧张局势以及中东局势的持续动荡，这一战略也正在受到美国国内的诸多质疑。但是目前还没有美国政府会暂停或终止这一战略的迹象，所以其对三边关系的影响还会持续下去。

2. 中国的军事现代化

中国军事现代化是一个传统议题，每一次国际上掀起议论"中国威胁论"的热潮，其核心都会包括中国军力增长过快这一内容。国外对中国军力发展的担心，主要体现在以下几个方面，第一，中国的军费增长，从 1999 年开始，中国军费开始以每年 12%—20% 的增幅增长，从 1999 年到 2009 年的 11 年间，军费总额从 1076 亿元增加到 4806 亿

---

① 习近平相关谈话：2012 年 12 月 13 日谈道"能打仗、打胜仗是强军之要，必须按照打仗的标准搞建设抓准备，确保我军始终能够招之即来、来之能战、战之必胜"；2013 年 3 月 11 日谈道"决定军队建设的政治方向：能打胜仗是核心"；7 月 10 日谈道"能打仗、打胜仗首先是对军委的要求。必须树立军队要能打仗、打胜仗的思想，什么时候都要有带领部队打胜仗的观念，全部心思要向打仗聚焦，各项工作要向打仗用劲"。中央最高领导人以这样高的频率谈及对军队作战能力与意识的看法，近年来非常少见。

元人民币，翻了两番多，已经跃居世界第二位。而且西方国家还一直宣称中国官方公布的军费数据未包含大量隐性开支，实际开支可能为官方数据的 1.5—2.5 倍。第二，中国购买及装备新型武器的数量。近年来中国不断研制以及购买先进武器，采购了基洛级潜艇、现代级驱逐舰、苏 27 战机、苏 30 战机、装备或试验了北斗卫星导航系统和反卫星武器，研发了枭龙、歼 10、歼 20、歼 31 等多款新型战机，预警机和加油机纷纷入列，辽宁号航母已经服役，载人航天技术也不断取得突破。瑞典斯德哥尔摩和平研究所 2009 年 6 月的报告认为，中国已经成为仅次于美国的世界第二大武器采购国。第三，中国军队在国际上的活动。近年来，中国海空军的海外活动频繁活跃，海军编队日前出日本津轻海峡、大隅海峡、宫古海峡，不断穿越第一岛链，与日本舰艇在钓鱼岛地区正面交锋，从菲律宾的占领下夺回了黄岩岛，在上合组织框架内以及与俄罗斯举行了多次多边和双边军演，在中印边界与印军对峙，海军编队远航非洲和拉美，还有国外媒体宣称中国即将获得在印度洋的海军基地。这些举动在美日看来，都意味着中国军队已经变得积极主动咄咄逼人，他们还怀疑中国军方在国内决策层的影响也在上升，因而相信必须采取措施予以压制和阻遏，但美日在应对手段上的认识有一定差别。

从美国国防部发表的多篇中国军力报告来看，其在公开用词中没有把中国称为敌人，但一直是将其视为潜在对手。尤其是在奥巴马政府提出重返亚洲的口号之后，美国军方在南海自由航行、网络安全、空间安全、区域进入、前沿部署等领域将中国视为主要的挑战者，一方面通过将其海军力量的 60% 转向亚太的方式增强对中国的军事压力，另一方面利用中国与周边国家存在领土争端的机会大力介入，将这些国家整合到自己的战略规划中，共同应对中国，其中日本就成为美国新时期"以亚洲人打亚洲人"的主要借重对象。

近年来美日之间因为普天间基地搬迁问题产生了很大矛盾，虽然问题的核心并非日本政府拒绝合作，而是中央政府的基地调整计划无法得到冲绳地方政府的理解，但美日关系仍受到很大冲击。在此问题上美国虽然一直对日保持强硬，但在发觉无法寄望于日本政府协调国内关系的能力、以及相信已经到了不得不对中国展现军力作出强硬回应之后，美国也开始悄然调整对日安全政策。野田佳彦 2012 年 5 月访美时美日之间达成了协议，双方决定暂时搁置普天间基地转移问题，留给日本内部更多时间去协调上下关系，同时美国开始紧锣密鼓开展军队的重新部署行动，宣布从冲绳撤出 9000 人的海军陆战队，将其转移到关岛、夏威夷和美国本土，以便将部分土地归还日本，并相应减少日本在美军重组中分担的财政份额。

在中国军队愈发积极外向的态势面前，美国已经不愿等待基地问题解决之后再来应对中国，而是准备打破传统思维，先从自身角度开始努力，将基地转移问题与军事部署调整问题分开处理，防止前者阻碍后者的实施从而打乱美国的全局部署。而借助于还地、减负和撤军来向日本示好，既有助于通过改变不妥协的姿态来换取日本民间的理解，间接帮助日本政府加快处理基地问题，又能利用日本对华的防范之心敦促其尽快将自卫队纳入到美军的轨道上来，还可以优化美军的前沿部署格局，在保持对华灵活反应能力的基础上减少中国导弹带来的正面压力，可谓一举多得。

日本同样看到了中国提高军力给其带来的机会，这为其通过加强日美同盟来获得更大的防卫自主权提供了坚实的依据。2005 年的美日 2 + 2 会议曾首次将台湾明确纳入两国共同关注范围，当时日本内阁官房长官细田博之似乎表示，主要是美国想把台湾海峡列入共同声明："美国有严重关切。中国希望（台湾海峡）和平，（日本）并没有新的特别关切。"[①] 但是在中日领土争端问题激化后，日本将中国发展军力问题看得越来越严重，同时亦将其转变成进行国内动员的有效武器，在政府的渲染和媒体的炒作下，中国已经成为主要安全威胁的看法逐步成为日本的主流认识，这就为日本政府达成其内政外交目标提供了良好条件。由于日美关系因为基地转移问题而严重受损，所以日本亟待在基地问题无法迅速解决的背景下迅速改善对美安全关系，既然美国已经对中国的军力发展表现出担心，日本不妨积极顺应美国的意图，将自卫队打造成美军在压制中国军队方面的排头兵与合作者，同时这也有助于解决日本自身对中国发展军力的忧惧。因此，日本在很多领域都加强

---

① 《东京望淡化美日安保声明所引起纠纷》，BBC 中文网，2005 年 2 月 21 日。

了与美国的安全合作，如在信息探测和共享方面，日本在本土上安装了美军新型探测雷达；在防卫技术分享方面，日本不断向美国出口日本具有知识产权的军工产品；在导弹防御系统方面也强化合作，以至于美国导弹防御署署长、空军中将亨利·奥伯林（Henry Obering）2006 年 3 月 9 日在众议院军事委员会的一个小组委员会作证时说，在发展防范弹道导弹袭击的多层次防御系统方面日本已成为美国最重要的国际伙伴；① 在下一代战斗机的采购问题上，日本经过多年犹豫，最终选定了昂贵且不甚成熟的美制 F35 战机；在美军驻日基地维护及转移问题上，日本更是投入了外界难以想象的大量人力物力，② 而在美军关岛整合计划中日本将提供 61 亿美元资金，这也是首次由外国政府为美国在美国本土上的军事设施建设提供资金。同时，在防范中国的问题上，日本也走在了前面，不断强化与东南亚和印度等国的安全合作，压制地方意见同意美军鱼鹰飞机进驻冲绳，积极参加与美军的联合夺岛演习，等等。通过这些举措，日本初步修复了与美国的安全关系，也不断赢得美国政府在钓鱼岛问题上对日本越来越明确的支持。

由此可见，中国开始军事现代化的进程后，首先是美国表现出不安，希望通过强化美日同盟来进行应对，而日本出于经贸利益的考虑一直比较被动。但在意识到与中国的领土争端可能成为未来需要面对的最现实的安全威胁后，日本迅速转变了态度，在对华防范方面表现

---

① 《日本已成为美国最重要的导弹防御合作伙伴》，《美国参考要闻》2006 年 3 月 10 日，available at http: //iipdigital. usembassy. gov/st/chinese/article/2006/03/20060310135737 liameruoy 0. 8714411. html。

② 根据美国国防部 2003 年的报告，日本为驻日美军提供的驻军补贴达到 46.2 亿美元，是美国所有盟国中最多的，远超过提供第二多的德国（8.62 亿美元）和第三的韩国（8.06 亿美元），多年以来这一补贴稳定占据了美军花费总额的 75% 左右。驻日美军基地分布于日本全国 85 个地方，为此日本也付出很多代价，仅 2008 年冲绳县就发生了 28 次飞机事故，6 起废油污染水源事件，18 次不受控制的陆地火灾和 70 起重罪。从 1978 年，日本一直为美军基地提供年均 20 亿—30 亿美元的"同情预算"，其中 20% 用来提供娱乐和食品服务。按照国际惯例，接受国无需承担外国军队的光热水费及娱乐费用，而驻日美军这些方面的费用也一直由日本承担。日本防务省最近拟定的基地服务清单上有 7 名酒吧服务员，48 名自动售货机管理员，47 名高尔夫球场保养人员，25 名俱乐部经理，20 名商业艺术家，9 名游船经营者，6 名影视剧导演，5 名糕点裱花师，4 名保龄球场职员，3 名导游和 1 名动物饲养员。正如民主党议员东边周所说："日本凭什么为美国军人度假逍遥付费？"

得比美国还要积极主动。由于美国具有超强的军事实力且美中差距悬殊，所以美国对中国的担心还不是那么明显，仍然希望主要通过增进交流来敦促中国变得更加透明也更负责任，对抗的程度还不是那么严重，故美中安全关系的前景相对稳定。但日中安全关系因为双方实力接近，对现实因素的担心导致双方均在增强军力，以及历史因素仍在发挥重要作用，导致两国间的不信任感迅速升级，甚至出现了领土争端问题激化并可能引发严重军事冲突的风险。相对而言，美日安全关系则成为三边安全互动的最大的受益者，缘于对中国发展军力的共同担心，原本阻碍两国合作的因素也变得不再那么显著，两国为了眼前利益都在想方设法从自身角度改善双边关系，导致美日安全关系得到迅速加强。

　　3. 日本修宪

　　日本试图修改宪法的举动对三边安全关系也带来了冲击，与上述两点不同的是，这次中美寻求到了一些共同目标。日本修宪计划中涉及到国家安全的主要是删除不承认日本具有战争权的第九条，将自卫队更名为国防军，以及获得集体自卫权。中国对日本修宪的企图一直保持警惕，担心这会导致日本军国主义的回潮，再度给亚洲带来灾难性后果，同时修宪导致美国对日本控制力的减弱也意味着日本未来走向更大的不确定性。自从第一任安倍政府提出修宪目标之后，中国已经通过多种场合表达出自己的不安。值得关注的是，中方越来越明确地将日本否定历史的言论和将钓鱼岛国有化的行为定性为"否定战后国际秩序"，而战后国际秩序是由美国一手主导建立的，这也意味着中国希望借助于日本政府的某些举动来再度唤醒美国对日本的警惕，并在日本修宪以及国家正常化的问题上得到美国更多的理解与支持。由于钓鱼岛领土争端不断激化，中国的主要安全威胁也暂时从美国转为日本，所以对于日本增强自身军力的任何举动，中国都会保持警惕，并尽可能避免两面树敌情况的发生。尽管美国在钓鱼岛问题上表现出了越来越偏袒日本的态度，但中国依然对美保持耐心，并期待改善对美安全关系，中国国防部长常万全最近访美，也是着眼于从大局和长远来考虑中美安全关系，争取通过自身的努力来确保美国在中日之间保持适当的平衡。

　　从美国的角度来看，虽然希望日本更为外向一直是美国的对日外交重点，但在日本的修宪势头越来越明显之后，美国对日认识也出现分化，期待与担心同步增加。期待是希望日本能够承担起必要的职责，在提高自我防卫能力的同时也增强配合美军行动的能力；担心则是日本的独立倾向过猛过快可能会削弱美国对日本的控制和管理，干扰美国在亚太的整体布局。美国相信日本增强独立性应该被置于美国统管全局的范畴内，所以美国强化美日同盟的举措只是一种表面现象，而其内涵其实是在提升日本自我防卫能力的同时增强其在关键领域对美国的依赖。如近年来日本国内关于核武装的讨论一直在升温。日本世界和平研究所2006 年 9 月 5 日发表《关于 21 世纪日本的国家像》，建议研究核武器问题。其创建者、前首相中曾根康弘指出："周边存在拥有核武器的国家，日本一直依赖美国的核武器（遏制力）。为了防备出现日美安保条约被迫中止的大变动，应该进行研究。"① 安倍在首任时也表示，他将防止官方关于日本核问题的讨论，但他补充说不能阻止民众表达自己的私人观点。② 麻生在日本国会上曾表示："日本有能力制造核武器，但我们并没有说已经计划拥有核武器。"麻生还说："宪法第九条并未禁止拥有小规模的自卫武器，即使是核武器也没有遭到禁止。"③ 美国对此立即表现出不容商量的态度。时任国务卿赖斯表示，美国对日本的核保护依然稳固有效："美国有信心、有能力最大限度——请注意我强调'最大限度'——使用其威慑力兑现对日本的安全承诺。"④ 在常规武器装备方面，美国也大力阻止日本独立开发武器的步伐，通过各种方式施压促其购买美制武器，以保持对日控制力。英国 BAE 系统公司积极向日本推销其欧洲战斗机，该公司的口号是"没有黑匣子"，着重强调与F35 的不同。据内部人士透露，由于担心对引进 F35 不利，日本方面不敢对欧洲战斗机流露出任何兴趣。⑤ 最终日本还是被迫决定购买不断

---

① 《中曾根提出研究核武器问题》，[日]《产经新闻》2006 年 9 月 6 日。

② Anthony Faiola, "Japanese Premier Plans to Fortify U. S. Ties in Meeting with Bush," *The Washington Post*, November 15, 2006, p. 12.

③ "Japan Says It Could Build a Nuclear Bomb," *Associated Press*, November 29, 2006.

④ 《赖斯承诺全力保护日本不希望东亚出现核竞赛》，2006 年 10 月 19 日，available at http://news.163.com/06/1019/03/2TP2DK2L0001121M.html。

⑤ 《日美因下一代主力战斗机而心生隔阂》，[日]《产经新闻》2010 年 8 月 22 日。

涨价的 F35。但是对于更先进的飞机 F22，美国国会则通过立法以技术保密为由拒绝包括日本在内的盟国购买。此外在日本加入联合国常任理事国的问题上，美国的表现一直是"口惠而实不至"，实际上就是希望不去破坏中国阻止日本入常的努力，通过与中国心照不宣的合作，共同阻止日本提高国际地位的努力。而在日本最为关注的钓鱼岛争端问题上，美国一直在主权归属问题上持中立立场，在对控制权的表述上也时有调整，就是希望利用这种模糊性来防止日本对美国的支持过于自信，从而对华发出更具挑衅性的言行，干扰美国在亚太的整体规划。

因此在日本追求修宪的问题上，中美的看法并不一致，但两国依然可以找到具有共识的地方，并在潜移默化中相互配合。美国支持日本在关键议题上对宪法进行修改，但同时也会强化一些具有平衡作用的内容并通过其他方式维持对日本的控制。由于美国和日本在修宪问题上的目标还有一定差距，所以美日安全关系的强化更多是表面上的，并不能因此而消除未来出现冲突的风险。而中国既然反对日本修改宪法中的和平条款，中日安全关系仍会因此而产生紧张，但中美之间的某些共识可以在一定程度上为中美安全关系增添一些心照不宣的默契，虽然表面看来日本修宪不会对其带来直接的影响。

中美日三个国家中，从安全处境上来讲，中国最脆弱。因为中国边界线长，与邻国的领土纠纷多，而且没有一个军事盟国。而从安全能力上来看，则是日本最脆弱。日本国土狭小没有纵深，军事上不独立，必须依靠盟友提供核保护伞。而美国具有得天独厚的地理优势和独一无二的强大军力，中日存在的劣势在美国身上都没有体现，它自然会成为三边安全关系的中枢，却没有成为直觉上几乎难以回避的另外两方的共同对手。传统的联盟理论中认为结盟主要是弱国对付强国的一种手段，但在东北亚地区却是例外，现实是强国联合一个弱国来应对另一个弱国。造成这种现象的主要原因在于冷战在东亚仍未结束，历史和现实原因导致中日缺乏相互妥协的意愿，这就为地区外强国的介入提供了良机，出现了以美日同盟为一边而以中国为另一边进行博弈的局面。有趣的是，三个国家都能接受这种制度安排，因为一方面经济安全因素发挥了很大的矫正作用，全球化带来的经贸相互依赖是无法通过主动行为来消除的，美国国务院前助理帮办兰德尔施赖弗就认为："美中关系是一种相互确信摧毁关系的经济版。"① 日本学者西尾干二甚至认为，日美中三国这种三角贸易关系将三方牢牢拴在了一起，任何一方都不能肆意行动，除了并肩走下去别无他途。② 因此，经济利益要求三国保持一种基本稳定的整体关系，即使安全利益存在冲突，也不得不暂时对其加以控制。另一方面，中国无论在能力还是意图上都无意也无力成为美国的对手，即使单纯从传统安全的观点出发也能发现，从军事能力的任何角度来看，中国对日本和美国的威胁都远远不如当年的苏联；而在美国的战略思考中，太平洋战争留下的印记也并未随着日本多年的和平发展而完全消除。因此，在二对一的三边安全关系的表面之下，蕴藏着的是一种错综复杂的三方牵绊，这种表现不是当今主流也很少为人关注，但并不意味着现有三边安全关系是一种非常稳定的结构，实际上随着中美日三国各自变化的继续，三边安全关系还会出现一些细微的变动和调整，但其大局会基本保持稳定。

# 第四节　三边社会关系

中美日三个国家的民间交往历史源远流长，尤其是中日之间作为近邻，从中国汉代开始就有了交往，也留下很多美好的轶闻和传说。但中日近年来的交往又充满波折，政治与安全关系大起大落，民间交往也常常会受到影响，甚至出现了文化同源的这两个国家民众之间的相互好感远远低于对地区外国家好感的情形，民间联系也时紧时松。相对而言，中美之间和美日之间的民间认可度要好得多，中美之间相互交往愈发频繁，美日的社会关系则更为密切。

促进社会交往有助于提高自身的软实力，中美日三国政府对此都有

---

① ［日］吉崎达彦：《在市场机制中进展的美中融合》，［日］《经济学人》周刊 2007 年 8 月 28 日。

② ［日］西尾干二：《被中国夺取的自由——能否突破新鸦片战争三角贸易体制》，［日］《呼声》2007 年 12 月。

共识，因而一直都非常重视三国之间的社会交往，中央政府、地方政府、独立法人机构、非政府组织等都纷纷出面，为通过加深交流来促进相互了解和理解，从语言推广、艺术交流、文化互动、人才培养、学术沟通、私人往来等多方面进行了积极努力，为推动三国社会关系的发展做了很多工作。从中国的角度来看，2000 年 8 月 24 日至 9 月 17 日，中国国务院新闻办公室和文化部在美国主要城市举办了以"走近中国"为主题的"2000 中华文化美国行"系列活动。2005 年 10 月，中国文化部与美国肯尼迪表演艺术中心在华盛顿特区合作举办为期一个月的"中国文化节"。中美两国政府还签署了大量教育合作协议，如 2000 年的政府间教育交流合作协定，2002 年"中美关于网络语言教学的合作谅解备忘录"，2003 年的政府文化协定，2005 年"中小学科学和数学教育交流与合作计划"，2006 年的"中美政府教育交流协定"，2009 年由奥巴马亲自提出的"中美人文交流高层磋商机制"等。中国教育部下属的汉办还积极推广在国外兴建孔子学院的举措，2010 年在日本设立了 12 所孔子学院，2012 年美国的孔子学院已达 81 所。

美国政府也同样重视文化外交。2000 年 11 月 28 日，美国政府第一次在白宫举行了主题为"文化与外交"的研讨会，国务卿奥尔布赖特在研讨会上致辞；1999 年美国新闻署被撤销后，文化外交工作由 2003 年成立的美国全球交流办公室（The Office of Global Communication）负责，这一机构直属白宫领导；国务院文化外交咨询委员会也于 2003 年 7 月成立，其宗旨是就美国外交政策中与文化外交项目有关的议题向国务卿提供建议。美国政府还从上世纪 90 年代末开始推出增进民间私人交流的"短期接待家庭项目"、"未来领袖交流计划"、"爵士大使项目"并延续至今；2005 年 5 月，两位联邦参议员共同提出"美中文化交流促进议案"，要求联邦政府在五年中拨款 13 亿美元，用于扩展和加强美中教育文化交流。该议案包括要求设立全新的签证类别 J—4，专门适用于 20 岁以下、在美交流旅行不超过 90 天的中国学生；要求为中国科学家办理访美签证提供更为宽松的条件等。2009 年奥巴马访华在上海复旦大学发表演讲时，宣布今后四年美国将向中国派遣 10 万名留学生。他表示："为了同一个梦，为了相互合作，更多的美国人必须会说中文，了解中国人；更多的中国人必须会说英文，与美国人

建立个人关系。……为了建立起各种合作的网络，使其经得起任何政府
对政府的双边关系中不可避免的跌宕起伏，除此之外没有更好的办法。
我们必须保证，当分歧出现的时候，相互关系之深厚足以允许其他领域
的对话与合作继续进行。"① 可见美国政府对于促进社会与人际交流是
相当重视的。

　　相对而言，日本更加重视从政府层面上对外加强社会交往的努力，
总理府、外务省下属宣传文化交流部、文部科学省下属文化厅、总务省
等各政府职能部门以及日本学术振兴会、日本学术会议、国际观光振兴
会等都参与进来，分别执行不同的任务。小泉当政后分别提出了"知
识财富立国"和"观光立国"的口号，通过了观光立国基本法，2004
年日本外务省为进一步推进文化外交的发展，设立了文化交流部。同年
12月设立了"推进文化外交恳谈会"。2006年4月，日本外相麻生太
郎在秋叶原发表题为"文化外交的新构想"的演讲，提出他的若干设
想：（1）设立一个24小时英语频道节目，向世界推广日本动漫与电视
剧；（2）将日本优秀动漫画家作为动漫文化大使推向世界；（3）举办
国际漫画大奖赛使其成为漫画界的"诺贝尔奖"；（4）在海外物色文化
交流实习生。这些措施很快得到落实。日本国际交流基金也于2006年
4月成立日中交流中心，创建"心连心"网站，旨在强化中日之间个人
和个人的相识。安倍在首任时还提出"一百万人留学生计划"。在中日
冲突增多后，日本外务省在2006年度预算案中大幅增加对华宣传费用
11.6亿日元，新增款项主要用于在中国各大电台、电视台播放日本的
流行歌曲和日产动漫片。② 2007年11月1日，日本外务省推出第一个
"海外安全大使"，起用"给人安心与安全感"的日本漫画大师手冢治
虫的漫画形象铁臂阿童木为代表；2008年3月19日，日本外相将卡通
形象"哆啦A梦"（中文译名"机器猫"、"小叮当"）任命为第一位
"动漫文化大使"，力争借助于卡通人物的魅力来改善日本在国外的
形象。

① 2009年11月奥巴马访问上海时宣布，今后四年美国将向中国派遣10万名学生去留学。
② 丁兆中：《日本对华文化外交的发展态势》，《太平洋学报》2009年第2期。

同时，民间自发的交流活动同样也是扩展社会联系的一个重要渠道，中美日三国各自具有的魅力吸引着其他国家的国民前来学习、工作、观光甚至居住，也在很大程度上促进了三边社会关系的发展。下面我们从不同的领域对三边社会关系进行考察。

## 一　人才流动情况

美国大学的教学质量出类拔萃，世界最佳大学的前十位排名中美国总要占据 6—8 个，因此美国大学也吸引了大量中国和日本的留学生；日本大学的教学质量同样出色，而且从文化和地域背景上来看更容易得到中国人的青睐；中国近年来随着国力的提升，也开始吸引越来越多的外国留学生，但这主要是缘于中国文化的吸引力，而在教学质量上中国的差距还很大。根据可以得到的资料，三国之间留学生的流动情况大体如下：

日本留学生。日本新一代人对外国的兴趣减弱了，出国留学的比例也不断下降。1994 年 78% 的日本人在希望出国求学时选择了美国的大学，2007 年这一比例下降到了 46%，到 2009 年实际入学美国的人数进一步下降到了 3 万人；而同一阶段选择中国的日本学生的数量从 9% 上升到 24%，达到 18 000 人，在所有的在华外国留学生中排名第三。2012 年前往美国留学的日本人仍然占比最多，为 24 842 人；其次为赴中国留学者，为 15 409 人，但相对前两年也有所减少。[①]

中国留学生。2006 年的统计显示，中国留学生的首选地是日本，有 7.1 万人，超过想去美国者（6.7 万人），但近年来情况有些变化。据日本学生支援机构的最新调查显示，2012 年初在日本大学就读的中国留学生已经达到 87 533 人，另外在日本语言学校就读的中国留学生为 17 354 人，也就是说在日留学的中国留学生为 104 887 人，已突破 10 万人大关，占在日外国留学生的第一位。就中国学生而言，每年希望留在日本当地的人数约占毕业生总数的 70%。[②] 而实际上在日留学的

---

①　《日本海外留学人数连续五年减少在日中国学生最多》，中国新闻网，2012 年 1 月 21 日。

②　Available at http：//www. beimeicn. com/News/article/sid = 163109/lang = schinese. html.

本科生毕业后约有1/3的人留在日本就业，2/3的人回国找工作。① 另据调查，在2010/11学年度，中国在美国留学生人数为157 558人，比上一学年度增长了23%，居各国留学生在美总人数的首位，已经远远超过中国在日留学生人数。印度、韩国分居第二和第三位。② 1999年时，在美国拿到博士学位的中国学生中，90%宣称没有回国计划，到了2007年情况没有明显好转，70%离开中国外出学习的人再也没有回来。

　　美国留学生。据《2007年门户开放报告》记载，在2005至2006学年，美国学生在其他国家学习的人数创下最高纪录。报告说，约有223 534名美国大学生在2005至2006学年中通过在其他国家学习而拿到学分，美国学生的首选目的地继续为英国、意大利、西班牙、法国和澳大利亚。在首选的20个目的地中，七个国家的美国留学生出现两位数增长，包括：中国（增长38%）、韩国（1 267人，增长32%）、土耳其（694人，增长53%）、约旦（309人，增长81%）、比利时（1 126人，增长28.5%）等，但其中没有日本。根据2012年的统计，美国来华留学生人数为23 292人，在所有外国留学生中排名第二，③ 中国也已成为美国学生全球第五、亚洲第一的留学对象国。④ 从美国国际教育学会发表的2012年门户开放报告中看，目前在中国学习的美国人的数量比在日本学习的多出两倍。前去日本留学的美国人越来越少，2011年只有4 134名美国人在日本学习，比上一年减少33%。⑤

　　由于数据出自于不同机构，相互之间有不少出入，但并不影响对总体趋势的考察。总的来看，中国学生从喜欢去日本而变得喜欢去美国，人数差距已超过50%；美国学生则更愿意选择中国而不是日本，差距已达到五六倍；日本学生仍然最喜欢去美国，但愿意来中国的人

---

① Available at http://www.pkuskysh.com/html/view_ 2866. htm.
② 《中国在美留学生人数突破15万居各国留学生首位》，中国新闻网，2011年11月15日。
③ 《韩美日三国留学生最多》，《羊城晚报》2012年3月6日。
④ 《外交部定义中美关系：利益攸关方和合作者》，新华网，2009年1月8日。
⑤ Curtis S. Chin and Jose B. Collazo, "U. S. pivot to Asia needed in education, business," *The Japan Times*, Nov 22, 2012.

数也在不断增加，后者已经达到前者的 60% 左右。在美国的中日留学生人数排名分别为第一和第六，在中国的美日留学生人数分别排名第二和第三，在日的中美留学生人数分别排名第一和第四，但仅中国学生就占据总数的六成左右。中国赴美日留学的学生多数希望留在当地发展，而美日在华和相互留学的学生则基本都会选择回国发展。

## 二　文化艺术交流情况

从文化艺术的影响力来看，尽管中国拥有悠久的文明，但在国际上的影响力并不大，根据中国科学院中国现代化研究中心发布的《中国现代化报告 2009——文化现代化研究》所述，中国的文化影响力指数在全世界排名第七，居于美国、德国、英国、法国、意大利、西班牙之后。[①] 相对而言，美国依靠以好莱坞为代表的通俗文化占领了广大的国际文化市场，日本则凭借自己独有的艺术形式不断扩大在国际上的文化影响，中美日三国之间的文化交流活动也在此基础上展开，并呈现出与政治经济活动完全不同的一幅场景。

美国好莱坞电影的影响力举世皆知。从中国的电影市场来看，自1994 年 11 月 12 日首部分账影片进入中国内地电影市场至 2007 年，一共引进分账片 150 部，美国影片在进口分账片份额中占压倒性优势。除2000 年和 2004 年外，美国影片占中国进口分账片的比例都接近 90%。美国影片在从中国市场获得巨大利润的同时，也影响到国内观众的观影偏好。为了防止单一的美国影片占据内地的电影市场，2004 年中国国家广电总局出台新规：在每年 20 部分账影片限额中，必须保证引进六部非美国影片，美国影片不能超过 14 部。而中影公司也曾有改变好莱坞垄断的想法，但在进行市场调查时，当他们将各国影片放在一起让观众打分是否引进时，结果总是好莱坞影片占绝对优势。[②] 但在日本，统计显示日本电影票房超过西方电影（包括美国电影）票房的情况在继

---

① 李文：《中国文化影响力全球排名第七》，《深圳商报》2009 年 2 月 17 日。
② 简涛洁：《冷战后美国文化外交及其对中美关系的影响》，博士学位论文，复旦大学，2010 年，第 140 页。

续，2010年的所占比例分别为53.6%和46.4%，2011年则为54.9%和45.1%，2012年的差距可能进一步拉大。……在唱片总产值中，2002年日本和西洋音乐制品所占比重分别为75%和25%，而在2011年则分别达到82%和18%。①

　　日本则主要依靠动漫来进行自我传播。2003年日本动漫市场的相关销售额近四千亿日元，而该年度日本电影业的收入也只有二千多亿日元。目前全球将近六成的动画作品出自日本。单单从美国市场来看，日本的动漫就值近50亿美元。在亚洲市场，2003年日本排名前五的漫画出版商同亚洲各国签约的作品大约有一万部。据《2003年数字内容白皮书》的数据，这些作品的产值大约为120亿日元。电子游戏方面，日本已经成为世界第一大生产国和第二大消费国。据不完全统计，世界电子游戏市场硬件规模的九成以上，软件的一半以上，均控制在日本厂商手中；调查显示，全世界最受欢迎的游戏机品牌是日本的，销量最广、拥有粉丝最多的游戏类软件也是出自日本的游戏开发商。② 有趣的是，动漫的传播还帮助改变了日本的国家形象。据中国华中师范大学的一位硕士生所作的问卷调查，在日本动漫中涉及军国主义和历史问题时，多达三分之二的中国被调查者对其表现出宽容态度，动漫对个人认识的影响由此可见一斑。③

　　反观中国电影，在国际上的影响不断增大，在各种国际电影节上获得了大量荣誉，中国元素也越来越多地体现在好莱坞的作品中，但是总的来看，中国电影的国际影响力仍然非常局限，即使在中国国内其受欢迎程度也远远不及美欧、港台及日韩片。在动漫领域更是如此。2005年的"中国青少年喜爱的动漫作品"调查显示，喜欢日本动漫的人占

---

　　① 《日本出现脱美国文化现象》，[日]《东京新闻》2012年5月21日。

　　② 卞正：《试论日本文化外交（1991—2012）》，硕士学位论文，外交学院，2012年，第31页。

　　③ 日本动漫《青蛙军槽》中的主角青蛙头上戴着一顶二战日军的军帽，对此，中国被调查者表示"如果作品足够好，可以部分忽略其政治倾向"的占40.98%，直接表示无所谓的数据占7.38%，而表示一概拒绝的占22.13%；有41.8%的人选择"动漫作为消遣娱乐的方式，无所谓历史问题"，而22.13%的人选择"愿意学习日本的语言文化与日本人友好亲善"。参见吴婕《日本动漫海外传播影响力研究》，硕士学位论文，华中师范大学，2011年，第31、32页。

60%，喜欢欧美动漫的占 29%，而喜欢中国动漫的只占 11%。在中国儿童最喜欢的 20 个动漫形象的调查中，19 个是国外动漫形象，中国只有一个孙悟空"入选"，而且仅位居第三。据统计中国青年喜欢看中、日、欧美影视作品的比例分别是 55.8%、27%、39.3%，而日本青年喜欢看中、日、欧美影视作品的比例分别是 0.5%、84%、17.2%，[①]反映出中国的影视作品在国际上的普及率远远不及欧美和日本。另据中国国家版权局官方网站公布，2005 年中国从美国引进图书版权 3 932 种，而输出却只有 16 种，进出口比例约为 246∶1；2006 年中国从美国引进图书版权 10 957 种，输出却仅有 2050 种，进出口比例也高达 53∶1。同时，在这种严重的版权贸易逆差背后，是更加巨大和难以衡量的文化贸易逆差。[②]

显然在文化交流领域，美国的影响力最大，而且其对中国的影响力大于对日本；日本输出自己的特色文化产业也很成功，在中国和美国都开拓出巨大的市场；中国的文化输出明显处于逆差状态，相对于美日之间显著的相互影响力，中国对日对美的联系基本都是单向的，只能依靠向对方提供市场而无法向对方提供产品的方式来维系关系。

### 三　地方政府交流情况

缔结友好城市作为地方外交的一种形式，是国家外交的辅助和补充。尤其在一些特殊时期，友好城市间的交流发挥着缓和矛盾与促进对话的作用。目前为止，第一个与中国结成友好城市以及与中国结成友好城市最多的国家都是日本。1973 年，天津市与神户市结成中国第一对国际友好城市；1973 年至 1978 年，中国共缔结六对国际友好城市，全部是与日本一个国家。截至 2012 年，在中国对外缔结的 1 871 对友好城市关系中，中日友好城市最多，达到 248 对，中美第二达到 214 对，[③]

---

① 刘岱淞：《东亚地区青年的东亚认同与价值取向》，《日本研究集林》2010 年 12 月。

② 郝良华：《美国文化霸权与中国国家文化安全》，博士学位论文，山东大学，2012 年，第 43 页。

③ 数据分别来源《中日友好城市的缘分》，《瞭望东方周刊》2012 年 3 月 26 日，以及中国新华社网站 http：//news. xinhuanet. com/ziliao/2002 – 02/05/content_ 268789. htm。

而日本和美国之间的友好城市与友好州超过了 400 对（一说 188 对），①
美日双方的资料均宣称，美日之间建立的友好城市数量在两个国家均占
比最高。这或许可以从一个侧面反映出从官方层面上美日对双边社会关
系的重视要超过它们分别与中国的关系。

## 四　移民、常住人口与商务旅游情况

在美国，2010 年华裔人口增加到 380 万，成为亚裔人口中最多的
一个族裔；而日裔人却成为亚裔人口中唯一减少的族群。② 另据盖洛普
网站 2012 年 4 月 23 日的民调显示，全球有逾 6.4 亿人有移民意向，大
约占到世界各国成年人总数的 13%。在这些人中，约有 1.5 亿人表示
想要移民美国，而中国想要移民到美国的人有 2 200 万人，居世界之
首。③ 2007 年日本总务省的统计数据是，中国登录者人数是 56 万，位
于韩国与朝鲜人之后名列第二，美国人位列第六；此外，获得日本国籍
者的华裔还有 10 万。④ 截至 2010 年 12 月 31 日，在日本法务省入国管
理局登记的入境外国人数量与 2009 年相比减少了 2.4%，但来自中国
（包括港澳台地区）的人数增加了 1%，达到 68 万 7 156 人，这也是在
日中国人连续第四年成为最大在日外国人群体。⑤ 而根据中国国家统计
局 2010 年第六次全国人口普查的统计结果，在华的美国人和日本人分
别有 71 493 人和 66 159 人，分列在华外国人口总量中的二、三位。⑥

从游客统计上看，日方有材料称 2007 年时有 400 万日本人访华，
120 万中国人访日，12 万日本人现在住在中国，上海已经超过纽约成为

① 见美国东西方中心网站 http://www.asiamattersforamerica.org/japan/data/sister-cities-prefecture 和《纽约时报》消息 Malia Wollan, "Help From the U. S. for Afflicted Sister Cities in Japan," *New York Times*, March 19, 2011.

② ［日］田中均：《重建日美关系需建立全面东亚战略》，［日］《日本经济新闻》2013年 2 月 5 日。

③ 《调查称逾两千万中国人欲移民美国居全球之首》，中国新闻网，2012 年 4 月 23 日。

④ 《日本法务省统计：在日华人人口突破 70 万》，中国新闻网，2007 年 5 月 24 日。

⑤ Available at http://japan.people.com.cn/35467/7402416.html.

⑥ 《统计局：在华外国人数韩国人最多，美日居二三位》，中国经济网，2011 年 4 月 30日。

海外最大的日本人聚居群体。① 2011 年赴日旅游的外国人中，从人数来讲韩国位列第一，为 166 万人，之后是中国大陆 104 万人。但中国大陆游客的消费总额最高，达 1 964 亿日元（约合人民币 154 亿元），约占外国游客整体消费额的四分之一。之后依次为韩国、中国台湾、美国和中国香港。相对而言，2007 年在美国出国游的目的地中，日本排第七，中国大陆排第十，中国香港排第十二，意味着去日本旅游的美国人比去中国的多；但有统计说 2009 年访问日本的美国游客为 70 万人次，访问中国的美国人达到 171 万人次，② 这当中应该包含非旅游者。在美国的十大客源国中，日本和中国大陆分别位列第四和第七位，2012 年访问美国的中国游客达到 147 万，虽然数量不及访美的日本人，但增速维持在第一的位置，而且其在美消费金额已经远远超过日本。从海外游客在全美消费的数据看，中国游客依然排第一，人均消费超过 7 000 美元，而日本游客仅消费 4 500 美元。

由于各国选取具体统计指标的内涵不同，以及提供数据的机构不同，所以在统计数据上存在一些出入，但在大趋势上基本一致。即在美华裔人口在总量和增速上都超过日裔；在日华裔人口也是最大的外国人群体，而在日的美国人则要少得多；在华的美国人和日本人数量相当。从人口流动方面来说，中国人对前往美国和日本都很感兴趣，但对去美的兴趣更大且增速更高；而美国人对到中国从事旅游与商务的兴趣也超过去日本；日本人仍然更喜欢去美国，但来华访问者的数量增速更高。

五　三国语言作为外语的地位

从中国来看，从幼儿园阶段就开始进行英语教育，随后一直到博士阶段，英语都是不可或缺的考核项目和研究工具，甚至在就业以后不管从事什么工种，职称评定基本都必须提供英语测试证明，所以英语在中国的地位无与伦比，甚至对汉语的要求也不如对英语严格。而日语在中国的地位也同样可观。2005 年全球共计 351 017 人报名参加日语考试，其中中国的报名者为 145 270 人，最终参加考试者为 126 362 人。中国

① Koji Watanabe, "Japan-US-China Relations in Asia," *JCIE*, 2009/6/3.
② ［日］寺岛实郎：《日美同盟必须进化》，［日］《世界》月刊，2010 年 8 月。

的报考者占全世界报考者总数的 40% ，位居世界榜首。① 尽管中日政治关系恶化，但根据日本国际交流基金会 2012 年底到 2013 年初的调查来看，中国学习日语的人数比前一年出现大幅提升，超过韩国成为海外学习日语人数最多的国家。② 再看日本，根据日本机构 Oricon 在 2007 年 5 月所做的调查，日本人学习人数最多的外语分别是英语、法语和汉语，其中法语和汉语的比例比较接近。③ 而在美国，学习汉语的人数不断在上升，从 2007 年开始，汉语就一直是排在英语和西班牙语之后的第三大语言，使用菲律宾语、越南语和韩语的人也都超过了 100 万，而使用日语者的人数排名则不断靠后。可见美式英语无论在中国还是日本都属于第一外语，而中日领土争端并未影响中国人对学习日语的热情；汉语在美国的地位越来越高，日语已无法与其相提并论；而日本人对英语的热情依然超过汉语，虽然学习汉语的日本人数也在增长。

综上所述，从三边社会关系的总体形态来看：

第一，美日联系开始从密切走向松散。无论是在美居住的日裔人数，还是愿意去美国交流的日本留学生，人数都在下降；而美国访问日本的人数也在下降，留学生对日本的兴趣也在降低。虽然日本文化在美国的影响依旧，但那更多是官方在主动推动，两国社会之间自发接触交流的动力已经不比从前，这主要是因为中国在东亚的地位越来越重要，美国社会自然而然把更多精力投向中国；同时日本社会也已经度过积极追赶的时代，对自我的满足和对外欣赏的减少导致其变得更为内向。

第二，中美社会联系发展很快。这主要表现在两国的社会交往尽管还算不上相互最为密切，但由于双方的各项指标都处于上升状态，如相互留学的人数、学习各自语言的人数、旅游互访的人数，以及在包括电影等在内的艺术上的相互欣赏，等等，所以未来发展的潜力很大。这意味着双方相互间的兴趣不断在增加，也都愿意更多深入到对方的社会中去。2010 年 1 月中国的张磊向其母校耶鲁大学捐赠了 8 888 888 美元，

---

① 赵霞：《邦交正常化以来的中日教育交流研究》，博士学位论文，华东师范大学，2007 年，第 131 页。

② 台湾中央社 2013 年 7 月 9 日消息，http：//bbs. tianya. cn/post - 333 - 332860 - 1. shtml。

③ Available at http：//juken. oricon. co. jp/44771/？ news_ id = 44771。

这一数额打破了耶鲁毕业生单笔捐赠的最高纪录。中国企业和在硅谷发家的创业家在 2008 年捐赠了加州大学伯克利分校建立一个收集东亚图书的图书馆的一大半费用，图书馆中有关中国和日本的部分曾分别有 50 万和 60 万件，但中国的色彩日渐浓厚，其一年内收集的新文献中，有关中国的部分约为 9 000 件，有关日本的部分有 2 200 件，学生们并不以其真实名称称呼这一图书馆，而是称之为"大中国图书馆"。① 再如根据《200 国际 NGO 在中国》的统计，在 213 个在华国际非政府组织中，来自美国的有 95 个，占据无可争议的多数；其次是来自英国的，只有 27 个；再次是来自德国的有 8 个，来自瑞士和日本的各有 6 个，② 差距非常明显。但是中美之间的交往不太均衡，中国人几乎喜欢美国的方方面面，而美国人只是对中国的自然与人文比较感兴趣。

第三，中日联系在大方向上仍较积极。进入新世纪以来中日政治与安全关系起伏不定，但是社会关系不仅没有受到很大影响，而且还发挥了稳定器的作用。我们可以看到在中日因为领土争端而导致关系恶化以后，虽然中国赴日旅行者短期下降了三成左右，但是学习日语的人数却仍在上升，同时日本动漫文化在中国的受欢迎程度也丝毫不减，并且在帮助最容易冲动的年轻群体保持对日理性认识方面发挥了积极作用。日本对华的不信任也主要体现在对政府和军队层面，而对中国文化的好感则没有多少变化。从近十年的历史来看，不同于两国间民族主义情绪的变化趋势，中日民间的相互兴趣和交往热情受到政治关系冲击的程度不大，而且在受创之后往往又能悄悄恢复，或许这是由文化本身的自然魅力决定的，毕竟中日文化同宗同源，在遭遇不良政治关系的冲击时，双方文化关系仍能基本按照既有轨道运行。

第四，三边社会关系的整体态势，表现出与政治、经贸和安全关系都不一样的趋向。中美在迅速接近，中日也在维持积极的状态，而美日却在逐步疏远，这是很有意思的一个现象。随着全球化的发展，中国变得更为外向，美国也依然保持着其开放度，而日本在政治安全变得外向

① 《中国加强宣传战略》，[日]《读卖新闻》2010 年 8 月 17 日。

② 谢晓庆：《国际非政府组织在华三十年：历史、现状与应对》，《东方法学》2011 年第 6 期。

的同时，整个社会却变得内向，不太愿意对外交往，即使是对自己唯一的盟友以及具有最大好感的国家，愿意居住或者前去交往的人数也在减少，迫使其不得不动用政府力量去强化对美交流。日本曾计划从 2008 年开始，利用三年时间，投资 1.5 亿日元援助美国有影响力的智库，目的是在对美国政权拥有巨大影响力的美国智库中培养专门研究日本事务的"日本部长"。……福田首相访美期间对美国智库表示："我想听听各位的建议，强化日美关系需要如何去做？用什么样的方法，从哪里入手？能做到的话，我们一定尽力去做。"[1] 日本派出的研究员，派往美国的最多，其次是中国；但接受的研究者却是中国最多，来自于美国的并不多，可见主要是官方在推动。中日、中美之间民间交流的热度明显超过官方关系，国家间冲突对社会交往的影响有限，社会关系变动趋势比起官方关系来要稳定得多，意味着作为单独的个人和作为集体中个人的身份认同存在较大差别；而日美之间的现象正好相反，个人交往的积极性不如官方，但两国之间的相互好感一直维持在高位而且比较稳定，所以一方面两国相互交往积极性的下降只是量变而非质变，另一方面疏远本身并非人为所致，主要是客观因素造成的，因而对其后果不应过分高估。

---

① 《在美国培养知日派》，［日］《时事解说》2008 年 2 月 22 日。

# 第 六 章

# 三边互动与各自定位

三边关系的意义并非是三对双边关系的简单罗列，而是诸多关系相互之间的影响。这种影响是多方面的，可以包括一对双边关系的变化对另两对双边关系的影响，可以是两个国家考虑其双边关系时无法回避的第三国的影响。同时这种影响也非常复杂，很难作出具体的定量的评估，只能从中找出一些比较明显的动向性的因素。中美日三个国家之间存在的三对双边关系，都会受到当事国之外的第三国的影响，但影响的方向和力度差别很大。本章打算首先就此展开讨论，在此基础上，再来具体分析三个国家在三边关系中分别担当何种角色，以及当今三边关系的基本结构模式。

## 第一节　三对双边关系与第三国的互动

### 一　中日关系中的美国因素

中日关系是一对非常脆弱的双边关系，两国不仅存在历史问题和领土争端导致的宿怨，而且近年来中日两国实力对比的明显变化使得这对双边关系更为复杂；与国力接近的中日不同，美国拥有强大得多的综合国力，同时与中日都存在密切的联系，这种格局就为美国在中日相处中发挥作用提供了水到渠成、自然而然的机会。从历史上看，在中日关系处于黄金期的岁月里，如1972—1989年，美国对于中日关系的影响并不明显。而从冷战结束以来，随着中日关系的反复变得更为明显频繁，美国的作用也显得愈发显著。美国与中日都曾分别发生过战争，但是和中国之间的正面战争是发生在第三国领土上，不是中美任何一方主动挑起，两国平民基本未受伤害，因而战争本身没有给各自国家留下难以磨灭的印象；改革开放以来，中国一直将对美关系视为中国外交的重中之重，全力予以维护。而美国在二战末期对日本的轰炸和占领虽然是毁灭性的，但又是美国帮助日本建立了现代民主国家并为其制定了宪法，长期为日本提供安全保障，日本民间对美国的正面印象基本稳定，日本历届政府更是将对美同盟视为需要日本全力维护的首要关系。因此，不像中日之间的关系，在美国与中日各自的关系中历史因素已经很不明显，现实因素成为影响美国发挥作用的核心。

华裔学者王明认为，美国对中日关系的冲击至少可以被发现存在于三个地方：第一，美国在中日之间真正重要的问题上能够发挥作用；第二，美国的结构性影响可以解释为何中日之间不能成为盟友；第三，美国因素可以部分解释，也只能部分解释中日之间没有严重冲突的原因。我们不应该放大美国平衡或者瓶塞的作用。① 我们也就此分别来进行考察。

第一，中日之间真正重要的问题，可能会包括历史问题、领土争端问题、在亚洲主导权的问题以及经贸问题，等等。其中，中日之间的经贸往来更多是依靠市场规律来保障运行，相对比较顺利，无需美国插手且其顺利运行也基本符合美国的利益需求。但在其他几个问题上，美国的意见和表态就颇受双方的重视了，尤其是日本，重视甚至期待了。在中日存在争议的钓鱼岛问题上，美国的表态发生过三次调整。从1972年将冲绳移交给日本到1996年，美国政府严格遵守中立立场，在维基解密公布的文件中可见，当时国务院甚至要求驻日使馆阻止美国企业在钓鱼岛附近采油的申请以免惹上麻烦；从1996年开始，美国的立场发生了一些变化，美国驻日大使蒙代尔在明确否认美军根据日美安保条约介入钓鱼岛争端的强制性后辞职，而助理国防部长坎贝尔则首次明确表态称美日安保条约适用于钓鱼岛；此后，美国一直坚持这一主张，但侧重点有时放在对主权争端的不介入方面，有时放在对施政权的介入方面，根据需要不断在调整。这一立场在2012年底开始出现变化，美国国会在其2013年国防授权法中首次表示"不会承认"第三方通过单边行动改变钓鱼岛现状；希拉里随后表示美国政府"反对"任何第三方

① Ezra F. Vogel, "The U. S. -Japan-China Triangle: Who's the Odd Man Out?" p. 15.

改变日本对钓鱼岛控制权的单边行动，偏向日本的意味已很明显。总的来说，美国国家安全委员会负责东亚事务的主任杰夫·贝德提出的三段论反映了美国政府的基本原则，即对于中日在钓鱼岛问题上的主权争端不持立场；美日安保条约涵盖所有日本管理的领域，既然美国在1972年将钓鱼岛交还给日本，钓鱼岛已经处于日本的控制下，所以也应该涉及；我们从不期待形势会上升到那种地步，[①] 而美国鼓励有关各方通过和平方式解决争端也是其一贯的表态。这一原则中的第三条明确表示美国希望中日通过谈判来解决争端，但第一和第二条却又使得中日都认为在谈判无法解决问题时可以从美国那里获得对自己的支持，如中国可以从美国在主权争端中不持立场的表述中看到重新获得钓鱼岛主权的希望，而日本则从安保条约适用于钓鱼岛的表述中看到可以依靠美国的协助来对华强硬的依据。同时，由于美国没有给中日任何具体明确的承诺，所以中日的对美期待仅仅是对自己有利的一种解读，并不代表美国在冲突发生后的实际立场。这就迫使中日都要时刻关注美国的相关表态，甚至分别要向美国施加影响以争取其站在自己一边或者至少保持中立，为此日本一直试图要求所有访日的美国高官都重述钓鱼岛适用于安保条约的承诺，中国则不断要求美国向日本施压，以至于美国国务院发言人纽兰直言"中国应直接与日本沟通，而不是把他们的关切转向美国"。[②] 由此可见，虽然美国在钓鱼岛问题上没有任何直接利益，但中日都极其重视美国的相关立场，而且美国的表态也确实能够在很大程度上左右局势的演变，表面上美国对中国的警告色彩逐渐浓厚，但在幕后美国则对日本暗示如过分刺激中国则无法得到美国的支持。美国是中日钓鱼岛争端中唯一作出正式表态的非当事国，其地位和作用是如此重要，直接影响了中日解决钓鱼岛问题甚至处理双边关系的进程。

在历史问题上，美国的立场同样备受关注。布什政府对于这个问题一般是尽量回避，在受到记者追问时，则是各打五十大板，然后强调要

---

①　"Press Briefing by Press Secretary Robert Gibbs," *The White House*, September23, 2010, http：//www. whitehouse. gov/the-press-office/2010/09/23/press-briefing-press-secretary-robert-gibbs-special-assistant-president-.

②　Victoria Nuland, "Spokesperson Daily Press Briefing," Washington DC, January 22, 2013, available at http：//www. state. gov/r/pa/prs/dpb/2013/01/203134. htm.

放下历史包袱，面向未来，用这种不轻不重看似中立的回答来应付提问，以免自己微妙的表态被中日之一所利用。但是，中日都仍希望美国能够站在自己一边，而且它们也都有支持自身逻辑的依据。中国认为中美曾是打击日本法西斯的盟友，美国应该警惕日本通过否定历史来推翻战后秩序；日本则一直以美国盟友的身份自居，试图更多把美国卷入到日中之间的事务中，通过在其他方面协助美国来换取美国在这一问题上站在日本一边。一名自民党员曾建议美国公开支持日本在靖国神社问题上的立场，甚至要求总统下次也去参观。① 所以，中日这两个国家是放下分歧继续沿着建立一个繁荣稳定成功的东亚的道路前行，还是因为军备竞赛带来的破坏性的竞争和紧张造成这一地区被分裂，部分取决于美国如何控制局势。② 美国虽然在表面上不偏不倚，甚至在国会通过谴责安倍政府在慰安妇问题上的表态之后布什政府仍然表示与己无关，但也正是美国的压力迫使接任小泉的安倍在上任伊始就打破常规，将首访放在中国和韩国，以尽快缓解日中因为历史问题争端而导致的关系紧张。美国在中日历史问题上的作用与领土争端领域相似，都是表面中立而在背后下功夫，以便控制事态不致过分激化。目前看来美国的战略企图一直都是成功的，而且随着中日争端的加剧，美国的作用也越来越突出。

在第二个方面，虽然中日成为盟友看似遥不可及，但防止中日成为盟友，其实是美国一贯的国策，因为这不仅会使美国失去分而治之的机会，而且中日的联合还会使之在亚洲占据主导地位，其影响可能进一步扩散，甚至制约美国的全球战略。早在 1872 年 2 月 19 日，美国驻日公使谢巴德就照会日本外务卿副岛种臣，对《清日修好条约》第二条进行了质疑："美国公使认为中、日同盟将会是不幸的"，美国"反对这两个国家间任何形式的同盟"。③ 冷战结束以后，美国利用美日同盟来分化中日，一直比较成功。不夸张地讲，美国在东北亚的整个地位——以及就它在全球声称是唯一的超级大国而言——取决于中日之间紧张关

① "Japan's Emerging Security Role and East Asia," *The Brookings Institution*, June 14, 2005, available at http：//www. brookings. edu/fp/cnaps/center_ hp. htm.

② James R. Lilley, "All Not Quiet on the Eastern Front," *AEI Online*, April 20, 2005.

③ 王芸生：《六十年来中国与日本》第 1 卷，生活·读书·新知三联书店 1982 年版，第 51 页。

系的维持。① 因此，在对中日各自发展前景尚无定论之时，美国不愿看到亚洲实现根本的和平。美国学者李侃如说，"美国一直假设中日之间的历史矛盾让二者不可能建立极其紧密的政治关系。② 中国学者王缉思认为，在美国战略家和外交家中，在如何权衡对华关系和对日关系方面，至少有三种不同的视角。第一种视角以前总统布什、前国务卿基辛格、前国家安全事务助理斯考克罗夫特等人为代表，强调中国崛起的事实，主张加强对华合作。他们同意继续维系美日同盟，但不希望它成为遏制中国的工具。第二种视角以美国传统基金会等思想库的保守派为代表，认为中国将成为对未来美国安全形成最大威胁的国家，主张以加强美日同盟为手段防范、牵制中国，甚至支持日本修改和平宪法，加强军事投入。第三种视角以前副国务卿阿米蒂奇、前国家安全委员会亚太事务高级主任迈克尔格林、前助理国防部长坎贝尔等为代表，主张以美日同盟为美国对亚太地区政策的主轴，促使中国融入美国主导的国际体系和地区安排。从中日美三国力量对比和美国全球战略的发展趋势看，第三种观点可能成为政府中的主流。③ 而第三种恰恰是鼓吹利用强化日美同盟来诱导和迫使中国走向美国希望道路的那一批人，其核心思路是拉住日本促其与美国共同对华，相当于在中日之间打上一个楔子，防止它们的相互结合。当然，美国强调美日同盟的初衷主要并非是为了阻止中日接近，但后者是隐含在建立和强化同盟意图中的不言而喻的大前提，在任何时候只要日本表现出与中国接近的迹象，美国就会变得非常警惕。据维基解密宣称，美国助理国务卿坎贝尔在 2009 年 10 月曾经对日本的国会防卫秘书抱怨说，鸠山在北京告诉中韩领导人，日本依赖美国太多了，这可能在美日关系中引发危机；如果美国政府公开表示比起日本它希望更多关注中国，日本会是什么反应？④ 对于小泽一郎在 2009

---

　　① ［英］巴瑞·布赞：《中国崛起过程中的中日关系与中美关系》，《世界经济与政治》2006 年第 7 期。

　　② 李焰：《欲近还休，中日关系在首脑互访中慢步》，《华盛顿观察》周刊 2007 年第 13 期。

　　③ 王缉思：《从中日美力量对比看三边关系的发展趋势》，第 7—8 页。

　　④ "U. S. warned Japan about Hatoyama's: foreign policies, NYT," *The Japan Times Online*, May 5, 2011.

年末率领庞大代表团访华一事，坎贝尔对访美的日本国民新党政调会长问道："（鸠山政权）是不是要与美国保持距离，而增进与中国的关系呢？"① 所以，美国不可能无视中日之间的过分接近。进入新世纪以来，美国更加积极地要求日本在东亚地区扩大军事作用。这样，一方面可以利用日本来弥补美国在东亚力量的不足，另一方面日本在东亚地区扩大军事作用，会恶化与中国的关系，从而达到阻滞中日和解以及东亚多边合作的目的。到目前为止，（中日存在纷争）这种现状的最大受益者就是美国。当然，美国的安全政策并非中日关系恶化的主要原因，两国实力对比、国内政策、安全环境的变化是主要原因，但美国因素促成了这种地区不稳定的趋势。② 而且其影响不仅表现在盟国身上，同时也能从中国的角度得到体现。由于美日同盟的长期存在，在中国，中日同盟的概念看起来是荒谬的。③ 2003 年马立诚、时殷弘等人提出的"对日新思维"的说法不仅在中国社会上受到严厉指责，也没有被政府采纳。在鸠山上台并提出对华和对美的"对等外交"概念之后，中国政府没有作出积极回应。其背后的原因非常复杂，但担心美国的反对是一个重要考虑，在中国看来，避免奥巴马政府的反感显然比接受不讨美国欢心的鸠山政府的轻易接近更为重要。一般来说，中日之间现存的问题已经足以阻止两国排他性的合作；如果因为某种原因而导致出现这种趋势，美国必然会利用各种手段和渠道进行干涉，在日本身上可以通过盟主的权威来施压，而对中国，美国的怀疑和担心也足以让将中美关系始终视为重中之重的中国谨慎对待日本的接近，毕竟对中日来说，最重要的双边关系都是与美国的关系。因此美国因素就成为阻止中日过分接近的有效外部力量。

在第三个方面，美国希望中日的冲突被控制在一定限度内，因为这符合美国的利益，而且美国的考虑往往也能够发挥作用。美国在东亚的

---

　　① ［日］古本阳庄：《美国对日不信任感必然加剧》，［日］《每日新闻》2009 年 12 月 16 日。

　　② Camilla T. N. Soerensen, "Strategic Triangularity in Northeast Asia: The Sino-Japanese Security Relationship and U. S. Policy," *Asian Perspective*, Vol. 30, No. 3, 2006, pp. 99 – 128.

　　③ Michael Pillsbury, "China Debates the Future Security Environment", *National Defense University Press*, January 2000, pp. 130 – 131.

利益主要体现在经贸利益和安全利益上，维持一个和平稳定的地区秩序和繁荣的经贸环境，对于美国实现自己的战略目的十分重要。中日之间存在一些低烈度的冲突，使其无法合作一致对美，是美国期待的一种理想状态，但这并不意味着美国能够接受中日之间的冲突过度升级。因为一旦冲突失控，对美国更为重要的安全和经贸环境就不复存在，那直接影响到美国在亚洲的获利，而且还要迫使美国作出选择，那是其无论如何也不愿看到的。所以美国在漠视中日就一些非核心利益展开争斗的同时，也在密切观察冲突对双边关系的影响程度，并努力从地区外施展一种微妙的控制作用，防止中日冲突影响稳定大局。后来成为日本防卫大臣的森本敏认为："美国亚洲政策的宗旨是优先追求美国的经济利益，为此要保持政治稳定。这是 19 世纪后半期在欧洲列强之后进军亚洲以来，一直没有改变的目标。"① 在中日因为历史问题的冲突升级以后，美国官员更公开地表达了他们对东亚加剧的紧张和中日之间关系恶化的担心，暗示他们在这一地区的主要盟友日本已经逐渐被孤立，特别是在小泉参拜的问题上。常务副国务卿佐力克在记者会上表示，我相信这里有一种紧张感。为了减少紧张，提议一种外交辞令上称为"第二轨道"的努力，可能是中日之间的历史学家，可能还有美国的，共同考察二战时期以及其他时期的历史情况。② 在布什政府时期，因为日本在历史问题上和中国关系闹僵，美国也在暗自向日本施压，希望其为了大局而放弃一些面子上的东西。赖斯表示："我们希望中国崛起的环境是这一地区的积极因素，我们和中国关系友好，我们鼓励中日友好。尽管中日之间存在一些困难，但中日之间有广阔的经济联系，贸易关系，我们都是 APEC 的成员。改善关系有很多工作要做。"③ 布什还在小泉访美时直接表达出对日中关系的关注。安倍上台后首个出访地是中国也得到了美国政府的赞扬。奥巴马政府的官员更是明确表示，他们急

---

① ［日］森本敏：《日本要为东亚的剧变作好准备》，［日］《日本经济新闻》2002 年 11 月 26 日。

② Norimitsu Onishi, "Japanese Remarks About Taiwan Anger Beijing," *The New York Times*. Feb 6, 2006, p. A6.

③ Norimitsu Onishi, "U. S. Needs Japan's: Diplomacy, but Tokyo Isn't Talking," *The New York Times*, Jun 25, 2006, pg. 4. 4.

于打消日本的一种观念，即日本与中国关系的改善会破坏其与美国之间的联盟。① 坎贝尔对于日本拉近与中韩两国距离一事表示："我们希望并支持他们之间缩小距离。"② 戴维·蓝普顿对《华盛顿观察》周刊表示，对美国而言，中国和日本是两个"类别"的外交关系对象。希拉里的东亚之行是先去日本，还是中国，没有什么可比较的。就像你身上的"心"和"肺"一样，同样重要，但是有不同的重要性。"日本是美国的五大全球盟友之一，是美国的外交基石，无论在法律上还是美国的外交政策中都受到某种认可与保障。同时，美国愿意和任何能合作解决问题的国家进行交往，包括中国。"蓝普顿进一步解释说，"换言之，美日关系在'盟友类别'中，而中美关系的基础是共同的利益与问题。"③ 正是因为心和肺都很重要，它们的相容而不是相克，对美国才显得如此不可或缺。

总的来说，美国因素在中日关系中的影响比较明显，美国在一定程度上制约着中日关系的疏密程度。虽然客观上中国很清楚美国对日和对华关系性质的差别，一般并不希望美国过多涉足中日关系，如在解决钓鱼岛争端的问题上就比较排斥美国的作用，但有时也会希望美国能够利用盟友关系牵制日本，尤其是在日本的言行同时也影响到美国利益的时候；而日本总是希望在自己与中国发生冲突时美国能够明确卷入，日本相信这种卷入必定是以对日本有利的方式出现的，毕竟日美之间存在维持了60年的同盟而美中之间没有类似关系，同时日美在对华方面也有趋同的基本利益。正是由于中国和日本都对美国保持期待，同时他们都将对美关系视为最重要的双边关系，导致美国的举动不仅影响到中日分别与美国关系的疏密，同时中日之间的关系也常常因为它们各自与美国关系的性质而受到影响。因为"日本总是喜欢与领导者和胜利者走在一起。而与其他力量相比，美国现在仍然是更容易接受、更加亲密和更

---

① Mark Landler and Martin Fackler, "U. S. Is Seeing Policy Thorns in Japan Shift," *The New York Times*, September 1, 2009.

② [美] 理查德·卡茨：《美国政府没有对鸠山政权感到不安》，[日]《东洋经济周刊》2009年9月19日。

③ 李焰：《希拉里访中日，传递美国亚太新对策?》《华盛顿观察》2009年第5期。

值得信赖的领导者"①；而中国一直在从美国主导的现有国际秩序中获益，同时也基本认同美国发挥的国际作用，所以，美国可以利用其对中日都具有的强大影响力，来间接影响中日之间的关系。

## 二　中美关系中的日本因素

日本对中美关系的影响并不显著，这不仅是三国的政治现实决定的，而且也为诸多的历史事实所证明。中美作为两个世界性大国，处理双边关系时具有自己相对稳定独立的议程，与其实力和视野不对等的国家很难施加影响。日本充其量只是一个经济大国，军事实力强大但在外部并无相应的军事影响力和威慑力，政治上的国际影响更无法与中美相比，日本往往习惯于联合一方来发挥自己的价值。再加上日本仍不属于一个正常国家，自身独立性不足，在一些关系到美国利益的问题上必须非常慎重地考虑美国的反应，所以其实际影响更小，目前为止只是作为中美处理双边关系时其中的一个外部因素在发挥作用，这种作用可以是帮助加强中美关系，但更为常见的则是增加中美之间的相互猜忌。

日本学者高木诚一郎对此有清醒认识。2008 年 3 月他在美国战略与国际问题研究中心举办的三边会议中表示：日本主要是通过美日关系的棱镜来看中国的，对日本来说，美国和中国都是重要的，虽然美中关系可能有起有落，但这种起落的幅度是很小的；日本认为美中关系既不会成为核对手，也不会成为威胁日本的联盟关系。美中两国之间的对抗将是短暂的，影响两国关系的最重要因素是各自国家的国内政治和意外事件。他还认为，既有合作的因素，也有对抗的因素，这就会使美中两国关系不至于威胁到日本。对美国而言，中国之所以重要主要是由于其规模，它有各种理由引起美国的关注。因此美国的做法是接触和必要的冲突，美国通过维持在本地区的联盟，对冲掉接触政策引起的风险。而中国处理同美国的关系时，首先是避免对抗，同时遏制美国在该地区的影响。由于美国能中断其经济和社会发展，冲突不符合中国的利益。中

---

① Reinhard Drifte, "Japan's Foreign Policy the 21st Century: from Economic Superpower to What Power?" Great Britain: *Macmillan Press Ltd*, 1998, p. 68.

国奉行一种战略伙伴关系和软平衡的战略。① 因此，日本在中美处理双边关系的过程中基本上是被动的，它无力影响中美之间的主要议题，却要时刻提防中美互动会伤害自己，因此为了取得更为有利的地位，日本一直在努力通过分别或者同时调整对美和对华关系的方式来影响中美关系的发展，尽管中美对于日本的选择都不太敏感，但日本也确实能在一定范围内和某些议题上发挥作用。

日本智囊人物山崎养世从另一个角度表达了日本在中美关系中地位下降的现实。他就中美经济关系撰文称，1992 年邓小平通过发布南巡讲话，中国开始了新的改革开放。如果美国企业进入中国，那么其他国家就会跟进，中国开始实施在日本根本无法想象的优待外企的政策。这与中国质和量皆优的劳动力结合了起来，这种结合是"美中的经济同盟"，是建立了美中双方的共存共荣体制。它比建立了日美同盟的日美关系更加牢固。山崎养世指出，从美国方面看，比如美国的对华赤字常常成为问题，但其实美国根本没有对此真正担心。因为让美国出现对华贸易赤字的主角是美国企业。就是说，为压低成本，过去美国企业在美国国内生产的品牌，现在拿到中国生产，然后进口，在美国国内销售。虽然进口也增加，但因大幅度降低了成本，收益可爆炸性增大，消费增大，带动经济增长，人均收入也增加。美国的整个就业情况也好转了。相反，如果中国经济过热，美国将受到影响。双方的利害关系是一致的。中国和美国事实上结成了非常牢固的共存共荣的经济同盟。山崎养世告诫当局：从表面看，日本企业跟随美国进入中国，在对华商贸中获得了利益，但是日本的金融机构几乎没有参与中国金融机构上市，日本银行被挤出了美中"经济同盟"的框架之外。② 他的意思是说，中美经济已经自成一体，即使双方存在矛盾也并非外界想象得那么难以调和，日本并无多少从中发挥影响的空间。

当前的日本领导人又面临一个抉择期，但与明治维新和二战结束后

① Carl W. Baker, "U. S., Japan, and China Conference on Trilateral Security Cooperation," *Issues & Insights*, Vol. 8 – No. 6, June 2008, p. 5.

② 参见《日本专家称中美结成共存共荣经济关系》，2007 年 4 月 6 日，新华网，available at http：//news. sina. com. cn/w/2007 – 04 – 06/081112710855. shtml.

不同的是，现在近邻与远盟的力量都超过自己，这是历史上从未有过的。所以日本实力地位的下降就成为其在中美关系中影响力不足的主要原因。因为日本对美的依附，美国在考虑美中关系时不会过多顾虑日本的反应，甚至在处理影响更为局限的朝鲜问题时也曾不顾及日本的感受；而中国原本就没有必要将日本的反应视为在处理对美关系时需要考虑的基本因素，日本的尴尬处境是很明显的。而日本唯一能对此作出的应对，基本就是强化日美同盟，通过拉近与美国的关系来间接影响美中关系。日本积极向伊拉克派兵，很容易看出东京的最大兴趣不在于给伊拉克带来稳定，而是和美国维持良好的关系。小泉感到即使拿日本士兵的生命冒险，只要这些风险没有变成实际的伤亡，让美国满意就是一笔好买卖。① 新加坡国立大学的黄靖表示："日本除了进一步投入美国的怀抱、进一步强化日美同盟及其军事力量以外没有选择"。而问题是，正是因为日本没有选择而中美都可以有不同选择，所以日本就不具备更多讨价还价的能力。"虽然美国看来明白日本的期待，即使他们不能全部理解日本人对这些期待尚未得到关注的担心……但看起来美国经常在联合国对中国表示顺从，却低估日本在同一个舞台所作出的贡献"。② 这是因为"美日关系在结构上强，但在功能上弱"。③ 一旦日本的选项普遍被视为只有一个，由于其行为都是可预知的，其影响力自然也就无法扩大。只要日本始终走不出自己一直身处其中的这个框框，它就既不能为美国提供更多协助，也难以同中国展开更有力的竞争，更奢谈有能力影响中美关系了。因此，相对于上个世纪，日本在中美关系中的影响能力已经大幅下降，无力影响中美关系中的重大事件，这是日本因素的第一个特点。

除了这个主要表现以外，日本因素对中美关系还是可以发挥一些不那么明显的作用的，它可以在一定程度上影响中美关系的疏密，这既包括阻止中美合作，也涉及帮助中美和解。日本在东西方之间的定位始终

---

① Christopher A. Preble, "A Plea for Normalcy," *The National Interest*, September 1, 2006.

② Michael Finnegan, "managing unmet expectations in the U. S. -Japan Alliance," *The National Bureau of Asian Research*, 2009, p. 16.

③ Wu Xinbo, "Interaction Taking Place among China, the United States, and Japan for the First Time," *Globle Time*, December 28, 2007, p. 11.

不够清晰，但也正是因为这种定位的模糊，导致日本既不能容忍中国撇开日本与美国关系过于亲密，也不情愿看到两者关系过于紧张，因为自认为处于它们之间的日本在这两种情况下都会感到不安。中美过于亲密会令日本感受到自身地位的下降，中美过于紧张则会让日本觉得无所适从，尤其是可能丧失对其至关重要的和平贸易环境。中国与美国能够在尊重日本地位和顾及日本感受的前提下发展关系是日本最希望看到的，一旦不具备这个条件，日本就会想方设法去创造这个条件，可能采取的措施包括分化中美以及撮合它们走到一起。在分化中美合作方面，日本直接能做的不多，其更倾向于在中美之间出现摩擦时趁机利用，为了自身利益而帮助激化两国的矛盾，甚至利用和美国的同盟关系迫使美国卷入中日之间的冲突，人为加剧中美之间的冲突，一个典型的案例就是利用美国的再平衡战略来做文章，通过主动强化与美国的关系来尝试削弱中美的关系。

　　日本学者曾谈及对中美关系的担心，第一是担心中美之间制定出一个针对台湾或者朝鲜的没有日本参加的协议，第二是担心美国政府中缺乏日本问题专家将会加强美国关注中国政策和忽视美日关系的趋势，第三是担心日本被排除出美中核对话之外，这将提升日本对威慑扩展的担心。[1] 他们还自认为美国的心理话是，对于美国来说，除了与中国进行对话以外别无选择，此外，美国人也不希望日本变成军事大国。[2] 可见，日本对于中美关系的担心与对美国的担心不同，前者只涉及到"被抛弃"的风险，而后者则是"被抛弃"和"被卷入"的综合，这也意味着日本参与中美互动的意识特别强烈，尤其是期待能够得到足够的重视，如果无法得到满足，则会想方设法拆散中美而迫使两国都对日本提高关注度。在帮助中美和解方面，日本能够发挥作用的机会更少。最典型的表现，就是在中国"六四"风波之后日本在担当中美联系桥梁过程中所发挥的积极作用。进入新世纪以后，当中美出现严重的经贸摩擦时，日本曾试图默默参与调解，在全球气候变化的问题上日本也曾

---

　　① Carl W. Baker, "U. S., Japan, and China Conference on Trilateral Security Cooperation," *Issues & Insights*, Vol. 8 – No. 6, June 2008, p. 5.

　　② ［日］伊藤宪一：《日美同盟与中国的崛起》，［日］《朝日新闻》2010 年 6 月 23 日。

出于自身目的而希望缓解中美之间的对立，只是日本对发挥这种作用也瞻前顾后，担心会引起一方的不满从而直接损害自身利益，所以其作用非常隐晦，很少为人所知。

总的来说，日本影响中美关系疏密的这种作用是很有限的。实际上日本的所作所为都受到美国在背后的主导和控制，也可以说日本的行为是得到美国默许的，日本的初衷是利用参与美国的行动来推进自身的利益，实际上它也是在被美国利用，作为美国在亚太棋盘上的一个主要棋子在发挥作用。在美国再平衡战略中，日本出于自身目的所发挥的作用恰恰是美国多年以来所期待的，日本的行为正好满足了美国的需求，所以美国会默许甚至鼓励日本变得咄咄逼人。但是美国又对日本的行为有所控制，一旦日本变得过于咄咄逼人，有可能严重干扰美国的对华战略，美国就会对日本有所约束，在钓鱼岛问题上的表现就很典型。即使在日本发挥桥梁作用的那些事例上，背后也都有美国的影子。美国需要照顾日本的感受，但更要以首先满足自身利益为前提。美国学者分析道，显然日本对于其相对地位的变化十分敏感，因此，美国应该在试图接纳中国的崛起时小心行事。① 但在中国政策方面缺少与日本的亲密协商则是从尼克松和基辛格以来美国外交的一个特色。② 因此可以说日本影响中美关系的疏密并不表明日本具备完整的相关能力，只是中美出于双边关系的需要而在一定程度上默许了日本的这种能力，所以这更多是一种利益交换的产物。

日本对于中美关系的状态历来敏感，日本媒体始终都喜欢抓住一些小的细节进行放大分析，比如美国官员出访中日时各停留了多少小时，访问顺序谁先谁后，与什么级别的多少人见了面，等等，一旦中美显示出关系更加紧密的迹象，日本国内就开始惶恐不安，生怕美国在亚洲第一盟友的地位被中国夺去。日本学者伊藤贯还点了几位"对日本不友

---

① Kristi Elaine Govella, "Accommo dating the Rise of China: Toward a Successful U. S. -Japan Alliance in 2017", from Brad Glosserman, "Moving Forward: The U. S. -Japan Alliance in 10 Years," *Issues and Insights*, Vol. 7 – No. 16, September 2007, p. 16.

② Gerald Curtis, "U. S. Policy Toward Japan in the 1990s", from Ezra F. Vogel, Yuan Ming, Akihiko Tanaka, "The Age of Uncertainty The U. S. -China-Japan Triangle from Tiananmen (1989) to 9/11 (2001)," p. 185.

好"的美国政要的名，宣称 2008 年的美国民主党内部，认为美国虽然不能让日本拥有自主防卫能力，但也没有必要反对中国增强军备，美中两国应当联合起来打压日本的人也不少，比如克林顿夫妇，前美国常驻联合国代表霍尔布鲁克，前总统安全事务助理伯杰，前财长鲁宾，前国务卿奥尔布赖特等。美国民主党的亲中厌日政策任何时候都不会改变。① 在日本外务省于 2009 年 2 月举办的专题座谈会上，日本学者对于日本在中美之间的作用和地位进行了很多反思。《日本经济新闻》的编委秋天浩之表示：重要的是不要小心眼得看待中美关系。只要美国和中国进行接触，日本就感到焦虑和嫉妒，这是最糟糕的反应。要很好地引导中国成为一个愿意承担相应责任的国家。这就要求日本与美国一起对中国做工作。只要美国与中国进行对话，日本就立即吵吵嚷嚷，反而会导致美中关系走得更近。"② 庆应大学教授田所昌幸认为："日本要继续努力建立独自的外交空间，以免美国产生日本只是嘴上发牢骚但会跟自己走的印象。"③ 东京大学的高原明生表示："不应忘记的是日美同盟终究是手段，绝不是目的本身，要经常记住日本想通过日美同盟来达成什么目的，如果缺乏这种认识，就会被必须为加强日美同盟作贡献这一观念所束缚，或者倾向于依赖美国。对美中接触的嫉妒心，也是由强烈的对美依赖心理所引发的。"④ 他们都比较清醒地认识到，日本尴尬的处境正是由于其外交不独立的政治现实，以及在中国崛起背景下的自信缺失所导致的。虽然他们也提出了一些建议，但只要日本无力改变这一现实，就无法期待在中美关系中发挥更有意义的作用。

## 三　美日关系中的中国因素

相对来说，中国因素在美日关系中的作用，是三对相互关系中最显著的。原因很简单，在中日关系中由于中国不太在意美国的影响（既是因为中国的自信，也是因为难以对其期待很多），实际上只有日本重

---

① ［日］伊藤贯：《奥巴马主张的变革将给日本带来什么》，［日］《正论》2009 年 1 月。
② 《何为日本外交的自主性？》［日］《外交论坛》2009 年 2 月。
③ 同上。
④ 同上。

视美国的作用，所以美国因素只从中日关系中获得了单边关注；在中美处理双边关系时，日本能够发挥的作用非常有限，基本上都被忽略了，因此日本因素可以被视为得到了零关注；而在美日处理双边关系时，它们对中国因素都非常敏感，中国因素因而成为双边同时关注的对象，所以作用最为显著。而中国因素能够发挥的具体作用，至少包括这么几点：即中国在美日之间部分重要问题上能够发挥一定的作用，中国的影响可以解释美日同盟强化的主要原因，中国因素也可以部分解释同盟中出现的裂痕。

首先，近年来，美日政府共发布了三个联合宣言，分别是1996年正式结束同盟漂流状态时的《日美安全保障联合宣言》，2006年的"新世纪的日美同盟"联合声明（其核心内容取自于2005年的美日安全磋商委员会联合宣言），以及2012年野田佳彦访美时与奥巴马签署的"面向未来的共同蓝图"联合宣言。其中第一份宣言的内容包括：1.防卫范围从远东扩大到日本周围地区；2.防范对象由过去以苏联为主变为目前以朝鲜和中国为主；3.明确提出在日本周围地区发生不测事件时对美军实行合作的办法。[1] 其针对中国的意图很明显。第二份宣言的重点是深化日美在反恐问题上的合作，强调"世界中的美日同盟"，但同时也涉及到对中国军力透明度和台湾问题的关注。第三份宣言虽然没有直接提到中国，但"加强冲绳和西南诸岛等地的警戒监视活动，并推进美国重视亚太地区新国防战略"的表述，针对的对象同样很明确。美日同盟的建立和存在主要都是为了应对共同威胁，当苏联不复存在后，同盟曾一度处于漂流状态，直到寻求到新的目标。对美日来说朝鲜的威胁虽然更为迫切，但对其作出有效应对尚未超出同盟所具备的传统能力；而只有中国的崛起，以及恐怖主义威胁的凸显，才为美日同盟的转型提供了足够的动力。

除了同盟所涉及到的安全议题以外，美日之间还存在大量政治、经济、社会文化等其他议题，安全同盟并非美日关系的全部。例如，日本积极参与美国发起的反恐战争；日本希望成为安理会常任理事国，而美国是最有影响的现任常任理事国；涉及到第三方如朝鲜、韩国、俄罗

---

① 张大林：《评日美安全保障联合宣言》，《国际问题研究》1996年第4期。

斯、东南亚国家、印度等时的美日关系；日本试图修改美国为其制定的宪法的问题；美国大力推广民主、日本也倡议建立自由与繁荣之弧的民主联盟问题；美日之间还有大量的经贸议题、以及日本加入跨太平洋战略经济伙伴关系协定的问题；涉及气候变化和能源政策的问题，等等。在所有这些问题上，中国的态度、反应及其影响都会成为美日必须要考虑的重要因素。在某些问题上，美日需要顾及中国的疑虑，以不引起中国强烈反弹为基本前提；而在其他一些问题上，则需要考虑对中国的牵制作用，以免中国的影响变得过快过大；还有一些问题，中国因素的存在可以帮助美日其中一方利用其特殊的地位优势向对方施压，利用调整对华表态来换取对方在其他领域的妥协。在经贸领域中国因素的作用就更显著了。相对而言，日本在涉及对美关系时对中国因素的考虑要超过美国对华因素的考虑，这与其掌控局势能力的不足有关。

不过，因为美日之间涉及的议题非常广泛，其中有些完全是美日各自的内部事务，有些则是中国没有兴趣或缺乏能力去施加影响的，所以，中国因素仅对美日双边关系中直接或潜在涉及到中国的部分具有一定影响力，而且这种影响力也会受到美日内政、对利益的判断、各自对华态势、同盟的密切程度、中国的关注度以及总体的国际局势等复杂因素的制约。

其次，新世纪以来美日同盟的强化也主要与中国有关。美日同盟需要面对的威胁，主要包括恐怖主义、朝鲜核问题、以及中国的崛起。但是随着局势的发展，恐怖主义已经不再是美国面临的主要威胁，朝鲜核问题则仅有局部影响力，唯有中国崛起不仅很有可能继续持续下去，而且对亚洲乃至世界格局的影响也最为显著。美国和日本在应对中国崛起方面具有基本共识，缺少美国作为后盾日本完全没有信心与中国进行正面对抗，而捉襟见肘的美国也同样需要日本的协助来实施其"接触与防范"的对华政策，于是两国都倾向于强化其安全合作机制——美日同盟，通过更多的双边合作来提升对华威慑的效力，并在极端情况下共同应对中国军队。对美国来说，目前与其存在军事同盟关系的几个亚太国家中，澳大利亚、新加坡等国没有能力和意愿与中国对抗，韩国则是没有意愿，既有能力又有意愿的只有日本；而日本只有美国这么一个盟国，关键时刻没有其他任何国家可以借重，所以美日两国都对依靠同盟来应对中国抱有期待，这也是对其来说最可行也最有效的途径。换一个角度来看，强化同盟对美国和日本没有任何损失，尽管双方对期待从同盟中获取的具体利益有不同认识，但归根结底都是为了相互利用，一致对外的需求远远超过两国对同盟职能上的认识分歧，其私利与共同应对中国的"公利"基本没有冲突，所以中国因素成为美日强化同盟的充足至因。

再次，同样是中国崛起这一因素，也可以部分解释美日同盟出现裂痕的原因。北京在90年代后期曾经期待美国撤回其在东亚的军事存在，在发现不可行之后，北京停止谴责美国在亚洲的霸权，逐步倾向于建立地区多边主义。① 三国都有学者认为，从那以后，中国从新现实主义过渡到新自由主义，其原因在于：第一，加入WTO和举办奥运会表明中国已经被国际社会接受，故民族耻辱减弱，无需再与美日对抗；第二，十六大迫近之时中国的重心越来越转向内部稳定，内部派别无人能够从与外国对抗中获益；第三，中国没有从与俄罗斯的亲密中得到好处；而更深远的是，中国的经济增长改变了地区格局，中国的一切都取决于经济发展，所以不愿与美日为敌。简单来说，中国新的现实主义思路，是基于内部平衡而不是（像原来那样追求）外部平衡，并且相信全球经济一体化是提升中国财富与影响力的一条途径。② 也就是说，中国不再选择与西方对抗的道路，而是希望通过参与全球经济融合而致富的方式来自我发展，但即使是接受了美国主导的国际秩序的这种发展本身，也在西方国家眼里引发了不同的遐想，并促使不同群体都选择性地强化了对华偏颇的认识，从而导致美日在看待中国崛起时的两难境地，一方面希望遏制中国的军力增长，一方面则希望与中国加强经济合作，而此举又不可避免会增强中国的

---

① Jisi Wang, "China's Changing Role in Asia," *The Atlantic Council*-Asia Programs, January, 2004. See also the discussion of the changing Chinese perception of the U. S.-Japan alliance in Thomas J. Christensen, "China, the U. S.-Japan Alliance, and the Security Dilemma in East Asia," *International Security*, vol. 23, No. 4 Spring, 1999, pp. 32–33.

② Yoshihide Soeya, Jianwei Wang, and David A. Welch, "A new look at the U. S.-China-Japan triangle: toward building a stable framework," *Asian Perspective*, Vol. 27, No. 3, 2003, p. 196.

军事实力。美国可以忍受这一两难困境更长时间，因为它与中国的军力差距更大而且地理距离更远，而日本缺乏这些有利条件，所以不能长期忍受这种压力。① 于是究竟应该如何面对中国的崛起，就成为摆在美国和日本面前的不同问题，缘于对此不同的理解与处理，也加剧了美日之间可能出现的裂痕。从历史上看，当年美国决定改善对华关系时，给日本带来了"尼克松冲击"，美日关系虽未受到严重影响，但这一事件也极大增加了日本对美国的不信任感；后来克林顿的"越顶外交"，再度加深了日本对美国民主党政府的不良印象；进入新世纪以后，美国在处理国际事务过程中越来越倾向于借助中国的影响，日本受到的关注越来越低，导致日本国内对此出现两种不同反应，主流反应是因为不适应中国超越日本并因此受到美国的青睐，因而希望尽早通过实质性举措来压制中国；次要的反应则是顺应潮流，通过加强与愈发强大中国的合作来摆脱对美国的过分依赖。但是这两种选择都存在与美国发生冲突的潜在风险。就前者来说，日本对华过于咄咄逼人的姿态可能打乱美国在亚洲的整体部署，如安倍政府在历史问题上过于追求修正主义的做法，虽然其目标并非针对美国，却引发了美国的关注和警惕，也对美日关系带来了冲击；就后者来看，鸠山政府选择了通过强化与中国关系的做法来摆脱对美国的过分依赖，导致美日冲突严重升级。

美日两国学者对此都有清醒认识。有美国学者将其责任归咎于美国：源于国内两种不同的对华看法，美国的对华政策存在不确定性，某种突变也会让日本难以适应。所以，未来美日同盟的健康程度将受到两国合作应对中国问题产生的利益分歧和政治压力的能力的显著影响。② 而日本前驻法大使、国际交流基金会会长小仓和夫则认为，这是中国崛起不可避免的后果：随着中国令人瞩目的崛起，中国已经成为日美同盟的焦点。这意味着，日美关系在很大程度上受到两国对华政策的影响。特别是，过去日美关系在很大程度上决定了日本的对华政策，而今天则

---

① Akio Takahara, "Japan's Policy Toward China in the 1990s," from Ezra F. Vogel, Yuan Ming, Akihiko Tanaka, "The Age of Uncertainty The U. S. -China-Japan Triangle from Tiananmen (1989) to 9/11 (2001)," p. 268.

② "Japan-U. S. Security Relations: A New Era for the Alliance?" *Pacific Forum CSIS*, March 2005, pp. 54 - 56.

是反过来的情况，日美两国如何对待中国，在很大程度上决定了日美关系。① 以中国为首的新兴国家的崛起导致日美占世界 GDP 的份额都在下降，从而使日美双方形成了既相互依赖又相互不满的状态。这也是鸠山政权脱离美国的姿态能够得到国内部分支持的原因所在。两国间的这种状态平时似乎无伤大雅，可一旦发生危机，这就将影响日美同盟功能的发挥，使同盟陷入功能不全的局面。② 但是，相对于中国崛起刺激美日同盟加强的趋势，激化两国的分歧并非主要表现，而且美日之间也存在大量与第三方无关的双边矛盾，所以中国因素只是发挥了部分作用。

### 四 三对双边关系的互动

三边关系的互动是一个十分复杂的过程，其表现多种多样，可以是一个国家对另外一对双边关系的影响，也可以是一对双边关系对另外一对或两对双边关系的影响；而且影响本身也同样复杂，往往是兼有积极影响和消极影响，很难去进行定量分析；再加上三个国家的地位与相互关系也在不断发生变化。所有这些因素相互叠加，导致虽然国内外学术界研究三边关系的学者和论著很多，但是真正能够把三边互动的性质明确表达甚至进行定量分析的只是凤毛麟角。

一名美国华裔学者曾对此进行过一项有益的尝试。他根据自己设定的一些条件来计算三对双边关系的相关度，并得出结论说，美中合作与美日的总体关系具有明显的正相关（16% 的变量），但对中日关系的总体没有影响。比较而言，美日合作与中日关系有中度的负相关（12% 的变量），对美中关系有很小的影响；中日关系对其他两对双边关系没有有意义的影响。他强调由于调查设计的性质，这里的一些发现仅是推定而并非确定。③ 但遗憾的是，他没有给出具体的推断过程；另外，其推断中使用的基准变量是"合作"而非"关系"，而合作显然是一个积极词汇，只能代表积极正面的关系，如果一对双边关系恶化，那么其对另外一对或者两对双边关系的影响就不一定能反映出正好截然相反的特

---

① ［日］小仓和夫：《不要错误判断对华政策》，［日］《每日新闻》2013 年 2 月 24 日。

② 《日美安保在寒流中迎来五十周年》，［日］《日本经济新闻》2010 年 1 月 18 日。

③ EzraF. Vogel, "The U. S. -Japan-China Triangle：Who's the Odd Man Out？" p. 15.

征了。所以，可以说他的研究只进行了一半。

　　但不管其推断过程和结论是否客观全面，这种用量化的方式来考察三边中的双边关系的互动进而描绘出三边关系的整体走势的研究方法还是非常新颖的，具有很大的启发性。从其结论来看，美中关系趋好，客观上会驱使对此极为敏感的日本拉近与美国的距离，这是日本的一种本能反应，而其是否会同时选择改善与中国的关系，则并不那么确定，还要取决于其对中国价值与意图的认识，以及中国作出的回应。而美日合作如果加深，最典型的表现就是强化美日同盟，对此相对敏感的中国理论上也会作出相应反应。由于中美关系作为中国外交重中之重的地位已经被"神圣化"，所以只要美国没有直接过度侵犯中国的核心利益，中国几乎从不会主动挑衅美国从而令中美关系受损。

　　但对中日关系就另当别论，虽然对中国来说日本是仅次于美国的重要国家，但中国对其重视与容忍程度均不及对美国，中国处理对日关系要比处理对美关系积极主动得多，也愿意为此而承受一定的关系受损，因而美日关系强化可能导致中日关系受损，是一种可以合理解释的后果，而中美关系则不一定受到严重冲击。再从中日关系的角度来看，由于中日两个国家都将对美关系视为自己的外交重心，所以中日关系的变化不足以撼动两国原有对美关系的设想与议程，虽然两国都有通过改善对美关系来提高在相互竞争中地位的期待，但是由此而来的对美施压都以不会损害其对美双边关系为前提，因此中日关系的变动一般不会引起两国对美关系的大幅调整。这些推论不仅在理论上可以成立，而且在现实中也能够找到大量依据。

　　进入新世纪以来，中美日三国的实际互动时而明显，时而隐晦，围绕着每一对双边关系，另外两对双边关系的互动也有各自不同的表现。如果分别以三对双边关系为基准进行考察，可以看到其互动中的一些基本表现。第一，先将美日关系作为基础变量：如果美日关系变得亲密，中日关系基本上会比较紧张，如在小泉时期和安倍第二任时期；而同一阶段的中美关系则表现为同样比较友好或至少是相对稳定（与中美友好阶段或者同一阶段的美日关系相比）。如果美日关系变得紧张，则中日关系会比较接近，如在鸠山时期；而中美关系则经历了一个从友好到相对紧张的转变过程。第二，再以中美关系为基准进行考察：如果中美关系变得友好，美日关系的表现可能同样也更紧密如布什政府时期，或者维持稳定如奥巴马上台初期；而中日关系则可能比较紧张如小泉时期，或者得到改善如鸠山政府初期。如果中美关系趋于紧张，则中日关系相对稳定如布什上台初期，或者中日关系也趋于紧张如菅直人之后的阶段；而同一时期的美日关系则趋于稳定或逐步加强。第三，再以中日关系为基准：如果中日关系变得紧密，则美日关系会比较紧张如鸠山时期，中美关系也出现从友好到相对紧张的态势。如果中日关系变得紧张，则美日关系会比较紧密如小泉和安倍第二任期，而中美关系则比较友好或相对稳定。因而可以得出三对双边关系的具体互动（见表6—1）。

表6—1　中美日双边关系的互动

| 因变量<br>应变量 | 美日关系 | | 中美关系 | | 中日关系 | |
|---|---|---|---|---|---|---|
| | 变好 | 变坏 | 变好 | 变坏 | 变好 | 变坏 |
| 中日关系 | 变坏 | 变好 | 变坏或变好 | 稳定或变坏 | | |
| 中美关系 | 变好或稳定 | 变坏 | | | 变坏 | 变好 |
| 美日关系 | | | 变好或稳定 | 稳定或变好 | 变坏 | 变好或稳定 |

　　此外，还可以使用一个更为直观的图来反映三边互动的情况：用虚线表示友好，用波浪线表示基本稳定，用锯齿线表示关系相对紧张，为制图方便，基本以整年份作为变化单位，可以画出新世纪以来三个双边关系的变化示意图（见图6—1）。

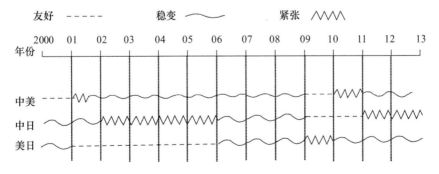

图6—1　新世纪中美日双边关系变化

　　由图6—1中可见，美日关系与中日关系之间存在比较明显的负相关，与中美关系之间则基本是正相关；中日关系与中美关系和美日关系都存在较为明显的负相关；而中美关系与中日和美日关系的互动则不是那么有规律。把这一规律以更为直观的方式表现出来，就形成如下的三对双边关系的互动如图6—2。

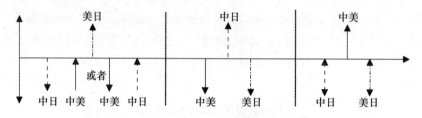

图中箭头指向表示互动方向，双箭头则表示方向不定

**图6—2　中美日双边关系互动**

　　从中可以得出的一些结论包括：第一，美日关系在三边关系中发挥着分化中日和中美关系的作用，无论美日关系是密切还是紧张，中日关系和中美关系都不会出现同步的变化，但总是会有一对双边关系与美日关系的演变方向相一致，也就是说，美日关系的变化一般不会导致中美和中日关系向同一个方向演进，所以不管美日关系是变好还是变差，美日与中国的两对双边关系中总是会有一对是出现不同变化趋势的，意味着对于两国来说如果其双边关系变好也不会带来对华关系的同时改善，如果变差也不会导致对华关系的同时恶化，因此美日关系的变化就主要取决于其中一方对对华关系的认识和期待。由于多了对华关系这样一道保险，不用担心与自己相关的两对双边关系同时变差，所以美日在处理相互关系时也会相对从容；但也正是因为两国的对华关系不会同时保持友好，导致两国都会出现通过维护美日关系来制衡对华关系变化的潜意识。而从中国的角度上看，无论美日关系如何变化，中国只能期待与其中一个国家保持关系友好，如果美日关系紧张，中国就成为稳定婚姻关系中的一方；如果美日关系友好，中国就成为浪漫婚姻关系中的一个侧翼，而前者的地位明显比后者更有利，因此中国自然乐于见到美日关系不和；如果做不到这一点，因为在美日关系的影响下不太可

能出现中国期待的三人共处的模式，所以中国会主动在美日之中选择其一，鉴于美国的作用和地位，中国相对忽视日本就是可以理解的了。

第二，中日关系作为否定或阻碍中美和美日关系变得紧密的一个因素而存在，在三边关系中一般能够引发美日关系和中美关系向相反的方向发展，也就是说，不管中日关系是变好还是变差，另外两对双边关系都会出现同步的反向变化，中日关系变好，则美日和中美关系都可能变差；中日关系变差，则美日关系和中美关系都可能变好。对于中日两国来说，由于其均将对美关系视为重中之重，所以中日关系就只能成为在被迫作出选择时被放弃的选项。这一结果预示着，如果试图在三边关系中保持中日关系的友好或稳定，要比保持另外两对双边关系的友好或稳定的难度更大，而且中日关系往往会成为另外两对双边关系改善之后的牺牲品。对于中日之外的第三国美国来说，中日关系变好，则美国面对的两对双边关系都可能变差，所以美国对于中日关系变得密切会非常担心，会想方设法阻止这种变化；而中日关系紧张则美日和美中关系都可能变好，这显然是美国期待的一种结果，客观上也造成了美国可能在有意无意之间对中日冲突无动于衷甚至加以推进的举动。

第三，中美关系与中日和美日关系的互动不存在明显的相关性，无论中美关系是变好还是变差，美日关系和中日关系都可能出现相对独立的变化，也就是说，中美关系的变化与另外两对双边关系的改变之间没有方向性明显的互动。方向性不明显并非没有互动，实际上从新世纪以来三对双边关系变化的对应关系来看其互动还是比较明显的，中美关系的变化几乎总是能够引起中日和美日关系的变化，但是变化的方向不像前述两种架构的内部互动那样确定，即可能与中美关系的变化正向也可能反向运行，这主要取决于中美关系之外的第三国——日本的认识和判断。日本对中美关系的变化一直极其敏感，但不同政府的反应明显不同，如果中美关系加强，日本政府有的相信应通过强化美日同盟来进行应对，有的则倾向于改善对华关系来进行平衡；如果中美关系变差，日本政府有的愿意充当中美之间的桥梁来帮助两国和解，有的则希望加剧中美之间的冲突以便从中渔利。这进一步展现出日本自身定位不明以及对获利选择的犹豫对三边关系互动的影响。

　　归根结底，三边关系的互动属于一种微妙的平衡，每个国家都试图从基本的平衡中获取更多的实利，同时也推动三边关系向更有利于自己的平衡状态演进。但是由于美国是三国中唯一实力超群的国家，美日之间存在同盟关系，而中日之间则由于地缘和历史原因而存在天然的对抗性，导致三边互动本身并非像完美的数学模型那样平衡、稳定和可预期，而是出现非常复杂甚至看似无规律的运行状态。但是从三方微观互动的具体实践中还是能体现出一定规律的，这对于分析三边关系的未来或许会有帮助。

　　这里需要说明的是，首先，一国对外政策的调整究竟多大程度上受到其与另外一国关系的影响，还是只是一种双边关系内部变化的自然反映，或者是缘于一国国内因素的变化，很难予以清晰界定和区分，所以上述分析只是对已发生历史变化动态的一种总结，既不表明对三对双边关系相互作用动因的评估和推测已经足够严谨，也不意味着今后三边互动仍会严格遵循现有互动模式来进行。

　　其次，由于中国的对美和对日政策基本不随领导人的更替而发生明显改变，所以对这一历史考察的分段主要以美日政府和政策变化为基点来进行，但近年来中国外交的主动性越来越高，其在中国最重要的两对大国外交中的表现也会使得三边互动变得更为复杂，所以今后的类似研究很难再把中国视为系统中的衡量来进行考察。

　　再次，上述模型本身还存在一些不足：例如，国家关系的性质与变化趋势复杂多样，很难单纯用变好、变坏或者维持基本稳定这三种形态来涵盖，更常见的表现是好坏参半或动静结合；另外不同双边关系变化的程度也有很大差别，中美关系变差和中日关系变差的性质和表现就有很大不同，笼统称其为变好或者变差显然不够精确，如果能够采用定量分析效果会更好；一对双边关系变好或者变差并不一定会存在明确的时间节点，有时会出现滞后效应，如果用不够精确的时间划分去得出需要明确时间节点变化才能得出的对比性结论，显然可能造成一些误差，所得结论也难以反映真实的全貌；再如，我们所能观察到的新世纪十多年来三国互动的情况只是表面上的，在很多内部决策和考虑尚未公开的条件下，我们对各个双边关系在不同阶段性质的判定是否客观、是否符合事实尚难确定，所以目前进行的探讨只是一种初步的粗浅的尝试，有待于今后继续进行完善。但是这种实证性分析明显不同于以往的理论研讨，采用这种更具体的准定量分析方法来研究三边关系，不仅可以超越就事论事的传统窠臼，还可以从更直观的角度来观察真正三国之间的互动而非只是将三对双边关系汇总，也容易得出一些更具说服力的结论，因此无论如何，进行这种全新的探讨都是很有价值的。

# 第二节　三国在三边关系中的定位

这里谈到的所谓三国的定位，是指在已经进行过的大量事实性的考察之后，笔者希望能够确定中美日三个国家在三边关系内部分别发挥何种作用。这中间涉及到三个国家主观上的期待，但主要依据是其在现实中的表现。

## 一　美国：主导者、平衡者与稳定器

### （一）作为主导者的美国

美国历来重视保持其在亚太地区的领导地位。2002 年美国《国家安全战略报告》便明确指出，美国绝不容许欧洲、东北亚、中东和西南亚等"关键地区落入与美为敌的国家控制之中"。但此后由于陷入反恐战争，美国对于亚太的关注度有所减少，但在中东的反恐压力下降后，美国"重返亚太"，再度表示要将主要精力投向这一地区。2008 年 11 月 4 日，赢得总统选战的奥巴马发表胜选演说，宣称"美国发挥领导作用的新曙光即将来临"，并一再强调要重振美国的"国际领导地位"。① 2012 年 4 月 30 日奥巴马与野田佳彦发布记者会，奥巴马再次强调："这是与去年我在澳大利亚说的一样，美国再一次领导着亚太地区。"② 在中美日三边关系中，虽然美国从来没有作过类似表态，但从其实际发挥的作

---

① "President-Elect Barack Obama Victory Speech," available at http：//bbs. clzg. cn/redi-rect. php? tid = 74250&goto = newpost.

② See www. whitehouse. gov/the-press-office/2012/04/30/remarks-president-obama-and-prime-minister-noda-japan-.

用来看，美国一直是其中的主导者，具体表现在以下方面。

1. 主导三边关系的总体格局

三边关系的总体格局，是由三国共同参与塑造的，但是在涉及到三边的重要问题上，日本基本都受制于美国，即使其采取一些不同于美国的外交行动，也是得到美国首肯或默许的。中国在三国中虽然具有独立地位，但是塑造格局的意愿和能力明显不足，中国基本无力去改变美日之间的距离；对于中美关系的影响相对被动，远非像美国那样主动自如；对于中日关系的处理也始终难以摆脱美国因素的干扰。无论三边关系的状态符合三人共处、浪漫婚姻还是稳定婚姻的模式，其核心的决定因素都是美国的态度和选择。这并非否定中日各自的作用，也不意味着美国在三边关系中可以为所欲为，而只是试图说明只有美国的作用才是主导性的，只有美国才能触发三边关系模式的根本性变化，也只有美国才能在中日因为领土争端可能爆发军事冲突的时刻通过影响中日各自的决策来控制住局面。

2. 主导三边关系中的主要议程

三边关系中的主要议题，无外乎政治、安全、经贸、非传统安全等，在每一个阶段应该以哪种议题为核心，基本是由美国根据自身利益确定的。"9·11"恐怖袭击发生后，几乎整个世界都被美国裹挟进反恐的轨道，日本和中国也随之调整了自身的外交目标，三边关系中的主要议程就变成了政治合作；而在朝核危机爆发后，同样是在美国的主导下，安全问题成为三边关系中的主要关注，虽然中日随后因为日本的历史认识问题而导致政治关系冷淡，但这并没有成为三边关系中的主要议程，美国协助中日将历史问题局限于双边之间，而在更重要的防扩散问题上继续保持合作关系；中日之间的钓鱼岛争端虽然一度出现可能将三国卷入战争的局面，但在美国的控制下岛争被局限在中日双边之间，而美国随后推出的再平衡战略才在更为宏观的层面上将三国都牵扯进来。虽然同一阶段有时可能会同时涉及到不同议题，很难完全分开，但三边关系中的主导性议题基本都是由美国来确定的，它也有能力使中日都接受自己的选择。

3. 主导三边关系的演变方向

从中美日三国建立外交关系以来，对三国关系带来重大影响的几乎所有外交事件中，不管是否由美国引发的，都可以从中看到美国在其中发挥的主导作用。1989 年"六四"风波、90 年代初期的美日经贸争端、1996 年的台海危机、1997 年的亚洲金融危机、美国发动的反恐战争、第二次朝核危机、中日历史争端、鸠山时期的美日冲突、中日钓鱼岛争端、美国的重返亚太战略以及美国的跨太平洋战略经济伙伴关系协定计划，等等，所有这些影响到三边关系的事件或议题，要么是由美国直接触发的，要么是由美国在控制着事态演变的基本方向和进程，中国和日本基本都在被动应对。即使是直接发生在中日之间的事件，其演变的节奏和方向也基本是按照美国的期待在发展，不管是直接插手还是在幕后施加影响，美国都发挥着主导性的作用。三边关系中出现重大变动时，背后都可以看到美国的影子。

日本学者毛里和子认为，美国在东亚的存在给当地带来了很多问题。第一，对美国来讲，东亚是维护和扩大自身力量的"场"。美国并不是从东亚本身固有的问题出发制定战略，这样的"美国式国际主义"，很有可能给处在上升期尚未定型的东亚带来不稳定。第二，美国的东亚政策在克林顿政权时期是以中国为中心，而在布什政权时期是以日本为中心的。不仅缺乏政策的稳定性，也无助于东亚的两大行为者——日本和中国建立稳定关系。第三，自由和民主主义模式的绝对化、"否决性抑制"、军事力量一边倒等等，"9·11"以后美国的安全保障战略与其说会给在政治上和文化上都富有多样性的不稳定的东亚带来安定，不如说很可能会导致对立和混乱。[①]

但我们同时应该看到，对存在这些问题进行的理性思考无法取代现实世界中对美国的需要。其实亚太地区的每个国家都很清楚这些问题的存在及其带来的不利影响，但出于对自身利益的考虑，大部分国家又都希望美国能够维持其在亚太地区的影响力。美国兰德公司曾对此进行过一次调查，发现较之于中国，大部分的东亚和东南亚国家都更相信美国的安全保障，希望美国能够作为一个平衡力量留在亚洲，

---

① ［日］毛里和子：《东亚地区的安全保障与非东亚要素》，《世界经济与政治》2003 年第 8 期。

继续发挥作用。① 也就是说，不管美国的存在究竟给亚洲带来了什么，其"离岸平衡手"和"主导者"的地位都得到了亚洲多数国家的认可，甚至在应对日本的挑战时，连中国都在期待美国也能发挥类似的作用。在中美日三个国家中，美国是最希望维持现状的，因为它是现状最大的受益者；中国对现状也能接受，因为它短期内无法显著缩短与美国的差距，也可以从美国主导的现状中获得发展所需要的基本条件；日本是最不希望维持现状的，因为现状的特征是美国继续强大、中国在变得强大，日本在逐步衰退，但在现状下日本最好的选择只能是继续依靠美国的力量来保持对华平衡。由此可见中日都没有能力或意愿争取主导地位，同时它们也都能接受美国现有的地位和作用，因此美国作为主导者基本算得上是三方共同的选择。

### （二）作为平衡者的美国

美国在东亚的核心战略，就是维持其一贯坚持的毂辐模式。1991年老布什政府的国务卿詹姆斯·贝克表示，在一个美国作为轮轴，其他国家作为轮辐的系统中，每个国家都要通过美国才能到达想去的地方。② 国防部长罗伯特·盖茨 2009 年在新加坡表示，二战以来的许多年中，亚洲的安全结构主要反映出毂辐的形势，美国处于轴心，而辐条代表着大量与美国的双边同盟，他们之间不一定相互合作。③ 这一解释非常明确地表达出美国的期待，或者说美国对亚洲安全关系现状的认识，即美国与系统内的每个国家都保持着友好关系，而其他国家相互之间则不一定保持友好。这种结构赋予了美国显著的优势，使其可以利用主动调整作为轴心的自身与不同轮辐之间的距离，来影响不同轮辐之间的距离，以便最大限度地保持对美最有利的一种状态。虽然盖茨同时表示美国希望其他国家之间也能保持合作，但显而易见，这种合作要以不影响美国的轴心地位为前提。兰德公司学者麦艾文曾经对美国的这一战

---

① 详见 Evan S Medeiros, "Pacific Currents-the responses of U. S. allies and security partners in east Asia to China's rise," *Rand Corporation*, 2008。

② Hubert Védrine, "how the US can learn to survive and thrive," available at http: //monde-diplo. com/2008/11/13usrole.

③ See: www. iiss. org/conferences/the-shangri-la-dialogue/shangri-la-dialogue – 2009/plenary-session-speeches – 2009/first-plenary-session/dr-robert-gates/.

略提出质疑：第一，作为新兴大国的中国和印度正在崛起，大多数东南亚国家本身也在两面下注，跟中国和美国都保持积极的关系；第二，该地区在经济和技术上的互相依赖在不断加强，要求提升一体化和多边合作的诉求日益强烈。① 所以他认为美国继续维持这种结构的社会条件逐步在丧失。中国学者王义桅也认为，美国原有的毂辐模式已经过时，而其新亚太秩序是一种伞型结构：美国位于伞尖，美日同盟是伞柄，美韩、美澳、美新、美印、美中为伞骨，基于共同战略、共同价值和共同利益的三环机制为伞边、经济贸易投资网为伞布，遮挡传统与非传统安全威胁。② 笔者并不认同这种过分强调美日同盟作用的认识，因为美国对中日的长远战略定位均不清晰，敌友界限也并不分明，当前其强化同盟的目的在于同时防范中日，但强化同盟并不意味着忽视中国的价值，将对日关系视为伞柄而将对华关系视为伞骨，则明显弱化了中国在美国亚太战略中与日本的相对分量。至于亚洲国家间加强联系对美国毂辐模式的冲击，这一作用显然是存在的，但并不意味着美国的传统战略已经失效，实际上到目前为止，崛起国家在国际社会上激发的反应是毁誉参半，其优势主要是给他国带来更多经贸获益的机会，但在政治、安全以及最核心的可信度和可靠性方面，仍与美国存在较大差距，因此美国的毂辐战略仍有发挥作用的空间。具体到中日之间，由于其双边关系仍充满敌对成分，且都仍将对美关系视为最重要的外部联系，所以美国的毂辐战略在中美日三边关系中依然发挥着近乎完美的基础性效力，美国依然作为轴心在中日之间发挥着举足轻重的作用。

据考察，美国学者克里斯托弗·莱恩提出了离岸平衡大战略（off shore balance grand strategy）。莱恩认为离岸平衡大战略具有四个关键目标：（1）将美国与未来可能在欧亚大陆发生的大国战争相隔离；（2）避免美国为信誉而战，或为盟国的利益而从事不必要的战争；（3）降低美国本土易受恐怖主义袭击的脆弱性；（4）最大限度地提高美国在国际体系中的相对实力地位和战略上的行动自由度。可见离岸平衡战略

① Evan S. Medeiros, "Strategic Hedging and the Future of Asia-Pacific Stability," *The Washington Quarterly*, Winter 2005 - 06, p. 146.

② 王义桅：《美国亚太秩序观的新变化及其面临的挑战》，《国际观察》2009 年第 3 期。

是一个多极而非单极战略，因此它能够包容新兴大国的崛起，同时将欧亚大陆上主要大国自身防务的主要责任转交给它们自己，或者促使它们不断增强自身的防务能力。莱恩认为隔岸平衡战略之所以是美国大战略的最佳选择，主要原因就在于该战略是维护美国利益的最有效手段。其最大的益处是避免直接冲突，降低成本，减少风险。① 美国学者米尔斯海默是另一位离岸平衡战略的鼓吹者，他认为霸权国可以利用自己的超强实力，以避免直接插足的方式维持均势，而当均势被打破时则停止推卸责任的做法转而投身进去恢复均势。② 美国学者扎卡利亚认为，美国具备离岸制衡的充分条件：其他力量的崛起是真实的，但同时也是一个长期而缓慢的过程。因此，美国的角色与以往不同，但仍至关重要。当中国、印度、巴西、俄罗斯、南非以及其他一些小国在未来的年代里崛起时，它们之间会出现新的冲突点，作为一个身处远方的大国，美国通常是那些担忧地区内出现霸权的国家最易于求助的伙伴。实际上，正如学者威廉·沃尔福斯指出的那样，正是由于地区强国的成长，美国的影响才得以加强。③ 离岸平衡的目的之一当然是避免陷入与己无干的冲突，确保自身的自由度，但"平衡"是目标而"离岸"只是基本手段，危机时刻为了"平衡"可以放弃"离岸"，获得"平衡"之后又可以恢复"离岸"，其核心就是要通过调整与不同轮辐上国家的关系，在整个地区塑造一种美国所期待的平衡格局，可见离岸平衡战略可以被视为实现毂辐结构的具体手段。

成为离岸平衡者需要具备一些特定条件。

首先要具备远远领先于被平衡者的实力，能够在必要时施加区域外影响，还可以用承诺和压力将负担转移给希望在国际体系中发挥更大影响力的盟国。美国恰恰具备这样的优势地位。从最具挑战性的追赶国家群体里看，根据麦肯锡全球研究所 2005 年出台的研究报告称，多国公司的人力资源经理认为，只有 10% 的中国工程专业毕业生和 25% 的印

---

① ［美］克里斯托弗·莱恩：《和平的幻想：1940 年以来的美国大战略》，孙建中译，第 299 页。

② 参见［美］约翰·米尔斯海默著，王义桅、唐小松译：《大国政治的悲剧》。

③ ［美］法里德·扎卡利亚：《后美国世界》，赵广成、林民旺译，中信出版社 2009 年版，第 226 页。

度毕业生有使用价值，而美国学生合格的比例高达 81%。……2009 年时，美国发明家得到了 9.2 万项美国专利，是韩国和日本发明家总数的两倍，而中国和印度这亚洲两大巨人仍远远落后。……即使按照当前的军费增长速度，亚洲平均需要 77 年才能达到美国的水平，中国也需要 47 年。[1]"在今后可预见的几十年里，美国仍拥有外交、经济和军事上的优势，无须率先挑起与中国的对抗即可对世界的未来施加影响。"[2]

其次，系统内不存在真正的挑战者。每个地区都有美国的盟友，而作为非盟友的中国、俄罗斯、印度等国家也接受了美国主导的国际秩序，并不试图挑战其霸主地位，因此美国可以放心地作为一个"离岸平衡手而不是世界警察"发挥作用。[3] 另据调查，在全球 190 多个国家中，一般都认为自己和美国有"特殊关系"，而在美国看来，这一关系并不如它们所想的那么重要。[4] 即使是像伊朗、朝鲜这样与美国直接对抗的国家，一方面它们无力挑战美国的霸主地位，另一方面也无法避免其他国家为了自身利益而配合美国的要求，与其疏远或向其施压，最终的结果仍是保持了以美国为核心，按照美国期待的方式维持的平衡状态。即使美国的这些敌人也基本都在想方设法改善对美关系，无法回避毂辐模式在自己身上施加的影响。

再次，系统内的被平衡者之间存在一定的紧张关系，因而能够接受外部力量的存在来帮助自己维持平衡状态，尽管平衡状态对某些国家来说并非最佳选择，但也绝非最差选择，在平衡的基础上依靠与外来平衡者的关系来争取获得有利于己的不平衡，将会是每个被平衡者的期待。

在中美日三边关系方面，美国发挥的离岸平衡作用非常明显。当前在东亚内部，由于中日两国的历史轨迹（亚洲国家始终难以主宰自身事务）、力量现实（双方力量相当又都大人逊色于美国）、未来预期（将美国视为友好或期待与其保持友好且短期难以超越）等因素的存

---

① Minxin Pei, "Think Again: Asia's: Rise," *Foreign Policy*, July/Aug 2009.

② ［美］亨利·基辛格：《美国需要外交政策吗?》，胡利平、凌建平译，中国友谊出版公司 2003 年版。

③ ［美］约翰·米尔斯海默：《大国政治的悲剧》，第 39 页。

④ ［美］罗伯特·库珀：《日欧都需要美国的保护伞》，［日］《读卖新闻》2010 年 1 月 6 日。

在，赋予了美国在东亚事实上的战略"平衡者"这一举足轻重的地位。它始终依靠自己复杂的外交行动来控制着大局。这一是指美国努力确保自己的主导地位，二是通过平衡自己对中国和日本的双边关系的疏密来维持三边关系的"利己性"稳定。奥尔布赖特在其著作《给当选总统的备忘录》中宣称，在你首次访问亚洲的时候，最先涌上心头的就是中国，但是第一个目的地应该是东京。日本仍然是美国值得信赖的国家，之所以日本人尊重这种亲密的关系，理由之一就是他们与邻国相处的不是那么融洽。① 正是因为美国具有这种优势地位，在处理对华和对日关系时，美国可以做到各给所需、各有所控，使得中日始终无法得到美国的全力支持但又一直不愿放弃对美国的不同期待，导致美国主导的平衡状态能够得以维持。新世纪以来，美国在反恐战争的压力下，一再要求日本出兵协助，尽管美国非常清楚这是中国既反感又担心的，但它依然要这样做。一名美国的日本问题专家表示："从1991年的冷战结束以后，尤其是在布什政府任内，美国做了能力范围之内所有的事情，以鼓励甚至加快日本的重新武装。这种发展增加了中日这两个东亚超级大国之间的敌意。"② 美国这种举动，首先是为了自身利益，对其副作用的考虑应该是第二位的，美国希望看到中日之间因为各种问题的纠纷而存在的紧张；但是，为了防止紧张过度升级，美国又会在中国更为敏感的事情上拒绝日本的要求，以获取中国的理解。比如在对钓鱼岛主权归属的表态上，再如在对日禁售 F—22 战斗机的问题上。据相关人士透露，国务院和国防部也认为向日本出售 F—22 会触动中国的神经，因此态度极为慎重。……最终，这件事已经不再是单纯购买战斗机的问题，而是涉及美国更重视对华参与政策还是更看重日美同盟的复杂问题。这似乎要视美国的地区战略根本原则再做定夺。③ 但与此同时，美国又一直以防范中国威胁为由，强迫日本购买美国生产的另一款性能稍低、不断加价且短期难以交货的战机 F—35。通过此举美国既避免了中国过于

---

①　《对于美国"接连发出重视日本"信号的疑虑》，[日]《选择》月刊2009年3月。

②　Chalmers Johnson, "The Real 'China Threat,'" *Asia Times Online*, March19, 2005.

③　[日] 鲸冈仁：《日本购买 F—22 战机阻碍重重》，[日]《朝日新闻》2007 年 6 月 4 日。

激烈的反应，也帮助日本提高了自我防御能力，维持了东亚的军事平衡。在东亚地区主义的问题上，美国同样是采用鼓励与限制两手并重的原则。美国学者傅高义指出，如果日本按照它的条件实现了地区主义，美国将会面对一个反对经济全球化的更加强劲的对手；如果中国在地区主义上掌握主动，假如其利益是阻止美国强化与俄罗斯的联系或者向朝鲜施压，结果将会更加可怕；如果这两国在没有严重损害互信的背景下都没有取得在地区主义上的突破，这并未严重伤害美国的利益。[1] 美国在东亚所做的一切，都是利用时疏时密、时进时退的手段，在维持中日相互制约的基础上，也维系两国对美关系的基本稳定，通过保持整个系统的大致平衡，来从中日身上分别获益。成为东亚的区域外平衡者，是满足美国利益最经济的选择。多年以来美国都在这个方向上积极努力，而且不得不说，美国一直成功地维持着这一地位。

与"平衡者"相仿的另外一个概念"仲裁者"，有时也会被用来形容美国在中日之间的作用。相对而言，仲裁者地位更为中立，作用也更为积极，也需要仲裁对象的明确认可，而且其作用范围也主要集中于仲裁对象之间，自身不一定是系统中的平等一员。从美国的表现来看，其不仅在表态上曾明确拒绝充当中日之间的仲裁者，而且在行动中也努力避免陷入中日之间具体的争端中，同时中国也明确拒绝其发挥这种作用。所以，平衡者是比仲裁者更准确更贴切的对美国现有地位和作用的描述。

### （三）作为稳定器的美国

中美日三个国家都在发生着迅速的变化，中国变得越来越强大，日本的影响力则在缩减，美国相对实力有所下降但绝对实力依然出类拔萃，其国际影响力和控制力也未发生质变。从目前的演进来看，作为被外界视为可能希望改变现状的唯一国家，中国都没有意愿和能力去挑战美国创设的原有国际秩序，而且在美国的压力下今后很长一段时间也难以从根本上改变现有结构；日本的修正主义倾向虽然愈发明显，但基本都是在原有体系内的战略调整，尚未也不太可能超出美国一直以来对其期待的范围；展望未来，由于实力差距依然在加大，日本改变美国主导

---

[1]　Ezra F. Vogel, "The U. S. -Japan-China Triangle: Who's the Odd Man Out?" p. 10.

的现状的能力只能越来越小。于是就自然出现了两个现象：第一，由于原有三边关系的基本架构是由美国主导的，所以美国依然希望长期维持这种对其综合收益效果最优的架构并为此进行努力；第二，中美日三个行为体虽然都在发生变化，而且中日对于三边关系的模式都有自己单方的期待，但两国在美国面前都没有试图去颠覆原有三边关系的基本架构。这就意味着中美日三个国家不管各自发生了什么变化，至少目前为止、以及在今后的一定阶段内，三国都能接受继续维持三边关系现状的选项，这当中既有美国利用自身的威慑力进行管理所发挥的作用，也是中日两国在全面考虑自身综合利益后所作出的选择。因此在现有的三边关系中，美国就成为稳定现状的决定性国家。

## 二　中国：驱动器、黏合剂与方向舵

中国学者王缉思曾经谈到过中国的国际角色定位。他认为中国处在深刻而长远的改革进程中，前进道路上的不确定因素很多。中国领土尚未完全统一，还面临着民族分裂的威胁。在经济高速发展的同时，社会不和谐因素突出，生态环境恶化，社会治理任务艰巨，经济发展方式的转变缓慢。在国家财力充足、能集中力量办大事的同时，人均收入低，贫富悬殊大。政治体制稳固的同时，社会凝聚力有待增强。在主流意识形态鲜明、宣传工作主旋律突出的同时，社会思潮和舆论日益多元化，政府部门正加强维稳力度，时刻防范境外敌对势力的思想政治渗透。出于国内国际方面的种种考虑，中国对许多发展中国家的多党制、民主化变革和国家分裂采取同西方国家截然不同的态度。因此，具体到中国的国际角色定位，中国的实力定位决定了中国不是现存国际政治经济秩序的主导力量。中国的地缘战略地位，决定了中国在周边国家所投入的政治经济资源和所发挥的作用远远大于世界其他地区。中国的政体属性，则决定了它受到西方所倡导的以民主、人权为核心的价值体系的政治压力，在国际事务中坚持不干涉他国内政的原则。① 简单来说，中国不是主导者，主要关注周边，同时受到西方国家的压制。

---

① 王缉思：《中国的国际定位问题与"韬光养晦、有所作为"的战略思想》，《国际问题研究》2009 年第 5 期。

那么具体到三边关系中，中国究竟在发挥什么作用呢？这很难从其官方文件和表态中找到直接依据。但中国积极参与到同美国和日本的互动中，并在具体的外交实践体现出这样一些特色：近年来中国少有三边综合思考的传统，往往仍是惯于以双边为单位进行考量；中国缺少主动塑造三边关系的意识，而是习惯于对外界变化作出被动应对；中国的内部变化非常显著，由此也自然引发了三边架构的一些变化；由于相信自己是美日同盟当前的应对重点，所以中国的外交防御性色彩比较浓厚。从中国的表现中可以得出的一些结论是：第一，中国不是三边关系中的主导性力量，但客观地位的变化也使之成为不断引发三边关系出现调整的重要动因；第二，中国重视周边关系，其发展客观上将中美日三国联系在一起，并通过经贸合作而保持三国总体关系的基本稳定；第三，中国被美日视为"异类"，而且相对于美日而言，中国的发展壮大最为显著但其不确定性也最明显，因而成为未来影响三边关系的主要因素。所以，中国就被视为三边关系中的驱动器、黏合剂和方向舵而发挥作用。

**（一）作为驱动器的中国**

进入新世纪以来，中美日三个国家都发生了很多变化，但中国的变化最为显著，这不仅表现在其变化的幅度上，而且涉及领域广泛，影响深远，导致中国在三国相互实力对比中的地位不断上升，对美日的触动也越来越大。与美国的主导作用不同，中国的变化还无法使之成为主导三边关系架构的主要因素，但是中国不断为三边关系的调整提供着素材和依据，在无形中驱动着三边关系向愈发复杂的方向发展。正是由于中国的变化，中美关系、中日关系和美日关系都变得更为分化，一方面联系更为紧密，另一方面矛盾性也在增加，这都是源于中国自身发展的双重性。经济实力上迅速强大起来，但随之而来的是军事实力的增强以及国内配套改革的滞后，这种现状会不断引发美日对华的各种猜测，导致中美、中日和美日关系都会出现相应的、方向迥异、力度不同的变化。作为三国中变化最显著的一员，中国给三边关系的调整不断注入新的活力，从这一角度来看，中国就是三边关系发展演进的主要驱动器。

对美国来说，中国在赶超其之前总会被视为一个挑战者；对于日本来说，中国与其存在领土争端的同时优势不断加大的前景也给其带来很大压力；但是，中国又貌似与历史上其他崛起者选择的道路不太一样，这种矛盾性会不断引发美日两国的好奇与猜忌。同时，由于对中国的言行存在不同认识，中国的变化也时常会在无意中改变美日之间的距离。1998 年金融危机后中国坚持人民币的稳定，克林顿对不负责的日本展开了越顶外交；中国支持美国的反恐战争以及在第二次朝核危机中主动承担起责任，导致小布什政府迅速放弃了将中国视为战略对手的判断；小泉任内中日围绕着历史问题的冲突是导致美日迅速接近的重要原因；而 2005 年美国国内关于"中国问题热"的持续讨论也为安倍上台以后把修复日中关系视为第一要务提供了外部依据；鸠山政府对中国的重视使美日关系陷入低谷；中美在哥本哈根会议上激烈较量之后双边关系的紧张也为日本在钓鱼岛问题上对华强硬注入了更多自信；而美国重返亚太到战略再平衡等一系列关注防范中国举措的出台，也为安倍政府利用对华强硬来获取国内支持提供了外部条件。新世纪以来三边之间的大事小事，几乎无不与中国有关。

中国之所以能够引起外界如此显著而复杂的反应，归根结底缘于其不断膨胀的规模、独具特色的制度和意识形态、矛盾模糊的国内动向及其所引发的猜想。美国众议员福布斯称：我们不知中国能成为美国强大的朋友还是敌人，但我们知道中国正变得越来越强大。[①] 这种"异类"的强大本身就足以不断引起外部"利益攸关方"的关注，并不断赋予其新的内涵。中美建交以来，两国官员分别采用了多种不同的表述来定位双边关系，包括友好的非盟国、不友好的非敌国、非敌非友、战略合作伙伴、战略竞争对手、建设性合作者、利益攸关方等，而在不同时期美国对华的定位也分别有盟友、异类、威胁、伙伴、竞争对手、合作者。虽然日本在战略思维和舆论宣传领域远远不如美国这么主动，中日官方之间也没有非常明确的相互定位，但其对中国的认识也经历了一个不断调整的过程。中国的变化总是能给包括美日两国在内的国际社会带来新的灵感。

中国的问题，还在于美国无法像控制日本那样控制中国。自尼克松

---

① 邱永铮：《美国组合拳封堵中国》，2005 年 7 月 4 日，http：//www. cnhube. icom/200503/ca802307. htm。

以来，几乎每一位美国总统都面临这样一个事实，他对中国的影响力远
远低于他的期望。……老布什时期的国家安全顾问思考克罗夫特说：
"尼克松之后的很多总统上台时对中国的看法是负面的，而最终他们还
是得支持尼克松总统制定的政策方向，即与中国进行接触。"① 到了小
布什阶段，其与中国大量接触所得到的经验，使之自认为可以摆脱后冷
战时期一直以来对华政策的困境：我们的作用不是运用我们的力量让中
国达到国际标准——我们行为的标准，而是向中国人解释什么是符合他
们利益的，然后让逻辑做余下的工作。② 但是，与其说是让逻辑做余下
的工作，还不如说是美国因为无法主导中国的进程而不得不放弃这一雄
心，中国太复杂了，它在不同阶段和不同议题上的不同表现和潜在动向
总是能够引发美日对华的深刻思索与迥异应对，并像谜一样吸引着国际
社会的关注。③

（二）作为黏合剂的中国

维护亚洲的和平、稳定与繁荣，这是中美日三个国家都宣称要追求
的一个目标。但是三国之间存在这样那样的矛盾，有时甚至出现直接冲
突的风险。而目前为止制约三国冲突最明确的因素，就是中国的国际经
贸联系。凭借自己经济发展的速度和巨大的国内市场，中国帮助带动了
美日走出经济萧条和金融危机的步伐，并因为这一共同利益的存在而促
使三国客观上不得不保持一种相对可以接受的正常关系。由于中国与美
国和日本的经贸联系已经成为双边关系中最重要的稳定因素，西方不断
有这种关系已经成为"相互确保摧毁的经济版"的说法。中国改革开
放论坛理事长郑必坚也承认，中国和美国已经结成了一种事实上的利益
共同体，尽管这个利益共同体是不对称的。④ 对于这一点，美国和日本

---

① David E. Sanger, "An Old Presidential Predicament: China Proves Tough to Influence," *The New York Times*, April 21, 2006.

② Thomas Donnelly, Colin Monaghan, "The Bush Doctrine and the Long War," | *AEI Online*, March 06, 2007.

③ 在2011年7月笔者与美国2049智库一位学者的交流中，她表示周末两天结束休息返回工作岗位之后，总是会发现在过去的两天中，中国又发生了那么多有趣的事情，使其不得不保持密切关注。

④ 郑必坚：《中美构建利益共同体的条件更充分了》，中国新闻网，2011年1月19日。

都不怀疑，而且也对中国发挥的积极作用予以大张旗鼓地赞赏和鼓励，以至于连与中国强硬对抗的小泉纯一郎，也一再表示中国崛起是一个机遇而不是威胁。麻省理工学院的史坦菲认为，中国在世界舞台上扮演的是最佳配角，作为一个低成本的大规模商品供应商，中国为"主角"发达国家们创造了大量机会专注于知识的创新和再造，而这比一般商品更难以复制。从经济角度来讲，中国是美国等国经济增长的助力器。……而且，"教科书的观点是，中国进行内部整顿后融入全球经济。而在现实中，中国则是先融入了全球经济，随后才进行内部整顿。最终达成的这种秩序既是全球商业世界的选择，也是中国自己的选择"。① 选择的核心是史坦菲所说的"制度外包"，即中国向其他国家移交权力，由它们设计其国内市场的运作规则。② 通过这种模式，中国以和平与合作的方式融入了国际经济体系，接受了以美日等发达国家为主导所建立的经济制度，更为美日等发达国家借助于中国的经济增长走出经济困境、促进自我发展提供了机遇。中国在经济领域的"黏合"作用，在三对双边关系上都有表现：中美经贸关系对中美关系的重要性自然不言而喻，中日经贸关系也成为中日关系的"压舱石"，更有意义的是，由于中国对美经贸地位的上升，美日之间原本存在的严重经贸摩擦也因为中国取代日本成为美国最大的顺差国而变得不再那么显著，中国间接帮助美日化解了经贸争端，并促进了其国家关系的改善，中国经贸的发展使中美日三个国家都被牵扯进来，三个国家都从中获益，从而将三国都积极地黏合在一起，中国的对外经贸活动无意中将三国在政治安全领域存在的不和谐所可能导致的冲突风险降到最低，为三边关系的总体稳定发挥着黏合剂的作用。此外，甚至在安全领域中国也曾发挥过类似作用，通过积极组织主办六方会谈，中国也使三国聚在一起，共同应对外部危机。

（三）作为方向舵的中国

美国和日本的大量官方表态和文件中，都将中国的未来视为最大的不确定因素。这并非单纯是其宣传，而是其对华的真实认识。2005 年

---

① 石亭：《西方为什么不必惧怕中国》，《南华早报》2010 年 8 月 11 日。

② 同上。

美国国内掀起的中国问题辩论涉及方方面面，最终的结论就是两条：一是中国崛起已经是既成事实，二是中国发展前景不定。有人相信中国是在和平崛起，但对于崛起之后中国是否还能保持和平，他们则没有信心。英国学者巴瑞·布赞认为，"和平崛起"理论中的主要薄弱部分（或者说缺失的成分）是崛起之后会发生什么……目前这种市场经济和社会主义国家的结合是一个巨大的矛盾，这种意识形态上的混沌给中国将去何方提供了不确定性。……除了有关提倡一个更加"多极"世界的含糊想法之外，中国在地区和全球层面上愿意看到一种什么样的国际社会，并成为其中的一个主要部分，这似乎并不明确。[①] 不明确是一个中性词，意味着可能往好的方向转变，也可能转向不好的方面。当然好与不好各国自有其判断标准，这不重要，重要的是，站在美国和日本的角度上来看，它们都需要为了中国"好"与"不好"的不同前景而作好两手准备。

在官方表态中，中国自己一直希望成为一个建设性的合作者，也在不断积极努力以便让国际社会认可并接受自己的这种形象。但是客观地说，中国的这些努力尚未成功改变美日对自己的看法。在美国和日本看来，中国遵守国际规则的积极性和可靠性、军力发展的透明度，以及在人权方面的表现等等，都是其怀疑和不满的对象。2007 年 1 月 11 日，中国用一枚陆基导弹摧毁了风云 1C 气象卫星，在太空中留下了大量残骸，美国国防信息中心的负责人表示："这个事件充分证明中国试验不负责任的性质。"[②] 美国 2010 年的《四年防务报告》指出，中国仅仅公开了有限信息，关于其军事现代化的步伐、范围以及最终目标，引发了许多关于其长期目标的合理的疑问。[③] 在中国南海问题上，美日认为中国划定的九段线违反了国际海洋法的规定；在朝鲜与伊朗核问题的解决上，认为中国没有充分尽到自己的职责；在知识产权问题上也认为缺乏

---

①　［英］巴瑞·布赞：《中国崛起过程中的中日关系与中美关系》，《世界经济与政治》2006 年第 7 期。

②　Quoted in Joan Johnson-Frees, "Heavenly Ambitions: America's Quest to Dominate Space," Philadelphia, PA: *University of Pennsylvania Press*, p. 10.

③　United States Government, Department of Defense, Quadrennial Defense Review, February 2010, p. 31.

与国际社会有效的配合；在人权问题上，他们认为中国不仅没有进步，甚至还在倒退。① 甚至连提出"利益攸关方"概念并被中国广泛接受的佐利克本人，也毫不讳言地表示，中国崛起是美国所面临的"最主要的挑战"，美国为此必须作好两手准备，甚至进行必要的遏制。②

但是中国的发展又存在与历史上的崛起国家截然不同的另一面，那些宣称现在的中国就像二战前的纳粹德国的言论未能提供真正有说服力的依据，中国努力融入现有国际秩序，在经贸领域成为全球增长的发动机，国防建设也没有以挑战现有霸主为导向，国内的民族主义势力也并未占据主导地位，尤其是中国政府从未表现出将征服他国和大规模夺取与自己毫无关系的领土资源视为基本国策的言行，将这样一个中国比拟为纳粹德国显然很牵强。中国管理中美危机的出发点是最大限度维护自己的权益，又尽最大努力防止冲突升级，因为中美关系的不稳定会带来中国社会和经济的不稳定。③ 中国外交战略进行重大调整后，已明确将"反对霸权主义"排除在三大历史任务之外，而以"促进共同发展"取代之，④ 其内在含义不言而喻。中美各自出于利益考虑而对双边关系作出了"重要"的战略定位，由于中国对美国的不满仅局限于政府层面，在民族主体意识上并不排斥对方甚至为其所吸引，使得理性定位在正面观念的长期熏陶下不断变得感性，并逐步超脱了具体利益的纠葛，在很多时候已经被"目的化"，"中美友好"从满足利益的手段转变为目标，从理念转变为信念，久而久之，维护中美关系成为中国政府决策中必须遵循的核心原则，于是，"结果导向型"模式使得中国对于可能破坏双边关系事态的处理都非常慎重，努力避免主动与美国冲突。在对日关系的处理上，中国的重视程度明显不如对美，但这并不是说中国对此不负责任。虽然中日关系近年来大起大落冲突不断，但中国一直比较理性自律，并未比日方更为咄咄逼人，而且从政府角度来看往往都是趋于限制冲突规模，包括在最敏感的钓鱼岛问题上，在中日撞船事件前后，中国

---

① 《美助理国务卿：中国人权"严重倒退"》，《联合早报》2011 年 4 月 29 日。
② 《主要挑战是如何对付中国的崛起》，《海峡时报》2007 年 2 月 10 日。
③ 王缉思、徐辉：《中美危机行为比较分析》，《美国研究》2005 年第 2 期。
④ 梁守德：《中国的国际观和外交战略新思维》，《世界经济与政治论坛》2004 年第 3 期。

都是从自我约束着手，努力避免民间人士的活动为中日关系增添更多的不确定性。客观来看，日本对华政策也没有中国的对日政策来得稳定。所以认为中国必然会挑战现状，也同样缺乏充足的依据。

近年来，国内外对中国的关注，更多转向其内部演变对外部行为的影响上来。在一次有三国学者参加的三边会议中，有人提出牢记这样一个压倒一切的事实非常重要：中国可以既虚弱又强大。一个拥有13亿人口，中产阶级占到2.5亿—3亿人口的国家，在具有强大竞争力、充当全球经济引擎的同时，也拥有10亿不那么幸运的国民，他们构成了巨大的发展和人道主义挑战。① 也就是说，他们相信中国可能成为全球稳定繁荣的发动机，也可能成为国际社会不稳定的一个助推手。美国学者卜大年认为，中国是一个由弱点与实力、傲慢与担忧组成的易燃混合物;② 美国学者谢淑丽则在其同名书中，给中国下了一个"脆弱的超级大国"的定义；日本还有人宣称，我们的邻国就像一个巨大的怪物，在那里莫名其妙地瞎折腾。他们普遍认为，中国是一个矛盾的混合体，发展中的优势和劣势都同样明显，因而对于国际社会的长远影响也难以把握。2000年的美国《中国军力报告》就宣称，中国的实际军费预算和具体组成仍不为人知，随着军力的增长，中国领导人将作出怎样的选择仍是一个疑问。③ 约瑟夫·奈表示："专家间的不一致性说明我们应简单地判定中国有50%的可能向外侵略，50%的可能成为一个负责任的区域大国。"④ 由此可见，包括美日在内的西方国家始终对中国的发展前景难以确认，甚至中国内部也有越来越多的学者对此表示担心，一些研讨国际关系的会议，也往往会演变为对中国内政的争论。⑤ 虽然美日等国也在不断变化，但其方向是总体稳定以及相对可预测的，中国则不同；但这样一个"前景不定"的中国却在不断壮大，国际公认其在经济规模上赶超美国只是时间问题。这两个因素结合在一起，使得中国

---

① David M. Lampton, "Paradigm Lost," *The National Interest*, September 1, 2005.

② Dan Blumenthal, "Is the West Turning on China?" *Foreign Policy*, March 18, 2010.

③ 详见美国国防部网站：http://www.defenselink.mil/news/Jun2000/china06222000.htm。

④ Joseph S. Nye, "The Case for Deep Engagement," *Foreign Affairs*, July/August 1995.

⑤ 这一信息来自于笔者与中国人民大学国际关系学院一位著名学者的交流。

无形中成为三边关系演变的方向舵，未来的三边关系在很大程度上取决于中国作出何种选择。

### 三　日本：搅拌器与风向标

由于始终以亚洲唯一的发达国家自居，历史上日本始终自认为是中西方之间联系的桥梁。而在中美日三国建立联系以后，日本也一直乐于把自己视为中美之间的桥梁，并确实发挥过重要作用。但是，由于在更深层面上的战略思考仍充满矛盾，日本一直还在自己究竟是亚洲国家还是西方国家的判断上徘徊不定，导致在不同阶段其自身定位也不断摇摆，时而以亚洲领袖自居，时而以西方代表为荣，因而其表现更像一个钟摆，在中美之间摇摆不定。但是近年来，随着美国、中国以及日本自身的变化，日本的定位逐步稳定，体现出要成为美国在亚洲"接触与遏制"中国的桥头堡的心态。日本在三边关系中的作用，也因此而主要体现为搅拌器和风向标。

#### （一）作为搅拌器的日本

这里所谓的搅拌器，是指作为系统中的一员，时而顺时针、时而逆时针的运动，从而带动了整个系统也不断进行调整。进入新世纪以来，日本大体经历了一个亲美抗华、疏美近华、中美对等、近美遏华的过程。这些行为都是日本自身主动的选择，由此也导致三边关系的结构不断出现变化。与中国发挥的驱动器作用不同的是，中国的变化方向是稳定的，目前为止没有出现大的反复。而日本发挥的作用则表现在，它经常会作出一些史无前例、出人意料的事情，如小泉为了保持与布什的友谊就打破惯例出兵中东、却因为历史认识问题而坚持多年对华强硬，安倍就职后的首访定在中国而非美国，民主党政府不断作出让美国难堪的事情，鸠山寻求对等外交，以及安倍再任后为了坚持对华强硬而宁愿承担经济受损的代价等等。日本的这些举动并无一致方向，时而亲美，时而近中，就像一个不时在正转反转的搅拌器，带动着三边关系的架构在稳定婚姻、浪漫婚姻、甚至三人共处模式中变来变去。

日本在三边关系中发挥这种作用，与其自身在国际定位问题上的犹豫不决密切相关。历史上日本一直在"脱美入亚"和"脱亚入美"之间徘徊，还有所谓"脱美返亚"、"离美归亚"之说，日本学者寺岛实郎还提出与美平等关系并非反美和厌美，关键词是"亲美入亚"。中国学者廉德瑰认为，日本外交的这种调整主要体现在小泉以后，从安倍内阁到鸠山内阁分别表现出的疏美防华、亲美返亚和脱美入亚三个阶段的转变上，呈现了一种近似钟摆的现象。① 究竟应该在欧美和亚洲之间扮演什么角色，这对日本来说实在是一个大难题，多少年以来也没有定论，或者说也不可能出现定论，因为不同阶段的国际格局和利益需求不同，导致缺少原则而极端务实的日本的自我定位也不断变化，因此，日本常常看似摇摆不定。

1. 在近美与离美间徘徊。冷战结束以后，日本就开始重新思考自己的处境。日美同盟是日本的第一选择，这没有错，但一个正在增长的问题是，这是否是唯一的选择。② 日美同盟的核心目标之一是应对中国的崛起，但由于美日的判断有所不同，所以日本比美国表现出了更大的积极性：日本对于美国在涉及到中国的危机中的表现显得很担心，一些日本人担心华盛顿可能会对中国过于软弱，更重视与中国的双边贸易关系或者中国在全球安全议题上在联合国对美国的支持，从而牺牲对日本的关注。一名日本军官曾表示："日本不能承担一个敌意的中国，但是华盛顿可以忍受一会。"另一人说："华盛顿没有对中国的看法，我们必须为此作好准备。"③ 对美日同盟长期的持久性和国家利益的一致性应寄予多少信任，在日本的"能力主导"派中有分歧，而美国人一般不公开谈论这个问题。④ 但可悲的是，所有这些讨论只能在私下或内部场合来进行，在官方场合，人们已经习惯了"日本外交则只在美国不作反应的领域里才会有所作为"。⑤ 由此就导致尽管日本的政治制度、经济制度和美国的不尽相同，但日本常常把国家利益和意识形态因素合

① 廉德瑰：《日本外交的钟摆现象》，《日本问题研究》2011 年第 1 期。

② Patrick M. Cronin and Michael J. Green, "Redefining The U. S. -Japan Alliance," *Institute For National Strategic Studies*, November 1994, p. 4.

③ James L. Schoff, "Transformation of the U. S. -Japan Alliance", *The Fletcher forum of world affairs*, vol. 31：1 winter 2007, p. 96.

④ James L. Schoff, "Transformation of the U. S. -Japan Alliance", p. 95.

⑤ Warren S. Hunsberger, "Japan's Quest-The Search for International Role, Recognition, and respect," *M. E. Sharpe, Inc.* 1997, p. 11.

二为一，在那些不直接影响本国利益的国际事务中，通常采取以美国的是非为是非的方针，以所谓"国际社会"、"共同价值"的名目对美国的外交举措和军事行动大都采取推崇、追随或默认的态度。这种做法以不与日本的根本利益直接发生严重冲突为限度。① 因此，日本时常会在这种既担心美国又依靠美国的矛盾中不知所措。

日本学者岸田秀曾对此进行过深刻反思，他以日本近年来出现的所谓"食草男"现象作为引子进行了挖掘：日本出现以"无生机、无感动、无关心"为特征的食草男，第一个原因恐怕是日美战争的失败。日本自古就是一个崇洋媚外、卑躬屈膝的外在自我与厌恶外国、狂妄自大的内在自我这种精神分裂状态的混合体。随后的富国强兵虽然帮助日本赢得了日清战争和日俄战争，但因原子弹的落下而宣告惨败对日本人心灵的打击是难以形容的，但日本人并未丧失报仇雪恨的信念……日本人赚钱的目的似乎不是为了将来的幸福生活，而是为了从经济上战胜美国……20世纪90年代初日本的泡沫经济破裂，可以说是二战后日本的第二次战败。对美国在军事上的失败之后，在经济上又失败了，两次败北似乎让日本人丧失了恢复荣誉的信心。虽然内在自我作为人格的组成部分是不会消失的，但日本人却似乎放弃了表明和实践内在自我的意愿，或者说将其深深压抑下去了，除了偶尔有小小的爆发以外，它已不见踪影……从明治初年到在日美战争中的败北，日本饱尝了美国给予自己的屈辱。为了逃避摆脱这种屈辱感，日本表现出了进一步的萎缩，在现实的国际关系中找不到自己的定位，在对美关系方面更是只能一味地屈从，战后形成了日本无论在军事上还是经济上都不得不依赖美国的局面。然而事件已经过去几十年了，外部环境已经发生巨大变化，本来应该改变这种严重对美依赖的局面，但日本却并未改变，而是固守以往的观念。这种过分依赖美国的心理定式，可以说成了强迫性的神经病态。②

2. 在成为桥梁还是桥头堡的困惑中迷茫。与此同时，由于地域和

---

① 金熙德：《日美同盟的再定义及其未来趋势》，《世界经济与政治》2000年第7期。

② ［日］岸田秀：《另一种日本危机——对量产食草男时代的精神分析》，［日］《政论》2010年3月。

文化上的距离更近，以及可以提供的资源、市场和心理满足感，亚洲对日本又充满诱惑。日本曾经长期是亚洲地区第一经济强国，按照自己的雁行模式主导着亚洲的经济增长，并在亚洲的多边组织中发挥着重要作用。即使单纯从外貌上看日本人也完全属于亚洲。日本曾有非常宏大的亚洲建设计划，在试图通过战争成为亚洲"解放者"的尝试失败以后，转而通过阶梯性经济分工转移的方式来实现并维持着日本对亚洲的主导，并经由亚洲四小龙的成功长期保持了这种地位，直到其地位被中国取代。

在美国和亚洲之间发挥桥梁作用，是日本长期的期待。日本前副外相田中均就鼓吹日本作为更加强健的地区机制的一部分，发挥积极桥梁的作用而把中美联系到一起。鸠山首相在任时，其主要政策助手寺岛实郎也建议日本应该成为中美之间的桥梁。2011 年 12 月 14 日，日本外相玄叶光一郎在日本记者俱乐部演讲时表示，日本通过充当美中两国的桥梁，可以发挥主导作用。而有美国学者认为，在解决全球气候变化合约中的棘手问题上，日本已经成为中国和西方国家间的中间人。[①] 进入新世纪以来，日本确实也曾发挥过桥梁的作用，这并非在政治和安全领域，而是体现在经贸领域，以及包括气候变化在内的非传统安全领域。当中美因为贸易赤字问题、人民币汇率问题、知识产权问题、减排指标等而爆发了越来越明显的冲突之后，同样作为西方发达国家的日本，却并未像在政治与安全领域那样追随美国，而是选择了一条相对独立的道路。日中之间基本上从未爆发贸易战，美中之间的热点经贸议题也从未在日中之间重现，甚至日本还主动承担起一种调解美中摩擦的职责。当日本财政大臣在北京会见温家宝时，没有像美国一样要求人民币升值，但表达了对中国志愿改革现有货币系统的希望："我们没有告诉中国应该做什么，而是期待中国能够作出可以被感知的调整。"一名日本大藏省官员说："不像美国和欧洲，因为中日贸易基本平衡，日本没有看到重新调整人民币汇率的迫切性。"但作为西方七国集团的成员，日本加入了美国与欧洲要求中国让人民币汇率更为灵活的呼吁，这位官员说：

---

① John D. McKinnon, "Obama Praises Japanese Partnership," *Wall Street Journal*, Feb. 24, 2009.

"日本实际已经成为中美之间的调和者，但它需要一个精致的平衡的行动来满足三国的利益。"① 日本这样做当然是出于自身利益考虑，但在客观上也确实降低了中国感受到的西方压力。

但是，中美之间的现实状态对日本的桥梁作用并没有多少真正的需求。首先，中美之间从"六四"风波以后，就没有再出现需要日本从中沟通才能交往的事情，中美之间虽然波折不断，但双方逐渐学会了保持理性交流的通道，不再需要其他国家在中间牵线搭桥，而且越到近年双边沟通的渠道就越多样，第三国的作用已经消失殆尽。前外务次官小和田恒解释说，美国政府在军事和人权方面依然对中国心存警戒，试图发展一种特殊的双边关系，日本在充当桥梁之前，首先应该意识到美中关系已经深化的事实。② 其次，日本在"六四"之后希望充当桥梁归根结底是因为这样做符合日本的利益需求。但此后当中美冲突的时候，日本往往也认为中国的举动侵犯了其自身的利益，于是常跟美国站在一起，所以只要选边，就不存在所谓桥梁了。再次，在日本眼里，中国和美国的地位显然是不对等的，美国是日本的盟国，又是在一定程度上主导着日本外交方向的国家，石原慎太郎曾对此大为不满："对于正在衰退的美国，大部分日本人不是大呼快哉，反而是感到极为不安。或许就是战后一以贯之的对美国在经济和军事上的依赖让我们在感情层面上被洗脑，完全不会自己思考了。"③ 历史上日本曾经充当过桥梁的根本原因，在于美国有这个需求；而中国在日本眼里是令人依赖又让人担心的邻国，甚至还有点令人轻视，日本人的一种态度"是美国而不是中国打败了我们"。④ 日本政治人物普遍认为中国缺乏"价值高度"或"道义说服力"来让日本有意愿接受中国在历史和其他问题上的要求。⑤ 这

① "Japan needs balancing act in U. S. -China currency dispute," *Japan Today*, Apr 05, 2010.

② ［日］田久保忠卫:《厌恶军事关系的对等同盟》,［日］《产经新闻》2009 年 11 月 16 日。

③ ［日］石原慎太郎:《日美安保可以废弃》,［日］《文艺春秋》2009 年 8 月。

④ "Sino-Japan Rivalry: A CNA, IDA, NDU/INSS, and Pacific Forum CSIS Project Report," *Issues and Insights*, March 2007, p. 16.

⑤ Robert Sutter, "China and Japan: Trouble Ahead?" *The Washington Quarterly*, Vo. l25, No. 4, 2002, pp. 37 - 49.

种区别对待的心态落差不太可能赋予日本一个充当桥梁所必须的心理条件；而且换一个角度来看，当前的中国和美国都是世界级的大国，它们也未必需要和期待日本这样一个国家插在中间，来充当所谓的桥梁。现实中日本在中美之间发挥的作用不断在下降，所以"桥梁"一说似乎有些自说自话的感觉，实际上也没有得到美国和中国的认可。它只是日本试图在一直强大的美国和曾经弱小的中国之间充当中间人的一种期待，这样它可以从两边都找到自己的价值。但是，现实世界中留给它的条件和机遇却越来越少，而促使其择一而定，成为一侧桥墩上的桥头堡的压力却越来越大。

中国的崛起彻底改变了亚洲的版图，这是日本未曾料到的。在中国崛起阶段出于眼前经济利益考虑曾积极来华投资办厂的日本，很快就发现落后的投资对象迅速演变为自己的竞争对手，并无可奈何地看着中国于 2010 年在标志性的经济总量上赶超日本。这一冲击同样是巨大的，其意义不亚于日本在美国面前的第二次失败，而且更令已经惯于主导亚洲的日本无所适从。日本在亚洲再次遇到两难处境：一方面经贸发展与中国的联系客观上已密不可分；另一方面，主观上对中国长期的不屑和不服情绪又会时不时跳出来，挑动日本与曾经的"手下败将"再次一决雌雄的冲动。进入新世纪以来，日本的国家战略也在发生深刻变化。虽然经济增长停滞多年，但日本社会稳定，国际经济地位基本未变，诸多科技指标也依然名列前茅，而其面临的主要威胁已经发生改变。尤其是经济停滞催生的民族主义情绪持续上升以后，日本右翼政客的言论越来越有市场，他们认为日本面临的主要威胁已非经济衰退，而是周边安全环境的愈发严峻。其中，所谓中国军力发展的不透明，以及日中因为领土争端而引发的冲突不断激化，中国已经被日本视为头号安全威胁。尽管日中经贸相互依存的现状并未改变，但是一方面随着中国政府对外企优惠政策的逐步取消以及国内人力报酬水平的提高，日本在华企业收益出现下滑趋势；同时政治因素对经济合作的影响愈发显著，所谓"中国风险"已经成为日本投资者不得不考虑的一个额外因素，因而原来维系日中关系的主要积极因素的影响不断下降。另一方面，日本对中国取代其亚洲领导地位的怀疑已成现实，而日围绕着钓鱼岛冲突的不断激化，导致日本对于中国崛起之后的外交走向产生了更有感触的自我认识。在日本眼里，中国作为一个机会的定位已经被越来越强的潜在威胁的印象所冲淡，这一点不仅表现在日本政界，即使是一直对日中关系保持相对稳定乐观的日本民意，也逐步坚定了与中国难以友好相处的认识，需要对华保持强硬几乎已经成为日本社会的基本共识。从另一个角度来说，由于美国与中国的接触越来越频繁，日本不仅早已丧失桥梁的地位和作用，而且在中美合作愈发密切，包括诸如 G2，ChinAmerica 等在内的新概念的不断冲击下，日本对于自身在三边关系中的处境越来越担心，对于同时被中美抛弃的前景越来越恐惧，随着实力对比的差距不断在拉开，日本已经放弃了成为桥梁的奢望，转而追求至少拉住一方从而不至于彻底被孤立。

在这一背景下，恰逢美国也开始提高对中国的重视程度，其重返亚太的战略同样也着眼于增大对中国的战略压力，敏感的日本立即从中捕捉到了机会。当前的日美关系中存在很多矛盾，从日本消极对待美国要求其外向的呼吁，到始终不愿提升军费开支比重的表现；从久拖不决的基地问题，到日本对待跨太平洋战略经济伙伴关系协定的勉强态度。但由于相信日中矛盾已经成为日本面临的主要外部挑战，从菅直人当政以后，三届日本政府都在逐步调整战略，试图利用强化日美合作来提升日本对华的战略压力，其典型的做法，就是全面放弃成为中美联系桥梁的战略定位，转而成为美国应对中国的桥头堡，紧跟美国之后有时甚至冲在美国的前面，在可能的范围内全面满足配合美国的对日要求，以便将美国转变为日本应对中国的后盾，并在三边关系中取得一个可以接受的更好位置。实际上成为美国在亚洲桥头堡的思路并不新鲜，在日本外交中历来都有这种功利的考虑，只是原本比较隐晦也时有反复，而在日本重新确立了中美在其外交战略中的定位之后，成为桥头堡的意识就变得更为明确也更为稳固。但是，这并不意味着日本准备正式与中国决裂，因其非常清楚在全球化背景下从国际分工中更容易获益，而日中经贸联系不是说断就能断的，安倍一再强调日中贸易不应受到领土问题争端的影响，一再表态希望与中国领导人举行直接会谈，就是要继续对华两面下注的战略，同时从成为美国对华的"桥头堡"和中国的贸易伙伴这双重角色中获益。因此，日本不会停止其摇摆状态。

美国学者萨缪斯认为，日本可能最终强化其始于德川时代终结之后的第四个主要的外交政策共识，其中第一个是明治时代的富国强兵，第二个是新秩序和大东亚共荣圈，第三个是吉田主义的廉价搭便车，现在则是第四个——在美中之间保持两面下注，以努力维持自治和声望。① 而日本学者添谷芳秀认为，日本只是"中等大国"（Middle Power），因为日本没有强大的军队和安理会常任理事国席位，没有战略打击能力，尽管经济强大，但缺乏全球政治影响力。② 曾担任外务次官的小和田恒说，日本是一个具有残疾特征的国家，有的事情可以做，有的事情不能做，因此拒绝参加特定行动，在其他领域加以弥补。③ 就是这样一个"中等的残疾"国家，在面对美国和面对中国时同时存在的矛盾心态相互交织，始终也找不准自己的位置，像一只非线性的钟摆在中美之间荡来晃去，在失望与希望中挣扎，依靠时而紧贴美国时而接近中国来谋求分别从两边获利。由于新世纪以来中美的国际目标和相互定位相对稳定，日本在中美之间不断的位置调整就在很大程度上塑造着三边关系在不同模式之间的转换，当日本极力接近美国而挑战中国时，三边关系就成为以美国为主导的浪漫婚姻式；当日本与美国发生严重冲突的同时也改善对华关系时，三边关系又成为近似的三人共处式，甚至一度出现向以中国为轴心的浪漫婚姻式转变的倾向；当日本选择配合美国对华施压的举措时，三边架构又出现以美日为核心的稳定婚姻模式的征象。日本就像一个三边关系中的搅拌机，搅动着三边关系波折不断。与中国方向明确的驱动器的作用不同，日本搅拌的方向不断出现大幅改变；同时，日本的搅拌作用只是在三边关系框架内引发三国之间关系模式的部分和短时改变，不像中国的影响更具有战略性，可能对三边关系的框架及其未来走向施加影响；另外，日本的举动更多处于美国的控制或至少是默许之下，其发挥作用远远不如中国那么独立和少受限制。

---

① Richard J. Samuels, "Securing Japan: Tokyo's Grand Strategy and the Future of East Asia", Ithaca, NY: *Cornell University*, 2007, pp. 207 – 208.

② Yoshihide Soeya, "Japanese middle-power diplomacy," *East Asia Forum*, November 22nd, 2012.

③ ［日］田久保忠卫:《厌恶军事关系的对等同盟》,［日］《产经新闻》2009 年 11 月 16 日。

### （二）作为风向标的日本

从客观上看，美国相对稳定、中国迅速上升、日本缓慢衰退是当前三国力量对比最显著的特征。从主观上说，中美都有自己相对独立的发展目标和行为方式，更多是根据自身需求而非外界态势来决定自己的外交；而"跟着强者"一直是日本外交的核心特征，导致日本的外交活动表现出如下特征：一是日本缺乏长远的战略规划，由于重点关注眼前利益，导致其惯于依从强者或"势"而自身稳定性不足，政策相对比较善变；二是日本极其关注外部世界的格局和力量对比变化，细节问题上极为敏感，总是试图从中美两国交往的蛛丝马迹中寻找分析可能影响到自身处境的直接表现和潜在冲击，比其他国家更多依据外界局势和力量对比来决定自身的外交选择；三是由于在面对美国以及逐步崛起的中国时愈发缺乏自信，日本在塑造三边关系方面反倒表现出比中美更大的积极性和主动性，试图以姿态的显赫来弥补能力的不足，故而在三国中综合实力最弱的日本行事的风格却最积极。这些因素决定了日本对于三边关系的变化最敏感，因此通过观察日本的动向即可大致了解三边关系的基本形态。

从现实中看，日本外交出现较大调整的阶段，一般都与三边关系的变化相同步。布什政府发动反恐战争后，在以反恐为基本主题的时代，日本外交的变化比美国还要显著，而三边关系也因为反恐这一外在压力的推动而转变成三人共处时。随后历史问题争端成为三边互动中的主要议题，小泉的持续强硬导致中美日三国都被不同程度地卷入其中，三边关系模式转为以美国为轴心的浪漫婚姻型。安倍上台后的首要外交举措是在美国的首肯下与中韩改善关系，三边模式又出现转向三人共处的趋势；而随着民主党的胜利日本内政外交都发生地震，以近华离美为特征的鸠山外交的出台使得三边关系模式出现向历史上少有的以中国为轴心的浪漫婚姻型转换的动向；可是好景不长，菅直人政府在钓鱼岛问题上打破中日之间的默契并持续保持强硬，其继任者以异常积极的姿态参与美国的再平衡计划，再次展示出反映时代主题的能力，并把三边关系重新推回到以美国为轴心的稳定婚姻模式。在这一系列变化中，日本并没有能力发挥主导作用，但它非常善于将达成自身利益和顺应局势相结合，在中美保持基本稳定的格局中通过自身引人注目的变化和调整，带动着三边关系不断演化。只要观察日本的表现，就比较容易了解到这一阶段三边关系中的主要议题，影响三边关系的主要因素，以及三边关系基本架构的演变趋势，日本在一定程度上已经成为可以大致反映三边关系动态的一个风向标。

这里所谓的风向标作用只是一种指示机能，归根结底还要随着风向而转动。多种因素决定了日本作用的有限性。首先，日本与美中硬实力的差距决定了其无法在三边关系中发挥主导作用。其次，日本尚不属于一个正常国家，美国对日本的控制导致其无法完全独立决定自己的对外方针，而且多年来的控制导致日本已经在很大程度上丧失了独立思考的意识。再次，日本外交缺乏原则性而只注重实用性，见风使舵是日本的特长，如果外部局势不明朗，日本就会端坐不动；一旦外部局势明朗，日本转化的速度还是很惊人的，日本没有价值观只有利益观，而这样的机会主义国家无法主导历史。最后，日本历来强调经济利益至上，二战以后日本的发展重点是技术与经济能力至上，所以日本战略家们愿意让美国军队踏上日本领土，却把美国银行家和制造商拒之于千里之外。[①]这与关注全方位利益并愿意且有能力进行内部统筹和妥协的美国和中国不同，因此日本的外交底线无论在结构上还是在程度上与美中都有很大差别，而选择能力的低下必然会导致影响能力的衰弱。这些因素决定了日本即使在主观上影响三边关系的意识不断加强，在客观上也缺乏足够的能力与思想准备，因此日本充其量只是三边关系变化中的一个风向标，既无法像美国那样发挥主导作用，也不能像中国那样对三边关系的未来走向施加明显的影响。

## 第三节 三国关系的整体架构

上文已经述及，中美日三个国家在三边关系中分别扮演了不同角色，其中美国主要是发挥着主导者和调控者的作用，它会根据自己直接

---

① Eric Heginbotham and Richard J. Samuels, "Mercantile Realism and Japanese Foreign Policy," *International Security*, p. 171.

和间接利益的需求来控制三边关系的总体架构保持着有利于己的基本稳定。由于中美日并非传统意义上的敌对国家，目前为止其共同利益比分歧更重要的现实帮助维护了相互关系的基本稳定，所以美国东亚政策的核心原则也能大体上满足中国和日本的利益需求，其既有和目前新出现的冲突尚不至于导致三边架构的崩溃。而中国的作用则是不断为三边关系注入新的活力，中国同样希望维持三边关系的基本稳定，但是中国的发展变化是三国之中最显著的，随着中国实力的提升，必然会给三边关系不断带来冲击，而其诱发的变化动向也异常复杂；不过，一方面因为中国的带动作用主要是客观上的，而其在主观上没有多少干预三边关系架构的主动性意识，因而没有使局势变得更为复杂；另一方面，目前为止美国和日本从中国崛起当中获取的直接收益明显大于潜在损失，所以它们出于对华防范所作出的安排更多是为应对不确定未来的一种预防性措施，并非着眼于当前，所以中国至今在三边关系中的作用基本是正面的，尤其在经贸领域发挥的作用显著促进了三边关系的稳定。日本是三国中最脆弱、最敏感、最功利的国家，它没有原则只有利益，跟从强者见风使舵是其外交的一贯特色，在与美国和中国的共处中，日本一直习惯于从美国获取安全利益、从中国获取经济利益的行为方式，同时也一直试图利用中美的冲突来追求更大的自主性与独立性。日本一直充当着三边关系中一个主动变量的角色，左右摇摆，给三边关系增添了更大的不确定性，直到与中国的安全冲突已经不足以继续支撑其从对华交往中可以获取经济收益的信心，日本才相对稳定下来，在美国身边找到了自己的位置，但依然在尝试以接近美国为手段来获取远离美国的目的。日本虽然是最易变的一个因素，但其变化的幅度却比较有限，既不可能选择彻底摆脱美国，也没有勇气与中国全面决裂。所以日本因素虽然在主观上最易变，客观上对三边关系的影响能力却最小，只有随动而非主动的基本表现。

　　在这种前提下观察三边关系的基本架构，就比较容易找出一些规律性的内涵了。在三边关系中，安全与经贸关系的重要性很难去排序，但一般来说，安全关系决定着国家的生死命脉，经贸则是排在第二位的利益关注，只有当双方不存在严重的安全对抗时，经贸关系才有可能健康发展。所以平时人们研究三边关系，也往往是默认的安全关系，经贸关系一般不被考虑在内。但现实中经贸合作在一定程度上对安全对抗产生着制衡作用，并在塑造三边关系的过程中发挥着一种虽不显著但却深刻的作用。另外，社会因素在三边关系中发挥着更为基础性的作用，而政治因素则是以上多种因素的综合，但后两者很难像前两者那样去具体衡量。鉴于这种状态，笔者在此试图进行一种新的尝试：同时选取安全与经贸关系作为考量指标，将相对更为重要的安全关系用决定三角整体架构的三条边的长短来代表，将相对次要的经贸关系用三条边的粗细来代表。由于安全关系的恶化会导致边长拉长，从而引发导致经贸关系出现变细的趋势，即从所谓"政冷经热"转变为"政冷经冷"；但由于三国经贸之间相互依赖关系的存在，一旦任何两国之间的政治压力变大，经贸关系往往就开始自然发挥相反的作用，抵抗将双方拉得更远的那种力量，由三条边粗细所代表的三对经贸关系都具有一定的韧性，被拉细之后就会迅速产生一种恢复原状的自然力量。有鉴于此，这里提出一个假定，即这三条边都由可少量伸缩且一般不会拉断的橡胶制成，原始状态下的边越粗，则越不容易被拉长；而如果一条边被拉长，那么这条边就出现变细的趋势，同时促使其收缩的弹力也会相应增大。在这样一种架构中，边越短意味着安全关系越紧密，边越粗意味着经贸关系越密切，如果边被拉长，意味着安全关系领域对抗的成分增多，这必然会对经贸关系造成冲击，导致边变得细一些（但由于两国的安全与经贸关系相对独立，这两者的互动在量上不一定成比例），而边变得细了之后其天然具备的弹性会产生一种收缩力，这在现实中表现为经贸关系对安全关系的制衡，但并不百分之百可靠，只是在全球化的现有格局下，一条边被拉得过长从而最终被拉断的可能不大。这个模型似乎可以比较形象地解释和描绘当前中美日三边关系的架构。

　　从当前中美日三国的相互关系来看，中日之间仍然是最弱的一条边，而美日是存在着内部分歧的同盟关系，美中则是存在着竞争的合作关系，这就意味着三边关系不是三人共处式，也不是稳定婚姻式，而是类似于浪漫婚姻式的构架。美国仍然处于中轴位置上，两个侧翼分别是中国和日本，虽然美中与美日之间的距离会有差异，但一方面这很难具体去量化，另一方面美日和美中作为以美国为轴心的两条轮辐，相对于中日之间存在的战争一触即发且长达数月难以消散的风险，这两条边的长度并不存在质的差别，因此这种结构可以被视为一个近似的等腰三角形。由于中日的间距最长，这个三角形的腰必然短于底边，因此从形态上看它是一个扁平的等腰三角形。由于从安全关系上来讲，目前的格局短期很难发生明显改变，所以这一基本架构将会维持相对稳定，即使有所变动也只是量变，不会从扁平的等腰三角形变成等边、细长等腰以及过分不等边的三角形。再看三条边的粗细。中国依赖于中美经贸关系而日本依赖于日中经贸关系，从其贸易量来看差别并不具有显著意义，故可以认为中美和日中之间这两条边是等粗的，而美日之边相对细一点；虽然2013年以来由于日中领土问题冲突导致日美贸易额出现超过日中贸易的势头，但如以新世纪开始至今作为考量的时间段，则前述的三国经贸关系特征仍是绝对主流。

也就是说，对于中美日三个国家来说，安全关系基本决定了这三国组成三角的形状，经贸关系则决定了三边的形态，而政治关系和社会关系则通过安全与经贸关系来发挥作用。从新世纪以来的现实来看，前文所述的以美国为主导的扁平类似等腰三角形的三边结构是基本稳定的，中间虽然穿插着三国之间的合作与对抗，但最终都没有改变这一结构的基本特征。不过，这一结构并非静止不动的，而是因为一个、两个或者三个成员的外交或者内政的调整而导致整个三边关系也在不断波动，包括三条边的长短及粗细程度都在不同时期出现了一些变化。这种变化有时简单有时复杂，简单者如美日之间因基地调整问题而导致两国之间的那条边拉远，而两国分别与中国存在联系的边也会相应出现变化；复杂者如中日围绕着钓鱼岛冲突所致的安全关系恶化之后，日美之间的经贸总额出现大幅提升，使得多年以来日本对美贸易额首次超过对华贸易额，即一对双边安全关系可能影响到另一对双边经贸关系。由于安全利益与经济利益同为一个国家的"核心"甚至"致命"利益，历史已经证明，所谓"政冷经热"或者"政热经冷"都是无法长久维持的，经贸关系与政治安全关系不可能长期逆行不悖，意味着这样一个三边架构下的内在互动是不可避免的，一条边的长短或者粗细发生变化，总是可能会对其他两条边产生这样那样的影响，三条边相互牵制，处于一个动态变化的过程中，在局部和细节问题不断波动的背景下维持着整个三边架构的基本稳定。

　　这样一个模型虽然可以部分解释和推断三边关系的变动，但仍然存在一些理论与现实脱节的问题：第一，单纯从三角形的架构来说，如果一条边的长度发生变化，另外两条边的长度也必然应该发生变化，这在现实中并不必然出现相应变化；第二，如果一条边的长短发生改变，在形态上究竟应该出现何种与之相适应的变化，是保持这条边的一个点不动而只是把另一个点拉得更远，还是两个点都要出现相应的位移，这还没有适应于现实的定论；第三，原始状态中所确定的扁平等腰三角形结构只是一种笼统的说法，属于数学中一个类别的三角学本应是精确的计量科学，因此我们就有必要确定三角形的三个角究竟是多少角度才是合适的，但在实际操作中这基本无法做到，最终只能是神似而非形似，如果无法确立一个精确的原始状态，那么在三条边中的部分或者全部都出现某些变化以后，就很难推断变化之后的三边架构的具体形态。三边关系的互动比双边关系复杂得多，笔者只是试图根据自己的观察进行一些力所能及的尝试，使得对三边关系的研究变得更为直观，但这一模型还存在很多无法解决的问题，留待今后进一步充实与完善。

# 第 七 章

# 案例研究

　　中美日三边关系错综复杂，在进行完总体的探讨之后，本章打算选取几个典型案例进行分析，通过研究三边互动的细微过程来进一步深化对三边关系的理解。选取案例的原则主要是为了考察第三方在另外一对双边关系出现变动或者变动趋势时的主观认识与客观反应，所以这些案例必然会或明或暗涉及到三方利益，这种利益牵扯可以是正面的也可以是负面的，程度上可轻可重，笔者只是试图从中来印证三边互动的一些特点。

## 第一节　中美 G2 喧嚷中的日本

　　近年来，随着中国的持续发展，国际上关于中美关系的新概念不断涌现，从 2005 年"负责任的利益攸关者"，到 2008 年的所谓 G2 和"中美国"，再到现在的"新型大国关系"，都成为媒体上热议的话题。由于 G2 概念引发的国际联想非常丰富，所以得到的关注也最多。哈佛大学经济史教授尼尔·弗格森（Niall Ferguson）于 2007 年 3 月 5 日在《洛杉矶时报》上以"买下中美国"为题的撰文中首次提出了"中美国"的概念；而美国彼得森国际经济研究所所长弗雷德·伯格斯滕（Fred Bergsten）在 2008 年夏季出版的《外交》杂志上发表的"平等的伙伴关系"一文中又提出了中美"两国集团论"即"G2"概念。尽管常常被相提并论，但这两种观点各有其特色。前者认为中美应合二为一相互满足。弗格森创造性地把 China（中国）与 America（美国）合成一个新词"Chimerica"（中美国），并宣称"中美国"这个概念是指最大消费国美国和最大储蓄国中国构成的利益共同体：美国和中国不是两个国家，而是同属于一个叫"中美国"的国家，它们之间是一种共生关系，一个储蓄一个消费，一个出口一个进口，一个提供产品一个提供服务，一个储备外汇一个印制美元。他声称"这是极好的联姻，相互补充。"G2 的重点则是强调中美不应再纠缠于效率低下的国际社会或国际组织，而应通过两国单独的密切合作来应对金融危机。弗雷德明确表示，如果中美合作，会使 G20、国际货币基金组织、联合国、WTO 等机构运作得更好。从其表述和解释中可见，他们的思路都是着眼于中美经济角度的合作，基本没有涉及政治领域。

这两个概念出台之初并未引起很多关注，但随后逐步成为世界媒体关注的焦点，这主要缘于它被越来越多的美国学者所转述，尤其是著名战略家基辛格也发表了类似观点，主张美中两国应建立一种"命运共同体"，将两国关系提升到类似二战后大西洋两岸关系的高度；前国家安全事务助理、奥巴马总统的政策顾问布热津斯基对此的积极附和同样也起到了推波助澜的作用。2009 年 1 月 12—13 日，在中国人民外交学会和美国威尔逊中心基辛格中美关系研究所共同举办的"纪念中美建交 30 周年研讨会"上，基辛格与布热津斯基再度阐明了自己的观点，特殊人物在特殊场合高度评价一个特殊概念，自然引发了世界上的广泛关注。但他们推崇的合作重心都转向了政治领域，可以说在一定程度上背离了 G2 之父的初衷。弗雷德曾对此表态说："我的 G2 指的是经济方面，我不想与政治领域沾边，因为那太敏感。那种话题会把我们带回'谁是我们的敌人，谁是我们的朋友'的争论中。"[①]

其实美国战略家和学者提出这些概念的主要目的，并非是要与中国分权，而是出于私利的考虑。其动机包括：（1）自救不如求救。弗雷德和弗格森等人是在金融危机的背景下提出这些主张的，反映出其对当前特殊的国际局势和中美实力对比变化的深刻思考。他们渲染中美合作，实际就是为了更好地利用中国多年积累的国力储备，通过首先坦率承认中国国际地位的提高，给中国一个光鲜的名分，诱其挺身而出，努力展现自己"负责任"的态度，帮助美国和世界尽快摆脱金融危机的

---

① 温燕：《G2 建全球新秩序》，《环球时报》2009 年 6 月 28 日。

困扰。（2）打压不如诱导。在中国的崛起势头难以阻挡而美国的实力相对衰落的局面下，将中国纳入自己主导的国际秩序并为之作出贡献，是美国最可取的选择。弗雷德曾表示："唯有强调两国集团的做法才能诱使中国加入现行的全球经济秩序"。美国前财政部长萨默斯也不加掩饰地说："就是要通过建立两国集团来改造中国。"既然中国的国力增长和中美的相互渗透使得以前的"接触与遏制"政策难以继续凑效，不如转而采取积极诱导而非对抗打压的手段来"收编"中国，而且这种看似平起平坐的"邀请"也容易被曾经饱受西方欺凌的中国所接受，成本低而收效大。（3）借助他国牵制中国。当时欧盟和日本的经济规模都超过中国，美国不愿与这些盟友共管世界，反倒邀请"非敌非友"的中国来分享权力，显然是因为深知对方无力也无意出手，因为这并非共享权力而只是共担责任，而且还要承受遭人诟病的风险。弗雷德在提出这一概念之时，就已经预料到其可能遭到的反对之声，表示"如果中美在 G2 问题上太公开化，过于张扬，我认为势必会激怒一些国家。如果中美太公开化，日本可能会在国际事务中推卸责任说：'哦，我们没有那么多国际责任，我们可以自行其是。'"但他在接受中国《环球时报》采访时仍强调说，世界上只有少数几个国家具有全球战略眼光。中国、美国或许还有法国或是其他一两个国家。但我敢肯定没有欧盟，当然也没有日本。日本只着眼于国内或亚洲地区。

日本对于中国国际影响的变化历来十分敏感，尤其是不情愿接受中国接管其在亚洲的经济主导者的地位。当年美国想把中国拉进 G8，时任日本首相的安倍晋三就明确表示反对。即便到了对中国十分友好的福田时代，担任其官房长官的町村信孝仍在北海道洞爷湖举行八国峰会时公开对日本媒体说："峰会就是峰会，我基本上认为现在的 G8 足矣。"现在美国要与中国组成两国集团，完全不提日本的作用，必然会让日本难以接受。但是因为这只是美国的非政府人士提出的一些主张，并非美国官方的正式表态，同时中方反应消极，所以日本官方也不便直接予以点评，但在日本媒体上，则出现了大量的回应。

日本《朝日新闻》的总编船桥洋一，在 G2 概念出台以后，迅速撰文谈论到 G3 会议的概念。他认为当今世界并不需要"新的布雷顿森林体系"，而是要以美中日的宏观经济与金融协作为核心，在此基础上建立一个全新构架。他说，"随着权力重心东移的加速，一个强健的，并且以美日中合作为主要基础的亚太战略，对于世界经济的稳定至关重要。"①

2009 年 1 月 16 日，日本《产经新闻》驻中国总分社社长伊藤正发表《实用主义的"中美国"论》的文章，认为美中两国不可能出现"一体化"的结果。他表示，尽管中国领导层对美国方面的积极态度表示欢迎，不过，研究中国问题的专家却对此态度冷淡，认为美国方面这样做是为了在金融危机和伊拉克问题上得到中国的合作，是一种实用主义的做法。从台湾问题、中东等地区问题，再到安全保障问题，美中两国不可能出现"一体化"的结果。美中一体论是无视中国政治和社会多元性的机会主义。持这种观点的人闭口不谈中国国内的民主和人权状况。我们不应该忘记，大多数中国人之所以尊敬美国，是因为美国自始至终奉行的是民主主义。

2009 年 2 月 8 日，《日本经济新闻》刊登该报评论部副委员长泉宣道的一篇文章，题为《美中"G2"时代拉开帷幕》。一开头他就转述了奥巴马就职后首次和胡锦涛主席进行的电话交谈中的内容——"没有哪两个国家之间的关系能像美中关系这样重要。"他承认 G2 峰会构想的最终实现很有可能发生在未来四年中，而且未来四年同时也是抵御百年不遇的金融危机和全球性经济低迷的最为重要的时期，所以身为世界第一经济大国的资本主义美国和世界第三经济大国的奉行"社会主义市场经济"路线的中国都将肩负着重要的责任。但是，他担心中国为了熬过经济危机，未必不会重走计划经济的老路而采取贸易保护主义政策。因此"我们对此不能熟视无睹"。

2009 年 3 月 17 日，日本共同社以《美中迎来 G2 时代日本未来何去何从》发表文章，质疑在美国总统奥巴马的全球战略中，日本究竟占据着怎样的地位。奥巴马延续历届政府的一贯做法，仍称日本是其亚洲战略的"基石"。然而，牵制前苏联和中国这一日本最重要的作用已随着冷战的终结和 G2 时代的到来而显得意义不在。一旦美朝关系走向正常化，连"基石"都可以不要。而若日本的国力下降，这样的"基

---

① http：//news. 163. com/09/0702/10/5D794KPL000120GR. html.

石"或许还会成为累赘。日本不得不接受这种世界权力结构的变化，但可以选择的道路有两条。一是对奥巴马接近中国及其进一步崛起心存不满，却只是默默忍受；二是在自己擅长的领域通过世界所期待的技术实力继续吸引全球目光。在这个剧烈变化的地球社会中，日本人如果不想变得更加闭塞，相反要满怀自信地生存下去，那么或许只有后者才是唯一的选择。

2009 年 5 月 13 日，《产经新闻》发表一篇文章《G2 美国中国两极理论是否成立》，声称 G2 理论一出现便招来了众多反对之声，而且是超党派的反对。布什政权的国家安全委员会东亚事务高级顾问丹尼斯·怀尔德在今年 4 月初表示，"虽然美国和中国的关系的确重要，但如果把美中关系称为 G2，就会深深伤害美国与日本、印度等其他亚洲盟国和友好国家的关系"。曾经在共和、民主两党的政府中都担任过亚洲问题重要职务的莫顿·阿布拉莫维茨在 5 月初发表了一篇论文，他认为"在美中两国掌管世界所有问题的意义上构建 G2 将是非常不幸的，这会给美国的盟国日本带来重大打击"。G2 反对论的最精彩一笔，是美国外交学会亚洲问题研究部主任伊科诺米与该中心研究员亚当·西格尔联合发表的题为《G2 幻想》的论文。该文指出，美中两国在政治体制、价值观、统治方式等方面存在基本的差异，不顾这种差异的存在强行展开合作是没有结果的。如果两国间的合作不够充分，主要就是源自两国国内体制与价值观的差异，而不是缺乏接触造成的。文章认为"这种 G2 反对论也是极为生动且富有理论依据的"。

2009 年 8 月 3 日，《每日新闻》发表文章，题目是《美国'把火炬传给中国'不过是权宜之计》。文章认为，美国总统奥巴马在记者会上宣布"美国已不能继续担当世界经济的引擎"，并与中国国家主席胡锦涛约定将定期举行"美中战略与经济对话"。然而，美国绝不会那么天真！据我所知，美国依赖中国的情况顶多能够维持几年时间。等到因过度消费积累了二十多年的财政赤字问题解决，储蓄率恢复以后，美国还会继续恭维中国吗？答案是"NO"。美国有意让出主角的位置。然而，这只是美国捧杀中国的权宜之计。几年后，即使中国肆意膨胀的气球爆炸了也无所谓，到那时候，估计美国早已变得强大，不会再去理会中国怎么样。如果随意相信美国的花言巧语，中国有可能会在亚洲制造新的泡沫经济，到时候受影响的将不仅仅是中国一个国家，连日本也会被卷进去。

2009 年 8 月 7 日，《产经新闻》发表一篇该报评论委员高烟昭男的文章，干脆直接宣称"日美才是亚洲的 G2"。文章说，上月底，首轮美中战略与经济对话在华盛顿隆重举行。但对话结束后却出现了出人意料的结果。希拉里说"21 世纪是多边合作关系的时代"，可见一开始（美国）就不存在由美中两国来主导世界的想法。也许是因为错误解读了奥巴马的致辞，或者是因为有人说"中国 GDP 今年内将超过日本"，一部分人就武断地认为"美中 G2 时代即将拉开序幕"。这种观点是反应过度，从美国主要报纸看，几乎没有看到以这种论调发表的社论。从持有 8 000 多亿美元美国国债、巨大的市场和人口来看，中国有一天超过日本是不可避免的。21 世纪并不是只在经济数字的富裕上进行竞争的时代。在人权、自由和民主等安全保障的基础上，不管中国怎么努力，日本仍处于优势。

2010 年 1 月 13 日，日本《朝日新闻》网站发表评论文章称，日本将扮演中美 G2 的稳定器，平衡外交以重新定义日美同盟。文章指出，尽管没有正式的 G2 组织存在，但在金融领域，中美之间的融合却是不争的事实。中国对美保持巨额贸易顺差，购买美政府债券，美则借此填补财政赤字。华盛顿和北京的合作已经从经济、贸易和金融扩大至防扩散、反恐、应对全球变暖等领域。正如哈佛大学中国问题专家约翰斯顿所说，中国如今是国际体系中的"局内人"。对美国来说，G2 的形成有助于推动其全球战略。日本可以通过发展与美国和中国的关系，在中美之间扮演"稳定器"的角色。日本应该和中美两国就此展开政策对话。同时，日本不应忘记亚太国家对日美关系的关注。上个月，世界银行行长佐利克访问日本和印度。他表示令自己感到不解的是，当中国和印度正寻求各种途径利用美国时，日本似乎只想着如何摆脱美国。

日本媒体的这些反应，有些是持积极态度，认为中国的经济实力赋予了它与美国共同解决全球金融危机的能力，日本应该承认这一点；有些则是持消极态度，相信中国目前的经济发展都是一种不可持续的假象，中国根本没有能力和美国共同拯救世界；还有的认为即使中国具有这个能力，主观上也不会愿意承担这个责任。不过总的来说以反对者居多，而且，他们反对的理由还五花八门。有些是强调美国国内学者反对这一提法，认为它根本就不切实际；有些认为中国内部发展不稳，自我维持都有困难，哪有余力来帮助美国；有些相信中美不同的政治制度、国际观念、经济模式早就注定了两国不可能真正成功合作；还有人建议不如把 G2 改为 G3，日本也参加进去，似乎这样一来原来提及的一些弊端就不复存在了；当然最积极的一种看法是既然中美共治是不可避免的，日本应该早作准备，不要和中美这两个巨人进行正面竞争，而是要充分利用日本自身的特长，走出一条独特的道路。

日本国内几乎所有的主要媒体都参与了对 G2 概念的讨论，表明其对这种新提法倾注了大量的集中的关注。这些讨论的背后反映出的是一种对中美加强合作的深深忧虑。首先，日本对中美合作的加深表现出一种无可奈何的无力感，不管他们认为导致这种合作的原因是什么，普遍都认同日本没有多少能力去改变这一现实，消极者认为不妨坐等中美内在矛盾的激化来自然消融这种 G2 架构，积极者相信可以采用更有创意的方式来努力维持自己的地位，但无论如何，他们所能做的只是去适应这种现实，而无法主动对中美合作施加自己的影响。其次，日本认为美国的主动相邀而非中国的快速发展才是两国合作加深的主导因素，日本能够接受中国影响力的提升，却难以忍受美国主动接近中国的行为，认为这是在美国眼里自身地位下降的典型反映，日本的危机感主要来自于美国的忽略而非中国的挑战。即使中国崛起真的已成现实，日本也还可以因为存在与美国的同盟而聊以自慰，毕竟日本加上美国的力量是中国无论如何也难以企及的。但是，这一次是美国主动提出邀请中国共同行动而忽略了日本，对日本的打击不亚于克林顿的"越顶"外交，他们能够忍受中国主动去依附美国，却难以接受美国主动向中国单独示好。所以 G2 的概念一出现，马上就在日本国内引发如此强烈而且复杂的回应。再次，日本对华认识的矛盾性再次表露无疑。日本一方面有意无意地将对中国的认识仍停留在过去的印象上，认为他们只是跟在发达国家屁股后面亦步亦趋的小学生，和日本仍有很大差距，所以不足为惧。另一方面，中国日新月异发展的成就已经被整个世界所接受和认可，而日本相对实力的下降又是实实在在的，以至于在中国崛起面前发抖的日本，显露了很强的危机感。① 归根结底，在美国的相对衰落和中国的绝对崛起面前，日本还没有找到世界新局势下自己应处的位置，除了惴惴不安，就是借助于酸葡萄心理来获取一点安慰。

但在整个过程当中，日本政府没有作出非常明确的表态。实际上当奥巴马于 2009 年初上台以后，没有像往届政府那样对华先硬后软，而是直接采取了积极的接触战略，中美关系进一步得到改善。美国政府的"亲华"举动在 G2 之类半民间提议的烘托下更显示出美中亲近的意味，这让当时对华防范心理甚重的日本麻生政府非常担心；在中美关系迅速改善的同时，日本自民党政府却在国际上始终未能解决与美国在基地转移问题上的分歧，在国内则因为腐败、政府频繁更迭、经济复苏乏力而民心尽失，以至于此后被民主党以压倒优势取代，这一结果与日本对华外交的被动也不无关系。鸠山上台以后迅速改善了与中国的关系，并出于外交传统认识和现实考虑而试图进一步拉近与中国的距离，期望在中美改善关系而美日具体矛盾难以化解的背景下避免陷入被抛弃和被忽略的境地。只是由于美国官方始终没有对 G2 概念作出过明确表态，而温家宝总理也利用在欧盟出席会议期间，明确表达了中国对 G2 概念的反对意见，这让日本松了一口气，随后不久在鸠山执政后期，中美关系就因为分歧的激化而变得紧张，这时 G2 已经不再具备实现的条件，日本的压力更轻。由于 G2 及相关主张可以算得上是新世纪以来美国对中国最"友好"最重视的一种表态了，至少从表面上看美国在平等积极地看待中国，甚至看似邀请中国与其分享霸权，其意义明显超过"负责任的利益攸关方"，这让自认为是美国在亚洲第一盟友的日本极其不适应。在中美关系由暖转冷之后，接任鸠山的菅直人政府在对华政策上明显变得强硬，并在撞船事件后迅速确立了亲美遏华的基本政策，随后的几届日本政府都试图通过满足美国的大量要求，尤其是密切配合美国亚太再平衡战略的举措，来提高自身在美国外交战略中的分量，以改变自己在三边关系中的不利处境，其背后都反映出日本对中美合作加深的强烈担心和忧虑。

---

① ［日］津上俊哉：《中国崛起日本如何生存》，《金融经济》2004 年第 12 期。

## 第二节　美国与中日历史问题争端

日本的历史认识问题长期以来一直都是影响其与亚洲邻国间关系的重要因素，进入 21 世纪以来，尤其是在小泉就任日本首相以后，中日在历史问题上的冲突不断加剧，两国关系持续紧张，不仅高层互访中断，民间关系也陷入持续紧张中，直到安倍上台后才有所缓解。作为在亚太地区拥有广泛利益，同时与中日保持着密切联系的世界超级大国，美国一直在从自身利益角度关注着中日关系的演变。美国对中日关系的看法和政策不仅反映出其对自身在东北亚地区及全球范围内的利益考虑，也对中日关系的未来走向施加着难以替代的巨大影响。由于中日历史问题争端不如领土争端尖锐，同时这与美国也有不大不小的关联，所以选择这一案例来展现美国在中日纠纷中的思考和举动。

### 一　美国对中日历史问题的认识

在中日历史问题纠纷升级后，美国国内对于中日关系性质的看法分歧不大，均认为当时中日经贸发展处于历史最好水平，两国表面争议的核心是历史问题，但深层因素在于对东亚地区同时出现两强的不适应。布鲁津斯学会学者沃伦特索夫的看法较有代表性，即"对于历史问题的争论并非来自历史，而是面向未来"。[1] 布什总统也表示："我认为中日之间的关系比参拜神社问题更加复杂。"[2] 不过很少有分析家预计中日之间会爆发激烈冲突，因这两个国家都被认为是注重实用主义的，有两个关键因素减少了爆发一场真正冷战的风险。第一，北京和东京都不愿推行对抗政策；第二，两国都愿意维护互利的商业关系。[3] 因此，美

---

[1]　"Perceptions of U. S. Foreign Policy in East Asia," *The Brookings Institution*, Washington DC, June 28, 2006.

[2]　"Interview of the President by NHK Television, Japan," available at www. whitehouse. gov/news/releases/2005/11/20051108 – 5.

[3]　裴敏欣、史文：《亚洲酝酿中的火势：防止中日战略冲突》，卡内基国际和平基金会《政策简讯》2005 年第 44 期。

国主流看法认为，双方政府内部对此已有清醒认识；中日的紧张状态已使美国受益，但如对其过于放任亦可能损害美国利益；美国不宜直接出面干涉，最好暗自施加影响以控制事态演变。

在作为中日争议核心的参拜问题上，国家安全委员会前亚洲事务高级主任迈克尔·格林表示，美国国内对此有四种看法：最右的新保派支持参拜，日本越刺激中国他们越高兴；右偏中派属于共和党稳健派，认为不介入是上策，这也是布什政府的立场；中间偏左的民主党右派，他们亲日希望日本发挥作用，认为美国不应要求日本停止参拜；最左的包括民主党左派和《纽约时报》等媒体，担心对此问题置之不理将会导致美国在亚洲被孤立。① 哥伦比亚大学教授杰拉尔德·柯蒂斯认为，美国对靖国神社问题有三种意见，凡对历史有研究、了解靖国神社展品的人都反对参拜；认为参拜问题使中日关系恶化并导致美国无所适从者也不赞成参拜，而布什政府虽也不希望日本首相参拜，但考虑到日本与美国的关系非常重要，小泉首相也在一直努力加强与美国的关系，因此便主张在参拜问题上保持沉默。② 在美国众议院外交关系委员会连续举办的几场有关日本历史认识问题的听证会上，一贯对参拜持反对立场的委员会主席海德和民主党议员兰托斯对日本政府进行了批评，但也有许多发言人称赞日本并批评中国，会上并未给人留下“日本不是好东西”的印象。③

二　美国政府的具体对策

美国官员对于日本首相参拜靖国神社的问题历来很少公开表态。2005 年之后，美国在这个问题上的压力开始增强，但主要表现在国会的反应上。7 月 15 日众议院国际关系委员会主席亨利·海德提出的“191 号决议案”以 399 对 0 的表决结果通过，再度确认了东京审判的

---

① ［日］小村义之：《美国人对参拜靖国神社看法不一》，［日］《朝日新闻》2006 年 6 月 4 日。

② ［美］杰拉尔德·柯蒂斯：《应该考虑两个大国的共存》，［日］《世界》月刊 2006 年 9 月。

③ ［日］杉田弘毅：《安倍政权的外交政策》，日本共同社 2006 年 9 月 21 日电。

结果，包括对日本领导人"反人类罪"的判决。① 10 月 20 日，海德致函加藤良三，抗议小泉及一百多名日本议员参拜靖国神社。2006 年 4 月，海德致信众议院议长，提出 6 月访美的小泉若想在美国国会发表演讲，就必须停止参拜靖国神社，② 导致小泉的这一计划搁浅。9 月 14 日，众议院国际关系委员会首次举行"日本历史问题听证会"，发言议员严厉批评日本国内否定侵略历史、美化战争罪犯的行为。③ 但是，作为美国外交政策的主导者，布什政府还是出于利益考虑而尽量与国会保持距离，在实际操作中一直本着"不干涉、有所偏、保底线、促利益"的原则来应对。

**（一）在具体争端中保持中立及不涉入的立场**

首先，从客观上说，美国当时的战略重点是反恐和防扩散，缺少更多精力干预中日历史争端。从主观上看，虽然日本是美国的盟国而中国可能成为其潜在对手，但由于美国对于中日的需求各不相同又都难以或缺，故美国政府认为任何带有明显倾向性的表态均可能引起中日之一的强烈反应，从而很容易将敌意转移到自己身上。其次，中日两国出于各自考虑虽均希望美国出面表态向对方施压，但它们对于美国不涉入的接受程度均要远远大于带有倾向性的干预。再次，美国对中日关系的表态也必然会影响到美韩及美与其他盟国的复杂关系。而采取超然中立并尽可能不涉入的立场则可赋予美国更大的灵活性，有助于利用其主动地位最大限度地从两国纷争中获益。所以在涉及到中日历史争端的具体问题时，美国政府总是避重就轻，含糊其词。如在至关重要的参拜问题上，美国政要一般不予评论；无法回避时则更多进行暗示或转移话题。当记者追问布什会见小泉是否会谈到参拜问题时，布什回答"如果他想谈，我也乐意谈"。同时一再强调小泉是位聪明的外交家，暗示其不需要外

---

① "Japan-U. S. Relations: Issues for Congress", Updated March 31 2006, *The Library of Congress*, available at http://www. globalsecurity. org/military/library/report/crs/46431. pdf, p. 16.

② "US Lawmaker Concerned About Japan PM Shrine Visits", *Reuters News*, May 17, 2006.

③ 详见 Yuki Tatsumi, "Japan's Relationship with Its Neighbors: Back to the Future?" Hearing Before the House of Representatives, September 14, 2006. Available at http://commdocs. house. gov/committees/intlrel/hfa29883. 000/。

界的建议。① 拉姆斯菲尔德对此也是满口外交辞令："让我们最好还是回避，而不是直接面对这个问题吧。"② 小泉在参拜靖国神社后，白宫发言人明确表示，总统不会卷入其中任何事情，因为那是他们（中日）可以自己解决的问题。③ 美国国务院发言人也表示，我们知道他们之间存在的紧张，但我们认为他们面向未来更加重要；至于下任首相是否参拜，那要由日本政治家自己去作决定。④ 至于个别美国议员对日本历史观提出的批评，以及那些见诸报端的自由派学者的担忧，都不足以成为美国政府准备介入中日纷争的凭证。即使到了小泉下台之后的 2007 年，美国副国务卿内格罗蓬特在日本仍声称，我们的观点是战争中发生的事情很可悲，但这应该是日本和相关国家之间的事情。⑤ 当然美国政府的所谓"中立"用"观望"一词来代替更加合适，因其并非消极地置身度外，而是视事态发展随时准备进行积极干预。美国只是不希望日中变成敌对关系，至于一般的紧张，还是另当别论的。

**（二）适当控制双方对抗烈度**

1. 公开表态希望双方改善关系

尽管美国不愿涉足中日历史争端，但从其自身角度来看，中日关系过度紧张所带来的危害远远超过美国可从中日纷争中得到的收益；同时，作为对亚太地区最有影响力的全球唯一超级大国，美国对此如过于超脱，可能对其软实力造成损害。因此，美国希望至少在政策层面上要公开宣扬自己的"负责"态度，在向亚洲充分表态的同时，也要使中日两国领会美国"促和"的基本原则。2005 年 11 月 8 日，布什首次评论靖国神社问题时表示："看来我合适的作用是，提醒我们这一地区的朋友，我们应该克服过去，这对于迎来一个美好的未来

---

① "Interview of the President by NHK Television, Japan," www. whitehouse. gov/news/releases/2005/11/20051108 – 5.

② Greg Torode, "Fixed positions in South China Sea," *The South China Morning Post*, 11 September, 2012.

③ Tony Snow, "Press Briefing in White House Conference Center," August15, 2006.

④ Sean McCormack, Daily Press Briefing, August15, 2006.

⑤ "Negroponte Meets the Press in Tokyo", Japan, March 2, 2007, http：//www. state. gov/s/d/2007/81304. htm.

是必须的。"① 国务卿赖斯也表示："中日之间有广阔的经贸联系，具有建立良好关系的基础，我们都是 APEC 的成员，我们鼓励中日友好。"② 在 2005 年 11 月布什离开北京前往蒙古之际，主管东亚和太平洋事务的希尔在釜山对一批大学生发表演讲时说，中日关系因历史问题而恶化到如此地步，美国对此感到"有些沮丧"。希尔进一步说，在中日关系紧张之际，美日关系却在深化，这会使一些人认为美国是在联日反华。这不符合美国的利益。我们希望日中和日韩之间的情形降温。③ 在安倍公开其访华计划后，白宫迅速表态称对此"感到鼓舞"。

2. 表面对华暗自对日施压

美国确立向中日表达关切的具体措施受到几个因素的影响。首先，美国对日中的期待不同。对于日本，美国国务院对小泉甚至无法与中国接触感到焦虑，因为"无法与邻国对话的日本对美国来说没有什么作用。只有日本在亚洲发挥作用，日美同盟才能发挥功效。"④ 因此美国表现得比日本更为关注其在亚洲受到孤立的危险。对于中国，美国认为其崛起已难以避免，与其敌视和孤立中国，不如促使诱导其成为国际社会负责任的一员，一味地强硬对抗无助于问题的解决。尤其是对小泉参拜的不满并不限于中韩等国，所有美国的盟国都批评了这种行为，而且它们都希望中国以和平的方式成为这一地区的大国，应该努力确保这一进程的完成。⑤ 因此，美国不希望看到日本对华过度强硬。其次，正如外交评论家手岛龙一所言，"在美国看来，日美同盟不单是军事同盟，日美是由相同的价值观联系在一起的"。美国政治学家拉米斯也表示："过去美国为同日本的保守派顺利合作，对历史观上的分歧采取睁一只眼闭一只眼的态度。但不久前小泉参拜靖国神社已经超出了美国能容忍

---

① "Interview of the President by NHK Television," www. whitehouse. gov/news/releases/2005/11/20051108 - 5.

② Condoleezza Rice, "Remarks with Australian Prime Minister John Howard," Sydney, Australia, March17, 2006.

③ "U. S. finds strained Japan-Chinaties' frustrating," Kyodo News, Nov. 19, 2005.

④ 《美专家：历史问题同样影响美日关系》，http://news. xinhuanet. com/comments/2006 - 05/01/content_ 4498030. htm。

⑤ Michael Vatikiotis, "China-Japan rift hurts America, too", *The International Herald Tribune*, October20, 2005.

的限度。"① 也就是说，小泉政府对于历史的歪曲也在一定程度上和美国的价值观及历史观相冲突。再次，美国客观上对日的操控能力要远远超过对华，如果希望缓解东亚的紧张局势，美国更多要从日本身上下手。由于这几个原因，美国需要对日本的言行进行约束。但是，美国同时必须顾及美日同盟及双方领导人之间的密切关系，适当平衡对中日的表态，不能给日本正被其盟友抛弃的感觉。为此美国采取了明暗两手做法，表面上对华公开表态时要求中国主动作出更多让步，如在中美首脑会晤谈到靖国神社问题时，布什的回应是"敦促中国对日推进面向未来的对话"。② 副国务卿佐利克也对戴秉国副外长表示："日中对立如不改善就会出现很大麻烦，过去的问题是过去，希望中国方面积极加以改善。"③ 但在背后则更多通过双边高层会谈等秘密场合，暗自对日本施压。在2005年末举行的日美首脑会谈上，布什曾问小泉："今后中国将要成为东亚最大的游戏参与者，你对中国怎么看？"④ 2006年6月小泉访美时布什更是单刀直入地问他："与中国的关系怎么样了？"⑤ 美国布鲁津斯学会研究员黄靖也透露说："美国近来一直在对日本暗地施压，表示对日本不耐烦了。"⑥ 2006年10月4日美国白宫副发言人甚至公开表示，在朝核问题日益严重的情况下，美国强烈期待日本与中韩恢复关系。

（三）借机鼓励日本发挥更加积极的作用

美国传统上总希望在亚洲找寻一个"伙伴"来领导这一地区。无论冷战前后，这个选择总是落在日本头上，中国似乎只能做一个"分享者"。⑦ 新世纪以来随着中国的崛起、韩国自主倾向的加强以及东南

---

① 《美国国会中一些人针对"历史认识"问题批判日本》，[日]《东京新闻》2006年9月20日。

② 《中美峰会谈及靖国神社布什称对之有负面感情》，http://news.xinhuanet.com/world/2005–11/22/content_3815019.htm。

③ 《埋没在美中之间的日本》，[日]《选择》月刊2006年第1期。

④ [日] 胜股秀通：《中国的崛起和日美同盟》，[日]《读卖新闻》2005年11月25日。

⑤ 《日本与中韩关系可能进一步恶化》，时事社2006年8月15日电。

⑥ 粟德金：《为"后小泉时代"作准备，中国应该铭记自己的失误》，《华盛顿观察》周刊2006年2月15日。

⑦ 李焰：《为东亚安全护航美日联盟不是"独"舰》，《华盛顿观察》周刊2005年4月6日。

亚国家逐步开始实施平衡外交，日本作为美国力量投射器的作用更加明显。与其说华盛顿把日本视为国际政治舞台的一员，不如说希望把其看成美国的第51个州，然后以整个美国的身份对付中国。① 因此，与其貌似公允的口头表态形成鲜明对照的是，布什政府在对中国发展国防的行动不断表示担心的同时，已经采取大量实际行动单方面推进日本的军备扩张。这既可以弥补美国在东亚力量的不足，提高日本成为美国"全球伙伴"后的军事协作能力；又有助于恶化日本与中国及东亚其他国家的关系，从而达到阻滞中日和解及东亚多边合作的目的，以便美国更好地控制日本和制衡中国。

新世纪以来中日关系的紧张使美国加快了实施对日战略构想的步伐，布什政府不仅再度强化了美日同盟，还一再公开宣称日本宪法第9条已经过时，促使日本在亚太地区和美国关注的国际领域发挥更大作用。国务卿鲍威尔曾对日本媒体表示："对于日本宪法第9条对日本国民来说是多么重要这一点可以理解。但日本要想履行联合国安理会常任理事国的义务，就必须考虑修改宪法第9条。"② 虽然美国重新武装日本是其全球战略的一部分，并非完全针对中国，但中日关系因为历史问题导致的紧张状态至少给美国提供了新的契机，使其原本向日本的施压更容易生效。在美国提出而日本原不配合的驻日基地调整、扩展自卫队功能以及安保条约的关注对象中明确加进台海地区等问题上，美国成功利用中日紧张状态的加剧迫使小泉政府顶住国内压力接受了美国的计划，并推动美日关系达到了历史上最紧密的时期。

## 三　美国与中日的互动特征

（一）美国在中日之间持"积极旁观"的立场，通过维持平衡来确保自身利益。日本是美国的坚定盟友但存在独立性增大进而干扰美国亚太战略的倾向，中国是美国的潜在对手但对美国的价值却在不断提升。尽管这两个国家当前与美亲疏程度不同，但都存在可利用的价值以及需

---

① 《埋没在美中之间的日本》，《选择》月刊2006年第1期。
② 《鲍威尔，武见敬三》，[日]《朝日新闻》2004年7月15日（2）转引自王少普《日本战略选择的结构性矛盾与中日关系》，《上海交通大学学报》（哲学社会科学版）2005年第2期。

防范的麻烦或威胁。如果它们存在矛盾，则可以通过其内耗来减少美国防范二者所需花费的成本，但如其内耗过度则不仅会降低它们可为美国利用的价值，更将迫使美国提高维持亚太现状所需的投入。故总的来说，在美国的利益框架下，中日这两个重要国家间的关系就只能被限制在一个相对狭小的范围内，过密或者过疏都有可能迫使美国为了维持一种相对理想的状态而付出更多代价，因此美国的现实选择就是致力于依靠自身的超强实力来对中日关系进行一定程度上的管理。在美国学者皮特看来，日本化和中国化在其所称的美国帝国体系内互相较量，难分伯仲。① 所以美国不会轻易作出倾向性明显的表态，而最好的选择就是从外部努力维持中日不战不和的平衡状态，使其都依赖于对美关系的稳定与强化，从而提高美国掌控局势的能力。只是由于中日两国关系当时的状态相对尚处于美国可以接受的范围内，所以美国会通过表面上的"无为"来实现最终的"而治"，期待通过暗自迫使日本在历史问题上的部分让步来换取中国未来公开按照美国选定的方向发展。但美国的这种旁观是积极的，一旦局势有变就随时准备进行干预，所以是一种积极旁观。

（二）美国在一定程度上控制着中日争端的烈度。从战略上说，新世纪中日紧张状态的出现对美国来说，是机遇也是挑战。美国认为的机遇就是相信能以中日历史问题为契机促进美国的现实目标。中日争端的核心是现实地位的较量，但却表现为历史认识的冲突。美国正是看到了这一点，将历史问题现实化，利用中日间的表面重点（历史问题），服务于美日间的实质重点（全球同盟和防范中国），而其根本依据就是中日之间存在争端。由于欧洲有北约和欧安组织这些地区安全安排，但在亚洲，美国至今仍然像冷战时期一样承担着促进地区和平与稳定的角色。② 虽然从理论上说中日争端的烈度取决于两国的选择，但美国在三边关系中的特殊地位，赋予了美国他人无法企及的权力，它有能力也有意愿参与控制中日争端的烈度，而且从新世纪以来的外交实践来看，通

---

① 参见 Peter J. Katzenstein, "A World of Regions: Asia and Europe in the American Imperium," Ithaca, N. Y.: *Cornell University Press*, 2005。

② Bennett Richardson, "Japan to step up its Asia security role," *The Christian Science Monitor*, 2007/12/06.

过在不同时段有选择地或明或暗地支持一方或另一方的诉求，美国非常
成功地控制着事态演变的方向和程度。

## 第三节　美日基地争端与中国

　　普天间基地是位于日本冲绳的一个美军直升机基地。由于该基地位
于宜野湾市中心，军机经常在居民区附近进行飞行训练，导致噪音、空
气污染和安全事故成为对居民的严重威胁。1995 年 9 月，三名美军陆
战队员强奸了一名 12 岁的冲绳女孩，引发了大规模的示威抗议。冲绳
民众要求美军从普天间基地撤离。1996 年 12 月，美日两国组成的冲绳
问题特别行动委员会在最终报告中计划将普天间基地搬迁到冲绳北部的
名护市沿岸，但这仍然是一个有争议的决定，因为当地有珊瑚礁和海草
床，是濒临灭绝的儒艮的栖息地，因而受到日本和美国法律的保护。
2006 年，美日两国政府决定，仍将基地搬迁至名护市边野古施瓦布军
营沿岸地区，准备以在海中打桩的方式建立一条跑道，美日共同承担相
关费用，但这一计划遭到了名护市的反对。日本民主党首鸠山由纪夫在
2009 年的日本国会选举中，承诺如果当选将重新审议美日之间已经达
成的协议，争取将普天间基地搬出冲绳。鸠山上任以后为此进行了积极
的努力，一方面与美国协调要求重新谈判，一方面寻找新的接收地点。
但是美国对鸠山的建议非常冷淡，表示政府间协议不能任意修改，美国
不会撤出冲绳。2010 年 5 月底是鸠山承诺解决问题的最后期限，由于
冲绳仍然没有一个地方愿意接收从普天间基地转移来的飞机，在内外压
力下鸠山被迫辞职。2010 年 12 月，冲绳县知事仲井真弘多与继任首相
菅直人举行会谈，仍然要求将普天间基地迁出冲绳。次年菅直人辞职但
问题仍未解决。野田佳彦继任后于 2012 年 4 月访美，与奥巴马签订新
的协议，表示将 2006 年规划中的美国冲绳驻军转移与基地搬迁问题分
开处理，9000 名美国陆战队官兵将分散撤出，冲绳仍保留一万人的陆
战队；同时仍维持 2014 年从普天间基地搬迁的原有计划，冲绳县名护
市边野古沿岸地区仍是普天间基地唯一有效的迁移目的地。安倍上台以
后日本政府仍然坚持这一宏观规划。

　　普天间基地问题是美日之间近年来诸多冲突中最严重的一个。美国坚决要求保留在冲绳的基地，对于日本政府试图单方修改协议的举动甚为不满，为了保持对日本政府的压力，美国甚至取消了一些与日本之间高官的会晤。在鸠山因为基地转移问题而被迫辞职后，五角大楼随即表示即使鸠山辞职，美国还是希望可以在充满争议的驻日机场迁址问题上与日本达成一致，五角大楼新闻秘书杰夫·茅瑞尔（GeoffMorrell）称："这是国与国之间的协议，而不是政治家之间的协议。希望我们的协议可以获得尊重。无论是谁上台，都要尊重前任政府签字的协议。"① 关于美国强烈要求保留在冲绳基地的目的，国外媒体普遍认为是与其欲保持在亚太地区的威慑力有关。一方面美国被迫削减军费开支，维持其在日本驻军的费用已经捉襟见肘；另一方面，亚太地区的安全威胁并未减少，甚至还不断出现一些新情况，所以美国选择了对军力部署进行重新调整，将原来的前沿部署改为在关键地区的分散部署，以便实现最大的威慑效果。

　　美国兰德公司2011年曾发表报告称，中国解放军对台湾作战时可能会先攻击驻冲绳美军的普天间机场和嘉手纳基地，并建议向日本国内其他美军基地分散空军战斗力。2012年1月，民主党重要议员巴尼·弗兰克在会见冲绳代表团时曾表示："应对中国的崛起，主要依靠海军和空军力量。由海军陆战队进行登陆战这样的情况，是难以想象的。"他们都认为将海军陆战队分散并后撤可以更好地应对中国的军事挑战。日本《东京新闻》2012年4月27日称，此次驻日美军整编计划重新部署了美海军在亚太地区的分布，以机动灵活著称的海军陆空特遣队分散到关岛、夏威夷、澳大利亚。所有部署都是以强化震慑力为主，这是在牵制中国军备扩张。日本时事通讯社说，在日美两国发表的共同文件中，之所以将"日本自卫队将和美军共同使用美属北马里亚纳群岛的训练设施"一条写入，就是为了应对和牵制在东海上活动频繁的中国。《产经新闻》则认为，通过让美军、日本自卫队分散布置，使得日美军队在遭受到中国等国家的第一次攻击后，还可以进行反击，这是旨在强化日美军队的"抗战性"。但是，鉴于冲绳无与伦比的地域位置，它始终是

---

　　① 《美国政府希望日本首相辞职后驻冲绳基地仍保留》，2010年6月2日，中国新闻网 http：//www. dayoo.com/http：//www. dayoo.com/。

美国亚洲驻军的核心，从应对中国的效果来讲，没有一个海外基地可以胜过冲绳，所以美国无论如何不会放弃在冲绳的驻军权。另外，日本自愿为美国承担了70%以上的驻军费用，为此美国也不愿轻易退出冲绳。

作为美国在日本驻军的主要针对目标，中国对于美日之间的冲突有何反应呢？笔者搜寻了这期间中国外交部发言人的公开表态，只发现了一条相关纪录，而且并非主动提及，只是对于记者提问的答复。在2010年6月24日有记者问，日本首相菅直人22日在日朝野各党党首辩论会上就冲绳美军普天间机场搬迁问题表示，驻日美军发挥着威慑作用。他还说对中国正在增强军力一事必须给予严重关注。中方对此有何评论？外交部发言人回答说：我们对日方有关说法表示关切。中国坚定不移地走和平发展道路，不对任何人构成威胁，也不接受别人所谓的威慑。日美同盟作为一种双边安排，不应超越双边范畴，更不应针对第三国。① 另外在2011年6月23日的记者会上，有记者问：日前举行的日美安全保障协商委员会会议发表共同声明，认为中国在维护地区稳定上应发挥负责任的建设性作用。中方对此有何回应？发言人回答：我们注意到有关报道。日美同盟作为在特殊历史条件下形成的一种双边安排，不应超出双边范畴。中国坚持走和平发展道路，奉行防御性国防政策，积极致力于同世界各国特别是周边邻国发展友好合作关系。中国始终是地区和平稳定的坚定维护者和区域互利合作的积极推动者。希望有关国家尊重这一事实，采取负责任态度，多做有利于维护地区和平稳定、增进互信的事。② 还有一条貌似相关的表态是，2010年6月2日，对于日本首相鸠山由纪夫宣布辞职一事，中国外交部发言人马朝旭表示，不管日本政局发生什么变化，中方都愿与日方一道，继续推动中日战略互惠关系持续深入向前发展。他说，鸠山首相在任期间，重视发展中日关系，为推动两国关系健康稳定发展作出了重要努力，我们对此表示赞赏。③

中国的表态与美国和日本的相关表态相比，具有鲜明的特色，基本

---

① http://news.sohu.com/20100625/n273066333.shtml.

② http://news.cntv.cn/china/20110623/112310.shtml.

③ http://news.sina.com.cn/o/2010-06-03/074917603592s.shtml.

上完全是防御性的，集中于对对方攻势的不满和自我解释，且仅涉及于己有直接关系的内容，对于对方的内部事务则完全不予置评，这反映出中国的战略思考和姿态与美日完全不同。美日之间的普天间基地问题对中国来说包含两重含义：一是基地调整的目的之一是为了更有效地应对中国的崛起，这对中国是不利的；二是美日内部的严重分歧也为中国提供了一个各个击破的良好时机，这对中国是有利的。但是我们从中方的表态中可以看到其两个特点：一是极少谈及美日基地调整的问题，偶尔谈到时对于其给中国带来的威胁的表述也很有分寸，二是对于美日的内部矛盾从来没有任何直接或隐性表态，采取了完全不干涉的立场。中国的这种行事风格，或许可以归于这些原因：

首先，中国一贯奉行和平共处五项原则来处理外交问题，严格遵循不干涉他国内政的原则，尤其对于美日这些国家的表态更为慎重。中国十分在意自己的国际形象，尤其是担心"中国威胁论"的渲染，一旦美日提到任何有关中国威胁的议题和用词，中国最直接的反应就是否定之后的解释说明，但这种解释所采用的往往都是多年不变的表述，只是成为一种"例行公事"般的习惯性应对而已，显然没有多少效果，也无法阻止美日继续提出类似的挑战。中国一再强调同盟是双边协定，不应超越双边范畴，但建立同盟的主要目的无疑就是针对第三国的，单纯去要求对方放弃同盟的基本属性，而不是采取更务实更有效的方式进行应对，显示出中国外交典型的防御性和被动性特征。

其次，对于美日之间的分歧缺乏认识。从历史上看，每当美国和日本之间出现分歧时，中国几乎都没有任何公开表态，而且也没有实施任何有助于促进自身利益的行动。比如在慰安妇问题上，中国曾是最大的受害国之一，但在美国国会通过谴责日本的议案后，韩国政府表示欢迎，而中国政府没有任何回应，这是出于照顾在历史问题上基本配合中国要求的安倍政府的面子，还是为了遵循一贯的不干涉内政的政策，现在不得而知，但是中国显然对于美日的分歧缺乏进一步的认识。在鸠山提出东亚共同体主张以后，美日关系开始紧张，中国也没有在以往政策的基础上作出任何明显的改变，没有对这一提议作出有实质性内容的回应。我们当然不能期待一个日本首相就能改变日美同盟的现状，但是如果好好利用美日分歧扩大这一机会，至少可以在相当程度上改善中日关系，尤其是改善双方之间的民意认识，如此也就不会再发生像中日钓鱼岛冲突这类完全由于民间情绪化行为导致政府没有退路的事件的发生。巧妙地利用美日分歧为自己的国家利益服务，与不干涉内政的一贯原则并不冲突，而且其中可以作为的空间也很大。意识不到这一点，就难以把握住相关机会。

再次，中国主要是以双边关系来看待三国之间的联系，缺乏着眼于三边的战略意识。对中国来说，中日和中美是两对相互独立的双边关系，中国也会分别进行处理，但没有意识到美日关系同时也会受到中国处理对美和对日关系的影响。反观美国和日本，在处理此类关系时，关注对方与中国关系的意识非常明显，美国对于中日关系具有明显的意图设定，希望维持中日之间的低烈度冲突；日本对于中美关系更为关注，而且随时都在与日美关系进行对比，试图以此来找出美国对日态度变化的蛛丝马迹，以便及时作出应对。当然，中国的风格显示出一种自信，但同时也表明缺乏一种更为宏观的战略眼光，表明中国从来没有设想过成为三边关系中的主轴，等于是默认了美国的主轴地位，如果潜意识中抱定了这一信念，就不太可能在对日关系上取得更大的突破。

# 第 八 章

# 三边关系的未来走向

　　当前，世界仍处于一超多强的格局中，美国虽然经受了金融危机的打击，但其综合实力仍将长期维持在明显超出其他国家的水平上，国内政治经济运行基本平稳，国际影响力的下降并不明显；日本在十年之内应该不会失去世界第三的经济规模排名，可持续发展能力仍出类拔萃，但其与中美的总体差距仍在拉大，其国内政治制约国际影响的局面还会持续；中国的发展速度仍将维持在较高水平，与国际社会的影响力也会进一步提升，但经济发展压力也会越来越大，不可回避的国内转型对外交的影响尚难以精确估量。目前看来，中美日在三边关系中互动的基本特征仍会大体维持，但三边关系的走向中也出现了许多不定因素。未来的三边关系如何演变，将会在很大程度上决定亚太地区的未来。

## 第一节　影响三边关系的基本因素

　　总的来说，国际政治中三边关系的形成、运作和演化，与三个相关国家的力量对比、利益诉求、相互认识、国际格局以及各自的国内政治密切相关，这些因素的重要性在不同阶段和在不同议题上各不相同，但都会通过不同渠道和方式对三边关系施加影响。

### 一　力量对比

　　国家间力量对比的变化始终是引起国家间关系变化的最深厚的动因。保罗·肯尼迪在《大国的兴衰》中分析了500年来世界上各大国的兴盛和衰落，结果清楚表明各国的国力增长速度不平衡，以及技术上和组织上的突破可使一国比另一国具有更大优势。世界上各大国的相对力量从来就不是一成不变的，一旦力量对比发生改变，或早或晚都必然会引发对自身利益和地位的重新判断和预期，并最终影响到三边关系的平衡。这一过程是渐进性的，其指标是客观的，但其作用效果往往还会涉及到其他两个主观因素，一是各国对相互力量对比的认识，二是力量对比变化的幅度是否足以改变有关方对自身主观需求的判断。

关于第一个问题，认识力量对比的变化必须客观，如果只是一种单方面的不全面的认识，感觉自己的实力可以帮助自己追求更多利益，那么由此而进行的冒险就不会达成目的，甚至导致三边关系出现对自己更不利的构架。如在太平洋战争前日本国内主流认识感觉自己已经足够强大，可以在与中国进行战争的同时挑战美国，这种错误认识最终导致日本失去了作为独立主权国家的地位。在第二个问题上，力量对比发生改变以后，有些国家出于某些因素的考虑，或者受制于某些因素，而无力或无意改变三边关系的形态，这样的情形也是存在的。比如战后以来的日本，在上世纪80年代其经济总量已经达到美国的60%，但一方面因为其政治和军事影响力的发展严重滞后，另一方面由于其对美国安全保护的过分依赖，所以力量变化没有真正反映到意识的变化上，就更谈不上相互地位的变化了。不过国家根据自身力量状况而调整外交目标是一个自然而然的正常过程，力量出现明显变化以后外交期待一定也会出现相应变化，但对这种变化的认识则可能五花八门，如当今愈发自信的中国引发的内外想象。

在西方，大多数媒体专家往往认为这种自信是自以为是，其态度和行为具有侮辱性，其趋势是反西方（尤其是反美的），重要的成因是最近的经济成功和中国在全球实力对比中明显的地位调整。相对来说，没有多少观察家援引中国对国际准则的普遍支持以及国内的经济社会局限来反驳上述观点。相形之下，中国的许多官方人士则极力辩解说，中国的自信只是为了捍卫核心利益和民族尊严，强调北京能力有限，而且继续奉行和平与发展的政策，不会开展任何霸权或者引发冲突的活动。此外，许多非官方的中国观察家认为，这种自信是实力对比和国际关系发生有利于中国的广泛变化所产生的正常后果。也许最值得一提的是，对于西方人视为对抗和挑战美国和西方准则的潜在危险行为，许多中国观察家却认为完全是对西方尤其是美国的挑衅行为作出的合理反应。[①] 不同的认识可能引发对国家走向的不同判断，甚至国家实力本身也可能因之受到误解，美国超过半数的民众相信中国的经济规模已经超过美国而成为世界第一，就是在媒体长期渲染下对国家力量的臆想，从而会对政府决策产生潜移默化的影响。这也从另一个侧面证明了国家力量在三边互动中的基础性作用。

## 二　国际格局

国际格局主要通过影响外部压力的方式来发挥作用，压力对三个国家可以是相同的也可以是不同的，导致的结果也不一样。如果三个国家面临同样的国际压力，它们就会趋向于忽视内部分歧而追求合作；如果压力不大或者各自感受到的压力不同，它们就可能选择不同的国际战略，三边关系可能也会随之而改变。关于国际格局对三边关系的影响，最典型的表现就是始于上世纪 70 年代初，一直到 1989 年终止的中美和中日相互和解，以及中美日三边关系处于黄金期的那段历史。当时的国际局势是苏联对中美日三个国家都构成越来越大的威胁，这种威胁的程度逐步超越了三国之间原本难以和解的阻力，导致三个国家水到渠成地结成准同盟关系。但是冷战结束后这一共同威胁就不存在了。美国学者戴维·布朗认为，中美日三边关系中最具戏剧性的变化是，两个世纪以来的第一次，三边关系不再被外部影响所界定。三国都凭借自身能力成为强大国家，并且可以界定它们自己的命运。在过去很多年以来，有很多事件导致他们共同感受到自身的脆弱。[②] 但这并不能说明，外部世界的影响就从此消失了，如在小布什政府发动反恐战争期间，国际格局也发生了剧烈的变化，打击恐怖主义成为世界的主要议题，但是中日之间的主要议题却是历史认识问题，尽管两国因此而关系冷淡，由于两国都认为有必要为了满足美国的需求而展开对美合作，所以国际格局仍然通

---

　　① 　Michael D. Swaine, "Perceptions of an Assertive China," *China Leadership Monitor*, No. 32, p. 7.

　　② 　Carl W. Baker, "U. S., Japan, and China Conference on Trilateral Security Cooperation," *Issues & Insights* Vol. 8 – No. 6, June 2008, p. 13.

过美国的作用来影响三边关系的架构。再如在 2003 年朝核危机爆发以及 2008 年金融危机发生之后，中美日三国都有迫切的愿望要维持地区安全和国际金融秩序的稳定，这同样也需要它们的合作。此外，国际调节机制也对三边关系的互动发挥着一定的影响，如果国际调节机制健全，三国之间的内部矛盾就更容易通过规范性手续予以处理，发生冲突的机会就更小。如在中国加入 WTO 以后，三国之间的贸易纠纷基本都可以通过这一机制来处理，单领域冲突对相互关系的影响就有所下降。

## 三　利益诉求

没有永恒的朋友，也没有永恒的敌人，只有永恒的利益。这是 19 世纪英国政治家帕麦斯顿勋爵的名言。国家利益的判断和追求始终驱动着一个国家的行为，它可能不是唯一的决定因素，却仍然是极为关键的因素。利益的判断反映一国政治精英对国内国际的认识和期待，继而转换为该国的政策和对外交往行为。利益分析中居于首要位置的是安全考虑。安全牵动着一个国家最敏感的神经，寻求自身的安全是国家行为最直接的驱动因素，历史上的三角关系多数是出于安全考虑而形成的，安全因素是决定生死存亡的问题，所以往往被放在利益诉求的首位。在确保安全的基础上，国家要发展就必然会涉及经济利益，而且经济本身也是组成广义安全概念的一个要素。尤其是在冷战终结后，经济因素在国际关系中的重要性明显上升，成为各国的利益判定中又一个突出的因素。而当代经济相互依存的特性也使国与国之间在经济上的互动关系日趋显著。此外，政治利益同样也会通过多种途径发挥影响，比如，在联合国的互动情况，在签署国际公约时的相互算计，在申奥及其他类似活动上的相互支持，在地区问题上的表态，等等。利益判断在很多情况下是比力量对比的变化更为敏感也更为重要的因素，作为行为体的国家可以在其中发挥很多主动性作用，比如日本的大战略被戏称为卡拉 OK 外交，背景音乐和节奏由美国来决定，日本的外交官决定穿什么和如何演唱。[①] 表面看来这与日本的实力地位不符，而且日本也并非没有改变这

---

① Takashi Inoguchi and Jain Purnendra Chandra, eds., "Japanese Foreign Policy Today: Reader," New York, NY: *Palgrave*, 2000, p. xv.

一状况的空间；但由于日本确信顺从意味着可以从美国获取安全、经济和政治等各种利益，而追求独立则不仅会丧失这些利益，而且还可能导致与美国的对立，所以日本从利益角度考虑就必须以放弃独立性为代价来维持对美关系的友好。而中国也将对美关系视为重中之重，轻易不会允许中美关系受到实质性伤害，不管这种伤害是否源自美国，毕竟，美国是唯一有能力给中国的崛起制造巨大障碍的国家。据美国记者宣称，中国领导人江泽民曾对同事说过："如果必须，我们可以继续向美国让步20年。"[1] 这里，利益判断就成为影响国家外交的一项显著因素，而中美日三国对各自在三边关系中的利益判断则在很大程度上推动着三边关系的走向。

## 四　相互看法

近年来，观念因素在国际关系中的作用受到了越来越多的关注。建构主义理论认为，权力和利益之所以具有意义和内容并因之产生作用，首先是因为观念使然。[2] 国家利益不是一成不变的，其再定义常常不是外部威胁和国内集团要求的结果，而是由国际共享的规范和价值所塑造，规范和价值构造国际政治生活并赋予其意义。[3] 利益不是存在那里等待被发现，而是通过社会互动而建构起来的。[4] 认同是利益的基础，[5] 而正面、积极的认同对于两国关系的发展也具有正面、积极的作用。影响三边关系中一个国家行为的观念包括多个方面，例如，对国家关键利益的看法，对自身能力的看法，对其他国家能力与意图的看法，对另外一对双边关系的看法，对国际体系作用的看法等等。相互看法也包括民

---

① Willy Wo Lap Lam, "China plays waiting game with U. S. " *CNN*, February 13, 2002.

② ［美］亚历山大·温特：《国际政治的社会理论》，秦亚青译，上海人民出版社 2000 年版，第 544 页。

③ ［美］玛莎·费丽莫：《国际社会中的国家利益》，袁正清译，浙江人民出版社 2001 年版，第 3 页。

④ Martha Finnemore, "National Interests in International Society," *Cornell University Press*, 1996, p. 2.

⑤ Alexander Wenda, "Anarchy is What States Make of It: the Social Construction of Power Politics," *International Organization*, 46, No. 2, 1992, 转引自倪世雄《当代西方国际关系理论》，复旦大学出版社 2001 年版，第 225 页。

间亲近感，亲近感越强，两个国家就越易于接近与合作；亲近感越弱，国家间就越容易疏离。影响亲近感的因素有历史的、意识形态的、政治制度的、文化的以及国家宣传的力度与程度等。在中美日之间的关系中，这些因素都存在，并不同程度地发挥着影响。如在中美之间相互都满怀爱恨情节，但所谓的恨并非不共戴天，只是对对方政府行为的不满；而中美民间的相互反感情绪并不明显，更多是一种特殊政治环境下的产物，一旦现实中的政治压力降低，两国民意中相互欣赏的一面很快就会自然显露出来，并始终维持着一定的稳定度。而在中日之间的情况则完全不同，中国民间对日本的仇恨是根深蒂固甚至近乎偏执的，日本对华的厌恶和反感也在不断的冲突之后变得稳固下来。这种观念因素对政府外交决策的影响可以很容易被观察到，日本政府宣布购买钓鱼岛之后，中国民众不仅出现了打砸日本厂商的行为，在无法接触到日本人时甚至以打砸同胞的日系车来出气，中国政府对日的强硬态度在一定程度上也受到了民意的裹挟。而 1999 年美军对中国驻南联盟使馆的轰炸所引发的中国民间反应却仅限于抗议示威，中美关系受到的冲击也相对局限且短暂。试想如果炸死中国外交官的不是美国而是日本飞机，中国政府恐怕很难控制国内的情绪，甚至还可能殃及社会稳定。

## 五　国内政治

国内政治对三边关系的影响，主要是通过影响其外交行为来实现的。不同党派或者相同党派内部的不同人员，都可能具有不同的外交理念和利益偏重，一旦发生权力地位的变更，新的当权者就要把自己的战略思路投入到外交实践中，从而带来显著或者不太显著的外交变化。比如，在克林顿政府后期，他可以在访问中国时跨越日本，而其继任者布什一上台就把中国认定为战略竞争对手，并极力强化与日本的关系。这一反差反映出两党和两位总统对中日战略地位的不同认识，如果政权没有在两党之间更迭，出现这种变化的几率就会小一些。此外，国内民意与社会舆论的变化，也会对外交施加影响。

内政影响外交最典型的表现，还是发生在日本。新世纪以来出现两个很明显的例子，一是小泉与安倍的对华强硬，二是民主党取代自民党掌握政权之后的对华友好关系密切。小泉执政时期三边关系的典型特征，就是美日关系的强化与中日关系的恶化。小泉敢于不顾对华关系受损而连续多年参拜靖国神社，除了对美关系稳定以外，其在国内获得的支持也是一个重要原因。小泉在日本的民意支持一直很高，甚至在2005年9月的日本众议院大选中，小泉带领自民党取得未曾预料到的优势选情，以致于其事先推举的比例代表候选人数不足，不得不把一名当选指标拱手让给社会党。小泉的强硬作风和改革行动为其赢得了如此巨大的胜利，以至于他可以放手在包括外交在内的领域里基本按照自己的理念来自由行事了。在安倍第二任内同样出现了这一趋势，因为经济改革而获得了史无前例的民意支持，使得安倍可以在对华外交方面也坚持强硬姿态，并大力推进他一直在追求的国家正常化战略。根据朝日新闻社和东京大学谷口将纪研究室的联合调查，在2012年底众议院选举的当选者中，89%的人赞成修宪，79%的人赞成行使集体自卫权。日本经济新闻和东京电视台联合进行的民调显示，关于安倍的外交政策，62%予以好评，大幅超过18%的持反对意见者。88%对中日关系有危机感，内阁支持率上升到70%，像这样就职以后连续两个月上升实属罕见。① 这一国内背景必然会赋予安倍坚持自身主张的底气，即使面临一定的国际压力也不会退缩。

在如何给中美定位的问题上，日本内政的影响也同样显著。民主党历来重视日中关系，尤其是其党首小泽一郎，一直与中国关系密切，在民主党首次获取政权之后，日本政府希望在外交领域实现自己独特的政治抱负，于是在对美和对华关系方面鸠山政府高层不断发出一些史无前例的"异样"声音。民主党首小泽2009年2月23日则表示："日中关系应该与日美关系一样紧密，以便组成一个等边三角。"② 鸠山在2009年8月17日表示："美日关系被过度偏向于防卫领域，现在是时候把我们的重心转移到经济联系上了。"③ 8月31日他再度宣称："一直到现

---

① 《安倍内阁支持率上升到70%》，[日]《日本经济新闻》2013年2月25日。

② Ozawa comment during a meeting with CCP International liaison director Wang Jia rui, February 23, 2009, see James J. Przystup, "Japan-ChinaRelations, NewYear, Old Problems," Comparative Connections, April 2009, at.

③ Mari Yamaguchi, "Japan opposition head seeks economic ties with US," *Associated Press*, August 17, 2009.

在日本都在适应美国的方便，但与其这样做还不如建立一个更加平等的美日关系，以便我们这边能够坚定地强调日本的主张。"① 鸠山还表示："有一种担心就是日本将被卷入美国在全球单边使用武力，日本的集体自卫权是日本在国际法下的权利，并不意味着日本自动有义务参加盟友的行动。"② 2009 年 7 月日本外相冈田克也指出："亚洲应该优先放在第一，然后才是日美同盟。现在有必要讨论美国的基地都集中在冲绳是否正常。"③ 9 月 17 日他再度表示："在上届政府统治下，日本的外交过分从属于美国。我希望发展一种能够表达我们自己思维的外交政策。"④ 防务大臣北泽俊美 2009 年 10 月 15 日表示："驻军协议的现有地位对日本是耻辱。"⑤ 四分之三的民主党众议员认为自卫队的海外行动应该被限制于维和与人道救援，只有 12% 支持派出自卫队为多国部队提供协助，包括后勤支援。⑥ 民主党政府希望终结长期支撑美军基地的冲绳人民承受的痛苦和负担。⑦ 这些表态反映出日本民主党所特有的观点，自民党不仅以前从未有过类似表态，而且在重新夺回政权以后也彻底抛弃了民主党政府的这些言论，重新回到近美遏华的老路上去了。日本前首相田中角荣也曾深刻指出：对于日本而言，日中两国的问题与其说是外交问题，不如说是国内问题。从明治以来百余年的历史看，任何一届内

①　"Voters Turn Out Ruling Party in Japanese Election," *The Washington Post*, August 31, 2009.

②　Yukio Hatoyama, "Kempo kaisei shian no chukan hokoku" as quoted in Leif-Eric Easley, Tetsuo Kotani, and Aki Mori, "Electing a New Japanese Security Policy? Examining Foreign Policy Visions within the Democratic Party of Japan," *Asia Policy* No. 9, January 2010, p. 12.

③　"Minister of Foreign Affairs Katsuya Okada," July 2009. From Bruce Klingner, "Japan's Security Policy: Navigating the Troubled Waters Ahead," *The Heritage Foundation*, November 9, 2009, http://www.heritage.org/research/reports/2009/11/japans-security-policy-navigating-the-troubled-waters-ahead.

④　Mure Dickie and Alec Russell, "Okada Seeks to Redefine Japan-US Relations," *Financial Times*, September 17, 2009.

⑤　Kyoko Hasegawa, "Japan Minister: US Troop Agreement Humiliating," *AFP*, October 15, 2009.

⑥　"DPJ Wary of SDF Missions Overseas," *The Japan Times*, October 5, 2009, at http://search.japantimes.co.jp/cgi-bin/nn20091005a5.html, November 4, 2009.

⑦　Kyoko Hasegawa, "Japan Minister: US Troop Agreement Humiliating," *AFP*, October 15, 2009.

阁都将如何处理日中关系视为最大的难题。① 正是因为执政理念的差别，导致日本不同党派将对美和对华关系放在不同的位置，进而对三边关系的架构也带来影响。

甚至在外交领域一贯受国内影响较小的中国近年来也出现了一些变化，内政对外交的影响逐步显现出来，导致外交决策更为敏感复杂。这主要表现在三个方面：一是社会对政府的施压能力在增强：中日建交初期民众对日本侵华记忆的深刻程度远远超过现在，当时还有很多经历过这一劫难的老人健在，中国社会也还没有接收到任何有助于改善日本在华形象的正面信息。但由于中央在外交决策中的权威性，一旦高层确定要改善对日关系，中国社会很快就接受了这一外交转型，没有出现任何向政府施压的行为；但经过 40 年的交往以后，不仅真实的战争记忆已经更为遥远，而且较之于过去日本为中国经济发展发挥的积极作用也远远超过消极作用，日系商品在华良好声誉也广为人知；但由于中国社会结构已经发生重大变化，民意成为政府决策中不可忽视的一个因素，导致后者受到前者越来越明显的掣肘。

二是各种有影响群体的利益诉求更为分化。国内不同集团出于各自复杂的目的纷纷试图影响政府决策，外交部门、商务部门、军方甚至地方政府都参与进来，导致政府处理外交问题时受到了越来越多的干扰。在谈到与中国的关系时，一名要求匿名的美国官员表示："现在我们不得不与各种机关部门打交道，关系极为复杂。"一名资深日本外交官说："我们也是经常搞不明白中国的意图以及谁说了算。"中国学者黄平表示，我们以前从未遇到过这类情况。这很麻烦，我们需要在所有机构之间更多地协调，也包括军队。沈丁立表示："这是中国政府比较虚弱的时候，结果不同的利益集团已经失控，缺乏协调和集中。"金灿荣认为："自胡锦涛以下，政治局常委当中没有具体分管外交的专门领导人……这意味着当政治局九人会议讨论国家大政时，没有一个真正专业的外交工作者在场。"外交部、中联部、国家安全部"这些专业外交政策集团的地位呈现出集体下降趋势"，随着众多社会政治力量可以在中国的对外交往活动中发挥影响，"要从高层精英到基层民众中塑造出对

① 林晓光：《日本对华舆情变动的深层分析》，《世界经济与政治》2006 年第 10 期。

某一国际事务的国内共识已经变得十分艰难了。"① 负责外交的国务委员戴秉国并非政治局的成员，而政治局里面却至少有两位军人和一位企业界代表。在政府一再强调要对外发展友好合作关系的背景下，一些退休和在役军官却总是在国内媒体上发出一浪高过一浪的强硬言辞，引起美日各界普遍的迷惑与质疑，② 甚至这也引起了中国学者和官员的注意。楚树龙说："这不是军队应该做的事情。这些人不代表政府，但他们发声时就引发了国际反响。"吴建民表示："我们对于媒体上写的那些东西不高兴，我们外交人员已经告诉他们不应该那样做，但是他们说，这又能怎么样？要让美国人听到不同的声音。"沈丁立表示，中国的一些领导人可能支持发出混合的外交信息以测试美国和日本："平民政府可能认为那没有危害，毕竟如果他们成功了，那可能推进中国的利益。"③

三是国内社会问题的多发对外交的影响也愈发常见。具体的如王立军事件、陈光诚事件、毒饺子事件；宽泛的如环境污染的播散、贪污腐败的蔓延等等，都在通过各种具体案例表现出其对中国对外政治与商务往来的影响。中国学者王缉思也不无忧虑地指出："我主要是对中国社会的发展方向比较忧虑，比如道德底线和公信力的缺失、生态环境的破坏、贫富差距的扩大等等，这些问题对中国外交和国际形象有越来越大的影响。"④ 越发复杂的国内因素究竟对政府决策发挥了何种作用很难去量化，但其效果是非常明确的，而且这在中美日三国中都越发显而易见，由此也导致三国处理三边关系的难度越来越大。

莫顿·阿布拉莫维茨认为，中国、日本和美国的三边关系是当今最

---

①  金灿荣：《在中国，谁管外交》，《世界知识》2012 年第 4 期。

②  2011 年末，美国布鲁津斯学会专门召开一个由中国问题专家李成主讲的分析中国国内强硬人物的公开研讨会，其中就提到中国军方分别具有少将和大校军衔的四位在役和退休人员，他们总是发出对外强硬言论，但美方并不清楚他们对政府决策的影响力。

③  John Pomfret, "Dispute with Japan highlights China's: foreign-policy power struggle," *The Washington Post*, September 24, 2010.

④  王缉思：《笔谈：世界发展趋势、美国对外战略与中美关系》，《美国研究》2012 年第 3 期。

重要的三边关系，地区和全球经济一体化以及与日俱增的开放性、流动性和民主化正在改变美中日关系，对东亚的大国关系来说，未来十年有望成为积极的十年，只有国内政治或激进的民族主义能够破坏这种前景。① 这一现实是无法回避的，三国政府只有拿出更多的智慧和努力，才能将国内因素对三边关系的负面干扰降至最低。

## 第二节　影响三国合作与冲突的现实因素

除了上述基础性因素以外，还有一些更为具体的现实因素，会对三边关系的演进发挥明显而直接的作用。一旦这些因素中的一条或几条发生变化，三边关系可能也随之迅速出现波动甚至颠覆性改变，但这些因素仍会受到基础性因素的主导，并在其基本框架内发挥作用。

### 一　中国的发展前景与外交姿态

作为三国中客观上变化最显著的国家，中国的崛起已经对三边关系带来了强烈的冲击，在经贸领域促进了三国的合作，而在安全领域则强化了美日联合对华的态势。在进入21世纪第二个十年后的今天，由于中国的发展及对其前景的预测更为错综复杂，使得中国因素几乎成为影响未来三边关系走向的核心因素。从经济发展和社会稳定的角度来看，美国和日本发生巨大变化的可能性不大，而对中国来说，由于其预料中的经济减速已经逐步显现且其可持续发展能力明显不如美日，同时伴随着经济快速发展而未能及时化解的社会矛盾也愈发尖锐，导致中国的发展前景较之于以往出现了大得多的不确定性。中国经济是否能够维持适当高的速度以保证国内就业与稳定和维系正常的国际贸易关系，中国的军力发展是否能够在提高塑造自身利益能力的同时也可以得到美国的理解和包容，中国的社会问题是否能够在不影响社会稳定的前提下得到逐步解决，中国的政治改革是否能够迅速开

① Morton Abramowitz, "The Globe's Most Important Relationship," *YaleGlobal*, 8 January 2008.

始并稳步实施以适应经济发展和社会进步的需求，这些问题相互结合将在很大程度上决定中国未来的命运，同时也会对三边关系的演变构成重大影响。

外国学者对此有大量的分析和判断。约瑟夫·奈表示，中国的内部发展依然保持不确定性。最大的危险是三国之间升级的敌意变成一个自我实现的预言。[①] 美国学者卡尔·贝克认为，对于美国而言，未来关系中的两个关键变数是：中国的政策是否符合美国的利益，亚洲第一经济大国是日本还是中国。如果中国支持美国且经济上居主导地位，那么美国将重视中国而使日本边缘化；反之如果中国不利于美国，那么美日同盟将变得更为重要，而中日关系的影响将微乎其微。[②] 亚洲问题专家阿龙·弗里德博格表示：可以肯定的一点是中国意图扩大其在亚洲及世界的影响，其次肯定略带保留的一点是中国意图削弱美国在亚洲的存在与影响，一般肯定但带有很大保留的是中国意图取得在亚洲的3/4大陆领土上的优势地位。[③] 日本决策者也曾表示："中国崛起的重要性可同19世纪中叶后的德国和日本崛起的重要性相匹敌，也有人认为可与美苏超级大国出现相匹敌"。由此断定，"恐怕最大、最难的课题就是中国"。[④] 高原明生相信，日本认为中国在追求和平与发展政策时面临两难境地。中国说需要一个和平的发展环境以便发展，可是中国一旦发展，它的国家规模和建立强大军力的决定就会对邻国构成威胁。[⑤] 因此中国面临艰难的抉择，而其决定也将对世界构成影响。日本学者松田康博认为，中国的发展有四种可能前景：在与国际社会不断融合的过程中，中国如果采取合作态度则会成为协调大国；虽然这个方面不断发展，如果中国拒

---

①　Joseph S. Nye, "The Future of the Japan-U. S. Alliance," *Carnegie Council*, May 21, 2008.

②　Carl W. Baker, "U. S. , Japan, and China Conference on Trilateral Security Cooperation," *Issues & Insights*, Vol. 8 – No. 6, June 2008.

③　王雅平：《中国在亚洲的角色》，卡内基中国透视 2007 年 4 月。

④　Brad Glosserman, "Japan-U. S. Security Relations: A New Era for the Alliance?", *Issues & Insights*, March 2005, p. 49.

⑤　Akio Takahara, "Japan's Policy Toward China in the 1990s," from Ezra F. Vogel, Yuan Ming, Akihiko Tanaka, "The Age of Uncertainty The U. S. -China-Japan Triangle from Tiananmen (1989) to 9/11 (2001)," p. 268.

绝国际合作，选择单边主义，追求霸权，则会成为霸权大国；如果中国发展遇到挫折，不得不向其他国家请求援助，则会沦为破绽大国；如果发展遇挫后，采取诸如向海外寻找替罪羊等外交方式勉强维持政权的措施，则变成无赖国家。① 日本一个研究所的报告认为，2020 年的中国可以有四种不同的表现，成熟的大国（最希望出现的），霸权的大国（不希望出现的），不成熟的大国（可能性最高），不稳定的大国（不希望出现的），秩序崩溃（可能性不大，但出于危机管理考虑，值得深思）②不同的发展前景，对日本的影响显然也不同。

中国学者高元新则总结了美国对华发展前景的多种认识：近期，由于竞争导致的机制发挥了强大的影响力。其中两个最重要因素，一是中国经济增长率，二是中国国内政治的发展轨迹。如果中国经济继续发展和强大而在政治体制改革没有显著变化，与美国的竞争可能加剧。不过，在中美关系滑向日益竞争和公开对峙之前，其他因素可以扮演"刹车"的角色。乐观主义者指出的"刹车"因素正在增强，如在经贸关系的不断扩大中，双方取得互利，是保障中美关系和平的重要力量。新近涌现的中国"新思想家"很少持有零和的态度，他们坚持以现实政治的方法保持与美国的关系。在两股相反力量的碰撞下，中美双边关系将继续保持一种受到抑制和限制的相互竞争的特点。中国力量增强导致中美之间竞争增强的内在趋势，与中国民主化产生的中美合作趋势，两种趋势能否抵消呢？纯粹的现实悲观主义者认为，崛起的民主中国的政策将与崛起的专制中国没有太大区别。自由悲观主义者认为，更开放的政治体系，在一段时间内将导致更强硬的民族主义和对外政策。中国转变时期的危险航程，将是美国未来面对的最大地缘战略挑战。③

中国是世界第一的人口大国，世界第二的经济大国，以及排名靠前且能力不断改善的军事大国，拥有核武器和联合国安理会的否决权；同

---

① ［日］松田康博：《与不确定的中国面对面》，［日］《世界》月刊 2010 年 9 月。

② 《日本的对华综合战略》，日本和平幸福繁荣综合研究所发布，2008 年 6 月。

③ Meyerson Harold, "How we help China; the shining city on a hill needs repair," *The Washington Post*, Mar 31, 2010, p. A17.

时中国的政治制度和意识形态又与美日截然不同，而且中国发展过程中积累的越来越多的问题也开始集中爆发，这一系列因素都导致美国和日本无法像看待朝鲜那样来看待这样一个捉摸不定的巨人。虽然"从历史上可以看出，美国倾向于夸大每一个力量增长的国家，先是苏联，然后是日本，现在是中国"，① 但中国却是与苏联和日本截然不同的国家：它不像苏联集中发展军工产业，而是首先发展经济并且与美国建立了史无前例的密切经贸联系；它不像日本始终处于美国的控制之下，而是奉行独立自主的原则且发展势头与潜力都超过日本。中国在崛起阶段通过利用美国提供的国际秩序和公共产品获得了成功，但在美国的战略压力和日本的地缘压力的共同作用下，中国始终对这两个最大的贸易伙伴试图施加的各种干涉保持着警惕，并随时准备在涉及到核心利益的议题上作出坚定应对。这是一种异常复杂的关系模式，有人提出美中两国更像二战结束后的法德两国，虽然是敌人，但却具有足够的智慧彼此拉近距离。中美之间的关系也被称为凉战（cool war），即两国实际上是对手，但两国实际上的繁荣也需要彼此。② 这是不同于冷战（cold war）的一个概念，美国太平洋司令部司令洛克里尔表示："尽管美国和中国之间的竞争不可避免，但冲突却并非如此"，"我们的方针是把握住摩擦和破坏性的竞争，并发展我们两国一直可以合作的领域"。③ 话虽如此，中国的崛起已经对日美同盟提出了很多新问题，其中有两点是十分清楚的，即日美两国对中国经济发展带来的机遇垂涎三尺；如果中国变得具有攻击性并且带来威胁，日美将捍卫自身利益；而相对模糊的问题是，日美该在哪些情况下合作、在哪些情形下分开行动。④ 因此，中国自身的演变以及美日对上述模糊问题的判断和反应不仅会决定其各自的对华

---

① 王雅平：《中国在亚洲的角色》，卡内基中国透视 2007 年 4 月。

② Noah Feldman, "The Unstoppable Force vs. the Immovable Object," *Foreign Policy*, May 16, 2013, available at http://www.foreignpolicy.com/articles/2013/05/16/china_ united_ states _ cool_ war_ power.

③ 《海军上将表示中美两国基于共同点发展关系》，美国国务院国际信息局，2013 年 5 月 22 日。

④ ［美］斯科特·希曼：《没有永远强大的同盟》，［日］《每日新闻》2013 年 3 月 10 日。

政策，也会从很大程度上影响三边关系的未来。

## 二　日本追求正常化的方式与表现

日本追求国家正常化的思潮在上世纪 80 年代就已经出现，只是由于国际格局尚未发生明显改变，其政治意味和迫切性在日本内政外交中的表现还不明显。安倍接任小泉就任日本首相之后，作为一个典型的民族主义者，安倍首个任期内的核心目标就是实现以修改宪法、修改教育法，建立国家安全委员会为核心的国家正常化。此后从安倍离任一直到民主党政府下野，日本国内追求国家正常化的努力似乎并不明显，但要求修改基地调整计划、有关拥有核武器的讨论、实现三边对等外交的说法、建立东亚共同体的呼吁、停止在印度洋的加油活动、独自开展对朝秘密外交活动等，都透射出日本政府追求更大独立性的政治意愿。安倍再度上台以后，不仅明确声称要修改宪法，而且开始按部就班地将其具体计划付诸实施。更为重要的是，经历过民主党政府挑战美国底线、遭遇海啸袭击以及与中国的正面对抗之后，以往一贯比较被动的日本民意也逐步在修宪问题上接纳了政府的主张，虽然民众对于国家是否正常的关注仍然远远比不上对国家面临威胁的担心，而对威胁的担心又远远不如对经济复苏的重视，但在日本政客和媒体的反复渲染下，修改宪法及获得集体自卫权已经为越来越多的民众所理解（不一定是支持）。虽然在修宪过程中还面临着许多具体困难，但日本修宪的社会氛围已经进入历史上最成熟的阶段。

日本追求正常化的具体举措包括很多方面，最典型的外在表现就是修改宪法，在政府机构设置方面也会进行一些调整。但是其实际触及的领域却复杂广泛得多，看似纯粹的内政问题也几乎必然会对国际关系带来显著冲击。首先，一个正常国家拥有独立的外交决策权、正规的可自主控制的国防军，领土上不应驻扎大量的外国军队，即使驻扎也要由所在国对其拥有管辖权，更不能允许其拥有治外法权。但如果追求在这些领域的权利，日本几乎必然会与美国发生冲突。单单因为在基地调整这一个问题上的分歧，就已经部分导致多个日本首相辞职，如果日本追求更大范围内的自主权，如何协调与美国的关系将是一个非常棘手的问题。虽然在共同的压力面前日本不太可能过分挑战美国在日的特殊地位，但由于从本质上说其正常化的最大障碍就是导致日本不正常的美国，所以日本在追求正常化的过程中和美国发生性质与程度各异的冲突几乎是难以避免的，美日关系因此也存在一定的变数。

其次，日本追求国家正常化，重新解释历史是其中的重要一环。安倍理解的国家正常化的重要组成部分就是要打破所谓"自虐"的战后史观，通过对历史的重新解释来彻底抹除作为侵略者和曾经犯下反人类罪的旧时日本形象在国内的印记，提高国民的民族自豪感、归属感和爱国主义情怀，其中必然会涉及到历史上多次引发日本与相关国家冲突的在参拜靖国神社问题、修改历史教科书问题、慰安妇问题以及政府在历史认识上的表态等诸多问题。2005 年在美国布鲁津斯学会访问期间，安倍在关于历史问题的表态中还说："我不认为我们已经完全解决了这些事情，我想这是我们存在的问题，并且将会始终存在我们与那些国家之间。"① 再度当选之后，安倍视察自卫队时选择乘坐 731 号战机，宣称要修改村山讲话精神，变相否定日本二战期间对亚洲国家的侵略，多次在参拜日向靖国神社赠送贡品，其副手麻生则直接参拜靖国神社，挑战中国和韩国的用意十分明显。

实际上日本政府此举也引起了美国的严重不安，不仅迫使美国国会在 2007 年通过了谴责安倍政府在慰安妇问题上表态的议案，而且在安倍再度当选以后，连一贯对此保持沉默的美国行政部门也不得不对日本地方官员在慰安妇问题上肆无忌惮的言论表示震惊，称其"荒谬绝伦并带有侮辱性"。作为战胜国，美国同样对日本试图否定战后秩序的尝试不满，实际上美日关系中同样存在历史问题，一旦日本与邻国的历史认识争端激化，不仅会干扰美日韩三国同盟的效力，更有可能因为涉及到战后秩序的合法性而迫使美国作出表态。日本始终坚持在历史认识问题上的顽固态度，除了常见解释如天皇未被追责、美国为应对朝鲜战争而纵容日本旧军阀重返政坛、特殊的文化传统等以外，还有两个更现实的原因：一是历史认识已经淡薄，像中曾根康弘那样经

---

　　① Shinzo ABE, "Miles to Go：My Vision for Japan's Future," May 2, 2005, p2. Available at http：//www. brookings. edu/fp/cnaps/events/2abe20050502. pdf.

历过二战，打过仗的人，不会轻易向美国道歉；但是，他们却觉得不得不向亚洲国家，特别是向中国道歉。但是年纪越轻的人，想法就越相反。越年轻的人越认为向美国道歉暂且不说，怎么能向中国、韩国、朝鲜道歉呢？因为对战争进行总结造成的空白使年轻一代人这样的意识越来越强了。① 二是因为历史问题在中日关系中具有特殊的敏感性，日本政客可以根据需要利用这一外交问题来获得国内收益，因而不会轻易放弃这个筹码，总是会不时挑起事端。所以，历史问题仍是一颗定时炸弹，今后可能不断引发日本与相关国家的冲突。

再次，日本与邻国的领土争端问题同样会受到影响。修改宪法的核心目的之一是修改否定日本国家交战权的第九条，这意味着修宪之后日本可以采用主动攻击的方式来维护其国家利益，这将极大改变东亚地区的安全格局和相关国家的心理感受。② 在安倍的安保法制恳谈会提交的报告中，日本政府甚至希望将行使集体自卫权的对象国扩大到美国以外的国家。③ 日本已经采取措施增大军费投入，购买更多先进武器，打破武器出口三原则的限制，更为频繁地举行针对性明显的夺岛演习，加强在离岛的军事部署，在与中国的钓鱼岛冲突中始终保持强硬，甚至一度出现剑拔弩张，军事冲突一触即发的状况。如果正常化后的日本在制造和出口进攻性武器、在海外建立基地、进行预防性打击等问题上自我解禁，则必然会引发中国的担忧并作出相应部署，中日两国军队发生正面冲突的风险也随之增加。

第四，日本正常化之后对美国的依赖必然会降低，这对日美关系是一个更大的考验。在日中钓鱼岛问题冲突激化以后，日本国内越来越多的官员和政策分析人员相信，虽然日本应该强化日美同盟，但更应该强化自身独自应对中国挑战的能力。日本试图降低对美国的依赖并非是正常化所追求的目标，因为他们明白日本价值的下降必然会导

① 《战争、靖国、反日——日本在发挥新国际主义方面的责任》，［日］《东洋经济》周刊8月6—13日。

② 自民党对日本防卫大纲的修订意见中提到，应具备对敌基地攻击能力和海军陆战队机能这两项"先发制人"机能。参见《防卫不能超越限度》，［日］《东京新闻》2013年7月7日。

③ ［日］山室信一：《让宪法崩溃的危险之路》，［日］《世界》2013年10月。

致原本就准备在日中之间保持平衡的美国更不情愿去为了日本与中国发生正面对抗，① 实际上中国变得越强大，日本可依赖的美国安全保障就越少。对日本而言，应对其安全困局的合乎逻辑的做法是加强它自身的、传统的威慑力量。② 而正常化为此提供了名正言顺的理由。在正常化过程中，日本通过强化独立的自我防御能力，既可以提高对华博弈的资本，也能满足美国一贯的要求。但是军事正常化一旦启动，很难保证日本的期待不会超过美国预设的限度，日本"越界"则会改变其正常化的性质并迅速遭致美国的疑虑和担心，美国已经在采取措施通过强化合作来提高对日本军队的控制力，今后日美之间的控制与反控制的斗争也会进一步趋于激化。

当前日本面临着三种分裂状态：一是如何摆好自己在中美之间的位置。澳大利亚学者怀特认为，从许多方面来讲，日本是亚洲未来秩序难题的症结所在。随着中国实力的增长，日本会发现自己面临一种难以立足的局面：其安全要靠它最大的两个贸易伙伴之间的关系在一定程度上保持冷淡，可是它的繁荣又要靠它们建立并保持密切、稳定的合作关系。只要日本靠美国来保护自己不受中国的威胁，那么美中关系出现改善，它就会感到自身安全受到威胁；但是如果美中不保持良好的关系，日本自身的安全也很难维持。这就是说，日本必须停止依赖美国来保护它不受中国的威胁，只有这样，日本才能平静地看待美中关系变得更加紧密。③ 但这一前景当前没有实现的条件。所以日本只要谈到自己的外交，几乎无一例外要同时涉及美国和中国，而且每次都难以得出一个如何在中美之间摆正自身位置的最终结论。

---

① 美国在中日钓鱼岛争端中的表态对日本的心态造成重大影响。美国国防部相关人士曾指出，大多数美国民众都不会理解为什么要在一场争夺一个无人岛屿的战争中让美国的年轻人流血。参见佐佐木类《美国在尖阁诸岛主权问题上保持中立》，［日］《产经新闻》2012年9月19日。也有自卫队和防卫省人员表示，"不能恳求美国陆战队强登被夺岛屿"，"盟国可以帮助我们，但不会与我们共命运"。参见铃木泰宏《日本意在离岛防卫方面摆脱对美依赖》，［日］《每日新闻》2013年6月18日，以及大岛隆发《日本机遇实现自主性离岛防卫》，［日］《朝日新闻》2013年6月19日。

② Brahma Chellaney, "Japan's security dilemma," *Japan Times*, Aug 6, 2013.

③ Hugh White, "Why War in Asia Remains Thinkable," *Survival*, Volume 50, Issue 6, 2008.

二是如何处理国内不同党派之间的分歧。日本民主党三年统治的最大遗产就是日本国内重新出现了有关日本外交政策的一场长期辩论。日本主要政党之间十分严重的分歧在于，民主党愿意解决日本在亚洲的历史问题，而自民党的行列中则包括许多公然为日本 20 世纪三四十年代的殖民主义和战时扩张辩护的人。① 此外，自民党无条件支持美日同盟但在如何对待亚洲的问题上存在分歧，民主党在地区整合问题上团结一致但对于同盟则意见不一。② 民主党对于中国的威胁抱有更加良性的看法；而自民党对跨太平洋战略经济伙伴关系协定的支持更多是凭借该协议的反华意图，也是为了对美国人采取绥靖政策，而不是凭借其对日本经济的影响。尤其是考虑到大约 160 位自民党国会议员是在表态反对跨太平洋战略经济伙伴关系协定的一项政纲，并对农业合作社协会表示支持的情况下当选的，③ 就更容易理解安倍政府对加入跨太平洋战略经济伙伴关系协定谈判的复杂考虑。

三是日本民意与官员的意见分歧。在涉及国家正常化的问题上，日本国内各种机构进行了大量连续的民调，结果显示虽然民众对修宪和获得集体自卫权等议题的支持度有所上升，但政界官员与民众的认识差距仍非常显著，前者对此态度非常积极而后者则多数无心于涉及到战争权的政改，只是认为宪法中有关国内政治与社会生活的很多规定已经过时，有必要加以重新考虑。当前安倍的"三支箭"经济计划为其带来了高支持率，也为民众容忍其修宪举措提供了支撑；但如果安倍在国内失败，社会对修宪问题的关注将会再度让位于经济复苏问题，民众对安倍追求国家正常化努力的支持会与官员拉开更大距离，美国学者甚至设想了一种最糟糕的结局，即经济上绝望的日本很可能会一边转向致命的民族主义，一边具有讽刺意味地，更深地投入中国的怀抱，从而破坏美

---

① 2013 年的战败日有 168 名日本议员参拜靖国神社，创下 1987 年统计到场人数以来的新高，其中 132 人是自民党籍议员。

② For an incisive analysis of these differences, see Takashi Shiraishi, "Is it possible to create an East Asian community?" *Chuo Koron*, January 2006, pp. 118 - 127.

③ Daniel Sneider, "Japan: Daunting Challenge," *The National Interest*, March 1, 2013, available at http://nationalinterest.org/article/japans-daunting-challenge - 8144? page = show.

国的亚洲战略。[1]

因此，日本在追求国家正常化的道路上究竟作出何种具体选择，以及对现状如何进行修正，将会直接影响到包括中国和美国在内的国际社会对日本的认识，它们作出的回应以及日本随后与之的互动，必然会给三边关系的演变施加更多复杂的难以预料的影响。

### 三　美国国际地位的变化及其外交选择

目前为止，美国已经成功通过多种方式来满足自身在东亚的利益需求：第一，通过在东亚的辐轴架构安排来维持自己域外平衡者和仲裁者的地位；第二，通过与重要的友好国家建立同盟关系来阻止地区内出现排他性的区域合作；第三，通过与地区内最强大的国家建立相对稳定的关系来维持整个地区的稳定和自我获利的空间；第四，通过保持对地区内主要国家的控制或遏制能力来影响其演变方向并进而主导整个地区的秩序。这种理想化的安排可以在无论地区内国家如何发展变化的情况下都能确保美国具有绝对的优势地位和相对突出的控制能力。

维持这样一种理想状态同样也对美国自身提出了很高的要求：美国必须始终在硬实力领域保持自己的霸主地位，要具备控制接触与遏制分寸的相当娴熟的技巧，要确保自己的软实力始终能够在东亚发挥积极有效的作用，还要有能力避免国内政治与社会演变对实现这一外交战略产生过于明显的干扰和制约。从目前美国的国力和国际影响来看，维持这一状态的积极与消极因素并存。积极因素包括：东亚地区内部矛盾没有消解淡化的迹象，这为美国从外部施加影响提供了必不可少的条件；由于美日同盟对日本的价值依然显著，东亚内部的区域合作尚无法真正摆脱美国的影响；中国的崛起还没有得到东亚其他国家的充分接纳，美国的平衡作用依然受到欢迎甚至期待。

但与此同时，美国也面临着很多现实挑战：第一，中国和日本的发展前景都存在一定的不确定性，在这种条件下保持在中日之间的平衡会

---

[1]　Andre Stein and Miro Vassilev, "The TPP, Abenomics and America's Asia Pivot," *The Diplomat*, August 06, 2013, available at http: //thediplomat. com/2013/08/06/the-tpp-abenomics-and-americas-asia-pivot/.

变得愈发复杂困难；第二，在国力对比和对外认识不断变化的背景下，美国自身的发展前景和对东亚地区的利益诉求也并非一成不变，同时美国国内政治与社会演变的复杂化还会加剧这种不确定性，尽管其程度似乎不如中日的情况明显，但在内政与外交都更难预测的时刻，是否能够协调好内政与外交的关系并保持外交相对的稳定，将是对美国政府的一个新考验；第三，东亚地区出现了越来越多的史无前例的变化与挑战，两个亚洲大国首次势均力敌，中国经济总量与社会矛盾同步增长，日本经济规模与政治诉求出现反向互动，中日出现第二次世界大战结束以来最严重的军事冲突风险，这些变化直接对当事国带来了冲击，也给客观上实力下降而主观上控制东亚的意图并未减少的美国带来了更大的麻烦。

基辛格曾对冷战后的美中日三角关系及美国在其中的作用作了精辟的阐述："美国是使日本与中国虽然互相疑忌却还能共处的关键角色"。① 美国的作用无疑是举足轻重的，但是美国会逐渐发现自己心有余而力不足，这种力量的不足既来自于中国的逐步崛起和中日关系的愈发复杂，也与美国内政和社会变动给其外交带来的不确定性密切相关，因此美国像以往一样对三边关系进行管理的难度会不断加大。一方面美国与中日的融合越来越深，另一方面，美国与中日各自的矛盾也在与日俱增，某些东亚所特有的影响因素如历史认识问题也会显著增加三国相处时的复杂性。在这一背景下，作为仅存的超级大国，美国如何界定中日变化带来的是机遇还是风险，如何把握自己在三边关系中的地位，如何协调内政与外交的不同要求，如何解决能力与意图之间的差距，如何在东亚地区妥善完成从冷战结构到战后结构的转化，都会最终在三边关系方面体现出其影响和作用。

## 四　突发事件的影响

在中美日三国之间，利益交叉的不断深化和机制化交流的逐步成熟会有效减少三国之间大规模的严重冲突，至少使之处于可控状态。从主观意图上说，没有任何一个国家的政府希望通过发动一场大规模的军事行动来打击甚至摧毁三国中的其他国家，因为这不符合任何一个国家的

---

① ［美］基辛格：《大外交》，顾淑馨、林添贵译，海南出版社 2001 年版，第 798 页。

根本利益。即使在陷入冲突边缘的时刻，如中日之间发生钓鱼岛冲突时，虽然两国军方都不断通过媒体发声、联合演习和正面对峙等方式来表现自己并不怯战，但几乎所有的政策分析人员都认定，中日之间不会发生大规模军事冲突，因为这些国家的政府都是理性的，相信战争只能带来双输，但这并不意味着突发事件不会对双边关系造成冲击，实际上，中美撞机事件、中日撞船事件都对两国关系造成巨大冲击，它们开始完全是一个偶发事件，可是一旦在第一时间没有得到妥善解决，事态的演变很快就超出了各自政府可控的范围，并导致两国国民的严重对立。

中美之间可能出现的最严重的问题是什么？并非价值分歧、经贸争端、军事冲突这些看似严峻的传统议题，因为双方在处理这些纠纷时已存在一定的默契，只要理性占着上风，两国政府都不会允许不可收拾的局面出现。而真正的风险在于，一些严重的突发事件在极端民族主义情绪的渲染、军工复合体的推动、利益集团的绑架、内部派系斗争导致的矛盾外化的激发下，迫使骑虎难下的中美最高层有意无意作出非理性决策，随后事态的演变就超出各自的控制能力了。中日之间的情况更为严重，因为在双方的决策过程中，历史记忆与社会心态都会产生明显影响，导致任何决策都可能受到舆论的显著干扰，在这种环境下两国之间一次微不足道的冲突都很容易被媒体和民意自然放大，导致冲突不可避免地升级，国内压力也会迫使两国政府无路可退，只有任由升级持续直到战争边缘。由于机制性强的关系，美日之间的情况要好一些，但突发事件同样会对双边关系造成冲击，这是因为社会因素在政府决策中的影响不断提升，如冲绳发生美军强奸当地少女事件的社会反响一次比一次强烈，这在日本政府要求修改基地调整计划的决策中发挥了重要作用，随着日本自主性的不断增强，美日关系中突发事件的影响效果也会越来越明显。

2013 年 6 月，美国卡内基基金会发布了一篇长篇研究报告《2030年的中国军队与美日同盟》，其对中国与美日发生军事冲突的预测相对悲观，其中提到在今后 15—20 年中，政治与外交关注的最重要领域包括：中美日在领土问题上，尤其是钓鱼岛和台湾问题上存在的重大政策分歧以及由此引发的紧张关系；涉及到在日本附近空域和海域，尤其是在日本和中国专属经济区内军事资产的行为准则；在争议海域开发经济资源的做法；以及海上运输线的安全问题。实际上在这些涉及到安全的议题上，三国政府的应对都比较慎重，富有刺激性和挑衅性的举动主要出自于民间、地方政府或下层公务人员，但是，恰恰是这些人制造的麻烦最终要由中央政府来接手承担，并且不得不在面子和利益之间作出艰难选择。如果三个国家中的任何一个危机应对机制不成熟，都可能导致危机的迅速升级，并对三边关系的整体架构带来冲击。所以偶发事件看似无关紧要，但世界剧变往往都是由偶发事件引起的。

## 第三节　各国对于三边会谈的认识

客观来说，中美日三国对于三边关系的重要性是有共识的，尽管在不同国家的视野中，其重要程度可能会有些许差别。在目前有关三边关系的讨论中，举行三边会谈无疑是共识最多的，而且也与现实的距离最近。为了应付三边关系中出现的问题，三国学者们十几年前就开始酝酿有关三边会谈的问题，举行过多场有三国学者与官员共同参与的会议，还一再试图说服三国政府参与其中并逐渐成为主角。但是在 2009 年 7 月那场拟议中的三边官方会谈取消之后，这方面一直就没有更新的进展。

### 一　目前三方的官方态度

关于三国政府在举行三方会谈问题上的认识和态度，目前出现了各种说法。有人说是日本首相桥本龙太郎首先提出了这一想法，但中国一直担心被美日同盟夹击而没有跟进；2007 年时曾有过召开三边对话的提议，但由于当时的韩国总统卢武铉强烈反对，加上美国担心会对六方会谈造成负面影响未能实现；2009 年为应对金融危机，中国首先向美国提出举办三边会谈，美方又将这个建议转达给日方，日方迟疑了几个月之后表示接受。[①] 但随后又可能因为担心日本政坛的更选等原因而搁

---

① 参见刘新宇、任中元：《中美日首次三边对话启动内幕》，《环球》2009 年 7 月 30 日

浅。在那之后中日关系因为钓鱼岛问题而变得紧张，三边会谈就没有下文了。

在政府层面，最早出现的是就某些具体议题而展开三边讨论的呼吁，如 2005 年时美国常务副国务卿佐利克曾建议中美日三国共同研究历史，以帮助化解中日之间因为历史问题而出现的紧张气氛；2010 年 10 月，希拉里在越南河内宣称，美国愿意为了帮助解决中日钓鱼岛争端而召开一次三边会议。除此之外，真正意义上的有关三边会谈的建议也不断出现。2009 年 2 月 19 日，在接受日本《朝日新闻》采访有关三边会谈的问题时，希拉里表示："我认为这是一个值得探讨的想法。美国有着在中国、日本和本国之间建立一种合作关系的强烈愿望。因此，我们将征求这两个国家的意见，看看是否有机会展开三边对话。"① 2010 年 11 月 2 日，希拉里在马来西亚又作出表态说："我之前表示过，如果美国与中国和日本的三边会谈能推动对话，会谈不仅限于探讨一个议题，美方愿意主办这一会谈，我们的承诺依然有效。"② 日本也不断对此作出回应。2011 年 12 月日本外相玄叶光一郎在华盛顿出席第一轮日本、美国与印度的三边会谈时表示："当我们看亚太区域，日本、美国与中国的信任与合作对稳定区域起到关键作用，抱持这样想法，我向国务卿希拉里提议召开这三国的三边会谈。"希拉里回应道："如同玄叶外相最近提出的，美国支持日本、中国与我们本身的会谈。"③ 2012 年 4 月 30 日，日本首相野田佳彦访问美国，他再次向奥巴马表示希望举行日美中三国战略对话，但奥巴马未置可否。

中国政府在这个问题上的表态不多，在回答记者提问佐利克关于中美日共同研究历史的提问时，外交部发言人孔泉表示："关于他提到的三方共同研究历史的建议，我本人没有看到，但是实际上日本方面也曾经提出过在相关领域同中国共同研究历史。"他说，东亚特别是东北亚

---

① 《希拉里·克林顿国务卿接受〈朝日新闻〉采访》，http：//www. chinainperspective. com/ArtShow. aspx？AID = 1074。

② 《希拉里称美仍愿主持中美日三边对话》，路透社，2010 年 11 月 2 日。

③ "Remarks With Japanese Foreign Minister Koichiro Gemba After Their Meeting," December 19, 2011, available at http：//www. state. gov/secretary/rm/2011/12/179127. htm.

的历史有特殊性，我们的基本主张是希望中国、韩国和日本都能够共同
参与，令人高兴的是最近一些学者进行了一些有益的尝试，我们希望中
日韩三方积极考虑，以某种形式进一步开展这方面合作。① 这一希望加
进韩国而抛开美国的表态实际上是婉拒了佐利克的提议。在希拉里提议
通过三边会谈解决钓鱼岛冲突之后，中国外交部发言人马朝旭表示
"这只是美方的想法"，中日关于钓鱼岛的领土争端是中日两国之间的
事，对此严词拒绝。

　　由此可见，目前为止美国和日本对于建立三边政府对话框架的积极
性都比较高，而中国只是表示重视中日和中美关系，对三边会谈没有明
确支持的表态。同时可以看到，美国表态比较积极的时刻都是发生在中
日在某些领域出现冲突并影响到双边关系的时候，而日本只是在确定美
国基本会站在自己一边时才变得积极，其与美国的关注度似乎不很同
步，而奥巴马本人的态度则并不明确。另外，关于三边会谈的框架，究
竟是战略会谈，还是安保会谈，是三国峰会，还是中下层官员的例行会
谈，是涉及全面关系的会谈，还是只关注争议热点，这些细节都还没有
触及到。不过总的来说，三国在政府层面上对三边会谈这一机制给予更
多重视是大势所趋，未来也许会有新的突破。

## 二　各国专家学者对三边会谈的认识

　　学者当中一般分为两派，即赞成者和反对者。赞成者人数众多涉及
广泛，2006 年 2 月 13 日，美国国务院前副助理国务卿薛瑞福（Randall
Schriver）在企业研究所举办的中日关系的研讨会上指出，希望中日美
三国能建立一个对话机制，改善三边关系。② 前助理国务卿莫顿·阿布
拉莫维茨认为，东亚能够从磋商论坛中获益，包括一个三边论坛，不管
是正式还是非正式的，这个想法一直得到非政府组织的支持，但因为美
日联盟关系而遭到中国的反对，其他国家也可能会提出抗议，而且所有
国家都对其作用持怀疑态度。但如果关系发展到位的话，这样一个论坛

---

① 《孔泉：望中日韩三方进一步合作共同研究历史问题》，中国新闻网，2006 年 1 月 24
日。
② 陈雅莉：《中美日关系，路在何方？》，《华盛顿观察》周刊 2005 年第 11 期。

就可能成为（例如）八国集团会议的分支，中国将很快成为其正式会员，除了朝鲜问题之外，中国、日本、美国还有很多问题可谈，这有助于促进迈向东亚经济共同体而不是太平洋经济共同体的进程，为建立东亚和平防务体系提供最佳载体。<sup>①</sup> 日本学者船桥洋一认为，如果美国为了对抗中国而一味强化日美同盟，就必将加剧这一地区的紧张局势；如果针对日本而加强美中伙伴关系，则必将削弱日美同盟。这两条途径都将给亚太地区带来重大的安全隐患。而要避免这两个陷阱，最好的办法就是开创有日美中三方参加的安保政策磋商进程。<sup>②</sup> 日本防卫研究所的主任研究员饭田将史则认为："三国关系的稳定对世界及地区的稳定不可或缺，这就需要三方构筑一个以扩大共同利益、抵消相互猜忌为目的的安保对话机制。"<sup>③</sup> 中国学者周永生认为在世界上最大的三个经济体之间缺乏交流与合作机制是一个主要问题，建议三国应该从高级官员三边会晤开始，然后过渡到三边峰会。<sup>④</sup> 这些观点都赞成举行三边会谈，而反对者主要是从美国的处境来考虑的，如美国学者葛莱仪在几年前就反对美国参与三边会谈：中日能够解决他们的问题，因为他们是成人，美国任何类型的干涉都有风险并可能适得其反；布什总统将会使他与小泉的关系陷于危险中；三边会谈会把美国置于一个尴尬的位置上，在许多问题上我们都与日本站在一边反对中国，美日是盟国，美国不应该中立；三边会谈可能损害同盟和美中关系。<sup>⑤</sup> 虽然她的观点也不无道理，但更多学者认为，美国可以通过更好地管理三边关系的平衡来避免自己的尴尬，而且举办三边会谈的价值明显要超过其风险。

---

① Morton Abramowitz, "The Globe's Most Important Relationship," *Yale Global*, 8 January 2008.

② ［日］船桥洋一：《修复在亚洲的形象——美国下届政府面临的课题》，［日］《轮座》2008 年 10 月。

③ 王国培：《中国确定 7 月参加华盛顿中美日三边对话》，《东方早报》2009 年 6 月 29 日。

④ Takashi Kitazume, "Rivalries, mistrust must make way for tripartite crisis control," *The Japan Times*, April 11, 2009.

⑤ Brad Glosserman, "Strategic Goals in U. S., Japan, and China Relations," p. 43.

# 第四节　三国未来相处的政策设想

美国国防部前副助理部长坎贝尔曾表示："很难想象亚洲未来能有持续的和平与稳定，除非中美日三国能够谈判得出一个战略解决办法。"[1] 而如何才能得出一个战略解决办法，恐怕不同国家出于私利对此会有不同看法。不过总的来说，和平、稳定与合作是中美日在处理三边关系时都能接受的目标，各国也为此提出了很多有价值的设想和建议。

日本学者松村正浩对三边关系中的复杂现实进行了富有创见的分析，尤其是他提出的三国关系模式的矩阵结构，对于今后三边关系的研究具有很大的启发性。松村认为，由于对北京未来的意图和实力捉摸不定，华盛顿和东京采取了并将继续采取遏制与接触相结合的骑墙战略，从而促进合作并阻止对传统秩序的挑战。这一骑墙策略在可以预见的未来是可持续的，因为美日两国加在一起的国力将持续超过中国的国力。但在较长时期内，骑墙策略不一定是可持续的，因为作为这一战略基础的假设可能会被证明不成立。一项联合骑墙战略假定，华盛顿能够并愿意在联盟框架下领导东京，东京也准备接受一种潜在的风险，即华盛顿可能会退缩，放弃其对日本安全的承诺（例如，也许是由于美国相对国力出人意料的相对衰落，或者美国孤立主义抬头）。简言之，由于目前的国际趋势，日本不能假设，目前的大国集团会长久维持下去，美国仍将无限期地承诺保卫日本。虽然东京仍然对双边联盟作出承诺，但它必须设想，联盟在哪些情况下无法保护日本，相对于崛起中的中国的利益，并作出相应调整。……（根据历史分析），可以断言，东京谋求建立开放的地区秩序的努力之所以失败，不是因为日本未能有效地挑战华盛顿的地区霸权，而是因为它未能拖住华盛顿，使之参与东亚地区事务，尤其是在中日关系方面。……日本宏观历史的、地缘战略的经验表

---

[1]　Kurt M. Campbell, "Energizing the U. S. -Japan Security Partnership," *The Washington Quarterly* 23, No. 4 Autumn 2000, p. 130.

明了确定其地缘战略行为的两个独立来源：中国和美国。更为具体地讲，确定日本行为的两条轴线是：日本对美国和中国的国力及其战略定位的反应。……日本针对美国的战略对策将因美国的国力和战略定位而异：政治军事的绝对优势（强大的霸权），优势（虚弱的霸权），或霸权的丧失；类似的，日本对中国的反应也将因中国的国力及其战略定位而异：一个强大的修正主义国家、一个坚忍不拔的现状国家或者一个丧失能力的内部导向国家。这两组变数将构成一个 3×3 的矩阵。① 这里他没有提出日本自身的三种不同前景，但按照类似于他对美中各有三种前景预期的推测，日本存在优良劣三种不同前景也是可以合理假定的，由此就能组成一个极其复杂的 3×3×3 的排列组合，其中的每一种模式都是独一无二的，虽然实际考察后会发现有些组合方式只具有理论意义，但对于各种不同组合下的三边关系模式的存在条件进行分析，不仅有助于预测三边关系未来的发展，对于防范可能出现的危机也同样很有意义。

更多的学者把三边共处的重点放在了如何防止冲突方面。莫顿·阿布拉莫维茨的建议是中国和美日相互妥协：美国的防务重点应该是缓和中美特别是中日紧张关系，寻求持续合作的框架。贸易、金融、文化的全球化进程起到了促进作用，但也引发了不满情绪和经济民族主义。因此，领导作用是关键，正如布什政府在反对国会的保护主义做法时所表现出来的那样。可能促进三边关系的其他措施还包括：美国和日本不应谋求与澳大利亚和印度建立一个价值观联盟，这基本上是一种漫无目标的反华行为，对威慑中国和改善地区防务毫无作用。另一方面，日本理应成为安理会常任理事国，中国不要再予以反对，这样能够改变东亚和世界的氛围。② 卜睿哲则提出了七项建议，核心是三边之间如何通过相互了解来促进互信：第一，华盛顿和东京需要一个对中国崛起性质的清晰的、分享性的理解，一个既非幼稚也非拉响最高警报的判断，一个对

---

① Masahiro Matsumura, "The Japanese State Identity as A Grand Strategic Imperative," *The Brookings Institution*, May 2008, p. 17. available at http: //www. brookings. edu/ ~ /media/research/files/papers/2008/5/japan%20matsumura/05_ japan_ matsumura. pdf.

② Morton Abramowitz, "The Globe's Most Important Relationship," *Yale Global*, 8 January 2008.

于中国在国际系统中发挥积极作用的共同看法；第二，它们应该挑战中国对美日意图的负面认知，因为北京的看法决定了其行为；第三，它们应该发现并且利用机会，进行双边、地区以及全球的积极接触；第四，它们应该努力解决那些可能导致它们对其他一方得出负面结论的特殊问题，如果问题无法解决，三方应该管理好问题并发展出管理其互动的机制；第五，日本和美国的领导人应该教育其公众中国是什么和不是什么；第六，它们应该确保美国和日本可以单独以及共同去实现这一战略任务；第七，美国和日本应该加入中国来创建一个三边的对话机制，并与中国军方建立更好的对话渠道，因为那是中国的系统中最怀疑美国和日本目的的部分。中国也需要正确认识美日的行动，培养友好的公众舆论。① 罗伯特·萨特认为，美国的重点应该是保证东亚权力的平衡：美国政策制定者得到的教训是，要意识到三边关系的不对称性，以及中日关系的紧张。美国的利益已经而且将建立在一个有利的东亚权力平衡上，美国对于直接干涉中日争端应该非常小心。权力平衡可以经由健康的外交程序来培养，尤其要关注日本的战略重要性，将其作为地区安全的关键。② 萨缪斯则认为，三个国家需要为了一个目的而共同作出妥协，美国已经意识到：同盟的终结，或者甚至只是消亡的威胁，将会诱使日本在平衡中国与接纳中国之间作出选择。东京需要说服华盛顿，它会继续为美国的存在而投资；美国需要使东京确信，日本可以掌握全部主权。美日需要一起使中国相信，它们准备接受，或者至少是讨论中国正当的安全关注。③

　　日本学者在这个问题上的思考非常细致，他们针对一些具体议题提出了有操作性的建议，核心是尽快从可以合作的领域做起，为三边关系的全面改善创造条件。船桥洋一表示，三边对话应当主要讨论以下三个议题：首先是全球金融危机。对话应该找到维系和强化经济复苏过程的

---

　　① Richard C. Bush Ⅲ, "China and the U. S. -Japan Alliance," June 6, 2009, available at http：//www. brookings. edu/research/opinions/2009/06/06 – china-japan-bush.

　　② Robert Sutter and Ming Wan, Yoshihisa Komori, "Managing Sino-Japan-U. S. Relations： Recalibrating the Triangle," *Asia Pacific Bulletin*, No. 17, May 30, 2008.

　　③ RichardJ. Samuels, "Wing Walking：The US-Japan Alliance," *Global Asia*, Vol. 4, No. 1.

办法，探讨解决全球经贸不平衡问题的建设性道路；其次，对话应该致力于应对气候变化问题，让《联合国气候变化框架公约》第十五次缔约方会议（COP15，即哥本哈根会议）变得有意义而富有成效；再次，对话还应当关注核不扩散和无核化议题，强化《防止核武器扩散条约》的地位，合作解决类似朝核问题的挑战。一个新的中美日三边关系将致力于应对三国共同面临的安全困境，这一情境下的三边对话将巩固美国作为地区稳定器的功能；建立新三边关系的过程，也将为华盛顿找到一条接触北京的平衡之路，并引导中国遵守国际规则，扮演负责任合作者的角色；新三边关系还会强化美日同盟，从而达到安抚日本的目的。为了建设新的中美日三边关系，我们必须同时在这三个方面努力。为此，我们应该鼓励中美日三边政策协商。① 宫家邦彦表示："正因为是难以对付的对手，才更应该向对方学习。要扩大交流范围，交流不能仅局限于会说日语的中国人和会说汉语的日本人，大家可以用英语交流，关键是加深相互了解。"② 冈隆则在多年前就向美国提出一个细节上的建议：国务院应该学习某些顶尖美国大学已经做了并在坚持的事情，那些在日语方面获得硕士学位的人至少应被要求也能说相对流利的汉语，反之亦然，毕竟中国和日本的不同就像法国和德国。③ 还有日本学者提出建立一种三赢关系，这将比现有的美日中三边关系更为宽广，包括在全球事务上的正式互动；三赢关系还会更深刻：三个国家都会更多深入到其他国家的社会里；三赢关系还明显会更稳定，不确定性和不信任感的减弱将会减少对冲行为以及合作的成本，改善危机导致的孤立关系。更重要的政策是，三赢关系将会展示更多的国际合作，日本、中国和美国将带来协作能力去面对包括核扩散、恐怖主义和环境恶化在内的无数国际挑战。为了应对危机和灾害，三国应该共同致力于预防性外交，讨论人口

---

① 《中美日三边关系新时局》，《21 世纪》2009 年 9 月 10 日，http：//www.21cbh.com/HTML/2009 - 9 - 10/HTML_ 0CM3LE2E15YG_ 2.html。

② 《用多国框架应对中国——2010 年读卖国际论坛纪要》"［日］《读卖新闻》2010 年12 月 4 日。

③ Takashi Oka, "Both China, Japan Look to United States," *The Christian Science Monitor*, February12, 1993.

的变化，处理慢性跨国问题。① 日本一家研究所，则把主要希望都放在了三边会谈机制的建立上：为了促进地区的稳定与发展，建立三国负责的框架体系，日本应率先建议举行日美中首脑会谈。如果能够实现首脑会谈，那么就可以消除日美中三国之间存在的不安和疑虑。中国感到日美加强同盟，是对自身的一种威胁，是为了遏制中国。美国方面则担心，迄今为止有关亚洲一体化等问题的讨论都带有排挤美国的目的，而日本方面也担心美中在讨论一些事关日本国家利益的问题时是否采取了约定的做法。如果日美中首脑会谈能够定期举行，那么将有助于消除彼此的误解，增强各自的信任。② 日本国际交流基金会的理事长小仓和夫则表示："只有打破日美关系的神话，才能真正加强日美关系，才能对中国发出坦诚且强有力的声音。这远比构建军事威胁要重要得多。毕竟，真正能够有效遏制中国失控与挑衅行为的正是中国自己。"③

中国学者对三边关系未来的探讨明显不如美日学者积极热烈，这或许与中国官方对三边接触在政治上的相对敏感有些联系。王缉思认为，对于中国来说，应当避免过高估计本国实力地位上升的幅度，坚持向他国特别是日美两国阐述和平发展的战略意图，提高内外政策的透明度，减少"安全困境"的负面效应。在维护国家主权、根本利益和国际安全的同时，尊重日本正当的国家地位和利益诉求。对于日本来说，应当避免对中国实力地位上升采取过高估计、过度敏感的态度，防止以"一山不容二虎"的心态处理中日在东亚地区的关系，在中美两国之间采取更为平衡的政策。对于美国来说，应当意识到自己在亚太地区的战略收缩迟早要进行，冷战时期形成的安全格局迟早要调整，通过支持日本来遏制中国不仅对美国不利，也是无法实现的。因此应当同东亚国家一起，努力构筑一个新的、更有包容性的地区安全框架。在中日美三国关系上，最重要的是调整传统的地缘政治思考框架，充分重视可持续发展和非传统安全问题，并将其列入三边互动框架的首要位置上。只有这

① Leif-Eric Easley, "Envisioning U. S. -Japan-China Cooperation: Strategic Coordination with High Standards for State Behavior," From "U. S. -Japan-China Relations in the year 2020," *Issues and Insights*, Vol. 8 – No. 11, August 2008, p. 17.

② 《日本的对华综合战略》，日本和平幸福繁荣综合研究所发布，2008 年 6 月。

③ ［日］小仓和夫：《不要错误判断对华政策》，［日］《每日新闻》2013 年 2 月 24 日。

样，才能造福于亚太地区和整个世界。① 楚树龙则更具体，认为三边机
制的作用和任务应该包括：朝鲜问题上的协调协商与合作，关注能力与
意图所进行的信息交换，建立一个危机和事故解决机制，努力在可接受
的水平上就军事发展达成共识、协议或者理解，在地区和全球议题上交
换观点和达成共识，美国还可以鼓励中日韩在历史问题上达成共识。②
他们的观点，基本都是希望三国可以从大局和现实出发，放弃原有狭隘
的冷战思维，本着更为开放和务实的态度相互作出妥协，为了三国的和
谐合作而共同努力。

此外，在美国 CSIS 举办的一个研讨会上，与会者最终也提出了非
常具体的改善三边关系的建议：（1）促进进步需要建设性地设定目标，
盗版不符合任何国家的利益；（2）进行贸易谈判解决汇率问题，找到
确保微观经济稳定的办法；（3）在能源问题上，检查已经在进行哪些
国际努力，并确定是否存在一个三边合作的适当方式，以便保护能源并
发展新技术；（4）海上安全问题，最重要的就是中日双方的合作；（5）
建立军事联系的链条，在海军指挥官之间设立具有可操作性的联系渠道
最有意义；（6）在防扩散问题上，讨论如何加强防扩散条约，以便在
地区和全球范围内降低获取核武器的动力；（7）在国际援助问题上，
搞清楚什么是国际援助的原则和目标，即为了提升好的政府管理，促进
稳定发展，美日要和中国分享经验和教训，也可以把欧盟包括进来；
（8）就老龄化问题展开对话，三国都面临老龄化的挑战，但美国的问
题不如中日严重，可以考虑健康照顾、养老金计划、建立有效制度来确
保老年人在社会中发挥积极作用；（9）在应付灾害规划方面，要作好
应对流行病、石油泄漏、恐怖袭击的准备。③

综上所述，来自三国的观点在大方向上是基本一致的，都认同三国
之间改善关系、促进合作要从战略和战术两个层面做起：首先在战略层
面上要予以充分重视，意识到保持三边关系平衡的重要性，每个国家都

---

① 王缉思：《从中日美力量对比看三边关系的发展趋势》，第5页。

② Chu Shulong, "A Mechanism to Stabilize U. S. -China-Japan Trilateral Relations In Asia," *The Brookings Institution*, p. 20.

③ Brad Glosserman, "Strategic Goals in U. S. , Japan, and China Relations," *Issues and Insights*, Vol. 7 – No. 6, April 2007, p. 46.

要从全面长远利益来考虑问题，努力避免为了眼前私利而采取仓促行动，最重要的是放弃冷战思维，以一种平静与合作的心态来面对分歧，尝试设身处地地站在对方立场上去考虑问题，要意识到三国领导层的言行是改善三边关系的关键因素。

其次在战术层面上，虽然互信不足的问题实际上存在于每一对双边关系之中，解决起来也很困难，但各国仍可以先从三个方面做起：第一，从不太敏感、具备条件且三国共同需要面对的低端政治议题上尽快展开合作。比如在非传统安全领域内，国际维和、打击海盗、疾病预防、灾害救援等，都可以马上着手做起来，即使在相对麻烦敏感但合作潜力巨大的气候变化与能源领域，也可以进行具体尝试，这方面是日本的强项，中美都需要向它学习。合作的目的并不完全是利益之间的共赢，还可以通过合作的机会来进一步认识对方反思自己，感受相互的真实观念和具体差距，这对改善认知和减少误判都很有意义。从现在做起，从脚下做起，从简单做起，在此基础上还可以逐步触及三方都有兴趣和利益牵扯的传统安全问题，延续已经部分开展的卓有成效的地区安全合作，从近走到远，从易走向难。第二，加强三边之间的社会交流，尤其是青年之间和军队之间的交流，因为这两股力量中的一股是未来的希望，一股是对于冲突最敏感、相互最缺乏互信的群体，足够的富有成效的交流对于消除误解、加深了解，改变认识进而降低相互之间的敌意具有重要意义。国内民调也显示，出过国尤其是到过美国的中国人对美国的好感和过激行为的理解都远远超过没出过国的人，而利用因特网越多对美国的理解也越多，[①] 这充分反映出交流的价值。这一尝试并非要拿自身的安全冒险，而是希望通过更多不受传统思维的干扰、不带有色眼镜的观察和更为深入的人际交流来逐步确立对有关各方更为客观、更为真实的认识，将因为误解而导致的冲突风险降至最低。第三，三国可以尝试建立三边官方会晤机制，开始级别不一定要高，重要的是先要谈起来，视需要再进行调整，这对三国来说都是利大于弊的事情，应该尽早投入实施。布什政府时期的副助理国务卿薛瑞福在点评中美日三边关系时曾一针见血地指出：美中日现在并没有真正的三边关系，没有常规

① 余逊达等：《中美关系：来自民众的看法》，《世界经济与政治》2001 年第 6 期。

的官方三边互动，举办这一活动的前景看似遥远；更准确地说，我们有由三个独特的不寻常的双边关系界定的三角关系，双边谈话的话题经常被不在场的第三方主导。[1] 2008 年 3 月 31 日到 4 月 2 日，战略与国际问题研究中心举办第 12 轮三边会议，认为"尽管双边关系积极，三国仍然普遍不情愿进行实质性的三方合作。这个三角仍然由三套独特的关系构成，在三方会谈或合作方面仍然没有多少进展"。[2] 由此可见，客观上的三边互动已经存在而主观上却对三边互动仍重重疑虑，这就是目前的问题所在。为了避免这种现象的继续存在，研究如何才能为三边会谈创造条件，打消有关国家的顾虑，以便尽早促成首次的中美日三国官方会谈，应该成为三国高层官员互访时的重要议题。

## 第五节　三国关系的前景预期

展望未来，三边关系究竟会出现一种什么样的前景？是合作还是对抗？是和平还是冲突？是乐观还是悲观？在这个问题上各方仍有大量的分歧。

客观来看，北京、东京和华盛顿分享很多共同的具体战略目标：如和平、繁荣、更加稳定与进一步得到整合的东亚，一个非核化的朝鲜半岛，台湾问题和许多领土争端的和平解决，安全与稳定的能源供应，在非传统安全问题上的积极合作，以及没有一个国家看起来被遏制和孤立的三边关系。但是三国之间存在的一些固有矛盾却很有可能会通过损害双边关系的形式来干扰三边关系的稳定。在中美之间，机遇与障碍并存，很难说哪一方会更占优势。兰普顿认为，北京与华盛顿的合作将难以维持，四个因素在很大程度上解释了这个困难：两国的人民都相信国家例外主义，两国具有不同的政治制度，中国的崛起以及全球力量与之

---

[1]　Brad Glosserman, "U. S. -Japan-China Relations Trilateral Cooperation in the 21st Century", p. 87.

[2]　Carl W. Baker, "U. S. , Japan, and China Conference on Trilateral Security Cooperation," *Issues & Insights*, Vol. 8 – No. 6, June 2008, p. 1.

伴随的转移所造成的具有历史反响的问题，以及长期以来彼此战略上的不信任。① 美国学者袁劲东认为，中美面临中年危机，全球经济危机和金融危机极大束缚了北京和华盛顿的手脚，同时还带来高失业率、无力偿债、经济衰退以及愈演愈烈的社会经济动乱等主要问题。……国内政坛面临的紧迫问题也迫使北京和华盛顿都不愿在涉及贸易平衡、货币价值和气候变化等问题上作出过多让步，尤其是处理这些问题需要作出双方都无力承受的牺牲时，它们因此都不愿采取可能需要付出短期代价的政策。……展望未来，可以预料的是，双方冲突要比合作多，权力过渡和国内政治可能会把两国推到都不愿看到且都不会获益的冲突之路上去。② 但是，他们强调的这些负面因素并不能抵消中美关系中的积极因素，预测哪种因素最终会胜出几乎是不可能的，不过至少如下几点是多数人的共识，即中美之间不会发生直接战争，中美都极为重视这对双边关系，两国已建立了相对成熟的交流沟通机制，经贸依赖关系会为两国的合作提供强大动力；而最重要的还是，无论两国政府还是民间，都期待中美关系可以保持稳定，并愿意为此作出适当妥协。今后的中美关系中冲突不会少，但竞争而非战争才是主流。

在美日之间，控制与反控制的斗争将会成为未来一段时间的主旋律。日本终将会成为一个正常或者接近正常的国家，但这究竟是一种什么样的正常状态尚难确定。正如美国学者所言，建立像英国与美国紧密拥抱的策略看来不再可行，因为它使日本过分疏远亚洲；而如果东京重新振作起来，走上一条依靠实力和自治的道路，日本就可能逐渐显得类似于无核化的法国。如果继续在安全方面息事宁人，日本就会逐渐显得如同德国，这两种情况对美国来说都不要紧。③ 美国学者和官员总是喜欢用不同的欧洲国家来套比日本，实际上战后的欧洲和亚洲选择了不同的发展道路，两个地区至今的国际环境和国家关系的性质基本没有可比性，不管希望日本成为亚洲的英国、法国或者德国，都是美国可以接受

① Rosemary Foot, "China and the United States: Between Cold and Warm Peace," *Survival*, Volume 51, Issue 6, 2009.

② Jing-dong Yuan, "US, China struggle with mid-life crisis," *Asia Times*, Mar 13, 2010.

③ Robert Madsen, Richard J. Samuels, "Japan, LLP," *National Interest*, May-June 2010.

的一种选择，但不一定是亚洲国家的选择，也不一定能够反映日本自身的期待。日本就是日本，美日关系的特殊性使之明显有别于美国与任何欧洲盟友的关系模式。但无论如何，美日关系都会走向更为平等、相互独立的方向，正是由于美日对于平等和独立的认识存在差异，所以美日矛盾也必然会伴随着双边关系的发展而演变，但目前看来这显然不是三边关系中的最大变量。

　　而中日之间的问题最为严重。不仅因为眼前的领土争端和历史认识问题尚无解决办法因而还会持续下去，更为重要的是，一旦传统安全问题凸显出来，比中美之间更为迫切也更为现实的结构性矛盾将会导致原本就非常脆弱且敏感的中日关系几乎没有和解的可能。日本尊崇中国的历史要追溯到唐宋年间，在那之后即使中国依然比日本强大许多，保持孤立状态的日本都基本不再师从中国，倭寇在中国沿海地区的骚扰持续多年，直到明治维新之后，日本逐步将中国抛在后面，遂正式确立了忽视甚至蔑视中国的对华观。当前，中日成为亚洲的两强，与对美只有仰视的现实表现不同，双方对对方同时存在仰视与蔑视的矛盾心态，高估与低估并存的错觉在矛盾激化的促进下，很容易形成一种无法化解的对抗性，双方都不认为对方有资格代表亚洲，都相信对方试图遏制自己，都相信只有依靠强硬才能迫使对方屈服，而两国国内强烈的民族主义情绪则为这些认识提供了源源不断的支撑。中国和日本都到了一个关键时期，中国希望实现全面的民族复兴，日本也希望完成国家的正常化，中日两国的冲突从战略上说几乎是难以避免的，从战术上看发生直接正面冲突的可能也最大。与中美关系相比，中日关系经历的磨练还少，感性经历与理性认识储备不足，显得更不成熟，这也为中日相处增加了难度。归根结底，两国的历史仇恨、现实竞争与对未来期待的差异在力量差距不大的背景下最容易陷入互不相让的对抗之中，在国力对比和国际格局出现明显的变化之前，无法企及中日关系会恢复到新世纪以前的水平。

　　美国学者海明斯（John Hemmings）从国际关系理论中的三种不同角度考察了中美日三边关系的未来。尽管他主要是以日本为视角，但实际也涉及到了三个国家。他指出：现实主义认为，国家为了权力和影响而展开零和竞争，因此它们只能被迫按照自身利益行事，而国家利益同时也被压倒性的国际力量平衡所限定。从现实主义的角度来看，日本离开美国转而朝向中国是一种正常反应，美国在衰落中国在崛起，金融危机和美国从阿富汗与伊拉克的稳步撤军就是一个明证。日本的自身利益要求重新认识国际关系中压倒性的力量转移，不再那么重视日美同盟，转而加强与中国的关系。但现实主义并不要求行动只有单一议程。现实主义者可能也会指出国际关系的零和性质，并指出日本力量下降的同时中国在这一地区的影响力却在上升。出于这种考虑，满足日本自身利益的最好选择就是保持与美国的同盟并加以利用，同时维护与其他亚洲国家的关系，共同压制中国的霸权。

自由主义认为，经济相互依赖与国际自由主义逐渐会迫使国家放弃竞争性框架而转向合作。现代自由主义，例如托马斯·弗里德曼的《凌志和油橄榄树》，持有这种观点即国际整合将会逐渐导致所有的国家实现民主化，因为民主化是在全球化世界上产生富裕的最有效途径。从这一点上来看，鸠山东亚共同体的选项是一项尝试，即利用自由民主化将中国拉进地区机制，希望与民主化和开放社会的逐步接触能够对中国的系统产生一个长期的社会化效果。希望最终能够在中国出现民主化，以及全面的地区整合。这一设想的一个问题是，它无法经营细节，它将很有可能出现的中国民主化的社会剧变留给了遥远的未来，没有容纳中国共产党仍将保持中国城镇唯一主宰者这一具有极大可能性的现实。如果是这样，日本会试图在与美国的安全合作和与其周边利益之间求得平衡，美日同盟会面临严重紧张状态。

建构主义的解释将能够把日本拉回美日同盟。建构主义认为国际政治不仅受到国家互动、贸易关系和军事力量的影响，还受到制定政策的政治精英的身份、信仰和标准的影响。根据建构主义的观点，公众意见也会影响国家行为。中日民意受到共同的历史恶感的影响。因此从一个建设性的观点来看，中日联盟不太可能走多远。实际上总的来说，美国和日本的民意都支持以损害中日关系为代价而保持强大的美日同盟，现在民主党不受欢迎的直接原因是他们强调以损失对美关系为代价来加强对华关系。建构主义允许社会信仰的变化，但是现在中日民族主义的上升意味着日本从日美同盟中漂移开是不太可能的。日本的政治精英如何看待安全三角？中国经常被视为高度现实主义的力量，美国和日本都以现实主义和自由主义来共同看待国际秩序的传统。日本现政府强调自由主义，但中国的现实主义姿态也有可能导致日本的政治精英采取一个更为现实的观点。当然，中国的军力发展已经引起了美日军界的关注；但另一方面，美国政府显然聚焦于内政。在这一背景下，日本的精英们可以决定一个强大的中日关系会更好地服务于他们的未来。

最终结论是，即使有一种理论是合理的，未来的三边关系依然难以预料。[1]

相对于这种看似虚无的观点，五百旗头真倒是更为乐观，提出了一种新的三边关系模式："我确信，如果日本希望 21 世纪的国际关系能够一帆风顺，少不了'日美同盟 + 日中协商'这样一种模式，协商不同于同盟，不过是针对一些具体的涉及利害关系的问题缔结某种协议，而且这也是避免双方反目，展现合作姿态的外交技巧。"[2] 王缉思则更为冷静，他表示中美日之间在经济水平、军事力量、政治意愿、外交技巧这些组成国家实力的因素在变化中。与此同时，地区与全球环境也在迅速变化。一个新的复杂的多变国际系统在形成中，老的秩序已经终结而新的还没有形成。从中日美三国力量对比的综合分析中，可以得出以下结论：一方面，中国的经济发展速度仍将大大超过日本和美国，美国将继续领先于日本，由此造成日本和美国战略心理上的调整，以及中国自信心的增强；另一方面，换一个角度，从可持续发展的指标和三国所分别遇到的国内外挑战来看，中国所面临问题的严重程度和复杂程度可能最大，而美国面临的挑战又超过日本。因此，中日美三国在力量对比的评估和彼此关系上都应采取谨慎态度。[3] 所谓谨慎就意味着，如果你保持谨慎了，那么就不必然会发生严重冲突，就存在和平与合作的空间与可能。实际上，这种谨慎已经长期存在于三国之间，尽管三国都不希望其他两国间的双边关系过于密切，但它们同样也不愿看到那对双边关系过于紧张，因为那样会迫使自己选边站，而在现有条件下维持平衡而

---

① John Hemmings, "Three interpretations of the US-Japanese-Chinese security triangle," *East Asia Forum*, May 1, 2010.

② ［日］五百旗头真：《东海油气田协议标志着两国关系进入日中协商时代》，［日］《每日新闻》2008 年 6 月 22 日。

③ 王缉思：《从中日美力量对比看三边关系的发展趋势》，第 14 页。

非靠边站才是各国获取利益的最佳途径，所以对三国来说谨慎并非仅是一种期待，更是一种要求。

鉴于中美日三边关系是如此复杂，正面与负面的影响因素都多且明显，对其发展前景作出一个可靠的判断和预测是不现实的。但是，如果我们把目标确定为三国基本能够和平相处，政治上能够理解各自核心利益并尽可能求同存异，在经贸领域顺其自然增进合作，在安全领域在争取更多合作的同时也能够容忍相互的防范，虽然小的冲突不断，甚至可能发生小规模的军事摩擦，但不会发生大规模战争，三国的社会融合也不断加深，人际交往愈发频繁，相互认识也会逐步趋于客观真实，总体来看这一目标并非遥不可及，而这已经是一种三赢的选择。是否能够达成这一目标，除了需要依靠三国在战略上彼此更为重视之外，更重要的是三国政府在具体处理三边关系时要慎重小心，细节可以决定成败，而信念将为此提供后盾。而所有伟大的历史事件都是从乌托邦开始并以现实结束的，一个想法停留在乌托邦的层次上，还是成为现实，取决于相信它的人的数量和实行力。[1] 中美日三边友好合作已有实实在在的历史先例，这已远远超出了乌托邦的性质。虽然当前三国的现实关系与上个世纪末期的那段黄金期相比已经改变了太多，但中美日三国的相互了解和理解也更为深刻，外交技巧也更为成熟。如果能够相互重视、相互尊重加上理性的外交决策，我们就有理由对三边关系的未来抱有希望。

---

① ［日］鸠山由纪夫：《我的政治哲学》，［日］《呼声》月刊 2009 年 9 月。

# 结　论

　　三边关系是国际关系研究中一个非常狭小的分支，以往得到的关注不多。同时由于真正的三边关系研究完全不同于三对双边关系的简单罗列，而是需要将不同的双边关系作为因变量和自变量来分别探讨其相互影响，所以研究难度很大。本书从对理论和现实的总结与评估着手，对影响中国外部发展环境最为显著的一对三边关系进行了全面、系统的梳理和分析，试图在三边互动的规律方面进行初步的尝试。

　　中美日三国分别处于太平洋两岸，地缘位置、实力地位和特定历史决定了三国之间的关系相互影响且错综复杂，这一现实是无法回避的。当前三国的经济规模位列世界前三位，政治和军事影响力也出类拔萃，三个国家如果能够和平友好相处，则不仅整个东亚的局势就不会失控，而且世界经济也能保持基本的稳定或增长。但从历史上看，这一目标并不容易实现，三国之间曾多次发生战争，虽然从上世纪70年代以来三边关系相对稳定，但随着美国霸权地位的相对下滑、中国的逐步崛起以及日本追求国家正常化越发强烈的势头，三边关系的稳定性下降，甚至出现了成员之间可能爆发战争的风险。正是因为三边关系研究的重要性不断提升，近年来它吸引了学术界越来越多的关注。

　　三边关系的核心影响因素在于各国的综合国力对比。当前美国仍是世界唯一的超级大国，综合国力远远超过中国和日本且短期内这种差距不会迅速缩小，但美国面临的国内问题也制约了其外交战略的实施；中国虽然经济增长速度远高于美日，国际影响力也在不断提高，但可持续发展能力面临严重阻碍，在国内外压力下国家的脆弱性也高于美日；日本社会长期保持稳定，经济停滞多年但逐步开始复苏，在可持续发展方面远远走在美中的前面，但是无论经济发展还是政治动向都面临一定的不确定性。因而当前总的格局是，美国一枝独秀，中日各有所长。在三国的相互认识方面，美日之间的好感度一直比较稳定，受到突发事件冲击后也能很快恢复；中美之间则存在一个不稳定的表面和一个相对稳定的内核，突发事件造成的冲击幅度较大但持续较短；而中日之间的民意好感度经历了一个不断下降的过程，目前看来可能较长时期维持在低位，相互形象容易受到伤害且恢复较慢，政治关系基本左右了民意的动向。因此从观念因素来看，中国处于相对不利的地位。

新世纪以来的三边关系起伏不断但基本保持稳定。在政治与安全领域，中美日的互动轨迹比较接近，虽然美日联合对华是一条主要线索，但随着中国能力和作用的不断提升，中国在三边关系中出现了被倚重和被防范同时强化的现象；由于日本追求独立的步伐已经难以阻挡，中国甚至美国与日本之间冲突性的一面也在上升；鉴于中日关系紧张已经成为三边关系中相对恒定的因素，中日均期待维持对美友好关系以防止被边缘化，因此美国在三边之中的政治与安全优势地位相对突出。而在经贸领域，三方互动的表现则与此明显不同，由于存在一条从日本到中国再到美国的贸易链条，导致日本对华贸易依赖增强，美国对华贸易摩擦增多，但中国的地位和处境要明显好于在其他领域，经贸在三边关系中发挥的压舱石的作用依然明显。在社会领域则又展现出另外一种不同的特色，即在中日维持稳定的同时，中美联系日益密切而美日则在淡化。这种表现会对三边关系的整体带来潜移默化的深刻影响。

在对三边关系的历史和现实进行梳理的基础上，通过对三国之间互动进行的考察和分析，本书得出了几个简单的结论：

第一，由于中美日三国都具有独立决策的能力，且从新世纪以来三国相互的利益牵扯与战略互动也很明显，因此从理论上说，三国已经具备了组成三边关系的基本条件，这也意味着可以从三边互动的视角来研究中国、日本和美国这三个国家之间的关系。

第二，三国在新世纪以来进行的互动具有一些明显的特征：即在政治领域，伴随着美日互信的削弱和中日关系的恶化，中美关系成为三边互动的主轴；在经贸领域，随着日本对华依赖和美国对华摩擦的增强，中国的地位变得越来越重要；在安全领域，美日联合对华的基调依然未变，但由于美国实力地位的相对下降以及日本追求独立性的态势越发明显，美日之间的相互防范意识也有提升，中美日三国之间实际都在实行"对冲"战略；在社会领域，中美、中日的互动在加强而美日的互动有弱化的迹象。把三国在这些领域的表现结合起来，即可以看出在美国相对实力下降、中国综合国力不断提升、日本相对实力下降但独立意愿增强的背景下，三国之间的互动展现出合作中有防范、接触中有遏制、主观上缺少互信而客观上必须合作、敌友愈发难辨等比以往更为复杂的一幅景象。

第三，从三边关系的架构来看，新世纪以来的三边关系呈现出一种以美国为主导，中日分别与其合作而相互又充满矛盾的一种状态，虽然在不同时期，三边关系的表现还曾出现出类似"稳定婚姻"型、甚至短时的"三方共处"型的情况，但总的来看，其主体构架的基本表现是"浪漫婚姻"型，即美国居于主轴地位，中日分列两个侧翼，且其相互距离均比其与美国的距离要远；同时结合经济因素的考虑，中美和中日之间的边要比美日之间的边更为粗大。在这样一个看似扁平的等腰三角形中，美国、中国和日本分别发挥着"域外平衡者"、"驱动器"和"钟摆"的作用。三国共同维护着三边关系的基本稳定和局部微调。

第四，根据对新世纪以来三国互动的考察，可以发现这种互动存在一定的规律，即美日关系的变化基本会导致中美和中日关系分别向相反的方向演进，中日关系的变化一般能够引发美日关系和中美关系均向相反的方向发展，而中美关系的变化与中日和美日关系的互动之间未见明显的相关性；当中日两国关系出现问题时，三边互动的表现非常明显；而美日或者中美关系出现剧烈变动时，三边的互动似乎并不明显。

第五，从三个国家各自的战略需求和现实表现来看，美国在需要解决全球性问题时就找中国，而要解决与中国之间的问题时就找日本；日本一直习惯于从美国获取安全利益、从中国获取经济利益，同时也一直试图利用中美的冲突来追求自身更大的自主性与独立性；中国则将对美关系置于比对日关系重要得多的位置上，试图在首先维护好对美关系的基础上，再利用这一条件来处理对日关系。从这个角度来看，美国始终处于三边关系中的最优越的地位上，而中日的地位从一定意义上说取决于其对美关系的性质，尽管中国的发展势头及其与生俱来的独立性使其在面对美国时比日本的地位更有利，但其所处的政治与安全整体环境却不如日本。

第六，从三对双边关系的对比来看，中日关系是对抗性最强的，与共同对美只有仰视的现实表现不同，中日之间同时存在相互仰视与蔑视的矛盾心态，高估与低估并存的错觉在矛盾激化时，很容易形成一种无法化解的对抗性；与中美关系和美日关系相比，中日关系经历的磨练还少，感性经历与理性认识储备不足，显得更不成熟，这也为中日相处增加了难度。中美关系是三对双边关系中最复杂也最重要的，但是由于中美双方对于维护这一关系的重要性具有共识，而且其历史积淀也非常丰富，有许多先例可循，所以中美关系会相对稳定，而且还可能成为三边关系的"压舱石"。美日关系是三对之中最稳定的，但其稳定性正在面临侵蚀，美日面临基本趋同的外部挑战但其战略目标却差别较大，尤其是在新形势的挑战之下，美日都在摸索如何在互信有所丧失的背景下继续维持同盟，尽管美日关系出现调整是大势所趋，但由于历史和结构性原因，这一变化将是个缓慢和反复的过程。

第七，中美日三边关系的未来依然充满不确定性，但同时也存在稳定发展的空间和机遇。无论从影响三边关系发展的理论因素还是现实因素来看，三边关系的发展都不会一帆风顺。由于在未来一段时期内美国将会继续维持其霸主地位，中国存在继续快速发展的空间，而日本提升其政治和军事独立性的努力、以及更广泛参与国际事务的意愿也会逐步增强，导致三边关系演变的影响因素还会进一步复杂化。但是由于三国对于稳定三边关系具有共识，三国的战略目标存在冲突的领域不多，处理三边关系的手段也会更为成熟，所以未来的三边关系究竟如何发展并未被事先注定，而是取决于三国的力量对比、国内政治、国际战略尤其是应对突发事件的能力等诸多因素的演变。

对中美日三边关系进行系统研究是作者长期的一个学术目标。来到美国所以后第一次出国去的就是日本，而且随后到日本交流访问的机会也明显超过去美国，这也为身处美国所的我立志于中美日三边关系提供了便利。但是研究三边关系并非只是兴趣使然，而是因为这不单纯是一个可有可无的学术问题，却是任何涉及到东亚的研究都无法回避的一个基础性课题，同时，这对正快速发展却又无时无刻不感受到来自于周边压力的中国的现实意义就更加不言而喻了。写作本书的意图，就是希望能够在历史梳理和分析的基础上提出一些客观的新颖的观点，为新世纪中美日三边关系的研究提供一个供同仁参考和批评的素材。目前看来，这一目标算是基本实现了。但由于三边关系的研究起步较晚且得到的关注较少，目前依然还存在很多问题尚未解决。例如，在三对双边关系中如果关注一对双边关系对另一对双边关系的影响，这样就能组合出六种不同的模式，可以更为全面的反应三边关系的互动情况，当然其难度和工作量也会大幅增加；再如，随着全球化的深化，未来三国在社会与文化领域的互动将会对塑造三边关系发挥更大的作用，这方面还有很大的研究空间；而更为基础性的研究如涉及到三边关系理论的探讨，则具有更为重要的意义。当前关于三边关系的理论探讨主要集中于静态描述，而各种模式之间的转换条件和转换方式还需得到进一步的深化研究，只有静态与动态相结合，才能真正对实践起到指导作用。另外，由于近年来中日各自态势和相互关系的变化异常迅速，三边关系可能会表现出一些本书截稿时仍未能触及的新特征，也值得学术界继续保持关注。

# 参考文献

中文文献

陈舟："美国的东亚战略与东亚"，世界知识出版社 2002 年版。

张小明："国际关系英国学派——历史、理论与中国观"，人民出版社 2010 年版。

任晓等："中美日三边关系"，浙江人民出版社 2002 年版。

吴玉山：《抗衡或扈从：两岸关系新诠——从前苏联看台湾与大陆间的关系》，台北正中书局 1997 年版。

包宗和、吴玉山主编：《争辩中的两岸关系理论》，台北五南图书出版公司 1999 年版。

陈志敏：《中国、美国和欧洲：新三边关系中的合作与竞争》，上海人民出版社 2011 年版。

王绳祖主编：《国际关系史第十卷》，世界知识出版社 1996 年 3 月版。

中国社科院美国研究所编：《中美关系十年》，商务印书馆 1989 年版。

刘连第编："中美关系重要文献资料选编"，时事出版社 1996 年版，第 302 页。

张亚中、孙国祥："美国的中国政策——围堵、交往、战略伙伴"，台北生智出版社 1999 年版。

宋成有、李寒梅等著：《战后日本外交史（1945—1994）》，世界知识出版社 1995 年 12 月版。

［美］迈克尔·H·阿马科斯特著，于铁军等译：《朋友还是敌手

一前美驻日大使说日本》，新华出版社 1998 年版。

〔美〕兹比格纽·布热津斯基：《大棋局——美国的首要地位及其地缘战略》，上海人民出版社 1998 年版。

〔日〕永野信利著：《日本外务省研究》，上海复旦大学历史系日本史组、上海译文出版社译，上海：上海译文出版社 1979 年版。

〔日〕五百旗头真著："战后日本外交史"，吴万虹译，世界知识出版社 2007 年版。

张蕴岭：《转变中的中美日关系》，中国社会科学出版社 1997 年版。

关志雄：《做好中国自己的事："中国威胁论"引发的思考》，中国商务出版社 2005 年版。

黄平、倪锋主编：《美国蓝皮书—美国问题研究报告》（2011），社会科学文献出版社 2011 年版。

谢识予：《世界竞争力报告（2009—2010）》，复旦大学出版社 2011 年版。

中国人事科学研究院编：《2005 年中国人才报告》，人民出版社 2005 年版。

〔美〕克里斯托弗·莱恩著："和平的幻想：1940 年以来的美国大战略"，孙建中译，上海人民出版社 2009 年版。

熊志勇：《百年中美关系》，北京：世界知识出版社 2006 年版。

〔美〕理查德·J. 塞缪尔斯著：《日本大战略与东亚的未来》，刘铁娃译，上海人民出版社 2010 年版。

〔美〕罗伯特·阿特著：《美国大战略》，郭树勇译，北京大学出版社 2005 年版。

〔美〕小·R. 霍夫亨兹、K. E. 柯德尔著，黎鸣译：《东亚之锋》，江苏人民出版社 1995 年版。

〔日〕中曾根康弘著，联慧译：《日本二十一世纪的国家战略》海南出版社和三环出版社 2004 年版。

〔美〕彼得·J·卡赞斯坦著：《文化规范与国家安全—战后日本警察与自卫队》，李小华译，新华出版社 2002 年版。

〔美〕莱斯特·瑟罗著：《资本主义的未来》，周晓钟译，中国社会科学出版社 1998 年版。

［美］罗伯特·A.帕斯特编：《世纪之旅：七大国外交风云》，胡利平、杨韵琴译，上海人民出版社2001年版。

［日］土居健郎著：《依赖心理的结构》，王炜等译，济南出版社1991年版。

［美］本尼迪克特著：《菊花与刀——日本文化的诸模式》，孙志民、马小鹤、朱理胜等译，浙江人民出版社1987年版。

［日］内田树著：《日本边境论》，郭勇译，上海文化出版社2012年版。

［日］吉野耕作著：《文化民族主义的社会学——现代日本自我认同意识的走向》，刘克申译，商务印书馆2004年版。

［日］津田道夫著：《南京大屠杀和日本人的精神构造》，程光奇、刘燕译，新星出版社2005年版。

冯昭奎：《日本：战略的贫困》，中国城市出版社2002年版。

江泽民：《全面建设小康社会，开创中国特色社会主义事业新局面——在中国共产党第十六次全国代表大会上的报告》，人民出版社2002年版。

陶美心、赵梅主编：《中美长期对话1986—2001》，中国社会科学出版社2001年版。

戴季陶：《轮日本》，光明日报出版社2011年版。

［日］毛里和子著：《中日关系—从战后走向新时代》，徐显芬译，社会科学文献出版社2006年版。

唐津一著：《中国能否赶超日本》，徐朝龙译，中国社会科学出版社2006年版。

朱峰等主编：《中日安全与防务交流：历史、现状与展望》，世界知识出版社2012年版。

张蕴岭：《转变中的中美日关系》，《当代亚太》1996年第6期。

贾庆国：《中美日三国关系：对亚洲安全合作的影响》，《国际政治研究》2000年第2期。

时殷弘：《中美日三角关系—历史回顾、实例比较、概念辨析》，《世界经济与政治》2000年第1期。

［美］菲利普·泽利科：《国务院官员谈美国对华政策历史》，美国

参考 2006 年 9 月 25 日。

杨伯江：《浅析贸易摩擦与日美关系》，《亚非纵横》1994 年第 4 期。

张小林：《盟友还是对手？——战后日美结构性贸易摩擦问题研究》，《世界经济与政治》1997 年第 2 期。

朱文莉：《竞争性的相互依存——冷战终结前后的美日关系》，《美国研究》1994 年第 2 期。

任晓、刘星汉：《论二十世纪九十年代的美日同盟》，《美国研究》2000 年第 4 期。

竺彩华：《中美日三边经济关系：新世纪，新变化》，《和平与发展》2011 年第 2 期。

郭劲光：《危机转移视角下的金融危机解读》，《经济理论与经济管理》2009 年第 1 期。

金灿荣：《国际金融危机的全球地缘政治影响》，《现代国际关系》2009 年第 4 期。

［美］约瑟夫·奈：《软实力：世界政治中的成功之道》，北京大学出版社 2006 年版。

陈凯：《金融海啸与美国国家实力评估》，《华中师范大学研究生学报》2009 年第 9 期。

陈龙等：《中美日世界 500 强企业竞争力比较研究》，《武汉工程大学学报》2009 年第 6 期。

王缉思：《从中日美力量对比看三边关系的发展趋势》，《国际政治研究》2008 年第 3 期。

王永春、王秀东：《日本科技投入现状及其发展趋势》，《科技进步与对策》，2010 年 7 月。

詹芊芊、童毕建：《中国发明专利发展状况比较研究》，《科技进步与对策》2012 年第 15 期。

翁里、夏虹：《论美国新移民法的国际影响》，《浙江大学学报》（人文社会科学版）2001 年第 4 期。

楚树龙：《金融危机与世界走势》，《现代国际关系》2009 年第 4 期。

田志康、赵旭杰、童恒庆：《中国科技创新能力评价与比较》，《中国软科学》2008 年第 7 期。

王永春、王秀东：《日本科技投入现状及其发展趋势》，《科技进步与对策》2010 年第 7 期。

汪洋：《中美日博士生培养模式的国际比较》，《石油教育》2011 年第 6 期。

郑永年、张弛：《国际政治中的软力量以及对中国软力量的观察》，《世界经济与政治》2007 年第 7 期。

李百玲：《美国建构国家文化软实力的路径分析》，《当代世界与社会主义》2011 年第 6 期。

王玲：《世界各国参与国际组织的比较研究》，《世界经济与政治》2006 年第 11 期。

黄忠、唐小松：《日本软实力外交探析》，《日本研究》2011 年第 1 期。

崔成：《美国气候变化政策对未来中美能源合作的潜在影响》，《国际石油经济》2009 年 7 月。

肖士恩、雷家骕：《中国环境污染损失测算及成因探析》，《中国人口·资源与环境》2011 年第 12 期。

王缉思：《从国际大局看中日关系的过去、现在和未来》，《中国党政干部论坛》2008 年第 11 期。

于铁军：《中美日协调是当前构建亚太地区复合安全架构的重点》，《国际政治研究》2011 年第 1 期。

王帆：《美国的东亚战略与对华战略》，《外交评论》2010 年第 6 期。

［美］江忆恩：《美国学者关于中国与国际组织研究概述》，《世界经济与政治》2001 年第 8 期。

［英］巴瑞·布赞，《中国崛起过程中的中日关系与中美关系》，《世界经济与政治》2006 年第 7 期。

日本战略走向课题组：《当前日本对外战略：成因、手段及前景》，《现代国际关系》2006 年第 12 期。

［新加坡］郑永年：《中国面对美日台联盟》，《信报》2005 年 2 月

22 日。

刘建飞：《中国对美战略的现实与理论依据》，《现代国际关系》2006 年第 6 期。

时殷弘：《中国的变迁与中国外交战略分析》，《国际政治研究》2006 年第 1 期。

楚树龙、郭宇立：《中国和平发展战略及模式》，《现代国际关系》2008 年第 2 期。

邱美荣：《危机管理与中美关系》，《现代国际关系》2005 年第 3 期。

刘建飞：《中国对美战略的现实与理论依据》，《现代国际关系》2006 年第 6 期。

尚会鹏：《儒家的战略文化与中国人日本观的深层》，《国际政治研究》2004 年第 2 期。

时殷弘：《解析中日关系及中国对日战略》，《现代国际关系》2006 年第 4 期。

陈生洛：《中国大学生的美国观与日本观比较》，《中国青年政治学院学报》2006 年第 6 期。

金熙德：《缔约 30 年来中日关系的演变轨迹》，《日本学刊》2008 年第 6 期。

［美］孔多丽萨·赖斯：《促进美国国家利益》，《战略与管理》2001 年第 3 期。

李文：《中日政治关系失和对双边经贸关系的影响》，《日本学刊》2006 年第 4 期。

胡鞍钢、门洪华：《解读美国大战略》，杭州：浙江人民出版社 2003 年版。

刘星：《试论美日同盟的生命力》，《世界经济与政治》2007 年第 6 期。

朱锋：《权力变更、认同对立与战略选择，—中日关系的战略未来》，《世界经济与政治》2007 年第 3 期。

苏国辉、李彬：《中日贸易关系 20 年回顾与展望》，《日本研究》2010 年第 3 期。

蔡利妮：《中日贸易依存度比较分析》，《中国外资》2012 年 12 月下。

杨丹、张宝仁：《中美货物贸易互补性的实证研究》，《东北亚论坛》2012 年第 2 期。

石亭：《西方为什么不必惧怕中国》，《南华早报》2010 年 8 月 11 日。

王澎涛等：《中日贸易互补性及贸易潜力分析》，《现代商贸工业》2011 年第 4 期。

庞德良、洪宇：《中日、印日商品进出口结构比较分析》，《现代日本经济》2007 年第 1 期。

孙迎辰：《美日对华高技术出口政策与中美日关系的互动》，《当代亚太》2000 年第 2 期。

高爱武、储海燕：《美日对华直接投资的比较研究》，《经济与金融》2003 年第 8 期。

《赖斯赞扬美国与日本在全球问题上的伙伴关系》，《美国参考要闻》2005 年 3 月 21 日。

《美日同盟为迎接新挑战不断发展》，《美国参考要闻》2005 年 9 月 29 日。

陈雅丽：《美国的"再平衡"战略：现实评估和中国的应对》，《世界经济与政治》2012 年第 11 期。

陆建人：《美国加入 TPP 的动因分析》，《国际贸易问题》2011 年第 1 期。

《日本已成为美国最重要的导弹防御合作伙伴》，《美国参考要闻》2006 年 3 月 10 日。

刘岱淞：《东亚地区青年的东亚认同与价值取向》，《日本研究集林》，2010 年 12 月。

张大林：《评日美安全保障联合宣言》，《国际问题研究》1996 年第 4 期。

陶文钊：《布什当政以来的中美关系》，《同济大学学报》（社会科学版）2004 年第 4 期。

顾关福、戴静：《小布什执政以来的中美关系》，《和平与发展》

2006 年第 4 期。

廉德瑰：《日本外交的钟摆现象》，《日本问题研究》20011 年第 1 期。

蒋立峰：《未来十年的中日关系与中国对日政策》，《日本学刊》 2009 年第 5 期。

潘锐：《小布什政府第一任期对华政策和中关关系》，《美国问题研究》2005 年 12 月。

贺平：《日美贸易摩擦中的外压与政策协调》，《日本学刊》2011 年第 3 期。

日文译文文献：

川上修：《日本接连推出援非政策对抗中国》，《读卖新闻》2008 年 5 月 30 日。

元玉胜：《中日的傲慢与威望》，载于《日本外交政策背后》，《远东经济评论》2005 年 6 月。

栗山尚一：《开始漂流的日美关系》，《世界周报》1996 年 10 月 22 日。

《日本的国力》，《文艺春秋》2008 年第 4 期。

北冈伸一：《日本在大国协调时代的责任》，《中央公论月刊》2009 年 2 月。

铃木美胜：《日美外交中的中国影子》，《世界周报》2006 年 1 月 24 日。

中曽根康弘：《现在需要强化自主防卫和资助外交》，《正论》， 2007 年 2 月。

大前研一：《日本应摆脱去势国家的形象》，《追求》2009 年 5 月 13 日。

佐藤行雄：《日本需要转换观念——同美国新政权的伙伴关系》， 《外交论坛》1993 年 1 月。

大前研一：《鸠山首相的外交力试金石首当其冲是俄罗斯》，《追求》2009 年 10 月 14 日。

中西宽：《小泽胜利将使日本政治面临重大局面》，《产经新闻》

2010 年 8 月 31 日。

船桥洋一:《日本世界》,《朝日新闻》2004 年 5 月 13 日。

大前研一:《应该如何抓住中国巨大的内需》,《呼声》2009 年第 10 期。

大前研一:《通过向世界派遣投资部队和发展部队确立外交大国地位》,《追求》2008 年 4 月 23 日。

小岛朋之:《远东形势与日本》,《日本经济新闻》2000 年 3 月 17 日。

石原慎太郎:《战胜中国重建日本的道路》,《文艺春秋》2002 年第 3 期。

行天丰雄:《如何面对强盛的中国》,《世界月刊》2010 年第 9 期。

茅原郁生:《小泽访华团留下的波纹》,《世界日报》2009 年 12 月 29 日。

《战争、靖国、反日——日本在发挥新国际主义方面的责任》,《东洋经济》2013 年 8 月 6 日。

《用多国框架应对中国——2010 年读卖国际论坛纪要》,《读卖新闻》2010 年 12 月 4 日。

《日中联合舆论调查显示中国人对日观感趋向良好》,《读卖新闻》2008 年 8 月 4 日。

《不要关闭对话窗口》,《朝日新闻》2012 年 9 月 25 日。

西宫伸一:《美国新政权下的美日关系》,《外交论坛》月刊 2009 年第 2 期。

《日美舆论调查反映日美对华态度现状》,《读卖新闻》2005 年 12 月 15 日。

《日美关系呈现不透明状态》,《读卖新闻》2007 年 12 月 14 日。

《日美两国民众在对日美两国关系现状的认识上存在分歧》,《读卖新闻》2008 年 12 月 28 日。

《日本人对美意识没有好转,日美多数民众对中国不信任》,《读卖新闻》2011 年 12 月 18 日。

秋山昌广:《小泉—布什时代的日美关系》,《时事解说》2001 年 6 月 1 日。

早川俊行：《川上谈如何看美国修改国防计划报告》，《世界周报》2006 年 2 月 20 日。

船桥洋一：《日本的世界》，《朝日新闻》2004 年 5 月 13 日。

《日本正热忱的展开独立的中东外交》，《世界日报》2007 年 3 月 22 日。

草野和彦：《奥巴马外交的新战略》，《每日新闻》2009 年 2 月 27 日。

《希拉里表示将敦促中俄对朝鲜施加压力》，《朝日新闻》2009 年 2 月 18 日。

《君子豹变的第一步》，《产经新闻》2009 年 9 月 21 日。

《同床异梦的东亚共同体构想》，《朝日新闻》，2009 年 10 月 8 日。

《小泽一郎豪赌政治生命最后一战》，《产经新闻》2010 年 9 月 2 日。

古森久义：《美国对鸠山外交发出警告》，《文艺春秋》2009 年第 11 期。

森本敏：《动摇国家根本的日美同盟的危机》，《产经新闻》2009 年 12 月 4 日。

《为何坚持驻扎冲绳？》《每日新闻》2010 年 4 月 1 日。

黑濑悦成：《美对台军售体现出美国对中国的危机感》，《读卖新闻》2010 年 1 月 31 日。

《变日中互损为日中互益》，《读卖新闻》2012 年 11 月 4 日。

原田泰：《日本经济夹在美国与中国之间该如何定位》，《外交论坛》月刊 2010 年第 1 期。

《日中期待扩大双边贸易》，《朝日新闻》2012 年 5 月 30 日。

福岛和男：《日本人所不了解的中国》，《经济学人》2005 年 7 月 8 日。

秋田浩之：《日本安保何去何从》，《日本经济新闻》2010 年 11 月 30 日。

白户圭一：《对抗中国不能仰仗美国》，《每日新闻》2012 年 12 月 5 日。

冷泉彰彦：《美国对日本在价值观方面的不安》，《东洋周刊》2013

年 2 月 2 日。

《日美同盟 50 年—同盟的寿命》，《日本经济新闻》2010 年 3 月 28 日。

《中曾根提出研究核武器问题》，《产经新闻》2006 年 9 月 6 日。

《日美因下一代主力战斗机而心生隔阂》，《产经新闻》2010 年 8 月 22 日。

吉崎达彦：《在市场机制中进展的美中融合》，《经济学人》周刊 2007 年 8 月 28 日。

《日本出现脱美国文化现象》，《东京新闻》2012 年 5 月 21 日。

田中均：《重建日美关系需建立全面东亚战略》，《日本经济新闻》 2013 年 2 月 5 日。

寺岛实郎：《日美同盟必须进化》，《世界》月刊 2010 年第 8 期。

古本阳庄：《美国对日不信任感必然加剧》，《每日新闻》2009 年 12 月 16 日。

森本敏：《日本要为东亚的剧变做好准备》，《日本经济新闻》2002 年 11 月 26 日。

［美］理查德·卡茨：《美国政府没有对鸠山政权感到不安》，《东洋经济周刊》2009 年 9 月 19 日。

伊藤宪一：《日美同盟与中国的崛起》，《朝日新闻》2010 年 6 月 23 日。

伊藤贯：《奥巴马主张的变革将给日本带来什么》，《正论》2009 年 1 月。

《何为日本外交的自主性?》《外交论坛》2009 年第 2 期。

小仓和夫：《不要错误判断对华政策》，《每日新闻》2013 年 2 月 24 日。

《日美安保在寒流中迎来五十周年》，《日本经济新闻》2010 年 1 月 18 日。

## 英文文献

Martin Wight, "System of State," *Leicester University Press*, 1977.

Tanaka Akihiko, "Relations with Japan Handbook on China," Tokyo:

*Kazankai*, 1992.

Morton Abramowitz etal, "China-Japan-U. S. : Managing The Trilateral Relationship, Tokyo: *Japan Center for International Exchange*, 1998.

Titus Galama, James Hosek, "U. S. Competitiveness in Science and Technology," RAND Corperation, 2008.

Samuel S. Kim ( ed. ), "China and the World: Chinese Foreign Policy Faces the New Millennium, Boulder," Colorado: *Westview Press*, 1998.

Michael J. Green and Patrick M. Cronin, "The U. S. -Japan Alliance: Past, Present, and Future," *Council on Foreign Relations Press*, 1999.

John Welfield, "An Empire in Eclipse: Japan in The Postwar American Alliance System," London: *Athlone Press*, 1988.

GeraldL. Curtis, "The United States, Japan, and Asia. " New York: *W. W. Norton&Company*, 1994.

G. John Ikenberry and Takashi Inoguchi, "Reinventing the Alliance: U. S. -Japan Security Partnership in An Era of Change", *Palgrave Macmillan*, December 2003.

David Shambaugh, "Beautiful imperialist, China perceives America, 1972 – 1990," *Princeton University Press*, 1991.

Ka Zeng, "Trade Threats, Trade Wars : Bargaining, Retaliation, and American Coercive Diplomacy," Ann Arbor: *University of Michigan Press*, 2004.

Reinhard Drifte, "Japan's Foreign Policy the 21st Century: from Economic Superpower to What Power?" Great Britain: *Macmillan Press Ltd*, 1998.

BradGlosserman, "U. S. -Japan-China Relations Trilateral Cooperation in the 21st Century," *Issues & Insights*, Vol. 5 – No. 10, September 2005.

Paul Frandano, "The Japan-China-United States Triangle: Interest, Uncertainty, and Choice," *Edmund A. Walsh School of Foreign Service Georgetown University*, November 2006.

Morton Abramowitz, "The Globe's Most Important Relationship," *Yale Global*, 8 January 2008.

EzraF. Vogel, "TheChina – Japan – U. S. Triangle," Harvard University the Sixty-Second Morrison L ecture, 7 July 2001.

Christensen, ThomasJ., "China, the U. S. -JapanAlliance, and the Security Dilemmain East Asia." *International Security*, March22, 1999.

KurtM. Campbell, "Energizing the U. S. -Japan Security Partnership," *The Washington Quarterly*, Autumn 2000.

Ezra F. Vogel, Yuan Ming, Akihiko Tanaka, "The Age of Uncertainty The U. S. -China-Japan Triangle from Tiananmen (1989) to 9/11 (2001)," *Harvard University Asia Center*, 2004.

"United States Security for the East Asia—Pacific Region", Department of Sate, Office of International Security Affairs, Feb. 1995.

Robert Madsen and Richard J. Samuels, "Japan, LLP," *The National Interest*, May/June, 2010.

Williams Daniel, "Rebuilding Military Ties to Tokyo; 'Nye Initiative' Launched to Address Post-Cold War Security Concerns," *The Washington Post*, Feb 19, 1995.

"United States Security for the East Asia—Pacific Region", Department of Defense, office of International Security Affairs, Feb. 1995.

Joseph S . Nye, "The Case for Deep Engagement", *Foreign affairs*, July/Aug1995.

Foreign Press Center of Japan, "Cabinet Approves New National Defense Program Outline andMidterm Defense Program," February 11, 2005.

Dan Blumenthal, "The Revival of the U. S. -Japanese Alliance," *AEI*, February – March 2005.

"Remarks by the President at Asian Pacific Caucus Dinner," *The White House*, May 16, 1996.

Yoshihide Soeya, Jianwei Wang, and David A. Welch, "A new look at the U. S. -China-Japan triangle: toward building a stable framework, "*Asian Perspective*, Vol. 27, No. 3, 2003.

Hoagland, Jim, "Japan-Land of Subtle Change," *The Washington Post*, May 30, 1999.

Jay Solomon and Siobhan Gorman, "Financial Crisis May Diminish American Sway," *The Wall Street Journa*, October 17, 2008.

"Human Resource Contributions toU. S. Science and Engineering from China," *SRS Issue Brief*, January12, 2001.

Fareed Zakaria, "The United States' New Oil and Gas Boom," *TIME*, Oct. 29, 2012.

Tom Stevenson, "America's salvation is an industrial renaissance," *The Telegraph*, 17 Nov 2012.

James Parker, "A Global Energy Shift," *The Diplomat*, November 28, 2012.

Yukon Huang, "China, the Abnormal Great Power," Carnegie Endowment for International Peace, March 5, 2013.

Jonathan Sibun, "China, Japan, and the U. S. : How the world's biggest three economies compare," *The Telegraph*, 14 Feb 2011.

"United States Security Strategy for the East Asia – Pacific Region," *U. S. Department of Defense*, February 1995.

Zalmay Khalilzad, "The United States and Asia-Toward a New U. S. Strategy and Force Posture," *Rand Corperation*, 2001.

David J. Berteau, Michael J. Green, Gregory Kiley, Nicholas Szechenyi, "U. S. Force Posture Strategy in the Asia Pacific Region: An Independent Assessment," *The Center for Strategic and International Studies*, Aug 15, 2012.

Paul D. Miller, "Five Pillars of American Grand Strategy," *Survival*, 01 Oct 2012.

Justin Logan, "China, America, and the Pivot to Asia," *Policy Analysis*, January 8, 2013.

David Shambaugh, "China's Military Views the World," *International Security*, Winter 1999.

G. John Ikenberry, "The Rise of China and the Future of the West: Can the Liberal System Survive?" *Foreign Affairs*, January/February 2008.

Evan S. Medeiros, "Strategic Hedging and the Future of Asia-Pacific-

Stability," *The Washington Quarterly*, 29. 1 2005.

"The National Security Strategy of the United States of America", *The White House*, May 2010.

Alastair Iain Johnston, "Is China A Status Quo Power?" *International Security*, Spring 2003.

Ashley J. Tellis, "Uphill Challenges: China's Military Modernization and Asian Security," *The National Bureau of Asian Research*, 2012.

Yukio Okamoto, "Japan and the United States: The Essential Alliance," *The Washington Quarterly*, 2002 – 02 – 25.

Reinhard Drifte, "Japan's Foreign Policy the 21st Century: from Economic Superpower to What Power?" Great Britain: *Macmillan Press Ltd*, 1998.

Paul Frandano, "The Japan-China-United States Triangle: Interest, Uncertainty, and Choice," *Edmund A. Walsh School of Foreign Service Georgetown University*, November 2006.

James E Auer, Robyn Lim, "Japan: America's New South Korea?" *Current History*, Sep 2004. Vol. 103, Iss. 674.

John Pomfret, "The U. S. interest in an Asian island dispute," *Washington Post*, February 05, 2013.

Michael J. Green, "U. S. -Japanese Relations after Koizumi: Convergence or Cooling?" *The Washington Quarterly*, Autumn 2006.

Nobuhiko Ushiba, "Relationship Between Japan and the United States Impact on the Asian-Pacific Region," *Air University Review*, September-October 1971.

Edward J. Lincoln, "Japan: Using Power Narrowly," *The Washington Quarterly*, winter 2003 – 04.

"Japan-U. S. Security Relations: A New Era for the Alliance?" *Issues & Insights*, 5 March 2005.

Roger Cohen, "Obama's Japan Headache", *The New York Times*, December 10, 2009.

Kenichi Ito, "Japan's Identity: Neither East nor West," Tokyo: *Ja-*

*pan Forum on International Relations*, 2000.

Mark Landler and Martin Fackler, "U. S. Is Seeing Policy Thorns in Japan Shift," *The New York Times*, September 1, 2009.

Jun Kurihara and James L. Schoff, For Whom Japan's Last Dance Is Saved—China, the United States, or Chimerica? *Cambridge Gazette*: Politico-Economic Commentaries No. 4, March 29, 2010.

"Sino-Japan Rivalry: A CNA, IDA, NDU/INSS, and Pacific Forum CSIS Project Report," *Issues and Insights*, March 2007.

Pei and Swaine, "Simmering fire in Asia: Averting Sino-Japanese Strategic Conflict," *Carnegie Endowment for International Peace*, Policy Brief No. 44, November 2005.

Tamamoto, "How Japan imagines China and sees itself," *World Policy Journal*, 2005 – 04 – 22.

Jim Hoagland, "New Allies In Asia?" *The Washington Post*, May 11, 2008.

Jane Skanderup, "Japan-U. S. Security Relations: A Forward Looking Ten Year Retrospective," *Issues & Insights*, Vol. 4 – No. 2, Mar 1, 2004.

Yoshihide Soeya, "Diplomacy for Japan as a Middle Power," Ronza, February 2008.

Christian Caryl, "Naval Gazing in Asia One reason why it's probably too early to declare the end of the U. S. -Japan alliance: China," *Foreign Policy*, May 18, 2010.

Japan's Emerging Security Role and East Asia, Fifth annual CNAPS Spring Conference, *The Brookings Institution*, June 14, 2005.

Carl W. Baker, "U. S. , Japan, and China Conference on Trilateral Security Cooperation," *Issues & Insights*, Vol. 8 – No. 6.

Martin Fackler, "Japan Is Flexing Its Military Muscle to Counter a Rising China," *The New York Times*, November 27, 2012.

Richard J. Samuels, "Japan's Goldilocks Strategy," *The Washington Quarterly*, Autumn 2006.

Annual Report to Congress: Military Power of the People's Republic of

China 2006, Office of the Secretary of Defense, *U. S. Department of Defense*, 2006.

Thomas J. Christensen, "The World Needs an Assertive China," *Foreign Affairs*, February 21, 2011.

Fareed Zakaria, "The Rise of a Fierce Yet Fragile Superpower", *News Week*, Dec 22, 2007.

Jun Kurihara and James L. Schoff, "For Whom Japan's Last Dance Is Saved—China, the United States, or Chimerica?" *Cambridge Gazette*: Politico-Economic Commentaries No. 4 March 29, 2010.

Christensen, Thomas J, "China, the U. S. -Japan Alliance, and the Security Dilemma in East Asia," *International Security*, March 22, 1999.

Yoshihide Soeya, Jianwei Wang, and David A. Welch, "A new look at the U. S. -China-Japan triangle: toward building a stable framework," *Asian Perspective*, Vol. 27, No. 3, 2003.

Wu Xinbo, "The end of the silver lining: A Chinese view of the U. S. -Japan alliance," *The Washington Quarterly*, Winter 2005 – 06.

Jun Kurihara and James L. Schoff, "For Whom Japan's Last Dance Is Saved—China, the United States, or Chimerica?" *Cambridge Gazette*: Politico-Economic Commentaries No. 4 (March 29, 2010).

Orville Schell, "China Reluctant to Lead", *Yale Global*, 11 March 2009.

"The United States and Japan in Global Context: 2009," *The Paul H. Nitze School of Advanced International Studies The Johns Hopkins University*.

Ryozo Kato, "The United States and Japan in 2003: Navigating Uncharted Waters," *SAIS Johns Hopkins University*, 2003.

Kathy Chu, "Most Americans think China is No. 1 economy; it isn't," *USA TODAY*, 2/15/2011.

DanBalz, "Bush Favors Internationalism; Candidate Calls China a ′ Competitor, ′ Opposes Test Ban Treaty," *The Washington Post*, Nov 20, 1999.

Andrew Marshall, "The US Is Thinking Itself Into A New Global Conflict," *Independent*, August 30, 2000.

"Text of Bush's Speech at West Point," *The New York Times*, June 1, 2002.

"Remarks by the Vice President at the Washington Post-YomiuriShimbun Symposium," The White House, Tokyo, April 13, 2004.

"U. S. -Japan Relationship Continues to Grow in Importance," *Washington File*, December 2, 2004, Ralph A. Cossa and Brad Glosserman, "U. S. -Japan Defense Cooperation: Has Japan Become the Great Britain of Asia?" *Issues & Insights* 5, no. 3 March 2005.

HowardLaFranchi, "Is Japan's Support for U. S. on the Wane?" *Christian Science Monitor*, June 29, 2006.

Richard Katz and Peter Ennis, "How Able Is Abe?" *Foreign Affairs*, March/April 2007.

Gwynne Dyer, "Decline of the Liberal Democratic Party?" *The Japan Times*, Sept. 20, 2007.

Masahiro Matsumura, "The Regional Dynamics of Japan's History Debate: Epiphenomena, Substance, and Prospects," *The Brookings Institution*, October 13, 2006.

Elena Atanassova-Cornelis, "Political and Security Dynamics of Japan-China Relations: Strategic Mistrust, Fragile Stability and the US Factor," *Pacific Focus*, 1 August 2011.

Yoichi Funabashi, "ForgetBretton Woods II: the Role for U. S. -China-Japan Trilateralism," *The Washington Quarterly*, April 2009.

James L. Schoff, "Transformation of the U. S. -Japan Alliance", *The Fletcher forum of world affairs*, winter 2007.

John Pomfret and Blaine Harden, "Japan: No base decision soon," *Washington Post*, October 22, 2009.

John Pomfret and Blaine Harden, "U. S. pressures Japan on military package," *Washington Post*, October22, 2009.

Weston S. Konishi, "Japan's Historic 2009 Elections: Implications for U. S. Interests," *Congressiona Research Service*, R40758, September 8, 2009.

Howard Lafranchi, "Newly assertive Japan to test Obama," *The Christian Science Monitor*, November 13, 2009.

JohnPomfret and Blaine Harden, "Japan: No base decision soon," *Washington Post*, October 22, 2009.

Pomfret John, "New Japanese leader stirring U. S. concerns," *The Washington Post*, Dec 29, 2009.

Dan Twining, "The implications of Hatoyama's downfall for the U. S. -Japan alliance", *Foreign Policy*, June 2, 2010.

Toko Sekiguchi and George Nishiyama, "Japan PM Warns China on Dispute," *Wall Street Journal*, Sept. 25, 2012.

Jane Skanderup, "Japan-U. S. Security Relations: A Forward Looking Ten Year Retrospective," *Issues & Insights* Vol. 4 – No. 2, March 2004.

William H. Cooper, "U. S. -Japan Economic Relations: Significance, Prospects, and Policy Options," *Congressional Research Service*, March 11, 2010.

Jennifer Koncz and Anne Flatness, "U. S. International Services, Cross-Border Trade in 2008 and Services Supplied Through Affiliates in 2007," *U. S Department of Commerce*, October 2009.

Yuka Hayashi, "In a Shift, Chinese Capital Flows to Japanese Firms," *Wall Street Journal*, April 15, 2012.

WilliamPesek, "China, U. S. 'Sugar Daddy,' Eludes Clinton, Obama," *Bloomberg*, April 4, 2008.

"China, Japan and the United States: Deeper economic integration," *Journal of Asian Economics*, 2009 – 20.

Caroline Baum, "China's Exports, Not Altruism, Fund U. S. Deficit," *Broomberg*, September 1, 2009 21.

Niall Ferguson, "The trillion dollar question: China or America?" *Telegraph*, 01 Jun 2009.

"Japan needs balancing act in U. S. -China currency dispute," *Kyodo News*, Apr 5, 2010.

Mitsuruobe, "Japan's Exports Set to Recover, Forecast Says," *Wall*

*Street Journal*, February 19, 2013.

Ichiro Fujisaki, "A changing Japan in a changing world," *The Brookings Institution*, 2010/07/08.

Leif-Eric Easley, TetsuoKotani, & Aki Mori, "Electing a New Japanese Security Policy? Examining Foreign Policy Visions within the Democratic Party of Japan, "*The National Bureau of Asian Research*, January 2010.

Hisahiko Okazaki, "Toward a Stronger U. S. -Japan Relationship," *The Wall Street Journal*, February 24, 2009.

Michael Finnegan, "managing unmet expectations in the U. S. -Japan Alliance," *The National Bureau of Asian Research*, 2009.

Eric Heginbotham and Richard J. Samuels, "Japan's Dual Hedge," *Foreign Affairs*, September/October 2002.

Richard Lowry, "Time for the Sun to Rise," *National Review*, July 4, 2005.

"Remarks by PresidentObama and Prime Minister Noda of Japan at Joint Press Conference", *The White House Office*, April 30, 2012.

Max Fisher, "Why Is the U. S. Rehearsing for a Chinese Invasion of Japan?" *The Atlantic Monthly*, Sep 23 2010.

Anthony Faiola, "Japanese Premier Plans to Fortify U. S. Ties in Meeting with Bush," *The Washington Post*, November 15, 2006.

"U. S. warned Japan about Hatoyama's foreign policies, NYT," *The Japan Times Online*, May 5, 2011.

Camilla T. N. Soerensen, "Strategic Triangularity in Northeast Asia: The Sino-Japanse Security Relationship and U. S. Policy," *Asian Perspective*, Vol. 30, No. 3, 2006.

Michael Pillsbury, "China Debates the Future Security Environment", *National Defense University Press*, January 2000.

Norimitsu Onishi, "Japanese Remarks About Taiwan Anger Beijing," *The New York Times*. Feb 6, 2006.

Norimitsu Onishi, "U. S. Needs Japan's Diplomacy, but Tokyo Isn't Talking," *The New York Times*, Jun 25, 2006.

Mark Landler and Martin Fackler, "U. S. Is Seeing Policy Thorns in Japan Shift," *The New York Times*, September 1, 2009.

Carl W. Baker, "U. S. , Japan, and China Conference on Trilateral Security Cooperation," *Issues & Insights*, Vol. 8 – No. 6, June 2008.

Jisi Wang, "China's Changing Role in Asia," *The Atlantic Council*, January, 2004.

Yoshihide Soeya, Jianwei Wang, and David A. Welch, "A new look at the U. S. -China-Japan triangle: toward building a stable framework," *Asian Perspective*, Vol. 27, No. 3, 2003.

"Japan-U. S. Security Relations: A New Era for the Alliance?" *Pacific Forum CSIS*, March 2005.

# 后　记

　　在本书即将付梓之际，回头来看，由于形势的迅速发展和自身的功力不逮，书中仍有很多不尽如人意的地方，如关于中美日三国政治关系的互动仅止于日本民主党政府的最后一任，而安倍再度上台以来三边关系的复杂变化则没有得到更新；再如因为受到三国政治和安全关系的冲击，三边经贸关系的模式也出现了一些新的特征，这些缺憾只能留待今后在其他相关的学术作品中再进行弥补了。在成书的最后阶段，有幸邀请到了中美日三国三位著名的资深学者为本书写下了他们的评论，我会深深铭记几位大师对我的期待和劝勉，争取在今后的研究工作中能实现新的突破。在全书的写作过程中，我还总结出了一些关于三边关系研究相对新颖独特的心得体会，在此专门提炼出来以飨读者。

- 在不远的未来，中国将继续以相对高速发展并拉近与美日的距离，但发展受到的内外阻力也越来越大；美国会继续保持其超强的绝对实力而相对实力仍会缓慢下降；日本则会在被中国迅速接近和被美国缓慢拉开的同时保持自身特有的优势。总的来说，美国的综合国力仍远远超过中日，而中国和日本在不同领域各有所长，各国的相对位置在近年内发生突变的可能不大。

- 美日之间的好感度一直比较稳定，受到突发事件的冲击后也能很快恢复；中美之间的好感度存在一个不稳定的表面和一个相对稳定的内核，突发事件造成的冲击幅度较大但持续时间较短；中日之间的感情易于受创且恢复较慢，政治关系对民间观念的影响最为明显。

- 近年来，美国倾向于在需要解决全球性问题时就找中国，解决与中国之间的问题时就找日本，并利用中日共同的对美期待及其相互牵制来确保自身的优势地位；日本一直习惯于从美国获取安全利益、从中国获取经济利益，同时也试图利用中美的冲突来更有效地追求国家正常化的目标；中国将对美关系置于比对日关系重要得多的位置上，确保对美稳定之后再考虑对日，并努力防止中美和中日关系同时恶化，但对美日分歧加以利用的意识和能力明显不强。因此美国始终处于三边关系中最优越的地位上，而中日的地位从一定意义上说取决于其对美关系的性质。

- 与共同对美只有仰视的表现不同，中日之间存在相互高估与低估并存的错觉，导致一旦出现冲突就迅速升级且难以化解；中日关系的磨练还少，感性相处经历单调，理性认知储备不足，在三对双边关系中最不成熟，出问题后的对抗性也最强。中美关系是三对双边关系中最复杂的，但由于两国战略视野相近，对维稳的重要性具有共识，相处的历史积淀较为丰富，没有不共戴天之仇，所以即使出现冲突也有自限性，双边关系虽不断起伏但基调仍较稳定。由于面临基本趋同的外部挑战及国际定位尚不冲突，美日关系是三对之中最稳定的，但两国的战略目标却出现分化势头，导致双方互信正受到侵蚀，美日关系出现调整是大势所趋，但这一变化将是个缓慢和反复的过程。

- 在中日关系中由于中国不太注重美国因素的作用（既因缺乏三边思维的习惯，也因相信难以分化美日），只有日本对其非常敏感，所以美国因素在中日关系中获得了单边关注；在中美处理双边关系时，日本能够发挥的作用非常有限，日本因素得到的基本是零关注；而在美日处理其双边关系时，它们对中国因素都非常敏感，因而中国因素得到了美日的双边关注，作用最为显著。

- 从对新世纪以来三对双边关系互动的考察来看，总的来说，美日关系不管变好还是变差，都会导致中美和中日关系分道扬镳，各自向相反的方向演进；中日关系的变化一般能够引发美日关系和中美关系均向与中日相反的方向演变；而中美关系的变化与中日和美日关系的变化未见明显的相关性。而从强度上来看，中日关系的变化可以引发比美日和中美关系变化时更明显的三边互动。

- 在三边关系中美国发挥着主导者、平衡者与稳定器的作用；中国的作用类似于三边关系中的驱动器、粘合剂与方向舵；日本则一直在成为中美之间的桥梁还是美国在亚洲的桥头堡之间摇摆，就像三边关系中的搅拌机和风向标。

- 美国发展依靠的是国际经济战略和国际安全战略，日本依靠的是国家经济战略和国际安全战略，而中国的模式则是国际经济战略和国家安全战略。三国在经济与安全模式上的选择反映出其不同的实力地位和战略意志。

- 现实中存在一条从日本到中国再到美国的商品贸易链条，简单说就是日本设计、中国加工、美国消费，因而经贸关系也成为三边政治关系稳定的压舱石，但近年来三国的政治与安全关系对经贸活动的影响越来越大，所谓政冷经热的模式注定无法长久。

- 三边社会关系的整体态势，表现出与政治、经贸和安全关系都不同的趋向。中美在迅速接近，中日也在相互肯定和否定中维持稳定，而美日却在逐步疏远。

- 在广义的安全领域，美国对华采用的两手是接触与防范，对日是利用与控制；日本对美则是强化合作与摆脱控制两手并重，对华则是利用与遏制；中国对美是在追求合作的同时抵制其干涉，对日则是接触与对抗，中国、日本和美国三国之间都存在着合作（接触、依赖、利用）与对抗（遏制、防范、摆脱）相结合的关系，只是方向和程度上有所不同。因此，三国在安全领域的主旋律并不积极，而是相互都在对冲。从安全处境上来讲，中国最脆弱；从安全能力上来看，则是日本最脆弱。